Fourth Edition

501

FRENCH VERBS

fully conjugated in all the tenses
in a new easy-to-learn format
alphabetically arranged

Two new features in this edition:
Verb drills and tests with answers explained
Definitions of basic grammatical terms with examples

by

Christopher Kendris

B.S., M.S., Columbia University
M.A., Ph.D., Northwestern University
Diplômé, Faculté des Lettres, Sorbonne

Formerly Assistant Professor
Department of French and Spanish
State University of New York
Albany, New York

BARRON'S EDUCATIONAL SERIES, INC.

All inquiries should be addressed to:
Barron's Educational Series, Inc.
250 Wireless Boulevard
Hauppauge, New York 11788

Library of Congress Catalog Card No. 95-40265

International Standard Book No. 0-8120-9281-3

Library of Congress Cataloging-in-Publication Data

Kendris, Christopher.
    501 French verbs fully conjugated in all the tenses in a new easy to learn format /
alphabetically arranged by Christopher Kendris. — 4th ed.
        p.   cm.
    ISBN 0-8120-9281-3
    1. French language—Verb—Tables.   I. Title.
PC2271.K378   1996
448.2'421—dc20   95-40265
                                                                              CIP

PRINTED IN THE UNITED STATES OF AMERICA

6789   800   12 11 10

ii

Contents

Appendixes

To St. Sophia Greek Orthodox Church
of Albany, New York, my parish

and

For my wife Yolanda, my two sons Alex and Ted, my
daughter-in-law Tina, my four grandsons Alexander Bryan,
Daniel Patrick Christopher, Matthew David, and Andrew Dimitri

With love

About the Author

Christopher Kendris has worked as interpreter and translator for the U.S. State Department at the American Embassy in Paris.

Dr. Kendris earned his B.S. and M.S. degrees at Columbia University in the City of New York, where he held a New York State Scholarship, and his M.A. and Ph.D. degrees at Northwestern University in Evanston, Illinois. He also earned two diplomas with *Mention très Honorable* at the Université de Paris (en Sorbonne), Faculté des Lettres, Ecole Supérieure de Préparation et de Perfectionnement des Professeurs de Français à l'Etranger, and at the Institut de Phonétique, Paris.

Dr. Kendris has taught French at the College of The University of Chicago as visiting summer lecturer and at Northwestern University, where he held a Teaching Assistantship and Tutorial Fellowship for four years. He has also taught at Colby College, Duke University, Rutgers — The State University of New Jersey, and the State University of New York at Albany. He was Chairman of the Foreign Languages Department at Farmingdale High School, Farmingdale, New York, where he was also a teacher of French and Spanish. He is the author of numerous school and college books, workbooks, and other language aids. Among his most popular works are *How to Prepare for SAT II: French, How to Prepare for SAT II: Spanish* (both books with audiocassettes for listening comprehension test practice with answers), *French Now, Spanish Now Level II, Write It in French, Write It in Spanish* (both composition workbooks with answers), *Master the Basics: French, Master the Basics: Spanish, Pronounce It Perfectly in French* (with two audiocassettes of listening comprehension including tests with answers), and many others, all published by Barron's Educational Series, Inc. He is listed in *Contemporary Authors, Directory of American Scholars*, and in the author volume of *Books in Print*.

iv

Preface to the Fourth Edition

Two new features have been added in this edition. They begin on page 622. One is a section on verb drills and tests with answers explained. You will need a lot of practice in French verb forms and tenses in a variety of tests to determine your strengths and weaknesses and to make some things clearer in your mind. The other new feature is a section on definitions of basic grammatical terms with examples. Many students who study a foreign language do not understand, for example, direct and indirect object pronouns, reflexive verbs and how reflexive pronouns are used, what an antecedent is, what a relative pronoun is, and many other grammatical terms. If you know what they are, what they are called, and how they are used in the grammatical structure of a sentence, you will be able to communicate better in French.

Also, I have added new idiomatic expressions and words related to verbs with their English meanings on the bottom of many verb pages from page 1 to 501. They can help increase your vocabulary.

In your spare time, consult the two "tourist attractions" sections in the back pages. One section contains thirty practical situations you may find yourself in while visiting France or any French-speaking country or region of the world. A detailed description of this is given on page 568. The other section, which begins on page 599, gives you many popular phrases, words, expressions, abbreviations, signs, and notices in French and English in one alphabetical listing. It is convenient if you look in one place instead of two for an entry. One listing also prevents you from looking inadvertently in a French listing for an English word or in an English listing for a French word. Also, cognates and near-cognates in both languates are reduced to a single entry.

On page 567 I devised a simple system of transcription of sounds to help you pronounce the French words effectively. Read page 568 where I explain the reasons for the use of hyphens in the sound transcriptions.

C.K

Abbreviations

adj.	adjectif (adjective)	*n.*	nom (noun)
adv.	adverbe (adverb)	*obj.*	objet (object)
ant.	antérieur (anterior)	*p.*	page
art.	article	*pp.*	pages
cond.	conditionnel (conditional)	*part.*	participe (participle)
def.	défini (definite)	*pl.*	pluriel (plural)
dir.	direct	*plpf.*	plus-que-parfait (pluperfect)
e.g.	for example	*pr.* or *prés.*	présent (present)
f. or *fem.*	féminin (feminine)	*prep.*	préposition (preposition)
fam.	familiar	*pron.*	pronom (pronoun)
fut.	futur (future)	*qqch*	quelque chose (something)
i.e.	that is, that is to say	*qqn*	quelqu'un (someone, somebody)
imp.	imparfait (imperfect)	*refl.*	reflexive
ind.	indicatif (indicative)	*s.* or *sing.*	singulier (singular)
inf.	infinitif (infinitive)	*subj.*	subjonctif (subjunctive)
m. or *masc.*	masculin (masculine)	*v.*	verbe (verb)

Introduction

This self-teaching book of 501 commonly used French verbs for students and travelers provides fingertip access to correct verb forms.

Verb conjugations are usually found scattered in French grammar books and they are difficult to find quickly when needed. Verbs have always been a major problem for students no matter what system or approach the teacher uses. You will master French verb forms if you study this book a few minutes every day, especially the pages before and after the alphabetical listing of the 501 verbs.

I compiled this book in order to help make your work easier and at the same time to teach you French verb forms systematically. It is a useful book because it provides a quick and easy way to find the full conjugation of many French verbs.

The 501 verbs included here are arranged alphabetically by infinitive at the top of each page. The book contains many common verbs of high frequency, both reflexive and non-reflexive, which you need to know. It also contains many other frequently used verbs which are irregular in some way. Beginning on page 515 I give you an additional 1,000 French verbs that are conjugated in the same way as model verbs among the 501. If the verb you have in mind is not given among the 501, consult this list.

The subject pronouns have been omitted from the conjugations in order to emphasize the verb forms. I give you the subject pronouns on page xxx. Turn to that page now and become acquainted with them.

The first thing to do when you use this book is to become familiar with it from cover to cover — in particular, the front and back pages where you will find valuable and useful information to make your work easier and more enjoyable. Take a minute right now and turn to the table of contents at the beginning of this book as I guide you in the following way:

(a)   On page viii I explain which verbs are conjugated with *avoir* or *être* to form a counpound tense. Study page viii and refer to it frequently until you master those verbs.

(b)   On page ix I show you how to form a present participle regularly in French and I give you examples. I also give you the common irregular present participles.

(c)   On page ix I do the same for past participles. I give you examples. I give you the present and past participles of each verb at the top of the page where verb forms are given for a particular verb.

(d)   On page x you will find the principal parts of some important verbs, which, in French, are called *Les temps primitifs*. This is useful because if you know these you can easily form all the tenses and moods from them.

(e)   On pages xi and xii there are two tables showing the derivation of tenses of a typical verb conjugated with *avoir* and another conjugated with *être*. These are presented as in a picture so that you can see what tenses are derived from the principal parts.

(f)   On pages xiii and xiv I give you a sample English verb conjugation so that you can get an idea of the way a verb is expressed in the English tenses. Many people do not know one tense from another because they have never learned the use of verb tenses in a systematic and organized way — not even in English! How can you know, for example, that you need the conditional form of a verb in French when you want to say "*I would go* to the movies if. . . " or the pluperfect tense in French if you want to say "*I had gone. . .*"? The sample English verb conjugation with the names of the tenses and their numerical ranking will help you to distinguish one tense from another so that you will know what tense you need to express a verb in French.

(g) On page xv I begin a summary of meanings and uses of French verb tenses and moods as related to English verb tenses and moods. That section is very important and useful because I separate the seven simple tenses from the seven compound tenses. I give you the name of each tense in French and English starting with the present indicative, which I call tense number one, because it is the tense most frequently used. I assign a number to each tense name so that you can fix each one in your mind and associate the tense names and numbers in their logical order. I explain briefly what each tense is, when you use it, and I give examples using verbs in sentences in French and English.

(h) On page xxvi I give you a summary of all the fourteen tenses in French with English equivalents, which I have divided into the seven simple tenses and the seven compound tenses. After referring to that summary frequently, you will soon know that tense number 1 is the present indicative, tense number 2 is the imperfect indicative, and so on.

(i) On page xxvii I show you how to form the seven simple tenses for regular verbs and here, again, I have assigned the same number to each tense name. I also explain how each compound tense is based on each simple tense in the table on page xxviii and on page xxix. Try to see these two divisions as two frames, two pictures, with the seven simple tenses in one frame and the seven compound tenses in another frame. Place them side by side in your mind, and you will see how tense number 8 is related to tense number 1, tense number 9 to tense number 2, and so on. If you study the numerical arrangement of each of the seven simple tenses and associate the tense number with the tense name, you will find it very easy to learn the names of the seven compound tenses, how they rank numerically according to use, how they are formed, and when they are used. Spend at least ten minutes every day studying these premilinary pages to help you understand better the fourteen tenses in French.

Finally, in the back pages of this book there are useful indexes, an additional 1,000 French verbs that are conjugated like model verbs among the 501, many examples of verbs used in idiomatic expressions and simple sentences, as well as verbs that require certain prepositions. If you refer to these each time you look up verb tense forms for a particular verb, you will increase your knowledge of French vocabulary and French idioms by leaps and bounds.

Consult the table of contents to find the page numbers of new features in the appendixes of this book; for example, explanations and examples of orthographical changing verbs (verb forms that change in spelling), French verbs used in weather expressions and in proverbs, as well as a summary of the sequence of verb tenses and a note about the subjunctive.

I sincerely hope that this book will be of some help to you in learning and using French verbs.

Christopher Kendris

Verbs Conjugated with *avoir* or *être* to Form a Compound Tense

(a) Generally speaking, a French verb is conjugated with *avoir* to form a compound tense.

(b) All reflexive verbs, for example, *se laver*, are conjugated with *être*.

(c) The following is a list of common non-reflexive verbs that are conjugated with *être*. The five verbs marked with asterisks (*) are conjugated with *avoir* when used with a direct object.

1. **aller** to go
   Elle est allée au cinéma.

2. **arriver** to arrive
   Elle est arrivée à une heure.

3. ***descendre** to go down, come down
   Elle est descendue vite. *She came down quickly.*
   BUT: ***Elle a descendu la valise.** *She brought down the suitcase.*

4. **devenir** to become
   Elle est devenue docteur.

5. **entrer** to enter, go in, come in
   Elle est entrée dans l'école.

6. ***monter** to go up, come up
   Elle est montée vite. *She went up quickly.*
   BUT: ***Elle a monté l'escalier.** *She went up the stairs.*

7. **mourir** to die
   Elle est morte hier.

8. **naître** to be born
   Elle est née hier.

9. **partir** to leave
   Elle est partie vite.

10. ***passer** to go by, to pass by
    Elle est passée chez moi. *She came by my house.*

BUT: ***Elle m'a passé le sel.** *She passed me the salt.*

AND: ***Elle a passé un examen.** *She took an exam.*

11. ***rentrer** to go in again, to return (home)
    Elle est rentrée tôt. *She returned home early.*
    BUT: ***Elle a rentré le chat dans la maison.** *She brought (took) the cat into the house.*

12. **rester** to remain, to stay
    Elle est restée chez elle.

13. **retourner** to return, to go back
    Elle est retournée à sa place.

14. **revenir** to come back
    Elle est revenue hier.

15. ***sortir** to go out
    Elle est sortie hier soir. *She went out last night.*
    BUT: ***Elle a sorti son mouchoir.** *She took out her handkerchief.*

16. **tomber** to fall
    Elle est tombée.

17. **venir** to come
    Elle est venue ce matin.

Formation of the Present and Past Participles in French

Formation of the present participle in French

The present participle is regularly formed in the following way. Take the "nous" form of the present indicative of the verb you have in mind, drop the ending -ons and add -ant. That ending is the equivalent to -ing in English. Examples:

chantons, chantant	**vendons, vendant**	**allons, allant**
finissons, finissant	**mangeons, mangeant**	**travaillons, travaillant**

Common irregular present participles

The three common irregular present participles are: **ayant** from **avoir**; **étant** from **être**; **sachant** from **savoir**.

Formation of the past participle in French

The past participle is regularly formed from the infinitive:

-er ending verbs, drop the **-er** and add é: **donner, donné**
-ir ending verbs, drop the **-ir** and add i: **finir, fini**
-re ending verbs, drop the **-re** and add u: **vendre, vendu**

Common irregular past participles

INFINITIVE	PAST PARTICIPLE	INFINITIVE	PAST PARTICIPLE
apprendre	**appris**	naître	**né**
asseoir	**assis**	offrir	**offert**
avoir	**eu**	ouvrir	**ouvert**
boire	**bu**	paraître	**paru**
comprendre	**compris**	permettre	**permis**
conduire	**conduit**	plaire	**plu**
connaître	**connu**	pleuvoir	**plu**
construire	**construit**	pouvoir	**pu**
courir	**couru**	prendre	**pris**
couvrir	**couvert**	promettre	**promis**
craindre	**craint**	recevoir	**reçu**
croire	**cru**	revenir	**revenu**
devenir	**devenu**	rire	**ri**
devoir	**dû, due**	savoir	**su**
dire	**dit**	suivre	**suivi**
écrire	**écrit**	taire	**tu**
être	**été**	tenir	**tenu**
faire	**fait**	valoir	**valu**
falloir	**fallu**	venir	**venu**
lire	**lu**	vivre	**vécu**
mettre	**mis**	voir	**vu**
mourir	**mort**	vouloir	**voulu**

Principal Parts of Some Important Verbs
(*Les temps primitifs de quelques verbes importants*)

The principal parts of a verb are very important to know because from them you can easily form all the tenses. See the following page where two tables are given, one showing the derivation of tenses of a verb conjugated with **avoir** and the other with **être**. Note that the headings at the top of each column are the same as the following headings.

INFINITIF	PARTICIPE PRÉSENT	PARTICIPE PASSÉ	PRÉSENT DE L'INDICATIF	PASSÉ SIMPLE
aller	allant	allé	je vais	j'allai
avoir	ayant	eu	j'ai	j'eus
battre	battant	battu	je bats	je battis
boire	buvant	bu	je bois	je bus
craindre	craignant	craint	je crains	je craignis
croire	croyant	cru	je crois	je crus
devoir	devant	dû, due	je dois	je dus
dire	disant	dit	je dis	je dis
écrire	écrivant	écrit	j'écris	j'écrivis
être	étant	été	je suis	je fus
faire	faisant	fait	je fais	je fis
lire	lisant	lu	je lis	je lus
mettre	mettant	mis	je mets	je mis
mourir	mourant	mort	je meurs	je mourus
naître	naissant	né	je nais	je naquis
ouvrir	ouvrant	ouvert	j'ouvre	j'ouvris
porter	portant	porté	je porte	je portai
pouvoir	pouvant	pu	je peux *or* je puis	je pus
prendre	prenant	pris	je prends	je pris
recevoir	recevant	reçu	je reçois	je reçus
savoir	sachant	su	je sais	je sus
venir	venant	venu	je viens	je vins
vivre	vivant	vécu	je vis	je vécus
voir	voyant	vu	je vois	je vis
voler	volant	volé	je vole	je volai

Tables Showing Derivation of Tenses of Verbs Conjugated with *avoir* and *être*

Derivation of Tenses of Verbs Conjugated with *avoir*

INFINITIF	PARTICIPE PRÉSENT	PARTICIPE PASSÉ	PRÉSENT DE L'INDICATIF	PASSÉ SIMPLE
donner	donnant	donné	je donne	je donnai

FUTUR	IMPARFAIT DE L'INDICATIF	PASSÉ COMPOSÉ	PRÉSENT DE L'INDICATIF	PASSÉ SIMPLE
donnerai	donnais	ai donné	donne	donnai
donneras	donnais	as donné	donnes	donnas
donnera	donnait	a donné	donne	donna
donnerons	donnions	avons donné	donnons	donnâmes
donnerez	donniez	avez donné	donnez	donnâtes
donneront	donnaient	ont donné	donnent	donnèrent

CONDITIONNEL		PLUS-QUE-PARFAIT DE L'INDICATIF	IMPÉRATIF	IMPARFAIT DU SUBJONCTIF
donnerais		avais donné	donne	donnasse
donnerais		avais donné	donnons	donnasses
donnerait		avait donné	donnez	donnât
donnerions		avions donné		donnassions
donneriez		aviez donné	PRÉSENT DU	donnassiez
donneraient		avaient donné	SUBJONCTIF	donnassent
			donne	
		PASSÉ ANTÉRIEUR	donnes	
		eus donné	donne	
		eus donné	donnions	
		eut donné	donniez	
		eûmes donné	donnent	
		eûtes donné		
		eurent donné		

FUTUR ANTÉRIEUR	CONDITIONNEL PASSÉ	PASSÉ DU SUBJONCTIF	PLUS-QUE-PARFAIT DU SUBJONCTIF
aurai donné	aurais donné	aie donné	eusse donné
auras donné	aurais donné	aies donné	eusses donné
aura donné	aurait donné	ait donné	eût donné
aurons donné	aurions donné	ayons donné	eussions donné
aurez donné	auriez donné	ayez donné	eussiez donné
auront donné	auraient donné	aient donné	eussent donné

INFINITIF	PARTICIPE PRÉSENT	PARTICIPE PASSÉ	PRÉSENT-DE L'INDICATIF	PASSÉ SIMPLE
arriver	arrivant	arrivé	j'arrive	j'arrivai

FUTUR	IMPARFAIT DE L'INDICATIF	PASSÉ COMPOSÉ	PRÉSENT DE L'INDICATIF	PASSÉ SIMPLE
arriverai	arrivais	suis arrivé(e)	arrive	arrivai
arriveras	arrivais	es arrivé(e)	arrives	arrivas
arrivera	arrivait	est arrivé(e)	arrive	arriva
arriverons	arrivions	sommes arrivé(e)s	arrivons	arrivâmes
arriverez	arriviez	êtes arrivé(e)(s)	arrivez	arrivâtes
arriveront	arrivaient	sont arrivé(e)s	arrivent	arrivèrent

CONDITIONNEL		PLUS-QUE-PARFAIT DE L'INDICATIF	IMPÉRATIF	IMPARFAIT DU SUBJONCTIF
arriverais		étais arrivé(e)	arrive	arrivasse
arriverais		étais arrivé(e)	arrivons	arrivasses
arriverait		était arrivé(e)	arrivez	arrivât
arriverions		étions arrivé(e)s		arrivassions
arriveriez		étiez arrivé(e)(s)	PRÉSENT DU	arrivassiez
arriveraient		étaient arrivé(e)s	SUBJONCTIF	arrivassent
			arrive	
		PASSÉ ANTÉRIEUR	arrives	
		fus arrivé(e)	arrive	
		fus arrivé(e)	arrivions	
		fut arrivé(e)	arriviez	
		fûmes arrivé(e)s	arrivent	
		fûtes arrivé(e)(s)		
		furent arrivé(e)s		

FUTUR ANTÉRIEUR	CONDITIONNEL PASSÉ	PASSÉ DU SUBJONCTIF	PLUS-QUE-PARFAIT DU SUBJONCTIF
serai arrivé(e)	serais arrivé(e)	sois arrivé(e)	fusse arrivé(e)
seras arrivé(e)	serais arrivé(e)	sois arrivé(e)	fusses arrivé(e)
sera arrivé(e)	serait arrivé(e)	soit arrivé(e)	fût arrivé(e)
serons arrivé(e)s	serions arrivé(e)s	soyons arrivé(e)s	fussions arrivé(e)s
serez arrivé(e)(s)	seriez arrivé(e)(s)	soyez arrivé(e)(s)	fussiez arrivé(e)(s)
seront arrivé(e)s	seraient arrivé(e)s	soient arrivé(e)s	fussent arrivé(e)s

Sample English Verb Conjugation

INFINITIVE **to go — aller**
PRESENT PARTICIPLE going   *PAST PARTICIPLE* gone

Tense no.	The seven simple tenses
1 *Present Indicative*	I go, you go, he (she, it) goes; we go, you go, they go
	or: I do go, you do go, he (she, it) does go; we do go, you do go, they do go
	or: I am going, you are going, he (she, it) is going; we are going, you are going, they are going
2 *Imperfect Indicative*	I was going, you were going, he (she, it) was going; we were going, you were going, they were going
	or: I went, you went, he (she, it) went; we went, you went, they went
	or: I used to go, you used to go, he (she, it) used to go; we used to go, you used to go, he (she, it) used to go
3 *Passé Simple*	I went, you went, he (she, it) went; we went, you went, they went
	or: I did go, you did go, he (she, it) did go; we did go, you did go, they did go
4 *Future*	I shall go, you will go, he (she, it) will go; we shall go, you will go, they will go
5 *Conditional*	I would go, you would go, he (she, it) would go; we would go, you would go, they would go
6 *Present Subjunctive*	that I may go, that you may go, that he (she, it) may go; that we may go, that you may go, that they may go
7 *Imperfect Subjunctive*	that I might go, that you might go, that he (she, it) might go; that we might go, that you might go, that they might go

INFINITIVE **to go — aller**
PRESENT PARTICIPLE going   *PAST PARTICIPLE* gone

Tense no.	The seven compound tenses

8 *Passé Composé*

I have gone, you have gone, he (she, it) has gone; we have gone, you have gone, they have gone

or: I went, you went, he (she, it) went; we went, you went, they went

or: I did go, you did go, he (she, it) did go; we did go, you did go, they did go

9 *Pluperfect or Past Perfect Indicative*

I had gone, you had gone, he (she, it) had gone; we had gone, you had gone, they had gone

10 *Past Anterior*

I had gone, you had gone, he (she, it) had gone; we had gone, you had gone, they had gone

11 *Future Perfect or Future Anterior*

I shall have gone, you will have gone, he (she, it) will have gone; we shall have gone, you will have gone, they will have gone

12 *Conditional Perfect*

I would have gone, you would have gone, he (she, it) would have gone; we would have gone, you would have gone, they would have gone

13 *Past Subjunctive*

that I may have gone, that you may have gone, that he (she, it) may have gone; that we may have gone, that you may have gone, that they may have gone

14 *Pluperfect or Past Perfect Subjunctive*

that I might have gone, that you might have gone, that he (she, it) might have gone; that we might have gone, that you might have gone, that they might have gone

Imperative (Command)

Go!
Let's go!
Go!

A Summary of Meanings and Uses of French Verb Tenses and Moods as Related to English Verb Tenses and Moods

A verb is where the action is! A verb is a word that expresses an action (like *go, eat, write*) or a state of being (like *think, believe, be*). Tense means time. French and English verb tenses are divided into three main groups of time: past, present, and future. A verb tense shows if an action or state of being took place, is taking place, or will take place.

French and English verbs are also used in three moods (or modes). Mood has to do with the *way* a person regards an action or a state. For example, a person may merely make a statement or ask a question—this is the Indicative Mood, which we use most of the time in French and English. A person may say that he *would do* something if something else were possible or that he *would have done* something if something else had been possible—this is the conditional tense. A person may use a verb *in such a way* to indicate a wish, a fear, a regret, a supposition, or something of this sort—this is the Subjunctive Mood. The Subjunctive Mood is used in French much more than in English. A person may command that something be done—this is the Imperative Mood.

There are six tenses in English: Present, Past, Future, Present Perfect, Past Perfect, and Future Perfect. The first three are simple tenses. The other three are compound tenses and are based on the simple tenses. In French, however, there are fourteen tenses, seven of which are simple and seven of which are compound.

In the pages that follow, the tenses and moods are given in French and the equivalent name or names in English are given in parenthesis. I have numbered each tense name for easy reference and recognition. Although some of the names given in English are not considered to be tenses (for there are only six), they are given for the purpose of identification as they are related to the French names. The comparison includes only the essential points you need to know about the meanings and uses of French verb tenses and moods as related to English usage.

I shall use examples to illustrate their meanings and uses. See p. xxvii for the formation of the seven simple tenses for regular verbs.

THE SEVEN SIMPLE TENSES

Tense No. 1 Le Présent de l'Indicatif
(Present Indicative)

This tense is used most of the time in French and English. It indicates:

(a) An action or a state of being at the present time.
   EXAMPLES:
   1. Je **vais** à l'école maintenant. I *am going* to school now.
   2. Je **pense**; donc, je **suis**. I *think*; therefore, I *am*.

(b) Habitual action.

EXAMPLE:

Je **vais** à la bibliothèque tous les jours.
I *go* to the library every day. OR: I *do go* to the library every day.

(c) A general truth, something which is permanently true.

EXAMPLES:

1. Deux et deux **font** quatre. Two and two *are* four.
2. Voir c'est croire. Seeing *is* believing.

(d) Vividness when talking or writing about past events. This is called the *historical present*.

EXAMPLE:

Marie-Antoinette **est** condamnée à mort. Elle **monte** dans la charrette et **est** en route pour la guillotine.
Marie-Antoinette *is* condemned to die. She *gets* into the cart and *is* on her way to the guillotine.

(e) A near future.

EXAMPLE:

Il **arrive** demain. He *arrives* tomorrow.

(f) An action or state of being that occurred in the past and *continues up to the present*. In English, this tense is the Present Perfect, which is formed with the present tense of *to have* (*have* or *has*) plus the past participle of the verb you are using.

EXAMPLES:

1. Je **suis** ici depuis dix minutes.
   I *have been* here for ten minutes. (I am still here at present)
2. Elle **est** malade depuis trois jours.
   She *has been* sick for three days. (She is still sick at present)
3. J'**attends** l'autobus depuis dix minutes.
   I *have been waiting* for the bus for ten minutes.

NOTE: In this last example the formation of the English verb tense is slightly different from the other two examples in English. The present participle (*waiting*) is used instead of the past participle (*waited*).

NOTE ALSO: For the formation of this tense for regular verbs see p. xxvii.

Tense No. 2   L'Imparfait de l'Indicatif
(Imperfect Indicative)

This is a past tense. It is used to indicate:

(a) An action that was going on in the past at the same time as another action.

EXAMPLE:

Il **lisait** pendant que j'**écrivais**. He *was reading* while I *was writing*.

(b) An action that was going on in the past when another action occurred.

EXAMPLE:

Il **lisait** quand je suis entré. He *was reading* when I came in.

(c) An action that a person did habitually in the past.

EXAMPLE:

Nous **allions** à la plage tous les jours. We *used to go* to the beach every day.

OR:

We *would go* to the beach every day.

(d) A description of a mental or physical condition in the past.

EXAMPLES:

(mental condition)   Il **était** triste quand je l'ai vu.
He *was* sad when I saw him.

(physical condition)   Quand ma mère **était** jeune, elle **était** belle.
When my mother *was* young, she *was* beautiful.

(e) An action or state of being that occurred in the past and *lasted for a certain length of time* prior to another past action. In English, it is usually translated as a pluperfect tense and is formed with *had been* plus the present participle of the verb you are using. It is like the special use of the **Présent de l'Indicatif** described in the above section (Tense No. 1) in paragraph (f), except that the action or state of being no longer exists at present.

EXAMPLE:

J'attendais l'autobus depuis dix minutes quand il est arrivé.
I *had been waiting* for the bus for ten minutes when it arrived.

NOTE: For the formation of this tense for regular verbs see p. xxvii.

Tense No. 3 Le Passé Simple
(Past Definite or Simple Past)

This past tense expresses an action that took place at some definite time. This tense is not ordinarily used in conversational French or in informal writing. It is a literary tense. It is used in formal writing, such as history and literature. You should be able merely to recognize this tense when you see it in your French readings. It should be noted that French writers use the **Passé Simple** less and less these days. The **Passé Composé** (Tense No. 8) is taking its place in literature, except for **avoir** and **être** which you must know in this tense.

EXAMPLES:

(a) Il **alla** en Afrique. He *went* to Africa.

(b) Il **voyagea** en Amérique. He *traveled* to America.

(c) Elle **fut** heureuse. She *was* happy.

(d) Elle **eut** un grand bonheur. She *had* great happiness.

NOTE: For the formation of this tense for regular verbs see p. xxvii

Tense No. 4   Le Futur
(Future)

In French and English this tense is used to express an action or a state of being which will take place at some time in the future.

EXAMPLES:

(a) J'**irai** en France l'été prochain.
I *shall go* to France next summer.
OR:
I *will go* to France next summer.

(b) J'y **penserai.**
I *shall think* about it.
OR:
I *will think* about it.

(c) Je **partirai** dès qu'il arrivera.
I *shall leave* as soon as he arrives.

(d) Je te **dirai** tout quand tu seras ici.
I *shall tell* you all when you are here.

If the action of the verb you are using is not past or present and if future time is implied, the future tense is used when the clause begins with any of the following conjunctions: **aussitôt que** (as soon as), **dès que** (as soon as), **quand** (when), **lorsque** (when), and **tant que** (as long as).

NOTE: For the formation of this tense for regular verbs see p. xxvii.

Tense No. 5   Le Conditionnel Présent
(Conditional)

The Conditional is used in French and English to express:

(a) An action that you would do if something else were possible.
EXAMPLE:
Je **ferais** le travail si j'avais le temps.
I *would do* the work if I had the time.

(b) A conditional desire. This is the Conditional of courtesy in French.
EXAMPLES:
J'**aimerais** du thé. I *would like* some tea.
Je **voudrais** du café. I *would like* some coffee.

(c) An obligation or duty.
EXAMPLE:
Je **devrais** étudier pour l'examen. I *should* study for the examination.
OR: I *ought* to study for the examination.

NOTE (1): The French verb **devoir** plus the infinitive is used to express the idea of *should* when you mean *ought to*.

NOTE (2): When the Conditional of the verb **pouvoir** is used in French, it is translated into English as *could* or *would be able*.
EXAMPLE:
Je **pourrais** venir après le dîner. I *could come* after dinner.
OR: I *would be able* to come after dinner.

NOTE: For the formation of this tense for regular verbs see p. xxvii.

Tense No. 6 Le Présent du Subjonctif
(Present Subjunctive)

The Subjunctive is used in French much more than in English. It is disappearing in English, except for the following major uses:

(a) The Subjunctive is used in French and English to express a command.

EXAMPLE:

Soyez à l'heure! *Be* on time!

NOTE: In English, the form in the Subjunctive applies mainly to the verb *to be*. Also, note that all verbs in French are not in the Subjunctive when expressing a command. See **L'Impératif** on p. xxviii.

(b) The Subjunctive is commonly used in English to express a condition contrary to fact.

EXAMPLE:

If I *were* you, I would not do it.

NOTE: In French the Subjunctive is not used in this instance. Instead, the **Imparfait de l'Indicatif** is used if what precedes is *si* (*if*). Same example in French: Si j'**étais** vous, je ne le ferais pas.

(c) The Present Subjunctive is used in French and English after a verb that expresses some kind of insistence, preference, or suggestion.

EXAMPLES:

1. J'insiste que vous **soyez** ici à l'heure. I insist that *you be* here on time.
2. Je préfère qu'il **fasse** le travail maintenant. I prefer that *he do* the work now.
3. J'exige qu'il **soit** puni. I demand that *he be* punished.

(d) The Subjunctive is used in French after a verb that expresses doubt, fear, joy, sorrow, or some other emotion. Notice in the following examples that the Subjunctive is not used in English but it is in French.

EXAMPLES:

1. Je doute qu'il **vienne.**
   I doubt that he *is coming.* OR: I doubt that he *will come.*
2. J'ai peur qu'il ne **soit** malade.
   I'm afraid that he *is* sick.
3. Je suis heureux qu'il **vienne.**
   I'm happy that he *is coming.*
4. Je regrette qu'il **soit** malade.
   I'm sorry that he *is* sick.

(e) The Present Subjunctive is used in French after certain conjunctions. Notice, however, that the Subjunctive is not always used in English.

EXAMPLES:

1. Je partirai **à moins qu'il ne vienne.**
   I shall leave unless he *comes.*
2. Je resterai **jusqu'à ce qu'il vienne.**
   I shall stay until he *comes.*
3. **Quoiqu'elle soit** belle, il ne l'aime pas.
   Although she *is* beautiful, he does not love her.
4. Je l'explique **pour qu'elle comprenne.**
   I'm explaining it *so that she may understand.*

(f) The Present Subjunctive is used in French after certain impersonal expressions that show a need, doubt, possibility or impossibility. Notice, however, that the Subjunctive is not always used in English in the following examples:

1. Il est urgent qu'il **vienne**.
   It is urgent that he *come*.
2. Il vaut mieux qu'il **vienne**.
   It is better that he *come*.
3. Il est possible qu'il **vienne**.
   It is possible that he *will come*.
4. Il est douteux qu'il **vienne**.
   It is doubtful that he *will come*.
5. Il est nécessaire qu'il **vienne**.
   It is necessary that he *come*. OR: He must come.
6. Il faut qu'il **vienne**.
   It is necessary that he *come*. OR: He must come.
7. Il est important que vous **fassiez** le travail.
   It is important that you *do* the work.
8. Il est indispensable qu'elle **fasse** le travail.
   It is required that she *do* the work.

NOTE: For the formation of this tense for regular verbs see p. xxviii.
See also my note about the Subjunctive which begins on p. 560.

Tense No. 7   L'Imparfait du Subjonctif
(Imperfect Subjunctive)

L'Imparfait du Subjonctif is used for the same reasons as the **Présent du Subjonctif** — that is, after certain verbs, conjunctions, and impersonal expressions which were used in examples above under the section, **le Présent du Subjonctif**. The main difference between these two is the time of the action. If present, use the **Présent du Subjonctif** (Tense No. 6). If the action is related to the past, the **Imparfait du Subjonctif** (this tense) is used, provided that the action was *not* completed. If the action was completed, the **Plus-que-parfait du Subjonctif** is used. See below under the section, **Plus-que-parfait du Subjonctif** (Tense No. 14).

Since the Subjunctive Mood is troublesome in French and English, you may be pleased to know that this tense is rarely used in English. It is used in French, however, but only in formal writing and in literature. For that reason, you should merely be familiar with it so you can recognize it when you see it in your French readings. In conversational French and in informal writing, **l'Imparfait du Subjonctif** is avoided. Use, instead, the **Présent du Subjonctif**.

Notice that the **Imparfait du Subjonctif** is used in French in both of the following examples, but is used in English only in the second example (b):

EXAMPLES:

(a) Je voulais qu'il **vînt**. I wanted him to come.
   (action not completed; he did not come while I wanted him to come)

   NOTE: The Subjunctive of **venir** is used because the verb that precedes is one that requires the Subjunctive *after* it — in this example it is **vouloir**. In conversational French and in-formal writing, the **Imparfait du Subjonctif** is avoided. Use, instead, the **Présent du Subjonctif**: Je voulais qu'il **vienne**.

(b) Je le lui expliquais **pour qu'elle le comprît.**
I was explaining it to her *so that she might understand it.*
(action not completed; the understanding was not completed at the time of the explaining)

NOTE: The Subjunctive of **comprendre** is used because the conjunction that precedes is one that requires the Subjunctive *after* it — in this example it is **pour que.** In conversational French and informal writing, the **Imparfait du Subjonctif** is avoided. Use, instead, the **Présent du Subjonctif:** Je le lui expliquais pour qu'elle le **comprenne.**

NOTE: For the formation of this tense for regular verbs see p. xxviii.
See also my note about the Subjunctive which begins on p. 560.

THE SEVEN COMPOUND TENSES

Tense No. 8 Le Passé Composé
(Past Indefinite or Compound Past)

This past tense expresses an action that took place at no definite time. It is used in conversational French, correspondence, and other informal writing. The **Passé Composé** is used more and more in literature these days and is taking the place of the **Passé Simple** (Tense No. 3). It is a compound tense because it is formed with the **Présent de l'Indicatif** (Tense No. 1) of *avoir* or *être* (depending on which of these two auxiliaries is required to form a compound tense) plus the past participle. See page viii for the distinction made between verbs conjugated with *avoir* or *être.*

EXAMPLES:
1. Il **est allé** à l'école. He *went* to school.
2. Il **est allé** à l'école. He *did go* to school.
3. Il **est allé** à l'école. He *has gone* to school.
4. J'**ai mangé** dans ce restaurant beaucoup de fois.
   I *have eaten* in this restaurant many times.

NOTE: In examples 3 and 4 in English the verb is formed with the Present tense of *to have* (*have* or *has*) plus the past participle of the verb you are using. In English, this form is called the Present Perfect.

5. J'**ai parlé** au garçon. I *spoke* to the boy. OR: I *have spoken* to the boy.
   OR: I *did speak* to the boy.

Tense No. 9 Le Plus-que-parfait de l'Indicatif
(Pluperfect or Past Perfect Indicative)

In French and English this tense is used to express an action which happened in the past *before* another past action. Since it is used in relation to another past action, the other past action is expressed in either the **Passé Composé** (Tense No. 8) or the **Imparfait de l'Indicatif**

(Tense No. 2) in French. This tense is used in formal writing and literature as well as in conversational French and informal writing. The correct use of this tense is strictly observed in French. In English, however, too often we neglect to use it correctly. It is a compound tense because it is formed with the **Imparfait de l'Indicatif** of *avoir* or *être* (depending on which of these two auxiliaries is required to form a compound tense) plus the past participle. See page viii for the distinction made between verbs conjugated with *avoir* or *être*. In English, this tense is formed with the Past Tense of *to have* (*had*) plus the past participle of the verb you are using.

EXAMPLES:

(a) Je me suis rappelé que j'**avais oublié** de le lui dire.
I remembered that I *had forgotten* to tell him.

NOTE: It would be incorrect in English to say: I remembered that I *forgot* to tell him. The point here is that *first* I forgot; then, I remembered. Both actions are in the past. The action that occurred in the past *before* the other past action is in the Pluperfect. And in this example it is *I had forgotten* (j'**avais oublié**).

(b) J'**avais étudié** la leçon que le professeur a expliquée.
I *had studied* the lesson which the teacher explained.

NOTE: *First* I studied the lesson; then, the teacher explained it. Both actions are in the past. The action that occurred in the past *before* the other past action is in the Pluperfect. And in this example it is *I had studied* (j'**avais étudié**). If you say **J'ai étudié la leçon que le professeur avait expliquée**, you are saying that you *studied* the lesson which the teacher *had explained*. In other words, the teacher explained the lesson first and then you studied it.

(c) J'étais fatigué ce matin parce que je n'**avais pas dormi**.
I was tired this morning because I *had* not *slept*.

Tense No. 10 Le Passé Antérieur
(Past Anterior)

This tense is similar to the **Plus-que-parfait de l'Indicatif** (Tense No. 9). The main difference is that in French it is a literary tense; that is, it is used in formal writing, such as history and literature. More and more French writers today use the **Plus-que-parfait de l'Indicatif** instead of this tense. Generally speaking, the **Passé Antérieur** is to the **Plus-que-parfait** what the **Passé Simple** is to the **Passé Composé**. The **Passé Antérieur** is a compound tense. In French, it is formed with the **Passé Simple** of *avoir* or *être* (depending on which of these two auxiliaries is required to form a compound tense) plus the past participle. In English, it is formed in the same way as the Pluperfect or Past Perfect. This tense is ordinarily introduced by conjunctions of time: **après que, aussitôt que, dès que, lorsque, quand.**

EXAMPLE:

Quand il **eut mangé** tout, il partit. When he *had eaten* everything, he left.

NOTE: In conversational French and informal writing, the **Plus-que-parfait de l'Indicatif** is used instead: Quand il **avait mangé** tout, il est parti. The translation into English is the same.

Tense No. 11 Le Futur Antérieur
(Future Perfect or Future Anterior)

In French and English this tense is used to express an action which will happen in the future *before* another future action. Since it is used in relation to another future action, the other future action is expressed in the simple Future in French, but not always in the simple Future in English. In French, it is used in conversation and informal writing as well as in formal writing and in literature. It is a compound tense because it is formed with the **Futur** of *avoir* or *être* (depending on which of these two auxiliaries is required to form a compound tense) plus the past participle of the verb you are using. In English, it is formed by using *shall have* or *will have* plus the past participle of the verb you are using.

EXAMPLES:

(a) Elle arrivera demain et j'**aurai fini** le travail.
She will arrive tomorrow and I *shall have finished* the work.

NOTE: First, I shall finish the work; then, she will arrive. The action that will occur in the future *before* the other future action is in the **Futur Antérieur.**

(b) Quand elle arrivera demain, j'**aurai fini** le travail.
When she arrives tomorrow, I *shall have finished* the work.

NOTE: The idea of future time here is the same as in example (a) above. In English, the Present tense is used (*When she arrives . . .*) to express a near future. In French, the **Futur** is used (**Quand elle arrivera . . .**) because **quand** precedes and the action will take place in the future. Study Tense No. 4 on p. xviii.

Tense No. 12 Le Conditionnel Passé
(Conditional Perfect)

This is used in French and English to express an action that you *would have done* if something else had been possible; that is, you would have done something *on condition* that something else had been possible. It is a compound tense because it is formed with the **Conditionnel Présent** of *avoir* or *être* plus the past participle of the verb you are using. In English, it is formed by using *would have* plus the past participle. Observe the difference between the following examples and the one given for the use of the **Conditionnel Présent** which was explained and illustrated in Tense No. 5 above.

EXAMPLES:

(a) J'**aurais fait** le travail si j'avais étudié.
I *would have done* the work if I had studied.

(b) J'**aurais fait** le travail si j'avais eu le temps.
I *would have done* the work if I had had the time.

NOTE: Review the **Plus-que-parfait de l'Indicatif** which was explained above in Tense No. 9 in order to understand the use of *if I had studied* (si j'avais étudié) and *if I had had the time* (si j'avais eu le temps).

NOTE FURTHER: The French verb **devoir** plus the infinitive is used to express the idea of *should* when you mean *ought to*. The past participle of **devoir** is **dû**. It is conjugated with **avoir**.

EXAMPLE:
J'aurais dû étudier.
I *should have* studied. OR: I *ought to have* studied.

Tense No. 13   Le Passé du Subjonctif
(Past or Perfect Subjunctive)

This tense is used to express an action which took place in the past in relation to the present time. It is like the **Passé Composé**, except that the auxiliary verb (*avoir* or *être*) is in the **Présent du Subjonctif**. The Subjunctive is used (as was noted in the previous sections of verb tenses in the Subjunctive) because what precedes is a certain verb, a certain conjunction, or a certain impersonal expression. The **Passé du Subjonctif** is also used in relation to a future time when another action will be completed. This tense is rarely used in English. In French, however, this tense is used in formal writing and in literature as well as in conversational French and informal writing. It is a compound tense because it is formed with the **Présent du Subjonctif** of *avoir* or *être* as the auxiliary plus the past participle of the verb you are using.

EXAMPLES:
(a) A past action in relation to the present

Il est possible qu'elle **soit partie.**
It is possible that she *may have left.* OR: It is possible that she *has left.*
Je doute qu'il **ait fait** cela.
I doubt that he *did* that.

(b) An action that will take place in the future

J'insiste que vous **soyez rentré** avant dix heures.
I insist that you *be back* before ten o'clock.

See also my note about the Subjunctive which begins on p. 560.

Tense No. 14   Le Plus-que-parfait du Subjonctif
(Pluperfect or Past Perfect Subjunctive)

This tense is used for the same reasons as the **Imparfait du Subjonctif** (Tense No. 7) — that is, after certain verbs, conjunctions and impersonal expressions which were used in examples previously under **le Présent du Subjonctif**. The main difference between the **Imparfait du Subjonctif** and this tense is the time of the action in the past. If the action was *not* completed, the **Imparfait du Subjonctif** is used. If the action was completed, this tense is used. It is rarely used in English. In French, it is used only in formal writing and in literature. For that reason, you should merely be familiar with it so you can recognize it in your readings in French literature. In conversational French and in informal writing, this tense is avoided. Use, instead, the **Passé du Subjonctif** (Tense No. 13).

This is a compound tense. It is formed by using the **Imparfait du Subjonctif** of *avoir* or *être* plus the past participle. This tense is like the **Plus-que-parfait de l'Indicatif**, except that the auxiliary verb (*avoir* or *être*) is in the **Imparfait du Subjonctif**. Review the uses of the Subjunctive mood in Tense No. 6.

EXAMPLES:

(a) Il était possible qu'elle **fût partie.**
It was possible that she *might have left.*

NOTE: Avoid this tense in conversational and informal French. Use, instead, **le Passé du Subjonctif:**
Il était possible qu'elle **soit partie.**

(b) Je ne croyais pas qu'elle **eût dit** cela.
I did not believe that she *had said* that.

NOTE: Avoid this tense in conversational and informal French. Use, instead, **le Passé du Subjonctif:**
Je ne croyais pas qu'elle **ait dit** cela.

(c) Je n'ai pas cru qu'elle **eût dit** cela.
I did not believe that she *had said* that.

NOTE: Avoid this tense in conversational and informal French. Use, instead, **le Passé du Subjonctif:**
Je n'ai pas cru qu'elle **ait dit** cela.

(d) J'ai craint que vous ne **fussiez tombé.**
I was afraid that you *had fallen.*

NOTE: Avoid this tense in conversational and informal French. Use, instead, **le Passé du Subjonctif:**
J'ai craint que vous ne **soyez tombé.**

See also my note about the Subjunctive which begins on p. 560.

L'Impératif
(Imperative or Command)

The Imperative Mood is used in French and English to express a command or a request. It is also used to express an indirect request made in the third person, as in (e) and (f) below. In both languages it is formed by dropping the subject pronoun and using the present tense. There are a few exceptions in both languages when the **Présent du Subjonctif** is used.

EXAMPLES:

(a) **Sortez!** Get out!

(b) **Entrez!** Come in!

(c) **Buvons!** Let's drink!

(d) **Soyez** à l'heure! *Be* on time! (Subjunctive is used)

(e) Dieu le **veuille!** May God *grant* it! (Subjunctive is used)

(f) Qu'ils **mangent du** gâteau! Let them *eat* cake! (Subjunctive is used)

(g) **Asseyez-vous!** Sit down!

(h) **Levez-vous!** Get up!

(i) **Ne vous asseyez pas!** Don't sit down!

(j) **Ne vous levez pas!** Don't get up!

NOTE: The Imperative is not a tense. It is a mood.

NOTE FURTHER: If you use a reflexive verb in the Imperative, drop the subject pronoun but keep the reflexive pronoun. Example: **Lavez-vous!** Wash yourself! See also examples (g) through (j).

Summary of verb tenses and moods in French with English equivalents

Les sept temps simples *The seven simple tenses*		Les sept temps composés *The seven compound tenses*	
Tense No.	Tense Name	Tense No.	Tense Name
1	**Présent de l'indicatif** *Present indicative*	8	**Passé composé**
2	**Imparfait de l'indicatif** *Imperfect indicative*	9	**Plus-que-parfait de l'indicatif** *Pluperfect indicative*
3	**Passé simple** *Past definite or Simple past*	10	**Passé antérieur** *Past anterior*
4	**Futur** *Future*	11	**Futur antérieur** *Future perfect*
5	**Conditionnel** *Conditional*	12	**Conditionnel passé** *Conditional perfect*
6	**Présent du subjonctif** *Present subjunctive*	13	**Passé du subjonctif** *Past subjunctive*
7	**Imparfait du subjonctif** *Imperfect subjunctive*	14	**Plus-que-parfait du subjonctif** *Pluperfect subjunctive*

The imperative is not a tense; it is a mood.

Formation of the Tenses

In French there are seven simple tenses and seven compound tenses. A simple tense means that the verb form consists of one word. A compound tense is a verb form that consists of two words (the auxiliary verb and the past participle). The auxiliary verb is also called a helping verb and in French it is any of the seven simple tenses of **avoir** or **être**.

FORMATION OF THE SEVEN SIMPLE TENSES FOR REGULAR VERBS

Tense No. 1   Présent de l'Indicatif
  (Present Indicative)

-er verbs: drop **-er** and add **e, es, e; ons, ez, ent**

-ir verbs: drop **-ir** and add **is, is, it; issons, issez, issent**

-re verbs: drop **-re** and add **s, s, -; ons, ez, ent**

Tense No. 2   Imparfait de l'Indicatif
  (Imperfect Indicative)

For **-er, -ir, -re** verbs, take the "**nous**" form in the present indicative of the verb you have in mind, drop the ending **-ons** and add: **ais, ais, ait; ions, iez, aient**

Tense No. 3   Passé Simple
  (Past Definite or Simple Past)

For all **-er** verbs, drop **-er** and add **ai, as, a; âmes, âtes, èrent**

For **-ir** and **-re** verbs, drop the ending of the infinitive and add
is, is, it; îmes, îtes, irent

Tense No. 4   Futur
  (Future)

Add the following endings to the whole infinitive, but for **-re** verbs drop **e** in **-re** before adding the future endings, which are: **ai, as, a; ons, ez, ont.** Note that these endings are based on the present indicative of **avoir.**

Tense No. 5   Conditionnel
  (Conditional)

Add the following endings to the whole infinitive, but for **-re** verbs drop **e** in **-re** before adding the conditional endings, which are: **ais, ais, ait; ions, iez, aient.** Note that these endings are the same as those for the imperfect indicative (Tense No. 2).

Tense No. 6 Présent du Subjonctif
(Present Subjunctive)

Drop **-ant** ending of the present participle of the verb you have in mind and add
e, es, e; ions, iez, ent

Tense No. 7 Imparfait du Subjonctif
(Imperfect Subjunctive)

Drop the endings of the passé simple of the verb you have in mind and for **-er** verbs
add **asse, asses, ât; assions, assiez, assent.** For **-ir** verbs add **isse, isses, ît; issions,
issiez, issent.** For **-re** verbs add **usse, usses, ût; ussions, ussiez, ussent.**

NOTE:
(a) For the forms of irregular verbs, *e.g.,* **avoir, être, faire, aller,** and many others,
    turn to the page where the verb you have in mind is given in this book. All
    verbs are listed alphabetically at the top of each page.
(b) For the uses of the seven simple tenses, see pp. xviii–xxiv.
(c) For the formation of the seven compound tenses and their uses, see pp. xxi–
    xxv and the section below.

FORMATION OF THE SEVEN COMPOUND TENSES

An Easy Way to Form the Seven Compound Tenses in French

avoir or **être*** in the
following simple tenses

$+$ PLUS the
past parti-
ciple of the
verb you
have in
mind**

$=$ EQUALS the following
compound tenses

1. **Présent de l'indicatif**
2. **Imparfait de l'indicatif**
3. **Passé simple**
4. **Futur**
5. **Conditionnel**
6. **Présent du subjonctif**
7. **Imparfait du subjonctif**

8. **Passé composé**
9. **Plus-que-parfait de l'indicatif**
10. **Passé antérieur**
11. **Futur antérieur**
12. **Conditionnel passé**
13. **Passé du subjonctif**
14. **Plus-que-parfait du subjonctif**

*To know if **avoir** or être is required, see p. viii.
** To know how to form a past participle, see p. ix

Each compound tense is based on each simple tense. The fourteen tenses given on page xxviii are arranged in a logical order which is numerical.

Here is how you form each of the seven compound tenses:

Tense number 8 is based on Tense number 1 of **avoir** or **être**; in other words, you form the **passé composé** by using the auxiliary **avoir** or **être** (whichever is appropriate) in the **présent de l'indicatif** plus the past participle of the verb you have in mind. Examples: **j'ai parlé; je suis allé(e).**

Tense number 9 is based on Tense number 2 of **avoir** or **être**; in other words, you form the **plus-que-parfait de l'indicatif** by using the auxiliary **avoir** or **être** (whichever is appropriate) in the **imparfait de l'indicatif** plus the past participle of the verb you have in mind. Examples: **j'avais parlé; j'étais allé(e).**

Tense number 10 is based on Tense number 3 of **avoir** or **être**; in other words, you form the **passé antérieur** by using the auxiliary **avoir** or **être** (whichever is appropriate) in the **passé simple** plus the past participle of the verb you have in mind. Examples: **j'eus parlé; je fus allé(e).**

Tense number 11 is based on Tense number 4 of **avoir** or **être**; in other words, you form the **futur antérieur** by using the auxiliary **avoir** or **être** (whichever is appropriate) in the **futur** plus the past participle of the verb you have in mind. Examples: **j'aurai parlé; je serai allé(e).**

Tense number 12 is based on Tense number 5 of **avoir** or **être**; in other words, you form the **conditionnel passé** by using the auxiliary **avoir** or **être** (whichever is appropriate) in the **conditionnel** plus the past participle of the verb you have in mind. Examples: **j'aurais parlé; je serais allé(e).**

Tense number 13 is based on Tense number 6 of **avoir** or **être**; in other words, you form the **passé du subjonctif** by using the auxiliary **avoir** or **être** (whichever is appropriate) in the **présent du subjonctif** plus the past participle of the verb you have in mind. Examples: **que j'aie parlé; que je sois allé(e).** This tense is like the **passé composé** (tense number 8), except that the auxiliary verb **avoir** or **être** is in the present subjunctive.

Tense number 14 is based on Tense number 7 of **avoir** or **être**; in other words, you form the **plus-que-parfait du subjonctif** by using the auxiliary **avoir** or **être** (whichever is appropriate) in the **imparfait du subjonctif** plus the past participle of the verb you have in mind. Examples: **que j'eusse parlé; que je fusse allé(e).**

If you ever expect to know or even recognize the meaning of any of the seven compound tenses, or to know how to form them, you certainly have to know **avoir** and **être** in the seven simple tenses. If you do not, you cannot form the seven compound tenses — and they are the easiest to form. This is one perfect example to illustrate that learning French verb forms is a cumulative experience because in order to know the seven compound tenses, you must first know the forms of **avoir** and **être** in the seven simple tenses. They are found on pages 61 and 206 in this book.

To know which verbs are conjugated with **avoir** or **être** to form the seven compound tenses, see page viii. To understand the uses of the seven simple tenses, see pages xv–xxi. To understand the uses of the seven compound tenses, see pages xxi–xxv. To know the translation of all fourteen tenses into English, see pages xiii–xiv.

Subject Pronouns

(a) The subject pronouns for all verb forms on the following pages have been omitted in order to emphasize the verb forms, which is what this book is all about.

(b) The subject pronouns that have been omitted are, as you know, as follows:

singular	*plural*
je *or* **j'**	**nous**
tu	**vous**
il, elle, on	**ils, elles**

(c) You realize, of course, that when you use a verb form in the Imperative (Command) you do not use the subject pronoun with it, as is also done in English. Example: **Parlez!** *Speak!* If you use a reflexive verb in the Imperative, drop the subject pronoun but keep the reflexive pronoun. Example: **Lavez-vous!** *Wash yourself!*

Alphabetical Listing of 501 French Verbs Fully Conjugated in All the Tenses

Subject Pronouns

singular	plural
je *or* j'	nous
tu	vous
il, elle, on	ils, elles

to lower, to reduce, to humiliate, to humble

The Seven Simple Tenses		The Seven Compound Tenses	
Singular	Plural	Singular	Plural
1 présent de l'indicatif		**8 passé composé**	
abaisse	abaissons	ai abaissé	avons abaissé
abaisses	abaissez	as abaissé	avez abaissé
abaisse	abaissent	a abaissé	ont abaissé
2 imparfait de l'indicatif		**9 plus-que-parfait de l'indicatif**	
abaissais	abaissions	avais abaissé	avions abaissé
abaissais	abaissiez	avais abaissé	aviez abaissé
abaissait	abaissaient	avait abaissé	avaient abaissé
3 passé simple		**10 passé antérieur**	
abaissai	abaissâmes	eus abaissé	eûmes abaissé
abaissas	abaissâtes	eus abaissé	eûtes abaissé
abaissa	abaissèrent	eut abaissé	eurent abaissé
4 futur		**11 futur antérieur**	
abaisserai	abaisserons	aurai abaissé	aurons abaissé
abaisseras	abaisserez	auras abaissé	aurez abaissé
abaissera	abaisseront	aura abaissé	auront abaissé
5 conditionnel		**12 conditionnel passé**	
abaisserais	abaisserions	aurais abaissé	aurions abaissé
abaisserais	abaisseriez	aurais abaissé	auriez abaissé
abaisserait	abaisseraient	aurait abaissé	auraient abaissé
6 présent du subjonctif		**13 passé du subjonctif**	
abaisse	abaissions	aie abaissé	ayons abaissé
abaisses	abaissiez	aies abaissé	ayez abaissé
abaisse	abaissent	ait abaissé	aient abaissé
7 imparfait du subjonctif		**14 plus-que-parfait du subjonctif**	
abaissasse	abaissassions	eusse abaissé	eussions abaissé
abaissasses	abaissassiez	eusses abaissé	eussiez abaissé
abaissât	abaissassent	eût abaissé	eussent abaissé

Impératif
abaisse
abaissons
abaissez

Words and expressions related to this verb

abaisser le store   to pull down the
  (venetian) blind, shade
abaisser les yeux   to cast one's eyes
  down, to look down
s'abaisser à   to stoop to
un abaissement   abatement, lowering

abaisser qqn   to humiliate someone
abaisser la valeur de qqch   to bring down
  the value of something
s'abaisser   to decline, to go down
s'abaisser devant qqn   to humble oneself
  before someone

See also **s'abaisser.**

Consult the sections on verbs used in idiomatic expressions, verbs with prepositions, and the list of over 1,000 verbs conjugated like model verbs in the back pages.

The subject pronouns are found on the page facing page 1.   **1**

to humble oneself, to lower oneself, to condescend

The Seven Simple Tenses		The Seven Compound Tenses	
Singular	Plural	Singular	Plural

1 présent de l'indicatif

m'abaisse	nous abaissons	
t'abaisses	vous abaissez	
s'abaisse	s'abaissent	

8 passé composé

me suis abaissé(e)	nous sommes abaissé(e)s
t'es abaissé(e)	vous êtes abaissé(e)(s)
s'est abaissé(e)	se sont abaissé(e)s

2 imparfait de l'indicatif

m'abaissais	nous abaissions
t'abaissais	vous abaissiez
s'abaissait	s'abaissaient

9 plus-que-parfait de l'indicatif

m'étais abaissé(e)	nous étions abaissé(e)s
t'étais abaissé(e)	vous étiez abaissé(e)(s)
s'était abaissé(e)	s'étaient abaissé(e)s

3 passé simple

m'abaissai	nous abaissâmes
t'abaissas	vous abaissâtes
s'abaissa	s'abaissèrent

10 passé antérieur

me fus abaissé(e)	nous fûmes abaissé(e)s
te fus abaissé(e)	vous fûtes abaissé(e)(s)
se fut abaissé(e)	se furent abaissé(e)s

4 futur

m'abaisserai	nous abaisserons
t'abaisseras	vous abaisserez
s'abaissera	s'abaisseront

11 futur antérieur

me serai abaissé(e)	nous serons abaissé(e)s
te seras abaissé(e)	vous serez abaissé(e)(s)
se sera abaissé(e)	se seront abaissé(e)s

5 conditionnel

m'abaisserais	nous abaisserions
t'abaisserais	vous abaisseriez
s'abaisserait	s'abaisseraient

12 conditionnel passé

me serais abaissé(e)	nous serions abaissé(e)s
te serais abaissé(e)	vous seriez abaissé(e)(s)
se serait abaissé(e)	se seraient abaissé(e)s

6 présent du subjonctif

m'abaisse	nous abaissions
t'abaisses	vous abaissiez
s'abaisse	s'abaissent

13 passé du subjonctif

me sois abaissé(e)	nous soyons abaissé(e)s
te sois abaissé(e)	vous soyez abaissé(e)(s)
se soit abaissé(e)	se soient abaissé(e)s

7 imparfait du subjonctif

m'abaissasse	nous abaissassions
t'abaissasses	vous abaissassiez
s'abaissât	s'abaissassent

14 plus-que-parfait du subjonctif

me fusse abaissé(e)	nous fussions abaissé(e)s
te fusses abaissé(e)	vous fussiez abaissé(e)(s)
se fût abaissé(e)	se fussent abaissé(e)s

Impératif
abaisse-toi; ne t'abaisse pas
abaissons-nous; ne nous abaissons pas
abaissez-vous; ne vous abaissez pas

Words and expressions related to this verb

s'abaisser to decline, to go down	**s'abaisser devant qqn** to humble oneself
un abaissement abatement, lowering	before someone

See also **abaisser.**

Consult the sections on verbs used in idiomatic expressions, verbs with prepositions, and the list of over 1,000 verbs conjugated like model verbs in the back pages.

to daze, to deafen, to stun, to bewilder, to stupefy

The Seven Simple Tenses		The Seven Compound Tenses	
Singular	Plural	Singular	Plural
1 présent de l'indicatif		**8 passé composé**	
abasourdis	abasourdissons	ai abasourdi	avons abasourdi
abasourdis	abasourdissez	as abasourdi	avez abasourdi
abasourdit	abasourdissent	a abasourdi	ont abasourdi
2 imparfait de l'indicatif		**9 plus-que-parfait de l'indicatif**	
abasourdissais	abasourdissions	avais abasourdi	avions abasourdi
abasourdissais	abasourdissiez	avais abasourdi	aviez abasourdi
abasourdissait	abasourdissaient	avait abasourdi	avaient abasourdi
3 passé simple		**10 passé antérieur**	
abasourdis	abasourdîmes	eus abasourdi	eûmes abasourdi
abasourdis	abasourdîtes	eus abasourdi	eûtes abasourdi
abasourdit	abasourdirent	eut abasourdi	eurent abasourdi
4 futur		**11 futur antérieur**	
abasourdirai	abasourdirons	aurai abasourdi	aurons abasourdi
abasourdiras	abasourdirez	auras abasourdi	aurez abasourdi
abasourdira	abasourdiront	aura abasourdi	auront abasourdi
5 conditionnel		**12 conditionnel passé**	
abasourdirais	abasourdirions	aurais abasourdi	aurions abasourdi
abasourdirais	abasourdiriez	aurais abasourdi	auriez abasourdi
abasourdirait	abasourdiraient	aurait abasourdi	auraient abasourdi
6 présent du subjonctif		**13 passé du subjonctif**	
abasourdisse	abasourdissions	aie abasourdi	ayons abasourdi
abasourdisses	abasourdissiez	aies abasourdi	ayez abasourdi
abasourdisse	abasourdissent	ait abasourdi	aient abasourdi
7 imparfait du subjonctif		**14 plus-que-parfait du subjonctif**	
abasourdisse	abasourdissions	eusse abasourdi	eussions abasourdi
abasourdisses	abasourdissiez	eusses abasourdi	eussiez abasourdi
abasourdît	abasourdissent	eût abasourdi	eussent abasourdi

Impératif
abasourdis
abasourdissons
abasourdissez

Words and expressions related to this verb

assourdir to deafen, to deaden a sound, to muffle
s'assourdir to soften the sound of a consonant, to unvoice a consonant
abasourdissant, abasourdissante astounding, amazing
sourd, sourde deaf

devenir sourd to become deaf
faire la sourde oreille to turn a deaf ear, not to listen
être sourd à to be deaf to
la surdité deafness
un abasourdissement amazement, astonishment, bewilderment

The *s* in **abasourdir** is pronounced as if it were written *z*.

to dishearten, to strike down, to cut down, to knock down, to slaughter

The Seven Simple Tenses		The Seven Compound Tenses	
Singular	Plural	Singular	Plural
1 présent de l'indicatif		**8 passé composé**	
abats	abattons	ai abattu	avons abattu
abats	abattez	as abattu	avez abattu
abat	abattent	a abattu	ont abattu
2 imparfait de l'indicatif		**9 plus-que-parfait de l'indicatif**	
abattais	abattions	avais abattu	avions abattu
abattais	abattiez	avais abattu	aviez abattu
abattait	abattaient	avait abattu	avaient abattu
3 passé simple		**10 passé antérieur**	
abattis	abattîmes	eus abattu	eûmes abattu
abattis	abattîtes	eus abattu	eûtes abattu
abattit	abattirent	eut abattu	eurent abattu
4 futur		**11 futur antérieur**	
abattrai	abattrons	aurai abattu	aurons abattu
abattras	abattrez	auras abattu	aurez abattu
abattra	abattront	aura abattu	auront abattu
5 conditionnel		**12 conditionnel passé**	
abattrais	abattrions	aurais abattu	aurions abattu
abattrais	abattriez	aurais abattu	auriez abattu
abattrait	abattraient	aurait abattu	auraient abattu
6 présent du subjonctif		**13 passé du subjonctif**	
abatte	abattions	aie abattu	ayons abattu
abattes	abattiez	aies abattu	ayez abattu
abatte	abattent	ait abattu	aient abattu
7 imparfait du subjonctif		**14 plus-que-parfait du subjonctif**	
abattisse	abattissions	eusse abattu	eussions abattu
abattisses	abattissiez	eusses abattu	eussiez abattu
abattît	abattissent	eût abattu	eussent abattu

Impératif
abats
abattons
abattez

Words and expressions related to this verb

l'abattage *m.*   slaughtering of animals
un abattoir   slaughterhouse
rabattre   to pull down, to turn down,
   to knock down, to beat down
un rabat-joie   killjoy, party pooper,
   "wet blanket"; (des **rabat-joie**)

un abatteur   slaughterer of animals
à bas!   down with!   **à bas les devoirs!**
   down with homework!
un rabais   reduction; **vendre au rabais**
   to sell at a discount (at reduced prices)

Consult the sections on verbs used in idiomatic expressions, verbs with prepositions, and the list of over 1,000 verbs conjugated like model verbs in the back pages.

to abolish, to do away with

The Seven Simple Tenses		The Seven Compound Tenses	
Singular	Plural	Singular	Plural

1 présent de l'indicatif

		8 passé composé	
abolis	abolissons	ai aboli	avons aboli
abolis	abolissez	as aboli	avez aboli
abolit	abolissent	a aboli	ont aboli

2 imparfait de l'indicatif

		9 plus-que-parfait de l'indicatif	
abolissais	abolissions	avais aboli	avions aboli
abolissais	abolissiez	avais aboli	aviez aboli
abolissait	abolissaient	avait aboli	avaient aboli

3 passé simple

		10 passé antérieur	
abolis	abolîmes	eus aboli	eûmes aboli
abolis	abolîtes	eus aboli	eûtes aboli
abolit	abolirent	eut aboli	eurent aboli

4 futur

		11 futur antérieur	
abolirai	abolirons	aurai aboli	aurons aboli
aboliras	abolirez	auras aboli	aurez aboli
abolira	aboliront	aura aboli	auront aboli

5 conditionnel

		12 conditionnel passé	
abolirais	abolirions	aurais aboli	aurions aboli
abolirais	aboliriez	aurais aboli	auriez aboli
abolirait	aboliraient	aurait aboli	auraient aboli

6 présent du subjonctif

		13 passé du subjonctif	
abolisse	abolissions	aie aboli	ayons aboli
abolisses	abolissiez	aies aboli	ayez aboli
abolisse	abolissent	ait aboli	aient aboli

7 imparfait du subjonctif

		14 plus-que-parfait du subjonctif	
abolisse	abolissions	eusse aboli	eussions aboli
abolisses	abolissiez	eusses aboli	eussiez aboli
abolît	abolissent	eût aboli	eussent aboli

Impératif
abolis
abolissons
abolissez

Words related to this verb

l'abolition *f.*   abolition   **abolitionniste**   abolitionist
l'abolitionnisme *m.*   abolitionism

Consult the sections on verbs used in idiomatic expressions, verbs with prepositions, and the list of over 1,000 verbs conjugated like model verbs in the back pages.

to absolve

The Seven Simple Tenses		The Seven Compound Tenses	
Singular	Plural	Singular	Plural
1 présent de l'indicatif		**8 passé composé**	
absous	absolvons	ai absous	avons absous
absous	absolvez	as absous	avez absous
absout	absolvent	a absous	ont absous
2 imparfait de l'indicatif		**9 plus-que-parfait de l'indicatif**	
absolvais	absolvions	avais absous	avions absous
absolvais	absolviez	avais absous	aviez absous
absolvait	absolvaient	avait absous	avaient absous
*3 passé simple		**10 passé antérieur**	
absolus	absolûmes	eus absous	eûmes absous
absolus	absolûtes	eus absous	eûtes absous
absolut	absolurent	eut absous	eurent absous
4 futur		**11 futur antérieur**	
absoudrai	absoudrons	aurai absous	aurons absous
absoudras	absoudrez	auras absous	aurez absous
absoudra	absoudront	aura absous	auront absous
5 conditionnel		**12 conditionnel passé**	
absoudrais	absoudrions	aurais absous	aurions absous
absoudrais	absoudriez	aurais absous	auriez absous
absoudrait	absoudraient	aurait absous	auraient absous
6 présent du subjonctif		**13 passé du subjonctif**	
absolve	absolvions	aie absous	ayons absous
absolves	absolviez	aies absous	ayez absous
absolve	absolvent	ait absous	aient absous
*7 imparfait du subjonctif		**14 plus-que-parfait du subjonctif**	
absolusse	absolussions	eusse absous	eussions absous
absolusses	absolussiez	eusses absous	eussiez absous
absolût	absolussent	eût absous	eussent absous

*Tense Nos. 3 and 7 of this
verb are rarely used.

Impératif
absous
absolvons
absolvez

Words and expressions related to this verb

une absolution absolution (of a sin)
donner l'absolution à un pécheur
    to absolve a sinner (of his sins)
une absoute recitation of prayers for the dead
absolument absolutely; **Je le veux absolument**
    I really insist upon it.

une confiance absolue complete
    confidence
un refus absolu absolute (flat) refusal
absolument pas! certainly not!
absolument rien! absolutely nothing!

Consult the sections on verbs used in idiomatic expressions, verbs with prepositions, and the
list of over 1,000 verbs conjugated like model verbs in the back pages.

The Seven Simple Tenses		The Seven Compound Tenses	
Singular	Plural	Singular	Plural

1   présent de l'indicatif

m'abstiens	nous abstenons		
t'abstiens	vous abstenez		
s'abstient	s'abstiennent		

8   passé composé

me suis abstenu(e)	nous sommes abstenu(e)s
t'es abstenu(e)	vous êtes abstenu(e)(s)
s'est abstenu(e)	se sont abstenu(e)s

2   imparfait de l'indicatif

m'abstenais	nous abstenions
t'abstenais	vous absteniez
s'abstenait	s'abstenaient

9   plus-que-parfait de l'indicatif

m'étais abstenu(e)	nous étions abstenu(e)s
t'étais abstenu(e)	vous étiez abstenu(e)(s)
s'était abstenu(e)	s'étaient abstenu(e)s

3   passé simple

m'abstins	nous abstînmes
t'abstins	vous abstîntes
s'abstint	s'abstinrent

10   passé antérieur

me fus abstenu(e)	nous fûmes abstenu(e)s
te fus abstenu(e)	vous fûtes abstenu(e)(s)
se fut abstenu(e)	se furent abstenu(e)s

4   futur

m'abstiendrai	nous abstiendrons
t'abstiendras	vous abstiendrez
s'abstiendra	s'abstiendront

11   futur antérieur

me serai abstenu(e)	nous serons abstenu(e)s
te seras abstenu(e)	vous serez abstenu(e)(s)
se sera abstenu(e)	se seront abstenu(e)s

5   conditionnel

m'abstiendrais	nous abstiendrions
t'abstiendrais	vous abstiendriez
s'abstiendrait	s'abstiendraient

12   conditionnel passé

me serais abstenu(e)	nous serions abstenu(e)s
te serais abstenu(e)	vous seriez abstenu(e)(s)
se serait abstenu(e)	se seraient abstenu(e)s

6   présent du subjonctif

m'abstienne	nous abstenions
t'abstiennes	vous absteniez
s'abstienne	s'abstiennent

13   passé du subjonctif

me sois abstenu(e)	nous soyons abstenu(e)s
te sois abstenu(e)	vous soyez abstenu(e)(s)
se soit abstenu(e)	se soient abstenu(e)s

7   imparfait du subjonctif

m'abstinsse	nous abstinssions
t'abstinsses	vous abstinssiez
s'abstînt	s'abstinssent

14   plus-que-parfait du subjonctif

me fusse abstenu(e)	nous fussions abstenu(e)s
te fusses abstenu(e)	vous fussiez abstenu(e)(s)
se fût abstenu(e)	se fussent abstenu(e)s

Impératif
abstiens-toi; ne t'abstiens pas
abstenons-nous; ne nous abstenons pas
abstenez-vous; ne vous abstenez pas

Words and expressions related to this verb

s'abstenir de to abstain from		**faire abstinence de** to abstain from	
l'abstinence *f.* abstinence		**un abstentionniste** abstentionist	
l'abstention *f.* abstention		**s'abstenir de faire** to refrain from doing	

Consult the sections on verbs used in idiomatic expressions, verbs with prepositions, and the list of over 1,000 verbs conjugated like model verbs in the back pages.

accepter

Part. pr. **acceptant**   Part. passé **accepté**

to accept

The Seven Simple Tenses		The Seven Compound Tenses	
Singular	Plural	Singular	Plural
1 présent de l'indicatif		**8 passé composé**	
accepte	acceptons	ai accepté	avons accepté
acceptes	acceptez	as accepté	avez accepté
accepte	acceptent	a accepté	ont accepté
2 imparfait de l'indicatif		**9 plus-que-parfait de l'indicatif**	
acceptais	acceptions	avais accepté	avions accepté
acceptais	acceptiez	avais accepté	aviez accepté
acceptait	acceptaient	avait accepté	avaient accepté
3 passé simple		**10 passé antérieur**	
acceptai	acceptâmes	eus accepté	eûmes accepté
acceptas	acceptâtes	eus accepté	eûtes accepté
accepta	acceptèrent	eut accepté	eurent accepté
4 futur		**11 futur antérieur**	
accepterai	accepterons	aurai accepté	aurons accepté
accepteras	accepterez	auras accepté	aurez accepté
acceptera	accepteront	aura accepté	auront accepté
5 conditionnel		**12 conditionnel passé**	
accepterais	accepterions	aurais accepté	aurions accepté
accepterais	accepteriez	aurais accepté	auriez accepté
accepterait	accepteraient	aurait accepté	auraient accepté
6 présent du subjonctif		**13 passé du subjonctif**	
accepte	acceptions	aie accepté	ayons accepté
acceptes	acceptiez	aies accepté	ayez accepté
accepte	acceptent	ait accepté	aient accepté
7 imparfait du subjonctif		**14 plus-que-parfait du subjonctif**	
acceptasse	acceptassions	eusse accepté	eussions accepté
acceptasses	acceptassiez	eusses accepté	eussiez accepté
acceptât	acceptassent	eût accepté	eussent accepté

Impératif
accepte
acceptons
acceptez

Sentences using this verb and words related to it

Ce matin Madame Pompidou a téléphoné à son amie, Madame Dulac, pour accepter une invitation à dîner chez elle. Voici leur conversation:

Madame Pompidou: **Je viens de recevoir votre aimable invitation. J'accepte avec plaisir. J'ai déjà accepté une invitation pour déjeuner chez une autre amie le même jour. Alors, après le déjeuner chez elle, j'irai en ville pour faire du shopping et je serai chez vous à huit heures pour le dîner.**

Madame Dulac: **Vous acceptez? C'est merveilleux. Alors, vous n'aurez pas besoin de faire la cuisine ce jour-là!**

See the back pages for verbs used in idiomatic expressions.

to acclaim, to applaud, to cheer

The Seven Simple Tenses		The Seven Compound Tenses	
Singular	Plural	Singular	Plural
1 présent de l'indicatif		**8 passé composé**	
acclame	acclamons	ai acclamé	avons acclamé
acclames	acclamez	as acclamé	avez acclamé
acclame	acclament	a acclamé	ont acclamé
2 imparfait de l'indicatif		**9 plus-que-parfait de l'indicatif**	
acclamais	acclamions	avais acclamé	avions acclamé
acclamais	acclamiez	avais acclamé	aviez acclamé
acclamait	acclamaient	avait acclamé	avaient acclamé
3 passé simple		**10 passé antérieur**	
acclamai	acclamâmes	eus acclamé	eûmes acclamé
acclamas	acclamâtes	eus acclamé	eûtes acclamé
acclama	acclamèrent	eut acclamé	eurent acclamé
4 futur		**11 futur antérieur**	
acclamerai	acclamerons	aurai acclamé	aurons acclamé
acclameras	acclamerez	auras acclamé	aurez acclamé
acclamera	acclameront	aura acclamé	auront acclamé
5 conditionnel		**12 conditionnel passé**	
acclamerais	acclamerions	aurais acclamé	aurions acclamé
acclamerais	acclameriez	aurais acclamé	auriez acclamé
acclamerait	acclameraient	aurait acclamé	auraient acclamé
6 présent du subjonctif		**13 passé du subjonctif**	
acclame	acclamions	aie acclamé	ayons acclamé
acclames	acclamiez	aies acclamé	ayez acclamé
acclame	acclament	ait acclamé	aient acclamé
7 imparfait du subjonctif		**14 plus-que-parfait du subjonctif**	
acclamasse	acclamassions	eusse acclamé	eussions acclamé
acclamasses	acclamassiez	eusses acclamé	eussiez acclamé
acclamât	acclamassent	eût acclamé	eussent acclamé

Impératif
acclame
acclamons
acclamez

Words and expressions related to this verb

l'acclamation *f.*   acclamation, cheering
nommer par acclamation   to name by
acclamation

élire par acclamation   to elect by
acclamation
se faire acclamer   to be cheered, hailed

Consult the sections on verbs used in idiomatic expressions, verbs with prepositions, and the list of over 1,000 verbs conjugated like model verbs in the back pages.

to accompany

The Seven Simple Tenses		The Seven Compound Tenses	
Singular	Plural	Singular	Plural
1 présent de l'indicatif		**8 passé composé**	
accompagne	accompagnons	ai accompagné	avons accompagné
accompagnes	accompagnez	as accompagné	avez accompagné
accompagne	accompagnent	a accompagné	ont accompagné
2 imparfait de l'indicatif		**9 plus-que-parfait de l'indicatif**	
accompagnais	accompagnions	avais accompagné	avions accompagné
accompagnais	accompagniez	avais accompagné	aviez accompagné
accompagnait	accompagnaient	avait accompagné	avaient accompagné
3 passé simple		**10 passé antérieur**	
accompagnai	accompagnâmes	eus accompagné	eûmes accompagné
accompagnas	accompagnâtes	eus accompagné	eûtes accompagné
accompagna	accompagnèrent	eut accompagné	eurent accompagné
4 futur		**11 futur antérieur**	
accompagnerai	accompagnerons	aurai accompagné	aurons accompagné
accompagneras	accompagnerez	auras accompagné	aurez accompagné
accompagnera	accompagneront	aura accompagné	auront accompagné
5 conditionnel		**12 conditionnel passé**	
accompagnerais	accompagnerions	aurais accompagné	aurions accompagné
accompagnerais	accompagneriez	aurais accompagné	auriez accompagné
accompagnerait	accompagneraient	aurait accompagné	auraient accompagné
6 présent du subjonctif		**13 passé du subjonctif**	
accompagne	accompagnions	aie accompagné	ayons accompagné
accompagnes	accompagniez	aies accompagné	ayez accompagné
accompagne	accompagnent	ait accompagné	aient accompagné
7 imparfait du subjonctif		**14 plus-que-parfait du subjonctif**	
accompagnasse	accompagnassions	eusse accompagné	eussions accompagné
accompagnasses	accompagnassiez	eusses accompagné	eussiez accompagné
accompagnât	accompagnassent	eût accompagné	eussent accompagné

Impératif
accompagne
accompagnons
accompagnez

Sentences using this verb and words related to it

    Hier après-midi Monsieur Durand, professeur de français, a accompagné ses étudiants au Bois de Boulogne pour pique-niquer. Les étudiants étaient accompagnés aussi de leurs parents. Avez-vous jamais accompagné un groupe d'élèves? C'est de la bonne compagnie!

s'accompagner de   to be accompanied by
un accompagnement   accompanying, accompaniment (music)
un accompagnateur, une accompagnatrice   accompanist (music)
un compagnon, une compagne   companion

to accord, to grant, to reconcile, to admit

The Seven Simple Tenses		The Seven Compound Tenses	
Singular	Plural	Singular	Plural
1 présent de l'indicatif		**8 passé composé**	
accorde	accordons	ai accordé	avons accordé
accordes	accordez	as accordé	avez accordé
accorde	accordent	a accordé	ont accordé
2 imparfait de l'indicatif		**9 plus-que-parfait de l'indicatif**	
accordais	accordions	avais accordé	avions accordé
accordais	accordiez	avais accordé	aviez accordé
accordait	accordaient	avait accordé	avaient accordé
3 passé simple		**10 passé antérieur**	
accordai	accordâmes	eus accordé	eûmes accordé
accordas	accordâtes	eus accordé	eûtes accordé
accorda	accordèrent	eut accordé	eurent accordé
4 futur		**11 futur antérieur**	
accorderai	accorderons	aurai accordé	aurons accordé
accorderas	accorderez	auras accordé	aurez accordé
accordera	accorderont	aura accordé	auront accordé
5 conditionnel		**12 conditionnel passé**	
accorderais	accorderions	aurais accordé	aurions accordé
accorderais	accorderiez	aurais accordé	auriez accordé
accorderait	accorderaient	aurait accordé	auraient accordé
6 présent du subjonctif		**13 passé du subjonctif**	
accorde	accordions	aie accordé	ayons accordé
accordes	accordiez	aies accordé	ayez accordé
accorde	accordent	ait accordé	aient accordé
7 imparfait du subjonctif		**14 plus-que-parfait du subjonctif**	
accordasse	accordassions	eusse accordé	eussions accordé
accordasses	accordassiez	eusses accordé	eussiez accordé
accordât	accordassent	eût accordé	eussent accordé

Impératif
accorde
accordons
accordez

Words and expressions related to this verb

un accord   agreement, consent
d'accord   agreed, okay
mettre d'accord   to reconcile
se mettre d'accord   to come to an
    agreement

un accordage   tuning (music)
un accordéon   accordion (music)
un, une accordéoniste   accordionist
s'accorder   to be on good terms; to come
    to terms, to agree

Consult the sections on verbs used in idiomatic expressions, verbs with prepositions, and the list of over 1,000 verbs conjugated like model verbs in the back pages.

The subject pronouns are found on the page facing page 1.

to run to, to run up to, to come (go) running to

The Seven Simple Tenses		The Seven Compound Tenses	
Singular	Plural	Singular	Plural
1 présent de l'indicatif		**8 passé composé**	
accours	accourons	ai accouru	avons accouru
accours	accourez	as accouru	avez accouru
accourt	accourent	a accouru	ont accouru
2 imparfait de l'indicatif		**9 plus-que-parfait de l'indicatif**	
accourais	accourions	avais accouru	avions accouru
accourais	accouriez	avais accouru	aviez accouru
accourait	accouraient	avait accouru	avaient accouru
3 passé simple		**10 passé antérieur**	
accourus	accourûmes	eus accouru	eûmes accouru
accourus	accourûtes	eus accouru	eûtes accouru
accourut	accoururent	eut accouru	eurent accouru
4 futur		**11 futur antérieur**	
accourrai	accourrons	aurai accouru	aurons accouru
accourras	accourrez	auras accouru	aurez accouru
accourra	accourront	aura accouru	auront accouru
5 conditionnel		**12 conditionnel passé**	
accourrais	accourrions	aurais accouru	aurions accouru
accourrais	accourriez	aurais accouru	auriez accouru
accourrait	accourraient	aurait accouru	auraient accouru
6 présent du subjonctif		**13 passé du subjonctif**	
accoure	accourions	aie accouru	ayons accouru
accoures	accouriez	aies accouru	ayez accouru
accoure	accourent	ait accouru	aient accouru
7 imparfait du subjonctif		**14 plus-que-parfait du subjonctif**	
accourusse	accourussions	eusse accouru	eussions accouru
accourusses	accourussiez	eusses accouru	eussiez accouru
accourût	accourussent	eût accouru	eussent accouru

Impératif
accours
accourons
accourez

Words and expressions related to this verb

accourir vers qqn to go (come) running toward someone
J'ai accouru vers la pauvre vieille dame pour l'aider à se relever I went running up to the poor old lady to help her get on her feet
courir to run

concourir to compete
encourir to incur
secourir to aid, help
la course et la marche running and walking
la course au pouvoir the race for power

This verb is conjugated with **avoir** or **être** to form the compound tenses to hang (up), to hook (on a hanger, nail, *e.g.,* a coat)

The Seven Simple Tenses		The Seven Compound Tenses	
Singular	Plural	Singular	Plural
1 présent de l'indicatif		**8 passé composé**	
accroche	accrochons	ai accroché	avons accroché
accroches	accrochez	as accroché	avez accroché
accroche	accrochent	a accroché	ont accroché
2 imparfait de l'indicatif		**9 plus-que-parfait de l'indicatif**	
accrochais	accrochions	avais accroché	avions accroché
accrochais	accrochiez	avais accroché	aviez accroché
accrochait	accrochaient	avait accroché	avaient accroché
3 passé simple		**10 passé antérieur**	
accrochai	accrochâmes	eus accroché	eûmes accroché
accrochas	accrochâtes	eus accroché	eûtes accroché
accrocha	accrochèrent	eut accroché	eurent accroché
4 futur		**11 futur antérieur**	
accrocherai	accrocherons	aurai accroché	aurons accroché
accrocheras	accrocherez	auras accroché	aurez accroché
accrochera	accrocheront	aura accroché	auront accroché
5 conditionnel		**12 conditionnel passé**	
accrocherais	accrocherions	aurais accroché	aurions accroché
accrocherais	accrocheriez	aurais accroché	auriez accroché
accrocherait	accrocheraient	aurait accroché	auraient accroché
6 présent du subjonctif		**13 passé du subjonctif**	
accroche	accrochions	aie accroché	ayons accroché
accroches	accrochiez	aies accroché	ayez accroché
accroche	accrochent	ait accroché	aient accroché
7 imparfait du subjonctif		**14 plus-que-parfait du subjonctif**	
accrochasse	accrochassions	eusse accroché	eussions accroché
accrochasses	accrochassiez	eusses accroché	eussiez accroché
accrochât	accrochassent	eût accroché	eussent accroché

Impératif
accroche
accrochons
accrochez

Words and expressions related to this verb

accrocher son manteau   to hang up one's coat
un accrocheur, une accrocheuse   leech (a
person who clings, "hangs on" to another
person, and is difficult to shake off)
un accroche-plat   plate hanger
un accroche-coeur   curl of hair against the
temple of one's head (kiss curl); **des
accroche-coeurs**

décrocher   to unhook, to pick up
the receiver of a telephone
décrocher une bonne place   to land
a soft job
le décrochage   unhooking
un crochet   hook, hanger
crocheter   to hook in, to pick a lock
faire du crochet   to crochet

Consult the sections on verbs used in idiomatic expressions, verbs with prepositions, and the
list of over 1,000 verbs conjugated like model verbs in the back pages.

The subject pronouns are found on the page facing page 1.   **13**

to increase, to make greater, to enlarge

The Seven Simple Tenses		The Seven Compound Tenses	
Singular	Plural	Singular	Plural
1　présent de l'indicatif		**8　passé composé**	
accrois	accroissons	ai accru	avons accru
accrois	accroissez	as accru	avez accru
accroît	accroissent	a accru	ont accru
2　imparfait de l'indicatif		**9　plus-que-parfait de l'indicatif**	
accroissais	accroissions	avais accru	avions accru
accroissais	accroissiez	avais accru	aviez accru
accroissait	accroissaient	avait accru	avaient accru
3　passé simple		**10　passé antérieur**	
accrus	accrûmes	eus accru	eûmes accru
accrus	accrûtes	eus accru	eûtes accru
accrut	accrurent	eut accru	eurent accru
4　futur		**11　futur antérieur**	
accroîtrai	accroîtrons	aurai accru	aurons accru
accroîtras	accroîtrez	auras accru	aurez accru
accroîtra	accroîtront	aura accru	auront accru
5　conditionnel		**12　conditionnel passé**	
accroîtrais	accroîtrions	aurais accru	aurions accru
accroîtrais	accroîtriez	aurais accru	auriez accru
accroîtrait	accroîtraient	aurait accru	auraient accru
6　présent du subjonctif		**13　passé du subjonctif**	
accroisse	accroissions	aie accru	ayons accru
accroisses	accroissiez	aies accru	ayez accru
accroisse	accroissent	ait accru	aient accru
7　imparfait du subjonctif		**14　plus-que-parfait du subjonctif**	
accrusse	accrussions	eusse accru	eussions accru
accrusses	accrussiez	eusses accru	eussiez accru
accrût	accrussent	eût accru	eussent accru

Impératif
accrois
accroissons
accroissez

Words related to this verb

un accroissement　growth, increase, accumulation, accretion
une accrue　increase, accretion　　**accroître son pouvoir**　to increase one's power
s'accroître　to accrue, to increase　　**accroître sa production**　to increase one's production

See also **croître**.

Consult the sections on verbs used in idiomatic expressions, verbs with prepositions, and the list of over 1,000 verbs conjugated like model verbs in the back pages.

to greet, welcome

The Seven Simple Tenses		The Seven Compound Tenses	
Singular	Plural	Singular	Plural
1 présent de l'indicatif		**8 passé composé**	
accueille	accueillons	ai accueilli	avons accueilli
accueilles	accueillez	as accueilli	avez accueilli
accueille	accueillent	a accueilli	ont accueilli
2 imparfait de l'indicatif		**9 plus-que-parfait de l'indicatif**	
accueillais	accueillions	avais accueilli	avions accueilli
accueillais	accueilliez	avais accueilli	aviez accueilli
accueillait	accueillaient	avait accueilli	avaient accueilli
3 passé simple		**10 passé antérieur**	
accueillis	accueillîmes	eus accueilli	eûmes accueilli
accueillis	accueillîtes	eus accueilli	eûtes accueilli
accueillit	accueillirent	eut accueilli	eurent accueilli
4 futur		**11 futur antérieur**	
accueillerai	accueillerons	aurai accueilli	aurons accueilli
accueilleras	accueillerez	auras accueilli	aurez accueilli
accueillera	accueilleront	aura accueilli	auront accueilli
5 conditionnel		**12 conditionnel passé**	
accueillerais	accueillerions	aurais accueilli	aurions accueilli
accueillerais	accueilleriez	aurais accueilli	auriez accueilli
accueillerait	accueilleraient	aurait accueilli	auraient accueilli
6 présent du subjonctif		**13 passé du subjonctif**	
accueille	accueillions	aie accueilli	ayons accueilli
accueilles	accueilliez	aies accueilli	ayez accueilli
accueille	accueillent	ait accueilli	aient accueilli
7 imparfait du subjonctif		**14 plus-que-parfait du subjonctif**	
accueillisse	accueillissions	eusse accueilli	eussions accueilli
accueillisses	accueillissiez	eusses accueilli	eussiez accueilli
accueillît	accueillissent	eût accueilli	eussent accueilli

Impératif
accueille
accueillons
accueillez

Sentences using this verb and words related to it.

   Avez-vous jamais été accueilli aimablement? C'est bon. Avez-vous jamais été accueilli froidement? Ce n'est pas bon! Chaque fois que je rends visite à mes grands-parents, ils m'accueillent chaleureusement. Ils me font toujours bon accueil.

un accueil   welcome, reception;   **un accueil chaleureux**   warm welcome
accueillant, accueillante   hospitable;   **l'accueil des touristes**   accommodating the tourists

For other words and expressions related to this verb, see **cueillir**.

to accuse

The Seven Simple Tenses		The Seven Compound Tenses	
Singular	Plural	Singular	Plural
1 présent de l'indicatif		**8 passé composé**	
accuse	accusons	ai accusé	avons accusé
accuses	accusez	as accusé	avez accusé
accuse	accusent	a accusé	ont accusé
2 imparfait de l'indicatif		**9 plus-que-parfait de l'indicatif**	
accusais	accusions	avais accusé	avions accusé
accusais	accusiez	avais accusé	aviez accusé
accusait	accusaient	avait accusé	avaient accusé
3 passé simple		**10 passé antérieur**	
accusai	accusâmes	eus accusé	eûmes accusé
accusas	accusâtes	eus accusé	eûtes accusé
accusa	accusèrent	eut accusé	eurent accusé
4 futur		**11 futur antérieur**	
accuserai	accuserons	aurai accusé	aurons accusé
accuseras	accuserez	auras accusé	aurez accusé
accusera	accuseront	aura accusé	auront accusé
5 conditionnel		**12 conditionnel passé**	
accuserais	accuserions	aurais accusé	aurions accusé
accuserais	accuseriez	aurais accusé	auriez accusé
accuserait	accuseraient	aurait accusé	auraient accusé
6 présent du subjonctif		**13 passé du subjonctif**	
accuse	accusions	aie accusé	ayons accusé
accuses	accusiez	aies accusé	ayez accusé
accuse	accusent	ait accusé	aient accusé
7 imparfait du subjonctif		**14 plus-que-parfait du subjonctif**	
accusasse	accusassions	eusse accusé	eussions accusé
accusasses	accusassiez	eusses accusé	eussiez accusé
accusât	accusassent	eût accusé	eussent accusé

Impératif
accuse
accusons
accusez

Words and expressions related to this verb

accuser réception de qqch   to acknowledge receipt of something
une accusation   accusation, charge, indictment
porter une accusation contre   to bring charges against
un accusateur, une accusatrice   accuser;   **l'accusateur public**   public prosecutor
s'accuser de   to accuse oneself of

Consult the sections on verbs used in idiomatic expressions, verbs with prepositions, and the list of over 1,000 verbs conjugated like model verbs in the back pages.

The Seven Simple Tenses		The Seven Compound Tenses	
Singular	Plural	Singular	Plural

1 présent de l'indicatif

achète	achetons
achètes	achetez
achète	achètent

8 passé composé

ai acheté	avons acheté
as acheté	avez acheté
a acheté	ont acheté

2 imparfait de l'indicatif

achetais	achetions
achetais	achetiez
achetait	achetaient

9 plus-que-parfait de l'indicatif

avais acheté	avions acheté
avais acheté	aviez acheté
avait acheté	avaient acheté

3 passé simple

achetai	achetâmes
achetas	achetâtes
acheta	achetèrent

10 passé antérieur

eus acheté	eûmes acheté
eus acheté	eûtes acheté
eut acheté	eurent acheté

4 futur

achèterai	achèterons
achèteras	achèterez
achètera	achèteront

11 futur antérieur

aurai acheté	aurons acheté
auras acheté	aurez acheté
aura acheté	auront acheté

5 conditionnel

achèterais	achèterions
achèterais	achèteriez
achèterait	achèteraient

12 conditionnel passé

aurais acheté	aurions acheté
aurais acheté	auriez acheté
aurait acheté	auraient acheté

6 présent du subjonctif

achète	achetions
achètes	achetiez
achète	achètent

13 passé du subjonctif

aie acheté	ayons acheté
aies acheté	ayez acheté
ait acheté	aient acheté

7 imparfait du subjonctif

achetasse	achetassions
achetasses	achetassiez
achetât	achetassent

14 plus-que-parfait du subjonctif

eusse acheté	eussions acheté
eusses acheté	eussiez acheté
eût acheté	eussent acheté

Impératif
achète
achetons
achetez

Sentences using this verb and words related to it

 Samedi je vais en ville pour acheter quelques cadeaux. La semaine dernière mon père a acheté une nouvelle automobile et ma mère a acheté une jolie robe. Quand je leur ai dit que je voulais faire quelques achats, ils m'ont demandé:—Qu'est-ce que tu achèteras?
 Je leur ai répondu:—Je ne suis pas acheteur d'un grand magasin! J'achèterai un petit cadeau pour toi et pour toi!

un achat purchase; **acheter qqch à qqn** to buy something from someone
un acheteur, une acheteuse buyer, purchaser
achetable purchasable; **racheter** to ransom; to buy back
acheter comptant to buy in cash; **acheter à crédit** to buy on credit

The subject pronouns are found on the page facing page 1.

17

achever

to achieve, to finish, to complete, to end

The Seven Simple Tenses		The Seven Compound Tenses	
Singular	Plural	Singular	Plural
1 présent de l'indicatif		**8 passé composé**	
achève	achevons	ai achevé	avons achevé
achèves	achevez	as achevé	avez achevé
achève	achèvent	a achevé	ont achevé
2 imparfait de l'indicatif		**9 plus-que-parfait de l'indicatif**	
achevais	achevions	avais achevé	avions achevé
achevais	acheviez	avais achevé	aviez achevé
achevait	achevaient	avait achevé	avaient achevé
3 passé simple		**10 passé antérieur**	
achevai	achevâmes	eus achevé	eûmes achevé
achevas	achevâtes	eus achevé	eûtes achevé
acheva	achevèrent	eut achevé	eurent achevé
4 futur		**11 futur antérieur**	
achèverai	achèverons	aurai achevé	aurons achevé
achèveras	achèverez	auras achevé	aurez achevé
achèvera	achèveront	aura achevé	auront achevé
5 conditionnel		**12 conditionnel passé**	
achèverais	achèverions	aurais achevé	aurions achevé
achèverais	achèveriez	aurais achevé	auriez achevé
achèverait	achèveraient	aurait achevé	auraient achevé
6 présent du subjonctif		**13 passé du subjonctif**	
achève	achevions	aie achevé	ayons achevé
achèves	acheviez	aies achevé	ayez achevé
achève	achèvent	ait achevé	aient achevé
7 imparfait du subjonctif		**14 plus-que-parfait du subjonctif**	
achevasse	achevassions	eusse achevé	eussions achevé
achevasses	achevassiez	eusses achevé	eussiez achevé
achevât	achevassent	eût achevé	eussent achevé

Impératif
achève
achevons
achevez

Words and expressions related to this verb

achever de faire qqch   to finish doing something
s'achever   to come to an end, to close, to be fulfilled
un idiot achevé, une idiote achevée   a complete idiot
un achèvement   completion, end, conclusion; **l'achèvement du travail**   completion of
the work

Consult the sections on verbs used in idiomatic expressions, verbs with prepositions, and the
list of over 1,000 verbs conjugated like model verbs in the back pages.

to acquire, to obtain

The Seven Simple Tenses		The Seven Compound Tenses	
Singular	Plural	Singular	Plural
1 présent de l'indicatif		**8 passé composé**	
acquiers	acquérons	ai acquis	avons acquis
acquiers	acquérez	as acquis	avez acquis
acquiert	acquièrent	a acquis	ont acquis
2 imparfait de l'indicatif		**9 plus-que-parfait de l'indicatif**	
acquérais	acquérions	avais acquis	avions acquis
acquérais	acquériez	avais acquis	aviez acquis
acquérait	acquéraient	avait acquis	avaient acquis
3 passé simple		**10 passé antérieur**	
acquis	acquîmes	eus acquis	eûmes acquis
acquis	acquîtes	eus acquis	eûtes acquis
acquit	acquirent	eut acquis	eurent acquis
4 futur		**11 futur antérieur**	
acquerrai	acquerrons	aurai acquis	aurons acquis
acquerras	acquerrez	auras acquis	aurez acquis
acquerra	acquerront	aura acquis	auront acquis
5 conditionnel		**12 conditionnel passé**	
acquerrais	acquerrions	aurais acquis	aurions acquis
acquerrais	acquerriez	aurais acquis	auriez acquis
acquerrait	acquerraient	aurait acquis	auraient acquis
6 présent du subjonctif		**13 passé du subjonctif**	
acquière	acquérions	aie acquis	ayons acquis
acquières	acquériez	aies acquis	ayez acquis
acquière	acquièrent	ait acquis	aient acquis
7 imparfait du subjonctif		**14 plus-que-parfait du subjonctif**	
acquisse	acquissions	eusse acquis	eussions acquis
acquisses	acquissiez	eusses acquis	eussiez acquis
acquît	acquissent	eût acquis	eussent acquis

Impératif
acquiers
acquérons
acquérez

Words and expressions related to this verb

s'acquérir   to accrue; to improve; to be gained or obtained
une acquisition   acquisition, purchase; **faire l'acquisition de**   to acquire
un acquit   receipt; release
acquis, acquise   acquired
conquérir   to conquer

Consult the sections on verbs used in idiomatic expressions, verbs with prepositions, and the list of over 1,000 verbs conjugated like model verbs in the back pages.

to admit

The Seven Simple Tenses		The Seven Compound Tenses	
Singular	Plural	Singular	Plural
1 présent de l'indicatif		**8 passé composé**	
admets	admettons	ai admis	avons admis
admets	admettez	as admis	avez admis
admet	admettent	a admis	ont admis
2 imparfait de l'indicatif		**9 plus-que-parfait de l'indicatif**	
admettais	admettions	avais admis	avions admis
admettais	admettiez	avais admis	aviez admis
admettait	admettaient	avait admis	avaient admis
3 passé simple		**10 passé antérieur**	
admis	admîmes	eus admis	eûmes admis
admis	admîtes	eus admis	eûtes admis
admit	admirent	eut admis	eurent admis
4 futur		**11 futur antérieur**	
admettrai	admettrons	aurai admis	aurons admis
admettras	admettrez	auras admis	aurez admis
admettra	admettront	aura admis	auront admis
5 conditionnel		**12 conditionnel passé**	
admettrais	admettrions	aurais admis	aurions admis
admettrais	admettriez	aurais admis	auriez admis
admettrait	admettraient	aurait admis	auraient admis
6 présent du subjonctif		**13 passé du subjonctif**	
admette	admettions	aie admis	ayons admis
admettes	admettiez	aies admis	ayez admis
admette	admettent	ait admis	aient admis
7 imparfait du subjonctif		**14 plus-que-parfait du subjonctif**	
admisse	admissions	eusse admis	eussions admis
admisses	admissiez	eusses admis	eussiez admis
admît	admissent	eût admis	eussent admis

Impératif
admets
admettons
admettez

Sentences using this verb and words related to it

Je connais un élève qui n'admet pas toujours ses fautes. Un jour, dans la classe de français, Robert a lancé son crayon contre le mur. Le professeur lui a dit: Robert, ce que tu viens de faire n'est pas admissible dans cette classe.

Robert a répondu: —Mais, monsieur, ce n'est pas moi qui ai lancé ce crayon. C'est Georges.

—Ce n'est pas vrai! dit Georges. Admets la vérité, Robert. Après quelques minutes, Robert a admis que c'était lui.

admis, admise admitted, accepted
une admission admission, admittance

se faire admettre dans un club to be admitted to a club

The Seven Simple Tenses		The Seven Compound Tenses	
Singular	Plural	Singular	Plural
1 présent de l'indicatif		**8 passé composé**	
admire	admirons	ai admiré	avons admiré
admires	admirez	as admiré	avez admiré
admire	admirent	a admiré	ont admiré
2 imparfait de l'indicatif		**9 plus-que-parfait de l'indicatif**	
admirais	admirions	avais admiré	avions admiré
admirais	admiriez	avais admiré	aviez admiré
admirait	admiraient	avait admiré	avaient admiré
3 passé simple		**10 passé antérieur**	
admirai	admirâmes	eus admiré	eûmes admiré
admiras	admirâtes	eus admiré	eûtes admiré
admira	admirèrent	eut admiré	eurent admiré
4 futur		**11 futur antérieur**	
admirerai	admirerons	aurai admiré	aurons admiré
admireras	admirerez	auras admiré	aurez admiré
admirera	admireront	aura admiré	auront admiré
5 conditionnel		**12 conditionnel passé**	
admirerais	admirerions	aurais admiré	aurions admiré
admirerais	admireriez	aurais admiré	auriez admiré
admirerait	admireraient	aurait admiré	auraient admiré
6 présent du subjonctif		**13 passé du subjonctif**	
admire	admirions	aie admiré	ayons admiré
admires	admiriez	aies admiré	ayez admiré
admire	admirent	ait admiré	aient admiré
7 imparfait du subjonctif		**14 plus-que-parfait du subjonctif**	
admirasse	admirassions	eusse admiré	eussions admiré
admirasses	admirassiez	eusses admiré	eussiez admiré
admirât	admirassent	eût admiré	eussent admiré

Impératif
admire
admirons
admirez

Sentences using this verb and words related to it

   Il y a des personnes admirables, n'est-ce pas? Quelle personne admirez-vous le plus? Est-ce que vous aimez une personne qui vous admire? Avez-vous des admirateurs, des admiratrices? Moi, j'admire l'art d'Auguste Rodin. Je suis toujours en admiration devant ses oeuvres sculptées.

une admiration   admiration, wonder
admirativement   admiringly
admiratif, admirative   admiring
un admirateur, une admiratrice   admirer

remplir quelqu'un d'admiration   to fill someone with admiration
être admirable de courage   to show great courage

to worship, to adore

The Seven Simple Tenses		The Seven Compound Tenses	
Singular	Plural	Singular	Plural
1 présent de l'indicatif		**8 passé composé**	
adore	adorons	ai adoré	avons adoré
adores	adorez	as adoré	avez adoré
adore	adorent	a adoré	ont adoré
2 imparfait de l'indicatif		**9 plus-que-parfait de l'indicatif**	
adorais	adorions	avais adoré	avions adoré
adorais	adoriez	avais adoré	aviez adoré
adorait	adoraient	avait adoré	avaient adoré
3 passé simple		**10 passé antérieur**	
adorai	adorâmes	eus adoré	eûmes adoré
adoras	adorâtes	eus adoré	eûtes adoré
adora	adorèrent	eut adoré	eurent adoré
4 futur		**11 futur antérieur**	
adorerai	adorerons	aurai adoré	aurons adoré
adoreras	adorerez	auras adoré	aurez adoré
adorera	adoreront	aura adoré	auront adoré
5 conditionnel		**12 conditionnel passé**	
adorerais	adorerions	aurais adoré	aurions adoré
adorerais	adoreriez	aurais adoré	auriez adoré
adorerait	adoreraient	aurait adoré	auraient adoré
6 présent du subjonctif		**13 passé du subjonctif**	
adore	adorions	aie adoré	ayons adoré
adores	adoriez	aies adoré	ayez adoré
adore	adorent	ait adoré	aient adoré
7 imparfait du subjonctif		**14 plus-que-parfait du subjonctif**	
adorasse	adorassions	eusse adoré	eussions adoré
adorasses	adorassiez	eusses adoré	eussiez adoré
adorât	adorassent	eût adoré	eussent adoré

Impératif
adore
adorons
adorez

Sentences using this verb and words related to it

    Claudette adore danser avec les beaux garçons. Elle adore mettre tous ses bijoux avant d'aller au bal. Elle est adorable, gracieuse, et danse adorablement.

adorable adorable, charming, delightful
une adoration adoration, worship
adorablement adorably
un adorateur, une adoratrice adorer, worshipper

dorer to gild
un village adorable delightful village
une robe adorable lovely dress

The Seven Simple Tenses		The Seven Compound Tenses	
Singular	Plural	Singular	Plural

1 présent de l'indicatif

		8 passé composé	
adresse	adressons	ai adressé	avons adressé
adresses	adressez	as adressé	avez adressé
adresse	adressent	a adressé	ont adressé

2 imparfait de l'indicatif

		9 plus-que-parfait de l'indicatif	
adressais	adressions	avais adressé	avions adressé
adressais	adressiez	avais adressé	aviez adressé
adressait	adressaient	avait adressé	avaient adressé

3 passé simple

		10 passé antérieur	
adressai	adressâmes	eus adressé	eûmes adressé
adressas	adressâtes	eus adressé	eûtes adressé
adressa	adressèrent	eut adressé	eurent adressé

4 futur

		11 futur antérieur	
adresserai	adresserons	aurai adressé	aurons adressé
adresseras	adresserez	auras adressé	aurez adressé
adressera	adresseront	aura adressé	auront adressé

5 conditionnel

		12 conditionnel passé	
adresserais	adresserions	aurais adressé	aurions adressé
adresserais	adresseriez	aurais adressé	auriez adressé
adresserait	adresseraient	aurait adressé	auraient adressé

6 présent du subjonctif

		13 passé du subjonctif	
adresse	adressions	aie adressé	ayons adressé
adresses	adressiez	aies adressé	ayez adressé
adresse	adressent	ait adressé	aient adressé

7 imparfait du subjonctif

		14 plus-que-parfait du subjonctif	
adressasse	adressassions	eusse adressé	eussions adressé
adressasses	adressassiez	eusses adressé	eussiez adressé
adressât	adressassent	eût adressé	eussent adressé

Impératif
adresse
adressons
adressez

Words and expressions related to this verb

une adresse   address; skill, adroitness
adresser qqn à   to refer someone to
adresser la parole à   to direct your words to, to speak to
s'adresser à   to apply to
un tour d'adresse   feat of skill

Consult the sections on verbs used in idiomatic expressions, verbs with prepositions, and the list of over 1,000 verbs conjugated like model verbs in the back pages.

The subject pronouns are found on the page facing page 1.

advenir

to happen, to occur, to come to pass

The Seven Simple Tenses		The Seven Compound Tenses	
Singular	Plural	Singular	Plural
1 présent de l'indicatif **il advient**		8 passé composé **il est advenu**	
2 imparfait de l'indicatif **il advenait**		9 plus-que-parfait de l'indicatif **il était advenu**	
3 passé simple **il advint**		10 passé antérieur **il fut advenu**	
4 futur **il adviendra**		11 futur antérieur **il sera advenu**	
5 conditionnel **il adviendrait**		12 conditionnel passé **il serait advenu**	
6 présent du subjonctif **qu'il advienne**		13 passé du subjonctif **qu'il soit advenu**	
7 imparfait du subjonctif **qu'il advînt**		14 plus-que-parfait du subjonctif **qu'il fût advenu**	

Impératif
Qu'il advienne!
Let it come to pass!

Words and expressions related to this verb

Il advint que. . .   It came to pass that. . .
Advienne que pourra. . .   Come what may. . .
dans un proche avenir   in the near future
À l'avenir soyez à l'heure!   In the future be on time!
une aventure   adventure
Voilà ce qu'il advint   That's what happened.

l'avenir m.   (from **à** + **venir**) future
à l'avenir   in the future, from this moment on
prédire l'avenir   to predict the future
l'avènement m.   advent
l'avent m.   advent (ecclesiastical term)
aventurer   to venture

This is an impersonal verb used in the 3rd person singular only.

to annoy, to irritate, to pester, to vex

The Seven Simple Tenses		The Seven Compound Tenses	
Singular	Plural	Singular	Plural

1   présent de l'indicatif

		8 passé composé	
agace	agaçons	ai agacé	avons agacé
agaces	agacez	as agacé	avez agacé
agace	agacent	a agacé	ont agacé

2   imparfait de l'indicatif

		9 plus-que-parfait de l'indicatif	
agaçais	agacions	avais agacé	avions agacé
agaçais	agaciez	avais agacé	aviez agacé
agaçait	agaçaient	avait agacé	avaient agacé

3   passé simple

		10 passé antérieur	
agaçai	agaçâmes	eus agacé	eûmes agacé
agaças	agaçâtes	eus agacé	eûtes agacé
agaça	agacèrent	eut agacé	eurent agacé

4   futur

		11 futur antérieur	
agacerai	agacerons	aurai agacé	aurons agacé
agaceras	agacerez	auras agacé	aurez agacé
agacera	agaceront	aura agacé	auront agacé

5   conditionnel

		12 conditionnel passé	
agacerais	agacerions	aurais agacé	aurions agacé
agacerais	agaceriez	aurais agacé	auriez agacé
agacerait	agaceraient	aurait agacé	auraient agacé

6   présent du subjonctif

		13 passé du subjonctif	
agace	agacions	aie agacé	ayons agacé
agaces	agaciez	aies agacé	ayez agacé
agace	agacent	ait agacé	aient agacé

7   imparfait du subjonctif

		14 plus-que-parfait du subjonctif	
agaçasse	agaçassions	eusse agacé	eussions agacé
agaçasses	agaçassiez	eusses agacé	eussiez agacé
agaçât	agaçassent	eût agacé	eussent agacé

Impératif
agace
agaçons
agacez

Words and expressions related to this verb

un agacement   irritation
Cela est agaçant!   That's irritating!
agacer les nerfs de qqn   to get on
   someone's nerves

s'agacer   to get annoyed, irritated
Cela m'agace!   It's getting on my nerves!
Tu m'agaces!   You're getting on my
   nerves!

Consult the sections on verbs used in idiomatic expressions, verbs with prepositions, and the list of over 1,000 verbs conjugated like model verbs in the back pages.

to act, to behave, to take effect

The Seven Simple Tenses		The Seven Compound Tenses	
Singular	Plural	Singular	Plural
1 présent de l'indicatif		8 passé composé	
agis	agissons	ai agi	avons agi
agis	agissez	as agi	avez agi
agit	agissent	a agi	ont agi
2 imparfait de l'indicatif		9 plus-que-parfait de l'indicatif	
agissais	agissions	avais agi	avions agi
agissais	agissiez	avais agi	aviez agi
agissait	agissaient	avait agi	avaient agi
3 passé simple		10 passé antérieur	
agis	agîmes	eus agi	eûmes agi
agis	agîtes	eus agi	eûtes agi
agit	agirent	eut agi	eurent agi
4 futur		11 futur antérieur	
agirai	agirons	aurai agi	aurons agi
agiras	agirez	auras agi	aurez agi
agira	agiront	aura agi	auront agi
5 conditionnel		12 conditionnel passé	
agirais	agirions	aurais agi	aurions agi
agirais	agiriez	aurais agi	auriez agi
agirait	agiraient	aurait agi	auraient agi
6 présent du subjonctif		13 passé du subjonctif	
agisse	agissions	aie agi	ayons agi
agisses	agissiez	aies agi	ayez agi
agisse	agissent	ait agi	aient agi
7 imparfait du subjonctif		14 plus-que-parfait du subjonctif	
agisse	agissions	eusse agi	eussions agi
agisses	agissiez	eusses agi	eussiez agi
agît	agissent	eût agi	eussent agi

Impératif
agis
agissons
agissez

Words and expressions related to this verb

faire agir   to set in motion, to call into action
bien agir   to behave well; **mal agir**   to behave badly
agir sur   to bear upon, to influence, to act upon
agir contre   to sue, to take action against
faire agir la loi   to put the law into effect
un agitateur, une agitatrice   agitator
agiter   to rouse, to stir up; to agitate, to shake

Consult the sections on verbs used in idiomatic expressions, verbs with prepositions, and the list of over 1,000 verbs conjugated like model verbs in the back pages.

to be the matter, to be a question of

The Seven Simple Tenses		The Seven Compound Tenses	
Singular	Plural	Singular	Plural
1 présent de l'indicatif		8 passé composé	
il s'agit		il s'est agi	
2 imparfait de l'indicatif		9 plus-que-parfait de l'indicatif	
il s'agissait		il s'était agi	
3 passé simple		10 passé antérieur	
il s'agit		il se fut agi	
4 futur		11 futur antérieur	
il s'agira		il se sera agi	
5 conditionnel		12 conditionnel passé	
il s'agirait		il se serait agi	
6 présent du subjonctif		13 passé du subjonctif	
qu'il s'agisse		qu'il se soit agi	
7 imparfait du subjonctif		14 plus-que-parfait du subjonctif	
qu'il s'agît		qu'il se fût agi	

Impératif
[not in use]

Common idiomatic expressions using this verb

Hier, le petit Michel est entré dans la maison en pleurant.
—De quoi s'agit-il?! s'exclame sa mère.
—Il s'agit. . .il s'agit. . .de mon vélo. Quelqu'un a volé mon vélo!

Note that this verb is impersonal and is used primarily in the tenses given above.

s'agir de   to have to do with, to be a matter of
De quoi s'agit-il?   What's the matter? What's up?
Voici ce dont il s'agit   This is what it's about.
Il s'agit de mon vélo   It's about my bike.

aider

Part. pr. **aidant**   Part. passé **aidé**

to aid, to help, to assist

The Seven Simple Tenses		The Seven Compound Tenses	
Singular	Plural	Singular	Plural
1 présent de l'indicatif		**8 passé composé**	
aide	aidons	ai aidé	avons aidé
aides	aidez	as aidé	avez aidé
aide	aident	a aidé	ont aidé
2 imparfait de l'indicatif		**9 plus-que-parfait de l'indicatif**	
aidais	aidions	avais aidé	avions aidé
aidais	aidiez	avais aidé	aviez aidé
aidait	aidaient	avait aidé	avaient aidé
3 passé simple		**10 passé antérieur**	
aidai	aidâmes	eus aidé	eûmes aidé
aidas	aidâtes	eus aidé	eûtes aidé
aida	aidèrent	eut aidé	eurent aidé
4 futur		**11 futur antérieur**	
aiderai	aiderons	aurai aidé	aurons aidé
aideras	aiderez	auras aidé	aurez aidé
aidera	aideront	aura aidé	auront aidé
5 conditionnel		**12 conditionnel passé**	
aiderais	aiderions	aurais aidé	aurions aidé
aiderais	aideriez	aurais aidé	auriez aidé
aiderait	aideraient	aurait aidé	auraient aidé
6 présent du subjonctif		**13 passé du subjonctif**	
aide	aidions	aie aidé	ayons aidé
aides	aidiez	aies aidé	ayez aidé
aide	aident	ait aidé	aient aidé
7 imparfait du subjonctif		**14 plus-que-parfait du subjonctif**	
aidasse	aidassions	eusse aidé	eussions aidé
aidasses	aidassiez	eusses aidé	eussiez aidé
aidât	aidassent	eût aidé	eussent aidé

Impératif
aide
aidons
aidez

Sentences using this verb and words related to it

Tous les soirs Roger aide son petit frère à faire sa leçon de mathématiques. Ce soir, le petit frère lui demande:—Après cette leçon, veux-tu m'aider à écrire une composition?
—Aide-toi et le ciel t'aidera, lui répond son grand frère.

aider qqn à faire qqch   to help someone do something
s'aider   to help oneself; to help each other
une aide   aid, assistance, help; **à l'aide de**   with the help of
un aide-mémoire   handbook, memory aid
Aide-toi et le ciel t'aidera   God helps those who help themselves.

The Seven Simple Tenses | The Seven Compound Tenses

Singular	Plural	Singular	Plural
1 présent de l'indicatif		**8 passé composé**	
aime	aimons	ai aimé	avons aimé
aimes	aimez	as aimé	avez aimé
aime	aiment	a aimé	ont aimé
2 imparfait de l'indicatif		**9 plus-que-parfait de l'indicatif**	
aimais	aimions	avais aimé	avions aimé
aimais	aimiez	avais aimé	aviez aimé
aimait	aimaient	avait aimé	avaient aimé
3 passé simple		**10 passé antérieur**	
aimai	aimâmes	eus aimé	eûmes aimé
aimas	aimâtes	eus aimé	eûtes aimé
aima	aimèrent	eut aimé	eurent aimé
4 futur		**11 futur antérieur**	
aimerai	aimerons	aurai aimé	aurons aimé
aimeras	aimerez	auras aimé	aurez aimé
aimera	aimeront	aura aimé	auront aimé
5 conditionnel		**12 conditionnel passé**	
aimerais	aimerions	aurais aimé	aurions aimé
aimerais	aimeriez	aurais aimé	auriez aimé
aimerait	aimeraient	aurait aimé	auraient aimé
6 présent du subjonctif		**13 passé du subjonctif**	
aime	aimions	aie aimé	ayons aimé
aimes	aimiez	aies aimé	ayez aimé
aime	aiment	ait aimé	aient aimé
7 imparfait du subjonctif		**14 plus-que-parfait du subjonctif**	
aimasse	aimassions	eusse aimé	eussions aimé
aimasses	aimassiez	eusses aimé	eussiez aimé
aimât	aimassent	eût aimé	eussent aimé

Impératif
aime
aimons
aimez

Sentences using this verb and words related to it

Qu'est-ce que vous aimez faire après le dîner? Etudier? Jouer? Regarder la télé? Est-ce que vous êtes aimable? Etes-vous aimable avec tout le monde?
Est-ce que vous aimez mieux étudier ou jouer?

amour *m.*   love; **une chanson d'amour**
  love song (song of love)
aimer bien qqn   to like somebody
aimer (à) faire qqch   to enjoy doing
  something
aimer mieux   to prefer, to like better

aimable   friendly, amiable, pleasant
un amant   lover; **une amante**   lover;
  amoureux, amoureuse de   in love with;
  tomber amoureux, amoureuse   to fall
  in love

The subject pronouns are found on the page facing page 1.

to add

The Seven Simple Tenses		The Seven Compound Tenses	
Singular	Plural	Singular	Plural
1 présent de l'indicatif		**8 passé composé**	
ajoute	ajoutons	ai ajouté	avons ajouté
ajoutes	ajoutez	as ajouté	avez ajouté
ajoute	ajoutent	a ajouté	ont ajouté
2 imparfait de l'indicatif		**9 plus-que-parfait de l'indicatif**	
ajoutais	ajoutions	avais ajouté	avions ajouté
ajoutais	ajoutiez	avais ajouté	aviez ajouté
ajoutait	ajoutaient	avait ajouté	avaient ajouté
3 passé simple		**10 passé antérieur**	
ajoutai	ajoutâmes	eus ajouté	eûmes ajouté
ajoutas	ajoutâtes	eus ajouté	eûtes ajouté
ajouta	ajoutèrent	eut ajouté	eurent ajouté
4 futur		**11 futur antérieur**	
ajouterai	ajouterons	aurai ajouté	aurons ajouté
ajouteras	ajouterez	auras ajouté	aurez ajouté
ajoutera	ajouteront	aura ajouté	auront ajouté
5 conditionnel		**12 conditionnel passé**	
ajouterais	ajouterions	aurais ajouté	aurions ajouté
ajouterais	ajouteriez	aurais ajouté	auriez ajouté
ajouterait	ajouteraient	aurait ajouté	auraient ajouté
6 présent du subjonctif		**13 passé du subjonctif**	
ajoute	ajoutions	aie ajouté	ayons ajouté
ajoutes	ajoutiez	aies ajouté	ayez ajouté
ajoute	ajoutent	ait ajouté	aient ajouté
7 imparfait du subjonctif		**14 plus-que-parfait du subjonctif**	
ajoutasse	ajoutassions	eusse ajouté	eussions ajouté
ajoutasses	ajoutassiez	eusses ajouté	eussiez ajouté
ajoutât	ajoutassent	eût ajouté	eussent ajouté

Impératif
ajoute
ajoutons
ajoutez

Sentences using this verb and words related to it

Si vous aimez faire un ragoût délicieux, ajoutez-y quelques petits oignons, du sel, du poivre, et une gousse d'ail pour obtenir une saveur piquante. Il y a d'autres assaisonnements et condiments que vous pouvez y ajouter aussi. Un assaisonnement ajoute du piquant dans votre ragoût.

un ajout addition (of words in a manuscript or page proofs)
ajouter foi à to add credence to, to give credence to
jouter to tilt, to joust; to dispute, to fight
une joute contest, tournament

The Seven Simple Tenses		The Seven Compound Tenses	
Singular	Plural	Singular	Plural

1   présent de l'indicatif

vais	allons		
vas	allez		
va	vont		

8   passé composé

suis allé(e)	sommes allé(e)s
es allé(e)	êtes allé(e)(s)
est allé(e)	sont allé(e)s

2   imparfait de l'indicatif

allais	allions
allais	alliez
allait	allaient

9   plus-que-parfait de l'indicatif

étais allé(e)	étions allé(e)s
étais allé(e)	étiez allé(e)(s)
était allé(e)	étaient allé(e)s

3   passé simple

allai	allâmes
allas	allâtes
alla	allèrent

10   passé antérieur

fus allé(e)	fûmes allé(e)s
fus allé(e)	fûtes allé(e)(s)
fut allé(e)	furent allé(e)s

4   futur

irai	irons
iras	irez
ira	iront

11   futur antérieur

serai allé(e)	serons allé(e)s
seras allé(e)	serez allé(e)(s)
sera allé(e)	seront allé(e)s

5   conditionnel

irais	irions
irais	iriez
irait	iraient

12   conditionnel passé

serais allé(e)	serions allé(e)s
serais allé(e)	seriez allé(e)(s)
serait allé(e)	seraient allé(e)s

6   présent du subjonctif

aille	allions
ailles	alliez
aille	aillent

13   passé du subjonctif

sois allé(e)	soyons allé(e)s
sois allé(e)	soyez allé(e)(s)
soit allé(e)	soient allé(e)s

7   imparfait du subjonctif

allasse	allassions
allasses	allassiez
allât	allassent

14   plus-que-parfait du subjonctif

fusse allé(e)	fussions allé(e)s
fusses allé(e)	fussiez allé(e)(s)
fût allé(e)	fussent allé(e)s

Impératif
va
allons
allez

Common idiomatic expressions using this verb

Comment allez-vous?   Je vais bien, je vais mal, je vais mieux.

aller à la pêche   to go fishing
aller à la rencontre de quelqu'un   to go to meet someone
aller à pied   to walk, to go on foot
aller au fond des choses   to get to the bottom of things
Ça va?   Is everything O.K.? **Oui, ça va!**

Be sure to consult the back pages for verbs used in idiomatic expressions.

to go away

The Seven Simple Tenses		The Seven Compound Tenses	
Singular	Plural	Singular	Plural
1 présent de l'indicatif		**8 passé composé**	
m'en vais	nous en allons	m'en suis allé(e)	nous en sommes allé(e)s
t'en vas	vous en allez	t'en es allé(e)	vous en êtes allé(e)(s)
s'en va	s'en vont	s'en est allé(e)	s'en sont allé(e)s
2 imparfait de l'indicatif		**9 plus-que-parfait de l'indicatif**	
m'en allais	nous en allions	m'en étais allé(e)	nous en étions allé(e)s
t'en allais	vous en alliez	t'en étais allé(e)	vous en étiez allé(e)(s)
s'en allait	s'en allaient	s'en était allé(e)	s'en étaient allé(e)s
3 passé simple		**10 passé antérieur**	
m'en allai	nous en allâmes	m'en fus allé(e)	nous en fûmes allé(e)s
t'en allas	vous en allâtes	t'en fus allé(e)	vous en fûtes allé(e)(s)
s'en alla	s'en allèrent	s'en fut allé(e)	s'en furent allé(e)s
4 futur		**11 futur antérieur**	
m'en irai	nous en irons	m'en serai allé(e)	nous en serons allé(e)s
t'en iras	vous en irez	t'en seras allé(e)	vous en serez allé(e)(s)
s'en ira	s'en iront	s'en sera allé(e)	s'en seront allé(e)s
5 conditionnel		**12 conditionnel passé**	
m'en irais	nous en irions	m'en serais allé(e)	nous en serions allé(e)s
t'en irais	vous en iriez	t'en serais allé(e)	vous en seriez allé(e)(s)
s'en irait	s'en iraient	s'en serait allé(e)	s'en seraient allé(e)s
6 présent du subjonctif		**13 passé du subjonctif**	
m'en aille	nous en allions	m'en sois allé(e)	nous en soyons allé(e)s
t'en ailles	vous en alliez	t'en sois allé(e)	vous en soyez allé(e)(s)
s'en aille	s'en aillent	s'en soit allé(e)	s'en soient allé(e)s
7 imparfait du subjonctif		**14 plus-que-parfait du subjonctif**	
m'en allasse	nous en allassions	m'en fusse allé(e)	nous en fussions allé(e)s
t'en allasses	vous en allassiez	t'en fusses allé(e)	vous en fussiez allé(e)(s)
s'en allât	s'en allassent	s'en fût allé(e)	s'en fussent allé(e)s

Impératif
va-t'en; ne t'en va pas
allons-nous-en; ne nous en allons pas
allez-vous-en; ne vous en allez pas

Common idiomatic expressions using this verb

This verb also has the following idiomatic meanings: to move away (from one residence to another), to die, to pass away, to steal away.

Monsieur et Madame Moreau n'habitent plus ici. Ils s'en sont allés. Je crois qu'ils sont maintenant à Bordeaux.

Madame Morel est gravement malade; elle s'en va.

Le cambrioleur s'en est allé furtivement avec l'argent et les bijoux.

Be sure to consult the back pages for verbs used in idiomatic expressions and with prepositions.

to bring, to lead

The Seven Simple Tenses		The Seven Compound Tenses	
Singular	Plural	Singular	Plural
1 présent de l'indicatif		8 passé composé	
amène	amenons	ai amené	avons amené
amènes	amenez	as amené	avez amené
amène	amènent	a amené	ont amené
2 imparfait de l'indicatif		9 plus-que-parfait de l'indicatif	
amenais	amenions	avais amené	avions amené
amenais	ameniez	avais amené	aviez amené
amenait	amenaient	avait amené	avaient amené
3 passé simple		10 passé antérieur	
amenai	amenâmes	eus amené	eûmes amené
amenas	amenâtes	eus amené	eûtes amené
amena	amenèrent	eut amené	eurent amené
4 futur		11 futur antérieur	
amènerai	amènerons	aurai amené	aurons amené
amèneras	amènerez	auras amené	aurez amené
amènera	amèneront	aura amené	auront amené
5 conditionnel		12 conditionnel passé	
amènerais	amènerions	aurais amené	aurions amené
amènerais	amèneriez	aurais amené	auriez amené
amènerait	amèneraient	aurait amené	auraient amené
6 présent du subjonctif		13 passé du subjonctif	
amène	amenions	aie amené	ayons amené
amènes	ameniez	aies amené	ayez amené
amène	amènent	ait amené	aient amené
7 imparfait du subjonctif		14 plus-que-parfait du subjonctif	
amenasse	amenassions	eusse amené	eussions amené
amenasses	amenassiez	eusses amené	eussiez amené
amenât	amenassent	eût amené	eussent amené

Impératif
amène
amenons
amenez

Sentences using this verb and words related to it

Aujourd'hui ma mère a amené ma petite soeur chez le dentiste. Quand elles sont entrées chez lui, le dentiste leur a demandé: —Quel bon vent vous amène ici?

amener une conversation   to direct, lead a conversation
amène   pleasant, agreeable
des propos peu amènes   unkind words
un exemple bien amené   well-introduced example

Try a few of the verb tests (with answers explained) in the back pages.

to amuse, to entertain

The Seven Simple Tenses		The Seven Compound Tenses	
Singular	Plural	Singular	Plural
1 présent de l'indicatif		**8 passé composé**	
amuse	amusons	ai amusé	avons amusé
amuses	amusez	as amusé	avez amusé
amuse	amusent	a amusé	ont amusé
2 imparfait de l'indicatif		**9 plus-que-parfait de l'indicatif**	
amusais	amusions	avais amusé	avions amusé
amusais	amusiez	avais amusé	aviez amusé
amusait	amusaient	avait amusé	avaient amusé
3 passé simple		**10 passé antérieur**	
amusai	amusâmes	eus amusé	eûmes amusé
amusas	amusâtes	eus amusé	eûtes amusé
amusa	amusèrent	eut amusé	eurent amusé
4 futur		**11 futur antérieur**	
amuserai	amuserons	aurai amusé	aurons amusé
amuseras	amuserez	auras amusé	aurez amusé
amusera	amuseront	aura amusé	auront amusé
5 conditionnel		**12 conditionnel passé**	
amuserais	amuserions	aurais amusé	aurions amusé
amuserais	amuseriez	aurais amusé	auriez amusé
amuserait	amuseraient	aurait amusé	auraient amusé
6 présent du subjonctif		**13 passé du subjonctif**	
amuse	amusions	aie amusé	ayons amusé
amuses	amusiez	aies amusé	ayez amusé
amuse	amusent	ait amusé	aient amusé
7 imparfait du subjonctif		**14 plus-que-parfait du subjonctif**	
amusasse	amusassions	eusse amusé	eussions amusé
amusasses	amusassiez	eusses amusé	eussiez amusé
amusât	amusassent	eût amusé	eussent amusé

Impératif
amuse
amusons
amusez

Sentences using this verb and words related to it

Cet acteur sait bien jouer son rôle. Il amuse les spectateurs. C'est un comédien accompli. Il est amusant, n'est-ce pas?

amusant, amusante amusing
un amuseur amuser, entertainer
un amuse-gueule tidbit, titbit, snack
une amusette diversion, pastime, idle pleasure
un amusement amusement, entertainment

Tes remarques ne m'amusent pas Your remarks don't amuse me.
C'est pour l'amusement des enfants It's for the children's entertainment.

See also **s'amuser.**

34

to have a good time, to amuse oneself, to enjoy oneself

The Seven Simple Tenses		The Seven Compound Tenses	
Singular	Plural	Singular	Plural
1 présent de l'indicatif		**8 passé composé**	
m'amuse	nous amusons	me suis amusé(e)	nous sommes amusé(e)s
t'amuses	vous amusez	t'es amusé(e)	vous êtes amusé(e)(s)
s'amuse	s'amusent	s'est amusé(e)	se sont amusé(e)s
2 imparfait de l'indicatif		**9 plus-que-parfait de l'indicatif**	
m'amusais	nous amusions	m'étais amusé(e)	nous étions amusé(e)s
t'amusais	vous amusiez	t'étais amusé(e)	vous étiez amusé(e)(s)
s'amusait	s'amusaient	s'était amusé(e)	s'étaient amusé(e)s
3 passé simple		**10 passé antérieur**	
m'amusai	nous amusâmes	me fus amusé(e)	nous fûmes amusé(e)s
t'amusas	vous amusâtes	te fus amusé(e)	vous fûtes amusé(e)(s)
s'amusa	s'amusèrent	se fut amusé(e)	se furent amusé(e)s
4 futur		**11 futur antérieur**	
m'amuserai	nous amuserons	me serai amusé(e)	nous serons amusé(e)s
t'amuseras	vous amuserez	te seras amusé(e)	vous serez amusé(e)(s)
s'amusera	s'amuseront	se sera amusé(e)	se seront amusé(e)s
5 conditionnel		**12 conditionnel passé**	
m'amuserais	nous amuserions	me serais amusé(e)	nous serions amusé(e)s
t'amuserais	vous amuseriez	te serais amusé(e)	vous seriez amusé(e)(s)
s'amuserait	s'amuseraient	se serait amusé(e)	se seraient amusé(e)s
6 présent du subjonctif		**13 passé du subjonctif**	
m'amuse	nous amusions	me sois amusé(e)	nous soyons amusé(e)s
t'amuses	vous amusiez	te sois amusé(e)	vous soyez amusé(e)(s)
s'amuse	s'amusent	se soit amusé(e)	se soient amusé(e)s
7 imparfait du subjonctif		**14 plus-que-parfait du subjonctif**	
m'amusasse	nous amusassions	me fusse amusé(e)	nous fussions amusé(e)s
t'amusasses	vous amusassiez	te fusses amusé(e)	vous fussiez amusé(e)(s)
s'amusât	s'amusassent	se fût amusé(e)	se fussent amusé(e)s

Impératif
amuse-toi; ne t'amuse pas
amusons-nous; ne nous amusons pas
amusez-vous; ne vous amusez pas

Sentences using this verb and words related to it

Il y a des élèves qui s'amusent à mettre le professeur en colère. Est-ce que vous vous amusez dans la classe de français? Moi, je m'amuse beaucoup dans cette classe.

Hier soir je suis allé au cinéma et j'ai vu un film très amusant. Je me suis bien amusé. Mon amie, Françoise, s'est bien amusée aussi.

Que faites-vous pour vous amuser?

s'amuser à + inf.   to enjoy oneself + pres. part.
s'amuser de   to make fun of
s'amuser avec   to play with

See also **amuser**.

annoncer

Part. pr. **annonçant**   Part. passé **annoncé**

to announce

The Seven Simple Tenses		The Seven Compound Tenses	
Singular	Plural	Singular	Plural
1 présent de l'indicatif		**8 passé composé**	
annonce	annonçons	ai annoncé	avons annoncé
annonces	annoncez	as annoncé	avez annoncé
annonce	annoncent	a annoncé	ont annoncé
2 imparfait de l'indicatif		**9 plus-que-parfait de l'indicatif**	
annonçais	annoncions	avais annoncé	avions annoncé
annonçais	annonciez	avais annoncé	aviez annoncé
annonçait	annonçaient	avait annoncé	avaient annoncé
3 passé simple		**10 passé antérieur**	
annonçai	annonçâmes	eus annoncé	eûmes annoncé
annonças	annonçâtes	eus annoncé	eûtes annoncé
annonça	annoncèrent	eut annoncé	eurent annoncé
4 futur		**11 futur antérieur**	
annoncerai	annoncerons	aurai annoncé	aurons annoncé
annonceras	annoncerez	auras annoncé	aurez annoncé
annoncera	annonceront	aura annoncé	auront annoncé
5 conditionnel		**12 conditionnel passé**	
annoncerais	annoncerions	aurais annoncé	aurions annoncé
annoncerais	annonceriez	aurais annoncé	auriez annoncé
annoncerait	annonceraient	aurait annoncé	auraient annoncé
6 présent du subjonctif		**13 passé du subjonctif**	
annonce	annoncions	aie annoncé	ayons annoncé
annonces	annonciez	aies annoncé	ayez annoncé
annonce	annoncent	ait annoncé	aient annoncé
7 imparfait du subjonctif		**14 plus-que-parfait du subjonctif**	
annonçasse	annonçassions	eusse annoncé	eussions annoncé
annonçasses	annonçassiez	eusses annoncé	eussiez annoncé
annonçât	annonçassent	eût annoncé	eussent annoncé

Impératif
annonce
annonçons
annoncez

Words and expressions related to this verb

une annonce   announcement, notification
demander par annonce   to advertise for
un annonceur   advertiser, announcer, speaker
un annoncier, une annoncière   advertising manager
s'annoncer bien   to look promising; **Cela s'annonce bien**   That looks promising.
les petites annonces d'un journal   newspaper classified advertisements
s'annoncer   to announce (introduce) oneself

Consult the sections on verbs used in idiomatic expressions, verbs with prepositions, and the list of over 1,000 verbs conjugated like model verbs in the back pages.

to perceive

The Seven Simple Tenses		The Seven Compound Tenses	
Singular	Plural	Singular	Plural

1 présent de l'indicatif		8 passé composé	
aperçois	apercevons	ai aperçu	avons aperçu
aperçois	apercevez	as aperçu	avez aperçu
aperçoit	aperçoivent	a aperçu	ont aperçu

2 imparfait de l'indicatif		9 plus-que-parfait de l'indicatif	
apercevais	apercevions	avais aperçu	avions aperçu
apercevais	aperceviez	avais aperçu	aviez aperçu
apercevait	apercevaient	avait aperçu	avaient aperçu

3 passé simple		10 passé antérieur	
aperçus	aperçûmes	eus aperçu	eûmes aperçu
aperçus	aperçûtes	eus aperçu	eûtes aperçu
aperçut	aperçurent	eut aperçu	eurent aperçu

4 futur		11 futur antérieur	
apercevrai	apercevrons	aurai aperçu	aurons aperçu
apercevras	apercevrez	auras aperçu	aurez aperçu
apercevra	apercevront	aura aperçu	auront aperçu

5 conditionnel		12 conditionnel passé	
apercevrais	apercevrions	aurais aperçu	aurions aperçu
apercevrais	apercevriez	aurais aperçu	auriez aperçu
apercevrait	apercevraient	aurait aperçu	auraient aperçu

6 présent du subjonctif		13 passé du subjonctif	
aperçoive	apercevions	aie aperçu	ayons aperçu
aperçoives	aperceviez	aies aperçu	ayez aperçu
aperçoive	aperçoivent	ait aperçu	aient aperçu

7 imparfait du subjonctif		14 plus-que-parfait du subjonctif	
aperçusse	aperçussions	eusse aperçu	eussions aperçu
aperçusses	aperçussiez	eusses aperçu	eussiez aperçu
aperçût	aperçussent	eût aperçu	eussent aperçu

Impératif
aperçois
apercevons
apercevez

Words and expressions related to this verb

sans s'en apercevoir   without taking
  any notice (of it)
la perception   perception
perceptiblement   perceptibly
à peine perceptible   scarcely perceptible
un aperçu   glimpse, glance

s'apercevoir de   to become aware of, to
  notice
la perceptibilité   perceptibility
perceptif, perceptive   perceptive
entr'apercevoir   to glimpse

Consult the sections on verbs used in idiomatic expressions, verbs with prepositions, and the
list of over 1,000 verbs conjugated like model verbs in the back pages.

to appear

The Seven Simple Tenses		The Seven Compound Tenses	
Singular	Plural	Singular	Plural

1 présent de l'indicatif

apparais	apparaissons		
apparais	apparaissez		
apparaît	apparaissent		

8 passé composé

ai apparu	avons apparu
as apparu	avez apparu
a apparu	ont apparu

2 imparfait de l'indicatif

apparaissais	apparaissions
apparaissais	apparaissiez
apparaissait	apparaissaient

9 plus-que-parfait de l'indicatif

avais apparu	avions apparu
avais apparu	aviez apparu
avait apparu	avaient apparu

3 passé simple

apparus	apparûmes
apparus	apparûtes
apparut	apparurent

10 passé antérieur

eus apparu	eûmes apparu
eus apparu	eûtes apparu
eut apparu	eurent apparu

4 futur

apparaîtrai	apparaîtrons
apparaîtras	apparaîtrez
apparaîtra	apparaîtront

11 futur antérieur

aurai apparu	aurons apparu
auras apparu	aurez apparu
aura apparu	auront apparu

5 conditionnel

apparaîtrais	apparaîtrions
apparaîtrais	apparaîtriez
apparaîtrait	apparaîtraient

12 conditionnel passé

aurais apparu	aurions apparu
aurais apparu	auriez apparu
aurait apparu	auraient apparu

6 présent du subjonctif

apparaisse	apparaissions
apparaisses	apparaissiez
apparaisse	apparaissent

13 passé du subjonctif

aie apparu	ayons apparu
aies apparu	ayez apparu
ait apparu	aient apparu

7 imparfait du subjonctif

apparusse	apparussions
apparusses	apparussiez
apparût	apparussent

14 plus-que-parfait du subjonctif

eusse apparu	eussions apparu
eusses apparu	eussiez apparu
eût apparu	eussent apparu

Impératif
apparais
apparaissons
apparaissez

Words and expressions related to this verb

apparemment apparently
apparent, apparente apparent
contre toute apparence contrary to all
  appearances
une apparition apparition
l'apparition d'un livre the appearance
  (publication) of a new book; **vient de
  paraître** just published

une apparence appearance
en apparence in appearance, seemingly
sauver les apparences to save face, to
  keep up appearances
juger d'après les apparences to judge by
  appearances

Consult the sections on verbs used in idiomatic expressions, verbs with prepositions, and the list of over 1,000 verbs conjugated like model verbs in the back pages.

to belong, to pertain

The Seven Simple Tenses		The Seven Compound Tenses	
Singular	Plural	Singular	Plural

1   présent de l'indicatif

		8 passé composé	
appartiens	appartenons	ai appartenu	avons appartenu
appartiens	appartenez	as appartenu	avez appartenu
appartient	appartiennent	a appartenu	ont appartenu

2   imparfait de l'indicatif

		9 plus-que-parfait de l'indicatif	
appartenais	appartenions	avais appartenu	avions appartenu
appartenais	apparteniez	avais appartenu	aviez appartenu
appartenait	appartenaient	avait appartenu	avaient appartenu

3   passé simple

		10 passé antérieur	
appartins	appartînmes	eus appartenu	eûmes appartenu
appartins	appartîntes	eus appartenu	eûtes appartenu
appartint	appartinrent	eut appartenu	eurent appartenu

4   futur

		11 futur antérieur	
appartiendrai	appartiendrons	aurai appartenu	aurons appartenu
appartiendras	appartiendrez	auras appartenu	aurez appartenu
appartiendra	appartiendront	aura appartenu	auront appartenu

5   conditionnel

		12 conditionnel passé	
appartiendrais	appartiendrions	aurais appartenu	aurions appartenu
appartiendrais	appartiendriez	aurais appartenu	auriez appartenu
appartiendrait	appartiendraient	aurait appartenu	auraient appartenu .

6   présent du subjonctif

		13 passé du subjonctif	
appartienne	appartenions	aie appartenu	ayons appartenu
appartiennes	apparteniez	aies appartenu	ayez appartenu
appartienne	appartiennent	ait appartenu	aient appartenu

7   imparfait du subjonctif

		14 plus-que-parfait du subjonctif	
appartinsse	appartinssions	eusse appartenu	eussions appartenu
appartinsses	appartinssiez	eusses appartenu	eussiez appartenu
appartînt	appartinssent	eût appartenu	eussent appartenu

Impératif
appartiens
appartenons
appartenez

Words and expressions related to this verb

appartenir à   to belong to, to pertain to, to appertain to
Il appartient que. . .   It is fitting that. . .
appartenir à qqn de + inf.   to behoove someone to; **Il lui appartient de dire la vérité.**
une appartenance   appurtenance; **appartenant, appartenante**   appertaining, belonging
A TOUS CEUX QU'IL APPARTIENDRA   TO WHOM IT MAY CONCERN
s'appartenir   to be independent
appartenir à qqn de faire qqch   to be up to someone to do something

Consult the sections on verbs used in idiomatic expressions, verbs with prepositions, and the list of over 1,000 verbs conjugated like model verbs in the back pages.

·The subject pronouns are found on the page facing page 1.

appeler

to call, to name, to appeal

The Seven Simple Tenses		The Seven Compound Tenses	
Singular	Plural	Singular	Plural
1 présent de l'indicatif		**8 passé composé**	
appelle	appelons	ai appelé	avons appelé
appelles	appelez	as appelé	avez appelé
appelle	appellent	a appelé	ont appelé
2 imparfait de l'indicatif		**9 plus-que-parfait de l'indicatif**	
appelais	appelions	avais appelé	avions appelé
appelais	appeliez	avais appelé	aviez appelé
appelait	appelaient	avait appelé	avaient appelé
3 passé simple		**10 passé antérieur**	
appelai	appelâmes	eus appelé	eûmes appelé
appelas	appelâtes	eus appelé	eûtes appelé
appela	appelèrent	eut appelé	eurent appelé
4 futur		**11 futur antérieur**	
appellerai	appellerons	aurai appelé	aurons appelé
appelleras	appellerez	auras appelé	aurez appelé
appellera	appelleront	aura appelé	auront appelé
5 conditionnel		**12 conditionnel passé**	
appellerais	appellerions	aurais appelé	aurions appelé
appellerais	appelleriez	aurais appelé	auriez appelé
appellerait	appelleraient	aurait appelé	auraient appelé
6 présent du subjonctif		**13 passé du subjonctif**	
appelle	appelions	aie appelé	ayons appelé
appelles	appeliez	aies appelé	ayez appelé
appelle	appellent	ait appelé	aient appelé
7 imparfait du subjonctif		**14 plus-que-parfait du subjonctif**	
appelasse	appelassions	eusse appelé	eussions appelé
appelasses	appelassiez	eusses appelé	eussiez appelé
appelât	appelassent	eût appelé	eussent appelé

Impératif
appelle
appelons
appelez

Sentences using this verb and words related to it

Madame Dubois va appeler le médecin parce qu'elle ne va pas bien aujourd'hui.

—**As-tu appelé le docteur, chérie? lui demande son mari.**
—**Non, mon chéri—répond sa femme. Je souffre. Veux-tu l'appeler, s'il te plaît?**

une appellation   appellation; **un appel**
  appeal, call
en appeler à qqn   to appeal to someone
rappeler   to call back, to remind, to recall

un appel   call; **appel téléphonique**
  telephone call; **faire l'appel**   to call
  the roll
faire un appel de phares   to flash the high
  beams (of a vehicle)

to be named, to call oneself

The Seven Simple Tenses		The Seven Compound Tenses	
Singular	Plural	Singular	Plural
1 présent de l'indicatif		**8 passé composé**	
m'appelle	nous appelons	me suis appelé(e)	nous sommes appelé(e)s
t'appelles	vous appelez	t'es appelé(e)	vous êtes appelé(e)(s)
s'appelle	s'appellent	s'est appelé(e)	se sont appelé(e)s
2 imparfait de l'indicatif		**9 plus-que-parfait de l'indicatif**	
m'appelais	nous appelions	m'étais appelé(e)	nous étions appelé(e)s
t'appelais	vous appeliez	t'étais appelé(e)	vous étiez appelé(e)(s)
s'appelait	s'appelaient	s'était appelé(e)	s'étaient appelé(e)s
3 passé simple		**10 passé antérieur**	
m'appelai	nous appelâmes	me fus appelé(e)	nous fûmes appelé(e)s
t'appelas	vous appelâtes	te fus appelé(e)	vous fûtes appelé(e)(s)
s'appela	s'appelèrent	se fut appelé(e)	se furent appelé(e)s
4 futur		**11 futur antérieur**	
m'appellerai	nous appellerons	me serai appelé(e)	nous serons appelé(e)s
t'appelleras	vous appellerez	te seras appelé(e)	vous serez appelé(e)(s)
s'appellera	s'appelleront	se sera appelé(e)	se seront appelé(e)s
5 conditionnel		**12 conditionnel passé**	
m'appellerais	nous appellerions	me serais appelé(e)	nous serions appelé(e)s
t'appellerais	vous appelleriez	te serais appelé(e)	vous seriez appelé(e)(s)
s'appellerait	s'appelleraient	se serait appelé(e)	se seraient appelé(e)s
6 présent du subjonctif		**13 passé du subjonctif**	
m'appelle	nous appelions	me sois appelé(e)	nous soyons appelé(e)s
t'appelles	vous appeliez	te sois appelé(e)	vous soyez appelé(e)(s)
s'appelle	s'appellent	se soit appelé(e)	se soient appelé(e)s
7 imparfait du subjonctif		**14 plus-que-parfait du subjonctif**	
m'appelasse	nous appelassions	me fusse appelé(e)	nous fussions appelé(e)s
t'appelasses	vous appelassiez	te fusses appelé(e)	vous fussiez appelé(e)(s)
s'appelât	s'appelassent	se fût appelé(e)	se fussent appelé(e)s

Impératif
appelle-toi; ne t'appelle pas
appelons-nous; ne nous appelons pas
appelez-vous; ne vous appelez pas

Sentences using this verb and words related to it

—Bonjour, mon enfant. Comment t'appelles-tu?
—Je m'appelle Henri.
—As-tu des frères et des soeurs?
—Oui, j'ai deux frères et trois soeurs. Ils s'appellent Joseph, Bernard, Thérèse, Paulette, et Andrée.

For other words and expressions related to this verb, see **appeler**, **rappeler**, and se **rappeler**.

apporter

Part. pr. **apportant** Part. passé **apporté**

to bring, to bear

The Seven Simple Tenses		The Seven Compound Tenses	
Singular	Plural	Singular	Plural
1 présent de l'indicatif		**8 passé composé**	
apporte	apportons	ai apporté	avons apporté
apportes	apportez	as apporté	avez apporté
apporte	apportent	a apporté	ont apporté
2 imparfait de l'indicatif		**9 plus-que-parfait de l'indicatif**	
apportais	apportions	avais apporté	avions apporté
apportais	apportiez	avais apporté	aviez apporté
apportait	apportaient	avait apporté	avaient apporté
3 passé simple		**10 passé antérieur**	
apportai	apportâmes	eus apporté	eûmes apporté
apportas	apportâtes	eus apporté	eûtes apporté
apporta	apportèrent	eut apporté	eurent apporté
4 futur		**11 futur antérieur**	
apporterai	apporterons	aurai apporté	aurons apporté
apporteras	apporterez	auras apporté	aurez apporté
apportera	apporteront	aura apporté	auront apporté
5 conditionnel		**12 conditionnel passé**	
apporterais	apporterions	aurais apporté	aurions apporté
apporterais	apporteriez	aurais apporté	auriez apporté
apporterait	apporteraient	aurait apporté	auraient apporté
6 présent du subjonctif		**13 passé du subjonctif**	
apporte	apportions	aie apporté	ayons apporté
apportes	apportiez	aies apporté	ayez apporté
apporte	apportent	ait apporté	aient apporté
7 imparfait du subjonctif		**14 plus-que-parfait du subjonctif**	
apportasse	apportassions	eusse apporté	eussions apporté
apportasses	apportassiez	eusses apporté	eussiez apporté
apportât	apportassent	eût apporté	eussent apporté

Impératif
apporte
apportons
apportez

Sentences using this verb and words related to it

Hier soir, j'ai dîné dans un restaurant français. Quand le garçon m'a apporté mon repas, je lui ai dit: —Apportez-moi du pain, aussi, s'il vous plaît et n'oubliez pas de m'apporter un verre de vin rouge.

—Tout de suite, monsieur—il m'a répondu. Voulez-vous que je vous apporte l'addition maintenant ou après le dîner? Aimez-vous la salade que je vous ai apportée?

un apport something brought; **un apport dotal** wife's dowry
un apporteur a person who brings something (usually news); **un apporteur de bonnes nouvelles** bearer of good news

See also **porter.**

The Seven Simple Tenses		The Seven Compound Tenses	
Singular	Plural	Singular	Plural
1 présent de l'indicatif		**8 passé composé**	
apprends	**apprenons**	**ai appris**	**avons appris**
apprends	**apprenez**	**as appris**	**avez appris**
apprend	**apprennent**	**a appris**	**ont appris**
2 imparfait de l'indicatif		**9 plus-que-parfait de l'indicatif**	
apprenais	**apprenions**	**avais appris**	**avions appris**
apprenais	**appreniez**	**avais appris**	**aviez appris**
apprenait	**apprenaient**	**avait appris**	**avaient appris**
3 passé simple		**10 passe antérieur**	
appris	**apprîmes**	**eus appris**	**eûmes appris**
appris	**apprîtes**	**eus appris**	**eûtes appris**
apprit	**apprirent**	**eut appris**	**eurent appris**
4 futur		**11 futur antérieur**	
apprendrai	**apprendrons**	**aurai appris**	**aurons appris**
apprendras	**apprendrez**	**auras appris**	**aurez appris**
apprendra	**apprendront**	**aura appris**	**auront appris**
5 conditionnel		**12 conditionnel passé**	
apprendrais	**apprendrions**	**aurais appris**	**aurions appris**
apprendrais	**apprendriez**	**aurais appris**	**auriez appris**
apprendrait	**apprendraient**	**aurait appris**	**auraient appris**
6 présent du subjonctif		**13 passé du subjonctif**	
apprenne	**apprenions**	**aie appris**	**ayons appris**
apprennes	**appreniez**	**aies appris**	**ayez appris**
apprenne	**apprennent**	**ait appris**	**aient appris**
7 imparfait du subjonctif		**14 plus-que-parfait du subjonctif**	
apprisse	**apprissions**	**eusse appris**	**eussions appris**
apprisses	**apprissiez**	**eusses appris**	**eussiez appris**
apprît	**apprissent**	**eût appris**	**eussent appris**

Impératif
apprends
apprenons
apprenez

Common idiomatic expressions using this verb

A l'école j'apprends à lire en français. J'apprends à écrire et à parler. Ce matin mon maître de français m'a dit: —Robert, apprends ce poème par coeur pour demain.

La semaine dernière j'ai appris un poème de Verlaine. Pour demain j'apprendrai la conjugaison du verbe *apprendre*.

apprendre par coeur   to memorize
apprendre à qqn à faire qqch   to teach somebody to do something
apprendre qqch à qqn   to inform someone of something; to teach someone something

apprendre à faire qqch   to learn to do something
un apprentissage   apprenticeship

The subject pronouns are found on the page facing page 1.

to approach, to come near, to bring near

The Seven Simple Tenses		The Seven Compound Tenses	
Singular	Plural	Singular	Plural
1 présent de l'indicatif		**8 passé composé**	
approche	approchons	ai approché	avons approché
approches	approchez	as approché	avez approché
approche	approchent	a approché	ont approché
2 imparfait de l'indicatif		**9 plus-que-parfait de l'indicatif**	
approchais	approchions	avais approché	avions approché
approchais	approchiez	avais approché	aviez approché
approchait	approchaient	avait approché	avaient approché
3 passé simple		**10 passé antérieur**	
approchai	approchâmes	eus approché	eûmes approché
approchas	approchâtes	eus approché	eûtes approché
approcha	approchèrent	eut approché	eurent approché
4 futur		**11 futur antérieur**	
approcherai	approcherons	aurai approché	aurons approché
approcheras	approcherez	auras approché	aurez approché
approchera	approcheront	aura approché	auront approché
5 conditionnel		**12 conditionnel passé**	
approcherais	approcherions	aurais approché	aurions approché
approcherais	approcheriez	aurais approché	auriez approché
approcherait	approcheraient	aurait approché	auraient approché
6 présent du subjonctif		**13 passé du subjonctif**	
approche	approchions	aie approché	ayons approché
approches	approchiez	aies approché	ayez approché
approche	approchent	ait approché	aient approché
7 imparfait du subjonctif		**14 plus-que-parfait du subjonctif**	
approchasse	approchassions	eusse approché	eussions approché
approchasses	approchassiez	eusses approché	eussiez approché
approchât	approchassent	eût approché	eussent approché

Impératif
approche
approchons
approchez

Words and expressions related to this verb

s'approcher de qqn ou qqch   to approach someone or something
se rapprocher de   to come closer to
rapprocher   to bring closer, nearer
reprocher qqch à qqn   to reproach someone with something; **un reproche**   reproach;
    faire des reproches à   to reproach; **sans reproche**   without blame, blameless
proche   close, near; **la pharmacie la plus proche**   the nearest pharmacy
prochain, prochaine   next; **la semaine prochaine**   next week; **la prochaine fois**   the next time

Consult the sections on verbs used in idiomatic expressions, verbs with prepositions, and the list of over 1,000 verbs conjugated like model verbs in the back pages.

The Seven Simple Tenses		The Seven Compound Tenses	
Singular	Plural	Singular	Plural
1 présent de l'indicatif		**8 passé composé**	
approuve	approuvons	ai approuvé	avons approuvé
approuves	approuvez	as approuvé	avez approuvé
approuve	approuvent	a approuvé	ont approuvé
2 imparfait de l'indicatif		**9 plus-que-parfait de l'indicatif**	
approuvais	approuvions	avais approuvé	avions approuvé
approuvais	approuviez	avais approuvé	aviez approuvé
approuvait	approuvaient	avait approuvé	avaient approuvé
3 passé simple		**10 passé antérieur**	
approuvai	approuvâmes	eus approuvé	eûmes approuvé
approuvas	approuvâtes	eus approuvé	eûtes approuvé
approuva	approuvèrent	eut approuvé	eurent approuvé
4 futur		**11 futur antérieur**	
approuverai	approuverons	aurai approuvé	aurons approuvé
approuveras	approuverez	auras approuvé	aurez approuvé
approuvera	approuveront	aura approuvé	auront approuvé
5 conditionnel		**12 conditionnel passé**	
approuverais	approuverions	aurais approuvé	aurions approuvé
approuverais	approuveriez	aurais approuvé	auriez approuvé
approuverait	approuveraient	aurait approuvé	auraient approuvé
6 présent du subjonctif		**13 passé du subjonctif**	
approuve	approuvions	aie approuvé	ayons approuvé
approuves	approuviez	aies approuvé	ayez approuvé
approuve	approuvent	ait approuvé	aient approuvé
7 imparfait du subjonctif		**14 plus-que-parfait du subjonctif**	
approuvasse	approuvassions	eusse approuvé	eussions approuvé
approuvasses	approuvassiez	eusses approuvé	eussiez approuvé
approuvât	approuvassent	eût approuvé	eussent approuvé

Impératif
approuve
approuvons
approuvez

Words and expressions related to this verb

approuver qqn de faire qqch   to approve of someone's doing something
acheter à condition   to buy on approval
avec approbation   approvingly
la désapprobation   disapproval, disapprobation

J'approuve votre décision de continuer l'étude de la langue française.
l'approbation *f.*   approval
un approbateur, une approbatrice   approver
désapprouver   to disapprove, to disapprove of

Consult the sections on verbs used in idiomatic expressions, verbs with prepositions, and the list of over 1,000 verbs conjugated like model verbs in the back pages.

to pull up, to pull out, to uproot

The Seven Simple Tenses		The Seven Compound Tenses	
Singular	Plural	Singular	Plural

1 présent de l'indicatif		8 passé composé	
arrache	arrachons	ai arraché	avons arraché
arraches	arrachez	as arraché	avez arraché
arrache	arrachent	a arraché	ont arraché

2 imparfait de l'indicatif		9 plus-que-parfait de l'indicatif	
arrachais	arrachions	avais arraché	avions arraché
arrachais	arrachiez	avais arraché	aviez arraché
arrachait	arrachaient	avait arraché	avaient arraché

3 passé simple		10 passé antérieur	
arrachai	arrachâmes	eus arraché	eûmes arraché
arrachas	arrachâtes	eus arraché	eûtes arraché
arracha	arrachèrent	eut arraché	eurent arraché

4 futur		11 futur antérieur	
arracherai	arracherons	aurai arraché	aurons arraché
arracheras	arracherez	auras arraché	aurez arraché
arrachera	arracheront	aura arraché	auront arraché

5 conditionnel		12 conditionnel passé	
arracherais	arracherions	aurais arraché	aurions arraché
arracherais	arracheriez	aurais arraché	auriez arraché
arracherait	arracheraient	aurait arraché	auraient arraché

6 présent du subjonctif		13 passé du subjonctif	
arrache	arrachions	aie arraché	ayons arraché
arraches	arrachiez	aies arraché	ayez arraché
arrache	arrachent	ait arraché	aient arraché

7 imparfait du subjonctif		14 plus-que-parfait du subjonctif	
arrachasse	arrachassions	eusse arraché	eussions arraché
arrachasses	arrachassiez	eusses arraché	eussiez arraché
arrachât	arrachassent	eût arraché	eussent arraché

Impératif
arrache
arrachons
arrachez

Common idiomatic expressions using this verb and words related to it

arracher qqch des mains de qqn to grab
   something out of someone's hands
faire qqch d'arrache-pied to do something
   without interruption
s'arracher à to tear oneself away from

un arrache-clou nail puller (extractor)
   (des arrache-clous)
s'arracher les yeux to have a violent
   quarrel (to scratch each other's eyes out)

Try a few of the verb tests (with answers explained) in the back pages.

Consult the sections on verbs used in idiomatic expressions, verbs with prepositions, and the list of over 1,000 verbs conjugated like model verbs in the back pages.

The Seven Simple Tenses		The Seven Compound Tenses	
Singular	Plural	Singular	Plural

1   présent de l'indicatif

		8 passé composé	
arrange	arrangeons	ai arrangé	avons arrangé
arranges	arrangez	as arrangé	avez arrangé
arrange	arrangent	a arrangé	ont arrangé

2   imparfait de l'indicatif

		9 plus-que-parfait de l'indicatif	
arrangeais	arrangions	avais arrangé	avions arrangé
arrangeais	arrangiez	avais arrangé	aviez arrangé
arrangeait	arrangeaient	avait arrangé	avaient arrangé

3   passé simple

		10 passé antérieur	
arrangeai	arrangeâmes	eus arrangé	eûmes arrangé
arrangeas	arrangeâtes	eus arrangé	eûtes arrangé
arrangea	arrangèrent	eut arrangé	eurent arrangé

4   futur

		11 futur antérieur	
arrangerai	arrangerons	aurai arrangé	aurons arrangé
arrangeras	arrangerez	auras arrangé	aurez arrangé
arrangera	arrangeront	aura arrangé	auront arrangé

5   conditionnel

		12 conditionnel passé	
arrangerais	arrangerions	aurais arrangé	aurions arrangé
arrangerais	arrangeriez	aurais arrangé	auriez arrangé
arrangerait	arrangeraient	aurait arrangé	auraient arrangé

6   présent du subjonctif

		13 passé du subjonctif	
arrange	arrangions	aie arrangé	ayons arrangé
arranges	arrangiez	aies arrangé	ayez arrangé
arrange	arrangent	ait arrangé	aient arrangé

7   imparfait du subjonctif

		14 plus-que-parfait du subjonctif	
arrangeasse	arrangeassions	eusse arrangé	eussions arrangé
arrangeasses	arrangeassiez	eusses arrangé	eussiez arrangé
arrangeât	arrangeassent	eût arrangé	eussent arrangé

Impératif
arrange
arrangeons
arrangez

Sentences using this verb and words related to it

J'aime beaucoup un joli arrangement de fleurs. Aimez-vous les fleurs que j'ai arrangées dans ce vase? Les Japonais savent bien arranger les fleurs. Quand mon père apporte des fleurs à ma mère, nous les arrangeons dans un joli vase.

arranger qqch   to arrange, contrive something
arranger l'affaire   to straighten out a matter
arranger qqn   to accommodate, suit someone; **Ça m'arrange bien**   That suits me fine;
   Ça s'arrangera   It will turn out all right.

to arrest, to stop (someone or something), to halt

The Seven Simple Tenses		The Seven Compound Tenses	
Singular	Plural	Singular	Plural

1 présent de l'indicatif

		8 passé composé	
arrête	arrêtons	ai arrêté	avons arrêté
arrêtes	arrêtez	as arrêté	avez arrêté
arrête	arrêtent	a arrêté	ont arrêté

2 imparfait de l'indicatif

		9 plus-que-parfait de l'indicatif	
arrêtais	arrêtions	avais arrêté	avions arrêté
arrêtais	arrêtiez	avais arrêté	aviez arrêté
arrêtait	arrêtaient	avait arrêté	avaient arrêté

3 passé simple

		10 passé antérieur	
arrêtai	arrêtâmes	eus arrêté	eûmes arrêté
arrêtas	arrêtâtes	eus arrêté	eûtes arrêté
arrêta	arrêtèrent	eut arrêté	eurent arrêté

4 futur

		11 futur antérieur	
arrêterai	arrêterons	aurai arrêté	aurons arrêté
arrêteras	arrêterez	auras arrêté	aurez arrêté
arrêtera	arrêteront	aura arrêté	auront arrêté

5 conditionnel

		12 conditionnel passé	
arrêterais	arrêterions	aurais arrêté	aurions arrêté
arrêterais	arrêteriez	aurais arrêté	auriez arrêté
arrêterait	arrêteraient	aurait arrêté	auraient arrêté

6 présent du subjonctif

		13 passé du subjonctif	
arrête	arrêtions	aie arrêté	ayons arrêté
arrêtes	arrêtiez	aies arrêté	ayez arrêté
arrête	arrêtent	ait arrêté	aient arrêté

7 imparfait du subjonctif

		14 plus-que-parfait du subjonctif	
arrêtasse	arrêtassions	eusse arrêté	eussions arrêté
arrêtasses	arrêtassiez	eusses arrêté	eussiez arrêté
arrêtât	arrêtassent	eût arrêté	eussent arrêté

Impératif
arrête
arrêtons
arrêtez

Sentences using this verb and words related to it

L'agent de police a arrêté les voitures pour laisser les piétons traverser la rue. Il a crié: —Arrêtez! Arrêtez!

un arrêt   halt, stop, arrest
arrêt d'autobus   bus stop
un arrêté ministériel   decree
arrêter qqn de faire qqch   to stop someone from doing something
une arrestation   arrest, apprehension
arrêter un jour   to set a date; **arrêter un marché**   to make a deal

See also **s'arrêter.**

to stop (oneself, itself), to pause

The Seven Simple Tenses		The Seven Compound Tenses	
Singular	Plural	Singular	Plural
1 présent de l'indicatif		**8 passé composé**	
m'arrête	nous arrêtons	me suis arrêté(e)	nous sommes arrêté(e)s
t'arrêtes	vous arrêtez	t'es arrêté(e)	vous êtes arrêté(e)(s)
s'arrête	s'arrêtent	s'est arrêté(e)	se sont arrêté(e)s
2 imparfait de l'indicatif		**9 plus-que-parfait de l'indicatif**	
m'arrêtais	nous arrêtions	m'étais arrêté(e)	nous étions arrêté(e)s
t'arrêtais	vous arrêtiez	t'étais arrêté(e)	vous étiez arrêté(e)(s)
s'arrêtait	s'arrêtaient	s'était arrêté(e)	s'étaient arrêté(e)s
3 passé simple		**10 passé antérieur**	
m'arrêtai	nous arrêtâmes	me fus arrêté(e)	nous fûmes arrêté(e)s
t'arrêtas	vous arrêtâtes	te fus arrêté(e)	vous fûtes arrêté(e)(s)
s'arrêta	s'arrêtèrent	se fut arrêté(e)	se furent arrêté(e)s
4 futur		**11 futur antérieur**	
m'arrêterai	nous arrêterons	me serai arrêté(e)	nous serons arrêté(e)s
t'arrêteras	vous arrêterez	te seras arrêté(e)	vous serez arrêté(e)(s)
s'arrêtera	s'arrêteront	se sera arrêté(e)	se seront arrêté(e)s
5 conditionnel		**12 conditionnel passé**	
m'arrêterais	nous arrêterions	me serais arrêté(e)	nous serions arrêté(e)s
t'arrêterais	vous arrêteriez	te serais arrêté(e)	vous seriez arrêté(e)(s)
s'arrêterait	s'arrêteraient	se serait arrêté(e)	se seraient arrêté(e)s
6 présent du subjonctif		**13 passé du subjonctif**	
m'arrête	nous arrêtions	me sois arrêté(e)	nous soyons arrêté(e)s
t'arrêtes	vous arrêtiez	te sois arrêté(e)	vous soyez arrêté(e)(s)
s'arrête	s'arrêtent	se soit arrêté(e)	se soient arrêté(e)s
7 imparfait du subjonctif		**14 plus-que-parfait du subjonctif**	
m'arrêtasse	nous arrêtassions	me fusse arrêté(e)	nous fussions arrêté(e)s
t'arrêtasse	vous arrêtassiez	te fusses arrêté(e)	vous fussiez arrêté(e)(s)
s'arrêtât	s'arrêtassent	se fût arrêté(e)	se fussent arrêté(e)s

Impératif
arrête-toi; ne t'arrête pas
arrêtons-nous; ne nous arrêtons pas
arrêtez-vous; ne vous arrêtez pas

Sentences using this verb and words related to it

Madame Dumont s'est arrêtée devant une pâtisserie pour acheter une belle tarte aux cerises. Deux autres dames se sont arrêtées derrière elle et les trois sont entrées dans le magasin.

s'arrêter de faire qqch   to desist from doing something
s'arrêter de fumer   to stop smoking
sans s'arrêter   without stopping
Madame Martin s'est arrêtée pour se reposer   Mrs. Martin stopped to rest.

For other words and expressions related to this verb, see **arrêter.**

The subject pronouns are found on the page facing page 1.   **49**

to arrive, to happen

The Seven Simple Tenses		The Seven Compound Tenses	
Singular	Plural	Singular	Plural
1 présent de l'indicatif		**8 passé composé**	
arrive	arrivons	suis arrivé(e)	sommes arrivé(e)s
arrives	arrivez	es arrivé(e)	êtes arrivé(e)(s)
arrive	arrivent	est arrivé(e)	sont arrivé(e)s
2 imparfait de l'indicatif		**9 plus-que-parfait de l'indicatif**	
arrivais	arrivions	étais arrivé(e)	étions arrivé(e)s
arrivais	arriviez	étais arrivé(e)	étiez arrivé(e)(s)
arrivait	arrivaient	était arrivé(e)	étaient arrivé(e)s
3 passé simple		**10 passé antérieur**	
arrivai	arrivâmes	fus arrivé(e)	fûmes arrivé(e)s
arrivas	arrivâtes	fus arrivé(e)	fûtes arrivé(e)(s)
arriva	arrivèrent	fut arrivé(e)	furent arrivé(e)s
4 futur		**11 futur antérieur**	
arriverai	arriverons	serai arrivé(e)	serons arrivé(e)s
arriveras	arriverez	seras arrivé(e)	serez arrivé(e)(s)
arrivera	arriveront	sera arrivé(e)	seront arrivé(e)s
5 conditionnel		**12 conditionnel passé**	
arriverais	arriverions	serais arrivé(e)	serions arrivé(e)s
arriverais	arriveriez	serais arrivé(e)	seriez arrivé(e)(s)
arriverait	arriveraient	serait arrivé(e)	seraient arrivé(e)s
6 présent du subjonctif		**13 passé du subjonctif**	
arrive	arrivions	sois arrivé(e)	soyons arrivé(e)s
arrives	arriviez	sois arrivé(e)	soyez arrivé(e)(s)
arrive	arrivent	soit arrivé(e)	soient arrivé(e)s
7 imparfait du subjonctif		**14 plus-que-parfait du subjonctif**	
arrivasse	arrivassions	fusse arrivé(e)	fussions arrivé(e)s
arrivasses	arrivassiez	fusses arrivé(e)	fussiez arrivé(e)(s)
arrivât	arrivassent	fût arrivé(e)	fussent arrivé(e)s

Impératif
arrive
arrivons
arrivez

Sentences using this verb and words related to it

    Paulette est arrivée à la gare à deux heures. Le train pour Paris arrivera à trois heures. Elle passera une heure dans la salle d'attente. Après quelques minutes, elle voit beaucoup de personnes qui courent frénétiquement. Elle n'arrive pas à comprendre ce qui se passe.
    —Qu'est-ce qui arrive? elle demande.
    —Il y a eu un accident! on lui répond.

arriver à faire qqch to succeed in + pres. part.; to manage to do something
arriver à to happen to; **Cela n'arrive qu'à moi!** It's just my luck! That would happen to me!

See the back pages for verbs used in idiomatic expressions.

The Seven Simple Tenses | The Seven Compound Tenses

Singular	Plural	Singular	Plural
1 présent de l'indicatif		**8 passé composé**	
m'assieds	**nous asseyons**	**me suis assis(e)**	**nous sommes assis(es)**
t'assieds	**vous asseyez**	**t'es assis(e)**	**vous êtes assis(e)(es)**
s'assied	**s'asseyent**	**s'est assis(e)**	**se sont assis(es)**
2 imparfait de l'indicatif		**9 plus-que-parfait de l'indicatif**	
m'asseyais	**nous asseyions**	**m'étais assis(e)**	**nous étions assis(es)**
t'asseyais	**vous asseyiez**	**t'étais assis(e)**	**vous étiez assis(e)(es)**
s'asseyait	**s'asseyaient**	**s'était assis(e)**	**s'étaient assis(es)**
3 passé simple		**10 passé antérieur**	
m'assis	**nous assîmes**	**me fus assis(e)**	**nous fûmes assis(es)**
t'assis	**vous assîtes**	**te fus assis(e)**	**vous fûtes assis(e)(es)**
s'assit	**s'assirent**	**se fut assis(e)**	**se furent assis(es)**
4 futur		**11 futur antérieur**	
m'assiérai	**nous assiérons**	**me serai assis(e)**	**nous serons assis(es)**
t'assiéras	**vous assiérez**	**te seras assis(e)**	**vous serez assis(e)(es)**
s'assiéra	**s'assiéront**	**se sera assis(e)**	**se seront assis(es)**
5 conditionnel		**12 conditionnel passé**	
m'assiérais	**nous assiérions**	**me serais assis(e)**	**nous serions assis(es)**
t'assiérais	**vous assiériez**	**te serais assis(e)**	**vous seriez assis(es)**
s'assiérait	**s'assiéraient**	**se serait assis(e)**	**se seraient assis(es)**
6 présent du subjonctif		**13 passé du subjonctif**	
m'asseye	**nous asseyions**	**me sois assis(e)**	**nous soyons assis(es)**
t'asseyes	**vous asseyiez**	**te sois assis(e)**	**vous soyez assis(e)(es)**
s'asseye	**s'asseyent**	**se soit assis(e)**	**se soient assis(es)**
7 imparfait du subjonctif		**14 plus-que-parfait du subjonctif**	
m'assisse	**nous assissions**	**me fusse assis(e)**	**nous fussions assis(es)**
t'assisses	**vous assissiez**	**te fusses assis(e)**	**vous fussiez assis(e)(es)**
s'assît	**s'assissent**	**se fût assis(e)**	**se fussent assis(es)**

Impératif
assieds-toi; ne t'assieds pas
asseyons-nous; ne nous asseyons pas
asseyez-vous; ne vous asseyez pas

Common idiomatic expressions using this verb and words related to it

Quand je voyage en train, je m'assieds toujours près d'une fenêtre si c'est possible.
Une fois, pendant un voyage, une belle jeune fille s'est approchée de moi et m'a demandé:
—Puis-je m'asseoir ici? Est-ce que cette place est libre?
—Certainement, j'ai répondu—asseyez-vous, je vous en prie.
Elle s'est assise auprès de moi et nous nous sommes bien amusés à raconter des histoires drôles.

asseoir qqn to seat someone; **se rasseoir** to sit down again
rasseoir to seat again, to reseat
s'asseoir à califourchon to sit astride

The subject pronouns are found on the page facing page 1.

to assist (at), to be present (at), to attend

The Seven Simple Tenses		The Seven Compound Tenses	
Singular	Plural	Singular	Plural

1 présent de l'indicatif		8 passé composé	
assiste	assistons	ai assisté	avons assisté
assistes	assistez	as assisté	avez assisté
assiste	assistent	a assisté	ont assisté

2 imparfait de l'indicatif		9 plus-que-parfait de l'indicatif	
assistais	assistions	avais assisté	avions assisté
assistais	assistiez	avais assisté	aviez assisté
assistait	assistaient	avait assisté	avaient assisté

3 passé simple		10 passé antérieur	
assistai	assistâmes	eus assisté	eûmes assisté
assistas	assistâtes	eus assisté	eûtes assisté
assista	assistèrent	eut assisté	eurent assisté

4 futur		11 futur antérieur	
assisterai	assisterons	aurai assisté	aurons assisté
assisteras	assisterez	auras assisté	aurez assisté
assistera	assisteront	aura assisté	auront assisté

5 conditionnel		12 conditionnel passé	
assisterais	assisterions	aurais assisté	aurions assisté
assisterais	assisteriez	aurais assisté	auriez assisté
assisterait	assisteraient	aurait assisté	auraient assisté

6 présent du subjonctif		13 passé du subjonctif	
assiste	assistions	aie assisté	ayons assisté
assistes	assistiez	aies assisté	ayez assisté
assiste	assistent	ait assisté	aient assisté

7 imparfait du subjonctif		14 plus-que-parfait du subjonctif	
assistasse	assistassions	eusse assisté	eussions assisté
assistasses	assistassiez	eusses assisté	eussiez assisté
assistât	assistassent	eût assisté	eussent assisté

Impératif
assiste
assistons
assistez

Common idiomatic expressions using this verb

    Lundi prochain j'assisterai à une conférence de musiciens. L'année dernière j'ai assisté à la même conférence et il y avait beaucoup de monde.

assistance f.   assistance, help; attendance; audience
assister à   to be present at, to attend
les services de l'Assistance publique   health and social security services
les assistants   those present; spectators

Consult the back pages for the sections on verbs used in idiomatic expressions.

to assure, to ensure, to insure, to guarantee

The Seven Simple Tenses		The Seven Compound Tenses	
Singular	Plural	Singular	Plural
1 présent de l'indicatif		**8 passé composé**	
assure	assurons	ai assuré	avons assuré
assures	assurez	as assuré	avez assuré
assure	assurent	a assuré	ont assuré
2 imparfait de l'indicatif		**9 plus-que-parfait de l'indicatif**	
assurais	assurions	avais assuré	avions assuré
assurais	assuriez	avais assuré	aviez assuré
assurait	assuraient	avait assuré	avaient assuré
3 passé simple		**10 passé antérieur**	
assurai	assurâmes	eus assuré	eûmes assure
assuras	assurâtes	eus assuré	eûtes assuré
assura	assurèrent	eut assuré	eurent assuré
4 futur		**11 futur antérieur**	
assurerai	assurerons	aurai assuré	aurons assuré
assureras	assurerez	auras assuré	aurez assuré
assurera	assureront	aura assuré	auront assuré
5 conditionnel		**12 conditionnel passé**	
assurerais	assurerions	aurais assuré	aurions assuré
assurerais	assureriez	aurais assuré	auriez assuré
assurerait	assureraient	aurait assuré	auraient assuré
6 présent du subjonctif		**13 passé du subjonctif**	
assure	assurions	aie assuré	ayons assuré
assures	assuriez	aies assuré	ayez assuré
assure	assurent	ait assuré	aient assuré
7 imparfait du subjonctif		**14 plus-que-parfait du subjonctif**	
assurasse	assurassions	eusse assuré	eussions assuré
assurasses	assurassiez	eusses assuré	eussiez assuré
assurât	assurassent	eût assuré	eussent assuré

Impératif
assure
assurons
assurez

Words and expressions related to this verb

assurer qqn de qqch to assure someone of something; **sûr, sûre** sure
assurable insurable, assurable; **sûrement** surely; **sûrement pas** certainly not
rassurer to reassure; **la sûreté** safety
se rassurer to be reassured

See also **s'assurer.**

Consult the sections on verbs used in idiomatic expressions, verbs with prepositions, and the list of over 1,000 verbs conjugated like model verbs in the back pages.

s'assurer

to make sure, to assure oneself, to insure oneself

The Seven Simple Tenses		The Seven Compound Tenses	
Singular	Plural	Singular	Plural
1 présent de l'indicatif		**8 passé composé**	
m'assure	nous assurons	me suis assuré(e)	nous sommes assuré(e)s
t'assures	vous assurez	t'es assuré(e)	vous êtes assuré(e)(s)
s'assure	s'assurent	s'est assuré(e)	se sont assuré(e)s
2 imparfait de l'indicatif		**9 plus-que-parfait de l'indicatif**	
m'assurais	nous assurions	m'étais assuré(e)	nous étions assuré(e)s
t'assurais	vous assuriez	t'étais assuré(e)	vous étiez assuré(e)(s)
s'assurait	s'assuraient	s'était assuré(e)	s'étaient assuré(e)s
3 passé simple		**10 passé antérieur**	
m'assurai	nous assurâmes	me fus assuré(e)	nous fûmes assuré(e)s
t'assuras	vous assurâtes	te fus assuré(e)	vous fûtes assuré(e)(s)
s'assura	s'assurèrent	se fut assuré(e)	se furent assuré(e)s
4 futur		**11 futur antérieur**	
m'assurerai	nous assurerons	me serai assuré(e)	nous serons assuré(e)s
t'assureras	vous assurerez	te seras assuré(e)	vous serez assuré(e)(s)
s'assurera	s'assureront	se sera assuré(e)	se seront assuré(e)s
5 conditionnel		**12 conditionnel passé**	
m'assurerais	nous assurerions	me serais assuré(e)	nous serions assuré(e)s
t'assurerais	vous assureriez	te serais assuré(e)	vous seriez assuré(e)(s)
s'assurerait	s'assureraient	se serait assuré(e)	se seraient assuré(e)s
6 présent du subjonctif		**13 passé du subjonctif**	
m'assure	nous assurions	me sois assuré(e)	nous soyons assuré(e)s
t'assures	vous assuriez	te sois assuré(e)	vous soyez assuré(e)(s)
s'assure	s'assurent	se soit assuré(e)	se soient assuré(e)s
7 imparfait du subjonctif		**14 plus-que-parfait du subjonctif**	
m'assurasse	nous assurassions	me fusse assuré(e)	nous fussions assuré(e)s
t'assurasses	vous assurassiez	te fusses assuré(e)	vous fussiez assuré(e)(s)
s'assurât	s'assurassent	se fût assuré(e)	se fussent assuré(e)s

Impératif
assure-toi; ne t'assure pas
assurons-nous; ne nous assurons pas
assurez-vous; ne vous assurez pas

Sentences using this verb and words related to it

Pour s'assurer que la porte était bien fermée, Madame Lafontaine l'a fermée à clef. Puis elle a fermé toutes les fenêtres pour avoir de l'assurance et un sentiment de sécurité. Assurément, elle a raison. Il y a des cambrioleurs dans le voisinage.

assurément   assuredly
assurance *f.*   assurance, insurance
s'assurer de la protection de qqn   to secure someone's protection
assurance sur la vie   life insurance, life assurance

See also **assurer.**

The Seven Simple Tenses		The Seven Compound Tenses	
Singular	Plural	Singular	Plural
1 présent de l'indicatif		**8 passé composé**	
atteins	atteignons	ai atteint	avons atteint
atteins	atteignez	as atteint	avez atteint
atteint	atteignent	a atteint	ont atteint
2 imparfait de l'indicatif		**9 plus-que-parfait de l'indicatif**	
atteignais	atteignions	avais atteint	avions atteint
atteignais	atteigniez	avais atteint	aviez atteint
atteignait	atteignaient	avait atteint	avaient atteint
3 passé simple		**10 passé antérieur**	
atteignis	atteignîmes	eus atteint	eûmes atteint
atteignis	atteignîtes	eus atteint	eûtes atteint
atteignit	atteignirent	eut atteint	eurent atteint
4 futur		**11 futur antérieur**	
atteindrai	atteindrons	aurai atteint	aurons atteint
atteindras	atteindrez	auras atteint	aurez atteint
atteindra	atteindront	aura atteint	auront atteint
5 conditionnel		**12 conditionnel passé**	
atteindrais	atteindrions	aurais atteint	aurions atteint
atteindrais	atteindriez	aurais atteint	auriez atteint
atteindrait	atteindraient	aurait atteint	auraient atteint
6 présent du subjonctif		**13 passé du subjonctif**	
atteigne	atteignions	aie atteint	ayons atteint
atteignes	atteigniez	aies atteint	ayez atteint
atteigne	atteignent	ait atteint	aient atteint
7 imparfait du subjonctif		**14 plus-que-parfait du subjonctif**	
atteignisse	atteignissions	eusse atteint	eussions atteint
atteignisses	atteignissiez	eusses atteint	eussiez atteint
atteignît	atteignissent	eût atteint	eussent atteint

Impératif
atteins
atteignons
atteignez

Words and expressions related to this verb

atteindre à   to reach
une atteinte   reach; attack
hors d'atteinte   beyond reach
être atteint (atteinte) de   to suffer from

Consult the sections on verbs used in idiomatic expressions, verbs with prepositions, and the list of over 1,000 verbs conjugated like model verbs in the back pages.

The subject pronouns are found on the page facing page 1.   **55**

attendre

Part. pr. **attendant**   Part. passé **attendu**

to wait, to wait for, to expect

The Seven Simple Tenses		The Seven Compound Tenses	
Singular	Plural	Singular	Plural
1 présent de l'indicatif		**8 passé composé**	
attends	attendons	ai attendu	avons attendu
attends	attendez	as attendu	avez attendu
attend	attendent	a attendu	ont attendu
2 imparfait de l'indicatif		**9 plus-que-parfait de l'indicatif**	
attendais	attendions	avais attendu	avions attendu
attendais	attendiez	avais attendu	aviez attendu
attendait	attendaient	avait attendu	avaient attendu
3 passé simple		**10 passé antérieur**	
attendis	attendîmes	eus attendu	eûmes attendu
attendis	attendîtes	eus attendu	eûtes attendu
attendit	attendirent	eut attendu	eurent attendu
4 futur		**11 futur antérieur**	
attendrai	attendrons	aurai attendu	aurons attendu
attendras	attendrez	auras attendu	aurez attendu
attendra	attendront	aura attendu	auront attendu
5 conditionnel		**12 conditionnel passé**	
attendrais	attendrions	aurais attendu	aurions attendu
attendrais	attendriez	aurais attendu	auriez attendu
attendrait	attendraient	aurait attendu	auraient attendu
6 présent du subjonctif		**13 passé du subjonctif**	
attende	attendions	aie attendu	ayons attendu
attendes	attendiez	aies attendu	ayez attendu
attende	attendent	ait attendu	aient attendu
7 imparfait du subjonctif		**14 plus-que-parfait du subjonctif**	
attendisse	attendissions	eusse attendu	eussions attendu
attendisses	attendissiez	eusses attendu	eussiez attendu
attendît	attendissent	eût attendu	eussent attendu

Impératif
attends
attendons
attendez

Common idiomatic expressions using this verb

J'attends l'autobus depuis vingt minutes. Hier j'ai attendu dix minutes. Quand il arrivera, je m'attendrai à trouver une place libre.

faire attendre qqch à qqn to make someone wait for something; to keep someone waiting for something
en attendant meanwhile, in the meantime
Cela peut attendre! It can wait!

s'attendre à to expect; **Je ne m'attendais pas à gagner** I wasn't expecting to win.
J'attends l'autobus depuis vingt minutes! I have been waiting for the bus for 20 minutes!

to attract, to allure

The Seven Simple Tenses		The Seven Compound Tenses	
Singular	Plural	Singular	Plural
1 présent de l'indicatif		**8 passé composé**	
attire	attirons	ai attiré	avons attiré
attires	attirez	as attiré	avez attiré
attire	attirent	a attiré	ont attiré
2 imparfait de l'indicatif		**9 plus-que-parfait de l'indicatif**	
attirais	attirions	avais attiré	avions attiré
attirais	attiriez	avais attiré	aviez attiré
attirait	attiraient	avait attiré	avaient attiré
3 passé simple		**10 passé antérieur**	
attirai	attirâmes	eus attiré	eûmes attiré
attiras	attirâtes	eus attiré	eûtes attiré
attira	attirèrent	eut attiré	eurent attiré
4 futur		**11 futur antérieur**	
attirerai	attirerons	aurai attiré	aurons attiré
attireras	attirerez	auras attiré	aurez attiré
attirera	attireront	aura attiré	auront attiré
5 conditionnel		**12 conditionnel passé**	
attirerais	attirerions	aurais attiré	aurions attiré
attirerais	attireriez	aurais attiré	auriez attiré
attirerait	attireraient	aurait attiré	auraient attiré
6 présent du subjonctif		**13 passé du subjonctif**	
attire	attirions	aie attiré	ayons attiré
attires	attiriez	aies attiré	ayez attiré
attire	attirent	ait attiré	aient attiré
7 imparfait du subjonctif		**14 plus-que-parfait du subjonctif**	
attirasse	attirassions	eusse attiré	eussions attiré
attirasses	attirassiez	eusses attiré	eussiez attiré
attirât	attirassent	eût attiré	eussent attiré

Impératif
attire
attirons
attirez

Common idiomatic expressions using this verb and words related to it

attirant, attirante attractive
le tirage drawing, pulling; printing of a
    publication
premier tirage first printing
à gros tirage large number of copies
    printed

une attraction attraction
tirer to pull
un tirage limité limited number of copies

Do not confuse **un tirage** with **un triage,**
    which means sorting, selecting.

Consult the sections on verbs used in idiomatic expressions, verbs with prepositions, and the
list of over 1,000 verbs conjugated like model verbs in the back pages.

The subject pronouns are found on the page facing page 1.   **57**

attraper

to catch

The Seven Simple Tenses		The Seven Compound Tenses	
Singular	Plural	Singular	Plural
1 présent de l'indicatif		**8 passé composé**	
attrape	attrapons	ai attrapé	avons attrapé
attrapes	attrapez	as attrapé	avez attrapé
attrape	attrapent	a attrapé	ont attrapé
2 imparfait de l'indicatif		**9 plus-que-parfait de l'indicatif**	
attrapais	attrapions	avais attrapé	avions attrapé
attrapais	attrapiez	avais attrapé	aviez attrapé
attrapait	attrapaient	avait attrapé	avaient attrapé
3 passé simple		**10 passé antérieur**	
attrapai	attrapâmes	eus attrapé	eûmes attrapé
attrapas	attrapâtes	eus attrapé	eûtes attrapé
attrapa	attrapèrent	eut attrapé	eurent attrapé
4 futur		**11 futur antérieur**	
attraperai	attraperons	aurai attrapé	aurons attrapé
attraperas	attraperez	auras attrapé	aurez attrapé
attrapera	attraperont	aura attrapé	auront attrapé
5 conditionnel		**12 conditionnel passé**	
attraperais	attraperions	aurais attrapé	aurions attrapé
attraperais	attraperiez	aurais attrapé	auriez attrapé
attraperait	attraperaient	aurait attrapé	auraient attrapé
6 présent du subjonctif		**13 passé du subjonctif**	
attrape	attrapions	aie attrapé	ayons attrapé
attrapes	attrapiez	aies attrapé	ayez attrapé
attrape	attrapent	ait attrapé	aient attrapé
7 imparfait du subjonctif		**14 plus-que-parfait du subjonctif**	
attrapasse	attrapassions	eusse attrapé	eussions attrapé
attrapasses	attrapassiez	eusses attrapé	eussiez attrapé
attrapât	attrapassent	eût attrapé	eussent attrapé

Impératif
attrape
attrapons
attrapez

Common idiomatic expressions using this verb

—**Si tu ne veux pas attraper un rhume, mets ton manteau parce qu'il fait froid dehors.**
—**Je n'ai pas le temps maintenant, maman—je dois attraper l'autobus.**

attraper un rhume   to catch cold
attraper qqn à qqch   to catch someone at something (to surprise)
s'attraper   to be catching, infectious

une attrape   trick
un attrape-mouche   fly paper (sticky paper to catch flies)

to augment, to increase

The Seven Simple Tenses		The Seven Compound Tenses	
Singular	Plural	Singular	Plural
1 présent de l'indicatif		**8 passé composé**	
augmente	augmentons	ai augmenté	avons augmenté
augmentes	augmentez	as augmenté	avez augmenté
augmente	augmentent	a augmenté	ont augmenté
2 imparfait de l'indicatif		**9 plus-que-parfait de l'indicatif**	
augmentais	augmentions	avais augmenté	avions augmenté
augmentais	augmentiez	avais augmenté	aviez augmenté
augmentait	augmentaient	avait augmenté	avaient augmenté
3 passé simple		**10 passé antérieur**	
augmentai	augmentâmes	eus augmenté	eûmes augmenté
augmentas	augmentâtes	eus augmenté	eûtes augmenté
augmenta	augmentèrent	eut augmenté	eurent augmenté
4 futur		**11 futur antérieur**	
augmenterai	augmenterons	aurai augmenté	aurons augmenté
augmenteras	augmenterez	auras augmenté	aurez augmenté
augmentera	augmenteront	aura augmenté	auront augmenté
5 conditionnel		**12 conditionnel passé**	
augmenterais	augmenterions	aurais augmenté	aurions augmenté
augmenterais	augmenteriez	aurais augmenté	auriez augmenté
augmenterait	augmenteraient	aurait augmenté	auraient augmenté
6 présent du subjonctif		**13 passé du subjonctif**	
augmente	augmentions	aie augmenté	ayons augmenté
augmentes	augmentiez	aies augmenté	ayez augmenté
augmente	augmentent	ait augmenté	aient augmenté
7 imparfait du subjonctif		**14 plus-que-parfait du subjonctif**	
augmentasse	augmentassions	eusse augmenté	eussions augmenté
augmentasses	augmentassiez	eusses augmenté	eussiez augmenté
augmentât	augmentassent	eût augmenté	eussent augmenté

Impératif
augmente
augmentons
augmentez

Words and expressions related to this verb

augmentation *f.*   increase, augmentation; **augmentation de salaire**   increase in salary
augmenter une douleur   to aggravate a pain
augmenter les prix   to increase prices

Consult the sections on verbs used in idiomatic expressions, verbs with prepositions, and the list of over 1,000 verbs conjugated like model verbs in the back pages.

The subject pronouns are found on the page facing page 1.

to advance, to go forward

The Seven Simple Tenses		The Seven Compound Tenses	
Singular	Plural	Singular	Plural
1 présent de l'indicatif		**8 passé composé**	
avance	avançons	ai avancé	avons avancé
avances	avancez	as avancé	avez avancé
avance	avancent	a avancé	ont avancé
2 imparfait de l'indicatif		**9 plus-que-parfait de l'indicatif**	
avançais	avancions	avais avancé	avions avancé
avançais	avanciez	avais avancé	aviez avancé
avançait	avançaient	avait avancé	avaient avancé
3 passé simple		**10 passé antérieur**	
avançai	avançâmes	eus avancé	eûmes avancé
avanças	avançâtes	eus avancé	eûtes avancé
avança	avancèrent	eut avancé	eurent avancé
4 futur		**11 futur antérieur**	
avancerai	avancerons	aurai avancé	aurons avancé
avanceras	avancerez	auras avancé	aurez avancé
avancera	avanceront	aura avancé	auront avancé
5 conditionnel		**12 conditionnel passé**	
avancerais	avancerions	aurais avancé	aurions avancé
avancerais	avanceriez	aurais avancé	auriez avancé
avancerait	avanceraient	aurait avancé	auraient avancé
6 présent du subjonctif		**13 passé du subjonctif**	
avance	avancions	aie avancé	ayons avancé
avances	avanciez	aies avancé	ayez avancé
avance	avancent	ait avancé	aient avancé
7 imparfait du subjonctif		**14 plus-que-parfait du subjonctif**	
avançasse	avançassions	eusse avancé	eussions avancé
avançasses	avançassiez	eusses avancé	eussiez avancé
avançât	avançassent	eût avancé	eussent avancé

Impératif
avance
avançons
avancez

Sentences using this verb and words related to it

Le docteur a dit au petit garçon: —Ouvre la bouche et avance la langue.
Le garçon n'a pas ouvert la bouche et il n'a pas avancé la langue.
Le docteur a insisté: —Ouvrons la bouche et avançons la langue!

une avance advance; **faire des avances à qqn**
  to make advances to somebody
à l'avance, d'avance in advance, beforehand
arriver en avance to arrive early

Ta montre avance Your watch is fast.
avancer une théorie to promote a theory
Comment avance le travail? How is the
  work coming along?

The Seven Simple Tenses		The Seven Compound Tenses	
Singular	Plural	Singular	Plural
1 présent de l'indicatif		**8 passé composé**	
ai	avons	ai eu	avons eu
as	avez	as eu	avez eu
a	ont	a eu	ont eu
2 imparfait de l'indicatif		**9 plus-que-parfait de l'indicatif**	
avais	avions	avais eu	avions eu
avais	aviez	avais eu	aviez eu
avait	avaient	avait eu	avaient eu
3 passé simple		**10 passé antérieur**	
eus	eûmes	eus eu	eûmes eu
eus	eûtes	eus eu	eûtes eu
eut	eurent	eut eu	eurent eu
4 futur		**11 futur antérieur**	
aurai	aurons	aurai eu	aurons eu
auras	aurez	auras eu	aurez eu
aura	auront	aura eu	auront eu
5 conditionnel		**12 conditionnel passé**	
aurais	aurions	aurais eu	aurions eu
aurais	auriez	aurais eu	auriez eu
aurait	auraient	aurait eu	auraient eu
6 présent du subjonctif		**13 passé du subjonctif**	
aie	ayons	aie eu	ayons eu
aies	ayez	aies eu	ayez eu
ait	aient	ait eu	aient eu
7 imparfait du subjonctif		**14 plus-que-parfait du subjonctif**	
eusse	eussions	eusse eu	eussions eu
eusses	eussiez	eusses eu	eussiez eu
eût	eussent	eût eu	eussent eu

Impératif
aie
ayons
ayez

Common idiomatic expressions using this verb

avoir. . .ans   to be. . .years old
avoir à + inf.   to have to, to be obliged to + inf.
avoir besoin de   to need, to have need of
avoir chaud   to be (feel) warm (persons)
avoir froid   to be (feel) cold (persons)
avoir sommeil   to be (feel) sleepy

avoir qqch à faire   to have something to do
avoir de la chance   to be lucky
avoir faim   to be hungry
avoir soif   to be thirsty
Vous avez raison   You are right.

For more idioms using this verb, consult the back pages for the section on verbs used in idiomatic expressions.

The subject pronouns are found on the page facing page 1.

to lower, to sink

The Seven Simple Tenses		The Seven Compound Tenses	
Singular	Plural	Singular	Plural
1 présent de l'indicatif		**8 passé composé**	
baisse	baissons	ai baissé	avons baissé
baisses	baissez	as baissé	avez baissé
baisse	baissent	a baissé	ont baissé
2 imparfait de l'indicatif		**9 plus-que-parfait de l'indicatif**	
baissais	baissions	avais baissé	avions baissé
baissais	baissiez	avais baissé	aviez baissé
baissait	baissaient	avait baissé	avaient baissé
3 passé simple		**10 passé antérieur**	
baissai	baissâmes	eus baissé	eûmes baissé
baissas	baissâtes	eus baissé	eûtes baissé
baissa	baissèrent	eut baissé	eurent baissé
4 futur		**11 futur antérieur**	
baisserai	baisserons	aurai baissé	aurons baissé
baisseras	baisserez	auras baissé	aurez baissé
baissera	baisseront	aura baissé	auront baissé
5 conditionnel		**12 conditionnel passé**	
baisserais	baisserions	aurais baissé	aurions baissé
baisserais	baisseriez	aurais baissé	auriez baissé
baisserait	baisseraient	aurait baissé	auraient baissé
6 présent du subjonctif		**13 passé du subjonctif**	
baisse	baissions	aie baissé	ayons baissé
baisses	baissiez	aies baissé	ayez baissé
baisse	baissent	ait baissé	aient baissé
7 imparfait du subjonctif		**14 plus-que-parfait du subjonctif**	
baissasse	baissassions	eusse baissé	eussions baissé
baissasses	baissassiez	eusses baissé	eussiez baissé
baissât	baissassent	eût baissé	eussent baissé

Impératif
baisse
baissons
baissez

Common idiomatic expressions using this verb

baisser la voix   to lower one's voice
baisser les yeux   to look down, cast one's eyes down
baisser les bras   to admit defeat, to give in
se jeter tête baissée dans qqch   to do something blindly, headlong
se baisser   to bend (stoop) down
rabaisser   to depreciate, to humble, to lower

See also **abaisser** and **s'abaisser**.

Consult the sections on verbs used in idiomatic expressions, verbs with prepositions, and the list of over 1,000 verbs conjugated like model verbs in the back pages.

to balance, to sway, to swing, to weigh

The Seven Simple Tenses		The Seven Compound Tenses	
Singular	Plural	Singular	Plural

1 présent de l'indicatif

		8 passé composé	
balance	balançons	ai balancé	avons balancé
balances	balancez	as balancé	avez balancé
balance	balancent	a balancé	ont balancé

2 imparfait de l'indicatif

		9 plus-que-parfait de l'indicatif	
balançais	balancions	avais balancé	avions balancé
balançais	balanciez	avais balancé	aviez balancé
balançait	balançaient	avait balancé	avaient balancé

3 passé simple

		10 passé antérieur	
balançai	balançâmes	eus balancé	eûmes balancé
balanças	balançâtes	eus balancé	eûtes balancé
balança	balancèrent	eut balancé	eurent balancé

4 futur

		11 futur antérieur	
balancerai	balancerons	aurai balancé	aurons balancé
balanceras	balancerez	auras balancé	aurez balancé
balancera	balanceront	aura balancé	auront balancé

5 conditionnel

		12 conditionnel passé	
balancerais	balancerions	aurais balancé	aurions balancé
balancerais	balanceriez	aurais balancé	auriez balancé
balancerait	balanceraient	aurait balancé	auraient balancé

6 présent du subjonctif

		13 passé du subjonctif	
balance	balancions	aie balancé	ayons balancé
balances	balanciez	aies balancé	ayez balancé
balance	balancent	ait balancé	aient balancé

7 imparfait du subjonctif

		14 plus-que-parfait du subjonctif	
balançasse	balançassions	eusse balancé	eussions balancé
balançasses	balançassiez	eusses balancé	eussiez balancé
balançât	balançassent	eût balancé	eussent balancé

Impératif
balance
balançons
balancez

Words and expressions related to this verb

une balançoire   see-saw, swing
une balance   weight scale
la balance des pouvoirs   the balance of powers
le balancement   balancing, rocking

faire pencher la balance   to favor someone
balancer le pour et le contre   to weigh the pros and cons

Consult the sections on verbs used in idiomatic expressions, verbs with prepositions, and the list of over 1,000 verbs conjugated like model verbs in the back pages.

Try the verb tests (with answers explained) in the back pages.

The subject pronouns are found on the page facing page 1.   **63**

balayer

to sweep

The Seven Simple Tenses		The Seven Compound Tenses	
Singular	Plural	Singular	Plural
1 présent de l'indicatif		**8 passé composé**	
balaye	balayons	ai balayé	avons balayé
balayes	balayez	as balayé	avez balayé
balaye	balayent	a balayé	ont balayé
2 imparfait de l'indicatif		**9 plus-que-parfait de l'indicatif**	
balayais	balayions	avais balayé	avions balayé
balayais	balayiez	avais balayé	aviez balayé
balayait	balayaient	avait balayé	avaient balayé
3 passé simple		**10 passé antérieur**	
balayai	balayâmes	eus balayé	eûmes balayé
balayas	balayâtes	eus balayé	eûtes balayé
balaya	balayèrent	eut balayé	eurent balayé
4 futur		**11 futur antérieur**	
balayerai	balayerons	aurai balayé	aurons balayé
balayeras	balayerez	auras balayé	aurez balayé
balayera	balayeront	aura balayé	auront balayé
5 conditionnel		**12 conditionnel passé**	
balayerais	balayerions	aurais balayé	aurions balayé
balayerais	balayeriez	aurais balayé	auriez balayé
balayerait	balayeràient	aurait balayé	auraient balayé
6 présent du subjonctif		**13 passé du subjonctif**	
balaye	balayions	aie balayé	ayons balayé
balayes	balayiez	aies balayé	ayez balayé
balaye	balayent	ait balayé	aient balayé
7 imparfait du subjonctif		**14 plus-que-parfait du subjonctif**	
balayasse	balayassions	eusse balayé	eussions balayé
balayasses	balayassiez	eusses balayé	eussiez balayé
balayât	balayassent	eût balayé	eussent balayé

Impératif
balaye
balayons
balayez

Sentences using this verb and words related to it

—**Marie, as-tu balayé les chambres?**
—**Non, madame.**
—**Et pourquoi pas?**
—**Parce que je n'ai pas de balai, je n'ai pas de balayette, et je ne suis pas balayeuse. Voilà pourquoi!**

un balai   broom; **une balayette**   small brush, whiskbroom; **un balayeur, une balayeuse**   sweeper

Verbs ending in -*ayer* may change *y* to *i* before mute *e* or may keep *y*.

to build, to construct

The Seven Simple Tenses		The Seven Compound Tenses	
Singular	Plural	Singular	Plural

1   présent de l'indicatif

bâtis	bâtissons	
bâtis	bâtissez	
bâtit	bâtissent	

8   passé composé

ai bâti	avons bâti
as bâti	avez bâti
a bâti	ont bâti

2   imparfait de l'indicatif

bâtissais	bâtissions
bâtissais	bâtissiez
bâtissait	bâtissaient

9   plus-que-parfait de l'indicatif

avais bâti	avions bâti
avais bâti	aviez bâti
avait bâti	avaient bâti

3   passé simple

bâtis	bâtîmes
bâtis	bâtîtes
bâtit	bâtirent

10   passé antérieur

eus bâti	eûmes bâti
eus bâti	eûtes bâti
eut bâti	eurent bâti

4   futur

bâtirai	bâtirons
bâtiras	bâtirez
bâtira	bâtiront

11   futur antérieur

aurai bâti	aurons bâti
auras bâti	aurez bâti
aura bâti	auront bâti

5   conditionnel

bâtirais	bâtirions
bâtirais	bâtiriez
bâtirait	bâtiraient

12   conditionnel passé

aurais bâti	aurions bâti
aurais bâti	auriez bâti
aurait bâti	auraient bâti

6   présent du subjonctif

bâtisse	bâtissions
bâtisses	bâtissiez
bâtisse	bâtissent

13   passé du subjonctif

aie bâti	ayons bâti
aies bâti	ayez bâti
ait bâti	aient bâti

7   imparfait du subjonctif

bâtisse	bâtissions
bâtisses	bâtissiez
bâtît	bâtissent

14   plus-que-parfait du subjonctif

eusse bâti	eussions bâti
eusses bâti	eussiez bâti
eût bâti	eussent bâti

Impératif
bâtis
bâtissons
bâtissez

Sentences using this verb and words related to it

—**Est-ce que tu aimes bâtir des maisons en papier mâché?**
—**Oui, beaucoup. J'aime surtout bâtir des petits avions en papier. Je les lance contre le mur dans la salle de classe.**
—**Et ton père? Aime-t-il bâtir?**
—**Non, il ne bâtit jamais. Il a fait bâtir cette maison. Nous bâtissons des châteaux en Espagne en employant notre imagination.**
—**Moi, j'aime les grands bâtiments.**

un bâtiment   building, edifice; **un bâtisseur**   builder
bâtir   to baste; **du fil à bâtir**   basting thread

to beat, to hit, to strike

The Seven Simple Tenses		The Seven Compound Tenses	
Singular	Plural	Singular	Plural
1 présent de l'indicatif		**8 passé composé**	
bats	battons	ai battu	avons battu
bats	battez	as battu	avez battu
bat	battent	a battu	ont battu
2 imparfait de l'indicatif		**9 plus-que-parfait de l'indicatif**	
battais	battions	avais battu	avions battu
battais	battiez	avais battu	aviez battu
battait	battaient	avait battu	avaient battu
3 passé simple		**10 passé antérieur**	
battis	battîmes	eus battu	eûmes battu
battis	battîtes	eus battu	eûtes battu
battit	battirent	eut battu	eurent battu
4 futur		**11 futur antérieur**	
battrai	battrons	aurai battu	aurons battu
battras	battrez	auras battu	aurez battu
battra	battront	aura battu	auront battu
5 conditionnel		**12 conditionnel passé**	
battrais	battrions	aurais battu	aurions battu
battrais	battriez	aurais battu	auriez battu
battrait	battraient	aurait battu	auraient battu
6 présent du subjonctif		**13 passé du subjonctif**	
batte	battions	aie battu	ayons battu
battes	battiez	aies battu	ayez battu
batte	battent	ait battu	aient battu
7 imparfait du subjonctif		**14 plus-que-parfait du subjonctif**	
battisse	battissions	eusse battu	eussions battu
battisses	battissiez	eusses battu	eussiez battu
battît	battissent	eût battu	eussent battu

Impératif
bats
battons
battez

Sentences using this verb and words related to it

Notre femme de chambre est dans la cour. Elle est en train de battre les tapis. Elle les bat tous les samedis. Samedi dernier, pendant qu'elle battait les tapis, mon frère jouait au tennis et il a battu son adversaire.

battre des mains to clap, to applaud
battre la campagne to scour the countryside
le battant leaf, flap (of a table)
une porte à deux battants double door
une batte bat, beater

le battement banging (of a door); throbbing, flutter, beating
un batteur whisk, beater
le battage beating

The Seven Simple Tenses		The Seven Compound Tenses	
Singular	Plural	Singular	Plural

1 présent de l'indicatif

me bats	nous battons
te bats	vous battez
se bat	se battent

8 passé composé

me suis battu(e)	nous sommes battu(e)s
t'es battu(e)	vous êtes battu(e)(s)
s'est battu(e)	se sont battu(e)s

2 imparfait de l'indicatif

me battais	nous battions
te battais	vous battiez
se battait	se battaient

9 plus-que-parfait de l'indicatif

m'étais battu(e)	nous étions battu(e)s
t'étais battu(e)	vous étiez battu(e)(s)
s'était battu(e)	s'étaient battu(e)s

3 passé simple

me battis	nous battîmes
te battis	vous battîtes
se battit	se battirent

10 passé antérieur

me fus battu(e)	nous fûmes battu(e)s
te fus battu(e)	vous fûtes battu(e)(s)
se fut battu(e)	se furent battu(e)s

4 futur

me battrai	nous battrons
te battras	vous battrez
se battra	se battront

11 futur antérieur

me serai battu(e)	nous serons battu(e)s
te seras battu(e)	vous serez battu(e)(s)
se sera battu(e)	se seront battu(e)s

5 conditionnel

me battrais	nous battrions
te battrais	vous battriez
se battrait	se battraient

12 conditionnel passé

me serais battu(e)	nous serions battu(e)s
te serais battu(e)	vous seriez battu(e)(s)
se serait battu(e)	se seraient battu(e)s

6 présent du subjonctif

me batte	nous battions
te battes	vous battiez
se batte	se battent

13 passé du subjonctif

me sois battu(e)	nous soyons battu(e)s
te sois battu(e)	vous soyez battu(e)(s)
se soit battu(e)	se soient battu(e)s

7 imparfait du subjonctif

me battisse	nous battissions
te battisses	vous battissiez
se battît	se battissent

14 plus-que-parfait du subjonctif

me fusse battu(e)	nous fussions battu(e)s
te fusses battu(e)	vous fussiez battu(e)(s)
se fût battu(e)	se fussent battu(e)s

Impératif
bats-toi; ne te bats pas
battons-nous; ne nous battons pas
battez-vous; ne vous battez pas

Sentences using this verb and words related to it

   Ecoutez! Nos voisins commencent à se battre. Ils se battent toujours. La dernière fois ils se sont battus à coups de poings. Il y a toujours un grand combat chez eux.

For other words and expressions related to this verb, see **abattre, battre,** and **combattre.**

Consult the sections on verbs used in idiomatic expressions, verbs with prepositions, and the list of over 1,000 verbs conjugated like model verbs.

Read the entries in the section on definitions of basic grammatical terms with examples in the back pages.

to chat, to chatter, to babble, to gossip

The Seven Simple Tenses		The Seven Compound Tenses	
Singular	Plural	Singular	Plural
1 présent de l'indicatif		**8 passé composé**	
bavarde	bavardons	ai bavardé	avons bavardé
bavardes	bavardez	as bavardé	avez bavardé
bavarde	bavardent	a bavardé	ont bavardé
2 imparfait de l'indicatif		**9 plus-que-parfait de l'indicatif**	
bavardais	bavardions	avais bavardé	avions bavardé
bavardais	bavardiez	avais bavardé	aviez bavardé
bavardait	bavardaient	avait bavardé	avaient bavardé
3 passé simple		**10 passé antérieur**	
bavardai	bavardâmes	eus bavardé	eûmes bavardé
bavardas	bavardâtes	eus bavardé	eûtes bavardé
bavarda	bavardèrent	eut bavardé	eurent bavardé
4 futur		**11 futur antérieur**	
bavarderai	bavarderons	aurai bavardé	aurons bavardé
bavarderas	bavarderez	auras bavardé	aurez bavardé
bavardera	bavarderont	aura bavardé	auront bavardé
5 conditionnel		**12 conditionnel passé**	
bavarderais	bavarderions	aurais bavardé	aurions bavardé
bavarderais	bavarderiez	aurais bavardé	auriez bavardé
bavarderait	bavarderaient	aurait bavardé	auraient bavardé
6 présent du subjonctif		**13 passé du subjonctif**	
bavarde	bavardions	aie bavardé	ayons bavardé
bavardes	bavardiez	aies bavardé	ayez bavardé
bavarde	bavardent	ait bavardé	aient bavardé
7 imparfait du subjonctif		**14 plus-que-parfait du subjonctif**	
bavardasse	bavardassions	eusse bavardé	eussions bavardé
bavardasses	bavardassiez	eusses bavardé	eussiez bavardé
bavardât	bavardassent	eût bavardé	eussent bavardé

Impératif
bavarde
bavardons
bavardez

Sentences using this verb and words related to it

Aimez-vous les personnes qui bavardent tout le temps? Je connais un homme qui est bavard. Sa femme est bavarde aussi. Elle aime à parler avec abondance. Moi, je n'aime pas le bavardage. Je ne bavarde pas parce que je n'aime pas perdre mon temps.

le bavardage   chitchat, chattering, talkativeness
bavard, bavarde   talkative, loquacious, garrulous
perdre son temps à bavarder   to waste one's time babbling

68

to bless, to consecrate

The Seven Simple Tenses		The Seven Compound Tenses	
Singular	Plural	Singular	Plural
1 présent de l'indicatif		**8 passé composé**	
bénis	bénissons	ai béni	avons béni
bénis	bénissez	as béni	avez béni
bénit	bénissent	a béni	ont béni
2 imparfait de l'indicatif		**9 plus-que-parfait de l'indicatif**	
bénissais	bénissions	avais béni	avions béni
bénissais	bénissiez	avais béni	aviez béni
bénissait	bénissaient	avait béni	avaient béni
3 passé simple		**10 passé antérieur**	
bénis	bénîmes	eus béni	eûmes béni
bénis	bénîtes	eus béni	eûtes béni
bénit	bénirent	eut béni	eurent béni
4 futur		**11 futur antérieur**	
bénirai	bénirons	aurai béni	aurons béni
béniras	bénirez	auras béni	aurez béni
bénira	béniront	aura béni	auront béni
5 conditionnel		**12 conditionnel passé**	
bénirais	bénirions	aurais béni	aurions béni
bénirais	béniriez	aurais béni	auriez béni
bénirait	béniraient	aurait béni	auraient béni
6 présent du subjonctif		**13 passé du subjonctif**	
bénisse	bénissions	aie béni	ayons béni
bénisses	bénissiez	aies béni	ayez béni
bénisse	bénissent	ait béni	aient béni
7 imparfait du subjonctif		**14 plus-que-parfait du subjonctif**	
bénisse	bénissions	eusse béni	eussions béni
bénisses	bénissiez	eusses béni	eussiez béni
bénît	bénissent	eût béni	eussent béni

Impératif
bénis
bénissons
bénissez

Words and expressions related to this verb

de l'eau bénite   holy (blessed) water; **du pain bénit**   holy (blessed) bread
le bénitier   holy water font

Consult the sections on verbs used in idiomatic expressions, verbs with prepositions, and the list of over 1,000 verbs conjugated like model verbs in the back pages.

Do not confuse **bénir** with **blesser**, which means *to wound.*

The subject pronouns are found on the page facing page 1.   **69**

to blame

The Seven Simple Tenses		The Seven Compound Tenses	
Singular	Plural	Singular	Plural
1 présent de l'indicatif		**8 passé composé**	
blâme	blâmons	ai blâmé	avons blâmé
blâmes	blâmez	as blâmé	avez blâmé
blâme	blâment	a blâmé	ont blâmé
2 imparfait de l'indicatif		**9 plus-que-parfait de l'indicatif**	
blâmais	blâmions	avais blâmé	avions blâmé
blâmais	blâmiez	avais blâmé	aviez blâmé
blâmait	blâmaient	avait blâmé	avaient blâmé
3 passé simple		**10 passé antérieur**	
blâmai	blâmâmes	eus blâmé	eûmes blâmé
blâmas	blâmâtes	eus blâmé	eûtes blâmé
blâma	blâmèrent	eut blâmé	eurent blâmé
4 futur		**11 futur antérieur**	
blâmerai	blâmerons	aurai blâmé	aurons blâmé
blâmeras	blâmerez	auras blâmé	aurez blâmé
blâmera	blâmeront	aura blâmé	auront blâmé
5 conditionnel		**12 conditionnel passé**	
blâmerais	blâmerions	aurais blâmé	aurions blâmé
blâmerais	blâmeriez	aurais blâmé	auriez blâmé
blâmerait	blâmeraient	aurait blâmé	auraient blâmé
6 présent du subjonctif		**13 passé du subjonctif**	
blâme	blâmions	aie blâmé	ayons blâmé
blâmes	blâmiez	aies blâmé	ayez blâmé
blâme	blâment	ait blâmé	aient blâmé
7 imparfait du subjonctif		**14 plus-que-parfait du subjonctif**	
blâmasse	blâmassions	eusse blâmé	eussions blâmé
blâmasses	blâmmassiez	eusses blâmé	eussiez blâmé
blâmât	blâmassent	eût blâmé	eussent blâmé

Impératif
blâme
blâmons
blâmez

Words and expressions related to this verb

être blâmé (blâmée)   to be blamed   **se blâmer**   to blame oneself
le blâme   blame   **blâmable**   blameworthy, blamable

Consult the sections on verbs used in idiomatic expressions, verbs with prepositions, and the list of over 1,000 verbs conjugated like model verbs in the back pages.

The Seven Simple Tenses		The Seven Compound Tenses	
Singular	Plural	Singular	Plural
1 présent de l'indicatif		**8 passé composé**	
blanchis	blanchissons	ai blanchi	avons blanchi
blanchis	blanchissez	as blanchi	avez blanchi
blanchit	blanchissent	a blanchi	ont blanchi
2 imparfait de l'indicatif		**9 plus-que-parfait de l'indicatif**	
blanchissais	blanchissions	avais blanchi	avions blanchi
blanchissais	blanchissiez	avais blanchi	aviez blanchi
blanchissait	blanchissaient	avait blanchi	avaient blanchi
3 passé simple		**10 passé antérieur**	
blanchis	blanchîmes	eus blanchi	eûmes blanchi
blanchis	blanchîtes	eus blanchi	eûtes blanchi
blanchit	blanchirent	eut blanchi	eurent blanchi
4 futur		**11 futur antérieur**	
blanchirai	blanchirons	aurai blanchi	aurons blanchi
blanchiras	blanchirez	auras blanchi	aurez blanchi
blanchira	blanchiront	aura blanchi	auront blanchi
5 conditionnel		**12 conditionnel passé**	
blanchirais	blanchirions	aurais blanchi	aurions blanchi
blanchirais	blanchiriez	aurais blanchi	auriez blanchi
blanchirait	blanchiraient	aurait blanchi	auraient blanchi
6 présent du subjonctif		**13 passé du subjonctif**	
blanchisse	blanchissions	aie blanchi	ayons blanchi
blanchisses	blanchissiez	aies blanchi	ayez blanchi
blanchisse	blanchissent	ait blanchi	aient blanchi
7 imparfait du subjonctif		**14 plus-que-parfait du subjonctif**	
blanchisse	blanchissions	eusse blanchi	eussions blanchi
blanchisses	blanchissiez	eusses blanchi	eussiez blanchi
blanchît	blanchissent	eût blanchi	eussent blanchi

Impératif
blanchis
blanchissons
blanchissez

Common idiomatic expressions using this verb and words related to it

le blanc white
le blanc d'oeil the white of the eye
la bille blanche white billiard ball
du vin blanc white wine
la blanchisserie laundry
    (store where clothes are washed)

carte blanche unlimited privileges and
    authority
blanc comme neige as white as snow
Blanche-Neige Snow White
un chèque en blanc blank check
un verre de blanc a glass of white wine
le blanchissage washing

Consult the sections on verbs used in idiomatic expressions, verbs with prepositions, and the list of over 1,000 verbs conjugated like model verbs in the back pages.

blesser

to harm, to hurt, to injure, to wound, to offend

The Seven Simple Tenses		The Seven Compound Tenses	
Singular	Plural	Singular	Plural
1 présent de l'indicatif		**8 passé composé**	
blesse	blessons	ai blessé	avons blessé
blesses	blessez	as blessé	avez blessé
blesse	blessent	a blessé	ont blessé
2 imparfait de l'indicatif		**9 plus-que-parfait de l'indicatif**	
blessais	blessions	avais blessé	avions blessé
blessais	blessiez	avais blessé	aviez blessé
blessait	blessaient	avait blessé	avaient blessé
3 passé simple		**10 passé antérieur**	
blessai	blessâmes	eus blessé	eûmes blessé
blessas	blessâtes	eus blessé	eûtes blessé
blessa	blessèrent	eut blessé	eurent blessé
4 futur		**11 futur antérieur**	
blesserai	blesserons	aurai blessé	aurons blessé
blesseras	blesserez	auras blessé	aurez blessé
blessera	blesseront	aura blessé	auront blessé
5 conditionnel		**12 conditionnel passé**	
blesserais	blesserions	aurais blessé	aurions blessé
blesserais	blesseriez	aurais blessé	auriez blessé
blesserait	blesseraient	aurait blessé	auraient blessé
6 présent du subjonctif		**13 passé du subjonctif**	
blesse	blessions	aie blessé	ayons blessé
blesses	blessiez	aies blessé	ayez blessé
blesse	blessent	ait blessé	aient blessé
7 imparfait du subjonctif		**14 plus-que-parfait du subjonctif**	
blessasse	blessassions	eusse blessé	eussions blessé
blessasses	blessassiez	eusses blessé	eussiez blessé
blessât	blessassent	eût blessé	eussent blessé

Impératif
blesse
blessons
blessez

Sentences using this verb and words related to it

Ma sœur est tombée sur un rocher qui l'a blessée au visage. Ce fut* une blessure grave.

blesser à mort   to wound mortally
une blessure   wound, injury
une parole blessante   a cutting word
être blessé à la jambe (au bras)   to be injured in the leg (in the arm)

See also **se blesser.** Do not confuse **blesser** with **bénir,** which means *to bless.*

*The verb form **fut** is the **passé simple** of être.

to hurt oneself, to injure oneself, to wound oneself

The Seven Simple Tenses		The Seven Compound Tenses	
Singular	Plural	Singular	Plural
1 présent de l'indicatif		**8 passé composé**	
me blesse	nous blessons	me suis blessé(e)	nous sommes blessé(e)s
te blesses	vous blessez	t'es blessé(e)	vous êtes blessé(e)(s)
se blesse	se blessent	s'est blessé(e)	se sont blessé(e)s
2 imparfait de l'indicatif		**9 plus-que-parfait de l'indicatif**	
me blessais	nous blessions	m'étais blessé(e)	nous étions blessé(e)s
te blessais	vous blessiez	t'étais blessé(e)	vous étiez blessé(e)(s)
se blessait	se blessaient	s'était blessé(e)	s'étaient blessé(e)s
3 passé simple		**10 passé antérieur**	
me blessai	nous blessâmes	me fus blessé(e)	nous fûmes blessé(e)s
te blessas	vous blessâtes	te fus blessé(e)	vous fûtes blessé(e)(s)
se blessa	se blessèrent	se fut blessé(e)	se furent blessé(e)s
4 futur		**11 futur antérieur**	
me blesserai	nous blesserons	me serai blessé(e)	nous serons blessé(e)s
te blesseras	vous blesserez	te seras blessé(e)	vous serez blessé(e)(s)
se blessera	se blesseront	se sera blessé(e)	se seront blessé(e)s
5 conditionnel		**12 conditionnel passé**	
me blesserais	nous blesserions	me serais blessé(e)	nous serions blessé(e)s
te blesserais	vous blesseriez	te serais blessé(e)	vous seriez blessé(e)(s)
se blesserait	se blesseraient	se serait blessé(e)	se seraient blessé(e)s
6 présent du subjonctif		**13 passé du subjonctif**	
me blesse	nous blessions	me sois blessé(e)	nous soyons blessé(e)s
te blesses	vous blessiez	te sois blessé(e)	vous soyez blessé(e)(s)
se blesse	se blessent	se soit blessé(e)	se soient blessé(e)s
7 imparfait du subjonctif		**14 plus-que-parfait du subjonctif**	
me blessasse	nous blessassions	me fusse blessé(e)	nous fussions blessé(e)s
te blessasses	vous blessassiez	te fusses blessé(e)	vous fussiez blessé(e)(s)
se blessât	se blessassent	se fût blessé(e)	se fussent blessé(e)s

Impératif
blesse-toi; ne te blesse pas
blessons-nous; ne nous blessons pas
blessez-vous; ne vous blessez pas

Sentences using this verb and words related to it

   Madame Leblanc est tombée dans la rue et elle s'est blessée au genou. Ce fut* une blessure légère, heureusement.

se blesser de   to take offense at   **se blesser pour un rien**   to be easily offended

For other words and expressions related to this verb, see **blesser**. Do not confuse **blesser** and **se blesser** with **bénir**, which means *to bless*.

   *The verb form **fut** is the **passé simple** of **être**.

boire

Part. pr. **buvant**   Part. passé **bu**

to drink

The Seven Simple Tenses		The Seven Compound Tenses	
Singular	Plural	Singular	Plural
1 présent de l'indicatif		**8 passé composé**	
bois	buvons	ai bu	avons bu
bois	buvez	as bu	avez bu
boit	boivent	a bu	ont bu
2 imparfait de l'indicatif		**9 plus-que-parfait de l'indicatif**	
buvais	buvions	avais bu	avions bu
buvais	buviez	avais bu	aviez bu
buvait	buvaient	avait bu	avaient bu
3 passé simple		**10 passé antérieur**	
bus	bûmes	eus bu	eûmes bu
bus	bûtes	eus bu	eûtes bu
but	burent	eut bu	eurent bu
4 futur		**11 futur antérieur**	
boirai	boirons	aurai bu	aurons bu
boiras	boirez	auras bu	aurez bu
boira	boiront	aura bu	auront bu
5 conditionnel		**12 conditionnel passé**	
boirais	boirions	aurais bu	aurions bu
boirais	boiriez	aurais bu	auriez bu
boirait	boiraient	aurait bu	auraient bu
6 présent du subjonctif		**13 passé du subjonctif**	
boive	buvions	aie bu	ayons bu
boives	buviez	aies bu	ayez bu
boive	boivent	ait bu	aient bu
7 imparfait du subjonctif		**14 plus-que-parfait du subjonctif**	
busse	bussions	eusse bu	eussions bu
busses	bussiez	eusses bu	eussiez bu
bût	bussent	eût bu	eussent bu

Impératif
bois
buvons
buvez

Sentences using this verb and words related to it

—Michel, as-tu bu ton lait?
—Non, maman, je ne l'ai pas bu.
—Bois-le tout de suite, je te dis.
—Tous les jours je bois du lait. N'y a-t-il pas d'autres boissons dans la maison?
—Si, il y a d'autres boissons dans la maison mais les bons garçons comme toi boivent du lait.
(Note that si is used instead of oui for "yes" in answer to a question in the negative.)

boire à la santé de qqn   to drink to someone's health
une boisson   drink; boisson gazeuse   carbonated drink
un buveur, une buveuse   drinker; une buvette   bar
un buvard   ink blotter; boire un coup   to have a drink

74

to budge, to move

The Seven Simple Tenses		The Seven Compound Tenses	
Singular	Plural	Singular	Plural
1 présent de l'indicatif		**8 passé composé**	
bouge	bougeons	ai bougé	avons bougé
bouges	bougez	as bougé	avez bougé
bouge	bougent	a bougé	ont bougé
2 imparfait de l'indicatif		**9 plus-que-parfait de l'indicatif**	
bougeais	bougions	avais bougé	avions bougé
bougeais	bougiez	avais bougé	aviez bougé
bougeait	bougeaient	avait bougé	avaient bougé
3 passé simple		**10 passé antérieur**	
bougeai	bougeâmes	eus bougé	eûmes bougé
bougeas	bougeâtes	eus bougé	eûtes bougé
bougea	bougèrent	eut bougé	eurent bougé
4 futur		**11 futur antérieur**	
bougerai	bougerons	aurai bougé	aurons bougé
bougeras	bougerez	auras bougé	aurez bougé
bougera	bougeront	aura bougé	auront bougé
5 conditionnel		**12 conditionnel passé**	
bougerais	bougerions	aurais bougé	aurions bougé
bougerais	bougeriez	aurais bougé	auriez bougé
bougerait	bougeraient	aurait bougé	auraient bougé
6 présent du subjonctif		**13 passé du subjonctif**	
bouge	bougions	aie bougé	ayons bougé
bouges	bougiez	aies bougé	ayez bougé
bouge	bougent	ait bougé	aient bougé
7 imparfait du subjonctif		**14 plus-que-parfait du subjonctif**	
bougeasse	bougeassions	eusse bougé	eussions bougé
bougeasses	bougeassiez	eusses bougé	eussiez bougé
bougeât	bougeassent	eût bougé	eussent bougé

Impératif
bouge
bougeons
bougez

Words and expressions related to this verb

avoir la bougeotte   to be on the move; to be restless, to move about restlessly; to be fidgety;
   La terre a bougé   The ground shook.
ne pas bouger   not to make a move; **Personne n'a bougé**   Nobody moved.

Consult the sections on verbs used in idiomatic expressions, verbs with prepositions, and the list of over 1,000 verbs conjugated like model verbs in the back pages.

Read the entries in the section on definitions of basic grammatical terms with examples in the back pages.

bouillir

Part. pr. **bouillant**   Part. passé **bouilli**

to boil

The Seven Simple Tenses		The Seven Compound Tenses	
Singular	Plural	Singular	Plural
1 présent de l'indicatif		**8 passé composé**	
bous	bouillons	ai bouilli	avons bouilli
bous	bouillez	as bouilli	avez bouilli
bout	bouillent	a bouilli	ont bouilli
2 imparfait de l'indicatif		**9 plus-que-parfait de l'indicatif**	
bouillais	bouillions	avais bouilli	avions bouilli
bouillais	bouilliez	avais bouilli	aviez bouilli
bouillait	bouillaient	avait bouilli	avaient bouilli
3 passé simple		**10 passé antérieur**	
bouillis	bouillîmes	eus bouilli	eûmes bouilli
bouillis	bouillîtes	eus bouilli	eûtes bouilli
bouillit	bouillirent	eut bouilli	eurent bouilli
4 futur		**11 futur antérieur**	
bouillirai	bouillirons	aurai bouilli	aurons bouilli
bouilliras	bouillirez	auras bouilli	aurez bouilli
bouillira	bouilliront	aura bouilli	auront bouilli
5 conditionnel		**12 conditionnel passé**	
bouillirais	bouillirions	aurais bouilli	aurions bouilli
bouillirais	bouilliriez	aurais bouilli	auriez bouilli
bouillirait	bouilliraient	aurait bouilli	auraient bouilli
6 présent du subjonctif		**13 passé du subjonctif**	
bouille	bouillions	aie bouilli	ayons bouilli
bouilles	bouilliez	aies bouilli	ayez bouilli
bouille	bouillent	ait bouilli	aient bouilli
7 imparfait du subjonctif		**14 plus-que-parfait du subjonctif**	
bouillisse	bouillissions	eusse bouilli	eussions bouilli
bouillisses	bouillissiez	eusses bouilli	eussiez bouilli
bouillît	bouillissent	eût bouilli	eussent bouilli

Impératif
bous
bouillons
bouillez

Words and expressions related to this verb

faire bouillir to boil
le bouillon broth; bubble
une bulle bubble, blister
faire des bulles to blow bubbles
la bouillabaisse fish soup (chowder)

le bouillonnement bubbling, boiling
faire donner un bouillon to bring to boil
une bulle de savon soap bubble
une bouilloire kettle
réduire en bouillie to beat to a pulp

Consult the sections on verbs used in idiomatic expressions, verbs with prepositions, and the list of over 1,000 verbs conjugated like model verbs in the back pages.

Try the verb tests (with answers explained) in the back pages.

to brush

The Seven Simple Tenses		The Seven Compound Tenses	
Singular	Plural	Singular	Plural

1   présent de l'indicatif

brosse	brossons	ai brossé	avons brossé
brosses	brossez	as brossé	avez brossé
brosse	brossent	a brossé	ont brossé

1   présent de l'indicatif   **8   passé composé**

brosse	brossons	ai brossé	avons brossé
brosses	brossez	as brossé	avez brossé
brosse	brossent	a brossé	ont brossé

2   imparfait de l'indicatif   **9   plus-que-parfait de l'indicatif**

brossais	brossions	avais brossé	avions brossé
brossais	brossiez	avais brossé	aviez brossé
brossait	brossaient	avait brossé	avaient brossé

3   passé simple   **10   passé antérieur**

brossai	brossâmes	eus brossé	eûmes brossé
brossas	brossâtes	eus brossé	eûtes brossé
brossa	brossèrent	eut brossé	eurent brossé

4   futur   **11   futur antérieur**

brosserai	brosserons	aurai brossé	aurons brossé
brosseras	brosserez	auras brossé	aurez brossé
brossera	brosseront	aura brossé	auront brossé

5   conditionnel   **12   conditionnel passé**

brosserais	brosserions	aurais brossé	aurions brossé
brosserais	brosseriez	aurais brossé	auriez brossé
brosserait	brosseraient	aurait brossé	auraient brossé

6   présent du subjonctif   **13   passé du subjonctif**

brosse	brossions	aie brossé	ayons brossé
brosses	brossiez	aies brossé	ayez brossé
brosse	brossent	ait brossé	aient brossé

7   imparfait du subjonctif   **14   plus-que-parfait du subjonctif**

brossasse	brossassions	eusse brossé	eussions brossé
brossasses	brossassiez	eusses brossé	eussiez brossé
brossât	brossassent	eût brossé	eussent brossé

Impératif
brosse
brossons
brossez

Sentences using this verb and words related to it

—Henriette, as-tu brossé tes souliers?
—Non, maman, je ne les ai pas brossés.
—Et pourquoi pas, ma petite?
—Parce que je n'ai pas de brosse.

une brosse   brush; **brosse à chaussures**   shoebrush; **brosse à dents**   toothbrush;
   brosse à ongles   nailbrush
donner un coup de brosse   to brush

See also **se brosser.**

to brush oneself

The Seven Simple Tenses		The Seven Compound Tenses	
Singular	Plural	Singular	Plural
1 présent de l'indicatif		**8 passé composé**	
me brosse	nous brossons	me suis brossé(e)	nous sommes brossé(e)s
te brosses	vous brossez	t'es brossé(e)	vous êtes brossé(e)(s)
se brosse	se brossent	s'est brossé(e)	se sont brossé(e)s
2 imparfait de l'indicatif		**9 plus-que-parfait de l'indicatif**	
me brossais	nous brossions	m'étais brossé(e)	nous étions brossé(e)s
te brossais	vous brossiez	t'étais brossé(e)	vous étiez brossé(e)(s)
se brossait	se brossaient	s'était brossé(e)	s'étaient brossé(e)s
3 passé simple		**10 passé antérieur**	
me brossai	nous brossâmes	me fus brossé(e)	nous fûmes brossé(e)s
te brossas	vous brossâtes	te fus brossé(e)	vous fûtes brossé(e)(s)
se brossa	se brossèrent	se fut brossé(e)	se furent brossé(e)s
4 futur		**11 futur antérieur**	
me brosserai	nous brosserons	me serai brossé(e)	nous serons brossé(e)s
te brosseras	vous brosserez	te seras brossé(e)	vous serez brossé(e)(s)
se brossera	se brosseront	se sera brossé(e)	se seront brossé(e)s
5 conditionnel		**12 conditionnel passé**	
me brosserais	nous brosserions	me serais brossé(e)	nous serions brossé(e)s
te brosserais	vous brosseriez	te serais brossé(e)	vous seriez brossé(e)(s)
se brosserait	se brosseraient	se serait brossé(e)	se seraient brossé(e)s
6 présent du subjonctif		**13 passé du subjonctif**	
me brosse	nous brossions	me sois brossé(e)	nous soyons brossé(e)s
te brosses	vous brossiez	te sois brossé(e)	vous soyez brossé(e)(s)
se brosse	se brossent	se soit brossé(e)	se soient brossé(e)s
7 imparfait du subjonctif		**14 plus-que-parfait du subjonctif**	
me brossasse	nous brossassions	me fusse brossé(e)	nous fussions brossé(e)s
te brossasses	vous brossassiez	te fusses brossé(e)	vous fussiez brossé(e)(s)
se brossât	se brossassent	se fût brossé(e)	se fussent brossé(e)s

Impératif
brosse-toi; ne te brosse pas
brossons-nous; ne nous brossons pas
brossez-vous; ne vous brossez pas

Sentences using this verb and words related to it

—Tina Marie, est-ce que tu t'es brossée?
—Non, maman, je ne me suis pas brossée.
—Et pourquoi pas? Brosse-toi vite!
—Parce que je n'ai pas de brosse à habits, je n'ai pas de brosse à cheveux, je n'ai pas de brosse à chaussures. Je n'ai aucune brosse. Je n'ai pas de brosse à dents, non plus.
—Quelle fille!

se brosser les dents, les cheveux, etc.   to brush one's teeth, hair, etc.

For other words and expressions related to this verb, see **brosser.**

The Seven Simple Tenses		The Seven Compound Tenses	
Singular	Plural	Singular	Plural

1 présent de l'indicatif

brûle	brûlons
brûles	brûlez
brûle	brûlent

8 passé composé

ai brûlé	avons brûlé
as brûlé	avez brûlé
a brûlé	ont brûlé

2 imparfait de l'indicatif

brûlais	brûlions
brûlais	brûliez
brûlait	brûlaient

9 plus-que-parfait de l'indicatif

avais brûlé	avions brûlé
avais brûlé	aviez brûlé
avait brûlé	avaient brûlé

3 passé simple

brûlai	brûlâmes
brûlas	brûlâtes
brûla	brûlèrent

10 passé antérieur

eus brûlé	eûmes brûlé
eus brûlé	eûtes brûlé
eut brûlé	eurent brûlé

4 futur

brûlerai	brûlerons
brûleras	brûlerez
brûlera	brûleront

11 futur antérieur

aurai brûlé	aurons brûlé
auras brûlé	aurez brûlé
aura brûlé	auront brûlé

5 conditionnel

brûlerais	brûlerions
brûlerais	brûleriez
brûlerait	brûleraient

12 conditionnel passé

aurais brûlé	aurions brûlé
aurais brûlé	auriez brûlé
aurait brûlé	auraient brûlé

6 présent du subjonctif

brûle	brûlions
brûles	brûliez
brûle	brûlent

13 passé du subjonctif

aie brûlé	ayons brûlé
aies brûlé	ayez brûlé
ait brûlé	aient brûlé

7 imparfait du subjonctif

brûlasse	brûlassions
brûlasses	brûlassiez
brûlât	brûlassent

14 plus-que-parfait du subjonctif

eusse brûlé	eussions brûlé
eusses brûlé	eussiez brûlé
eût brûlé	eussent brûlé

Impératif
brûle
brûlons
brûlez

Sentences using this verb and words related to it

—**Joséphine, avez-vous brûlé les vieux papiers que je vous ai donnés?**
—**Oui, madame, et je me suis brûlée. J'ai une brûlure aux doigts.**

une brûlure   burn
un brûleur   burner, roaster
brûler d'amour   to be madly in love
brûler de faire qqch   to be eager to do something
brûler un feu rouge   to pass through a red traffic light

The subject pronouns are found on the page facing page 1.

to hide

The Seven Simple Tenses		The Seven Compound Tenses	
Singular	Plural	Singular	Plural
1 présent de l'indicatif		**8 passé composé**	
cache	cachons	ai caché	avons caché
caches	cachez	as caché	avez caché
cache	cachent	a caché	ont caché
2 imparfait de l'indicatif		**9 plus-que-parfait de l'indicatif**	
cachais	cachions	avais caché	avions caché
cachais	cachiez	avais caché	aviez caché
cachait	cachaient	avait caché	avaient caché
3 passé simple		**10 passé antérieur**	
cachai	cachâmes	eus caché	eûmes caché
cachas	cachâtes	eus caché	eûtes caché
cacha	cachèrent	eut caché	eurent caché
4 futur		**11 futur antérieur**	
cacherai	cacherons	aurai caché	aurons caché
cacheras	cacherez	auras caché	aurez caché
cachera	cacheront	aura caché	auront caché
5 conditionnel		**12 conditionnel passé**	
cacherais	cacherions	aurais caché	aurions caché
cacherais	cacheriez	aurais caché	auriez caché
cacherait	cacheraient	aurait caché	auraient caché
6 présent du subjonctif		**13 passé du subjonctif**	
cache	cachions	aie caché	ayons caché
caches	cachiez	aies caché	ayez caché
cache	cachent	ait caché	aient caché
7 imparfait du subjonctif		**14 plus-que-parfait du subjonctif**	
cachasse	cachassions	eusse caché	eussions caché
cachasses	cachassiez	eusses caché	eussiez caché
cachât	cachassent	eût caché	eussent caché

Impératif
cache
cachons
cachez

Sentences using this verb and words related to it
—Pierre, qu'est-ce que tu as caché derriére toi?
—Rien, papa.
—Ne me dis pas ça. Tu caches quelque chose.
—Volià, papa, c'est un petit chat que j'ai trouvé dans le parc.

une cache, une cachette hiding place
un cachet seal, mark
un cachetage sealing
cacher qqch à qqn to hide something
  from someone

See also **se cacher.**

cacheter to seal up
cache-cache hide-and-seek
vin cacheté vintage wine
un cache-poussière dust coat
  (des cache-poussière)
un cache-nez muffler

to hide oneself

The Seven Simple Tenses		The Seven Compound Tenses	
Singular	Plural	Singular	Plural
1 présent de l'indicatif		**8 passé composé**	
me cache	nous cachons	me suis caché(e)	nous sommes caché(e)s
te caches	vous cachez	t'es caché(e)	vous êtes caché(e)(s)
se cache	se cachent	s'est caché(e)	se sont caché(e)s
2 imparfait de l'indicatif		**9 plus-que-parfait de l'indicatif**	
me cachais	nous cachions	m'étais caché(e)	nous étions caché(e)s
te cachais	vous cachiez	t'étais caché(e)	vous étiez caché(e)(s)
se cachait	se cachaient	s'était caché(e)	s'étaient caché(e)s
3 passé simple		**10 passé antérieur**	
me cachai	nous cachâmes	me fus caché(e)	nous fûmes caché(e)s
te cachas	vous cachâtes	te fus caché(e)	vous fûtes caché(e)(s)
se cacha	se cachèrent	se fut caché(e)	se furent caché(e)s
4 futur		**11 futur antérieur**	
me cacherai	nous cacherons	me serai caché(e)	nous serons caché(e)s
te cacheras	vous cacherez	te seras caché(e)	vous serez caché(e)(s)
se cachera	se cacheront	se sera caché(e)	se seront caché(e)s
5 conditionnel		**12 conditionnel passé**	
me cacherais	nous cacherions	me serais caché(e)	nous serions caché(e)s
te cacherais	vous cacheriez	te serais caché(e)	vous seriez caché(e)(s)
se cacherait	se cacheraient	se serait caché(e)	se seraient caché(e)s
6 présent du subjonctif		**13 passé du subjonctif**	
me cache	nous cachions	me sois caché(e)	nous soyons caché(e)s
te caches	vous cachiez	te sois caché(e)	vous soyez caché(e)(s)
se cache	se cachent	se soit caché(e)	se soient caché(e)s
7 imparfait du subjonctif		**14 plus-que-parfait du subjonctif**	
me cachasse	nous cachassions	me fusse caché(e)	nous fussions caché(e)s
te cachasses	vous cachassiez	te fusses caché(e)	vous fussiez caché(e)(s)
se cachât	se cachassent	se fût caché(e)	se fussent caché(e)s

Impératif
cache-toi; ne te cache pas
cachons-nous; ne nous cachons pas
cachez-vous; ne vous cachez pas

Sentences using this verb and words related to it

J'ai un petit chien que j'appelle Coco. Quelquefois je ne peux pas le trouver parce qu'il se cache sous mon lit ou derrière l'arbre dans le jardin. La semaine dernière il s'est caché sous le chapeau de mon père. Il aime jouer à cache-cache. Il est très intelligent.

une cache, une cachette hiding place	**cache-cache** hide-and-seek
un cachet seal, mark	**vin cacheté** vintage wine
un cachetage sealing	**un cachot** cell, prison; dungeon
se cacher de qqn to hide from someone	**en cachette de qqn** behind someone's
cacheter to seal up	back

See also **cacher.**

The subject pronouns are found on the page facing page 1.

casser

Part. pr. **cassant**   Part. passé **cassé**

to break

The Seven Simple Tenses		The Seven Compound Tenses	
Singular	Plural	Singular	Plural
1 présent de l'indicatif		**8 passé composé**	
casse	cassons	ai cassé	avons cassé
casses	cassez	as cassé	avez cassé
casse	cassent	a cassé	ont cassé
2 imparfait de l'indicatif		**9 plus-que-parfait de l'indicatif**	
cassais	cassions	avais cassé	avions cassé
cassais	cassiez	avais cassé	aviez cassé
cassait	cassaient	avait cassé	avaient cassé
3 passé simple		**10 passé antérieur**	
cassai	cassâmes	eus cassé	eûmes cassé
cassas	cassâtes	eus cassé	eûtes cassé
cassa	cassèrent	eut cassé	eurent cassé
4 futur		**11 futur antérieur**	
casserai	casserons	aurai cassé	aurons cassé
casseras	casserez	auras cassé	aurez cassé
cassera	casseront	aura cassé	auront cassé
5 conditionnel		**12 conditionnel passé**	
casserais	casserions	aurais cassé	aurions cassé
casserais	casseriez	aurais cassé	auriez cassé
casserait	casseraient	aurait cassé	auraient cassé
6 présent du subjonctif		**13 passé du subjonctif**	
casse	cassions	aie cassé	ayons cassé
casses	cassiez	aies cassé	ayez cassé
casse	cassent	ait cassé	aient cassé
7 imparfait du subjonctif		**14 plus-que-parfait du subjonctif**	
cassasse	cassassions	eusse cassé	eussions cassé
cassasses	cassassiez	eusses cassé	eussiez cassé
cassât	cassassent	eût cassé	eussent cassé

Impératif
casse
cassons
cassez

Sentences using this verb and words related to it

—Jean, c'est toi qui as cassé mon joli vase?
—Non, maman, c'est Mathilde.
—Mathilde, c'est toi qui as cassé mon joli vase?
—Non, maman, c'est Jean.
—Quels enfants!

une casse   breakage, damage
un casse-croûte   snack
un casse-noisettes, un casse-noix   nutcracker
casser la croûte   to have a snack

un casse-pieds   a bore, a pain in the neck
un cassement de tête   puzzle, worry
concasser   to crush (cereal, sugar lumps, stones)

See also **se casser.**

82

to break (a part of one's body, *e.g.*, leg, arm, nose)

The Seven Simple Tenses		The Seven Compound Tenses	
Singular	Plural	Singular	Plural
1 présent de l'indicatif		**8 passé composé**	
me casse	nous cassons	me suis cassé(e)	nous sommes cassé(e)s
te casses	vous cassez	t'es cassé(e)	vous êtes cassé(e)(s)
se casse	se cassent	s'est cassé(e)	se sont cassé(e)s
2 imparfait de l'indicatif		**9 plus-que-parfait de l'indicatif**	
me cassais	nous cassions	m'étais cassé(e)	nous étions cassé(e)s
te cassais	vous cassiez	t'étais cassé(e)	vous étiez cassé(e)(s)
se cassait	se cassaient	s'était cassé(e)	s'étaient cassé(e)s
3 passé simple		**10 passé antérieur**	
me cassai	nous cassâmes	me fus cassé(e)	nous fûmes cassé(e)s
te cassas	vous cassâtes	te fus cassé(e)	vous fûtes cassé(e)(s)
se cassa	se cassèrent	se fut cassé(e)	se furent cassé(e)s
4 futur		**11 futur antérieur**	
me casserai	nous casserons	me serai cassé(e)	nous serons cassé(e)s
te casseras	vous casserez	te seras cassé(e)	vous serez cassé(e)(s)
se cassera	se casseront	se sera cassé(e)	se seront cassé(e)s
5 conditionnel		**12 conditionnel passé**	
me casserais	nous casserions	me serais cassé(e)	nous serions cassé(e)s
te casserais	vous casseriez	te serais cassé(e)	vous seriez cassé(e)(s)
se casserait	se casseraient	se serait cassé(e)	se seraient cassé(e)s
6 présent du subjonctif		**13 passé du subjonctif**	
me casse	nous cassions	me sois cassé(e)	nous soyons cassé(e)s
te casses	vous cassiez	te sois cassé(e)	vous soyez cassé(e)(s)
se casse	se cassent	se soit cassé(e)	se soient cassé(e)s
7 imparfait du subjonctif		**14 plus-que-parfait du subjonctif**	
me cassasse	nous cassassions	me fusse cassé(e)	nous fussions cassé(e)s
te cassasses	vous cassassiez	te fusses cassé(e)	vous fussiez cassé(e)(s)
se cassât	se cassassent	se fût cassé(e)	se fussent cassé(e)s

Impératif
casse-toi. . .; ne te casse pas. . .
cassons-nous. . .; ne nous cassons pas. . .
cassez-vous. . .; ne vous cassez pas. . .

Sentences using this verb and words related to it

Pendant les vacances d'hiver, nous sommes allés faire du ski dans les montagnes. Mon père s'est cassé le bras, ma mère s'est cassé la jambe, et moi, je me suis cassé le pied.

se casser la tête   to rack one's brains
se casser le nez   to find nobody answering the door
casser la tête à qqn   to annoy someone; un casse-cou   daredevil, reckless person

See also **casser**.

Try the verb tests (with answers explained) in the back pages.

The subject pronouns are found on the page facing page 1.

causer

to cause, to chat

The Seven Simple Tenses		The Seven Compound Tenses	
Singular	Plural	Singular	Plural
1 présent de l'indicatif		**8 passé composé**	
cause	causons	ai causé	avons causé
causes	causez	as causé	avez causé
cause	causent	a causé	ont causé
2 imparfait de l'indicatif		**9 plus-que-parfait de l'indicatif**	
causais	causions	avais causé	avions causé
causais	causiez	avais causé	aviez causé
causait	causaient	avait causé	avaient causé
3 passé simple		**10 passé antérieur**	
causai	causâmes	eus causé	eûmes causé
causas	causâtes	eus causé	eûtes causé
causa	causèrent	eut causé	eurent causé
4 futur		**11 futur antérieur**	
causerai	causerons	aurai causé	aurons causé
causeras	causerez	auras causé	aurez causé
causera	causeront	aura causé	auront causé
5 conditionnel		**12 conditionnel passé**	
causerais	causerions	aurais causé	aurions causé
causerais	causeriez	aurais causé	auriez causé
causerait	causeraient	aurait causé	auraient causé
6 présent du subjonctif		**13 passé du subjonctif**	
cause	causions	aie causé	ayons causé
causes	causiez	aies causé	ayez causé
cause	causent	ait causé	aient causé
7 imparfait du subjonctif		**14 plus-que-parfait du subjonctif**	
causasse	causassions	eusse causé	eussions causé
causasses	causassiez	eusses causé	eussiez causé
causât	causassent	eût causé	eussent causé

Impératif
cause
causons
causez

Sentences using this verb and words related to it

   Quand je voyage, j'aime beaucoup causer avec les passagers. Est-ce que vous causez avec vos voisins dans la salle de classe? En français, bien sûr! Je connais un garçon qui n'est pas très causant.

causant, causante talkative	**une cause célèbre** famous trial
causatif, causative causative	**une causerie** chat, informal talk
une cause cause, reason	**causeur, causeuse** talkative
causer de la pluie et du beau temps to chat	**une causeuse** love seat
about the weather	**causer de la peine à qqn** to hurt someone

to yield, to cede

The Seven Simple Tenses		The Seven Compound Tenses	
Singular	Plural	Singular	Plural
1 présent de l'indicatif		**8 passé composé**	
cède	cédons	ai cédé	avons cédé
cèdes	cédez	as cédé	avez cédé
cède	cèdent	a cédé	ont cédé
2 imparfait de l'indicatif		**9 plus-que-parfait de l'indicatif**	
cédais	cédions	avais cédé	avions cédé
cédais	cédiez	avais cédé	aviez cédé
cédait	cédaient	avait cédé	avaient cédé
3 passé simple		**10 passé antérieur**	
cédai	cédâmes	eus cédé	eûmes cédé
cédas	cédâtes	eus cédé	eûtes cédé
céda	cédèrent	eut cédé	eurent cédé
4 futur		**11 futur antérieur**	
céderai	céderons	aurai cédé	aurons cédé
céderas	céderez	auras cédé	aurez cédé
cédera	céderont	aura cédé	auront cédé
5 conditionnel		**12 conditionnel passé**	
céderais	céderions	aurais cédé	aurions cédé
céderais	céderiez	aurais cédé	auriez cédé
céderait	céderaient	aurait cédé	auraient cédé
6 présent du subjonctif		**13 passé du subjonctif**	
cède	cédions	aie cédé	ayons cédé
cèdes	cédiez	aies cédé	ayez cédé
cède	cèdent	ait cédé	aient cédé
7 imparfait du subjonctif		**14 plus-que-parfait du subjonctif**	
cédasse	cédassions	eusse cédé	eussions cédé
cédasses	cédassiez	eusses cédé	eussiez cédé
cédât	cédassent	eût cédé	eussent cédé

Impératif
cède
cédons
cédez

Sentences using this verb and words related to it

   Hier soir j'ai pris l'autobus pour rentrer chez moi. J'ai pris la dernière place libre. Après quelques minutes, une vieille dame est entrée dans l'autobus et j'ai cédé ma place à cette aimable personne.

céder à   to give up, give in, yield to
accéder à   to accede to, to comply with
concéder à   to concede to, to grant

céder le pas à qqn   to give way to someone
céder qqch à qqn   to let somebody have something

Consult the section on verbs with prepositions in the back pages.

The subject pronouns are found on the page facing page 1.

cesser

to cease

The Seven Simple Tenses		The Seven Compound Tenses	
Singular	Plural	Singular	Plural
1 présent de l'indicatif		**8 passé composé**	
cesse	cessons	ai cessé	avons cessé
cesses	cessez	as cessé	avez cessé
cesse	cessent	a cessé	ont cessé
2 imparfait de l'indicatif		**9 plus-que-parfait de l'indicatif**	
cessais	cessions	avais cessé	avions cessé
cessais	cessiez	avais cessé	aviez cessé
cessait	cessaient	avait cessé	avaient cessé
3 passé simple		**10 passé antérieur**	
cessai	cessâmes	eus cessé	eûmes cessé
cessas	cessâtes	eus cessé	eûtes cessé
cessa	cessèrent	eut cessé	eurent cessé
4 futur		**11 futur antérieur**	
cesserai	cesserons	aurai cessé	aurons cessé
cesseras	cesserez	auras cessé	aurez cessé
cessera	cesseront	aura cessé	auront cessé
5 conditionnel		**12 conditionnel passé**	
cesserais	cesserions	aurais cessé	aurions cessé
cesserais	cesseriez	aurais cessé	auriez cessé
cesserait	cesseraient	aurait cessé	auraient cessé
6 présent du subjonctif		**13 passé du subjonctif**	
cesse	cessions	aie cessé	ayons cessé
cesses	cessiez	aies cessé	ayez cessé
cesse	cessent	ait cessé	aient cessé
7 imparfait du subjonctif		**14 plus-que-parfait du subjonctif**	
cessasse	cessassions	eusse cessé	eussions cessé
cessasses	cessassiez	eusses cessé	eussiez cessé
cessât	cessassent	eût cessé	eussent cessé

Impératif
cesse
cessons
cessez

Sentences using this verb and words related to it

—Robert, cesse de parler, s'il te plaît! Tu es trop bavard dans cette classe.
—Oui, monsieur. Je cesse de parler. Je me tais.

une cesse   cease, ceasing; **cesser de faire qqch**   to stop doing something
cesser de se voir   to stop seeing each other; **Il n'a pas cessé de neiger depuis hier**   It has not
   stopped snowing since yesterday.
cesser le feu   to cease fire

For **je me tais**, see **se taire**. See also **bavarder**.

to change

The Seven Simple Tenses		The Seven Compound Tenses	
Singular	Plural	Singular	Plural
1 présent de l'indicatif		**8 passé composé**	
change	changeons	ai changé	avons changé
changes	changez	as changé	avez changé
change	changent	a changé	ont changé
2 imparfait de l'indicatif		**9 plus-que-parfait de l'indicatif**	
changeais	changions	avais changé	avions changé
changeais	changiez	avais changé	aviez changé
changeait	changeaient	avait changé	avaient changé
3 passé simple		**10 passé antérieur**	
changeai	changeâmes	eus changé	eûmes changé
changeas	changeâtes	eus changé	eûtes changé
changea	changèrent	eut changé	eurent changé
4 futur		**11 futur antérieur**	
changerai	changerons	aurai changé	aurons changé
changeras	changerez	auras changé	aurez changé
changera	changeront	aura changé	auront changé
5 conditionnel		**12 conditionnel passé**	
changerais	changerions	aurais changé	aurions changé
changerais	changeriez	aurais changé	auriez changé
changerait	changeraient	aurait changé	auraient changé
6 présent du subjonctif		**13 passé du subjonctif**	
change	changions	aie changé	ayons changé
changes	changiez	aies changé	ayez changé
change	changent	ait changé	aient changé
7 imparfait du subjonctif		**14 plus-que-parfait du subjonctif**	
changeasse	changeassions	eusse changé	eussions changé
changeasses	changeassiez	eusses changé	eussiez changé
changeât	changeassent	eût changé	eussent changé

Impératif
change
changeons
changez

Common idiomatic expressions using this verb

Je vais changer de vêtements maintenant parce que je prends le train pour Paris, et là, je vais changer de train pour aller à Marseille.

changer d'avis to change one's mind	**échanger** to exchange
changer de route to take another road	**Plus ça change, plus c'est la même chose!**
un changement soudain a sudden change	The more it changes, the more it remains the same!

Consult the back pages for the section on verbs used in idiomatic expressions.

Try the verb tests (with answers explained) in the back pages.

The subject pronouns are found on the page facing page 1.

to sing

The Seven Simple Tenses		The Seven Compound Tenses	
Singular	Plural	Singular	Plural
1 présent de l'indicatif		**8 passé composé**	
chante	chantons	ai chanté	avons chanté
chantes	chantez	as chanté	avez chanté
chante	chantent	a chanté	ont chanté
2 imparfait de l'indicatif		**9 plus-que-parfait de l'indicatif**	
chantais	chantions	avais chanté	avions chanté
chantais	chantiez	avais chanté	aviez chanté
chantait	chantaient	avait chanté	avaient chanté
3 passé simple		**10 passé antérieur**	
chantai	chantâmes	eus chanté	eûmes chanté
chantas	chantâtes	eus chanté	eûtes chanté
chanta	chantèrent	eut chanté	eurent chanté
4 futur		**11 futur antérieur**	
chanterai	chanterons	aurai chanté	aurons chanté
chanteras	chanterez	auras chanté	aurez chanté
chantera	chanteront	aura chanté	auront chanté
5 conditionnel		**12 conditionnel passé**	
chanterais	chanterions	aurais chanté	aurions chanté
chanterais	chanteriez	aurais chanté	auriez chanté
chanterait	chanteraient	aurait chanté	auraient chanté
6 présent du subjonctif		**13 passé du subjonctif**	
chante	chantions	aie chanté	ayons chanté
chantes	chantiez	aies chanté	ayez chanté
chante	chantent	ait chanté	aient chanté
7 imparfait du subjonctif		**14 plus-que-parfait du subjonctif**	
chantasse	chantassions	eusse chanté	eussions chanté
chantasses	chantassiez	eusses chanté	eussiez chanté
chantât	chantassent	eût chanté	eussent chanté

Impératif
chante
chantons
chantez

Sentences using this verb and words related to it

Madame Chanteclaire aime bien chanter en jouant du piano. Tous les matins elle chante dans la salle de bains et quelquefois elle chante quand elle dort. Elle donne des leçons de chant.

une chanson   song
chansons!   fiddlesticks! nonsense!
C'est une autre chanson!   That's another story!
chanson d'amour   love song
Si ça vous chante. . .   If you are in the mood for it. . .

chanson de geste   epic poem
un chant   carol, chant, singing
le chantage   blackmail
chanteur, chanteuse   singer
enchanter   to enchant

to burden, to charge, to load

The Seven Simple Tenses		The Seven Compound Tenses	
Singular	Plural	Singular	Plural

1 présent de l'indicatif		8 passé composé	
charge	chargeons	ai chargé	avons chargé
charges	chargez	as chargé	avez chargé
charge	chargent	a chargé	ont chargé

2 imparfait de l'indicatif		9 plus-que-parfait de l'indicatif	
chargeais	chargions	avais chargé	avions chargé
chargeais	chargiez	avais chargé	aviez chargé
chargeait	chargeaient	avait chargé	avaient chargé

3 passé simple		10 passé antérieur	
chargeai	chargeâmes	eus chargé	eûmes chargé
chargeas	chargeâtes	eus chargé	eûtes chargé
chargea	chargèrent	eut chargé	eurent chargé

4 futur		11 futur antérieur	
chargerai	chargerons	aurai chargé	aurons chargé
chargeras	chargerez	auras chargé	aurez chargé
chargera	chargeront	aura chargé	auront chargé

5 conditionnel		12 conditionnel passé	
chargerais	chargerions	aurais chargé	aurions chargé
chargerais	chargeriez	aurais chargé	auriez chargé
chargerait	chargeraient	aurait chargé	auraient chargé

6 présent du subjonctif		13 passé du subjonctif	
charge	chargions	aie chargé	ayons chargé
charges	chargiez	aies chargé	ayez chargé
charge	chargent	ait chargé	aient chargé

7 imparfait du subjonctif		14 plus-que-parfait du subjonctif	
chargeasse	chargeassions	eusse chargé	eussions chargé
chargeasses	chargeassiez	eusses chargé	eussiez chargé
chargeât	chargeassent	eût chargé	eussent chargé

Impératif
charge
chargeons
chargez

Common idiomatic expressions using this verb

Je connais une dame qui charge son mari de paquets chaque fois qu'ils vont faire des emplettes. Une fois quand je les ai vus en ville, il a chargé sa femme de malédictions.

une charge   a load, burden
chargé d'impôts   heavily taxed
un chargé d'affaires   envoy
Je m'en charge.   I'll take care of it.

charger de malédictions   to curse
charger de louanges   to overwhelm with
   praises
un chargeur de batterie   battery charger

Try the verb tests (with answers explained) in the back pages.

The subject pronouns are found on the page facing page 1.   **89**

to hunt, to pursue, to chase, to drive out

The Seven Simple Tenses		The Seven Compound Tenses	
Singular	Plural	Singular	Plural
1 présent de l'indicatif		**8 passé composé**	
chasse	chassons	ai chassé	avons chassé
chasses	chassez	as chassé	avez chassé
chasse	chassent	a chassé	ont chassé
2 imparfait de l'indicatif		**9 plus-que-parfait de l'indicatif**	
chassais	chassions	avais chassé	avions chassé
chassais	chassiez	avais chassé	aviez chassé
chassait	chassaient	avait chassé	avaient chassé
3 passé simple		**10 passé antérieur**	
chassai	chassâmes	eus chassé	eûmes chassé
chassas	chassâtes	eus chassé	eûtes chassé
chassa	chassèrent	eut chassé	eurent chassé
4 futur		**11 futur antérieur**	
chasserai	chasserons	aurai chassé	aurons chassé
chasseras	chasserez	auras chassé	aurez chassé
chassera	chasseront	aura chassé	auront chassé
5 conditionnel		**12 conditionnel passé**	
chasserais	chasserions	aurais chassé	aurions chassé
chasserais	chasseriez	aurais chassé	auriez chassé
chasserait	chasseraient	aurait chassé	auraient chassé
6 présent du subjonctif		**13 passé du subjonctif**	
chasse	chassions	aie chassé	ayons chassé
chasses	chassiez	aies chassé	ayez chassé
chasse	chassent	ait chassé	aient chassé
7 imparfait du subjonctif		**14 plus-que-parfait du subjonctif**	
chassasse	chassassions	eusse chassé	eussions chassé
chassasses	chassassiez	eusses chassé	eussiez chassé
chassât	chassassent	eût chassé	eussent chassé

Impératif
chasse
chassons
chassez

Sentences using this verb and words related to it

   Avez-vous jamais chassé des papillons? Tout le monde aime chasser de temps en temps. Les chasseurs aiment chasser. Les chats aiment chasser les souris. Et les garçons aiment chasser les jolies jeunes filles.

tirer la chasse d'eau   to flush the toilet

   Pronounce out loud this tongue twister as fast as you can:

Le chasseur, sachant chasser sans son chien, chassera.
(The hunter, knowing how to hunt without his dog, will hunt.)

Sachant is the pres. part. of **savoir**.

to look for, to search, to seek

The Seven Simple Tenses		The Seven Compound Tenses	
Singular	Plural	Singular	Plural
1 présent de l'indicatif		**8 passé composé**	
cherche	cherchons	ai cherché	avons cherché
cherches	cherchez	as cherché	avez cherché
cherche	cherchent	a cherché	ont cherché
2 imparfait de l'indicatif		**9 plus-que-parfait de l'indicatif**	
cherchais	cherchions	avais cherché	avions cherché
cherchais	cherchiez	avais cherché	aviez cherché
cherchait	cherchaient	avait cherché	avaient cherché
3 passé simple		**10 passé antérieur**	
cherchai	cherchâmes	eus cherché	eûmes cherché
cherchas	cherchâtes	eus cherché	eûtes cherché
chercha	cherchèrent	eut cherché	eurent cherché
4 futur		**11 futur antérieur**	
chercherai	chercherons	aurai cherché	aurons cherché
chercheras	chercherez	auras cherché	aurez cherché
cherchera	chercheront	aura cherché	auront cherché
5 conditionnel		**12 conditionnel passé**	
chercherais	chercherions	aurais cherché	aurions cherché
chercherais	chercheriez	aurais cherché	auriez cherché
chercherait	chercheraient	aurait cherché	auraient cherché
6 présent du subjonctif		**13 passé du subjonctif**	
cherche	cherchions	aie cherché	ayons cherché
cherches	cherchiez	aies cherché	ayez cherché
cherche	cherchent	ait cherché	aient cherché
7 imparfait du subjonctif		**14 plus-que-parfait du subjonctif**	
cherchasse	cherchassions	eusse cherché	eussions cherché
cherchasses	cherchassiez	eusses cherché	eussiez cherché
cherchât	cherchassent	eût cherché	eussent cherché

Impératif
cherche
cherchons
cherchez

Sentences using this verb and words related to it

—**Monsieur, monsieur, j'ai perdu mon livre de français. J'ai cherché partout et je n'arrive pas à le trouver.**
—**Continue à chercher parce que demain je donnerai un examen.**

se chercher   to look for one another
chercheur   seeker, investigator
aller chercher   to go and get
chercher à   to attempt to, try to
aller chercher qqn ou qqch   to go get someone or something

rechercher   to investigate, to seek, to look for again
faire des travaux de recherches   to carry out research work
envoyer chercher   to send for

The subject pronouns are found on the page facing page 1.   **91**

chérir

Part. pr. **chérissant**   Part. passé **chéri**

to cherish

The Seven Simple Tenses		The Seven Compound Tenses	
Singular	Plural	Singular	Plural
1 présent de l'indicatif		**8 passé composé**	
chéris	chérissons	ai chéri	avons chéri
chéris	chérissez	as chéri	avez chéri
chérit	chérissent	a chéri	ont chéri
2 imparfait de l'indicatif		**9 plus-que-parfait de l'indicatif**	
chérissais	chérissions	avais chéri	avions chéri
chérissais	chérissiez	avais chéri	aviez chéri
chérissait	chérissaient	avait chéri	avaient chéri
3 passé simple		**10 passé antérieur**	
chéris	chérîmes	eus chéri	eûmes chéri
chéris	chérîtes	eus chéri	eûtes chéri
chérit	chérirent	eut chéri	eurent chéri
4 futur		**11 futur antérieur**	
chérirai	chérirons	aurai chéri	aurons chéri
chériras	chérirez	auras chéri	aurez chéri
chérira	chériront	aura chéri	auront chéri
5 conditionnel		**12 conditionnel passé**	
chérirais	chéririons	aurais chéri	aurions chéri
chérirais	chéririez	aurais chéri	auriez chéri
chérirait	chériraient	aurait chéri	auraient chéri
6 présent du subjonctif		**13 passé du subjonctif**	
chérisse	chérissions	aie chéri	ayons chéri
chérisses	chérissiez	aies chéri	ayez chéri
chérisse	chérissent	ait chéri	aient chéri
7 imparfait du subjonctif		**14 plus-que-parfait du subjonctif**	
chérisse	chérissions	eusse chéri	eussions chéri
chérisses	chérissiez	eusses chéri	eussiez chéri
chérît	chérissent	eût chéri	eussent chéri

Impératif
chéris
chérissons
chérissez

Words and expressions related to this verb

cher, chère   dear; expensive
Ça coûte cher!   That costs a lot!
chéri, chérie   darling, dear
chèrement   dearly

acheter cher   to buy at a high price
vendre cher   to sell at a high price
Vous me le paierez cher!   You will pay
  dearly for it!

Consult the sections on verbs used in idiomatic expressions, verbs with prepositions, and the
list of over 1,000 verbs conjugated like model verbs in the back pages.

choisir

to choose, to select, to pick

The Seven Simple Tenses		The Seven Compound Tenses	
Singular	Plural	Singular	Plural
1 présent de l'indicatif		**8 passé composé**	
choisis	choisissons	ai choisi	avons choisi
choisis	choisissez	as choisi	avez choisi
choisit	choisissent	a choisi	ont choisi
2 imparfait de l'indicatif		**9 plus-que-parfait de l'indicatif**	
choisissais	choisissions	avais choisi	avions choisi
choisissais	choisissiez	avais choisi	aviez choisi
choisissait	choisissaient	avait choisi	avaient choisi
3 passé simple		**10 passé antérieur**	
choisis	choisîmes	eus choisi	eûmes choisi
choisis	choisîtes	eus choisi	eûtes choisi
choisit	choisirent	eut choisi	eurent choisi
4 futur		**11 futur antérieur**	
choisirai	choisirons	aurai choisi	aurons choisi
choisiras	choisirez	auras choisi	aurez choisi
choisira	choisiront	aura choisi	auront choisi
5 conditionnel		**12 conditionnel passé**	
choisirais	choisirions	aurais choisi	aurions choisi
choisirais	choisiriez	aurais choisi	auriez choisi
choisirait	choisiraient	aurait choisi	auraient choisi
6 présent du subjonctif		**13 passé du subjonctif**	
choisisse	choisissions	aie choisi	ayons choisi
choisisses	choisissiez	aies choisi	ayez choisi
choisisse	choisissent	ait choisi	aient choisi
7 imparfait du subjonctif		**14 plus-que-parfait du subjonctif**	
choisisse	choisissions	eusse choisi	eussions choisi
choisisses	choisissiez	eusses choisi	eussiez choisi
choisît	choisissent	eût choisi	eussent choisi

Impératif
choisis
choisissons
choisissez

Sentences using this verb and words related to it

Hier soir j'ai dîné dans un restaurant français avec des amis. J'ai choisi du poisson. Raymond a choisi de la viande et Joseph a choisi une omelette.

un choix   choice; **faire un bon choix**   to make a good choice
faire choix de   to make choice of; **faire un mauvais choix**   to make a bad choice
l'embarras du choix   too much to choose from; **un choix de poèmes**   a selection of poems

Il n'y a pas grand choix   There's not much choice.
savoir choisir ses amis   to know how to choose one's friends

The subject pronouns are found on the page facing page 1.

to whisper

The Seven Simple Tenses		The Seven Compound Tenses	
Singular	Plural	Singular	Plural

1 présent de l'indicatif

		8 passé composé	
chuchote	chuchotons	ai chuchoté	avons chuchoté
chuchotes	chuchotez	as chuchoté	avez chuchoté
chuchote	chuchotent	a chuchoté	ont chuchoté

2 imparfait de l'indicatif

		9 plus-que-parfait de l'indicatif	
chuchotais	chuchotions	avais chuchoté	avions chuchoté
chuchotais	chuchotiez	avais chuchoté	aviez chuchoté
chuchotait	chuchotaient	avait chuchoté	avaient chuchoté

3 passé simple

		10 passé antérieur	
chuchotai	chuchotâmes	eus chuchoté	eûmes chuchoté
chuchotas	chuchotâtes	eus chuchoté	eûtes chuchoté
chuchota	chuchotèrent	eut chuchoté	eurent chuchoté

4 futur

		11 futur antérieur	
chuchoterai	chuchoterons	aurai chuchoté	aurons chuchoté
chuchoteras	chuchoterez	auras chuchoté	aurez chuchoté
chuchotera	chuchoteront	aura chuchoté	auront chuchoté

5 conditionnel

		12 conditionnel passé	
chuchoterais	chuchoterions	aurais chuchoté	aurions chuchoté
chuchoterais	chuchoteriez	aurais chuchoté	auriez chuchoté
chuchoterait	chuchoteraient	aurait chuchoté	auraient chuchoté

6 présent du subjonctif

		13 passé du subjonctif	
chuchote	chuchotions	aie chuchoté	ayons chuchoté
chuchotes	chuchotiez	aies chuchoté	ayez chuchoté
chuchote	chuchotent	ait chuchoté	aient chuchoté

7 imparfait du subjonctif

		14 plus-que-parfait du subjonctif	
chuchotasse	chuchotassions	eusse chuchoté	eussions chuchoté
chuchotasses	chuchotassiez	eusses chuchoté	eussiez chuchoté
chuchotât	chuchotassent	eût chuchoté	eussent chuchoté

Impératif
chuchote
chuchotons
chuchotez

Common idiomatic expressions using this verb and words related to it

un chuchoteur, une chuchoteuse
  whisperer
chuchoter à l'oreille de qqn   to whisper
  in someone's ear

le chuchotement   whispering
une chuchoterie   a conversation in
  whispering tones so that others
  may not hear

Consult the sections on verbs used in idiomatic expressions, verbs with prepositions, and the list of over 1,000 verbs conjugated like model verbs in the back pages.

to combat, to fight

The Seven Simple Tenses		The Seven Compound Tenses	
Singular	Plural	Singular	Plural

1   présent de l'indicatif

		8 passé composé	
combats	combattons	ai combattu	avons combattu
combats	combattez	as combattu	avez combattu
combat	combattent	a combattu	ont combattu

2   imparfait de l'indicatif

		9 plus-que-parfait de l'indicatif	
combattais	combattions	avais combattu	avions combattu
combattais	combattiez	avais combattu	aviez combattu
combattait	combattaient	avait combattu	avaient combattu

3   passé simple

		10 passé antérieur	
combattis	combattîmes	eus combattu	eûmes combattu
combattis	combattîtes	eus combattu	eûtes combattu
combattit	combattirent	eut combattu	eurent combattu

4   futur

		11 futur antérieur	
combattrai	combattrons	aurai combattu	aurons combattu
combattras	combattrez	auras combattu	aurez combattu
combattra	combattront	aura combattu	auront combattu

5   conditionnel

		12 conditionnel passé	
combattrais	combattrions	aurais combattu	aurions combattu
combattrais	combattriez	aurais combattu	auriez combattu
combattrait	combattraient	aurait combattu	auraient combattu

6   présent du subjonctif

		13 passé du subjonctif	
combatte	combattions	aie combattu	ayons combattu
combattes	combattiez	aies combattu	ayez combattu
combatte	combattent	ait combattu	aient combattu

7   imparfait du subjonctif

		14 plus-que-parfait du subjonctif	
combattisse	combattissions	eusse combattu	eussions combattu
combattisses	combattissiez	eusses combattu	eussiez combattu
combattît	combattissent	eût combattu	eussent combattu

Impératif
combats
combattons
combattez

Words and expressions related to this verb

un combat   fight, struggle
hors de combat   out of the fight
combattant, combattante   fighting

un combat de coqs   cock fight
un combat aérien   aerial combat
combatif, combative   pugnacious

For other words and expressions related to this verb, see **abattre, battre,** and **se battre.**

Consult the sections on verbs used in idiomatic expressions, verbs with prepositions, and the list of over 1,000 verbs conjugated like model verbs in the back pages.

to command, to order

The Seven Simple Tenses		The Seven Compound Tenses	
Singular	Plural	Singular	Plural
1 présent de l'indicatif		**8 passé composé**	
commande	commandons	ai commandé	avons commandé
commandes	commandez	as commandé	avez commandé
commande	commandent	a commandé	ont commandé
2 imparfait de l'indicatif		**9 plus-que-parfait de l'indicatif**	
commandais	commandions	avais commandé	avions commandé
commandais	commandiez	avais commandé	aviez commandé
commandait	commandaient	avait commandé	avaient commandé
3 passé simple		**10 passé antérieur**	
commandai	commandâmes	eus commandé	eûmes commandé
commandas	commandâtes	eus commandé	eûtes commandé
commanda	commandèrent	eut commandé	eurent commandé
4 futur		**11 futur antérieur**	
commanderai	commanderons	aurai commandé	aurons commandé
commanderas	commanderez	auras commandé	aurez commandé
commandera	commanderont	aura commandé	auront commandé
5 conditionnel		**12 conditionnel passé**	
commanderais	commanderions	aurais commandé	aurions commandé
commanderais	commanderiez	aurais commandé	auriez commandé
commanderait	commanderaient	aurait commandé	auraient commandé
6 présent du subjonctif		**13 passé du subjonctif**	
commande	commandions	aie commandé	ayons commandé
commandes	commandiez	aies commandé	ayez commandé
commande	commandent	ait commandé	aient commandé
7 imparfait du subjonctif		**14 plus-que-parfait du subjonctif**	
commandasse	commandassions	eusse commandé	eussions commandé
commandasses	commandassiez	eusses commandé	eussiez commandé
commandât	commandassent	eût commandé	eussent commandé

Impératif
commande
commandons
commandez

Common idiomatic expressions using this verb

Hier soir mes amis et moi avons dîné dans un restaurant chinois. Nous avons commandé beaucoup de choses intéressantes.

un commandant   commanding officer
une commande   an order
commander à qqn de faire qqch   to order someone to do something
recommander   to recommend; **recommander à qqn de faire qqch**   to advise someone to do something
décommander un rendez-vous   to cancel a date, an appointment

to begin, to start, to commence

The Seven Simple Tenses		The Seven Compound Tenses	
Singular	Plural	Singular	Plural

1 présent de l'indicatif

		8 passé composé	
commence	commençons	ai commencé	avons commencé
commences	commencez	as commencé	avez commencé
commence	commencent	a commencé	ont commencé

2 imparfait de l'indicatif

		9 plus-que-parfait de l'indicatif	
commençais	commencions	avais commencé	avions commencé
commençais	commenciez	avais commencé	aviez commencé
commençait	commençaient	avait commencé	avaient commencé

3 passé simple

		10 passé antérieur	
commençai	commençâmes	eus commencé	eûmes commencé
commenças	commençâtes	eus commencé	eûtes commencé
commença	commencèrent	eut commencé	eurent commencé

4 futur

		11 futur antérieur	
commencerai	commencerons	aurai commencé	aurons commencé
commenceras	commencerez	auras commencé	aurez commencé
commencera	commenceront	aura commencé	auront commencé

5 conditionnel

		12 conditionnel passé	
commencerais	commencerions	aurais commencé	aurions commencé
commencerais	commenceriez	aurais commencé	auriez commencé
commencerait	commenceraient	aurait commencé	auraient commencé

6 présent du subjonctif

		13 passé du subjonctif	
commence	commencions	aie commencé	ayons commencé
commences	commenciez	aies commencé	ayez commencé
commence	commencent	ait commencé	aient commencé

7 imparfait du subjonctif

		14 plus-que-parfait du subjonctif	
commençasse	commençassions	eusse commencé	eussions commencé
commençasses	commençassiez	eusses commencé	eussiez commencé
commençât	commençassent	eût commencé	eussent commencé

Impératif
commence
commençons
commencez

Common idiomatic expressions using this verb

—**Alexandre, as-tu commencé tes devoirs pour la classe de français?**
—**Non, maman, pas encore. Je vais faire une promenade maintenant.**
—**Tu ne vas pas faire une promenade parce qu'il commence à pleuvoir.**
—**Commence à faire tes devoirs tout de suite!**

commencer à + inf.   to begin + inf.   **pour commencer**   to begin with
le commencement   the beginning   **commencer par**   to begin by
au commencement   in the beginning   **recommencer à**   to begin again + inf.
du commencement à la fin   from
    beginning to end
Be sure to consult the back pages for the section on verbs with prepositions.

The subject pronouns are found on the page facing page 1.

to commit

The Seven Simple Tenses		The Seven Compound Tenses	
Singular	Plural	Singular	Plural
1 présent de l'indicatif		**8 passé composé**	
commets	commettons	ai commis	avons commis
commets	commettez	as commis	avez commis
commet	commettent	a commis	ont commis
2 imparfait de l'indicatif		**9 plus-que-parfait de l'indicatif**	
commettais	commettions	avais commis	avions commis
commettais	commettiez	avais commis	aviez commis
commettait	commettaient	avait commis	avaient commis
3 passé simple		**10 passé antérieur**	
commis	commîmes	eus commis	eûmes commis
commis	commîtes	eus commis	eûtes commis
commit	commirent	eut commis	eurent commis
4 futur		**11 futur antérieur**	
commettrai	commettrons	aurai commis	aurons commis
commettras	commettrez	auras commis	aurez commis
commettra	commettront	aura commis	auront commis
5 conditionnel		**12 conditionnel passé**	
commettrais	commettrions	aurais commis	aurions commis
commettrais	commettriez	aurais commis	auriez commis
commettrait	commettraient	aurait commis	auraient commis
6 présent du subjonctif		**13 passé du subjonctif**	
commette	commettions	aie commis	ayons commis
commettes	commettiez	aies commis	ayez commis
commette	commettent	ait commis	aient commis
7 imparfait du subjonctif		**14 plus-que-parfait du subjonctif**	
commisse	commissions	eusse commis	eussions commis
commisses	commissiez	eusses commis	eussiez commis
commît	commissent	eût commis	eussent commis

Impératif
commets
commettons
commettez

Words and expressions related to this verb

commettre un péché   to commit a sin
être commis à   to be committed to
commis aux soins de   to be placed under the care of
se commettre   to commit oneself

commettre qqch à qqn   to entrust something to someone
commettre qqn à qqn   to entrust someone to someone, to place someone under someone's care

Consult the sections on verbs used in idiomatic expressions, verbs with prepositions, and the list of over 1,000 verbs conjugated like model verbs in the back pages.

The Seven Simple Tenses		The Seven Compound Tenses	
Singular	Plural	Singular	Plural
1 présent de l'indicatif		**8 passé composé**	
compare	comparons	ai comparé	avons comparé
compares	comparez	as comparé	avez comparé
compare	comparent	a comparé	ont comparé
2 imparfait de l'indicatif		**9 plus-que-parfait de l'indicatif**	
comparais	comparions	avais comparé	avions comparé
comparais	compariez	avais comparé	aviez comparé
comparait	comparaient	avait comparé	avaient comparé
3 passé simple		**10 passé antérieur**	
comparai	comparâmes	eus comparé	eûmes comparé
comparas	comparâtes	eus comparé	eûtes comparé
compara	comparèrent	eut comparé	eurent comparé
4 futur		**11 futur antérieur**	
comparerai	comparerons	aurai comparé	aurons comparé
compareras	comparerez	auras comparé	aurez comparé
comparera	compareront	aura comparé	auront comparé
5 conditionnel		**12 conditionnel passé**	
comparerais	comparerions	aurais comparé	aurions comparé
comparerais	compareriez	aurais comparé	auriez comparé
comparerait	compareraient	aurait comparé	auraient comparé
6 présent du subjonctif		**13 passé du subjonctif**	
compare	comparions	aie comparé	ayons comparé
compares	compariez	aies comparé	ayez comparé
compare	comparent	ait comparé	aient comparé
7 imparfait du subjonctif		**14 plus-que-parfait du subjonctif**	
comparasse	comparassions	eusse comparé	eussions comparé
comparasses	comparassiez	eusses comparé	eussiez comparé
comparât	comparassent	eût comparé	eussent comparé

Impératif
compare
comparons
comparez

Words and expressions related to this verb

comparer à   to compare to (when some
   equality exists between the two compared)
comparer avec   to compare with (when one
   is considered to be of a higher degree
   than the rest)
sans comparaison   without comparison

une comparaison   comparison
comparativement   comparatively
comparatif, comparative   comparative
par comparaison avec   comparatively to
comparable à   comparable to
en comparaison de   in comparison with

Consult the sections on verbs used in idiomatic expressions, verbs with prepositions, and the
list of over 1,000 verbs conjugated like model verbs in the back pages.

to understand

The Seven Simple Tenses		The Seven Compound Tenses	
Singular	Plural	Singular	Plural
1 présent de l'indicatif		**8 passé composé**	
comprends	comprenons	ai compris	avons compris
comprends	comprenez	as compris	avez compris
comprend	comprennent	a compris	ont compris
2 imparfait de l'indicatif		**9 plus-que-parfait de l'indicatif**	
comprenais	comprenions	avais compris	avions compris
comprenais	compreniez	avais compris	aviez compris
comprenait	comprenaient	avait compris	avaient compris
3 passé simple		**10 passé antérieur**	
compris	comprîmes	eus compris	eûmes compris
compris	comprîtes	eus compris	eûtes compris
comprit	comprirent	eut compris	eurent compris
4 futur		**11 futur antérieur**	
comprendrai	comprendrons	aurai compris	aurons compris
comprendras	comprendrez	auras compris	aurez compris
comprendra	comprendront	aura compris	auront compris
5 conditionnel		**12 conditionnel passé**	
comprendrais	comprendrions	aurais compris	aurions compris
comprendrais	comprendriez	aurais compris	auriez compris
comprendrait	comprendraient	aurait compris	auraient compris
6 présent du subjonctif		**13 passé du subjonctif**	
comprenne	comprenions	aie compris	ayons compris
comprennes	compreniez	aies compris	ayez compris
comprenne	comprennent	ait compris	aient compris
7 imparfait du subjonctif		**14 plus-que-parfait du subjonctif**	
comprisse	comprissions	eusse compris	eussions compris
comprisses	comprissiez	eusses compris	eussiez compris
comprît	comprissent	eût compris	eussent compris

Impératif
comprends
comprenons
comprenez

Sentences using this verb and expressions related to it

Je ne comprends jamais le prof de biologie. Je n'ai pas compris la leçon d'hier, je ne comprends pas la leçon d'aujourd'hui, et je ne comprendrai jamais rien.

faire comprendre à qqn que. . .   to make it clear to someone that. . .
la compréhension   comprehension, understanding
Ça se comprend   Of course; That is understood.
y compris   included, including

Be sure to consult the back pages for the section on verbs used in idiomatic expressions.

to count, to intend, to expect to

The Seven Simple Tenses		The Seven Compound Tenses	
Singular	Plural	Singular	Plural
1 présent de l'indicatif		**8 passé composé**	
compte	comptons	ai compté	avons compté
comptes	comptez	as compté	avez compté
compte	comptent	a compté	ont compté
2 imparfait de l'indicatif		**9 plus-que-parfait de l'indicatif**	
comptais	comptions	avais compté	avions compté
comptais	comptiez	avais compté	aviez compté
comptait	comptaient	avait compté	avaient compté
3 passé simple		**10 passé antérieur**	
comptai	comptâmes	eus compté	eûmes compté
comptas	comptâtes	eus compté	eûtes compté
compta	comptèrent	eut compté	eurent compté
4 futur		**11 futur antérieur**	
compterai	compterons	aurai compté	aurons compté
compteras	compterez	auras compté	aurez compté
comptera	compteront	aura compté	auront compté
5 conditionnel		**12 conditionnel passé**	
compterais	compterions	aurais compté	aurions compté
compterais	compteriez	aurais compté	auriez compté
compterait	compteraient	aurait compté	auraient compté
6 présent du subjonctif		**13 passé du subjonctif**	
compte	comptions	aie compté	ayons compté
comptes	comptiez	aies compté	ayez compté
compte	comptent	ait compté	aient compté
7 imparfait du subjonctif		**14 plus-que-parfait du subjonctif**	
comptasse	comptassions	eusse compté	eussions compté
comptasses	comptassiez	eusses compté	eussiez compté
comptât	comptassent	eût compté	eussent compté

	Impératif
	compte
	comptons
	comptez

Common idiomatic expressions using this verb

Je compte aller en France l'été prochain avec ma femme pour voir nos amis français.

la comptabilité bookkeeping
comptable accountable
le comptage accounting
payer comptant to pay cash
compter faire qqch to expect to
  do something

compter sur to count (rely) on; **Puis-je y compter?** Can I depend on it?
escompter to discount; **un escompte** discount
donner sans compter to give generously
sans compter. . . to say nothing of. . .
le comptoir counter (in a store)

The subject pronouns are found on the page facing page 1.   **101**

to conceive

The Seven Simple Tenses		The Seven Compound Tenses	
Singular	Plural	Singular	Plural

1 présent de l'indicatif		8 passé composé	
conçois	concevons	ai conçu	avons conçu
conçois	concevez	as conçu	avez conçu
conçoit	conçoivent	a conçu	ont conçu

2 imparfait de l'indicatif		9 plus-que-parfait de l'indicatif	
concevais	concevions	avais conçu	avions conçu
concevais	conceviez	avais conçu	aviez conçu
concevait	concevaient	avait conçu	avaient conçu

3 passé simple		10 passé antérieur	
conçus	conçûmes	eus conçu	eûmes conçu
conçus	conçûtes	eus conçu	eûtes conçu
conçut	conçurent	eut conçu	eurent conçu

4 futur		11 futur antérieur	
concevrai	concevrons	aurai conçu	aurons conçu
concevras	concevrez	auras conçu	aurez conçu
concevra	concevront	aura conçu	auront conçu

5 conditionnel		12 conditionnel passé	
concevrais	concevrions	aurais conçu	aurions conçu
concevrais	concevriez	aurais conçu	auriez conçu
concevrait	concevraient	aurait conçu	auraient conçu

6 présent du subjonctif		13 passé du subjonctif	
conçoive	concevions	aie conçu	ayons conçu
conçoives	conceviez	aies conçu	ayez conçu
conçoive	conçoivent	ait conçu	aient conçu

7 imparfait du subjonctif		14 plus-que-parfait du subjonctif	
conçusse	conçussions	eusse conçu	eussions conçu
conçusses	conçussiez	eusses conçu	eussiez conçu
conçût	conçussent	eût conçu	eussent conçu

Impératif
conçois
concevons
concevez

Words and expressions related to this verb

concevoir des idées to form ideas
concevable conceivable

ainsi conçu written as follows
Je ne peux même pas concevoir. . . I just can't even imagine. . .

Consult the sections on verbs used in idiomatic expressions, verbs with prepositions, and the list of over 1,000 verbs conjugated like model verbs in the back pages.

102

The Seven Simple Tenses		The Seven Compound Tenses	
Singular	Plural	Singular	Plural

1 présent de l'indicatif
conclus	concluons
conclus	concluez
conclut	concluent

8 passé composé
ai conclu	avons conclu
as conclu	avez conclu
a conclu	ont conclu

2 imparfait de l'indicatif
concluais	concluions
concluais	concluiez
concluait	concluaient

9 plus-que-parfait de l'indicatif
avais conclu	avions conclu
avais conclu	aviez conclu
avait conclu	avaient conclu

3 passé simple
conclus	conclûmes
conclus	conclûtes
conclut	conclurent

10 passé antérieur
eus conclu	eûmes conclu
eus conclu	eûtes conclu
eut conclu	eurent conclu

4 futur
conclurai	conclurons
concluras	conclurez
conclura	concluront

11 futur antérieur
aurai conclu	aurons conclu
auras conclu	aurez conclu
aura conclu	auront conclu

5 conditionnel
conclurais	conclurions
conclurais	concluriez
conclurait	concluraient

12 conditionnel passé
aurais conclu	aurions conclu
aurais conclu	auriez conclu
aurait conclu	auraient conclu

6 présent du subjonctif
conclue	concluions
conclues	concluiez
conclue	concluent

13 passé du subjonctif
aie conclu	ayons conclu
aies conclu	ayez conclu
ait conclu	aient conclu

7 imparfait du subjonctif
conclusse	conclussions
conclusses	conclussiez
conclût	conclussent

14 plus-que-parfait du subjonctif
eusse conclu	eussions conclu
eusses conclu	eussiez conclu
eût conclu	eussent conclu

Impératif
conclus
concluons
concluez

Words and expressions related to this verb

la conclusion conclusion
exclure to exclude
exclu, exclue excluded
un film en exclusivité a first-run motion picture

inclure to enclose, to include (**part. passé: inclus, incluse**); **une photo ci-incluse** a photo enclosed herewith; **jusqu'à la page 100 incluse** up to and including page 100

Consult the sections on verbs used in idiomatic expressions, verbs with prepositions, and the list of over 1,000 verbs conjugated like model verbs in the back pages.

See also **inclure**.

conduire

Part. pr. **conduisant**   Part. passé **conduit**

to lead, to drive, to conduct, to manage

The Seven Simple Tenses		The Seven Compound Tenses	
Singular	Plural	Singular	Plural

1 présent de l'indicatif

conduis	conduisons	
conduis	conduisez	
conduit	conduisent	

8 passé composé

ai conduit	avons conduit
as conduit	avez conduit
a conduit	ont conduit

2 imparfait de l'indicatif

conduisais	conduisions
conduisais	conduisiez
conduisait	conduisaient

9 plus-que-parfait de l'indicatif

avais conduit	avions conduit
avais conduit	aviez conduit
avait conduit	avaient conduit

3 passé simple

conduisis	conduisîmes
conduisis	conduisîtes
conduisit	conduisirent

10 passé antérieur

eus conduit	eûmes conduit
eus conduit	eûtes conduit
eut conduit	eurent conduit

4 futur

conduirai	conduirons
conduiras	conduirez
conduira	conduiront

11 futur antérieur

aurai conduit	aurons conduit
auras conduit	aurez conduit
aura conduit	auront conduit

5 conditionnel

conduirais	conduirions
conduirais	conduiriez
conduirait	conduiraient

12 conditionnel passé

aurais conduit	aurions conduit
aurais conduit	auriez conduit
aurait conduit	auraient conduit

6 présent du subjonctif

conduise	conduisions
conduises	conduisiez
conduise	conduisent

13 passé du subjonctif

aie conduit	ayons conduit
aies conduit	ayez conduit
ait conduit	aient conduit

7 imparfait du subjonctif

conduisisse	conduisissions
conduisisses	conduisissiez
conduisît	conduisissent

14 plus-que-parfait du subjonctif

eusse conduit	eussions conduit
eusses conduit	eussiez conduit
eût conduit	eussent conduit

Impératif
conduis
conduisons
conduisez

Sentences using this verb and words related to it

—Savez-vous conduire?
—Oui, je sais conduire. Je conduis une voiture, je dirige un orchestre, et hier j'ai conduit quelqu'un à la gare. Attendez, je vais vous conduire à la porte.
—Merci, vous êtes très aimable.

un conducteur, une conductrice driver
la conduite conduct, behavior
induire to induce
induire en to lead into

conduire une voiture to drive a car
se conduire to conduct (behave) oneself
un permis de conduire driver's license

See also **déduire**, **introduire**, **produire**, **réduire**, **reproduire**, **séduire**, and **traduire**.

to know, to be acquainted with, to make the acquaintance of

The Seven Simple Tenses		The Seven Compound Tenses	
Singular	Plural	Singular	Plural

1   présent de l'indicatif

connais	connaissons		
connais	connaissez		
connaît	connaissent		

8   passé composé

ai connu		avons connu	
as connu		avez connu	
a connu		ont connu	

2   imparfait de l'indicatif

connaissais	connaissions
connaissais	connaissiez
connaissait	connaissaient

9   plus-que-parfait de l'indicatif

avais connu	avions connu
avais connu	aviez connu
avait connu	avaient connu

3   passé simple

connus	connûmes
connus	connûtes
connut	connurent

10   passé antérieur

eus connu	eûmes connu
eus connu	eûtes connu
eut connu	eurent connu

4   futur

connaîtrai	connaîtrons
connaîtras	connaîtrez
connaîtra	connaîtront

11   futur antérieur

aurai connu	aurons connu
auras connu	aurez connu
aura connu	auront connu

5   conditionnel

connaîtrais	connaîtrions
connaîtrais	connaîtriez
connaîtrait	connaîtraient

12   conditionnel passé

aurais connu	aurions connu
aurais connu	auriez connu
aurait connu	auraient connu

6   présent du subjonctif

connaisse	connaissions
connaisses	connaissiez
connaisse	connaissent

13   passé du subjonctif

aie connu	ayons connu
aies connu	ayez connu
ait connu	aient connu

7   imparfait du subjonctif

connusse	connussions
connusses	connussiez
connût	connussent

14   plus-que-parfait du subjonctif

eusse connu	eussions connu
eusses connu	eussiez connu
eût connu	eussent connu

Impératif
connais
connaissons
connaissez

Common idiomatic expressions using this verb and words related to it

—Connaissez-vous quelqu'un qui puisse m'aider? Je suis touriste et je ne connais pas cette ville.
—Non, je ne connais personne. Je suis touriste aussi.
—Voulez-vous aller prendre un café? Nous pouvons faire connaissance.

la connaissance   knowledge, understanding, acquaintance
connaisseur, connaisseuse   expert
se connaître   to know each other, to know oneself
faire connaissance   to get acquainted; avoir des connaissances en   to be knowledgeable in
See also méconnaître and reconnaître.

The subject pronouns are found on the page facing page 1.   **105**

to conquer

The Seven Simple Tenses		The Seven Compound Tenses	
Singular	Plural	Singular	Plural
1 présent de l'indicatif		**8 passé composé**	
conquiers	conquérons	ai conquis	avons conquis
conquiers	conquérez	as conquis	avez conquis
conquiert	conquièrent	a conquis	ont conquis
2 imparfait de l'indicatif		**9 plus-que-parfait de l'indicatif**	
conquérais	conquérions	avais conquis	avions conquis
conquérais	conquériez	avais conquis	aviez conquis
conquérait	conquéraient	avait conquis	avaient conquis
3 passé simple		**10 passé antérieur**	
conquis	conquîmes	eus conquis	eûmes conquis
conquis	conquîtes	eus conquis	eûtes conquis
conquit	conquirent	eut conquis	eurent conquis
4 futur		**11 futur antérieur**	
conquerrai	conquerrons	aurai conquis	aurons conquis
conquerras	conquerrez	auras conquis	aurez conquis
conquerra	conquerront	aura conquis	auront conquis.
5 conditionnel		**12 conditionnel passé**	
conquerrais	conquerrions	aurais conquis	aurions conquis
conquerrais	conquerriez	aurais conquis	auriez conquis
conquerrait	conquerraient	aurait conquis	auraient conquis
6 présent du subjonctif		**13 passé du subjonctif**	
conquière	conquiérions	aie conquis	ayons conquis
conquières	conquériez	aies conquis	ayez conquis
conquière	conquièrent	ait conquis	aient conquis
7 imparfait du subjonctif		**14 plus-que-parfait du subjonctif**	
conquisse	conquissions	eusse conquis	eussions conquis
conquisses	conquissiez	eusses conquis	eussiez conquis
conquît	conquissent	eût conquis	eussent conquis

Impératif
conquiers
conquérons
conquérez

Words and expressions related to this verb

conquérir l'affection de qqn   to win someone's affection
conquérir une femme   to win over a woman; **conquérir un homme**   to win over a man

la conquête   conquest; **la conquête du pouvoir**   conquest of power
avoir un air conquérant   to seem pretentious

Consult the sections on verbs used in idiomatic expressions, verbs with prepositions, and the list of over 1,000 verbs conjugated like model verbs in the back pages.

to advise, to counsel, to recommend

The Seven Simple Tenses		The Seven Compound Tenses	
Singular	Plural	Singular	Plural
1 présent de l'indicatif		**8 passé composé**	
conseille	conseillons	ai conseillé	avons conseillé
conseilles	conseillez	as conseillé	avez conseillé
conseille	conseillent	a conseillé	ont conseillé
2 imparfait de l'indicatif		**9 plus-que-parfait de l'indicatif**	
conseillais	conseillions	avais conseillé	avions conseillé
conseillais	conseilliez	avais conseillé	aviez conseillé
conseillait	conseillaient	avait conseillé	avaient conseillé
3 passé simple		**10 passé antérieur**	
conseillai	conseillâmes	eus conseillé	eûmes conseillé
conseillas	conseillâtes	eus conseillé	eûtes conseillé
conseilla	conseillèrent	eut conseillé	eurent conseillé
4 futur		**11 futur antérieur**	
conseillerai	conseillerons	aurai conseillé	aurons conseillé
conseilleras	conseillerez	auras conseillé	aurez conseillé
conseillera	conseilleront	aura conseillé	auront conseillé
5 conditionnel		**12 conditionnel passé**	
conseillerais	conseillerions	aurais conseillé	aurions conseillé
conseillerais	conseilleriez	aurais conseillé	auriez conseillé
conseillerait	conseilleraient	aurait conseillé	auraient conseillé
6 présent du subjonctif		**13 passé du subjonctif**	
conseille	conseillions	aie conseillé	ayons conseillé
conseilles	conseilliez	aies conseillé	ayez conseillé
conseille	conseillent	ait conseillé	aient conseillé
7 imparfait du subjonctif		**14 plus-que-parfait du subjonctif**	
conseillasse	conseillassions	eusse conseillé	eussions conseillé
conseillasses	conseillassiez	eusses conseillé	eussiez conseillé
conseillât	conseillassent	eût conseillé	eussent conseillé

	Impératif
	conseille
	conseillons
	conseillez

Words and expressions related to this verb

conseiller qqch à qqn   to recommend something to someone
conseiller à qqn de faire qqch   to advise someone to do something
un conseiller (un conseilleur), une conseillère (une conseilleuse)   counselor, adviser
un conseil   counsel, advice; **sur le conseil de**   on the advice of
déconseiller   to advise, warn against; **déconseiller qqch à qqn**   to advise someone
   against something

Consult the sections on verbs used in idiomatic expressions, verbs with prepositions, and the list of over 1,000 verbs conjugated like model verbs in the back pages.

to consent, to agree

The Seven Simple Tenses		The Seven Compound Tenses	
Singular	Plural	Singular	Plural
1 présent de l'indicatif		**8 passé composé**	
consens	consentons	ai consenti	avons consenti
consens	consentez	as consenti	avez consenti
consent	consentent	a consenti	ont consenti
2 imparfait de l'indicatif		**9 plus-que-parfait de l'indicatif**	
consentais	consentions	avais consenti	avions consenti
consentais	consentiez	avais consenti	aviez consenti
consentait	consentaient	avait consenti	avaient consenti
3 passé simple		**10 passé antérieur**	
consentis	consentîmes	eus consenti	eûmes consenti
consentis	consentîtes	eus consenti	eûtes consenti
consentit	consentirent	eut consenti	eurent consenti
4 futur		**11 futur antérieur**	
consentirai	consentirons	aurai consenti	aurons consenti
consentiras	consentirez	auras consenti	aurez consenti
consentira	consentiront	aura consenti	auront consenti
5 conditionnel		**12 conditionnel passé**	
consentirais	consentirions	aurais consenti	aurions consenti
consentirais	consentiriez	aurais consenti	auriez consenti
consentirait	consentiraient	aurait consenti	auraient consenti
6 présent du subjonctif		**13 passé du subjonctif**	
consente	consentions	aie consenti	ayons consenti
consentes	consentiez	aies consenti	ayez consenti
consente	consentent	ait consenti	aient consenti
7 imparfait du subjonctif		**14 plus-que-parfait du subjonctif**	
consentisse	consentissions	eusse consenti	eussions consenti
consentisses	consentissiez	eusses consenti	eussiez consenti
consentît	consentissent	eût consenti	eussent consenti

Impératif
consens
consentons
consentez

Words and expressions related to this verb

consentir à faire qqch   to agree to do
   something
le consentement   consent, approval
consentant, consentante   agreeable, willing

consentir à qqch   to consent to something
consentir au mariage   to consent to
   marriage
donner son consentement   to give one's
   consent, agreement

Consult the sections on verbs used in idiomatic expressions, verbs with prepositions, and the list of over 1,000 verbs conjugated like model verbs in the back pages.

to construct, to build

The Seven Simple Tenses		The Seven Compound Tenses	
Singular	Plural	Singular	Plural
1 présent de l'indicatif		**8 passé composé**	
construis	construisons	ai construit	avons construit
construis	construisez	as construit	avez construit
construit	construisent	a construit	ont construit
2 imparfait de l'indicatif		**9 plus-que-parfait de l'indicatif**	
construisais	construisions	avais construit	avions construit
construisais	construisiez	avais construit	aviez construit
construisait	construisaient	avait construit	avaient construit
3 passé simple		**10 passé antérieur**	
construisis	construisîmes	eus construit	eûmes construit
construisis	construisîtes	eus construit	eûtes construit
construisit	construisirent	eut construit	eurent construit
4 futur		**11 futur antérieur**	
construirai	construirons	aurai construit	aurons construit
construiras	construirez	auras construit	aurez construit
construira	construiront	aura construit	auront construit
5 conditionnel		**12 conditionnel passé**	
construirais	construirions	aurais construit	aurions construit
construirais	construiriez	aurais construit	auriez construit
construirait	construiraient	aurait construit	auraient construit
6 présent du subjonctif		**13 passé du subjonctif**	
construise	construisions	aie construit	ayons construit
construises	construisiez	aies construit	ayez construit
construise	construisent	ait construit	aient construit
7 imparfait du subjonctif		**14 plus-que-parfait du subjonctif**	
construisisse	construisissions	eusse construit	eussions construit
construisisses	construisissiez	eusses construit	eussiez construit
construisît	construisissent	eût construit	eussent construit

	Impératif
	construis
	construisons
	construisez

Sentences using this verb and words related to it

—**Je vois que vous êtes en train de construire quelque chose. Qu'est-ce que vous construisez?**
—**Je construis une tour comme la Tour Eiffel. Aimez-vous ce bateau que j'ai construit?**

un constructeur   a manufacturer, builder, constructor
une construction   construction, building
reconstruire   to reconstruct, to rebuild; **en construction**   under construction

Consult the sections on verbs used in idiomatic expressions, verbs with prepositions, and the list of over 1,000 verbs conjugated like model verbs in the back pages.

to contain

The Seven Simple Tenses		The Seven Compound Tenses	
Singular	Plural	Singular	Plural

1 présent de l'indicatif

contiens	contenons	ai contenu	avons contenu
contiens	contenez	as contenu	avez contenu
contient	contiennent	a contenu	ont contenu

8 passé composé (header above right column)

2 imparfait de l'indicatif   **9 plus-que-parfait de l'indicatif**

contenais	contenions	avais contenu	avions contenu
contenais	conteniez	avais contenu	aviez contenu
contenait	contenaient	avait contenu	avaient contenu

3 passé simple   **10 passé antérieur**

contins	contînmes	eus contenu	eûmes contenu
contins	contîntes	eus contenu	eûtes contenu
contint	continrent	eut contenu	eurent contenu

4 futur   **11 futur antérieur**

contiendrai	contiendrons	aurai contenu	aurons contenu
continendras	contiendrez	auras contenu	aurez contenu
contiendra	contiendront	aura contenu	auront contenu

5 conditionnel   **12 conditionnel passé**

contiendrais	contiendrions	aurais contenu	aurions contenu
contiendrais	contiendriez	aurais contenu	auriez contenu
contiendrait	contiendraient	aurait contenu	auraient contenu

6 présent du subjonctif   **13 passé du subjonctif**

contienne	contenions	aie contenu	ayons contenu
contiennes	conteniez	aies contenu	ayez contenu
contienne	contiennent	ait contenu	aient contenu

7 imparfait du subjonctif   **14 plus-que-parfait du subjonctif**

continsse	continssions	eusse contenu	eussions contenu
continsses	continssiez	eusses contenu	eussiez contenu
contînt	continssent	eût contenu	eussent contenu

Impératif
contiens
contenons
contenez

Common idiomatic expressions using this verb and words related to it

contenir ses émotions to contain (dominate) one's emotions

être content (contente) to be content, satisfied

être content (contente) des autres to be content (satisfied) with others

se contenir to contain oneself, to dominate (control) oneself

un contenant container
le contenu contents
être content (contente) de soi to be self-satisfied
avoir l'air content to seem pleased

Consult the sections on verbs used in idiomatic expressions, verbs with prepositions, and the list of over 1,000 verbs conjugated like model verbs in the back pages.

to relate, to narrate

The Seven Simple Tenses		The Seven Compound Tenses	
Singular	Plural	Singular	Plural
1 présent de l'indicatif		**8 passé composé**	
conte	contons	ai conté	avons conté
contes	contez	as conté	avez conté
conte	content	a conté	ont conté
2 imparfait de l'indicatif		**9 plus-que-parfait de l'indicatif**	
contais	contions	avais conté	avions conté
contais	contiez	avais conté	aviez conté
contait	contaient	avait conté	avaient conté
3 passé simple		**10 passé antérieur**	
contai	contâmes	eus conté	eûmes conté
contas	contâtes	eus conté	eûtes conté
conta	contèrent	eut conté	eurent conté
4 futur		**11 futur antérieur**	
conterai	conterons	aurai conté	aurons conté
conteras	conterez	auras conté	aurez conté
contera	conteront	aura conté	auront conté
5 conditionnel		**12 conditionnel passé**	
conterais	conterions	aurais conté	aurions conté
conterais	conteriez	aurais conté	auriez conté
conterait	conteraient	aurait conté	auraient conté
6 présent du subjonctif		**13 passé du subjonctif**	
conte	contions	aie conté	ayons conté
contes	contiez	aies conté	ayez conté
conte	content	ait conté	aient conté
7 imparfait du subjonctif		**14 plus-que-parfait du subjonctif**	
contasse	contassions	eusse conté	eussions conté
contasses	contassiez	eusses conté	eussiez conté
contât	contassent	eût conté	eussent conté

Impératif
conte
contons
contez

Sentences using this verb and words related to it

Notre professeur de français nous conte toujours des histoires intéressantes. Son conte favori est _Un coeur simple_ de Flaubert.

un conte a story, tale	**un conteur, une conteuse** writer of
un conte de fées fairy tale	short stories
un conte à dormir debout cock-and-bull	**Contez-moi vos malheurs** Tell me about
story	your troubles.

See also **raconter**.

to continue

The Seven Simple Tenses		The Seven Compound Tenses	
Singular	Plural	Singular	Plural

1 présent de l'indicatif		**8 passé composé**	
continue	continuons	ai continué	avons continué
continues	continuez	as continué	avez continué
continue	continuent	a continué	ont continué
2 imparfait de l'indicatif		**9 plus-que-parfait de l'indicatif**	
continuais	continuions	avais continué	avions continué
continuais	continuiez	avais continué	aviez continué
continuait	continuaient	avait continué	avaient continué
3 passé simple		**10 passé antérieur**	
continuai	continuâmes	eus continué	eûmes continué
continuas	continuâtes	eus continué	eûtes continué
continua	continuèrent	eut continué	eurent continué
4 futur		**11 futur antérieur**	
continuerai	continuerons	aurai continué	aurons continué
continueras	continuerez	auras continué	aurez continué
continuera	continueront	aura continué	auront continué
5 conditionnel		**12 conditionnel passé**	
continuerais	continuerions	aurais continué	aurions continué
continuerais	continueriez	aurais continué	auriez continué
continuerait	continueraient	aurait continué	auraient continué
6 présent du subjonctif		**13 passé du subjonctif**	
continue	continuions	aie continué	ayons continué
continues	continuiez	aies continué	ayez continué
continue	continuent	ait continué	aient continué
7 imparfait du subjonctif		**14 plus-que-parfait du subjonctif**	
continuasse	continuassions	eusse continué	eussions continué
continuasses	continuassiez	eusses continué	eussiez continué
continuât	continuassent	eût continué	eussent continué

Impératif
continue
continuons
continuez

Sentences using this verb and words related to it

　　—**Allez-vous continuer à étudier le français l'année prochaine?**
　　—**Certainement. Je compte étudier cette belle langue continuellement.**

la continuation continuation	**continuer à + inf.**	to continue + inf.
continuel, continuelle continual	**continuer de + inf.**	to continue (persist) in;
continuellement continually	**Cet ivrogne continue de boire**	This drunkard persists in drinking (habit).

to constrain, to restrain, to compel

The Seven Simple Tenses		The Seven Compound Tenses	
Singular	Plural	Singular	Plural
1 présent de l'indicatif		**8 passé composé**	
contrains	contraignons	ai contraint	avons contraint
contrains	contraignez	as contraint	avez contraint
contraint	contraignent	a contraint	ont contraint
2 imparfait de l'indicatif		**9 plus-que-parfait de l'indicatif**	
contraignais	contraignions	avais contraint	avions contraint
contraignais	contraigniez	avais contraint	aviez contraint
contraignait	contraignaient	avait contraint	avaient contraint
3 passé simple		**10 passé antérieur**	
contraignis	contraignîmes	eus contraint	eûmes contraint
contraignis	contraignîtes	eus contraint	eûtes contraint
contraignit	contraignirent	eut contraint	eurent contraint
4 futur		**11 futur antérieur**	
contraindrai	contraindrons	aurai contraint	aurons contraint
contraindras	contraindrez	auras contraint	aurez contraint
contraindra	contraindront	aura contraint	auront contraint
5 conditionnel		**12 conditionnel passé**	
contraindrais	contraindrions	aurais contraint	aurions contraint
contraindrais	contraindriez	aurais contraint	auriez contraint
contraindrait	contraindraient	aurait contraint	auraient contraint
6 présent du subjonctif		**13 passé du subjonctif**	
contraigne	contraignions	aie contraint	ayons contraint
contraignes	contraigniez	aies contraint	ayez contraint
contraigne	contraignent	ait contraint	aient contraint
7 imparfait du subjonctif		**14 plus-que-parfait du subjonctif**	
contraignisse	contraignissions	eusse contraint	eussions contraint
contraignisses	contraignissiez	eusses contraint	eussiez contraint
contraignît	contraignissent	eût contraint	eussent contraint

Impératif
contrains
contraignons
contraignez

Words and expressions related to this verb

se contraindre à faire qqch   to constrain oneself from doing something
avoir l'air contraint   to have a constrained expression (on one's face)

contraint, contrainte   constrained, forced
être contraint (contrainte) à faire qqch   to be constrained to doing something
la contrainte   constraint
tenir qqn dans la contrainte   to hold someone in constraint

Consult the sections on verbs used in idiomatic expressions, verbs with prepositions, and the list of over 1,000 verbs conjugated like model verbs in the back pages.

The subject pronouns are found on the page facing page 1.

contredire

Part. pr. **contredisant** Part. passé **contredit**

to contradict

The Seven Simple Tenses		The Seven Compound Tenses	
Singular	Plural	Singular	Plural
1 présent de l'indicatif		**8 passé composé**	
contredis	contredisons	ai contredit	avons contredit
contredis	contredisez	as contredit	avez contredit
contredit	contredisent	a contredit	ont contredit
2 imparfait de l'indicatif		**9 plus-que-parfait de l'indicatif**	
contredisais	contredisions	avais contredit	avions contredit
contredisais	contredisiez	avais contredit	aviez contredit
contredisait	contredisaient	avait contredit	avaient contredit
3 passé simple		**10 passé antérieur**	
contredis	contredîmes	eus contredit	eûmes contredit
contredis	contredîtes	eus contredit	eûtes contredit
contredit	contredirent	eut contredit	eurent contredit
4 futur		**11 futur antérieur**	
contredirai	contredirons	aurai contredit	aurons contredit
contrediras	contredirez	auras contredit	aurez contredit
contredira	contrediront	aura contredit	auront contredit
5 conditionnel		**12 conditionnel passé**	
contredirais	contredirions	aurais contredit	aurions contredit
contredirais	contrediriez	aurais contredit	auriez contredit
contredirait	contrediraient	aurait contredit	auraient contredit
6 présent du subjonctif		**13 passé du subjonctif**	
contredise	contredisions	aie contredit	ayons contredit
contredises	contredisiez	aies contredit	ayez contredit
contredise	contredisent	ait contredit	aient contredit
7 imparfait du subjonctif		**14 plus-que-parfait du subjonctif**	
contredisse	contredissions	eusse contredit	eussions contredit
contredisses	contredissiez	eusses contredit	eussiez contredit
contredît	contredissent	eût contredit	eussent contredit

Impératif
contredis
contredisons
contredisez

Words and expressions related to this verb

se contredire to contradict oneself,
  to contradict each other (one another)
un contredit contradiction; **sans contredit**
  unquestionably
une contradiction contradiction

contradictoire contradictory
contradicteur, contradictrice
  contradictor
contradictoirement contradictorily
en contradiction avec inconsistent
  with

Consult the sections on verbs used in idiomatic expressions, verbs with prepositions, and the list of over 1,000 verbs conjugated like model verbs in the back pages.

114

to convince

The Seven Simple Tenses		The Seven Compound Tenses	
Singular	Plural	Singular	Plural
1 présent de l'indicatif		**8 passé composé**	
convaincs	convainquons	ai convaincu	avons convaincu
convaincs	convainquez	as convaincu	avez convaincu
convainc	convainquent	a convaincu	ont convaincu
2 imparfait de l'indicatif		**9 plus-que-parfait de l'indicatif**	
convainquais	convainquions	avais convaincu	avions convaincu
convainquais	convainquiez	avais convaincu	aviez convaincu
convainquait	convainquaient	avait convaincu	avaient convaincu
3 passé simple		**10 passé antérieur**	
convainquis	convainquîmes	eus convaincu	eûmes convaincu
convainquis	convainquîtes	eus convaincu	eûtes convaincu
convainquit	convainquirent	eut convaincu	eurent convaincu
4 futur		**11 futur antérieur**	
convaincrai	convaincrons	aurai convaincu	aurons convaincu
convaincras	convaincrez	auras convaincu	aurez convaincu
convaincra	convaincront	aura convaincu	auront convaincu
5 conditionnel		**12 conditionnel passé**	
convaincrais	convaincrions	aurais convaincu	aurions convaincu
convaincrais	convaincriez	aurais convaincu	auriez convaincu
convaincrait	convaincraient	aurait convaincu	auraient convaincu
6 présent du subjonctif		**13 passé du subjonctif**	
convainque	convainquions	aie convaincu	ayons convaincu
convainques	convainquiez	aies convaincu	ayez convaincu
convainque	convainquent	ait convaincu	aient convaincu
7 imparfait du subjonctif		**14 plus-que-parfait du subjonctif**	
convainquisse	convainquissions	eusse convaincu	eussions convaincu
convainquisses	convainquissiez	eusses convaincu	eussiez convaincu
convainquît	convainquissent	eût convaincu	eussent convaincu

Impératif
convaincs
convainquons
convainquez

Words and expressions related to this verb

convaincre qqn de qqch   to convince
(persuade) someone of something
se laisser convaincre   to allow oneself
to be persuaded

d'un ton convaincu   in a convincing tone
convaincant, convaincante   convincing
se convaincre   to convince oneself

Consult the sections on verbs used in idiomatic expressions, verbs with prepositions, and the list of over 1,000 verbs conjugated like model verbs in the back pages.

convenir

to suit, to be suitable, to be appropriate, to agree, to acknowledge

The Seven Simple Tenses		The Seven Compound Tenses	
Singular	Plural	Singular	Plural
1 présent de l'indicatif		**8 passé composé**	
conviens	convenons	ai convenu	avons convenu
conviens	convenez	as convenu	avez convenu
convient	conviennent	a convenu	ont convenu
2 imparfait de l'indicatif		**9 plus-que-parfait de l'indicatif**	
convenais	convenions	avais convenu	avions convenu
convenais	conveniez	avais convenu	aviez convenu
convenait	convenaient	avait convenu	avaient convenu
3 passé simple		**10 passé antérieur**	
convins	convînmes	eus convenu	eûmes convenu
convins	convîntes	eus convenu	eûtes convenu
convint	convinrent	eut convenu	eurent convenu
4 futur		**11 futur antérieur**	
conviendrai	conviendrons	aurai convenu	aurons convenu
conviendras	conviendrez	auras convenu	aurez convenu
conviendra	conviendront	aura convenu	auront convenu
5 conditionnel		**12 conditionnel passé**	
conviendrais	conviendrions	aurais convenu	aurions convenu
conviendrais	conviendriez	aurais convenu	auriez convenu
conviendrait	conviendraient	aurait convenu	auraient convenu
6 présent du subjonctif		**13 passé du subjonctif**	
convienne	convenions	aie convenu	ayons convenu
conviennes	conveniez	aies convenu	ayez convenu
convienne	conviennent	ait convenu	aient convenu
7 imparfait du subjonctif		**14 plus-que-parfait du subjonctif**	
convinsse	convinssions	eusse convenu	eussions convenu
convinsses	convinssiez	eusses convenu	eussiez convenu
convînt	convinssent	eût convenu	eussent convenu

Impératif
conviens
convenons
convenez

Common idiomatic expressions using this verb

convenir à to please, to suit (conjugated with **avoir**); **Cela lui a convenu** That suited him.
convenir de qqch to agree on something (conjugated with **être**); **Ils sont convenus d'aller au cinéma** They agreed to go to the movies.
J'en conviens I agree to it.

convenir de faire qqch to agree to do something; **Mon père et moi, nous avons convenu de venir chez vous à 8 h. du soir.** My father and I agreed to come to your place at 8 in the evening.
Il faut convenir que vous avez raison Admittedly, you are right (One must admit that you are right.)
Cela ne me convient pas That does not suit me.
Faites ce qui convient Do what is suitable.

The Seven Simple Tenses		The Seven Compound Tenses	
Singular	Plural	Singular	Plural
1 présent de l'indicatif		**8 passé composé**	
corrige	corrigeons	ai corrigé	avons corrigé
corriges	corrigez	as corrigé	avez corrigé
corrige	corrigent	a corrigé	ont corrigé
2 imparfait de l'indicatif		**9 plus-que-parfait de l'indicatif**	
corrigeais	corrigions	avais corrigé	avions corrigé
corrigeais	corrigiez	avais corrigé	aviez corrigé
corrigeait	corrigeaient	avait corrigé	avaient corrigé
3 passé simple		**10 passé antérieur**	
corrigeai	corrigeâmes	eus corrigé	eûmes corrigé
corrigeas	corrigeâtes	eus corrigé	eûtes corrigé
corrigea	corrigèrent	eut corrigé	eurent corrigé
4 futur		**11 futur antérieur**	
corrigerai	corrigerons	aurai corrigé	aurons corrigé
corrigeras	corrigerez	auras corrigé	aurez corrigé
corrigera	corrigeront	aura corrigé	auront corrigé
5 conditionnel		**12 conditionnel passé**	
corrigerais	corrigerions	aurais corrigé	aurions corrigé
corrigerais	corrigeriez	aurais corrigé	auriez corrigé
corrigerait	corrigeraient	aurait corrigé	auraient corrigé
6 présent du subjonctif		**13 passé du subjonctif**	
corrige	corrigions	aie corrigé	ayons corrigé
corriges	corrigiez	aies corrigé	ayez corrigé
corrige	corrigent	ait corrigé	aient corrigé
7 imparfait du subjonctif		**14 plus-que-parfait du subjonctif**	
corrigeasse	corrigeassions	eusse corrigé	eussions corrigé
corrigeasses	corrigeassiez	eusses corrigé	eussiez corrigé
corrigeât	corrigeassent	eût corrigé	eussent corrigé

Impératif
corrige
corrigeons
corrigez

Sentences using this verb and words related to it

Dans la classe de français nous corrigeons toujours nos devoirs en classe. Le (La) prof de français écrit les corrections au tableau.

une correction   correction; **recorriger**   to correct again
corriger qqn de   to correct someone of
se corriger de   to correct one's ways
corrigible   corrigible; **incorrigible**   incorrigible
incorrectement   inaccurately, incorrectly

to corrupt

The Seven Simple Tenses		The Seven Compound Tenses	
Singular	Plural	Singular	Plural
1 présent de l'indicatif		**8 passé composé**	
corromps	corrompons	ai corrompu	avons corrompu
corromps	corrompez	as corrompu	avez corrompu
corrompt	corrompent	a corrompu	ont corrompu
2 imparfait de l'indicatif		**9 plus-que-parfait de l'indicatif**	
corrompais	corrompions	avais corrompu	avions corrompu
corrompais	corrompiez	avais corrompu	aviez corrompu
corrompait	corrompaient	avait corrompu	avaient corrompu
3 passé simple		**10 passé antérieur**	
corrompis	corrompîmes	eus corrompu	eûmes corrompu
corrompis	corrompîtes	eus corrompu	eûtes corrompu
corrompit	corrompirent	eut corrompu	eurent corrompu
4 futur		**11 futur antérieur**	
corromprai	corromprons	aurai corrompu	aurons corrompu
corrompras	corromprez	auras corrompu	aurez corrompu
corrompra	corrompront	aura corrompu	auront corrompu
5 conditionnel		**12 conditionnel passé**	
corromprais	corromprions	aurais corrompu	aurions corrompu
corromprais	corrompriez	aurais corrompu	auriez corrompu
corromprait	corrompraient	aurait corrompu	auraient corrompu
6 présent du subjonctif		**13 passé du subjonctif**	
corrompe	corrompions	aie corrompu	ayons corrompu
corrompes	corrompiez	aies corrompu	ayez corrompu
corrompe	corrompent	ait corrompu	aient corrompu
7 imparfait du subjonctif		**14 plus-que-parfait du subjonctif**	
corrompisse	corrompissions	eusse corrompu	eussions corrompu
corrompisses	corrompissiez	eusses corrompu	eussiez corrompu
corrompît	corrompissent	eût corrompu	eussent corrompu

Impératif
corromps
corrompons
corrompez

Sentences using this verb and words related to it

corrompre qqch to corrupt something;
Je connais un élève qui corrompt la prononciation de la langue française I know a student who corrupts the pronunciation of the French language.
corruptible corruptible
se laisser corrompre to allow oneself to be corrupted

See also **rompre**.

corrompre qqn to corrupt someone;
Les spectacles ignobles à la télévision corrompent la jeunesse de ce pays The disgraceful shows on television corrupt the youth of this country.
la corruption corruption
un corrupteur, une corruptrice corrupter

to put to bed, to lay, to flatten

The Seven Simple Tenses		The Seven Compound Tenses	
Singular	Plural	Singular	Plural
1 présent de l'indicatif		**8 passé composé**	
couche	couchons	ai couché	avons couché
couches	couchez	as couché	avez couché
couche	couchent	a couché	ont couché
2 imparfait de l'indicatif		**9 plus-que-parfait de l'indicatif**	
couchais	couchions	avais couché	avions couché
couchais	couchiez	avais couché	aviez couché
couchait	couchaient	avait couché	avaient couché
3 passé simple		**10 passé antérieur**	
couchai	couchâmes	eus couché	eûmes couché
couchas	couchâtes	eus couché	eûtes couché
coucha	couchèrent	eut couché	eurent couché
4 futur		**11 futur antérieur**	
coucherai	coucherons	aurai couché	aurons couché
coucheras	coucherez	auras couché	aurez couché
couchera	coucheront	aura couché	auront couché
5 conditionnel		**12 conditionnel passé**	
coucherais	coucherions	aurais couché	aurions couché
coucherais	coucheriez	aurais couché	auriez couché
coucherait	coucheraient	aurait couché	auraient couché
6 présent du subjonctif		**13 passé du subjonctif**	
couche	couchions	aie couché	ayons couché
couches	couchiez	aies couché	ayez couché
couche	couchent	ait couché	aient couché
7 imparfait du subjonctif		**14 plus-que-parfait du subjonctif**	
couchasse	couchassions	eusse couché	eussions couché
couchasses	couchassiez	eusses couché	eussiez couché
couchât	couchassent	eût couché	eussent couché

Impératif
couche
couchons
couchez

Words and expressions related to this verb

C'est l'heure du coucher It's time for bed.
le coucher et la nourriture bed and board
au coucher du soleil at sunset
découcher to sleep somewhere other than in one's own bed
coucher à l'hôtel to sleep in a hotel

accoucher de to give birth to a child; **Elle a accouché d'une fille** She has given birth to a girl.
recoucher to put back to bed
Ils couchent ensemble They sleep together.

See also **se coucher**.

Consult the sections on verbs used in idiomatic expressions, verbs with prepositions, and the list of over 1,000 verbs conjugated like model verbs in the back pages.

The subject pronouns are found on the page facing page 1.   **119**

to go to bed, to lie down

The Seven Simple Tenses		The Seven Compound Tenses	
Singular	Plural	Singular	Plural
1 présent de l'indicatif		**8 passé composé**	
me couche	nous couchons	me suis couché(e)	nous sommes couché(e)s
te couches	vous couchez	t'es couché(e)	vous êtes couché(e)(s)
se couche	se couchent	s'est couché(e)	se sont couché(e)s
2 imparfait de l'indicatif		**9 plus-que-parfait de l'indicatif**	
me couchais	nous couchions	m'étais couché(e)	nous étions couché(e)s
te couchais	vous couchiez	t'étais couché(e)	vous étiez couché(e)(s)
se couchait	se couchaient	s'était couché(e)	s'étaient couché(e)s
3 passé simple		**10 passé antérieur**	
me couchai	nous couchâmes	me fus couché(e)	nous fûmes couché(e)s
te couchas	vous couchâtes	te fus couché(e)	vous fûtes couché(e)(s)
se coucha	se couchèrent	se fut couché(e)	se furent couché(e)s
4 futur		**11 futur antérieur**	
me coucherai	nous coucherons	me serai couché(e)	nous serons couché(e)s
te coucheras	vous coucherez	te seras couché(e)	vous serez couché(e)(s)
se couchera	se coucheront	se sera couché(e)	se seront couché(e)s
5 conditionnel		**12 conditionnel passé**	
me coucherais	nous coucherions	me serais couché(e)	nous serions couché(e)s
te coucherais	vous coucheriez	te serais couché(e)	vous seriez couché(e)(s)
se coucherait	se coucheraient	se serait couché(e)	se seraient couché(e)s
6 présent du subjonctif		**13 passé du subjonctif**	
me couche	nous couchions	me sois couché(e)	nous soyons couché(e)s
te couches	vous couchiez	te sois couché(e)	vous soyez couché(e)(s)
se couche	se couchent	se soit couché(e)	se soient couché(e)s
7 imparfait du subjonctif		**14 plus-que-parfait du subjonctif**	
me couchasse	nous couchassions	me fusse couché(e)	nous fussions couché(e)s
te couchasses	vous couchassiez	te fusses couché(e)	vous fussiez couché(e)(s)
se couchât	se couchassent	se fût couché(e)	se fussent couché(e)s

Impératif
couche-toi; ne te couche pas
couchons-nous; ne nous couchons pas
couchez-vous; ne vous couchez pas

Sentences using this verb and words related to it

—**Couche-toi, Hélène! Il est minuit. Hier soir tu t'es couchée tard.**
—**Donne-moi ma poupée pour coucher ensemble.**

le coucher du soleil   sunset
une couche   a layer
une couchette   bunk, cot
Le soleil se couche   The sun in setting.
se recoucher   to go back to bed

se coucher tôt   to go to bed early
Comme on fait son lit on se couche!
   You've made your bed; now lie in it!
un sac de couchage   sleeping bag

See also **coucher.**

to sew, to stitch

The Seven Simple Tenses		The Seven Compound Tenses	
Singular	Plural	Singular	Plural
1 présent de l'indicatif		8 passé composé	
couds	cousons	ai cousu	avons cousu
couds	cousez	as cousu	avez cousu
coud	cousent	a cousu	ont cousu
2 imparfait de l'indicatif		9 plus-que-parfait de l'indicatif	
cousais	cousions	avais cousu	avions cousu
cousais	cousiez	avais cousu	aviez cousu
cousait	cousaient	avait cousu	avaient cousu
3 passé simple		10 passé antérieur	
cousis	cousîmes	eus cousu	eûmes cousu
cousis	cousîtes	eus cousu	eûtes cousu
cousit	cousirent	eut cousu	eurent cousu
4 futur		11 futur antérieur	
coudrai	coudrons	aurai cousu	aurons cousu
coudras	coudrez	auras cousu	aurez cousu
coudra	coudront	aura cousu	auront cousu
5 conditionnel		12 conditionnel passé	
coudrais	coudrions	aurais cousu	aurions cousu
coudrais	coudriez	aurais cousu	auriez cousu
coudrait	coudraient	aurait cousu	auraient cousu
6 présent du subjonctif		13 passé du subjonctif	
couse	cousions	aie cousu	ayons cousu
couses	cousiez	aies cousu	ayez cousu
couse	cousent	ait cousu	aient cousu
7 imparfait du subjonctif		14 plus-que-parfait du subjonctif	
cousisse	cousissions	eusse cousu	eussions cousu
cousisses	cousissiez	eusses cousu	eussiez cousu
cousît	cousissent	eût cousu	eussent cousu

Impératif
couds
cousons
cousez

Words and expressions related to this verb

recoudre   to sew again, to sew up
la couture   sewing; dressmaking
la couture à la machine   machine sewing
découdre   to unstitch, to rip up some sewing
une machine à coudre   sewing machine

un couturier, une couturière   fashion designer
la haute couture   high fashion
décousu, décousue   unstitched, unsewn; incoherent **Mon professeur d'algèbre explique les leçons d'une manière décousue.**

Consult the sections on verbs used in idiomatic expressions, verbs with prepositions, and the list of over 1,000 verbs conjugated like model verbs in the back pages.

to cut, to switch off

The Seven Simple Tenses		The Seven Compound Tenses	
Singular	Plural	Singular	Plural
1 présent de l'indicatif		**8 passé composé**	
coupe	coupons	ai coupé	avons coupé
coupes	coupez	as coupé	avez coupé
coupe	coupent	a coupé	ont coupé
2 imparfait de l'indicatif		**9 plus-que-parfait de l'indicatif**	
coupais	coupions	avais coupé	avions coupé
coupais	coupiez	avais coupé	aviez coupé
coupait	coupaient	avait coupé	avaient coupé
3 passé simple		**10 passé antérieur**	
coupai	coupâmes	eus coupé	eûmes coupé
coupas	coupâtes	eus coupé	eûtes coupé
coupa	coupèrent	eut coupé	eurent coupé
4 futur		**11 futur antérieur**	
couperai	couperons	aurai coupé	aurons coupé
couperas	couperez	auras coupé	aurez coupé
coupera	couperont	aura coupé	auront coupé
5 conditionnel		**12 conditionnel passé**	
couperais	couperions	aurais coupé	aurions coupé
couperais	couperiez	aurais coupé	auriez coupé
couperait	couperaient	aurait coupé	auraient coupé
6 présent du subjonctif		**13 passé du subjonctif**	
coupe	coupions	aie coupé	ayons coupé
coupes	coupiez	aies coupé	ayez coupé
coupe	coupent	ait coupé	aient coupé
7 imparfait du subjonctif		**14 plus-que-parfait du subjonctif**	
coupasse	coupassions	eusse coupé	eussions coupé
coupasses	coupassiez	eusses coupé	eussiez coupé
coupât	coupassent	eût coupé	eussent coupé

Impératif
coupe
coupons
coupez

Common idiomatic expressions using this verb

Ce morceau de pain est trop grand. Je vais le couper en deux.

un coupon   coupon
une coupure   cut, gash, crack
couper les cheveux en quatre   to split hairs
se faire couper les cheveux   to have one's hair cut

découper   to cut out
entrecouper   to interrupt
couper la fièvre   to reduce a fever
une coupe (de cheveux)   haircut

Consult the back pages for the section on verbs used in idiomatic expressions.

Try the verb tests (with answers explained) in the back pages.

The Seven Simple Tenses		The Seven Compound Tenses	
Singular	Plural	Singular	Plural

1 présent de l'indicatif

cours	courons		
cours	courez		
court	courent		

8 passé composé

ai couru	avons couru
as couru	avez couru
a couru	ont couru

2 imparfait de l'indicatif

courais	courions
courais	couriez
courait	couraient

9 plus-que-parfait de l'indicatif

avais couru	avions couru
avais couru	aviez couru
avait couru	avaient couru

3 passé simple

courus	courûmes
courus	courûtes
courut	coururent

10 passé antérieur

eus couru	eûmes couru
eus couru	eûtes couru
eut couru	eurent couru

4 futur

courrai	courrons
courras	courrez
courra	courront

11 futur antérieur

aurai couru	aurons couru
auras couru	aurez couru
aura couru	auront couru

5 conditionnel

courrais	courrions
courrais	courriez
courrait	courraient

12 conditionnel passé

aurais couru	aurions couru
aurais couru	auriez couru
aurait couru	auraient couru

6 présent du subjonctif

coure	courions
coures	couriez
coure	courent

13 passé du subjonctif

aie couru	ayons couru
aies couru	ayez couru
ait couru	aient couru

7 imparfait du subjonctif

courusse	courussions
courusses	courussiez
courût	courussent

14 plus-que-parfait du subjonctif

eusse couru	eussions couru
eusses couru	eussiez couru
eût couru	eussent couru

Impératif
cours
courons
courez

Sentences using this verb and words related to it

Les enfants sont toujours prêts à courir. Quand on est jeune on court sans se fatiguer. Michel a couru de la maison jusqu'à l'école. Il a seize ans.

le courrier   courier, messenger, mail
un coureur, une coureuse   runner
faire courir un bruit   to spread a rumor
courir une course   to run a race
courir le monde   to roam all over the world
accourir vers   to come running toward

courir les rues   to run about the streets
par le temps qui court   these days, nowadays
parcourir   to go through, to travel through, to cover (distance)

The subject pronouns are found on the page facing page 1.

to cost

The Seven Simple Tenses		The Seven Compound Tenses	
Singular	Plural	Singular	Plural
1 présent de l'indicatif		8 passé composé	
il coûte	**ils coûtent**	**il a coûté**	**ils ont coûté**
2 imparfait de l'indicatif		9 plus-que-parfait de l'indicatif	
il coûtait	**ils coûtaient**	**il avait coûté**	**ils avaient coûté**
3 passé simple		10 passé antérieur	
il coûta	**ils coûtèrent**	**il eut coûté**	**ils eurent coûté**
4 futur		11 futur antérieur	
il coûtera	**ils coûteront**	**il aura coûté**	**ils auront coûté**
5 conditionnel		12 conditionnel passé	
il coûterait	**ils coûteraient**	**il aurait coûté**	**ils auraient coûté**
6 présent du subjonctif		13 passé du subjonctif	
qu'il coûte	**qu'ils coûtent**	**qu'il ait coûté**	**qu'ils aient coûté**
7 imparfait du subjonctif		14 plus-que-parfait du subjonctif	
qu'il coûtât	**qu'ils coûtassent**	**qu'il eût coûté**	**qu'ils eussent coûté**

Impératif
[not in use]

Sentences using this verb and words related to it

- — **Combien coûte cette table?**
- — **Elle coûte dix mille francs.**
- — **Et combien coûte ce lit?**
- — **Il coûte dix mille francs aussi.**
- — **Ils coûtent joliment cher!**

coûteusement   expensively, dearly
coûte que coûte   at any cost
coûteux, coûteuse   costly, expensive
Cela coûte joliment cher   That costs a pretty penny.
coûter cher, coûter peu   to be expensive, inexpensive

coûter à qqn   to cost someone;
Cela lui en a coûté la vie
That cost him his life.

This verb is generally regarded as impersonal and is used primarily in the third person singular and plural.

The Seven Simple Tenses		The Seven Compound Tenses	
Singular	Plural	Singular	Plural
1 présent de l'indicatif		**8 passé composé**	
couvre	couvrons	ai couvert	avons couvert
couvres	couvrez	as couvert	avez couvert
couvre	couvrent	a couvert	ont couvert
2 imparfait de l'indicatif		**9 plus-que-parfait de l'indicatif**	
couvrais	couvrions	avais couvert	avions couvert
couvrais	couvriez	avais couvert	aviez couvert
couvrait	couvraient	avait couvert	avaient couvert
3 passé simple		**10 passé antérieur**	
couvris	couvrîmes	eus couvert	eûmes couvert
couvris	couvrîtes	eus couvert	eûtes couvert
couvrit	couvrirent	eut couvert	eurent couvert
4 futur		**11 futur antérieur**	
couvrirai	couvrirons	aurai couvert	aurons couvert
couvriras	couvrirez	auras couvert	aurez couvert
couvrira	couvriront	aura couvert	auront couvert
5 conditionnel		**12 conditionnel passé**	
couvrirais	couvririons	aurais couvert	aurions couvert
couvrirais	couvririez	aurais couvert	auriez couvert
couvrirait	couvriraient	aurait couvert	auraient couvert
6 présent du subjonctif		**13 passé du subjonctif**	
couvre	couvrions	aie couvert	ayons couvert
couvres	couvriez	aies couvert	ayez couvert
couvre	couvrent	ait couvert	aient couvert
7 imparfait du subjonctif		**14 plus-que-parfait du subjonctif**	
couvrisse	couvrissions	eusse couvert	eussions couvert
couvrisses	couvrissiez	eusses couvert	eussiez couvert
couvrît	couvrissent	eût couvert	eussent couvert

Impératif
couvre
couvrons
couvrez

Sentences using this verb and words related to it

Avant de quitter la maison, Madame Champlain a couvert le lit d'un dessus-de-lit. Puis, elle a couvert son mari de caresses et de baisers.

un couvert   place setting (spoon, knife, fork, *etc.*)
acheter des couverts   to buy cutlery
mettre le couvert   to lay the table
une couverture   blanket
Le temps se couvre   The sky is overcast.

See also **découvrir.**

découvrir   to discover, disclose, uncover
se couvrir   to cover oneself, to put on one's hat
le couvre-feu   curfew
un couvre-lit   bedspread (**des couvre-lits**)
un dessus-de-lit   bedspread   (**des dessus-de-lits**)

The subject pronouns are found on the page facing page 1.

to fear, to be afraid

The Seven Simple Tenses		The Seven Compound Tenses	
Singular	Plural	Singular	Plural
1 présent de l'indicatif		**8 passé composé**	
crains	craignons	ai craint	avons craint
crains	craignez	as craint	avez craint
craint	craignent	a craint	ont craint
2 imparfait de l'indicatif		**9 plus-que-parfait de l'indicatif**	
craignais	craignions	avais craint	avions craint
craignais	craigniez	avais craint	aviez craint
craignait	craignaient	avait craint	avaient craint
3 passé simple		**10 passé antérieur**	
craignis	craignîmes	eus craint	eûmes craint
craignis	craignîtes	eus craint	eûtes craint
craignit	craignirent	eut craint	eurent craint
4 futur		**11 futur antérieur**	
craindrai	craindrons	aurai craint	aurons craint
craindras	craindrez	auras craint	aurez craint
craindra	craindront	aura craint	auront craint
5 conditionnel		**12 conditionnel passé**	
craindrais	craindrions	aurais craint	aurions craint
craindrais	craindriez	aurais craint	auriez craint
craindrait	craindraient	aurait craint	auraient craint
6 présent du subjonctif		**13 passé du subjonctif**	
craigne	craignions	aie craint	ayons craint
craignes	craigniez	aies craint	ayez craint
craigne	craignent	ait craint	aient craint
7 imparfait du subjonctif		**14 plus-que-parfait du subjonctif**	
craignisse	craignissions	eusse craint	eussions craint
craignisses	craignissiez	eusses craint	eussiez craint
craignît	craignissent	eût craint	eussent craint

Impératif
crains
craignons
craignez

Sentences using this verb and words related to it

Le petit garçon craint de traverser le parc pendant la nuit. Il a raison parce que c'est dangereux. Il a des craintes.

une crainte fear, dread
craindre pour sa vie to be in fear of one's life
sans crainte fearless

craintif, craintive fearful
craintivement fearfully
avec crainte fearfully

Consult the sections on verbs used in idiomatic expressions, verbs with prepositions, and the list of over 1,000 verbs conjugated like model verbs in the back pages.

The Seven Simple Tenses		The Seven Compound Tenses	
Singular	Plural	Singular	Plural

1 présent de l'indicatif

crée	créons
crées	créez
crée	créent

8 passé composé

ai créé	avons créé
as créé	avez créé
a créé	ont créé

2 imparfait de l'indicatif

créais	créions
créais	créiez
créait	créaient

9 plus-que-parfait de l'indicatif

avais créé	avions créé
avais créé	aviez créé
avait créé	avaient créé

3 passé simple

créai	créâmes
créas	créâtes
créa	créèrent

10 passé antérieur

eus créé	eûmes créé
eus créé	eûtes créé
eut créé	eurent créé

4 futur

créerai	créerons
créeras	créerez
créera	créeront

11 futur antérieur

aurai créé	aurons créé
auras créé	aurez créé
aura créé	auront créé

5 conditionnel

créerais	créerions
créerais	créeriez
créerait	créeraient

12 conditionnel passé

aurais créé	aurions créé
aurais créé	auriez créé
aurait créé	auraient créé

6 présent du subjonctif

crée	créions
crées	créiez
crée	créent

13 passé du subjonctif

aie créé	ayons créé
aies créé	ayez créé
ait créé	aient créé

7 imparfait du subjonctif

créasse	créassions
créasses	créassiez
créât	créassent

14 plus-que-parfait du subjonctif

eusse créé	eussions créé
eusses créé	eussiez créé
eût créé	eussent créé

Impératif
crée
créons
créez

Sentences using this verb and words related to it

  Madame Imbert, professeur de mathématiques, est une drôle de créature. Tout ce qu'elle fait manque d'originalité. Quelle misérable créature!

drôle de créature   funny, queer person
la création   creation; **depuis la création du monde**   since the creation of the world
la créativité   creativity; **la récréation**   recreation
une créature   creature
recréer   to create again; **récréer**   to enliven
un créateur, une créatrice   creator

The subject pronouns are found on the page facing page 1.

to shout, to cry out

The Seven Simple Tenses		The Seven Compound Tenses	
Singular	Plural	Singular	Plural
1 présent de l'indicatif		**8 passé composé**	
crie	crions	ai crié	avons crié
cries	criez	as crié	avez crié
crie	crient	a crié	ont crié
2 imparfait de l'indicatif		**9 plus-que-parfait de l'indicatif**	
criais	criions	avais crié	avions crié
criais	criiez	avais crié	aviez crié
criait	criaient	avait crié	avaient crié
3 passé simple		**10 passé antérieur**	
criai	criâmes	eus crié	eûmes crié
crias	criâtes	eus crié	eûtes crié
cria	crièrent	eut crié	eurent crié
4 futur		**11 futur antérieur**	
crierai	crierons	aurai crié	aurons crié
crieras	crierez	auras crié	aurez crié
criera	crieront	aura crié	auront crié
5 conditionnel		**12 conditionnel passé**	
crierais	crierions	aurais crié	aurions crié
crierais	crieriez	aurais crié	auriez crié
crierait	crieraient	aurait crié	auraient crié
6 présent du subjonctif		**13 passé du subjonctif**	
crie	criions	aie crié	ayons crié
cries	criiez	aies crié	ayez crié
crie	crient	ait crié	aient crié
7 imparfait du subjonctif		**14 plus-que-parfait du subjonctif**	
criasse	criassions	eusse crié	eussions crié
criasses	criassiez	eusses crié	eussiez crié
criât	criassent	eût crié	eussent crié

Impératif
crie
crions
criez

Sentences using this verb and words related to it

Cet enfant crie toujours. Hier il a crié à tue-tête quand il a vu un avion dans le ciel.

un cri a shout, a cry
pousser un cri to utter a cry
crier à tue-tête to shout one's head off
un crieur hawker
un crieur de journaux newsboy

un criailleur, une criailleuse nagger
un criard, une criarde someone who constantly shouts, nags, scolds; screecher
un portrait criant de vérité a portrait strikingly true to life

The Seven Simple Tenses		The Seven Compound Tenses	
Singular	Plural	Singular	Plural
1 présent de l'indicatif		**8 passé composé**	
crois	croyons	ai cru	avons cru
crois	croyez	as cru	avez cru
croit	croient	a cru	ont cru
2 imparfait de l'indicatif		**9 plus-que-parfait de l'indicatif**	
croyais	croyions	avais cru	avions cru
croyais	croyiez	avais cru	aviez cru
croyait	croyaient	avait cru	avaient cru
3 passé simple		**10 passé antérieur**	
crus	crûmes	eus cru	eûmes cru
crus	crûtes	eus cru	eûtes cru
crut	crurent	eut cru	eurent cru
4 futur		**11 futur antérieur**	
croirai	croirons	aurai cru	aurons cru
croiras	croirez	auras cru	aurez cru
croira	croiront	aura cru	auront cru
5 conditionnel		**12 conditionnel passé**	
croirais	croirions	aurais cru	aurions cru
croirais	croiriez	aurais cru	auriez cru
croirait	croiraient	aurait cru	auraient cru
6 présent du subjonctif		**13 passé du subjonctif**	
croie	croyions	aie cru	ayons cru
croies	croyiez	aies cru	ayez cru
croie	croient	ait cru	aient cru
7 imparfait du subjonctif		**14 plus-que-parfait du subjonctif**	
crusse	crussions	eusse cru	eussions cru
crusses	crussiez	eusses cru	eussiez cru
crût	crussent	eût cru	eussent cru

Impératif
crois
croyons
croyez

Sentences using this verb and words related to it

Est-ce que vous croyez tout ce que vous entendez? Avez-vous cru l'histoire que je vous ai racontée?

Croyez-m'en!   Take my word for it!

se croire   to think oneself; to consider oneself

Paul se croit beau   Paul thinks himself handsome.

croyable   believable

incroyable   unbelievable

croire à qqch   to believe in something

croire en qqn   to believe in someone

croire en Dieu   to believe in God

Consult the back pages for the section on verbs used in idiomatic expressions.

croître

to grow, to increase

The Seven Simple Tenses		The Seven Compound Tenses	
Singular	Plural	Singular	Plural
1 présent de l'indicatif		**8 passé composé**	
croîs	croissons	ai crû	avons crû
croîs	croissez	as crû	avez crû
croît	croissent	a crû	ont crû
2 imparfait de l'indicatif		**9 plus-que-parfait de l'indicatif**	
croissais	croissions	avais crû	avions crû
croissais	croissiez	avais crû	aviez crû
croissait	croissaient	avait crû	avaient crû
3 passé simple		**10 passé antérieur**	
crûs	crûmes	eus crû	eûmes crû
crûs	crûtes	eus crû	eûtes crû
crût	crûrent	eut crû	eurent crû
4 futur		**11 futur antérieur**	
croîtrai	croîtrons	aurai crû	aurons crû
croîtras	croîtrez	auras crû	aurez crû
croîtra	croîtront	aura crû	auront crû
5 conditionnel		**12 conditionnel passé**	
croîtrais	croîtrions	aurais crû	aurions crû
croîtrais	croîtriez	aurais crû	auriez crû
croîtrait	croîtraient	aurait crû	auraient crû
6 présent du subjonctif		**13 passé du subjonctif**	
croisse	croissions	aie crû	ayons crû
croisses	croissiez	aies crû	ayez crû
croisse	croissent	ait crû	aient crû
7 imparfait du subjonctif		**14 plus-que-parfait du subjonctif**	
crûsse	crûssions	eusse crû	eussions crû
crûsses	crûssiez	eusses crû	eussiez crû
crût	crûssent	eût crû	eussent crû

Impératif
crois
croissons
croissez

Words and expressions related to this verb

un croissant   crescent (shape of moon); name of a pastry in crescent shape: **Au petit déjeuner, les Français aiment prendre un café et un croissant**/For breakfast, French people like to have coffee and a croissant (crescent shaped roll).

la croissance   growth; **un accroissement**   increase

crescendo   crescendo (progressive increase in intensity of sound in music; an Italian word related to **croître**).

See also **accroître.**

Consult the sections on verbs used in idiomatic expressions, verbs with prepositions, and the list of over 1,000 verbs conjugated like model verbs in the back pages.

130

to gather, to pick

The Seven Simple Tenses		The Seven Compound Tenses	
Singular	Plural	Singular	Plural

1   présent de l'indicatif

		8 passé composé	
cueille	cueillons	ai cueilli	avons cueilli
cueilles	cueillez	as cueilli	avez cueilli
cueille	cueillent	a cueilli	ont cueilli

2   imparfait de l'indicatif

		9 plus-que-parfait de l'indicatif	
cueillais	cueillions	avais cueilli	avions cueilli
cueillais	cueilliez	avais cueilli	aviez cueilli
cueillait	cueillaient	avait cueilli	avaient cueilli

3   passé simple

		10 passé antérieur	
cueillis	cueillîmes	eus cueilli	eûmes cueilli
cueillis	cueillîtes	eus cueilli	eûtes cueilli
cueillit	cueillirent	eut cueilli	eurent cueilli

4   futur

		11 futur antérieur	
cueillerai	cueillerons	aurai cueilli	aurons cueilli
cueilleras	cueillerez	auras cueilli	aurez cueilli
cueillera	cueilleront	aura cueilli	auront ceuilli

5   conditionnel

		12 conditionnel passé	
cueillerais	cueillerions	aurais cueilli	aurions cueilli
cueillerais	cueilleriez	aurais cueilli	auriez cueilli
cueillerait	cueilleraient	aurait cueilli	auraient cueilli

6   présent du subjonctif

		13 passé du subjonctif	
cueille	cueillions	aie cueilli	ayons cueilli
cueilles	cueilliez	aies cueilli	ayez cueilli
cueille	cueillent	ait cueilli	aient cueilli

7   imparfait du subjonctif

		14 plus-que-parfait du subjonctif	
cueillisse	cueillissions	eusse cueilli	eussions cueilli
cueillisses	cueillissiez	eusses cueilli	eussiez cueilli
cueillît	cueillissent	eût cueilli	eussent cueilli

Impératif
cueille
cueillons
cueillez

Sentences using this verb and words related to it

Je vois que tu cueilles des fleurs. As-tu cueilli toutes les fleurs qui sont dans ce vase?

un cueilleur, une cueilleuse   gatherer, picker
la cueillaison, la cueillette   gathering, picking
un cueilloir   basket for picking fruit; instrument for picking fruit on high branches
Cueillez, cueillez votre jeunesse (Ronsard)   Seize the day (Horace: *Carpe diem).*

For other words related to this verb, see **accueillir.**

The Seven Simple Tenses		The Seven Compound Tenses	
Singular	Plural	Singular	Plural
1 présent de l'indicatif		**8 passé composé**	
cuis	cuisons	ai cuit	avons cuit
cuis	cuisez	as cuit	avez cuit
cuit	cuisent	a cuit	ont cuit
2 imparfait de l'indicatif		**9 plus-que-parfait de l'indicatif**	
cuisais	cuisions	avais cuit	avions cuit
cuisais	cuisiez	avais cuit	aviez cuit
cuisait	cuisaient	avait cuit	avaient cuit
3 passé simple		**10 passé antérieur**	
cuisis	cuisîmes	eus cuit	eûmes cuit
cuisis	cuisîtes	eus cuit	eûtes cuit
cuisit	cuisirent	eut cuit	eurent cuit
4 futur		**11 futur antérieur**	
cuirai	cuirons	aurai cuit	aurons cuit
cuiras	cuirez	auras cuit	aurez cuit
cuira	cuiront	aura cuit	auront cuit
5 conditionnel		**12 conditionnel passé**	
cuirais	cuirions	aurais cuit	aurions cuit
cuirais	cuiriez	aurais cuit	auriez cuit
cuirait	cuiraient	aurait cuit	auraient cuit
6 présent du subjonctif		**13 passé du subjonctif**	
cuise	cuisions	aie cuit	ayons cuit
cuises	cuisiez	aies cuit	ayez cuit
cuise	cuisent	ait cuit	aient cuit
7 imparfait du subjonctif		**14 plus-que-parfait du subjonctif**	
cuisisse	cuisissions	eusse cuit	eussions cuit
cuisisses	cuisissiez	eusses cuit	eussiez cuit
cuisît	cuisissent	eût cuit	eussent cuit

Impératif
cuis
cuisons
cuisez

Sentences using this verb and words related to it

Qui a cuit ce morceau de viande? C'est dégoûtant! Il est trop cuit. Ne savez-vous pas faire cuire un bon morceau de viande? Vous n'êtes pas bon cuisinier.

la cuisine	kitchen	**une cuisinière**	kitchen range (stove)
cuisinier, cuisinière	cook	**un cuiseur**	pressure cooker
faire cuire à la poêle	to pan fry	**trop cuit**	overcooked, overdone
Il est cuit	He's done for; His goose is cooked.	**la cuisson**	cooking (time)

The Seven Simple Tenses		The Seven Compound Tenses	
Singular	Plural	Singular	Plural

1 présent de l'indicatif

danse	dansons	
danses	dansez	
danse	dansent	

8 passé composé

ai dansé	avons dansé
as dansé	avez dansé
a dansé	ont dansé

2 imparfait de l'indicatif

dansais	dansions
dansais	dansiez
dansait	dansaient

9 plus-que-parfait de l'indicatif

avais dansé	avions dansé
avais dansé	aviez dansé
avait dansé	avaient dansé

3 passé simple

dansai	dansâmes
dansas	dansâtes
dansa	dansèrent

10 passé antérieur

eus dansé	eûmes dansé
eus dansé	eûtes dansé
eut dansé	eurent dansé

4 futur

danserai	danserons
danseras	danserez
dansera	danseront

11 futur antérieur

aurai dansé	aurons dansé
auras dansé	aurez dansé
aura dansé	auront dansé

5 conditionnel

danserais	danserions
danserais	danseriez
danserait	danseraient

12 conditionnel passé

aurais dansé	aurions dansé
aurais dansé	auriez dansé
aurait dansé	auraient dansé

6 présent du subjonctif

danse	dansions
danses	dansiez
danse	dansent

13 passé du subjonctif

aie dansé	ayons dansé
aies dansé	ayez dansé
ait dansé	aient dansé

7 imparfait du subjonctif

dansasse	dansassions
dansasses	dansassiez
dansât	dansassent

14 plus-que-parfait du subjonctif

eusse dansé	eussions dansé
eusses dansé	eussiez dansé
eût dansé	eussent dansé

Impératif
danse
dansons
dansez

Sentences using this verb and words related to it

René: **Veux-tu danser avec moi?**
Renée: **Je ne sais pas danser.**
René: **Je suis bon danseur. Je vais t'apprendre à danser. Viens! Dansons!**

danser de joie   to dance for joy
une soirée dansante   evening dancing party
un thé dansant   dancing at teatime (usually
    5 o'clock); tea dance

un danseur, une danseuse   dancer
une danse   dance; **un bal**   ball (dance)
danseur, danseuse de claquettes   tap
    dancer

décevoir

to deceive, to disappoint

The Seven Simple Tenses		The Seven Compound Tenses	
Singular	Plural	Singular	Plural
1 présent de l'indicatif		**8 passé composé**	
déçois	décevons	ai déçu	avons déçu
déçois	décevez	as déçu	avez déçu
déçoit	déçoivent	a déçu	ont déçu
2 imparfait de l'indicatif		**9 plus-que-parfait de l'indicatif**	
décevais	décevions	avais déçu	avions déçu
décevais	déceviez	avais déçu	aviez déçu
décevait	décevaient	avait déçu	avaient déçu
3 passé simple		**10 passé antérieur**	
déçus	déçûmes	eus déçu	eûmes déçu
déçus	déçûtes	eus déçu	eûtes déçu
déçut	déçurent	eut déçu	eurent déçu
4 futur		**11 futur antérieur**	
décevrai	décevrons	aurai déçu	aurons déçu
décevras	décevrez	auras déçu	aurez déçu
décevra	décevront	aura déçu	auront déçu
5 conditionnel		**12 conditionnel passé**	
décevrais	décevrions	aurais déçu	aurions déçu
décevrais	décevriez	aurais déçu	auriez déçu
décevrait	décevraient	aurait déçu	auraient déçu
6 présent du subjonctif		**13 passé du subjonctif**	
déçoive	décevions	aie déçu	ayons déçu
déçoives	déceviez	aies déçu	ayez déçu
déçoive	déçoivent	ait déçu	aient déçu
7 imparfait du subjonctif		**14 plus-que-parfait du subjonctif**	
déçusse	déçussions	eusse déçu	eussions déçu
déçusses	déçussiez	eusses déçu	eussiez déçu
déçût	déçussent	eût déçu	eussent déçu

Impératif
déçois
décevons
décevez

Words and expressions related to this verb

décevoir la confiance de qqn   to deceive
   someone's confidence (trust)
décevant, décevante   disappointing,
   deceptive
être déçu   to be disappointed
décevoir les espoirs de qqn   to disappoint
   someone's hopes

la déception   disappointment; **la
   tromperie**   deceit
Vous m'avez déçu   You have disappointed
   me.

Consult the sections on verbs used in idiomatic expressions, verbs with prepositions, and the
list of over 1,000 verbs conjugated like model verbs in the back pages.

to rip, to tear, to rend

The Seven Simple Tenses		The Seven Compound Tenses	
Singular	Plural	Singular	Plural

1 présent de l'indicatif

		8 passé composé	
déchire	déchirons	ai déchiré	avons déchiré
déchires	déchirez	as déchiré	avez déchiré
déchire	déchirent	a déchiré	ont déchiré

2 imparfait de l'indicatif

		9 plus-que-parfait de l'indicatif	
déchirais	déchirions	avais déchiré	avions déchiré
déchirais	déchiriez	avais déchiré	aviez déchiré
déchirait	déchiraient	avait déchiré	avaient déchiré

3 passé simple

		10 passé antérieur	
déchirai	déchirâmes	eus déchiré	eûmes déchiré
déchiras	déchirâtes	eus déchiré	eûtes déchiré
déchira	déchirèrent	eut déchiré	eurent déchiré

4 futur

		11 futur antérieur	
déchirerai	déchirerons	aurai déchiré	aurons déchiré
déchireras	déchirerez	auras déchiré	aurez déchiré
déchirera	déchireront	aura déchiré	auront déchiré

5 conditionnel

		12 conditionnel passé	
déchirerais	déchirerions	aurais déchiré	aurions déchiré
déchirerais	déchireriez	aurais déchiré	auriez déchiré
déchirerait	déchireraient	aurait déchiré	auraient déchiré

6 présent du subjonctif

		13 passé du subjonctif	
déchire	déchirions	aie déchiré	ayons déchiré
déchires	déchiriez	aies déchiré	ayez déchiré
déchire	déchirent	ait déchiré	aient déchiré

7 imparfait du subjonctif

		14 plus-que-parfait du subjonctif	
déchirasse	déchirassions	eusse déchiré	eussions déchiré
déchirasses	déchirassiez	eusses déchiré	eussiez déchiré
déchirât	déchirassent	eût déchiré	eussent déchiré

Impératif
déchire
déchirons
déchirez

Words and expressions related to this verb

déchirer qqn à belles dents   to tear someone
  apart
déchirer le voile   to discover the truth
une déchirure   laceration, tear

déchirer en lambeaux   to tear into shreds
se déchirer   to tear each other apart
un déchirement   tearing; **un déchirement**
  du coeur   heartbreak

Consult the sections on verbs used in idiomatic expressions, verbs with prepositions, and the list of over 1,000 verbs conjugated like model verbs in the back pages.

to decide

The Seven Simple Tenses		The Seven Compound Tenses	
Singular	Plural	Singular	Plural
1 présent de l'indicatif		**8 passé composé**	
décide	décidons	ai décidé	avons décidé
décides	décidez	as décidé	avez décidé
décide	décident	a décidé	ont décidé
2 imparfait de l'indicatif		**9 plus-que-parfait de l'indicatif**	
décidais	décidions	avais décidé	avions décidé
décidais	décidiez	avais décidé	aviez décidé
décidait	décidaient	avait décidé	avaient décidé
3 passé simple		**10 passé antérieur**	
décidai	décidâmes	eus décidé	eûmes décidé
décidas	décidâtes	eus décidé	eûtes décidé
décida	décidèrent	eut décidé	eurent décidé
4 futur		**11 futur antérieur**	
déciderai	déciderons	aurai décidé	aurons décidé
décideras	déciderez	auras décidé	aurez décidé
décidera	décideront	aura décidé	auront décidé
5 conditionnel		**12 conditionnel passé**	
déciderais	déciderions	aurais décidé	aurions décidé
déciderais	décideriez	aurais décidé	auriez décidé
déciderait	décideraient	aurait décidé	auraient décidé
6 présent du subjonctif		**13 passé du subjonctif**	
décide	décidions	aie décidé	ayons décidé
décides	décidiez	aies décidé	ayez décidé
décide	décident	ait décidé	aient décidé
7 imparfait du subjonctif		**14 plus-que-parfait du subjonctif**	
décidasse	décidassions	eusse décidé	eussions décidé
décidasses	décidassiez	eusses décidé	eussiez décidé
décidât	décidassent	eût décidé	eussent décidé

Impératif
décide
décidons
décidez

Words and expressions related to this verb

une décision   decision; **prendre une décision**   to make (come to) a decision
décidément   decidedly
décider de faire qqch   to decide to do something; **J'ai décidé de partir**   I decided to leave.
se décider à faire qqch   to make up one's mind, to resolve to do something; **Le docteur
    Malaise s'est décidé à faire l'opération.**
Décidez-vous!   Make up your mind!

Consult the sections on verbs used in idiomatic expressions, verbs with prepositions, and the list of over 1,000 verbs conjugated like model verbs in the back pages.

discover, to uncover

The Seven Simple Tenses		The Seven Compound Tenses	
Singular	Plural	Singular	Plural

1 présent de l'indicatif

		8 passé composé	
découvre	découvrons	ai découvert	avons découvert
découvres	découvrez	as découvert	avez découvert
découvre	découvrent	a découvert	ont découvert

2 imparfait de l'indicatif

		9 plus-que-parfait de l'indicatif	
découvrais	découvrions	avais découvert	avions découvert
découvrais	découvriez	avais découvert	aviez découvert
découvrait	découvraient	avait découvert	avaient découvert

3 passé simple

		10 passé antérieur	
découvris	découvrîmes	eus découvert	eûmes découvert
découvris	découvrîtes	eus découvert	eûtes découvert
découvrit	découvrirent	eut découvert	eurent découvert

4 futur

		11 futur antérieur	
découvrirai	découvrirons	aurai découvert	aurons découvert
découvriras	découvrirez	auras découvert	aurez découvert
découvrira	découvriront	aura découvert	auront découvert

5 conditionnel

		12 conditionnel passé	
découvrirais	découvririons	aurais découvert	aurions découvert
découvrirais	découvririez	aurais découvert	auriez découvert
découvrirait	découvriraient	aurait découvert	auraient découvert

6 présent du subjonctif

		13 passé du subjonctif	
découvre	découvrions	aie découvert	ayons découvert
découvres	découvriez	aies découvert	ayez découvert
découvre	découvrent	ait découvert	aient découvert

7 imparfait du subjonctif

		14 plus-que-parfait du subjonctif	
découvrisse	découvrissions	eusse découvert	eussions découvert
découvrisses	découvrissiez	eusses découvert	eussiez découvert
découvrît	découvrissent	eût découvert	eussent découvert

Impératif
découvre
découvrons
découvrez

Sentences using this verb and words related to it

Ce matin j'ai couvert ce panier de fruits et maintenant il est découvert. Qui l'a découvert?

un découvreur   discoverer
une découverte   a discovery, invention
se découvrir   to take off one's clothes; to take off one's hat
aller à la découverte   to explore
Découvrir saint Pierre pour couvrir saint Paul   To rob Peter to pay Paul.

See also **couvrir.**

décrire

to describe

The Seven Simple Tenses		The Seven Compound Tenses	
Singular	Plural	Singular	Plural
1 présent de l'indicatif		**8 passé composé**	
décris	décrivons	ai décrit	avons décrit
décris	décrivez	as décrit	avez décrit
décrit	décrivent	a décrit	ont décrit
2 imparfait de l'indicatif		**9 plus-que-parfait de l'indicatif**	
décrivais	décrivions	avais décrit	avions décrit
décrivais	décriviez	avais décrit	aviez décrit
décrivait	décrivaient	avait décrit	avaient décrit
3 passé simple		**10 passé antérieur**	
décrivis	décrivîmes	eus décrit	eûmes décrit
décrivis	décrivîtes	eus décrit	eûtes décrit
décrivit	décrivirent	eut décrit	eurent décrit
4 futur		**11 futur antérieur**	
décrirai	décrirons	aurai décrit	aurons décrit
décriras	décrirez	auras décrit	aurez décrit
décrira	décriront	aura décrit	auront décrit
5 conditionnel		**12 conditionnel passé**	
décrirais	décririons	aurais décrit	aurions décrit
décrirais	décririez	aurais décrit	auriez décrit
décrirait	décriraient	aurait décrit	auraient décrit
6 présent du subjonctif		**13 passé du subjonctif**	
décrive	décrivions	aie décrit	ayons décrit
décrives	décriviez	aies décrit	ayez décrit
décrive	décrivent	ait décrit	aient décrit
7 imparfait du subjonctif		**14 plus-que-parfait du subjonctif**	
décrivisse	décrivissions	eusse décrit	eussions décrit
décrivisses	décrivissiez	eusses décrit	eussiez décrit
décrivît	décrivissent	eût décrit	eussent décrit

Impératif
décris
décrivons
décrivez

Sentences using this verb and words related to it

Quel beau paysage! Je le décrirai dans une lettre à mon ami. Je ferai une description en détail.

une description description
écrire to write
proscrire to proscribe

prescrire to prescribe, stipulate
une prescription prescription (medical prescription: **une ordonnance**)

See also **écrire.**

Try the verb tests (with answers explained) in the back pages.

138

to decrease, to diminish

The Seven Simple Tenses		The Seven Compound Tenses	
Singular	Plural	Singular	Plural

1   présent de l'indicatif

décrois	décroissons		
décrois	décroissez		
décroît	décroissent		

8   passé composé

ai décru		avons décru	
as décru		avez décru	
a décru		ont décru	

2   imparfait de l'indicatif

décroissais	décroissions
décroissais	décroissiez
décroissait	décroissaient

9   plus-que-parfait de l'indicatif

avais décru	avions décru
avais décru	aviez décru
avait décru	avaient décru

3   passé simple

décrus	décrûmes
décrus	décrûtes
décrut	décrurent

10   passé antérieur

eus décru	eûmes décru
eus décru	eûtes décru
eut décru	eurent décru

4   futur

décroîtrai	décroîtrons
décroîtras	décroîtrez
décroîtra	décroîtront

11   futur antérieur

aurai décru	aurons décru
auras décru	aurez décru
aura décru	auront décru

5   conditionnel

décroîtrais	décroîtrions
décroîtrais	décroîtriez
décroîtrait	décroîtraient

12   conditionnel passé

aurais décru	aurions décru
aurais décru	auriez décru
aurait décru	auraient décru

6   présent du subjonctif

décroisse	décroissions
décroisses	décroissiez
décroisse	décroissent

13   passé du subjonctif

aie décru	ayons décru
aies décru	ayez décru
ait décru	aient décru

7   imparfait du subjonctif

décrusse	décrussions
décrusses	décrussiez
décrût	décrussent

14   plus-que-parfait du subjonctif

eusse décru	eussions décru
eusses décru	eussiez décru
eût décru	eussent décru

Impératif
décrois
décroissons
décroissez

Words and expressions related to this verb

le décroît de la lune   waning of
  the moon
la décroissance   decrease
être en décroissance
  to be diminishing

décroissant, décroissante   decreasing,
  diminishing
un croissant   crescent shaped roll; crescent (of
  the moon)
la croissance   increase, growth
croître   to grow, to increase

Consult the sections on verbs used in idiomatic expressions, verbs with prepositions, and the
list of over 1,000 verbs conjugated like model verbs in the back pages.

The subject pronouns are found on the page facing page 1.   **139**

to deduce, to infer, to deduct

The Seven Simple Tenses		The Seven Compound Tenses	
Singular	Plural	Singular	Plural
1 présent de l'indicatif		**8 passé composé**	
déduis	déduisons	ai déduit	avons déduit
déduis	déduisez	as déduit	avez déduit
déduit	déduisent	a déduit	ont déduit
2 imparfait de l'indicatif		**9 plus-que-parfait de l'indicatif**	
déduisais	déduisions	avais déduit	avions déduit
déduisais	déduisiez	avais déduit	aviez déduit
déduisait	déduisaient	avait déduit	avaient déduit
3 passé simple		**10 passé antérieur**	
déduisis	déduisîmes	eus déduit	eûmes déduit
déduisis	déduisîtes	eus déduit	eûtes déduit
déduisit	déduisirent	eut déduit	eurent déduit
4 futur		**11 futur antérieur**	
déduirai	déduirons	aurai déduit	aurons déduit
déduiras	déduirez	auras déduit	aurez déduit
déduira	déduiront	aura déduit	auront déduit
5 conditionnel		**12 conditionnel passé**	
déduirais	déduirions	aurais déduit	aurions déduit
déduirais	déduiriez	aurais déduit	auriez déduit
déduirait	déduiraient	aurait déduit	auraient déduit
6 présent du subjonctif		**13 passé du subjonctif**	
déduise	déduisions	aie déduit	ayons déduit
déduises	déduisiez	aies déduit	ayez déduit
déduise	déduisent	ait déduit	aient déduit
7 imparfait du subjonctif		**14 plus-que-parfait du subjonctif**	
déduisisse	déduisissions	eusse déduit	eussions déduit
déduisisses	déduisissiez	eusses déduit	eussiez déduit
déduisît	déduisissent	eût déduit	eussent déduit

Impératif
déduis
déduisons
déduisez

Words and expressions related to this verb

une déduction   deduction, inference; allowance
déductif, déductive   deductive
se déduire   to be deduced

une réduction   reduction
réduire   to reduce
à prix réduit   at a reduced price

Consult the sections on verbs used in idiomatic expressions, verbs with prepositions, and the list of over 1,000 verbs conjugated like model verbs in the back pages.

to undo, to untie

The Seven Simple Tenses		The Seven Compound Tenses	
Singular	Plural	Singular	Plural
1 présent de l'indicatif		**8 passé composé**	
défais	défaisons	ai défait	avons défait
défais	défaites	as défait	avez défait
défait	défont	a défait	ont défait
2 imparfait de l'indicatif		**9 plus-que-parfait de l'indicatif**	
défaisais	défaisions	avais défait	avions défait
défaisais	défaisiez	avais défait	aviez défait
défaisait	défaisaient	avait défait	avaient défait
3 passé simple		**10 passé antérieur**	
défis	défîmes	eus défait	eûmes défait
défis	défîtes	eus défait	eûtes défait
défit	défirent	eut défait	eurent défait
4 futur		**11 futur antérieur**	
déferai	déferons	aurai défait	aurons défait
déferas	déferez	auras défait	aurez défait
défera	déferont	aura défait	auront défait
5 conditionnel		**12 conditionnel passé**	
déferais	déferions	aurais défait	aurions défait
déferais	déferiez	aurais défait	auriez défait
déferait	déferaient	aurait défait	auraient défait
6 présent du subjonctif		**13 passé du subjonctif**	
défasse	défassions	aie défait	ayons défait
défasses	défassiez	aies défait	ayez défait
défasse	défassent	ait défait	aient défait
7 imparfait du subjonctif		**14 plus-que-parfait du subjonctif**	
défisse	défissions	eusse défait	eussions défait
défisses	défissiez	eusses défait	eussiez défait
défît	défissent	eût défait	eussent défait

Impératif
défais
défaisons
défaites

Common idiomatic expressions using this verb and words related to it

défaire un lit   to strip a bed
défaire une malle, une valise, etc
    to unpack a trunk, suitcase, etc.
une défaite   (military) defeat
avoir le visage défait   to look pale
défaire les boutons   to unbutton, to undo
    the buttons

défaire la table   to clear the table
se défaire de qqch   to rid oneself of
    something
se défaire d'une habitude   to break a habit
le défaitisme   defeatism
des cheveux défaits   dishevelled hair

Consult the sections on verbs used in idiomatic expressions, verbs with prepositions, and the list of over 1,000 verbs conjugated like model verbs in the back pages.

The subject pronouns are found on the page facing page 1.   **141**

to defend, to forbid, to prohibit

The Seven Simple Tenses		The Seven Compound Tenses	
Singular	Plural	Singular	Plural

1 présent de l'indicatif

défends	défendons		
défends	défendez		
défend	défendent		

8 passé composé

ai défendu	avons défendu		
as défendu	avez défendu		
a défendu	ont défendu		

2 imparfait de l'indicatif

défendais	défendions
défendais	défendiez
défendait	défendaient

9 plus-que-parfait de l'indicatif

avais défendu	avions défendu
avais défendu	aviez défendu
avait défendu	avaient défendu

3 passé simple

défendis	défendîmes
défendis	défendîtes
défendit	défendirent

10 passé antérieur

eus défendu	eûmes défendu
eus défendu	eûtes défendu
eut défendu	eurent défendu

4 futur

défendrai	défendrons
défendras	défendrez
défendra	défendront

11 futur antérieur

aurai défendu	aurons défendu
auras défendu	aurez défendu
aura défendu	auront défendu

5 conditionnel

défendrais	défendrions
défendrais	défendriez
défendrait	défendraient

12 conditionnel passé

aurais défendu	aurions défendu
aurais défendu	auriez défendu
aurait défendu	auraient défendu

6 présent du subjonctif

défende	défendions
défendes	défendiez
défende	défendent

13 passé du subjonctif

aie défendu	ayons défendu
aies défendu	ayez défendu
ait défendu	aient défendu

7 imparfait du subjonctif

défendisse	défendissions
défendisses	défendissiez
défendît	défendissent

14 plus-que-parfait du subjonctif

eusse défendu	eussions défendu
eusses défendu	eussiez défendu
eût défendu	eussent défendu

Impératif
défends
défendons
défendez

Sentences using this verb and words related to it

Le père: **Je te défends de fumer. C'est une mauvaise habitude.**
Le fils: **Alors, pourquoi fumes-tu, papa?**

une défense defense
DÉFENSE DE FUMER SMOKING
  PROHIBITED
défendable justifiable
défendre qqch à qqn to forbid
  someone something

se défendre to defend oneself
défensif, défensive defensive
défensivement defensively
se défendre d'avoir fait qqch to deny
  having done something

to lunch, to have lunch, breakfast

The Seven Simple Tenses		The Seven Compound Tenses	
Singular	Plural	Singular	Plural

1 présent de l'indicatif

déjeune	déjeunons		
déjeunes	déjeunez		
déjeune	déjeunent		

8 passé composé

ai déjeuné	avons déjeuné
as déjeuné	avez déjeuné
a déjeuné	ont déjeuné

2 imparfait de l'indicatif

déjeunais	déjeunions
déjeunais	déjeuniez
déjeunait	déjeunaient

9 plus-que-parfait de l'indicatif

avais déjeuné	avions déjeuné
avais déjeuné	aviez déjeuné
avait déjeuné	avaient déjeuné

3 passé simple

déjeunai	déjeunâmes
déjeunas	déjeunâtes
déjeuna	déjeunèrent

10 passé antérieur

eus déjeuné	eûmes déjeuné
eus déjeuné	eûtes déjeuné
eut déjeuné	eurent déjeuné

4 futur

déjeunerai	déjeunerons
déjeuneras	déjeunerez
déjeunera	déjeuneront

11 futur antérieur

aurai déjeuné	aurons déjeuné
auras déjeuné	aurez déjeuné
aura déjeuné	auront déjeuné

5 conditionnel

déjeunerais	déjeunerions
déjeunerais	déjeuneriez
déjeunerait	déjeuneraient

12 conditionnel passé

aurais déjeuné	aurions déjeuné
aurais déjeuné	auriez déjeuné
aurait déjeuné	auraient déjeuné

6 présent du subjonctif

déjeune	déjeunions
déjeunes	déjeuniez
déjeune	déjeunent

13 passé du subjonctif

aie déjeuné	ayons déjeuné
aies déjeuné	ayez déjeuné
ait déjeuné	aient déjeuné

7 imparfait du subjonctif

déjeunasse	déjeunassions
déjeunasses	déjeunassiez
déjeunât	déjeunassent

14 plus-que-parfait du subjonctif

eusse déjeuné	eussions déjeuné
eusses déjeuné	eussiez déjeuné
eût déjeuné	eussent déjeuné

Impératif
déjeune
déjeunons
déjeunez

Sentences using this verb and words related to it

Tous les matins je me lève et je prends mon petit déjeuner à sept heures et demie. A midi je déjeune avec mes camarades à l'école. Avec qui déjeunez-vous?

le déjeuner lunch		**rompre le jeûne** to break one's fast	
le petit déjeuner breakfast		**un jour de jeûne** a day of fasting	
jeûner to fast		**le déjeuner sur l'herbe** picnic lunch	
le jeûne fast, fasting		(on the grass)	

demander

to ask (for), to request

The Seven Simple Tenses		The Seven Compound Tenses	
Singular	Plural	Singular	Plural
1 présent de l'indicatif		**8 passé composé**	
demande	demandons	ai demandé	avons demandé
demandes	demandez	as demandé	avez demandé
demande	demandent	a demandé	ont demandé
2 imparfait de l'indicatif		**9 plus-que-parfait de l'indicatif**	
demandais	demandions	avais demandé	avions demandé
demandais	demandiez	avais demandé	aviez demandé
demandait	demandaient	avait demandé	avaient demandé
3 passé simple		**10 passé antérieur**	
demandai	demandâmes	eus demandé	eûmes demandé
demandas	demandâtes	eus demandé	eûtes demandé
demanda	demandèrent	eut demandé	eurent demandé
4 futur		**11 futur antérieur**	
demanderai	demanderons	aurai demandé	aurons demandé
demanderas	demanderez	auras demandé	aurez demandé
demandera	demanderont	aura demandé	auront demandé
5 conditionnel		**12 conditionnel passé**	
demanderais	demanderions	aurais demandé	aurions demandé
demanderais	demanderiez	aurais demandé	auriez demandé
demanderait	demanderaient	aurait demandé	auraient demandé
6 présent du subjonctif		**13 passé du subjonctif**	
demande	demandions	aie demandé	ayons demandé
demandes	demandiez	aies demandé	ayez demandé
demande	demandent	ait demandé	aient demandé
7 imparfait du subjonctif		**14 plus-que-parfait du subjonctif**	
demandasse	demandassions	eusse demandé	eussions demandé
demandasses	demandassiez	eusses demandé	eussiez demandé
demandât	demandassent	eût demandé	eussent demandé

Impératif
demande
demandons
demandez

Sentences using this verb and words related to it

J'ai demandé à une dame où s'arrête l'autobus. Elle m'a répondu: —Je ne sais pas, monsieur. Demandez à l'agent de police.

une demande   a request
sur demande   on request, on application
faire une demande de   to apply for
Si votre fils demande un morceau de pain, lui donnerez-vous une pierre?   If your son asks for a piece of bread, will you give him a stone? See "if" clauses, top of p. 560.

se demander   to wonder
mander   to send word by letter
un mandat   mandate; **un mandat-lettre** letter money order; **un mandat-poste** postal money order

demeurer

to reside, to live, to remain, to stay

The Seven Simple Tenses		The Seven Compound Tenses	
Singular	Plural	Singular	Plural

1 présent de l'indicatif

demeure	demeurons		
demeures	demeurez		
demeure	demeurent		

8 passé composé

ai demeuré	avons demeuré
as demeuré	avez demeuré
a demeuré	ont demeuré

2 imparfait de l'indicatif

demeurais	demeurions
demeurais	demeuriez
demeurait	demeuraient

9 plus-que-parfait de l'indicatif

avais demeuré	avions demeuré
avais demeuré	aviez demeuré
avait demeuré	avaient demeuré

3 passé simple

demeurai	demeurâmes
demeuras	demeurâtes
demeura	demeurèrent

10 passé antérieur

eus demeuré	eûmes demeuré
eus demeuré	eûtes demeuré
eut demeuré	eurent demeuré

4 futur

demeurerai	demeurerons
demeureras	demeurerez
demeurera	demeureront

11 futur antérieur

aurai demeuré	aurons demeuré
auras demeuré	aurez demeuré
aura demeuré	auront demeuré

5 conditionnel

demeurerais	demeurerions
demeurerais	demeureriez
demeurerait	demeureraient

12 conditionnel passé

aurais demeuré	aurions demeuré
aurais demeuré	auriez demeuré
aurait demeuré	auraient demeuré

6 présent du subjonctif

demeure	demeurions
demeures	demeuriez
demeure	demeurent

13 passé du subjonctif

aie demeuré	ayons demeuré
aies demeuré	ayez demeuré
ait demeuré	aient demeuré

7 imparfait du subjonctif

demeurasse	demeurassions
demeurasses	demeurassiez
demeurât	demeurassent

14 plus-que-parfait du subjonctif

eusse demeuré	eussions demeuré
eusses demeuré	eussiez demeuré
eût demeuré	eussent demeuré

Impératif
demeure
demeurons
demeurez

Sentences using this verb and words related to it

—**Où demeurez-vous?**
—**Je demeure dans un appartement, rue des Jardins.**

une demeure dwelling, residence
au demeurant incidentally
demeurer couché to stay in bed
demeurer court to stop short

demeurer à un hôtel to stay at a hotel
une personne demeurée mentally retarded person
demeurer fidèle to remain faithful

démolir

to demolish

The Seven Simple Tenses		The Seven Compound Tenses	
Singular	Plural	Singular	Plural
1　présent de l'indicatif		**8　passé composé**	
démolis	démolissons	ai démoli	avons démoli
démolis	démolissez	as démoli	avez démoli
démolit	démolissent	a démoli	ont démoli
2　imparfait de l'indicatif		**9　plus-que-parfait de l'indicatif**	
démolissais	démolissions	avais démoli	avions démoli
démolissais	démolissiez	avais démoli	aviez démoli
démolissait	démolissaient	avait démoli	avaient démoli
3　passé simple		**10　passé antérieur**	
démolis	démolîmes	eus démoli	eûmes démoli
démolis	démolîtes	eus démoli	eûtes démoli
démolit	démolirent	eut démoli	eurent démoli
4　futur		**11　futur antérieur**	
démolirai	démolirons	aurai démoli	aurons démoli
démoliras	démolirez	auras démoli	aurez démoli
démolira	démoliront	aura démoli	auront démoli
5　conditionnel		**12　conditionnel passé**	
démolirais	démolirions	aurais démoli	aurions démoli
démolirais	démoliriez	aurais démoli	auriez démoli
démolirait	démoliraient	aurait démoli	auraient démoli
6　présent du subjonctif		**13　passé du subjonctif**	
démolisse	démolissions	aie démoli	ayons démoli
démolisses	démolissiez	aies démoli	ayez démoli
démolisse	démolissent	ait démoli	aient démoli
7　imparfait du subjonctif		**14　plus-que-parfait du subjonctif**	
démolisse	démolissions	eusse démoli	eussions démoli
démolisses	démolissiez	eusses démoli	eussiez démoli
démolît	démolissent	eût démoli	eussent démoli

Impératif
démolis
démolissons
démolissez

Words and expressions related to this verb

une démolition demolition
un démolisseur, une démolisseuse demolisher

se démolir to fall apart, to fall to pieces
démolir l'estomac to ruin one's stomach

Consult the sections on verbs used in idiomatic expressions, verbs with prepositions, and the list of over 1,000 verbs conjugated like model verbs, and study the entries in the section on definitions of basic grammatical terms with examples in the back pages.

146

to hurry, to hasten

The Seven Simple Tenses		The Seven Compound Tenses	
Singular	Plural	Singular	Plural

1 présent de l'indicatif

me dépêche	nous dépêchons		
te dépêches	vous dépêchez		
se dépêche	se dépêchent		

8 passé composé

me suis dépêché(e)	nous sommes dépêché(e)s
t'es dépêché(e)	vous êtes dépêché(e)(s)
s'est dépêché(e)	se sont dépêché(e)s

2 imparfait de l'indicatif

me dépêchais	nous dépêchions
te dépêchais	vous dépêchiez
se dépêchait	se dépêchaient

9 plus-que-parfait de l'indicatif

m'étais dépêché(e)	nous étions dépêché(e)s
t'étais dépêché(e)	vous étiez dépêché(e)(s)
s'était dépêché(e)	s'étaient dépêché(e)s

3 passé simple

me dépêchai	nous dépêchâmes
te dépêchas	vous dépêchâtes
se dépêcha	se dépêchèrent

10 passé antérieur

me fus dépêché(e)	nous fûmes dépêché(e)s
te fus dépêché(e)	vous fûtes dépêché(e)(s)
se fut dépêché(e)	se furent dépêché(e)s

4 futur

me dépêcherai	nous dépêcherons
te dépêcheras	vous dépêcherez
se dépêchera	se dépêcheront

11 futur antérieur

me serai dépêché(e)	nous serons dépêché(e)s
te seras dépêché(e)	vous serez dépêché(e)(s)
se sera dépêché(e)	se seront dépêché(e)s

5 conditionnel

me dépêcherais	nous dépêcherions
te dépêcherais	vous dépêcheriez
se dépêcherait	se dépêcheraient

12 conditionnel passé

me serais dépêché(e)	nous serions dépêché(e)s
te serais dépêché(e)	vous seriez dépêché(e)(s)
se serait dépêché(e)	se seraient dépêché(e)s

6 présent du subjonctif

me dépêche	nous dépêchions
te dépêches	vous dépêchiez
se dépêche	se dépêchent

13 passé du subjonctif

me sois dépêché(e)	nous soyons dépêché(e)s
te sois dépêché(e)	vous soyez dépêché(e)(s)
se soit dépêché(e)	se soient dépêché(e)s

7 imparfait du subjonctif

me dépêchasse	nous dépêchassions
te dépêchasses	vous dépêchassiez
se dépêchât	se dépêchassent

14 plus-que-parfait du subjonctif

me fusse dépêché(e)	nous fussions dépêché(e)s
te fusses dépêché(e)	vous fussiez dépêché(e)(s)
se fût dépêché(e)	se fussent dépêché(e)s

Impératif
dépêche-toi; ne te dépêche pas
dépêchons-nous; ne nous dépêchons pas
dépêchez-vous; ne vous dépêchez pas

Sentences using this verb and words related to it

En me dépêchant pour attraper l'autobus, je suis tombé et je me suis fait mal au genou.
Je me dépêchais de venir chez vous pour vous dire quelque chose de très important.

une dépêche a telegram, a dispatch
dépêcher to dispatch

faire les courses en se dépêchant to do the shopping hurriedly

Consult the sections on verbs used in idiomatic expressions, verbs with prepositions, and the list of over 1,000 verbs conjugated like model verbs in the back pages.

dépeindre

to depict, to describe, to portray

The Seven Simple Tenses		The Seven Compound Tenses	
Singular	Plural	Singular	Plural
1 présent de l'indicatif		**8 passé composé**	
dépeins	dépeignons	ai dépeint	avons dépeint
dépeins	dépeignez	as dépeint	avez dépeint
dépeint	dépeignent	a dépeint	ont dépeint
2 imparfait de l'indicatif		**9 plus-que-parfait de l'indicatif**	
dépeignais	dépeignions	avais dépeint	avions dépeint
dépeignais	dépeigniez	avais dépeint	aviez dépeint
dépeignait	dépeignaient	avait dépeint	avaient dépeint
3 passé simple		**10 passé antérieur**	
dépeignis	dépeignîmes	eus dépeint	eûmes dépeint
dépeignis	dépeignîtes	eus dépeint	eûtes dépeint
dépeignit	dépeignirent	eut dépeint	eurent dépeint
4 futur		**11 futur antérieur**	
dépeindrai	dépeindrons	aurai dépeint	aurons dépeint
dépeindras	dépeindrez	auras dépeint	aurez dépeint
dépeindra	dépeindront	aura dépeint	auront dépeint
5 conditionnel		**12 conditionnel passé**	
dépeindrais	dépeindrions	aurais dépeint	aurions dépeint
dépeindrais	dépeindriez	aurais dépeint	auriez dépeint
dépeindrait	dépeindraient	aurait dépeint	auraient dépeint
6 présent du subjonctif		**13 passé du subjonctif**	
dépeigne	dépeignions	aie dépeint	ayons dépeint
dépeignes	dépeigniez	aies dépeint	ayez dépeint
dépeigne	dépeignent	ait dépeint	aient dépeint
7 imparfait du subjonctif		**14 plus-que-parfait du subjonctif**	
dépeignisse	dépeignissions	eusse dépeint	eussions dépeint
dépeignisses	dépeignissiez	eusses dépeint	eussiez dépeint
dépeignît	dépeignissent	eût dépeint	eussent dépeint

Impératif
dépeins
dépeignons
dépeignez

Words and expressions related to this verb

dépeindre une scène   to depict a scene
peindre   to paint
une peinture à l'huile   oil painting
la peinture   painting

peinturer   to daub
un peintre   painter; **une femme peintre**
woman artist

For other words and expressions related to this verb, see **peindre**.

Consult the sections on verbs used in idiomatic expressions, verbs with prepositions, and the list of over 1,000 verbs conjugated like model verbs in the back pages.

to depend (on), to be dependent (on)

The Seven Simple Tenses		The Seven Compound Tenses	
Singular	Plural	Singular	Plural

1 présent de l'indicatif		8 passé composé	
dépends	dépendons	ai dépendu	avons dépendu
dépends	dépendez	as dépendu	avez dépendu
dépend	dépendent	a dépendu	ont dépendu

2 imparfait de l'indicatif		9 plus-que-parfait de l'indicatif	
dépendais	dépendions	avais dépendu	avions dépendu
dépendais	dépendiez	avais dépendu	aviez dépendu
dépendait	dépendaient	avait dépendu	avaient dépendu

3 passé simple		10 passé antérieur	
dépendis	dépendîmes	eus dépendu	eûmes dépendu
dépendis	dépendîtes	eus dépendu	eûtes dépendu
dépendit	dépendirent	eut dépendu	eurent dépendu

4 futur		11 futur antérieur	
dépendrai	dépendrons	aurai dépendu	aurons dépendu
dépendras	dépendrez	auras dépendu	aurez dépendu
dépendra	dépendront	aura dépendu	auront dépendu

5 conditionnel		12 conditionnel passé	
dépendrais	dépendrions	aurais dépendu	aurions dépendu
dépendrais	dépendriez	aurais dépendu	auriez dépendu
dépendrait	dépendraient	aurait dépendu	auraient dépendu

6 présent du subjonctif		13 passé du subjonctif	
dépende	dépendions	aie dépendu	ayons dépendu
dépendes	dépendiez	aies dépendu	ayez dépendu
dépende	dépendent	ait dépendu	aient dépendu

7 imparfait du subjonctif		14 plus-que-parfait du subjonctif	
dépendisse	dépendissions	eusse dépendu	eussions dépendu
dépendisses	dépendissiez	eusses dépendu	eussiez dépendu
dépendît	dépendissent	eût dépendu	eussent dépendu

Impératif
dépends
dépendons
dépendez

Common idiomatic expressions using this verb and words related to it

dépendre de   to depend on, to be
  dependent on
la dépendance   dependence
l'indépendance   independence
être sous la dépendance de   to be
  dependent on
pendre   to hang; **dépendre**   to take down
  (from a hanging position)

Il dépend de vous de + inf.   It depends
  on you + inf.
indépendamment de   independently of
dépendant de   depending on, subject to
indépendant, indépendante   independent
Cela dépend!   That depends!

Consult the sections on verbs used in idiomatic expressions, verbs with prepositions, and the
list of over 1,000 verbs conjugated like model verbs in the back pages.

dépenser

Part. pr. **dépensant**   Part. passé **dépensé**

to spend (money)

The Seven Simple Tenses		The Seven Compound Tenses	
Singular	Plural	Singular	Plural
1 présent de l'indicatif		**8 passé composé**	
dépense	dépensons	ai dépensé	avons dépensé
dépenses	dépensez	as dépensé	avez dépensé
dépense	dépensent	a dépensé	ont dépensé
2 imparfait de l'indicatif		**9 plus-que-parfait de l'indicatif**	
dépensais	dépensions	avais dépensé	avions dépensé
dépensais	dépensiez	avais dépensé	aviez dépensé
dépensait	dépensaient	avait dépensé	avaient dépensé
3 passé simple		**10 passé antérieur**	
dépensai	dépensâmes	eus dépensé	eûmes dépensé
dépensas	dépensâtes	eus dépensé	eûtes dépensé
dépensa	dépensèrent	eut dépensé	eurent dépensé
4 futur		**11 futur antérieur**	
dépenserai	dépenserons	aurai dépensé	aurons dépensé
dépenseras	dépenserez	auras dépensé	aurez dépensé
dépensera	dépenseront	aura dépensé	auront dépensé
5 conditionnel		**12 conditionnel passé**	
dépenserais	dépenserions	aurais dépensé	aurions dépensé
dépenserais	dépenseriez	aurais dépensé	auriez dépensé
dépenserait	dépenseraient	aurait dépensé	auraient dépensé
6 présent du subjonctif		**13 passé du subjonctif**	
dépense	dépensions	aie dépensé	ayons dépensé
dépenses	dépensiez	aies dépensé	ayez dépensé
dépense	dépensent	ait dépensé	aient dépensé
7 imparfait du subjonctif		**14 plus-que-parfait du subjonctif**	
dépensasse	dépensassions	eusse dépensé	eussions dépensé
dépensasses	dépensassiez	eusses dépensé	eussiez dépensé
dépensât	dépensassent	eût dépensé	eussent dépensé

Impératif
dépense
dépensons
dépensez

Sentences using this verb and words related to it

   Mon père m'a dit que je dépense sottement. Je lui ai répondu que je n'ai rien dépensé cette semaine.

dépensier, dépensière   extravagant, unthrifty, spendthrift
dépenser sottement   to spend money foolishly
aux dépens de quelqu'un   at someone's expense
les dépenses du ménage   household expenses

Try the verb tests (with answers explained) in the back pages.

The Seven Simple Tenses		The Seven Compound Tenses	
Singular	Plural	Singular	Plural

1 présent de l'indicatif
déplais — déplaisons
déplais — déplaisez
déplaît — déplaisent

8 passé composé
ai déplu — avons déplu
as déplu — avez déplu
a déplu — ont déplu

2 imparfait de l'indicatif
déplaisais — déplaisions
déplaisais — déplaisiez
déplaisait — déplaisaient

9 plus-que-parfait de l'indicatif
avais déplu — avions déplu
avais déplu — aviez déplu
avait déplu — avaient déplu

3 passé simple
déplus — déplûmes
déplus — déplûtes
déplut — déplurent

10 passé antérieur
eus déplu — eûmes déplu
eus déplu — eûtes déplu
eut déplu — eurent déplu

4 futur
déplairai — déplairons
déplairas — déplairez
déplaira — déplairont

11 futur antérieur
aurai déplu — aurons déplu
auras déplu — aurez déplu
aura déplu — auront déplu

5 conditionnel
déplairais — déplairions
déplairais — déplairiez
déplairait — déplairaient

12 conditionnel passé
aurais déplu — aurions déplu
aurais déplu — auriez déplu
aurait déplu — auraient déplu

6 présent du subjonctif
déplaise — déplaisions
déplaises — déplaisiez
déplaise — déplaisent

13 passé du subjonctif
aie déplu — ayons déplu
aies déplu — ayez déplu
ait déplu — aient déplu

7 imparfait du subjonctif
déplusse — déplussions
déplusses — déplussiez
déplût — déplussent

14 plus-que-parfait du subjonctif
eusse déplu — eussions déplu
eusses déplu — eussiez déplu
eût déplu — eussent déplu

Impératif
déplais
déplaisons
déplaisez

Common idiomatic expressions using this verb

Cela me déplaît I don't like that.
Il me déplaît de + inf. I don't like + inf.
Plaise à Dieu... May God grant that...
le plaisir pleasure
le déplaisir displeasure

plaire à qqn to please someone
A Dieu ne plaise! God forbid!
Plaît-il? Pardon me? I beg your pardon? What did you say?
déplaisant, déplaisante displeasing, offensive
déplaire à qqn to displease someone

Consult the sections on verbs used in idiomatic expressions, verbs with prepositions, and the list of over 1,000 verbs conjugated like model verbs in the back pages.

déranger

Part. pr. **dérangeant**   Part. passé **dérangé**

to disturb, to derange

The Seven Simple Tenses		The Seven Compound Tenses	
Singular	Plural	Singular	Plural
1 présent de l'indicatif		**8 passé composé**	
dérange	dérangeons	ai dérangé	avons dérangé
déranges	dérangez	as dérangé	avez dérangé
dérange	dérangent	a dérangé	ont dérangé
2 imparfait de l'indicatif		**9 plus-que-parfait de l'indicatif**	
dérangeais	dérangions	avais dérangé	avions dérangé
dérangeais	dérangiez	avais dérangé	aviez dérangé
dérangeait	dérangeaient	avait dérangé	avaient dérangé
3 passé simple		**10 passé antérieur**	
dérangeai	dérangeâmes	eus dérangé	eûmes dérangé
dérangeas	dérangeâtes	eus dérangé	eûtes dérangé
dérangea	dérangèrent	eut dérangé	eurent dérangé
4 futur		**11 futur antérieur**	
dérangerai	dérangerons	aurai dérangé	aurons dérangé
dérangeras	dérangerez	auras dérangé	aurez dérangé
dérangera	dérangeront	aura dérangé	auront dérangé
5 conditionnel		**12 conditionnel passé**	
dérangerais	dérangerions	aurais dérangé	aurions dérangé
dérangerais	dérangeriez	aurais dérangé	auriez dérangé
dérangerait	dérangeraient	aurait dérangé	auraient dérangé
6 présent du subjonctif		**13 passé du subjonctif**	
dérange	dérangions	aie dérangé	ayons dérangé
déranges	dérangiez	aies dérangé	ayez dérangé
dérange	dérangent	ait dérangé	aient dérangé
7 imparfait du subjonctif		**14 plus-que-parfait du subjonctif**	
dérangeasse	dérangeassions	eusse dérangé	eussions dérangé
dérangeasses	dérangeassiez	eusses dérangé	eussiez dérangé
dérangeât	dérangeassent	eût dérangé	eussent dérangé

Impératif
dérange
dérangeons
dérangez

Sentences using this verb and words related to it

Le professeur: **Entrez!**
L'élève: **Excusez-moi, monsieur. Est-ce que je vous dérange?**
Le professeur: **Non, tu ne me déranges pas. Qu'est-ce que tu veux?**
L'élève: **Je veux savoir si nous avons un jour de congé demain.**

dérangé, dérangée   upset, out of order, broken down
une personne dérangée   a deranged person
un dérangement   disarrangement, disorder, inconvenience
se déranger   to inconvenience oneself
Je vous en prie, ne vous dérangez pas!   I beg you (please), don't disturb yourself!

to go down, to descend, to take down, to bring down

The Seven Simple Tenses		The Seven Compound Tenses	
Singular	Plural	Singular	Plural
1 présent de l'indicatif		**8 passé composé**	
descends	descendons	suis descendu(e)	sommes descendu(e)s
descends	descendez	es descendu(e)	êtes descendu(e)(s)
descend	descendent	est descendu(e)	sont descendu(e)s
2 imparfait de l'indicatif		**9 plus-que-parfait de l'indicatif**	
descendais	descendions	étais descendu(e)	étions descendu(e)s
descendais	descendiez	étais descendu(e)	étiez descendu(e)(s)
descendait	descendaient	était descendu(e)	étaient descendu(e)s
3 passé simple		**10 passé antérieur**	
descendis	descendîmes	fus descendu(e)	fûmes descendu(e)s
descendis	descendîtes	fus descendu(e)	fûtes descendu(e)(s)
descendit	descendirent	fut descendu(e)	furent descendu(e)s
4 futur		**11 futur antérieur**	
descendrai	descendrons	serai descendu(e)	serons descendu(e)s
descendras	descendrez	seras descendu(e)	serez descendu(e)(s)
descendra	descendront	sera descendu(e)	seront descendu(e)s
5 conditionnel		**12 conditionnel passé**	
descendrais	descendrions	serais descendu(e)	serions descendu(e)s
descendrais	descendriez	serais descendu(e)	seriez descendu(e)(s)
descendrait	descendraient	serait descendu(e)	seraient descendu(e)s
6 présent du subjonctif		**13 passé du subjonctif**	
descende	descendions	sois descendu(e)	soyons descendu(e)s
descendes	descendiez	sois descendu(e)	soyez descendu(e)(s)
descende	descendent	soit descendu(e)	soient descendu(e)s
7 imparfait du subjonctif		**14 plus-que-parfait du subjonctif**	
descendisse	descendissions	fusse descendu(e)	fussions descendu(e)s
descendisses	descendissiez	fusses descendu(e)	fussiez descendu(e)(s)
descendît	descendissent	fût descendu(e)	fussent descendu(e)s

Impératif
descends
descendons
descendez

Sentences using this verb

This verb is conjugated with *avoir* when it has a direct object.

Examples: **J'ai descendu l'escalier**   I went down the stairs.
            J'ai descendu les valises   I brought down the suitcases.

BUT: **Elle est descendue vite**   She came down quickly.

descendre à un hôtel   to stop (stay over) at a hotel
descendre le store   to pull down the window shade

See also the verb **monter**. Review p. viii.

The subject pronouns are found on the page facing page 1.   **153**

désirer

Part. pr. **désirant**   Part. passé **désiré**

to desire

The Seven Simple Tenses		The Seven Compound Tenses	
Singular	Plural	Singular	Plural
1 présent de l'indicatif		**8 passé composé**	
désire	désirons	ai désiré	avons désiré
désires	désirez	as désiré	avez désiré
désire	désirent	a désiré	ont désiré
2 imparfait de l'indicatif		**9 plus-que-parfait de l'indicatif**	
désirais	désirions	avais désiré	avions désiré
désirais	désiriez	avais désiré	aviez désiré
désirait	désiraient	avait désiré	avaient désiré
3 passé simple		**10 passé antérieur**	
désirai	désirâmes	eus désiré	eûmes désiré
désiras	désirâtes	eus désiré	eûtes désiré
désira	désirèrent	eut désiré	eurent désiré
4 futur		**11 futur antérieur**	
désirerai	désirerons	aurai désiré	aurons désiré
désireras	désirerez	auras désiré	aurez désiré
désirera	désireront	aura désiré	auront désiré
5 conditionnel		**12 conditionnel passé**	
désirerais	désirerions	aurais désiré	aurions désiré
désirerais	désireriez	aurais désiré	auriez désiré
désirerait	désireraient	aurait désiré	auraient désiré
6 présent du subjonctif		**13 passé du subjonctif**	
désire	désirions	aie désiré	ayons désiré
désires	désiriez	aies désiré	ayez désiré
désire	désirent	ait désiré	aient désiré
7 imparfait du subjonctif		**14 plus-que-parfait du subjonctif**	
désirasse	désirassions	eusse désiré	eussions désiré
désirasses	désirassiez	eusses désiré	eussiez désiré
désirât	désirassent	eût désiré	eussent désiré

Impératif
désire
désirons
désirez

Sentences using this verb and words related to it

La vendeuse: **Bonjour, monsieur. Vous désirez?**
Le client: **Je désire acheter une cravate.**
La vendeuse: **Bien, monsieur. Vous pouvez choisir. Voici toutes nos cravates.**

un désir   desire, wish; **la désirabilité**   desirability
désirable   desirable; **désireux, désireuse**   desirous
un désir de plaire   a desire to please
laisser à désirer   to leave much to be desired; **le désir de faire qqch**   the desire to do
something

to draw, to sketch

The Seven Simple Tenses		The Seven Compound Tenses	
Singular	Plural	Singular	Plural

1 présent de l'indicatif
dessine	dessinons
dessines	dessinez
dessine	dessinent

8 passé composé
ai dessiné	avons dessiné
as dessiné	avez dessiné
a dessiné	ont dessiné

2 imparfait de l'indicatif
dessinais	dessinions
dessinais	dessiniez
dessinait	dessinaient

9 plus-que-parfait de l'indicatif
avais dessiné	avions dessiné
avais dessiné	aviez dessiné
avait dessiné	avaient dessiné

3 passé simple
dessinai	dessinâmes
dessinas	dessinâtes
dessina	dessinèrent

10 passé antérieur
eus dessiné	eûmes dessiné
eus dessiné	eûtes dessiné
eut dessiné	eurent dessiné

4 futur
dessinerai	dessinerons
dessineras	dessinerez
dessinera	dessineront

11 futur antérieur
aurai dessiné	aurons dessiné
auras dessiné	aurez dessiné
aura dessiné	auront dessiné

5 conditionnel
dessinerais	dessinerions
dessinerais	dessineriez
dessinerait	dessineraient

12 conditionnel passé
aurais dessiné	aurions dessiné
aurais dessiné	auriez dessiné
aurait dessiné	auraient dessiné

6 présent du subjonctif
dessine	dessinions
dessines	dessiniez
dessine	dessinent

13 passé du subjonctif
aie dessiné	ayons dessiné
aies dessiné	ayez dessiné
ait dessiné	aient dessiné

7 imparfait du subjonctif
dessinasse	dessinassions
dessinasses	dessinassiez
dessinât	dessinassent

14 plus-que-parfait du subjonctif
eusse dessiné	eussions dessiné
eusses dessiné	eussiez dessiné
eût dessiné	eussent dessiné

Impératif
dessine
dessinons
dessinez

Words and expressions related to this verb

dessiner au crayon   to draw with a pencil
un dessinateur, une dessinatrice   sketcher;
  — de journal cartoonist; **—de modes**
  dress designer; **—de dessins animés**
  cartoonist

dessiner très vite   to do a quick sketch
se dessiner   to take shape, to stand out
un dessin   drawing, sketch
un dessin à la plume   pen and ink sketch

Do not confuse **un dessin** (sketch, drawing) with **un dessein** (plan, project, purpose).

Consult the sections on verbs used in idiomatic expressions, verbs with prepositions, and the list of over 1,000 verbs conjugated like model verbs in the back pages.

The subject pronouns are found on the page facing page 1.   **155**

détester

to detest, to dislike, to hate

The Seven Simple Tenses		The Seven Compound Tenses	
Singular	Plural	Singular	Plural
1 présent de l'indicatif		**8 passé composé**	
déteste	détestons	ai détesté	avons détesté
détestes	détestez	as détesté	avez détesté
déteste	détestent	a détesté	ont détesté
2 imparfait de l'indicatif		**9 plus-que-parfait de l'indicatif**	
détestais	détestions	avais détesté	avions détesté
détestais	détestiez	avais détesté	aviez détesté
détestait	détestaient	avait détesté	avaient détesté
3 passé simple		**10 passé antérieur**	
détestai	détestâmes	eus détesté	eûmes détesté
détestas	détestâtes	eus détesté	eûtes détesté
détesta	détestèrent	eut détesté	eurent détesté
4 futur		**11 futur antérieur**	
détesterai	détesterons	aurai détesté	aurons détesté
détesteras	détesterez	auras détesté	aurez détesté
détestera	détesteront	aura détesté	auront détesté
5 conditionnel		**12 conditionnel passé**	
détesterais	détesterions	aurais détesté	aurions détesté
détesterais	détesteriez	aurais détesté	auriez détesté
détesterait	détesteraient	aurait détesté	auraient détesté
6 présent du subjonctif		**13 passé du subjonctif**	
déteste	détestions	aie détesté	ayons détesté
détestes	détestiez	aies détesté	ayez détesté
déteste	détestent	ait détesté	aient détesté
7 imparfait du subjonctif		**14 plus-que-parfait du subjonctif**	
détestasse	détestassions	eusse détesté	eussions détesté
détestasses	détestassiez	eusses détesté	eussiez détesté
détestât	détestassent	eût détesté	eussent détesté

Impératif
déteste
détestons
détestez

Sentences using this verb and words related to it

Je déteste la médiocrité, je déteste le mensonge, et je déteste la calomnie. Ce sont des choses détestables.

détestable loathsome, hateful, dreadful
détestablement detestably

Consult the back pages for various sections on verb usage.

Try the verb tests (with answers explained) in the back pages.

to turn aside, to turn away, to divert

The Seven Simple Tenses		The Seven Compound Tenses	
Singular	Plural	Singular	Plural
1 présent de l'indicatif		**8 passé composé**	
détourne	détournons	ai détourné	avons détourné
détournes	détournez	as détourné	avez détourné
détourne	détournent	a détourné	ont détourné
2 imparfait de l'indicatif		**9 plus-que-parfait de l'indicatif**	
détournais	détournions	avais détourné	avions détourné
détournais	détourniez	avais détourné	aviez détourné
détournait	détournaient	avait détourné	avaient détourné
3 passé simple		**10 passé antérieur**	
détournai	détournâmes	eus détourné	eûmes détourné
détournas	détournâtes	eus détourné	eûtes détourné
détourna	détournèrent	eut détourné	eurent détourné
4 futur		**11 futur antérieur**	
détournerai	détournerons	aurai détourné	aurons détourné
détourneras	détournerez	auras détourné	aurez détourné
détournera	détourneront	aura détourné	auront détourné
5 conditionnel		**12 conditionnel passé**	
détournerais	détournerions	aurais détourné	aurions détourné
détournerais	détourneriez	aurais détourné	auriez détourné
détournerait	détourneraient	aurait détourné	auraient détourné
6 présent du subjonctif		**13 passé du subjonctif**	
détourne	détournions	aie détourné	ayons détourné
détournes	détourniez	aies détourné	ayez détourné
détourne	détournent	ait détourné	aient détourné
7 imparfait du subjonctif		**14 plus-que-parfait du subjonctif**	
détournasse	détournassions	eusse détourné	eussions détourné
détournasses	détournassiez	eusses détourné	eussiez détourné
détournât	détournassent	eût détourné	eussent détourné

Impératif
détourne
détournons
détournez

Words and expressions related to this verb

détourner les yeux   to look away
détourner qqn de faire qqch   to discourage
   someone from doing something
un chemin détourné   side road

se détourner de   to turn oneself away from
un détour   detour; **faire un détour**
   to make a detour
tourner   to turn

Consult the sections on verbs used in idiomatic expressions, verbs with prepositions, and the
list of over 1,000 verbs conjugated like model verbs in the back pages.

The subject pronouns are found on the page facing page 1.   **157**

détruire

to destroy

The Seven Simple Tenses		The Seven Compound Tenses	
Singular	Plural	Singular	Plural
1 présent de l'indicatif		**8 passé composé**	
détruis	détruisons	ai détruit	avons détruit
détruis	détruisez	as détruit	avez détruit
détruit	détruisent	a détruit	ont détruit
2 imparfait de l'indicatif		**9 plus-que-parfait de l'indicatif**	
détruisais	détruisions	avais détruit	avions détruit
détruisais	détruisiez	avais détruit	aviez détruit
détruisait	détruisaient	avait détruit	avaient détruit
3 passé simple		**10 passé antérieur**	
détruisis	détruisîmes	eus détruit	eûmes détruit
détruisis	détruisîtes	eus détruit	eûtes détruit
détruisit	détruisirent	eut détruit	eurent détruit
4 futur		**11 futur antérieur**	
détruirai	détruirons	aurai détruit	aurons détruit
détruiras	détruirez	auras détruit	aurez détruit
détruira	détruiront	aura détruit	auront détruit
5 conditionnel		**12 conditionnel passé**	
détruirais	détruirions	aurais détruit	aurions détruit
détruirais	détruiriez	aurais détruit	auriez détruit
détruirait	détruiraient	aurait détruit	auraient détruit
6 présent du subjonctif		**13 passé du subjonctif**	
détruise	détruisions	aie détruit	ayons détruit
détruises	détruisiez	aies détruit	ayez détruit
détruise	détruisent	ait détruit	aient détruit
7 imparfait du subjonctif		**14 plus-que-parfait du subjonctif**	
détruisisse	détruisissions	eusse détruit	eussions détruit
détruisisses	détruisissiez	eusses détruit	eussiez détruit
détruisît	détruisissent	eût détruit	eussent détruit

Impératif
détruis
détruisons
détruisez

Words related to this verb

la destruction destruction
destructif, destructive destructive
la destructivité destructiveness
destructible destructible

se détruire to destroy (to do away with) oneself
Les drogues ont détruit sa vie Drugs destroyed his/her life.

Consult the back pages for various sections on verb usage.

to develop, to spread out

The Seven Simple Tenses		The Seven Compound Tenses	
Singular	Plural	Singular	Plural

1 présent de l'indicatif

		8 passé composé	
développe	développons	ai développé	avons développé
développes	développez	as développé	avez développé
développe	développent	a développé	ont développé

2 imparfait de l'indicatif / **9 plus-que-parfait de l'indicatif**

développais	développions	avais développé	avions développé
développais	développiez	avais développé	aviez développé
développait	développaient	avait développé	avaient développé

3 passé simple / **10 passé antérieur**

développai	développâmes	eus développé	eûmes développé
développas	développâtes	eus développé	eûtes développé
développa	développèrent	eut développé	eurent développé

4 futur / **11 futur antérieur**

développerai	développerons	aurai développé	aurons développé
développeras	développerez	auras développé	aurez développé
développera	développeront	aura développé	auront développé

5 conditionnel / **12 conditionnel passé**

développerais	développerions	aurais développé	aurions développé
développerais	développeriez	aurais développé	auriez développé
développerait	développeraient	aurait développé	auraient développé

6 présent du subjonctif / **13 passé du subjonctif**

développe	développions	aie développé	ayons développé
développes	développiez	aies développé	ayez développé
développe	développent	ait développé	aient développé

7 imparfait du subjonctif / **14 plus-que-parfait du subjonctif**

développasse	développassions	eusse développé	eussions développé
développasses	développassiez	eusses développé	eussiez développé
développât	développassent	eût développé	eussent développé

Impératif
développe
développons
développez

Words related to this verb

un développement development
un enveloppement envelopment, wrapping up; **enveloppement sinapisé** mustard poultice

envelopper to envelop, to wrap up
une enveloppe envelope
développer une pellicule to develop a film

Consult the sections on verbs used in idiomatic expressions, verbs with prepositions, and the list of over 1,000 verbs conjugated like model verbs in the back pages.

devenir

to become

The Seven Simple Tenses		The Seven Compound Tenses	
Singular	Plural	Singular	Plural
1 présent de l'indicatif		**8 passé composé**	
deviens	devenons	suis devenu(e)	sommes devenu(e)s
deviens	devenez	es devenu(e)	êtes devenu(e)(s)
devient	deviennent	est devenu(e)	sont devenu(e)s
2 imparfait de l'indicatif		**9 plus-que-parfait de l'indicatif**	
devenais	devenions	étais devenu(e)	étions devenu(e)s
devenais	deveniez	étais devenu(e)	étiez devenu(e)(s)
devenait	devenaient	était devenu(e)	étaient devenu(e)s
3 passé simple		**10 passé antérieur**	
devins	devînmes	fus devenu(e)	fûmes devenu(e)s
devins	devîntes	fus devenu(e)	fûtes devenu(e)(s)
devint	devinrent	fut devenu(e)	furent devenu(e)s
4 futur		**11 futur antérieur**	
deviendrai	deviendrons	serai devenu(e)	serons devenu(e)s
deviendras	deviendrez	seras devenu(e)	serez devenu(e)(s)
deviendra	deviendront	sera devenu(e)	seront devenu(e)s
5 conditionnel		**12 conditionnel passé**	
deviendrais	deviendrions	serais devenu(e)	serions devenu(e)s
deviendrais	deviendriez	serais devenu(e)	seriez devenu(e)(s)
deviendrait	deviendraient	serait devenu(e)	seraient devenu(e)s
6 présent du subjonctif		**13 passé du subjonctif**	
devienne	devenions	sois devenu(e)	soyons devenu(e)s
deviennes	deveniez	sois devenu(e)	soyez devenu(e)(s)
devienne	deviennent	soit devenu(e)	soient devenu(e)s
7 imparfait du subjonctif		**14 plus-que-parfait du subjonctif**	
devinsse	devinssions	fusse devenu(e)	fussions devenu(e)s
devinsses	devinssiez	fusses devenu(e)	fussiez devenu(e)(s)
devînt	devinssent	fût devenu(e)	fussent devenu(e)s

Impératif
deviens
devenons
devenez

Common idiomatic expressions using this verb

   J'ai entendu dire que Claudette est devenue docteur. Et vous, qu'est-ce que vous voulez devenir?

devenir fou, devenir folle   to go mad, crazy; **devenir vieux/grand**   to grow old/tall
Qu'est devenue votre sœur?   What has become of your sister?

Consult the back pages for various sections on verb usage.

to have to, must, ought, owe, should

The Seven Simple Tenses		The Seven Compound Tenses	
Singular	Plural	Singular	Plural
1 présent de l'indicatif		**8 passé composé**	
dois	devons	ai dû	avons dû
dois	devez	as dû	avez dû
doit	doivent	a dû	ont dû
2 imparfait de l'indicatif		**9 plus-que-parfait de l'indicatif**	
devais	devions	avais dû	avions dû
devais	deviez	avais dû	aviez dû
devait	devaient	avait dû	avaient dû
3 passé simple		**10 passé antérieur**	
dus	dûmes	eus dû	eûmes dû
dus	dûtes	eus dû	eûtes dû
dut	durent	eut dû	eurent dû
4 futur		**11 futur antérieur**	
devrai	devrons	aurai dû	aurons dû
devras	devrez	auras dû	aurez dû
devra	devront	aura dû	auront dû
5 conditionnel		**12 conditionnel passé**	
devrais	devrions	aurais dû	aurions dû
devrais	devriez	aurais dû	auriez dû
devrait	devraient	aurait dû	auraient dû
6 présent du subjonctif		**13 passé du subjonctif**	
doive	devions	aie dû	ayons dû
doives	deviez	aies dû	ayez dû
doive	doivent	ait dû	aient dû
7 imparfait du subjonctif		**14 plus-que-parfait du subjonctif**	
dusse	dussions	eusse dû	eussions dû
dusses	dussiez	eusses dû	eussiez dû
dût	dussent	eût dû	eussent dû

Impératif
dois
devons
devez

Common idiomatic expressions using this verb

Hier soir je suis allé au cinéma avec mes amis. Vous auriez dû venir avec nous. Le film était excellent.

Vous auriez dû venir You should have come.
le devoir duty, obligation
les devoirs homework
Cette grosse somme d'argent est due lundi
   This large amount of money is due Monday.

faire ses devoirs to do one's homework
Je vous dois cent francs I owe you 100
   francs.
J'ai dû attendre deux heures I had to
   wait two hours.

Consult the back pages for various sections on using verbs.

diminuer

Part. pr. **diminuant**   Part. passé **diminué**

to diminish, to decrease, to lessen

The Seven Simple Tenses		The Seven Compound Tenses	
Singular	Plural	Singular	Plural
1 présent de l'indicatif		**8 passé composé**	
diminue	diminuons	ai diminué	avons diminué
diminues	diminuez	as diminué	avez diminué
diminue	diminuent	a diminué	ont diminué
2 imparfait de l'indicatif		**9 plus-que-parfait de l'indicatif**	
diminuais	diminuions	avais diminué	avions diminué
diminuais	diminuiez	avais diminué	aviez diminué
diminuait	diminuaient	avait diminué	avaient diminué
3 passé simple		**10 passé antérieur**	
diminuai	diminuâmes	eus diminué	eûmes diminué
diminuas	diminuâtes	eus diminué	eûtes diminué
diminua	diminuèrent	eut diminué	eurent diminué
4 futur		**11 futur antérieur**	
diminuerai	diminuerons	aurai diminué	aurons diminué
diminueras	diminuerez	auras diminué	aurez diminué
diminuera	diminueront	aura diminué	auront diminué
5 conditionnel		**12 conditionnel passé**	
diminuerais	diminuerions	aurais diminué	aurions diminué
diminuerais	diminueriez	aurais diminué	auriez diminué
diminuerait	diminueraient	aurait diminué	auraient diminué
6 présent du subjonctif		**13 passé du subjonctif**	
diminue	diminuions	aie diminué	ayons diminué
diminues	diminuiez	aies diminué	ayez diminué
diminue	diminuent	ait diminué	aient diminué
7 imparfait du subjonctif		**14 plus-que-parfait du subjonctif**	
diminuasse	diminuassions	eusse diminué	eussions diminué
diminuasses	diminuassiez	eusses diminué	eussiez diminué
diminuât	diminuassent	eût diminué	eussent diminué

	Impératif
	diminue
	diminuons
	diminuez

Words and expressions related to this verb

une diminution   decrease, diminution, reduction
Le prix du café n'a pas diminué.   The price of coffee has not gone down.
Votre travail a diminué de moitié   Your work has decreased by half.

diminutif, diminutive   diminutive
faire diminuer   to lower, to decrease
la diminution d'un prix   lowering of a price
se diminuer   to lower oneself

Consult the sections on verbs used in idiomatic expressions, verbs with prepositions, and the list of over 1,000 verbs conjugated like model verbs in the back pages.

to dine, to have dinner

The Seven Simple Tenses		The Seven Compound Tenses	
Singular	Plural	Singular	Plural
1 présent de l'indicatif		**8 passé composé**	
dîne	dînons	ai dîné	avons dîné
dînes	dînez	as dîné	avez dîné
dîne	dînent	a dîné	ont dîné
2 imparfait de l'indicatif		**9 plus-que-parfait de l'indicatif**	
dînais	dînions	avais dîné	avions dîné
dînais	dîniez	avais dîné	aviez dîné
dînait	dînaient	avait dîné	avaient dîné
3 passé simple		**10 passé antérieur**	
dînai	dînâmes	eus dîné	eûmes dîné
dînas	dînâtes	eus dîné	eûtes dîné
dîna	dînèrent	eut dîné	eurent dîné
4 futur		**11 futur antérieur**	
dînerai	dînerons	aurai dîné	aurons dîné
dîneras	dînerez	auras dîné	aurez dîné
dînera	dîneront	aura dîné	auront dîné
5 conditionnel		**12 conditionnel passé**	
dînerais	dînerions	aurais dîné	aurions dîné
dînerais	dîneriez	aurais dîné	auriez dîné
dînerait	dîneraient	aurait dîné	auraient dîné
6 présent du subjonctif		**13 passé du subjonctif**	
dîne	dînions	aie dîné	ayons dîné
dînes	dîniez	aies dîné	ayez dîné
dîne	dînent	ait dîné	aient dîné
7 imparfait du subjonctif		**14 plus-que-parfait du subjonctif**	
dînasse	dînassions	eusse dîné	eussions dîné
dînasses	dînassiez	eusses dîné	eussiez dîné
dînât	dînassent	eût dîné	eussent dîné

Impératif
dîne
dînons
dînez

Common idiomatic expressions using this verb

Lundi j'ai dîné chez des amis. Mardi tu as dîné chez moi. Mercredi nous avons dîné chez Pierre. J'aurais dû dîner seul.

le dîner dinner	**un dîneur** diner
une dînette child's tea party	**donner un dîner** to give a dinner
l'heure du dîner dinner time	**dîner en ville** to dine out
j'aurais dû I should have	**j'aurais dû dîner** I should have had dinner.

Try reading aloud this play on sounds (the letter **d**) as fast as you can:
   Denis a dîné du dos d'un dindon dodu.
   Dennis dined on (ate) the back of a plump turkey.

The subject pronouns are found on the page facing page 1.   **163**

to say, to tell

The Seven Simple Tenses		The Seven Compound Tenses	
Singular	Plural	Singular	Plural
1 présent de l'indicatif		**8 passé composé**	
dis	disons	ai dit	avons dit
dis	dites	as dit	avez dit
dit	disent	a dit	ont dit
2 imparfait de l'indicatif		**9 plus-que-parfait de l'indicatif**	
disais	disions	avais dit	avions dit
disais	disiez	avais dit	aviez dit
disait	disaient	avait dit	avaient dit
3 passé simple		**10 passé antérieur**	
dis	dîmes	eus dit	eûmes dit
dis	dîtes	eus dit	eûtes dit
dit	dirent	eut dit	eurent dit
4 futur		**11. futur antérieur**	
dirai	dirons	aurai dit	aurons dit
diras	direz	auras dit	aurez dit
dira	diront	aura dit	auront dit
5 conditionnel		**12 conditionnel passé**	
dirais	dirions	aurais dit	aurions dit
dirais	diriez	aurais dit	auriez dit
dirait	diraient	aurait dit	auraient dit
6 présent du subjonctif		**13 passé du subjonctif**	
dise	disions	aie dit	ayons dit
dises	disiez	aies dit	ayez dit
dise	disent	ait dit	aient dit
7 imparfait du subjonctif		**14 plus-que-parfait du subjonctif**	
disse	dissions	eusse dit	eussions dit
disses	dissiez	eusses dit	eussiez dit
dît	dissent	eût dit	eussent dit

Impératif
dis
disons
dites

Common idiomatic expressions using this verb

—Qu'est-ce que vous avez dit? Je n'ai pas entendu.
—J'ai dit que je ne vous ai pas entendu. Parlez plus fort.

c'est-à-dire   that is, that is to say
entendre dire que   to hear it said that
vouloir dire   to mean
dire du bien de   to speak well of

For more idioms using this verb, see the back pages for the section on verbs used in idiomatic expressions.

See also **contredire, interdire, médire, prédire** and note the different *vous* form in the *présent de l'indicatif* and the *impératif*.

to discuss, to argue

The Seven Simple Tenses		The Seven Compound Tenses	
Singular	Plural	Singular	Plural
1 présent de l'indicatif		**8 passé composé**	
discute	discutons	ai discuté	avons discuté
discutes	discutez	as discuté	avez discuté
discute	discutent	a discuté	ont discuté
2 imparfait de l'indicatif		**9 plus-que-parfait de l'indicatif**	
discutais	discutions	avais discuté	avions discuté
discutais	discutiez	avais discuté	aviez discuté
discutait	discutaient	avait discuté	avaient discuté
3 passé simple		**10 passé antérieur**	
discutai	discutâmes	eus discuté	eûmes discuté
discutas	discutâtes	eus discuté	eûtes discuté
discuta	discutèrent	eut discuté	eurent discuté
4 futur		**11 futur antérieur**	
discuterai	discuterons	aurai discuté	aurons discuté
discuteras	discuterez	auras discuté	aurez discuté
discutera	discuteront	aura discuté	auront discuté
5 conditionnel		**12 conditionnel passé**	
discuterais	discuterions	aurais discuté	aurions discuté
discuterais	discuteriez	aurais discuté	auriez discuté
discuterait	discuteraient	aurait discuté	auraient discuté
6 présent du subjonctif		**13 passé du subjonctif**	
discute	discutions	aie discuté	ayons discuté
discutes	discutiez	aies discuté	ayez discuté
discute	discutent	ait discuté	aient discuté
7 imparfait du subjonctif		**14 plus-que-parfait du subjonctif**	
discutasse	discutassions	eusse discuté	eussions discuté
discutasses	discutassiez	eusses discuté	eussiez discuté
discutât	discutassent	eût discuté	eussent discuté

Impératif
discute
discutons
discutez

Words and expressions related to this verb

une discussion   discussion
discutable   disputable, questionable
discuter avec   to argue with; **discuter de**   to argue about

Consult the sections on verbs used in idiomatic expressions, verbs with prepositions, and the list of over 1,000 verbs conjugated like model verbs in the back pages.

to disappear

The Seven Simple Tenses		The Seven Compound Tenses	
Singular	Plural	Singular	Plural
1 présent de l'indicatif		**8 passé composé**	
disparais	disparaissons	ai disparu	avons disparu
disparais	disparaissez	as disparu	avez disparu
disparaît	disparaissent	a disparu	ont disparu
2 imparfait de l'indicatif		**9 plus-que-parfait de l'indicatif**	
disparaissais	disparaissions	avais disparu	avions disparu
disparaissais	disparaissiez	avais disparu	aviez disparu
disparaissait	disparaissaient	avait disparu	avaient disparu
3 passé simple		**10 passé antérieur**	
disparus	disparûmes	eus disparu	eûmes disparu
disparus	disparûtes	eus disparu	eûtes disparu
disparut	disparurent	eut disparu	eurent disparu
4 futur		**11 futur antérieur**	
disparaîtrai	disparaîtrons	aurai disparu	aurons disparu
disparaîtras	disparaîtrez	auras disparu	aurez disparu
disparaîtra	disparaîtront	aura disparu	auront disparu
5 conditionnel		**12 conditionnel passé**	
disparaîtrais	disparaîtrions	aurais disparu	aurions disparu
disparaîtrais	disparaîtriez	aurais disparu	auriez disparu
disparaîtrait	disparaîtraient	aurait disparu	auraient disparu
6 présent du subjonctif		**13 passé du subjonctif**	
disparaisse	disparaissions	aie disparu	ayons disparu
disparaisses	disparaissiez	aies disparu	ayez disparu
disparaisse	disparaissent	ait disparu	aient disparu
7 imparfait du subjonctif		**14 plus-que-parfait du subjonctif**	
disparusse	disparussions	eusse disparu	eussions disparu
disparusses	disparussiez	eusses disparu	eussiez disparu
disparût	disparussent	eût disparu	eussent disparu

Impératif
disparais
disparaissons
disparaissez

Words and expressions related to this verb

faire disparaître aux regards   to hide
   from sight
**notre cher ami disparu (notre chère amie
   disparue)**   our dear departed friend

la disparition   disappearance, disappearing
disparu, disparue en mer   lost at sea
être porté disparu   to be declared missing

Consult the sections on verbs used in idiomatic expressions, verbs with prepositions, and the
list of over 1,000 verbs conjugated like model verbs in the back pages.

The Seven Simple Tenses		The Seven Compound Tenses	
Singular	Plural	Singular	Plural

1 présent de l'indicatif		8 passé composé	
donne	donnons	ai donné	avons donné
donnes	donnez	as donné	avez donné
donne	donnent	a donné	ont donné

2 imparfait de l'indicatif		9 plus-que-parfait de l'indicatif	
donnais	donnions	avais donné	avions donné
donnais	donniez	avais donné	aviez donné
donnait	donnaient	avait donné	avaient donné

3 passé simple		10 passé antérieur	
donnai	donnâmes	eus donné	eûmes donné
donnas	donnâtes	eus donné	eûtes donné
donna	donnèrent	eut donné	eurent donné

4 futur		11 futur antérieur	
donnerai	donnerons	aurai donné	aurons donné
donneras	donnerez	auras donné	aurez donné
donnera	donneront	aura donné	auront donné

5 conditionnel		12 conditionnel passé	
donnerais	donnerions	aurais donné	aurions donné
donnerais	donneriez	aurais donné	auriez donné
donnerait	donneraient	aurait donné	auraient donné

6 présent du subjonctif		13 passé du subjonctif	
donne	donnions	aie donné	ayons donné
donnes	donniez	aies donné	ayez donné
donne	donnent	ait donné	aient donné

7 imparfait du subjonctif		14 plus-que-parfait du subjonctif	
donnasse	donnassions	eusse donné	eussions donné
donnasses	donnassiez	eusses donné	eussiez donné
donnât	donnassent	eût donné	eussent donné

Impératif
donne
donnons
donnez

Common idiomatic expressions using this verb and words related to it

donner rendez-vous à qqn   to make an appointment (a date) with someone
donner sur   to look out upon: **La salle à manger donne sur un joli jardin**   The dining room looks out upon (faces) a pretty garden.
donner congé à   to grant leave to

abandonner   to abandon; **ordonner**   to order; **pardonner**   to pardon
Si votre fils demande un morceau de pain, lui donnerez-vous une pierre?   If your son asks for a piece of bread, will you give him a stone? (*Matthew 7:9*) See "if" clauses, top of p. 560.

to sleep

The Seven Simple Tenses		The Seven Compound Tenses	
Singular	Plural	Singular	Plural
1 présent de l'indicatif		**8 passé composé**	
dors	dormons	ai dormi	avons dormi
dors	dormez	as dormi	avez dormi
dort	dorment	a dormi	ont dormi
2 imparfait de l'indicatif		**9 plus-que-parfait de l'indicatif**	
dormais	dormions	avais dormi	avions dormi
dormais	dormiez	avais dormi	aviez dormi
dormait	dormaient	avait dormi	avaient dormi
3 passé simple		**10 passé antérieur**	
dormis	dormîmes	eus dormi	eûmes dormi
dormis	dormîtes	eus dormi	eûtes dormi
dormit	dormirent	eut dormi	eurent dormi
4 futur		**11 futur antérieur**	
dormirai	dormirons	aurai dormi	aurons dormi
dormiras	dormirez	auras dormi	aurez dormi
dormira	dormiront	aura dormi	auront dormi
5 conditionnel		**12 conditionnel passé**	
dormirais	dormirions	aurais dormi	aurions dormi
dormirais	dormiriez	aurais dormi	auriez dormi
dormirait	dormiraient	aurait dormi	auraient dormi
6 présent du subjonctif		**13 passé du subjonctif**	
dorme	dormions	aie dormi	ayons dormi
dormes	dormiez	aies dormi	ayez dormi
dorme	dorment	ait dormi	aient dormi
7 imparfait du subjonctif		**14 plus-que-parfait du subjonctif**	
dormisse	dormissions	eusse dormi	eussions dormi
dormisses	dormissiez	eusses dormi	eussiez dormi
dormît	dormissent	eût dormi	eussent dormi

Impératif
dors
dormons
dormez

Common idiomatic expressions using this verb and words related to it

dormir toute la nuit   to sleep through the night
parler en dormant   to talk in one's sleep
empêcher de dormir   to keep from sleeping
la dormition   dormition (falling asleep)
le dortoir   dormitory
dormir à la belle étoile   to sleep outdoors
dormir sur les deux oreilles   to sleep soundly

endormir   to put to sleep
s'endormir   to fall asleep
avoir envie de dormir   to feel like sleeping
As-tu bien dormi, chéri?   Did you sleep well, darling?

The Seven Simple Tenses		The Seven Compound Tenses	
Singular	Plural	Singular	Plural
1 présent de l'indicatif		**8 passé composé**	
doute	doutons	ai douté	avons douté
doutes	doutez	as douté	avez douté
doute	doutent	a douté	ont douté
2 imparfait de l'indicatif		**9 plus-que-parfait de l'indicatif**	
doutais	doutions	avais douté	avions douté
doutais	doutiez	avais douté	aviez douté
doutait	doutaient	avait douté	avaient douté
3 passé simple		**10 passé antérieur**	
doutai	doutâmes	eus douté	eûmes douté
doutas	doutâtes	eus douté	eûtes douté
douta	doutèrent	eut douté	eurent douté
4 futur		**11 futur antérieur**	
douterai	douterons	aurai douté	aurons douté
douteras	douterez	auras douté	aurez douté
doutera	douteront	aura douté	auront douté
5 conditionnel		**12 conditionnel passé**	
douterais	douterions	aurais douté	aurions douté
douterais	douteriez	aurais douté	auriez douté
douterait	douteraient	aurait douté	auraient douté
6 présent du subjonctif		**13 passé du subjonctif**	
doute	doutions	aie douté	ayons douté
doutes	doutiez	aies douté	ayez douté
doute	doutent	ait douté	aient douté
7 imparfait du subjonctif		**14 plus-que-parfait du subjonctif**	
doutasse	doutassions	eusse douté	eussions douté
doutasses	doutassiez	eusses douté	eussiez douté
doutât	doutassent	eût douté	eussent douté

Impératif
doute
doutons
doutez

Common idiomatic expressions using this verb

Je doute que cet homme soit coupable. Il n'y a pas de doute qu'il est innocent.

le doute   doubt
sans doute   no doubt
sans aucun doute   undoubtedly
d'un air de doute   dubiously
redouter   to dread, to fear

ne douter de rien   to doubt nothing,
   to be too credulous
ne se douter de rien   to suspect nothing
se douter de   to suspect

Consult the front and back pages for various sections on verb usage.

échapper

Part. pr. **échappant**   Part. passé **échappé**

to escape, to avoid

The Seven Simple Tenses		The Seven Compound Tenses	
Singular	Plural	Singular	Plural
1 présent de l'indicatif		**8 passé composé**	
échappe	échappons	ai échappé	avons échappé
échappes	échappez	as échappé	avez échappé
échappe	échappent	a échappé	ont échappé
2 imparfait de l'indicatif		**9 plus-que-parfait de l'indicatif**	
échappais	échappions	avais échappé	avions échappé
échappais	échappiez	avais échappé	aviez échappé
échappait	échappaient	avait échappé	avaient échappé
3 passé simple		**10 passé antérieur**	
échappai	échappâmes	eus échappé	eûmes échappé
échappas	échappâtes	eus échappé	eûtes échappé
échappa	échappèrent	eut échappé	eurent échappé
4 futur		**11 futur antérieur**	
échapperai	échapperons	aurai échappé	aurons échappé
échapperas	échapperez	auras échappé	aurez échappé
échappera	échapperont	aura échappé	auront échappé
5 conditionnel		**12 conditionnel passé**	
échapperais	échapperions	aurais échappé	aurions échappé
échapperais	échapperiez	aurais échappé	auriez échappé
échapperait	échapperaient	aurait échappé	auraient échappé
6 présent du subjonctif		**13 passé du subjonctif**	
échappe	échappions	aie échappé	ayons échappé
échappes	échappiez	aies échappé	ayez échappé
échappe	échappent	ait échappé	aient échappé
7 imparfait du subjonctif		**14 plus-que-parfait du subjonctif**	
échappasse	échappassions	eusse échappé	eussions échappé
échappasses	échappassiez	eusses échappé	eussiez échappé
échappât	échappassent	eût échappé	eussent échappé

Impératif
échappe
échappons
échappez

Words and expressions related to this verb

échapper à to avoid; **échapper de** to escape from
l'échapper belle to have a narrow escape; **Je l'ai échappé belle** I had a narrow escape.
Cela m'a échappé I did not notice it.
Cela m'est échappé It slipped my mind (I forgot it).
laisser échapper to let slip, to overlook
s'échapper de to escape from
une échappée de lumière a glimmer of light

The Seven Simple Tenses		The Seven Compound Tenses	
Singular	Plural	Singular	Plural

1 présent de l'indicatif

échoue	échouons	
échoues	échouez	
échoue	échouent	

8 passé composé

ai échoué	avons échoué
as échoué	avez échoué
a échoué	ont échoué

2 imparfait de l'indicatif

échouais	échouions
échouais	échouiez
échouait	échouaient

9 plus-que-parfait de l'indicatif

avais échoué	avions échoué
avais échoué	aviez échoué
avait échoué	avaient échoué

3 passé simple

échouai	échouâmes
échouas	échouâtes
échoua	échouèrent

10 passé antérieur

eus échoué	eûmes échoué
eus échoué	eûtes échoué
eut échoué	eurent échoué

4 futur

échouerai	échouerons
échoueras	échouerez
échouera	échoueront

11 futur antérieur

aurai échoué	aurons échoué
auras échoué	aurez échoué
aura échoué	auront échoué

5 conditionnel

échouerais	échouerions
échouerais	échoueriez
échouerait	échoueraient

12 conditionnel passé

aurais échoué	aurions échoué
aurais échoué	auriez échoué
aurait échoué	auraient échoué

6 présent du subjonctif

échoue	échouions
échoues	échouiez
échoue	échouent

13 passé du subjonctif

aie échoué	ayons échoué
aies échoué	ayez échoué
ait échoué	aient échoué

7 imparfait du subjonctif

échouasse	échouassions
échouasses	échouassiez
échouât	échouassent

14 plus-que-parfait du subjonctif

eusse échoué	eussions échoué
eusses échoué	eussiez échoué
eût échoué	eussent échoué

Impératif
échoue
échouons
échouez

Common idiomatic expressions using this verb

échouer à qqch   to fail (flunk) at something
échouer à un examen   to flunk an exam
échouer   to touch bottom (accidentally), to fail
Tous mes espoirs ont échoué   All my hopes have touched bottom (have failed).

Consult the sections on verbs used in idiomatic expressions, verbs with prepositions, and the list of over 1,000 verbs conjugated like model verbs in the back pages.

écouter

Part. pr. **écoutant**   Part. passé **écouté**

to listen (to)

The Seven Simple Tenses		The Seven Compound Tenses	
Singular	Plural	Singular	Plural
1 présent de l'indicatif		**8 passé composé**	
écoute	écoutons	ai écouté	avons écouté
écoutes	écoutez	as écouté	avez écouté
écoute	écoutent	a écouté	ont écouté
2 imparfait de l'indicatif		**9 plus-que-parfait de l'indicatif**	
écoutais	écoutions	avais écouté	avions écouté
écoutais	écoutiez	avais écouté	aviez écouté
écoutait	écoutaient	avait écouté	avaient écouté
3 passé simple		**10 passé antérieur**	
écoutai	écoutâmes	eus écouté	eûmes écouté
écoutas	écoutâtes	eus écouté	eûtes écouté
écouta	écoutèrent	eut écouté	eurent écouté
4 futur		**11 futur antérieur**	
écouterai	écouterons	aurai écouté	aurons écouté
écouteras	écouterez	auras écouté	aurez écouté
écoutera	écouteront	aura écouté	auront écouté
5 conditionnel		**12 conditionnel passé**	
écouterais	écouterions	aurais écouté	aurions écouté
écouterais	écouteriez	aurais écouté	auriez écouté
écouterait	écouteraient	aurait écouté	auraient écouté
6 présent du subjonctif		**13 passé du subjonctif**	
écoute	écoutions	aie écouté	ayons écouté
écoutes	écoutiez	aies écouté	ayez écouté
écoute	écoutent	ait écouté	aient écouté
7 imparfait du subjonctif		**14 plus-que-parfait du subjonctif**	
écoutasse	écoutassions	eusse écouté	eussions écouté
écoutasses	écoutassiez	eusses écouté	eussiez écouté
écoutât	écoutassent	eût écouté	eussent écouté

Impératif
écoute
écoutons
écoutez

Common idiomatic expressions using this verb and words related to it

Ecoutez-vous le professeur quand il explique la leçon? L'avez-vous écouté ce matin en classe?

aimer à s'écouter parler   to love to hear one's own voice
un écouteur   telephone receiver (earpiece)
être à l'écoute   to be listening in
n'écouter personne   not to heed anyone
savoir écouter   to be a good listener

écouter aux portes   to eavesdrop, to listen secretly
Ecoutez-moi   Listen to me.
Je vous écoute   I'm listening to you.
Parlez donc!   Speak up!

The Seven Simple Tenses		The Seven Compound Tenses	
Singular	Plural	Singular	Plural
1 présent de l'indicatif		**8 passé composé**	
écris	écrivons	ai écrit	avons écrit
écris	écrivez	as écrit	avez écrit
écrit	écrivent	a écrit	ont écrit
2 imparfait de l'indicatif		**9 plus-que-parfait de l'indicatif**	
écrivais	écrivions	avais écrit	avions écrit
écrivais	écriviez	avais écrit	aviez écrit
écrivait	écrivaient	avait écrit	avaient écrit
3 passé simple		**10 passé antérieur**	
écrivis	écrivîmes	eus écrit	eûmes écrit
écrivis	écrivîtes	eus écrit	eûtes écrit
écrivit	écrivirent	eut écrit	eurent écrit
4 futur		**11 futur antérieur**	
écrirai	écrirons	aurai écrit	aurons écrit
écriras	écrirez	auras écrit	aurez écrit
écrira	écriront	aura écrit	auront écrit
5 conditionnel		**12 conditionnel passé**	
écrirais	écririons	aurais écrit	aurions écrit
écrirais	écririez	aurais écrit	auriez écrit
écrirait	écriraient	aurait écrit	auraient écrit
6 présent du subjonctif		**13 passé du subjonctif**	
écrive	écrivions	aie écrit	ayons écrit
écrives	écriviez	aies écrit	ayez écrit
écrive	écrivent	ait écrit	aient écrit
7 imparfait du subjonctif		**14 plus-que-parfait du subjonctif**	
écrivisse	écrivissions	eusse écrit	eussions écrit
écrivisses	écrivissiez	eusses écrit	eussiez écrit
écrivît	écrivissent	eût écrit	eussent écrit

Impératif
écris
écrivons
écrivez

Sentences using this verb and words and expressions related to it

Jean: **As-tu écrit ta composition pour la classe de français?**
Jaques: **Non, je ne l'ai pas écrite.**
Jean: **Ecrivons-la ensemble.**

un écrivain   writer; **une femme écrivain**   woman writer
écriture (*f.*)   handwriting, writing; **par écrit**   in writing

écrire un petit mot à qqn   to write a note to someone
une machine à écrire   a typewriter

See also **décrire.**

effrayer

Part. pr. **effrayant**   Part. passé **effrayé**

to frighten

The Seven Simple Tenses		The Seven Compound Tenses	
Singular	Plural	Singular	Plural
1 présent de l'indicatif		**8 passé composé**	
effraye	effrayons	ai effrayé	avons effrayé
effrayes	effrayez	as effrayé	avez effrayé
effraye	effrayent	a effrayé	ont effrayé
2 .imparfait de l'indicatif		**9 plus-que-parfait de l'indicatif**	
effrayais	effrayions	avais effrayé	avions effrayé
effrayais	effrayiez	avais effrayé	aviez effrayé
effrayait	effrayaient	avait effrayé	avaient effrayé
3 passé simple		**10 passé antérieur**	
effrayai	effrayâmes	eus effrayé	eûmes effrayé
effrayas	effrayâtes	eus effrayé	eûtes effrayé
effraya	effrayèrent	eut effrayé	eurent effrayé
4 futur		**11 futur antérieur**	
effrayerai	effrayerons	aurai effrayé	aurons effrayé
effrayeras	effrayerez	auras effrayé	aurez effrayé
effrayera	effrayeront	aura effrayé	auront effrayé
5 conditionnel		**12 conditionnel passé**	
effrayerais	effrayerions	aurais effrayé	aurions effrayé
effrayerais	effrayeriez	aurais effrayé	auriez effrayé
effrayerait	effrayeraient	aurait effrayé	auraient effrayé
6 présent du subjonctif		**13 passé du subjonctif**	
effraye	effrayions	aie effrayé	ayons effrayé
effrayes	effrayiez	aies effrayé	ayez effrayé
effraye	effrayent	ait effrayé	aient effrayé
7 imparfait du subjonctif		**14 plus-que-parfait du subjonctif**	
effrayasse	effrayassions	eusse effrayé	eussions effrayé
effrayasses	effrayassiez	eusses effrayé	eussiez effrayé
effrayât	effrayassent	eût effrayé	eussent effrayé

Impératif
effraye
effrayons
effrayez

Sentences using this verb and words related to it

Le tigre a effrayé l'enfant. L'enfant a effrayé le singe. Le singe effraiera le bébé. C'est effrayant!

effrayant, effrayante frightful, awful   **effroyable** dreadful, fearful
effrayé, effrayée frightened   **effroyablement** dreadfully, fearfully

Verbs ending in *-ayer* may change *y* to *i* before mute *e* or may keep *y*.

to amuse, to cheer up, to enliven, to entertain

The Seven Simple Tenses		The Seven Compound Tenses	
Singular	Plural	Singular	Plural
1 présent de l'indicatif		**8 passé composé**	
égaye	**égayons**	**ai égayé**	**avons égayé**
égayes	**égayez**	**as égayé**	**avez égayé**
égaye	**égayent**	**a égayé**	**ont égayé**
2 imparfait de l'indicatif		**9 plus-que-parfait de l'indicatif**	
égayais	**égayions**	**avais égayé**	**avions égayé**
égayais	**égayiez**	**avais égayé**	**aviez égayé**
égayait	**égayaient**	**avait égayé**	**avaient égayé**
3 passé simple		**10 passé antérieur**	
égayai	**égayâmes**	**eus égayé**	**eûmes égayé**
égayas	**égayâtes**	**eus égayé**	**eûtes égayé**
égaya	**égayèrent**	**eut égayé**	**eurent égayé**
4 futur		**11 futur antérieur**	
égayerai	**égayerons**	**aurai égayé**	**aurons égayé**
égayeras	**égayerez**	**auras égayé**	**aurez égayé**
égayera	**égayeront**	**aura égayé**	**auront égayé**
5 conditionnel		**12 conditionnel passé**	
égayerais	**égayerions**	**aurais égayé**	**aurions égayé**
égayerais	**égayeriez**	**aurais égayé**	**auriez égayé**
égayerait	**égayeraient**	**aurait égayé**	**auraient égayé**
6 présent du subjonctif		**13 passé du subjonctif**	
égaye	**égayions**	**aie égayé**	**ayons égayé**
égayes	**égayiez**	**aies égayé**	**ayez égayé**
égaye	**égayent**	**ait égayé**	**aient égayé**
7 imparfait du subjonctif		**14 plus-que-parfait du subjonctif**	
égayasse	**égayassions**	**eusse égayé**	**eussions égayé**
égayasses	**égayassiez**	**eusses égayé**	**eussiez égayé**
égayât	**égayassent**	**eût égayé**	**eussent égayé**

Impératif
égaye
égayons
égayez

Words related to this verb

égayant, égayante lively
un égaiement amusement
s'égayer aux dépens de to amuse oneself at
someone's expense

gai, gaie gay, cheerful, merry
gaiment gaily, cheerfully

Verbs ending in *-ayer* may change *y* to *i* before mute *e* or may keep *y.*

Read the entries in the section on definitions of basic grammatical terms with examples in the back pages.

to raise, to rear, to bring up

The Seven Simple Tenses		The Seven Compound Tenses	
Singular	Plural	Singular	Plural
1 présent de l'indicatif		**8 passé composé**	
élève	élevons	ai élevé	avons élevé
élèves	élevez	as élevé	avez élevé
élève	élèvent	a élevé	ont élevé
2 imparfait de l'indicatif		**9 plus-que-parfait de l'indicatif**	
élevais	élevions	avais élevé	avions éleé
élevais	éleviez	avais élevé	aviez élevé
élevait	élevaient	avait élevé	avaient élevé
3 passé simple		**10 passé antérieur**	
élevai	élevâmes	eus élevé	eûmes élevé
élevas	élevâtes	eus élevé	eûtes élevé
éleva	élevèrent	eut élevé	eurent élevé
4 futur		**11 futur antérieur**	
élèverai	élèverons	aurai élevé	aurons élevé
élèveras	élèverez	auras élevé	aurez élevé
élèvera	élèveront	aura élevé	auront élevé
5 conditionnel		**12 conditionnel passé**	
élèverais	élèverions	aurais élevé	aurions élevé
élèverais	élèveriez	aurais élevé	auriez élevé
élèverait	élèveraient	aurait élevé	auraient élevé
6 présent du subjonctif		**13 passé du subjonctif**	
élève	élevions	aie élevé	ayons élevé
élèves	éleviez	aies élevé	ayez élevé
élève	élèvent	ait élevé	aient élevé
7 imparfait du subjonctif		**14 plus-que-parfait du subjonctif**	
élevasse	élevassions	eusse élevé	eussions élevé
élevasses	élevassiez	eusses élevé	eussiez élevé
élevât	élevassent	eût élevé	eussent élevé

Impératif
élève
élevons
élevez

Words and expressions related to this verb

un, une élève   pupil, student; **un, une élève professeur**   student teacher
élevage *m.*   breeding, rearing; **occuper une position élevée**   to hold a high position

élévation *f.*   elevation, raising; **La musique élève l'âme**   Music uplifts the soul.
bien élevé   well-bred, well brought up
mal élevé   ill-bred, badly brought up

Consult the sections on verbs used in idiomatic expressions, verbs with prepositions, and the list of over 1,000 verbs conjugated like model verbs in the back pages.

to elect, to choose

The Seven Simple Tenses		The Seven Compound Tenses	
Singular	Plural	Singular	Plural
1 présent de l'indicatif		**8 passé composé**	
élis	élisons	ai élu	avons élu
élis	élisez	as élu	avez élu
élit	élisent	a élu	ont élu
2 imparfait de l'indicatif		**9 plus-que-parfait de l'indicatif**	
élisais	élisions	avais élu	avions élu
élisais	élisiez	avais élu	aviez élu
élisait	élisaient	avait élu	avaient élu
3 passé simple		**10 passé antérieur**	
élus	élûmes	eus élu	eûmes élu
élus	élûtes	eus élu	eûtes élu
élut	élurent	eut élu	eurent élu
4 futur		**11 futur antérieur**	
élirai	élirons	aurai élu	aurons élu
éliras	élirez	auras élu	aurez élu
élira	éliront	aura élu	auront élu
5 conditionnel		**12 conditionnel passé**	
élirais	élirions	aurais élu	aurions élu
élirais	éliriez	aurais élu	auriez élu
élirait	éliraient	aurait élu	auraient élu
6 présent du subjonctif		**13 passé du subjonctif**	
élise	élisions	aie élu	ayons élu
élises	élisiez	aies élu	ayez élu
élise	élisent	ait élu	aient élu
7 imparfait du subjonctif		**14 plus-que-parfait du subjonctif**	
élusse	élussions	eusse élu	eussions élu
élusses	élussiez	eusses élu	eussiez élu
élût	élussent	eût élu	eussent élu

Impératif
élis
élisons
élisez

Words and expressions related to this verb

Car il y a beaucoup d'appelés mais peu d'élus
  For many are called but few are chosen (Gospel)
une élection   election, choice
le jour des élections   election day
électif, élective   elective

Consult the sections on verbs used in idiomatic expressions, verbs with prepositions, and the list of over 1,000 verbs conjugated like model verbs in the back pages.

The subject pronouns are found on the page facing page 1.   **177**

to move away, to go away, to withdraw, to step back, to keep back, to keep away

The Seven Simple Tenses		The Seven Compound Tenses	
Singular	Plural	Singular	Plural
1 présent de l'indicatif		8 passé composé	
m'éloigne	nous éloignons	me suis éloigné(e)	nous sommes éloigné(e)s
t'éloignes	vous éloignez	t'es éloigné(e)	vous êtes éloigné(e)(s)
s'éloigne	s'éloignent	s'est éloigné(e)	se sont éloigné(e)s
2 imparfait de l'indicatif		9 plus-que-parfait de l'indicatif	
m'éloignais	nous éloignions	m'étais éloigné(e)	nous étions éloigné(e)s
t'éloignais	vous éloigniez	t'étais éloigné(e)	vous étiez éloigné(e)(s)
s'éloignait	s'éloignaient	s'était éloigné(e)	s'étaient éloigné(e)s
3 passé simple		10 passé antérieur	
m'éloignai	nous éloignâmes	me fus éloigné(e)	nous fûmes éloigné(e)s
t'éloignas	vous éloignâtes	te fus éloigné(e)	vous fûtes éloigné(e)(s)
s'éloigna	s'éloignèrent	se fut éloigné(e)	se furent éloigné(e)s
4 futur		11 futur antérieur	
m'éloignerai	nous éloignerons	me serai éloigné(e)	nous serons éloigné(e)s
t'éloigneras	vous éloignerez	te seras éloigné(e)	vous serez éloigné(e)(s)
s'éloignera	s'éloigneront	se sera éloigné(e)	se seront éloigné(e)s
5 conditionnel		12 conditionnel passé	
m'éloignerais	nous éloignerions	me serais éloigné(e)	nous serions éloigné(e)s
t'éloignerais	vous éloigneriez	te serais éloigné(e)	vous seriez éloigné(e)(s)
s'éloignerait	s'éloigneraient	se serait éloigné(e)	se seraient éloigné(e)s
6 présent du subjonctif		13 passé du subjonctif	
m'éloigne	nous éloignions	me sois éloigné(e)	nous soyons éloigné(e)s
t'éloignes	vous éloigniez	te sois éloigné(e)	vous soyez éloigné(e)(s)
s'éloigne	s'éloignent	se soit éloigné(e)	se soient éloigné(e)s
7 imparfait du subjonctif		14 plus-que-parfait du subjonctif	
m'éloignasse	nous éloignassions	me fusse éloigné(e)	nous fussions éloigné(e)s
t'éloignasses	vous éloignassiez	te fusses éloigné(e)	vous fussiez éloigné(e)(s)
s'éloignât	s'éloignassent	se fût éloigné(e)	se fussent éloigné(e)s

Impératif
éloigne-toi; ne t'éloigne pas
éloignons-nous; ne nous éloignons pas
éloignez-vous; ne vous éloignez pas

Words and expressions related to this verb

éloigner de   to keep away from, to keep at a distance
s'éloigner de   to keep one's distance from, to move away from
s'éloigner en courant   to run away, to move away while running
loin   far; **lointain, lointaine**   distant
loin de là, loin de ça   far from it
Loin des yeux, loin du coeur   Out of sight, out of mind.
Eloignez-vous, s'il vous plaît!   Stay back! Keep your distance, please!

Consult the sections on verbs used in idiomatic expressions, verbs with prepositions, and the list of over 1,000 verbs conjugated like model verbs in the back pages.

to kiss, to embrace

The Seven Simple Tenses		The Seven Compound Tenses	
Singular	Plural	Singular	Plural
1 présent de l'indicatif		**8 passé composé**	
embrasse	embrassons	ai embrassé	avons embrassé
embrasses	embrassez	as embrassé	avez embrassé
embrasse	embrassent	a embrassé	ont embrassé
2 imparfait de l'indicatif		**9 plus-que-parfait de l'indicatif**	
embrassais	embrassions	avais embrassé	avions embrassé
embrassais	embrassiez	avais embrassé	aviez embrassé
embrassait	embrassaient	avait embrassé	avaient embrassé
3 passé simple		**10 passé antérieur**	
embrassai	embrassâmes	eus embrassé	eûmes embrassé
embrassas	embrassâtes	eus embrassé	eûtes embrassé
embrassa	embrassèrent	eut embrassé	eurent embrassé
4 futur		**11 futur antérieur**	
embrasserai	embrasserons	aurai embrassé	aurons embrassé
embrasseras	embrasserez	auras embrassé	aurez embrassé
embrassera	embrasseront	aura embrassé	auront embrassé
5 conditionnel		**12 conditionnel passé**	
embrasserais	embrasserions	aurais embrassé	aurions embrassé
embrasserais	embrasseriez	aurais embrassé	auriez embrassé
embrasserait	embrasseraient	aurait embrassé	auraient embrassé
6 présent du subjonctif		**13 passé du subjonctif**	
embrasse	embrassions	aie embrassé	ayons embrassé
embrasses	embrassiez	aies embrassé	ayez embrassé
embrasse	embrassent	ait embrassé	aient embrassé
7 imparfait du subjonctif		**14 plus-que-parfait du subjonctif**	
embrassasse	embrassassions	eusse embrassé	eussions embrassé
embrassasses	embrassassiez	eusses embrassé	eussiez embrassé
embrassât	embrassassent	eût embrassé	eussent embrassé

Impératif
embrasse
embrassons
embrassez

Sentences using this verb and words related to it

—**Embrasse-moi. Je t'aime. Ne me quitte pas.**
—**Je t'embrasse. Je t'aime aussi. Je ne te quitte pas. Embrassons-nous.**

le bras   arm
un embrassement   embracement, embrace
s'embrasser   to embrace each other, to hug each other
embrasseur, embrasseuse   a person who likes to kiss a lot

to lead, to lead away, to take away (persons)

The Seven Simple Tenses		The Seven Compound Tenses	
Singular	Plural	Singular	Plural
1 présent de l'indicatif		**8 passé composé**	
emmène	emmenons	ai emmené	avons emmené
emmènes	emmenez	as emmené	avez emmené
emmène	emmènent	a emmené	ont emmené
2 imparfait de l'indicatif		**9 plus-que-parfait de l'indicatif**	
emmenais	emmenions	avais emmené	avions emmené
emmenais	emmeniez	avais emmené	aviez emmené
emmenait	emmenaient	avait emmené	avaient emmené
3 passé simple		**10 passé antérieur**	
emmenai	emmenâmes	eus emmené	eûmes emmené
emmenas	emmenâtes	eus emmené	eûtes emmené
emmena	emmenèrent	eut emmené	eurent emmené
4 futur		**11 futur antérieur**	
emmènerai	emmènerons	aurai emmené	aurons emmené
emmèneras	emmènerez	auras emmené	aurez emmené
emmènera	emmèneront	aura emmené	auront emmené
5 conditionnel		**12 conditionnel passé**	
emmènerais	emmènerions	aurais emmené	aurions emmené
emmènerais	emmèneriez	aurais emmené	auriez emmené
emmènerait	emmèneraient	aurait emmené	auraient emmené
6 présent du subjonctif		**13 passé du subjonctif**	
emmène	emmenions	aie emmené	ayons emmené
emmènes	emmeniez	aies emmené	ayez emmené
emmène	emmènent	ait emmené	aient emmené
7 imparfait du subjonctif		**14 plus-que-parfait du subjonctif**	
emmenasse	emmenassions	eusse emmené	eussions emmené
emmenasses	emmenassiez	eusses emmené	eussiez emmené
emmenât	emmenassent	eût emmené	eussent emmené

Impératif
emmène
emmenons
emmenez

Sentences using this verb and words related to it

Quand j'emmène une personne d'un lieu dans un autre, je mène cette personne avec moi. Mon père nous emmènera au cinéma lundi prochain. Samedi dernier il nous a emmenés au théâtre.

Le train m'a emmené à Paris   The train took me to Paris.
Un agent de police a emmené l'assassin   A policeman took away the assassin.

See also **mener**.

to move, to touch, to excite, to arouse

The Seven Simple Tenses		The Seven Compound Tenses	
Singular	Plural	Singular	Plural

1 présent de l'indicatif

		8 passé composé	
émeus	émouvons	ai ému	avons ému
émeus	émouvez	as ému	avez ému
émeut	émeuvent	a ému	ont ému

2 imparfait de l'indicatif

		9 plus-que-parfait de l'indicatif	
émouvais	émouvions	avais ému	avions ému
émouvais	émouviez	avais ému	aviez ému
émouvait	émouvaient	avait ému	avaient ému

3 passé simple

		10 passé antérieur	
émus	émûmes	eus ému	eûmes ému
émus	émûtes	eus ému	eûtes ému
émut	émurent	eut ému	eurent ému

4 futur

		11 futur antérieur	
émouvrai	émouvrons	aurai ému	aurons ému
émouvras	émouvrez	auras ému	aurez ému
émouvra	émouvront	aura ému	auront ému

5 conditionnel

		12 conditionnel passé	
émouvrais	émouvrions	aurais ému	aurions ému
émouvrais	émouvriez	aurais ému	auriez ému
émouvrait	émouvraient	aurait ému	auraient ému

6 présent du subjonctif

		13 passé du subjonctif	
émeuve	émouvions	aie ému	ayons ému
émeuves	émouviez	aies ému	ayez ému
émeuve	émeuvent	ait ému	aient ému

7 imparfait du subjonctif

		14 plus-que-parfait du subjonctif	
émusse	émussions	eusse ému	eussions ému
émusses	émussiez	eusses ému	eussiez ému
émût	émussent	eût ému	eussent ému

Impératif
émeus
émouvons
émouvez

Words and expressions related to this verb

s'émouvoir de   to be moved (touched) by
une émeute   insurrection, insurgency
un émeutier, une émeutière   insurrectionist,
   insurgent, rioter

émouvant, émouvante   moving, touching
fort émouvant   thrilling
émouvoir la pitié de qqn   to move
   someone to pity

Consult the sections on verbs used in idiomatic expressions, verbs with prepositions, and the
list of over 1,000 verbs conjugated like model verbs in the back pages.

The subject pronouns are found on the page facing page 1.

empêcher

Part. pr. **empêchant**   Part. passé **empêché**

to hinder, to prevent

The Seven Simple Tenses		The Seven Compound Tenses	
Singular	Plural	Singular	Plural
1 présent de l'indicatif		**8 passé composé**	
empêche	empêchons	ai empêché	avons empêché
empêches	empêchez	as empêché	avez empêché
empêche	empêchent	a empêché	ont empêché
2 imparfait de l'indicatif		**9 plus-que-parfait de l'indicatif**	
empêchais	empêchions	avais empêché	avions empêché
empêchais	empêchiez	avais empêché	aviez empêché
empêchait	empêchaient	avait empêché	avaient empêché
3 passé simple		**10 passé antérieur**	
empêchai	empêchâmes	eus empêché	eûmes empêché
empêchas	empêchâtes	eus empêché	eûtes empêché
empêcha	empêchèrent	eut empêché	eurent empêché
4 futur		**11 futur antérieur**	
empêcherai	empêcherons	aurai empêché	aurons empêché
empêcheras	empêcherez	auras empêché	aurez empêché
empêchera	empêcheront	aura empêché	auront empêché
5 conditionnel		**12 conditionnel passé**	
empêcherais	empêcherions	aurais empêché	aurions empêché
empêcherais	empêcheriez	aurais empêché	auriez empêché
empêcherait	empêcheraient	aurait empêché	auraient empêché
6 présent du subjonctif		**13 passé du subjonctif**	
empêche	empêchions	aie empêché	ayons empêché
empêches	empêchiez	aies empêché	ayez empêché
empêche	empêchent	ait empêché	aient empêché
7 imparfait du subjonctif		**14 plus-que-parfait du subjonctif**	
empêchasse	empêchassions	eusse empêché	eussions empêché
empêchasses	empêchassiez	eusses empêché	eussiez empêché
empêchât	empêchassent	eût empêché	eussent empêché

Impératif
empêche
empêchons
empêchez

Sentences using this verb and words related to it

   Georgette a empêché son frère de finir ses devoirs parce qu'elle jouait des disques en même temps. Le bruit était un vrai empêchement.

un empêchement   impediment, hindrance
en cas d'empêchement   in case of prevention
empêcher qqn de faire qqch   to prevent someone from doing something
empêcher d'entrer   to keep from entering

s'empêcher de faire qqch   to refrain from doing something
Je n'ai pas pu m'empêcher de rire   I couldn't help laughing.

to use, to employ

The Seven Simple Tenses		The Seven Compound Tenses	
Singular	Plural	Singular	Plural
1 présent de l'indicatif		**8 passé composé**	
emploie	employons	ai employé	avons employé
emploies	employez	as employé	avez employé
emploie	emploient	a employé	ont employé
2 imparfait de l'indicatif		**9 plus-que-parfait de l'indicatif**	
employais	employions	avais employé	avions employé
employais	employiez	avais employé	aviez employé
employait	employaient	avait employé	avaient employé
3 passé simple		**10 passé antérieur**	
employai	employâmes	eus employé	eûmes employé
employas	employâtes	eus employé	eûtes employé
employa	employèrent	eut employé	eurent employé
4 futur		**11 futur antérieur**	
emploierai	emploierons	aurai employé	aurons employé
emploieras	emploierez	auras employé	aurez employé
emploiera	emploieront	aura employé	auront employé
5 conditionnel		**12 conditionnel passé**	
emploierais	emploierions	aurais employé	aurions employé
emploierais	emploieriez	aurais employé	auriez employé
emploierait	emploieraient	aurait employé	auraient employé
6 présent du subjonctif		**13 passé du subjonctif**	
emploie	employions	aie employé	ayons employé
emploies	employiez	aies employé	ayez employé
emploie	emploient	ait employé	aient employé
7 imparfait du subjonctif		**14 plus-que-parfait du subjonctif**	
employasse	employassions	eusse employé	eussions employé
employasses	employassiez	eusses employé	eussiez employé
employât	employassent	eût employé	eussent employé

Impératif
emploie
employons
employez

Words and expressions related to this verb

un employé, une employée   employee
employeur   employer
sans emploi   jobless
un emploi   employment

s'employer à faire qqch   to occupy
oneself doing something
employer son temps   to spend one's time
un emploi nouveau   a new use

Verbs ending in *-oyer* must change *y* to *i* before mute *e*.

Try the verb tests (with answers explained) in the back pages.

to borrow

The Seven Simple Tenses		The Seven Compound Tenses	
Singular	Plural	Singular	Plural
1 présent de l'indicatif		**8 passé composé**	
emprunte	empruntons	ai emprunté	avons emprunté
empruntes	empruntez	as emprunté	avez emprunté
emprunte	empruntent	a emprunté	ont emprunté
2 imparfait de l'indicatif		**9 plus-que-parfait de l'indicatif**	
empruntais	empruntions	avais emprunté	avions emprunté
empruntais	empruntiez	avais emprunté	aviez emprunté
empruntait	empruntaient	avait emprunté	avaient emprunté
3 passé simple		**10 passé antérieur**	
empruntai	empruntâmes	eus emprunté	eûmes emprunté
empruntas	empruntâtes	eus emprunté	eûtes emprunté
emprunta	empruntèrent	eut emprunté	eurent emprunté
4 futur		**11 futur antérieur**	
emprunterai	emprunterons	aurai emprunté	aurons emprunté
emprunteras	emprunterez	auras emprunté	aurez emprunté
empruntera	emprunteront	aura emprunté	auront emprunté
5 conditionnel		**12 conditionnel passé**	
emprunterais	emprunterions	aurais emprunté	aurions emprunté
emprunterais	emprunteriez	aurais emprunté	auriez emprunté
emprunterait	emprunteraient	aurait emprunté	auraient emprunté
6 présent du subjonctif		**13 passé du subjonctif**	
emprunte	empruntions	aie emprunté	ayons emprunté
empruntes	empruntiez	aies emprunté	ayez emprunté
emprunte	empruntent	ait emprunté	aient emprunté
7 imparfait du subjonctif		**14 plus-que-parfait du subjonctif**	
empruntasse	empruntassions	eusse emprunté	eussions emprunté
empruntasses	empruntassiez	eusses emprunté	eussiez emprunté
empruntât	empruntassent	eût emprunté	eussent emprunté

Impératif
emprunte
empruntons
empruntez

Words related to this verb

emprunteur, emprunteuse a person who makes a habit of borrowing
un emprunt loan, borrowing
emprunter quelque chose à quelqu'un to borrow something from someone
  Monsieur Leblanc a emprunté de l'argent à mon père Mr. Leblanc borrowed some money
  from my father.
faire un emprunt pour payer ses dettes de jeu to take out a loan to pay one's gambling debts

The Seven Simple Tenses		The Seven Compound Tenses	
Singular	Plural	Singular	Plural

1   présent de l'indicatif

		8 passé composé	
encourage	encourageons	ai encouragé	avons encouragé
encourages	encouragez	as encouragé	avez encouragé
encourage	encouragent	a encouragé	ont encouragé

2   imparfait de l'indicatif

		9 plus-que-parfait de l'indicatif	
encourageais	encouragions	avais encouragé	avions encouragé
encourageais	encouragiez	avais encouragé	aviez encouragé
encourageait	encourageaient	avait encouragé	avaient encouragé

3   passé simple

		10 passé antérieur	
encourageai	encourageâmes	eus encouragé	eûmes encouragé
encourageas	encourageâtes	eus encouragé	eûtes encouragé
encouragea	encouragèrent	eut encouragé	eurent encouragé

4   futur

		11 futur antérieur	
encouragerai	encouragerons	aurai encouragé	aurons encouragé
encourageras	encouragerez	auras encouragé	aurez encouragé
encouragera	encourageront	aura encouragé	auront encouragé

5   conditionnel

		12 conditionnel passé	
encouragerais	encouragerions	aurais encouragé	aurions encouragé
encouragerais	encourageriez	aurais encouragé	auriez encouragé
encouragerait	encourageraient	aurait encouragé	auraient encouragé

6   présent du subjonctif

		13 passé du subjonctif	
encourage	encouragions	aie encouragé	ayons encouragé
encourages	encouragiez	aies encouragé	ayez encouragé
encourage	encouragent	ait encouragé	aient encouragé

7   imparfait du subjonctif

		14 plus-que-parfait du subjonctif	
encourageasse	encourageassions	eusse encouragé	eussions encouragé
encourageasses	encourageassiez	eusses encouragé	eussiez encouragé
encourageât	encourageassent	eût encouragé	eussent encouragé

Impératif
encourage
encourageons
encouragez

Words and expressions related to this verb

encourager qqn à faire qqch	**l'encouragement** *m.* encouragement
to encourage someone to do something	**le découragement** discouragement
encourageant, encourageante encouraging;	**le courage** courage
des paroles encourageantes	**décourager** to discourage
encouraging words	**le découragement** discouragement
	se décourager to become discouraged

Consult the sections on verbs used in idiomatic expressions, verbs with prepositions, and the list of over 1,000 verbs conjugated like model verbs in the back pages.

to run away, to slip away, to escape, to flee, to fly away

The Seven Simple Tenses		The Seven Compound Tenses	
Singular	Plural	Singular	Plural
1 présent de l'indicatif		**8 passé composé**	
m'enfuis	nous enfuyons	me suis enfui(e)	nous sommes enfui(e)s
t'enfuis	vous enfuyez	t'es enfui(e)	vous êtes enfui(e)(s)
s'enfuit	s'enfuient	s'est enfui(e)	se sont enfui(e)s
2 imparfait de l'indicatif		**9 plus-que-parfait de l'indicatif**	
m'enfuyais	nous enfuyions	m'étais enfui(e)	nous étions enfui(e)s
t'enfuyais	vous enfuyiez	t'étais enfui(e)	vous étiez enfui(e)(s)
s'enfuyait	s'enfuyaient	s'était enfui(e)	s'étaient enfui(e)s
3 passé simple		**10 passé antérieur**	
m'enfuis	nous enfuîmes	me fus enfui(e)	nous fûmes enfui(e)s
t'enfuis	vous enfuîtes	te fus enfui(e)	vous fûtes enfui(e)(s)
s'enfuit	s'enfuirent	se fut enfui(e)	se furent enfui(e)s
4 futur		**11 futur antérieur**	
m'enfuirai	nous enfuirons	me serai enfui(e)	nous serons enfui(e)s
t'enfuiras	vous enfuirez	te seras enfui(e)	vous serez enfui(e)(s)
s'enfuira	s'enfuiront	se sera enfui(e)	se seront enfui(e)s
5 conditionnel		**12 conditionnel passé**	
m'enfuirais	nous enfuirions	me serais enfui(e)	nous serions enfui(e)s
t'enfuirais	vous enfuiriez	te serais enfui(e)	vous seriez enfui(e)(s)
s'enfuirait	s'enfuiraient	se serait enfui(e)	se seraient enfui(e)s
6 présent du subjonctif		**13 passé du subjonctif**	
m'enfuie	nous enfuyions	me sois enfui(e)	nous soyons enfui(e)s
t'enfuies	vous enfuyiez	te sois enfui(e)	vous soyez enfui(e)(s)
s'enfuie	s'enfuient	se soit enfui(e)	se soient enfui(e)s
7 imparfait du subjonctif		**14 plus-que-parfait du subjonctif**	
m'enfuisse	nous enfuissions	me fusse enfui(e)	nous fussions enfui(e)s
t'enfuisses	vous enfuissiez	te fusses enfui(e)	vous fussiez enfui(e)(s)
s'enfuît	s'enfuissent	se fût enfui(e)	se fussent enfui(e)s

Impératif
enfuis-toi; ne t'enfuis pas
enfuyons-nous; ne nous enfuyons pas
enfuyez-vous; ne vous enfuyez pas

Common idiomatic expressions using this verb and words related to it

s'enfuir d'un endroit   to flee from a place
prendre la fuite   to take to flight
laid à faire fuir   ugly enough to
  make you run off
fuir   to flee

faire fuir   to put to flight
la fuite   flight
fuir devant un danger   to run away from
danger
Le temps fuit   Time flies.

Consult the sections on verbs used in idiomatic expressions, verbs with prepositions, and the list of over 1,000 verbs conjugated like model verbs in the back pages.

to carry away, to take away, to remove

The Seven Simple Tenses		The Seven Compound Tenses	
Singular	Plural	Singular	Plural
1 présent de l'indicatif		**8 passé composé**	
enlève	enlevons	ai enlevé	avons enlevé
enlèves	enlevez	as enlevé	avez enlevé
enlève	enlèvent	a enlevé	ont enlevé
2 imparfait de l'indicatif		**9 plus-que-parfait de l'indicatif**	
enlevais	enlevions	avais enlevé	avions enlevé
enlevais	enleviez	avais enlevé	aviez enlevé
enlevait	enlevaient	avait enlevé	avaient enlevé
3 passé simple		**10 passé antérieur**	
enlevai	enlevâmes	eus enlevé	eûmes enlevé
enlevas	enlevâtes	eus enlevé	eûtes enlevé
enleva	enlevèrent	eut enlevé	eurent enlevé
4 futur		**11 futur antérieur**	
enlèverai	enlèverons	aurai enlevé	aurons enlevé
enlèveras	enlèverez	auras enlevé	aurez enlevé
enlèvera	enlèveront	aura enlevé	auront enlevé
5 conditionnel		**12 conditionnel passé**	
enlèverais	enlèverions	aurais enlevé	aurions enlevé
enlèverais	enlèveriez	aurais enlevé	auriez enlevé
enlèverait	enlèveraient	aurait enlevé	auraient enlevé
6 présent du subjonctif		**13 passé du subjonctif**	
enlève	enlevions	aie enlevé	ayons enlevé
enlèves	enleviez	aies enlevé	ayez enlevé
enlève	enlèvent	ait enlevé	aient enlevé
7 imparfait du subjonctif		**14 plus-que-parfait du subjonctif**	
enlevasse	enlevassions	eusse enlevé	eussions enlevé
enlevasses	enlevassiez	eusses enlevé	eussiez enlevé
enlevât	enlevassent	eût enlevé	eussent enlevé

Impératif
enlève
enlevons
enlevez

Sentences using this verb and words related to it

   Madame Dubac est entrée dans sa maison. Elle a enlevé son chapeau, son manteau et ses gants. Puis, elle est allée directement au salon pour enlever une chaise et la mettre dans la salle à manger. Après cela, elle a enlevé les ordures.

enlever les ordures   to take the garbage out
un enlèvement   lifting, carrying off, removal
enlèvement d'un enfant   baby snatching, kidnapping
un enlevage   spurt (sports)

The subject pronouns are found on the page facing page 1.   **187**

to bore, to annoy, to weary

The Seven Simple Tenses		The Seven Compound Tenses	
Singular	Plural	Singular	Plural
1 présent de l'indicatif		**8 passé composé**	
ennuie	ennuyons	ai ennuyé	avons ennuyé
ennuies	ennuyez	as ennuyé	avez ennuyé
ennuie	ennuient	a ennuyé	ont ennuyé
2 imparfait de l'indicatif		**9 plus-que-parfait de l'indicatif**	
ennuyais	ennuyions	avais ennuyé	avions ennuyé
ennuyais	ennuyiez	avais ennuyé	aviez ennuyé
ennuyait	ennuyaient	avait ennuyé	avaient ennuyé
3 passé simple		**10 passé antérieur**	
ennuyai	ennuyâmes	eus ennuyé	eûmes ennuyé
ennuyas	ennuyâtes	eus ennuyé	eûtes ennuyé
ennuya	ennuyèrent	eut ennuyé	eurent ennuyé
4 futur		**11 futur antérieur**	
ennuierai	ennuierons	aurai ennuyé	aurons ennuyé
ennuieras	ennuierez	auras ennuyé	aurez ennuyé
ennuiera	ennuieront	aura ennuyé	auront ennuyé
5 conditionnel		**12 conditionnel passé**	
ennuierais	ennuierions	aurais ennuyé	aurions ennuyé
ennuierais	ennuieriez	aurais ennuyé	auriez ennuyé
ennuierait	ennuieraient	aurait ennuyé	auraient ennuyé
6 présent du subjonctif		**13 passé du subjonctif**	
ennuie	ennuyions	aie ennuyé	ayons ennuyé
ennuies	ennuyiez	aies ennuyé	ayez ennuyé
ennuie	ennuient	ait ennuyé	aient ennuyé
7 imparfait du subjonctif		**14 plus-que-parfait du subjonctif**	
ennuyasse	ennuyassions	eusse ennuyé	eussions ennuyé
ennuyasses	ennuyassiez	eusses ennuyé	eussiez ennuyé
ennuyât	ennuyassent	eût ennuyé	eussent ennuyé

Impératif
ennuie
ennuyons
ennuyez

Sentences using this verb and words related to it

—Est-ce que je vous ennuie?
—Oui, vous m'ennuyez. Allez-vous-en!

un ennui   weariness, boredom, ennui
des ennuis   worries, troubles
ennuyeux, ennuyeuse   boring

mourir d'ennui   to be bored to tears
s'ennuyer   to become bored, to get bored
Quel ennui!   What a nuisance!

Verbs ending in *-uyer* must change *y* to *i* before mute *e*.

The Seven Simple Tenses		The Seven Compound Tenses	
Singular	Plural	Singular	Plural

1 présent de l'indicatif		8 passé composé	
enseigne	enseignons	ai enseigné	avons enseigné
enseignes	enseignez	as enseigné	avez enseigné
enseigne	enseignent	a enseigné	ont enseigné

2 imparfait de l'indicatif		9 plus-que-parfait de l'indicatif	
enseignais	enseignions	avais enseigné	avions enseigné
enseignais	enseigniez	avais enseigné	aviez enseigné
enseignait	enseignaient	avait enseigné	avaient enseigné

3 passé simple		10 passé antérieur	
enseignai	enseignâmes	eus enseigné	eûmes enseigné
enseignas	enseignâtes	eus enseigné	eûtes enseigné
enseigna	enseignèrent	eut enseigné	eurent enseigné

4 futur		11 futur antérieur	
enseignerai	enseignerons	aurai enseigné	aurons enseigné
enseigneras	enseignerez	auras enseigné	aurez enseigné
enseignera	enseigneront	aura enseigné	auront enseigné

5 conditionnel		12 conditionnel passé	
enseignerais	enseignerions	aurais enseigné	aurions enseigné
enseignerais	enseigneriez	aurais enseigné	auriez enseigné
enseignerait	enseigneraient	aurait enseigné	auraient enseigné

6 présent du subjonctif		13 passé du subjonctif	
enseigne	enseignions	aie enseigné	ayons enseigné
enseignes	enseigniez	aies enseigné	ayez enseigné
enseigne	enseignent	ait enseigné	aient enseigné

7 imparfait du subjonctif		14 plus-que-parfait du subjonctif	
enseignasse	enseignassions	eusse enseigné	eussions enseigné
enseignasses	enseignassiez	eusses enseigné	eussiez enseigné
enseignât	enseignassent	eût enseigné	eussent enseigné

Impératif
enseigne
enseignons
enseignez

Sentences using this verb and words and expressions related to it

J'enseigne aux élèves à lire en français. L'enseignement est une profession.

enseigner quelque chose à quelqu'un   to teach something to someone

une enseigne   sign; **une enseigne lumineuse**   neon sign

les enseignements du Christ   the teachings of Christ

l'enseignement (*m.*)   teaching

renseigner qqn de qqch   to inform someone about something

se renseigner   to get information, to inquire

un renseignement, des renseignements   information

The subject pronouns are found on the page facing page 1.

to hear, to understand

The Seven Simple Tenses		The Seven Compound Tenses	
Singular	Plural	Singular	Plural
1 présent de l'indicatif		**8 passé composé**	
entends	entendons	ai entendu	avons entendu
entends	entendez	as entendu	avez entendu
entend	entendent	a entendu	ont entendu
2 imparfait de l'indicatif		**9 plus-que-parfait de l'indicatif**	
entendais	entendions	avais entendu	avions entendu
entendais	entendiez	avais entendu	aviez entendu
entendait	entendaient	avait entendu	avaient entendu
3 passé simple		**10 passé antérieur**	
entendis	entendîmes	eus entendu	eûmes entendu
entendis	entendîtes	eus entendu	eûtes entendu
entendit	entendirent	eut entendu	eurent entendu
4 futur		**11 futur antérieur**	
entendrai	entendrons	aurai entendu	aurons entendu
entendras	entendrez	auras entendu	aurez entendu
entendra	entendront	aura entendu	auront entendu
5 conditionnel		**12 conditionnel passé**	
entendrais	entendrions	aurais entendu	aurions entendu
entendrais	entendriez	aurais entendu	auriez entendu
entendrait	entendraient	aurait entendu	auraient entendu
6 présent du subjonctif		**13 passé du subjonctif**	
entende	entendions	aie entendu	ayons entendu
entendes	entendiez	aies entendu	ayez entendu
entende	entendent	ait entendu	aient entendu
7 imparfait du subjonctif		**14 plus-que-parfait du subjonctif**	
entendisse	entendissions	eusse entendu	eussions entendu
entendisses	entendissiez	eusses entendu	eussiez entendu
entendît	entendissent	eût entendu	eussent entendu

Impératif
entends
entendons
entendez

Sentences using this verb and words and expressions related to it

—As-tu entendu quelque chose?
—Non, chéri, je n'ai rien entendu.
—J'ai entendu un bruit. . .de la cuisine. . .silence. . .je l'entends encore.
—Oh! Un cambrioleur!

un entendement understanding
sous-entendre to imply
un sous-entendu innuendo
une entente understanding
Je m'entends bien avec ma soeur I get along very well with my sister.

bien entendu of course
C'est entendu! It's understood! Agreed!
s'entendre avec qqn to get along with someone, to understand each other
s'entendre à merveille to get along with each other marvelously

The Seven Simple Tenses		The Seven Compound Tenses	
Singular	Plural	Singular	Plural

1 présent de l'indicatif

enterre	enterrons		
enterres	enterrez		
enterre	enterrent		

8 passé composé

ai enterré	avons enterré
as enterré	avez enterré
a enterré	ont enterré

2 imparfait de l'indicatif

enterrais	enterrions
enterrais	enterriez
enterrait	enterraient

9 plus-que-parfait de l'indicatif

avais enterré	avions enterré
avais enterré	aviez enterré
avait enterré	avaient enterré

3 passé simple

enterrai	enterrâmes
enterras	enterrâtes
enterra	enterrerent

10 passé antérieur

eus enterré	eûmes enterré
eus enterré	eûtes enterré
eut enterré	eurent enterré

4 futur

enterrerai	enterrerons
enterreras	enterrerez
enterrera	enterreront

11 futur antérieur

aurai enterré	aurons enterré
auras enterré	aurez enterré
aura enterré	auront enterré

5 conditionnel

enterrerais	enterrerions
enterrerais	enterreriez
enterrerait	enterreraient

12 conditionnel passé

aurais enterré	aurions enterré
aurais enterré	auriez enterré
aurait enterré	auraient enterré

6 présent du subjonctif

enterre	enterrions
enterres	enterriez
enterre	enterrent

13 passé du subjonctif

aie enterré	ayons enterré
aies enterré	ayez enterré
ait enterré	aient enterré

7 imparfait du subjonctif

enterrasse	enterrassions
enterrasses	enterrassiez
enterrât	enterrassent

14 plus-que-parfait du subjonctif

eusse enterré	eussions enterré
eusses enterré	eussiez enterré
eût enterré	eussent enterré

Impératif
enterre
enterrons
enterrez

Words and expressions related to this verb

enterrer un cadavre to bury a corpse
s'enterrer to bury oneself
enterrer une affaire to abandon a matter
enterrer sa vie de garçon to hold a
   bachelor's party (for a man about to be
   married)
la terre earth, soil

enterrer une chose to bury something, to
   forget about something, to shelve
   something
un enterrement burial, interment
s'enterrer dans un endroit to bury
   oneself in a place, to isolate oneself
   from the rest of the world

Consult the sections on verbs used in idiomatic expressions, verbs with prepositions, and the
list of over 1,000 verbs conjugated like model verbs in the back pages.

to undertake, to engage upon

The Seven Simple Tenses		The Seven Compound Tenses	
Singular	Plural	Singular	Plural

1 présent de l'indicatif

		8 passé composé	
entreprends	entreprenons	ai entrepris	avons entrepris
entreprends	entreprenez	as entrepris	avez entrepris
entreprend	éntreprennent	a entrepris	ont entrepris

2 imparfait de l'indicatif

		9 plus-que-parfait de l'indicatif	
entreprenais	entreprenions	avais entrepris	avions entrepris
entreprenais	entrepreniez	avais entrepris	aviez entrepris
entreprenait	entreprenaient	avait entrepris	avaient entrepris

3 passé simple

		10 passé antérieur	
entrepris	entreprîmes	eus entrepris	eûmes entrepris
entrepris	entreprîtes	eus entrepris	eûtes entrepris
entreprit	entreprirent	eut entrepris	eurent entrepris

4 futur

		11 futur antérieur	
entreprendrai	entreprendrons	aurai entrepris	aurons entrepris
entreprendras	entreprendrez	auras entrepris	aurez entrepris
entreprendra	entreprendront	aura entrepris	auront entrepris

5 conditionnel

		12 conditionnel passé	
entreprendrais	entreprendrions	aurais entrepris	aurions entrepris
entreprendrais	entreprendriez	aurais entrepris	auriez entrepris
entreprendrait	entreprendraient	aurait entrepris	auraient entrepris

6 présent du subjonctif

		13 passé du subjonctif	
entreprenne	entreprenions	aie entrepris	ayons entrepris
entreprennes	entrepreniez	aies entrepris	ayez entrepris
entreprenne	entreprennent	ait entrepris	aient entrepris

7 imparfait du subjonctif

		14 plus-que-parfait du subjonctif	
entreprisse	entreprissions	eusse entrepris	eussions entrepris
entreprisses	entreprissiez	eusses entrepris	eussiez entrepris
entreprît	entreprissent	eût entrepris	eussent entrepris

Impératif
entreprends
entreprenons
entreprenez

Words and expressions related to this verb

entreprendre de faire qqch   to undertake
  to do something
avoir un esprit entreprenant   to be bold,
  daring, enterprising
une entreprise   enterprise; **une entreprise
  rémunératrice**   profitable enterprise

entreprenant, entreprenante   enterprising
un entrepreneur, une entrepreneuse
  contractor
une entreprise de déménagement   moving
  company

Consult the sections on verbs used in idiomatic expressions, verbs with prepositions, and the list of over 1,000 verbs conjugated like model verbs in the back pages.

to enter, to come in, to go in

The Seven Simple Tenses		The Seven Compound Tenses	
Singular	Plural	Singular	Plural
1 présent de l'indicatif		**8 passé composé**	
entre	entrons	suis entré(e)	sommes entré(e)s
entres	entrez	es entré(e)	êtes entré(e)(s)
entre	entrent	est entré(e)	sont entré(e)s
2 imparfait de l'indicatif		**9 plus-que-parfait de l'indicatif**	
entrais	entrions	étais entré(e)	étions entré(e)s
entrais	entriez	étais entré(e)	étiez entré(e)(s)
entrait	entraient	était entré(e)	étaient entré(e)s
3 passé simple		**10 passé antérieur**	
entrai	entrâmes	fus entré(e)	fûmes entré(e)s
entras	entrâtes	fus entré(e)	fûtes entré(e)(s)
entra	entrèrent	fut entré(e)	furent entré(e)s
4 futur		**11 futur antérieur**	
entrerai	entrerons	serai entré(e)	serons entré(e)s
entreras	entrerez	seras entré(e)	serez entré(e)(s)
entrera	entreront	sera entré(e)	seront entré(e)s
5 conditionnel		**12 conditionnel passé**	
entrerais	entrerions	serais entré(e)	serions entré(e)s
entrerais	entreriez	serais entré(e)	seriez entré(e)(s)
entrerait	entreraient	serait entré(e)	seraient entré(e)s
6 présent du subjonctif		**13 passé du subjonctif**	
entre	entrions	sois entré(e)	soyons entré(e)s
entres	entriez	sois entré(e)	soyez entré(e)(s)
entre	entrent	soit entré(e)	soient entré(e)s
7 imparfait du subjonctif		**14 plus-que-parfait du subjonctif**	
entrasse	entrassions	fusse entré(e)	fussions entré(e)s
entrasses	entrassiez	fusses entré(e)	fussiez entré(e)(s)
entrât	entrassent	fût entré(e)	fussent entré(e)s

Impératif
entre
entrons
entrez

Sentences using this verb and words and expressions related to it

   Mes parents veulent acheter une nouvelle maison. Nous sommes allés voir quelques maisons à vendre. Nous avons vu une jolie maison et nous y sommes entrés. Ma mère est entrée dans la cuisine pour regarder. Mon père est entré dans le garage pour regarder. Ma soeur est entrée dans la salle à manger et moi, je suis entré dans la salle de bains pour voir s'il y avait une douche.

l'entrée *(f.)*   entrance
entrer par la fenêtre   to enter through the
   window
entrer dans + noun   to enter (into) + noun

une entrée gratuite   free admission
Entrez donc!   Do come in!
Entrons voir   Let's go in and see.

See also **rentrer.**

The subject pronouns are found on the page facing page 1.
                                                          193

to fly off, to fly away, to take flight, to take wing (birds), to take off (airplane)

The Seven Simple Tenses		The Seven Compound Tenses	
Singular	Plural	Singular	Plural
1 présent de l'indicatif		**8 passé composé**	
m'envole	nous envolons	me suis envolé(e)	nous sommes envolé(e)s
t'envoles	vous envolez	t'es envolé(e)	vous êtes envolé(e)(s)
s'envole	s'envolent	s'est envolé(e)	se sont envolé(e)s
2 imparfait de l'indicatif		**9 plus-que-parfait de l'indicatif**	
m'envolais	nous envolions	m'étais envolé(e)	nous étions envolé(e)s
t'envolais	vous envoliez	t'étais envolé(e)	vous étiez envolé(e)(s)
s'envolait	s'envolaient	s'était envolé(e)	s'étaient envolé(e)s
3 passé simple		**10 passé antérieur**	
m'envolai	nous envolâmes	me fus envolé(e)	nous fûmes envolé(e)s
t'envolas	vous envolâtes	te fus envolé(e)	vous fûtes envolé(e)(s)
s'envola	s'envolèrent	se fut envolé(e)	se furent envolé(e)s
4 futur		**11 futur antérieur**	
m'envolerai	nous envolerons	me serai envolé(e)	nous serons envolé(e)s
t'envoleras	vous envolerez	te seras envolé(e)	vous serez envolé(e)(s)
s'envolera	s'envoleront	se sera envolé(e)	se seront envolé(e)s
5 conditionnel		**12 conditionnel passé**	
m'envolerais	nous envolerions	me serais envolé(e)	nous serions envolé(e)s
t'envolerais	vous envoleriez	te serais envolé(e)	vous seriez envolé(e)(s)
s'envolerait	s'envoleraient	se serait envolé(e)	se seraient envolé(e)s
6 présent du subjonctif		**13 passé du subjonctif**	
m'envole	nous envolions	me sois envolé(e)	nous soyons envolé(e)s
t'envoles	vous envoliez	te sois envolé(e)	vous soyez envolé(e)(s)
s'envole	s'envolent	se soit envolé(e)	se soient envolé(e)s
7 imparfait du subjonctif		**14 plus-que-parfait du subjonctif**	
m'envolasse	nous envolassions	me fusse envolé(e)	nous fussions envolé(e)s
t'envolasses	vous envolassiez	te fusses envolé(e)	vous fussiez envolé(e)(s)
s'envolât	s'envolassent	se fût envolé(e)	se fussent envolé(e)s

Impératif
envole-toi; ne t'envole pas
envolons-nous; ne nous envolons pas
envolez-vous; ne vous envolez pas

Words and expressions related to this verb

une envolée flying off
un envol flight of a bird;
   take-off of an airplane

voler to fly, to steal
le vol flight, theft
Les paroles s'envolent
   Spoken words fly away.

Consult the sections on verbs used in idiomatic expressions, verbs with prepositions, and the list of over 1,000 verbs conjugated like model verbs in the back pages.

The Seven Simple Tenses		The Seven Compound Tenses	
Singular	Plural	Singular	Plural
1 présent de l'indicatif		**8 passé composé**	
envoie	envoyons	ai envoyé	avons envoyé
envoies	envoyez	as envoyé	avez envoyé
envoie	envoient	a envoyé	ont envoyé
2 imparfait de l'indicatif		**9 plus-que-parfait de l'indicatif**	
envoyais	envoyions	avais envoyé	avions envoyé
envoyais	envoyiez	avais envoyé	aviez envoyé
envoyait	envoyaient	avait envoyé	avaient envoyé
3 passé simple		**10 passé antérieur**	
envoyai	envoyâmes	eus envoyé	eûmes envoyé
envoyas	envoyâtes	eus envoyé	eûtes envoyé
envoya	envoyèrent	eut envoyé	eurent envoyé
4 futur		**11 futur antérieur**	
enverrai	enverrons	aurai envoyé	aurons envoyé
enverras	enverrez	auras envoyé	aurez envoyé
enverra	enverront	aura envoyé	auront envoyé
5 conditionnel		**12 conditionnel passé**	
enverrais	enverrions	aurais envoyé	aurions envoyé
enverrais	enverriez	aurais envoyé	auriez envoyé
enverrait	enverraient	aurait envoyé	auraient envoyé
6 présent du subjonctif		**13 passé du subjonctif**	
envoie	envoyions	aie envoyé	ayons envoyé
envoies	envoyiez	aies envoyé	ayez envoyé
envoie	envoient	ait envoyé	aient envoyé
7 imparfait du subjonctif		**14 plus-que-parfait du subjonctif**	
envoyasse	envoyassions	eusse envoyé	eussions envoyé
envoyasses	envoyassiez	eusses envoyé	eussiez envoyé
envoyât	envoyassent	eût envoyé	eussent envoyé

Impératif
envoie
envoyons
envoyez

Sentences using this verb and words related to it

Hier j'ai envoyé une lettre à des amis en France. Demain j'enverrai une letter à mes amis en Italie. J'enverrais bien une lettre en Chine mais je ne connais personne dans ce pays.

Verbs ending in *-oyer* must change *y* to *i* before mute *e*.

envoyer chercher   to send for; **Mon père a envoyé chercher le docteur parce que mon petit frère est malade.**
un envoi   envoy (poetry)

envoyeur, envoyeuse   sender
renvoyer   to send away (back), to discharge someone, to sack someone

The subject pronouns are found on the page facing page 1.

épouser
Part. pr. **épousant** Part. passé **épousé**

to marry, to wed

The Seven Simple Tenses		The Seven Compound Tenses	
Singular	Plural	Singular	Plural
1 présent de l'indicatif		**8 passé composé**	
épouse	épousons	ai épousé	avons épousé
épouses	épousez	as épousé	avez épousé
épouse	épousent	a épousé	ont épousé
2 imparfait de l'indicatif		**9 plus-que-parfait de l'indicatif**	
épousais	épousions	avais épousé	avions épousé
épousais	épousiez	avais épousé	aviez épousé
épousait	épousaient	avait épousé	avaient épousé
3 passé simple		**10 passé antérieur**	
épousai	épousâmes	eus épousé	eûmes épousé
épousas	épousâtes	eus épousé	eûtes épousé
épousa	épousèrent	eut épousé	eurent épousé
4 futur		**11 futur antérieur**	
épouserai	épouserons	aurai épousé	aurons épousé
épouseras	épouserez	auras épousé	aurez épousé
épousera	épouseront	aura épousé	auront épousé
5 conditionnel		**12 conditionnel passé**	
épouserais	épouserions	aurais épousé	aurions épousé
épouserais	épouseriez	aurais épousé	auriez épousé
épouserait	épouseraient	aurait épousé	auraient épousé
6 présent du subjonctif		**13 passé du subjonctif**	
épouse	épousions	aie épousé	ayons épousé
épouses	épousiez	aies épousé	ayez épousé
épouse	épousent	ait épousé	aient épousé
7 imparfait du subjonctif		**14 plus-que-parfait du subjonctif**	
épousasse	épousassions	eusse épousé	eussions épousé
épousasses	épousassiez	eusses épousé	eussiez épousé
épousât	épousassent	eût épousé	eussent épousé

Impératif
épouse
épousons
épousez

Sentences using this verb and words related to it

J'ai trois frères. Le premier a épousé une jolie jeune fille française. Le deuxième a épousé une belle jeune fille italienne, et le troisième a épousé une jolie fille espagnole. Elles sont très intelligentes.

un époux husband, spouse
une épouse wife, spouse
les nouveaux mariés the newlyweds
se marier avec quelqu'un to get married to someone

épouser une grosse fortune to marry into money

196

to try, to test, to put to the test, to feel, to experience

The Seven Simple Tenses		The Seven Compound Tenses	
Singular	Plural	Singular	Plural
1 présent de l'indicatif		**8 passé composé**	
éprouve	éprouvons	ai éprouvé	avons éprouvé
éprouves	éprouvez	as éprouvé	avez éprouvé
éprouve	éprouvent	a éprouvé	ont éprouvé
2 imparfait de l'indicatif		**9 plus-que-parfait de l'indicatif**	
éprouvais	éprouvions	avais éprouvé	avions éprouvé
éprouvais	éprouviez	avais éprouvé	aviez éprouvé
éprouvait	éprouvaient	avait éprouvé	avaient éprouvé
3 passé simple		**10 passé antérieur**	
éprouvai	éprouvâmes	eus éprouvé	eûmes éprouvé
éprouvas	éprouvâtes	eus éprouvé	eûtes éprouvé
éprouva	éprouvèrent	eut éprouvé	eurent éprouvé
4 futur		**11 futur antérieur**	
éprouverai	éprouverons	aurai éprouvé	aurons éprouvé
éprouveras	éprouverez	auras éprouvé	aurez éprouvé
éprouvera	éprouveront	aura éprouvé	auront éprouvé
5 conditionnel		**12 conditionnel passé**	
éprouverais	éprouverions	aurais éprouvé	aurions éprouvé
éprouverais	éprouveriez	aurais éprouvé	auriez éprouvé
éprouverait	éprouveraient	aurait éprouvé	auraient éprouvé
6 présent du subjonctif		**13 passé du subjonctif**	
éprouve	éprouvions	aie éprouvé	ayons éprouvé
éprouves	éprouviez	aies éprouvé	ayez éprouvé
éprouve	éprouvent	ait éprouvé	aient éprouvé
7 imparfait du subjonctif		**14 plus-que-parfait du subjonctif**	
éprouvasse	éprouvassions	eusse éprouvé	eussions éprouvé
éprouvasses	éprouvassiez	eusses éprouvé	eussiez éprouvé
éprouvât	éprouvassent	eût éprouvé	eussent éprouvé

Impératif
éprouve
éprouvons
éprouvez

Common idiomatic expressions using this verb and words related to it

éprouver des doutes   to have doubts,
  to feel doubtful
éprouver qqn   to put someone
  to the test
mettre qqn à l'épreuve   to
  put someone to the test
éprouver un regret   to feel a regret

éprouver de la sympathie pour qqn
  to feel sympathy for someone
mettre à l'épreuve   to put to the test
une épreuve   test, proof, page proof
une épreuve écrite   written test
une épreuve orale   oral test
éprouver de la honte   to experience shame

Consult the sections on verbs used in idiomatic expressions, verbs with prepositions, and the list of over 1,000 verbs conjugated like model verbs in the back pages.

The subject pronouns are found on the page facing page 1.   **197**

to hope

The Seven Simple Tenses		The Seven Compound Tenses	
Singular	Plural	Singular	Plural
1 présent de l'indicatif		**8 passé composé**	
espère	espérons	ai espéré	avons espéré
espères	espérez	as espéré	avez espéré
espère	espèrent	a espéré	ont espéré
2 imparfait de l'indicatif		**9 plus-que-parfait de l'indicatif**	
espérais	espérions	avais espéré	avions espéré
espérais	espériez	avais espéré	aviez espéré
espérait	espéraient	avait espéré	avaient espéré
3 passé simple		**10 passé antérieur**	
espérai	espérâmes	eus espéré	eûmes espéré
espéras	espérâtes	eus espéré	eûtes espéré
espéra	espérèrent	eut espéré	eurent espéré
4 futur		**11 futur antérieur**	
espérerai	espérerons	aurai espéré	aurons espéré
espéreras	espérerez	auras espéré	aurez espéré
espérera	espéreront	aura espéré	auront espéré
5 conditionnel		**12 conditionnel passé**	
espérerais	espérerions	aurais espéré	aurions espéré
espérerais	espéreriez	aurais espéré	auriez espéré
espérerait	espéreraient	aurait espéré	auraient espéré
6 présent du subjonctif		**13 passé du subjonctif**	
espère	espérions	aie espéré	ayons espéré
espères	espériez	aies espéré	ayez espéré
espère	espèrent	ait espéré	aient espéré
7 imparfait du subjonctif		**14 plus-que-parfait du subjonctif**	
espérasse	espérassions	eusse espéré	eussions espéré
espérasses	espérassiez	eusses espéré	eussiez espéré
espérât	espérassent	eût espéré	eussent espéré

Impératif
espère
espérons
espérez

Sentences using this verb and words and expressions related to it

J'espère que Paul viendra mais je n'espère pas que son frère vienne.

l'espérance *(f.)*   hope, expectation
plein d'espérance   hopeful, full of hope
l'espoir *(m.)*   hope
avoir bon espoir de réussir   to have good hopes of succeeding
désespérer de   to despair of; **se désespérer**   to be in despair
le désespoir   despair; **un désespoir d'amour**   disappointed love

to try, to try on

The Seven Simple Tenses		The Seven Compound Tenses	
Singular	Plural	Singular	Plural
1 présent de l'indicatif		**8 passé composé**	
essaye	essayons	ai essayé	avons essayé
essayes	essayez	as essayé	avez essayé
essaye	essayent	a essayé	ont essayé
2 imparfait de l'indicatif		**9 plus-que-parfait de l'indicatif**	
essayais	essayions	avais essayé	avions essayé
essayais	essayiez	avais essayé	aviez essayé
essayait	essayaient	avait essayé	avaient essayé
3 passé simple		**10 passé antérieur**	
essayai	essayâmes	eus essayé	eûmes essayé
essayas	essayâtes	eus essayé	eûtes essayé
essaya	essayèrent	eut essayé	eurent essayé
4 futur		**11 futur antérieur**	
essayerai	essayerons	aurai essayé	aurons essayé
essayeras	essayerez	auras essayé	aurez essayé
essayera	essayeront	aura essayé	auront essayé
5 conditionnel		**12 conditionnel passé**	
essayerais	essayerions	aurais essayé	aurions essayé
essayerais	essayeriez	aurais essayé	auriez essayé
essayerait	essayeraient	aurait essayé	auraient essayé
6 présent du subjonctif		**13 passé du subjonctif**	
essaye	essayions	aie essayé	ayons essayé
essayes	essayiez	aies essayé	ayez essayé
essaye	essayent	ait essayé	aient essayé
7 imparfait du subjonctif		**14 plus-que-parfait du subjonctif**	
essayasse	essayassions	eusse essayé	eussions essayé
essayasses	essayassiez	eusses essayé	eussiez essayé
essayât	essayassent	eût essayé	eussent essayé

Impératif
essaye
essayons
essayez

Sentences using this verb and words related to it

Marcel a essayé d'écrire un essai sur la vie des animaux sauvages mais il n'a pas pu réussir à écrire une seule phrase. Alors, il est allé dans la chambre de son grand frère pour travailler avec lui.

un essai essay	**essayeur, essayeuse** fitter (clothing)
essayiste essayist	**essayage** *(m.)* fitting (clothing)
essayer de faire qqch to try to do something	

Verbs ending in *-ayer* may change *y* to *i* before mute *e* or may keep *y*.

to wipe

The Seven Simple Tenses		The Seven Compound Tenses	
Singular	Plural	Singular	Plural
1 présent de l'indicatif		**8 passé composé**	
essuie	essuyons	ai essuyé	avons essuyé
essuies	essuyez	as essuyé	avez essuyé
essuie	essuient	a essuyé	ont essuyé
2 imparfait de l'indicatif		**9 plus-que-parfait de l'indicatif**	
essuyais	essuyions	avais essuyé	avions essuyé
essuyais	essuyiez	avais essuyé	aviez essuyé
essuyait	essuyaient	avait essuyé	avaient essuyé
3 passé simple		**10 passé antérieur**	
essuyai	essuyâmes	eus essuyé	eûmes essuyé
essuyas	essuyâtes	eus essuyé	eûtes essuyé
essuya	essuyèrent	eut essuyé	eurent essuyé
4 futur		**11 futur antérieur**	
essuierai	essuierons	aurai essuyé	aurons essuyé
essuieras	essuierez	auras essuyé	aurez essuyé
essuiera	essuieront	aura essuyé	auront essuyé
5 conditionnel		**12 conditionnel passé**	
essuierais	essuierions	aurais essuyé	aurions essuyé
essuierais	essuieriez	aurais essuyé	auriez essuyé
essuierait	essuieraient	aurait essuyé	auraient essuyé
6 présent du subjonctif		**13 passé du subjonctif**	
essuie	essuyions	aie essuyé	ayons essuyé
essuies	essuyiez	aies essuyé	ayez essuyé
essuie	essuient	ait essuyé	aient essuyé
7 imparfait du subjonctif		**14 plus-que-parfait du subjonctif**	
essuyasse	essuyassions	eusse essuyé	eussions essuyé
essuyasses	essuyassiez	eusses essuyé	eussiez essuyé
essuyât	essuyassent	eût essuyé	eussent essuyé

Impératif
essuie
essuyons
essuyez

Words and expressions related to this verb

un essuie-mains   hand towel   **un essuie-verres**   glass cloth
un essuie-glace   windshield wiper   **s'essuyer**   to wipe oneself
l'essuyage (m.)   wiping   **s'essuyer le front**   to wipe one's brow

Verbs ending in *-uyer* must change *y* to *i* before mute *e*.

to establish, to set up, to draw up

The Seven Simple Tenses		The Seven Compound Tenses	
Singular	Plural	Singular	Plural
1 présent de l'indicatif		**8 passé composé**	
établis	établissons	ai établi	avons établi
établis	établissez	as établi	avez établi
établit	établissent	a établi	ont établi
2 imparfait de l'indicatif		**9 plus-que-parfait de l'indicatif**	
établissais	établissions	avais établi	avions établi
établissais	établissiez	avais établi	aviez établi
établissait	établissaient	avait établi	avaient établi
3 passé simple		**10 passé antérieur**	
établis	établîmes	eus établi	eûmes établi
établis	établîtes	eus établi	eûtes établi
établit	établirent	eut établi	eurent établi
4 futur		**11 futur antérieur**	
établirai	établirons	aurai établi	aurons établi
établiras	établirez	auras établi	aurez établi
établira	établiront	aura établi	auront établi
5 conditionnel		**12 conditionnel passé**	
établirais	établirions	aurais établi	aurions établi
établirais	établiriez	aurais établi	auriez établi
établirait	établiraient	aurait établi	auraient établi
6 présent du subjonctif		**13 passé du subjonctif**	
établisse	établissions	aie établi	ayons établi
établisses	établissiez	aies établi	ayez établi
établisse	établissent	ait établi	aient établi
7 imparfait du subjonctif		**14 plus-que-parfait du subjonctif**	
établisse	établissions	eusse établi	eussions établi
établisses	établissiez	eusses établi	eussiez établi
établît	établissent	eût établi	eussent établi

| Impératif |
| établis |
| établissons |
| établissez |

Words related to this verb

rétablir   to reestablish, to restore
s'établir   to settle down, to start a business
se rétablir   to recover one's health
un établissement   establishment

Consult the sections on verbs used in idiomatic expressions, verbs with prepositions, and the list of over 1,000 verbs conjugated like model verbs in the back pages.

éteindre

to extinguish

The Seven Simple Tenses		The Seven Compound Tenses	
Singular	Plural	Singular	Plural
1 présent de l'indicatif		**8 passé composé**	
éteins	éteignons	ai éteint	avons éteint
éteins	éteignez	as éteint	avez éteint
éteint	éteignent	a éteint	ont éteint
2 imparfait de l'indicatif		**9 plus-que-parfait de l'indicatif**	
éteignais	éteignions	avais éteint	avions éteint
éteignais	éteigniez	avais éteint	aviez éteint
éteignait	éteignaient	avait éteint	avaient éteint
3 passé simple		**10 passé antérieur**	
éteignis	éteignîmes	eus éteint	eûmes éteint
éteignis	éteignîtes	eus éteint	eûtes éteint
éteignit	éteignirent	eut éteint	eurent éteint
4 futur		**11 futur antérieur**	
éteindrai	éteindrons	aurai éteint	aurons éteint
éteindras	éteindrez	auras éteint	aurez éteint
éteindra	éteindront	aura éteint	auront éteint
5 conditionnel		**12 conditionnel passé**	
éteindrais	éteindrions	aurais éteint	aurions éteint
éteindrais	éteindriez	aurais éteint	auriez éteint
éteindrait	éteindraient	aurait éteint	auraient éteint
6 présent du subjonctif		**13 passé du subjonctif**	
éteigne	éteignions	aie éteint	ayons éteint
éteignes	éteigniez	aies éteint	ayez éteint
éteigne	éteignent	ait éteint	aient éteint
7 imparfait du subjonctif		**14 plus-que-parfait du subjonctif**	
éteignisse	éteignissions	eusse éteint	eussions éteint
éteignisses	éteignissiez	eusses éteint	eussiez éteint
éteignît	éteignissent	eût éteint	eussent éteint

Impératif
éteins
éteignons
éteignez

Sentences using this verb and words and expressions related to it

Il est minuit. Je vais me coucher. Je dois me lever tôt le matin pour aller à l'école. J'éteins la lumière. Bonne nuit!

éteint, éteinte extinct, extinguished
un éteignoir extinguisher, snuffer
s'éteindre to flicker out, to die out, to die

éteindre le feu to put out the fire
éteindre la lumière to turn off the light

to stretch oneself, to stretch out, to lie down

The Seven Simple Tenses		The Seven Compound Tenses	
Singular	Plural	Singular	Plural

1 présent de l'indicatif

m'étends	nous étendons
t'étends	vous étendez
s'étend	s'étendent

8 passé composé

me suis étendu(e)	nous sommes étendu(e)s
t'es étendu(e)	vous êtes étendu(e)(s)
s'est étendu(e)	se sont étendu(e)s

2 imparfait de l'indicatif

m'étendais	nous étendions
t'étendais	vous étendiez
s'étendait	s'étendaient

9 plus-que-parfait de l'indicatif

m'étais étendu(e)	nous étions étendu(e)s
t'étais étendu(e)	vous étiez étendu(e)(s)
s'était étendu(e)	s'étaient étendu(e)s

3 passé simple

m'étendis	nous étendîmes
t'étendis	vous étendîtes
s'étendit	s'étendirent

10 passé antérieur

me fus étendu(e)	nous fûmes étendu(e)s
te fus étendu(e)	vous fûtes étendu(e)(s)
se fut étendu(e)	se furent étendu(e)s

4 futur

m'étendrai	nous étendrons
t'étendras	vous étendrez
s'étendra	s'étendront

11 futur antérieur

me serai étendu(e)	nous serons étendu(e)s
te seras étendu(e)	vous serez étendu(e)(s)
se sera étendu(e)	se seront étendu(e)s

5 conditionnel

m'étendrais	nous étendrions
t'étendrais	vous étendriez
s'étendrait	s'étendraient

12 conditionnel passé

me serais étendu(e)	nous serions étendu(e)s
te serais étendu(e)	vous seriez étendu(e)(s)
se serait étendu(e)	se seraient étendu(e)s

6 présent du subjonctif

m'étende	nous étendions
t'étendes	vous étendiez
s'étende	s'étendent

13 passé du subjonctif

me sois étendu(e)	nous soyons étendu(e)s
te sois étendu(e)	vous soyez étendu(e)(s)
se soit étendu(e)	se soient étendu(e)s

7 imparfait du subjonctif

m'étendisse	nous étendissions
t'étendisses	vous étendissiez
s'étendît	s'étendissent

14 plus-que-parfait du subjonctif

me fusse étendu(e)	nous fussions étendu(e)s
te fusses étendu(e)	vous fussiez étendu(e)(s)
se fût étendu(e)	se fussent étendu(e)s

Impératif
étends-toi; ne t'étends pas
étendons-nous; ne nous étendons pas
étendez-vous; ne vous étendez pas

Sentences using this verb and words and expressions related to it

Ma mère était si fatiguée quand elle est rentrée à la maison après avoir fait du shopping, qu'elle est allée directement au lit et elle s'est étendue.

étendre le linge	to hang out the wash
étendre la main	to hold out your hand
étendre le bras	to extend your arm
étendre d'eau	to water down
s'étendre sur qqch	to dwell on something

The subject pronouns are found on the page facing page 1.

to amaze, to astonish, to stun, to surprise

The Seven Simple Tenses		The Seven Compound Tenses	
Singular	Plural	Singular	Plural
1 présent de l'indicatif		**8 passé composé**	
étonne	étonnons	ai étonné	avons étonné
étonnes	étonnez	as étonné	avez étonné
étonne	étonnent	a étonné	ont étonné
2 imparfait de l'indicatif		**9 plus-que-parfait de l'indicatif**	
étonnais	étonnions	avais étonné	avions étonné
étonnais	étonniez	avais étonné	aviez étonné
étonnait	étonnaient	avait étonné	avaient étonné
3 passé simple		**10 passé antérieur**	
étonnai	étonnâmes	eus étonné	eûmes étonné
étonnas	étonnâtes	eus étonné	eûtes étonné
étonna	étonnèrent	eut étonné	eurent étonné
4 futur		**11 futur antérieur**	
étonnerai	étonnerons	aurai étonné	aurons étonné
étonneras	étonnerez	auras étonné	aurez étonné
étonnera	étonneront	aura étonné	auront étonné
5 conditionnel		**12 conditionnel passé**	
étonnerais	étonnerions	aurais étonné	aurions étonné
étonnerais	étonneriez	aurais étonné	auriez étonné
étonnerait	étonneraient	aurait étonné	auraient étonné
6 présent du subjonctif		**13 passé du subjonctif**	
étonne	étonnions	aie étonné	ayons étonné
étonnes	étonniez	aies étonné	ayez étonné
étonne	étonnent	ait étonné	aient étonné
7 imparfait du subjonctif		**14 plus-que-parfait du subjonctif**	
étonnasse	étonnassions	eusse étonné	eussions étonné
étonnasses	étonnassiez	eusses étonné	eussiez étonné
étonnât	étonnassent	eût étonné	eussent étonné

Impératif
étonne
étonnons
étonnez

Words related to this verb

étonnant, étonnante   astonishing
C'est bien étonnant!   It's quite astonishing!
l'étonnement *(m.)*   astonishment, amazement
s'étonner de   to be astonished at
Cela m'étonne!   That astonishes me!
Cela ne m'étonne pas!   That does not surprise me!

Consult the front and back pages for various sections on using verbs.

to daze, to stun, to make dizzy, to deafen, to bewilder

The Seven Simple Tenses		The Seven Compound Tenses	
Singular	Plural	Singular	Plural
1 présent de l'indicatif		8 passé composé	
étourdis	étourdissons	ai étourdi	avons étoudi
étourdis	étourdissez	as étourdi	avez étourdi
étourdit	étourdissent	a étourdi	ont étourdi
2 imparfait de l'indicatif		9 plus-que-parfait de l'indicatif	
étourdissais	étourdissions	avais étourdi	avions étourdi
étourdissais	étourdissiez	avais étourdi	aviez étourdi
étourdissait	étourdissaient	avait étourdi	avaient étourdi
3 passé simple		10 passé antérieur	
étourdis	étourdîmes	eus étourdi	eûmes étourdi
étourdis	étourdîtes	eus étourdi	eûtes étourdi
étourdit	étourdirent	eut étourdi	eurent étourdi
4 futur		11 futur antérieur	
étourdirai	étourdirons	aurai étourdi	aurons étourdi
étourdiras	étourdirez	auras étourdi	aurez étourdi
étourdira	étourdiront	aura étourdi	auront étourdi
5 conditionnel		12 conditionnel passé	
étourdirais	étourdirions	aurais étourdi	aurions étourdi
étourdirais	étourdiriez	aurais étourdi	auriez étourdi
étourdirait	étourdiraient	aurait étourdi	auraient étourdi
6 présent du subjonctif		13 passé du subjonctif	
étourdisse	étourdissions	aie étourdi	ayons étourdi
étourdisses	étourdissiez	aies étourdi	ayez étourdi
étourdisse	étourdissent	ait étourdi	aient étourdi
7 imparfait du subjonctif		14 plus-que-parfait du subjonctif	
étourdisse	étourdissions	eusse étourdi	eussions étourdi
étourdisses	étourdissiez	eusses étourdi	eussiez étourdi
étourdît	étourdissent	eût étourdi	eussent étourdi

Impératif
étourdis
étourdissons
étourdissez

Words and expressions related to this verb

s'étourdir to lose one's senses in some
kind of outlet; **boire pour s'étourdir**
to drink in order to forget
une étourderie thoughtlessness,
carelessness

un étourdissement giddiness; temporary
loss of one's senses
étourdiment thoughtlessly
étourdi, étourdie thoughtless, giddy
par étourderie by an oversight
étourdissant, étourdissante staggering, deafening

Consult the sections on verbs used in idiomatic expressions, verbs with prepositions, and the
list of over 1,000 verbs conjugated like model verbs in the back pages.

The subject pronouns are found on the page facing page 1.   **205**

to be

The Seven Simple Tenses		The Seven Compound Tenses	
Singular	Plural	Singular	Plural
1 présent de l'indicatif		**8 passé composé**	
suis	sommes	ai été	avons été
es	êtes	as été	avez été
est	sont	a été	ont été
2 imparfait de l'indicatif		**9 plus-que-parfait de l'indicatif**	
étais	étions	avais été	avions été
étais	étiez	avais été	aviez été
était	étaient	avait été	avaient été
3 passé simple		**10 passé antérieur**	
fus	fûmes	eus été	eûmes été
fus	fûtes	eus été	eûtes été
fut	furent	eut été	eurent été
4 futur		**11 futur antérieur**	
serai	serons	aurai été	aurons été
seras	serez	auras été	aurez été
sera	seront	aura été	auront été
5 conditionnel		**12 conditionnel passé**	
serais	serions	aurais été	aurions été
serais	seriez	aurais été	auriez été
serait	seraient	aurait été	auraient été
6 présent du subjonctif		**13 passé du subjonctif**	
sois	soyons	aie été	ayons été
sois	soyez	aies été	ayez été
soit	soient	ait été	aient été
7 imparfait du subjonctif		**14 plus-que-parfait du subjonctif**	
fusse	fussions	eusse été	eussions été
fusses	fussiez	eusses été	eussiez été
fût	fussent	eût été	eussent été

Impératif
sois
soyons
soyez

Common idiomatic expressions using this verb

être en train de + inf.   to be in the act of + pres. part., to be in the process of, to be
    busy + pres. part.;
    Mon père est en train d'écrire une lettre à mes grands-parents.

être à l'heure to be on time	**Je suis à vous** I am at your service.
être à temps to be in time	**Je suis d'avis que. . .** I am of the opinion
être pressé(e) to be in a hurry	that. . .
	être ou ne pas être to be or not to be

For more idiomatic expressions using this verb, consult the back pages.

The Seven Simple Tenses		The Seven Compound Tenses	
Singular	Plural	Singular	Plural
1 présent de l'indicatif		**8 passé composé**	
étudie	étudions	ai étudié	avons étudié
étudies	étudiez	as étudié	avez étudié
étudie	étudient	a étudié	ont étudié
2 imparfait de l'indicatif		**9 plus-que-parfait de l'indicatif**	
étudiais	étudiions	avais étudié	avions étudié
étudiais	étudiiez	avais étudié	aviez étudié
étudiait	étudiaient	avait étudié	avaient étudié
3 passé simple		**10 passé antérieur**	
étudiai	étudiâmes	eus étudié	eûmes étudié
étudias	étudiâtes	eus étudié	eûtes étudié
étudia	étudièrent	eut étudié	eurent étudié
4 futur		**11 futur antérieur**	
étudierai	étudierons	aurai étudié	aurons étudié
étudieras	étudierez	auras étudié	aurez étudié
étudiera	étudieront	aura étudié	auront étudié
5 conditionnel		**12 conditionnel passé**	
étudierais	étudierions	aurais étudié	aurions étudié
étudierais	étudieriez	aurais étudié	auriez étudié
étudierait	étudieraient	aurait étudié	auraient étudié
6 présent du subjonctif		**13 passé du subjonctif**	
étudie	étudiions	aie étudié	ayons étudié
étudies	étudiiez	aies étudié	ayez étudié
étudie	étudient	ait étudié	aient étudié
7 imparfait du subjonctif		**14 plus-que-parfait du subjonctif**	
étudiasse	étudiassions	eusse étudié	eussions étudié
étudiasses	étudiassiez	eusses étudié	eussiez étudié
étudiât	étudiassent	eût étudié	eussent étudié

Impératif
étudie
étudions
étudiez

Sentences using this verb and words related to it

Je connais une jeune fille qui étudie le piano depuis deux ans. Je connais un garçon qui étudie ses leçons à fond. Je connais un astronome qui étudie les étoiles dans le ciel depuis dix ans.

étudier à fond   to study thoroughly
un étudiant, une étudiante   student
l'étude (*f.*)   study; **les études**   studies
faire ses études   to study, to go to school
à l'étude   under consideration, under study

s'étudier   to analyze oneself
étudier qqch de près   to study something closely
s'amuser au lieu d'étudier   to have a good time instead of studying

to evaluate, to appraise, to assess, to estimate

The Seven Simple Tenses		The Seven Compound Tenses	
Singular	Plural	Singular	Plural
1 présent de l'indicatif		**8 passé composé**	
évalue	évaluons	ai évalué	avons évalué
évalues	évaluez	as évalué	avez évalué
évalue	évaluent	a évalué	ont évalué
2 imparfait de l'indicatif		**9 plus-que-parfait de l'indicatif**	
évaluais	évaluions	avais évalué	avions évalué
évaluais	évaluiez	avais évalué	aviez évalué
évaluait	évaluaient	avait évalué	avaient évalué
3 passé simple		**10 passé antérieur**	
évaluai	évaluâmes	eus évalué	eûmes évalué
évaluas	évaluâtes	eus évalué	eûtes évalué
évalua	évaluèrent	eut évalué	eurent évalué
4 futur		**11 futur antérieur**	
évaluerai	évaluerons	aurai évalué	aurons évalué
évalueras	évaluerez	auras évalué	aurez évalué
évaluera	évalueront	aura évalué	auront évalué
5 conditionnel		**12 conditionnel passé**	
évaluerais	évaluerions	aurais évalué	aurions évalué
évaluerais	évalueriez	aurais évalué	auriez évalué
évaluerait	évalueraient	aurait évalué	auraient évalué
6 présent du subjonctif		**13 passé du subjonctif**	
évalue	évaluions	aie évalué	ayons évalué
évalues	évaluiez	aies évalué	ayez évalué
évalue	évaluent	ait évalué	aient évalué
7 imparfait du subjonctif		**14 plus-que-parfait du subjonctif**	
évaluasse	évaluassions	eusse évalué	eussions évalué
évaluasses	évaluassiez	eusses évalué	eussiez évalué
évaluât	évaluassent	eût évalué	eussent évalué

Impératif
évalue
évaluons
évaluez

Words and expressions related to this verb

une évaluation evaluation, estimate, assessment
de valeur valuable, of value
valable valid
mettre en valeur to emphasize, to enhance

faire évaluer qqch par un expert to have something appraised by an expert
valablement validly
valeureusement valorously
la valeur value, valor

Consult the sections on verbs used in idiomatic expressions, verbs with prepositions, and the list of over 1,000 verbs conjugated like model verbs in the back pages.

to faint, to lose consciousness, to swoon, to vanish

The Seven Simple Tenses		The Seven Compound Tenses	
Singular	Plural	Singular	Plural
1 présent de l'indicatif		**8 passé composé**	
m'évanouis	nous évanouissons	me suis évanoui(e)	nous sommes évanoui(e)s
t'évanouis	vous évanouissez	t'es évanoui(e)	vous êtes évanoui(e)(s)
s'évanouit	s'évanouissent	s'est évanoui(e)	se sont évanoui(e)s
2 imparfait de l'indicatif		**9 plus-que-parfait de l'indicatif**	
m'évanouissais	nous évanouissions	m'étais évanoui(e)	nous étions évanoui(e)s
t'évanouissais	vous évanouissiez	t'étais évanoui(e)	vous étiez évanoui(e)(s)
s'évanouissait	s'évanouissaient	s'était évanoui(e)	s'étaient évanoui(e)s
3 passé simple		**10 passé antérieur**	
m'évanouis	nous évanouîmes	me fus évanoui(e)	nous fûmes évanoui(e)s
t'évanouis	vous évanouîtes	te fus évanoui(e)	vous fûtes évanoui(e)(s)
s'évanouit	s'évanouirent	se fut évanoui(e)	se furent évanoui(e)s
4 futur		**11 futur antérieur**	
m'évanouirai	nous évanouirons	me serai évanoui(e)	nous serons évanoui(e)s
t'évanouiras	vous évanouirez	te seras évanoui(e)	vous serez évanoui(e)(s)
s'évanouira	s'évanouiront	se sera évanoui(e)	se seront évanoui(e)s
5 conditionnel		**12 conditionnel passé**	
m'évanouirais	nous évanouirions	me serais évanoui(e)	nous serions évanoui(e)s
t'évanouirais	vous évanouiriez	te serais évanoui(e)	vous seriez évanoui(e)(s)
s'évanouirait	s'évanouiraient	se serait évanoui(e)	se seraient évanoui(e)s
6 présent du subjonctif		**13 passé du subjonctif**	
m'évanouisse	nous évanouissions	me sois évanoui(e)	nous soyons évanoui(e)s
t'évanouisses	vous évanouissiez	te sois évanoui(e)	vous soyez évanoui(e)(s)
s'évanouisse	s'évanouissent	se soit évanoui(e)	se soient évanoui(e)s
7 imparfait du subjonctif		**14 plus-que-parfait du subjonctif**	
m'évanouisse	nous évanouissions	me fusse évanoui(e)	nous fussions évanoui(e)s
t'évanouisses	vous évanouissiez	te fusses évanoui(e)	vous fussiez évanoui(e)(s)
s'évanouît	s'évanouissent	se fût évanoui(e)	se fussent évanoui(e)s

Impératif
évanouis-toi; ne t'évanouis pas
évanouissons-nous; ne nous évanouissons pas
évanouissez-vous; ne vous évanouissez pas

Words and expressions related to this verb

un évanouissement faint, fading
un rêve évanoui vanished dream
tomber évanoui, évanouie to faint, to pass out

évanoui, évanouie unconscious, fainted, in a faint; vanished
revenir d'un évanouissement to come out of a faint

Consult the sections on verbs used in idiomatic expressions, verbs with prepositions, and the list of over 1,000 verbs conjugated like model verbs in the back pages.

to avoid

The Seven Simple Tenses		The Seven Compound Tenses	
Singular	Plural	Singular	Plural
1 présent de l'indicatif		8 passé composé	
évite	évitons	ai évité	avons évité
évites	évitez	as évité	avez évité
évite	évitent	a évité	ont évité
2 imparfait de l'indicatif		9 plus-que-parfait de l'indicatif	
évitais	évitions	avais évité	avions évité
évitais	évitiez	avais évité	aviez évité
évitait	évitaient	avait évité	avaient évité
3 passé simple		10 passé antérieur	
évitai	évitâmes	eus évité	eûmes évité
évitas	évitâtes	eus évité	eûtes évité
évita	évitèrent	eut évité	eurent évité
4 futur		11 futur antérieur	
éviterai	éviterons	aurai évité	aurons évité
éviteras	éviterez	auras évité	aurez évité
évitera	éviteront	aura évité	auront évité
5 conditionnel		12 conditionnel passé	
éviterais	éviterions	aurais évité	aurions évité
éviterais	éviteriez	aurais évité	auriez évité
éviterait	éviteraient	aurait évité	auraient évité
6 présent du subjonctif		13 passé du subjonctif	
évite	évitions	aie évité	ayons évité
évites	évitiez	aies évité	ayez évité
évite	évitent	ait évité	aient évité
7 imparfait du subjonctif		14 plus-que-parfait du subjonctif	
évitasse	évitassions	eusse évité	eussions évité
évitasses	évitassiez	eusses évité	eussiez évité
évitât	évitassent	eût évité	eussent évité

Impératif
évite
évitons
évitez

Words and expressions related to this verb

éviter de faire qqch   to avoid doing something
éviter à qqn la peine de faire qqch   to spare someone the trouble of doing something
évitable   avoidable
inévitable   inevitable, unavoidable
inévitablement   inevitably, unavoidably

Consult the sections on verbs used in idiomatic expressions, verbs with prepositions, and the list of over 1,000 verbs conjugated like model verbs in the back pages.

The Seven Simple Tenses		The Seven Compound Tenses

Singular	Plural	Singular	Plural

1   présent de l'indicatif

		8 passé composé	
excuse	excusons	ai excusé	avons excué
excuses	excusez	as excusé	avez excusé
excuse	excusent	a excusé	ont excusé

2   imparfait de l'indicatif

		9 plus-que-parfait de l'indicatif	
excusais	excusions	avais excusé	avions excusé
excusais	excusiez	avais excusé	aviez excusé
excusait	excusaient	avait excusé	avaient excusé

3   passé simple

		10 passé antérieur	
excusai	excusâmes	eus excusé	eûmes excusé
excusas	excusâtes	eus excusé	eûtes excusé
excusa	excusèrent	eut excusé	eurent excusé

4   futur

		11 futur antérieur	
excuserai	excuserons	aurai excusé	aurons excusé
excuseras	excuserez	auras excusé	aurez excusé
excusera	excuseront	aura excusé	auront excusé

5   conditionnel

		12 conditionnel passé	
excuserais	excuserions	aurais excusé	aurions excusé
excuserais	excuseriez	aurais excusé	auriez excusé
excuserait	excuseraient	aurait excusé	auraient excusé

6   présent du subjonctif

		13 passé du subjonctif	
excuse	excusions	aie excusé	ayons excusé
excuses	excusiez	aies excusé	ayez excusé
excuse	excusent	ait excusé	aient excusé

7   imparfait du subjonctif

		14 plus-que-parfait du subjonctif	
excusasse	excusassions	eusse excusé	eussions excusé
excuasasses	excusassiez	eusses excusé	eussiez excusé
excusât	excusassent	eût excusé	eussent excusé

Impératif
excuse
excusons
excusez

Words and expressions related to this verb

excuser de   to excuse from (for)
excuser qqn de faire qqch   to excuse someone from doing something; to excuse someone's
   doing something
se faire excuser   to ask to be excused
une excuse   excuse
faire ses excuses à qqn pour qqch   to apologize to someone for something

See also **s'excuser.**

Consult the sections on verbs used in idiomatic expressions, verbs with prepositions, and the
list of over 1,000 verbs conjugated like model verbs in the back pages.

The subject pronouns are found on the page facing page 1.   **211**

s’excuser

Part. pr. s’excusant   **Part. passé** excusé(e)(s)

to excuse oneself, to apologize

The Seven Simple Tenses		The Seven Compound Tenses	
Singular	Plural	Singular	Plural
1 présent de l’indicatif		**8 passé composé**	
m’excuse	nous excusons	me suis excusé(e)	nous sommes excusé(e)s
t’excuses	vous excusez	t’es excusé(e)	vous êtes excusé(e)(s)
s’excuse	s’excusent	s’est excusé(e)	se sont excusé(e)s
2 imparfait de l’indicatif		**9 plus-que-parfait de l’indicatif**	
m’excusais	nous excusions	m’étais excusé(e)	nous étions excusé(e)s
t’excusais	vous excusiez	t’étais excusé(e)	vous étiez excusé(e)(s)
s’excusait	s’excusaient	s’était excusé(e)	s’étaient excusé(e)s
3 passé simple		**10 passé antérieur**	
m’excusai	nous excusâmes	me fus excusé(e)	nous fûmes excusé(e)s
t’excusas	vous excusâtes	te fus excusé(e)	vous fûtes excusé(e)(s)
s’excusa	s’excusèrent	se fut excusé(e)	se furent excusé(e)s
4 futur		**11 futur antérieur**	
m’excuserai	nous excuserons	me serai excusé(e)	nous serons excusé(e)s
t’excuseras	vous excuserez	te seras excusé(e)	vous serez excusé(e)(s)
s’excusera	s’excuseront	se sera excusé(e)	se seront excusé(e)s
5 conditionnel		**12 conditionnel passé**	
m’excuserais	nous excuserions	me serais excusé(e)	nous serions excusé(e)s
t’excuserais	vous excuseriez	te serais excusé(e)	vous seriez excusé(e)(s)
s’excuserait	s’excuseraient	se serait excusé(e)	se seraient excusé(e)s
6 présent du subjonctif		**13 passé du subjonctif**	
m’excuse	nous excusions	me sois excusé(e)	nous soyons excusé(e)s
t’excuses	vous excusiez	te sois excusé(e)	vous soyez excusé(e)(s)
s’excuse	s’excusent	se soit excusé(e)	se soient excusé(e)s
7 imparfait du subjonctif		**14 plus-que-parfait du subjonctif**	
m’excusasse	nous excusassions	me fusse excusé(e)	nous fussions excusé(e)s
t’excusasses	vous excusassiez	te fusses excusé(e)	vous fussiez excusé(e)(s)
s’excusât	s’excusassent	se fût excusé(e)	se fussent excusé(e)s

Impératif
excuse-toi; ne t’excuse pas
excusons-nous; ne nous excusons pas
excusez-vous; ne vous excusez pas

Sentences using this verb and words and expressions related to it

L’élève: **Je m’excuse, madame. Excusez-moi. Je m’excuse de vous déranger.
Est-ce que vous m’excusez? Est-ce que je vous dérange?**
La maîtresse: **Oui, je t’excuse. Non, tu ne me déranges pas. Que veux-tu?**
L’élève: **Est-ce que je peux quitter la salle de classe pour aller aux toilettes?**
La maîtresse: **Oui, vas-y.**

s’excuser de   to apologize for
Veuillez m’excuser   Please (Be good enough to) excuse me.
Qui s’excuse s’accuse   A guilty conscience needs no accuser.

212

to demand, to require

The Seven Simple Tenses		The Seven Compound Tenses	
Singular	Plural	Singular	Plural
1 présent de l'indicatif		**8 passé composé**	
exige	exigeons	ai exigé	avons exigé
exiges	exigez	as exigé	avez exigé
exige	exigent	a exigé	ont exigé
2 imparfait de l'indicatif		**9 plus-que-parfait de l'indicatif**	
exigeais	exigions	avais exigé	avions exigé
exigeais	exigiez	avais exigé	aviez exigé
exigeait	exigeaient	avait exigé	avaient exigé
3 passé simple		**10 passé antérieur**	
exigeai	exigeâmes	eus exigé	eûmes exigé
exigeas	exigeâtes	eus exigé	eûtes exigé
exigea	exigèrent	eut exigé	eurent exigé
4 futur		**11 futur antérieur**	
exigerai	exigerons	aurai exigé	aurons exigé
exigeras	exigerez	auras exigé	aurez exigé
exigera	exigeront	aura exigé	auront exigé
5 conditionnel		**12 conditionnel passé**	
exigerais	exigerions	aurais exigé	aurions exigé
exigerais	exigeriez	aurais exigé	auriez exigé
exigerait	exigeraient	aurait exigé	auraient exigé
6 présent du subjonctif		**13 passé du subjonctif**	
exige	exigions	aie exigé	ayons exigé
exiges	exigiez	aies exigé	ayez exigé
exige	exigent	ait exigé	aient exigé
7 imparfait du subjonctif		**14 plus-que-parfait du subjonctif**	
exigeasse	exigeassions	eusse exigé	eussions exigé
exigeasses	exigeassiez	eusses exigé	eussiez exigé
exigeât	exigeassent	eût exigé	eussent exigé

Impératif
exige
exigeons
exigez

Sentences using this verb and words related to it

La maîtresse de français: Paul, viens ici. Ta composition est pleine de fautes.
                              J'exige que tu la refasses. Rends-la-moi dans dix minutes.
               L'élève: Ce n'est pas de ma faute, madame. C'est mon père qui l'a écrite.
                              Dois-je la refaire?

exigeant, exigeante   exacting
l'exigence (f.)   exigency
exiger des soins attentifs   to demand great care
les exigences   requirements

The subject pronouns are found on the page facing page 1.   **213**

to explain

The Seven Simple Tenses		The Seven Compound Tenses	
Singular	Plural	Singular	Plural
1 présent de l'indicatif		**8 passé composé**	
explique	expliquons	ai expliqué	avons expliqué
expliques	expliquez	as expliqué	avez expliqué
explique	expliquent	a expliqué	ont expliqué
2 imparfait de l'indicatif		**9 plus-que-parfait de l'indicatif**	
expliquais	expliquions	avais expliqué	avions expliqué
expliquais	expliquiez	avais expliqué	aviez expliqué
expliquait	expliquaient	avait expliqué	avaient expliqué
3 passé simple		**10 passé antérieur**	
expliquai	expliquâmes	eus expliqué	eûmes expliqué
expliquas	expliquâtes	eus expliqué	eûtes expliqué
expliqua	expliquèrent	eut expliqué	eurent expliqué
4 futur		**11 futur antérieur**	
expliquerai	expliquerons	aurai expliqué	aurons expliqué
expliqueras	expliquerez	auras expliqué	aurez expliqué
expliquera	expliqueront	aura expliqué	auront expliqué
5 conditionnel		**12 conditionnel passé**	
expliquerais	expliquerions	aurais expliqué	aurions expliqué
expliquerais	expliqueriez	aurais expliqué	auriez expliqué
expliquerait	expliqueraient	aurait expliqué	auraient expliqué
6 présent du subjonctif		**13 passé du subjonctif**	
explique	expliquions	aie expliqué	ayons expliqué
expliques	expliquiez	aies expliqué	ayez expliqué
explique	expliquent	ait expliqué	aient expliqué
7 imparfait du subjonctif		**14 plus-que-parfait du subjonctif**	
expliquasse	expliquassions	eusse expliqué	eussions expliqué
expliquasses	expliquassiez	eusses expliqué	eussiez expliqué
expliquât	expliquassent	eût expliqué	eussent expliqué

Impératif
explique
expliquons
expliquez

Words related to this verb

explicite explicit   **explicable** explainable
explicitement explicitly   **explicatif, explicative** explanatory
l'explication *(f.)* explanation   **s'expliciter** to be explicit
une explication de texte interpretation,
   critical analysis of a text

Note the difference in meaning in the following two sentences. See p. xxii (b).

J'ai étudié la leçon que le professeur avait expliquée.   I studied the lesson that the teacher had explained.

J'avais étudié la leçon que le professeur a expliquée.   I had studied the lesson that the teacher explained.

The Seven Simple Tenses		The Seven Compound Tenses	
Singular	Plural	Singular	Plural
·1 présent de l'indicatif		8 passé composé	
exprime	exprimons	ai exprimé	avons exprimé
exprimes	exprimez	as exprimé	avez exprimé
exprime	expriment	a exprimé	ont exprimé
2 imparfait de l'indicatif		9 plus-que-parfait de l'indicatif	
exprimais	exprimions	avais exprimé	avions exprimé
exprimais	exprimiez	avais exprimé	aviez exprimé
exprimait	exprimaient	avait exprimé	avaient exprimé
3 passé simple		10 passé antérieur	
exprimai	exprimâmes	eus exprimé	eûmes exprimé
exprimas	exprimâtes	eus exprimé	eûtes exprimé
exprima	exprimèrent	eut exprimé	eurent exprimé
4 futur		11 futur antérieur	
exprimerai	exprimerons	aurai exprimé	aurons exprimé
exprimeras	exprimerez	auras exprimé	aurez exprimé
exprimera	exprimeront	aura exprimé	auront exprimé
5 conditionnel		12 conditionnel passé	
exprimerais	exprimerions	aurais exprimé	aurions exprimé
exprimerais	exprimeriez	aurais exprimé	auriez exprimé
exprimerait	exprimeraient	aurait exprimé	auraient exprimé
6 présent du subjonctif		13 passé du subjonctif	
exprime	exprimions	aie exprimé	ayons exprimé
exprimes	exprimiez	aies exprimé	ayez exprimé
exprime	expriment	ait exprimé	aient exprimé
7 imparfait du subjonctif		14 plus-que-parfait du subjonctif	
exprimasse	exprimassions	eusse exprimé	eussions exprimé
exprimasses	exprimassiez	eusses exprimé	eussiez exprimé
exprimât	exprimassent	eût exprimé	eussent exprimé

Impératif
exprime
exprimons
exprimez

Words and expressions related to this verb

exprimer ses voeux   to express (convey) one's wishes

exprimable   expressible

une expression   expression; **expression des sentiments**   expression of feelings

s'exprimer   to express oneself

s'exprimer par gestes   to express oneself with gestures

Consult the sections on verbs used in idiomatic expressions, verbs with prepositions, and the list of over 1,000 verbs conjugated like model verbs in the back pages.

se fâcher

to become angry, to get angry

The Seven Simple Tenses		The Seven Compound Tenses	
Singular	Plural	Singular	Plural
1 présent de l'indicatif		**8 passé composé**	
me fâche	nous fâchons	me suis fâché(e)	nous sommes fâché(e)s
te fâches	vous fâchez	t'es fâché(e)	vous êtes fâché(e)(s)
se fâche	se fâchent	s'est fâché(e)	se sont fâché(e)s
2 imparfait de l'indicatif		**9 plus-que-parfait de l'indicatif**	
me fâchais	nous fâchions	m'étais fâché(e)	nous étions fâché(e)s
te fâchais	vous fâchiez	t'étais fâché(e)	vous étiez fâché(e)(s)
se fâchait	se fâchaient	s'était fâché(e)	s'étaient fâché(e)s
3 passé simple		**10 passé antérieur**	
me fâchai	nous fâchâmes	me fus fâché(e)	nous fûmes fâché(e)s
te fâchas	vous fâchâtes	te fus fâché(e)	vous fûtes fâché(e)(s)
se fâcha	se fâchèrent	se fut fâché(e)	se furent fâché(e)s
4 futur		**11 futur antérieur**	
me fâcherai	nous fâcherons	me serai fâché(e)	nous serons fâché(e)s
te fâcheras	vous fâcherez	te seras fâché(e)	vous serez fâché(e)(s)
se fâchera	se fâcheront	se sera fâché(e)	se seront fâché(e)s
5 conditionnel		**12 conditionnel passé**	
me fâcherais	nous fâcherions	me serais fâché(e)	nous serions fâché(e)s
te fâcherais	vous fâcheriez	te serais fâché(e)	vous seriez fâché(e)(s)
se fâcherait	se fâcheraient	se serait fâché(e)	se seraient fâché(e)s
6 présent du subjonctif		**13 passé du subjonctif**	
me fâche	nous fâchions	me sois fâché(e)	nous soyons fâché(e)s
te fâches	vous fâchiez	te sois fâché(e)	vous soyez fâché(e)(s)
se fâche	se fâchent	se soit fâché(e)	se soient fâché(e)s
7 imparfait du subjonctif		**14 plus-que-parfait du subjonctif**	
me fâchasse	nous fâchassions	me fusse fâché(e)	nous fussions fâché(e)s
te fâchasses	vous fâchassiez	te fusses fâché(e)	vous fussiez fâché(e)(s)
se fâchât	se fâchassent	se fût fâché(e)	se fussent fâché(e)s

Impératif
fâche-toi; ne te fâche pas
fâchons-nous; ne nous fâchons pas
fâchez-vous; ne vous fâchez pas

Words and expressions related to this verb

fâcher qqn to anger someone, to offend someone

se fâcher contre qqn to become angry at someone

une fâcherie tiff, quarrel

C'est fâcheux! It's a nuisance! It's annoying!

fâcheusement awkwardly, unfortunately

se fâcher tout rouge to turn red with anger

Try the verb tests (with answers explained) in the back pages.

to fail, to almost (do something)

The Seven Simple Tenses		The Seven Compound Tenses	
Singular	Plural	Singular	Plural
1 présent de l'indicatif		**8 passé composé**	
faux	faillons	ai failli	avons failli
faux	faillez	as failli	avez failli
faut	faillent	a failli	ont failli
2 imparfait de l'indicatif		**9 plus-que-parfait de l'indicatif**	
faillais	faillions	avais failli	avions failli
faillais	failliez	avais failli	aviez failli
faillait	faillaient	avait failli	avaient failli
3 passé simple		**10 passé antérieur**	
faillis	faillîmes	eus failli	eûmes failli
faillis	faillîtes	eus failli	eûtes failli
faillit	faillirent	eut failli	eurent failli
4 futur		**11 futur antérieur**	
faillirai or faudrai	faillirons or faudrons	aurai failli	aurons failli
failliras or faudras	faillirez or faudrez	auras failli	aurez failli
faillira or faudra	failliront or faudront	aura failli	auront failli
5 conditionnel		**12 conditionnel passé**	
faillirais or faudrais	faillirions or faudrions	aurais failli	aurions failli
faillirais or faudrais	failliriez or faudriez	aurais failli	auriez failli
faillirait or faudrait	failliraient or faudraient	aurait failli	auraient failli
6 présent du subjonctif		**13 passé du subjonctif**	
faille	faillions	aie failli	ayons failli
failles	failliez	aies failli	ayez failli
faille	faillent	ait failli	aient failli
7 imparfait du subjonctif		**14 plus-que-parfait du subjonctif**	
faillisse	faillissions	eusse failli	eussions failli
faillisses	faillissiez	eusses failli	eussiez failli
faillît	faillissent	eût failli	eussent failli

Impératif
[not in use]

Words and expressions related to this verb

la faillite   bankruptcy, failure
failli, faillie   bankrupt
J'ai failli tomber   I almost fell,
faire faillite   to go bankrupt

défaillir   to weaken, to faint
défaillant, défaillante   feeble
une défaillance   faint (swoon)
être en faillite   to be bankrupt

The conjugated forms of this verb are used most of the time in the **passé simple** and compound tenses. The other tenses are rarely used.

to do, to make

The Seven Simple Tenses		The Seven Compound Tenses	
Singular	Plural	Singular	Plural
1 présent de l'indicatif		**8 passé composé**	
fais	faisons	ai fait	avons fait
fais	faites	as fait	avez fait
fait	font	a fait	ont fait
2 imparfait de l'indicatif		**9 plus-que-parfait de l'indicatif**	
faisais	faisions	avais fait	avions fait
faisais	faisiez	avais fait	aviez fait
faisait	faisaient	avait fait	avaient fait
3 passé simple		**10 passé antérieur**	
fis	fîmes	eus fait	eûmes fait
fis	fîtes	eus fait	eûtes fait
fit	firent	eut fait	eurent fait
4 futur		**11 futur antérieur**	
ferai	ferons	aurai fait	aurons fait
feras	ferez	auras fait	aurez fait
fera	feront	aura fait	auront fait
5 conditionnel		**12 conditionnel passé**	
ferais	ferions	aurais fait	aurions fait
ferais	feriez	aurais fait	auriez fait
ferait	feraient	aurait fait	auraient fait
6 présent du subjonctif		**13 passé du subjonctif**	
fasse	fassions	aie fait	ayons fait
fasses	fassiez	aies fait	ayez fait
fasse	fassent	ait fait	aient fait
7 imparfait du subjonctif		**14 plus-que-parfait du subjonctif**	
fisse	fissions	eusse fait	eussions fait
fisses	fissiez	eusses fait	eussiez fait
fît	fissent	eût fait	eussent fait

Impératif
fais
faisons
faites

Common idiomatic expressions using this verb

faire beau to be beautiful weather
faire chaud to be warm weather
faire froid to be cold weather
faire de l'autostop to hitchhike
faire attention à qqn ou à qqch to pay
   attention to someone or to something

**Madame Reed fait travailler ses élèves
dans la classe de français** Mrs. Reed
makes her students work in French
class.
le savoir-faire know-how, ability, tact

For more idioms using this verb, see the back pages for the section on verbs used in idiomatic
expressions.

to be necessary, must, to be lacking to (à), to need

The Seven Simple Tenses	The Seven Compound Tenses
Singular Plural	Singular Plural
1 présent de l'indicatif **il faut**	8 passé composé **il a fallu**
2 imparfait de l'indicatif **il fallait**	9 plus-que-parfait de l'indicatif **il avait fallu**
3 passé simple **il fallut**	10 passé antérieur **il eut fallu**
4 futur **il faudra**	11 futur antérieur **il aura fallu**
5 conditionnel **il faudrait**	12 conditionnel passé **il aurait fallu**
6 présent du subjonctif **qu'il faille**	13 passé du subjonctif **qu'il ait fallu**
7 imparfait du subjonctif **qu'il fallût**	14 plus-que-parfait du subjonctif **qu'il eût fallu**

Impératif
[not in use]

Common idiomatic expressions using this verb

Il faut que je fasse mes leçons avant de regarder la télé. Il faut me coucher tôt parce qu'il faut me lever tôt. Il faut faire attention en classe, et il faut être sage. Si je fais toutes ces choses, je serai récompensé.

comme il faut   as is proper
agir comme il faut   to behave properly
Il me faut de l'argent   I need some
  money.

Il faut manger pour vivre   It is necessary
  to eat in order to live.
Il ne faut pas parler sans politesse   One must
  not talk impolitely.

This is an impersonal verb and is used in the tenses given above with the subject *il*.

The subject pronouns are found on the page facing page 1.

219

to congratulate

The Seven Simple Tenses		The Seven Compound Tenses	
Singular	Plural	Singular	Plural

1 présent de l'indicatif

		8 passé composé	
félicite	félicitons	ai félicité	avons félicité
félicites	félicitez	as félicité	avez félicité
félicite	félicitent	a félicité	ont félicité

2 imparfait de l'indicatif

		9 plus-que-parfait de l'indicatif	
félicitais	félicitions	avais félicité	avions félicité
félicitais	félicitiez	avais félicité	aviez félicité
félicitait	félicitaient	avait félicité	avaient félicité

3 passé simple

		10 passé antérieur	
félicitai	félicitâmes	eus félicité	eûmes félicité
félicitas	félicitâtes	eus félicité	eûtes félicité
félicita	félicitèrent	eut félicité	eurent félicité

4 futur

		11 futur antérieur	
féliciterai	féliciterons	aurai félicité	aurons félicité
féliciteras	féliciterez	auras félicité	aurez félicité
félicitera	féliciteront	aura félicité	auront félicité

5 conditionnel

		12 conditionnel passé	
féliciterais	féliciterions	aurais félicité	aurions félicité
féliciterais	féliciteriez	aurais félicité	auriez félicité
féliciterait	féliciteraient	aurait félicité	auraient félicité

6 présent du subjonctif

		13 passé du subjonctif	
félicite	félicitions	aie félicité	ayons félicité
félicites	félicitiez	aies félicité	ayez félicité
félicite	félicitent	ait félicité	aient félicité

7 imparfait du subjonctif

		14 plus-que-parfait du subjonctif	
félicitasse	félicitassions	eusse félicité	eussions félicité
félicitasses	félicitassiez	eusses félicité	eussiez félicité
félicitât	félicitassent	eût félicité	eussent félicité

Impératif
félicite
félicitons
félicitez

Words and expressions related to this verb

féliciter qqn de qqch to congratulate someone for something
Je vous félicite! I congratulate you!
la félicitation congratulation
Félicitations! Congratulations!
se féliciter de qqch to congratulate oneself about something
la félicité bliss, felicity, happiness

Consult the sections on verbs used in idiomatic expressions, verbs with prepositions, and the list of over 1,000 verbs conjugated like model verbs in the back pages.

to feign, to make believe, to pretend, to simulate

The Seven Simple Tenses		The Seven Compound Tenses	
Singular	Plural	Singular	Plural
1 présent de l'indicatif		8 passé composé	
feins	feignons	ai feint	avons feint
feins	feignez	as feint	avez feint
feint	feignent	a feint	ont feint
2 imparfait de l'indicatif		9 plus-que-parfait de l'indicatif	
feignais	feignions	avais feint	avions feint
feignais	feigniez	avais feint	aviez feint
feignait	feignaient	avait feint	avaient feint
3 passé simple		10 passé antérieur	
feignis	feignîmes	eus feint	eûmes feint
feignis	feignîtes	eus feint	eûtes feint
feignit	feignirent	eut feint	eurent feint
4 futur		11 futur antérieur	
feindrai	feindrons	aurai feint	aurons feint
feindras	feindrez	auras feint	aurez feint
feindra	feindront	aura feint	auront feint
5 conditionnel		12 conditionnel passé	
feindrais	feindrions	aurais feint	aurions feint
feindrais	feindriez	aurais feint	auriez feint
feindrait	feindraient	aurait feint	auraient feint
6 présent du subjonctif		13 passé du subjonctif	
feigne	feignions	aie feint	ayons feint
feignes	feigniez	aies feint	ayez feint
feigne	feignent	ait feint	aient feint
7 imparfait du subjonctif		14 plus-que-parfait du subjonctif	
feignisse	feignissions	eusse feint	eussions feint
feignisses	feignissiez	eusses feint	eussiez feint
feignît	feignissent	eût feint	eussent feint

Impératif
feins
feignons
feignez

Words and expressions related to this verb

feint, feinte   feigned, pretended
la feinte   pretense, sham
feinter   to feint, to fake
feindre la colère   to pretend to be angry

feignant, feignante   lazy
sans feinte   without pretense
feinter qqn   to fool someone
faire une feinte à qqn   to fool someone

Consult the sections on verbs used in idiomatic expressions, verbs with prepositions, and the list of over 1,000 verbs conjugated like model verbs in the back pages.

fendre
Part. pr. fendant **Part. passé fendu**

to split, to crack, to cleave

The Seven Simple Tenses		The Seven Compound Tenses	
Singular	Plural	Singular	Plural
1 présent de l'indicatif		**8 passé composé**	
fends	fendons	ai fendu	avons fendu
fends	fendez	as fendu	avez fendu
fend	fendent	a fendu	ont fendu
2 imparfait de l'indicatif		**9 plus-que-parfait de l'indicatif**	
fendais	fendions	avais fendu	avions fendu
fendais	fendiez	avais fendu	aviez fendu
fendait	fendaient	avait fendu	avaient fendu
3 passé simple		**10 passé antérieur**	
fendis	fendîmes	eus fendu	eûmes fendu
fendis	fendîtes	eus fendu	eûtes fendu
fendit	fendirent	eut fendu	eurent fendu
4 futur		**11 futur antérieur**	
fendrai	fendrons	aurai fendu	aurons fendu
fendras	fendrez	auras fendu	aurez fendu
fendra	fendront	aura fendu	auront fendu
5 conditionnel		**12 conditionnel passé**	
fendrais	fendrions	aurais fendu	aurions fendu
fendrais	fendriez	aurais fendu	auriez fendu
fendrait	fendraient	aurait fendu	auraient fendu
6 présent du subjonctif		**13 passé du subjonctif**	
fende	fendions	aie fendu	ayons fendu
fendes	fendiez	aies fendu	ayez fendu
fende	fendent	ait fendu	aient fendu
7 imparfait du subjonctif		**14 plus-que-parfait du subjonctif**	
fendisse	fendissions	eusse fendu	eussions fendu
fendisses	fendissiez	eusses fendu	eussiez fendu
fendît	fendissent	eût fendu	eussent fendu

Impératif
fends
fendons
fendez

Common idiomatic expressions using this verb and words related to it

fendre un mur   to make a crack in a wall
une fente   crack, split, slot
se fendre de chagrin
   to feel heartbroken

fendre du bois   to split wood
fendre son coeur   to break one's heart
un fendoir   cleaver
à fendre l'âme   enough to break one's spirit,
   to crush one's heart

Consult the sections on verbs used in idiomatic expressions, verbs with prepositions, and the list of over 1,000 verbs conjugated like model verbs in the back pages.

The Seven Simple Tenses		The Seven Compound Tenses	
Singular	Plural	Singular	Plural
1 présent de l'indicatif		**8 passé composé**	
ferme	**fermons**	**ai fermé**	**avons fermé**
fermes	**fermez**	**as fermé**	**avez fermé**
ferme	**ferment**	**a fermé**	**ont fermé**
2 imparfait de l'indicatif		**9 plus-que-parfait de l'indicatif**	
fermais	**fermions**	**avais fermé**	**avions fermé**
fermais	**fermiez**	**avais fermé**	**aviez fermé**
fermait	**fermaient**	**avait fermé**	**avaient fermé**
3 passé simple		**10 passé antérieur**	
fermai	**fermâmes**	**eus fermé**	**eûmes fermé**
fermas	**fermâtes**	**eus fermé**	**eûtes fermé**
ferma	**fermèrent**	**eut fermé**	**eurent fermé**
4 futur		**11 futur antérieur**	
fermerai	**fermerons**	**aurai fermé**	**aurons fermé**
fermeras	**fermerez**	**auras fermé**	**aurez fermé**
fermera	**fermeront**	**aura fermé**	**auront fermé**
5 conditionnel		**12 conditionnel passé**	
fermerais	**fermerions**	**aurais fermé**	**aurions fermé**
fermerais	**fermeriez**	**aurais fermé**	**auriez fermé**
fermerait	**fermeraient**	**aurait fermé**	**auraient fermé**
6 présent du subjonctif		**13 passé du subjonctif**	
ferme	**fermions**	**aie fermé**	**ayons fermé**
fermes	**fermiez**	**aies fermé**	**ayez fermé**
ferme	**ferment**	**ait fermé**	**aient fermé**
7 imparfait du subjonctif		**14 plus-que-parfait du subjonctif**	
fermasse	**fermassions**	**eusse fermé**	**eussions fermé**
fermasses	**fermassiez**	**eusses fermé**	**eussiez fermé**
fermât	**fermassent**	**eût fermé**	**eussent fermé**

Impératif
ferme
fermons
fermez

Sentences using this verb and words and expressions related to it

Georges est rentré tard hier soir. Il a ouvert la porte, puis il l'a fermée. Il a ouvert la garde-robe pour y mettre son manteau, son chapeau et ses gants et il l'a fermée. Il a ouvert la fenêtre mais il ne l'a pas fermée parce qu'il faisait trop chaud dans sa chambre et il ne peut pas dormir dans une chambre où l'air est lourd.

enfermer	to shut in	**renfermer**	to enclose
fermer à clef	to lock	**une fermeture**	closing, shutting
fermer au verrou	to bolt	**une fermeture éclair, une fermeture à glissière**	
Ferme-la!	Shut up! Zip it!		zipper
fermer le robinet	to turn off the tap	**l'heure de fermer**	closing time

to depend on, to rely on, to trust in

The Seven Simple Tenses		The Seven Compound Tenses	
Singular	Plural	Singular	Plural
1 présent de l'indicatif		**8 passé composé**	
me fie	nous fions	me suis fié(e)	nous sommes fié(e)s
te fies	vous fiez	t'es fié(e)	vous êtes fié(e)(s)
se fie	se fient	s'est fié(e)	se sont fié(e)s
2 imparfait de l'indicatif		**9 plus-que-parfait de l'indicatif**	
me fiais	nous fiions	m'étais fié(e)	nous étions fié(e)s
te fiais	vous fiiez	t'étais fié(e)	vous étiez fié(e)(s)
se fiait	se fiaient	s'était fié(e)	s'étaient fié(e)s
3 passé simple		**10 passé antérieur**	
me fiai	nous fiâmes	me fus fié(e)	nous fûmes fié(e)s
te fias	vous fiâtes	te fus fié(e)	vous fûtes fié(e)(s)
se fia	se fièrent	se fut fié(e)	se furent fié(e)s
4 futur		**11 futur antérieur**	
me fierai	nous fierons	me serai fié(e)	nous serons fié(e)s
te fieras	vous fierez	te seras fié(e)	vous serez fié(e)(s)
se fiera	se fieront	se sera fié(e)	se seront fié(e)s
5 conditionnel		**12 conditionnel passé**	
me fierais	nous fierions	me serais fié(e)	nous serions fié(e)s
te fierais	vous fieriez	te serais fié(e)	vous seriez fié(e)(s)
se fierait	se fieraient	se serait fié(e)	se seraient fié(e)s
6 présent du subjonctif		**13 passé du subjonctif**	
me fie	nous fiions	me sois fié(e)	nous soyons fié(e)s
te fies	vous fiiez	te sois fié(e)	vous soyez fié(e)(s)
se fie	se fient	se soit fié(e)	se soient fié(e)s
7 imparfait du subjonctif		**14 plus-que-parfait du subjonctif**	
me fiasse	nous fiassions	me fusse fié(e)	nous fussions fié(e)s
te fiasses	vous fiassiez	te fusses fié(e)	vous fussiez fié(e)(s)
se fiât	se fiassent	se fût fié(e)	se fussent fié(e)s

Impératif
fie-toi; ne te fie pas
fions-nous; ne nous fions pas
fiez-vous; ne vous fiez pas

Words and expressions related to this verb

la confiance confidence, trust
avoir confiance en soi to be self-confident
confier à to confide to
se méfier de to mistrust, to distrust, to beware of

la méfiance mistrust, distrust
se fier à to depend on, to trust in, to rely on
se confier à to trust to, to confide in
Ne vous fiez pas aux apparences Don't trust appearances.

to finish, to end, to terminate, to complete

The Seven Simple Tenses		The Seven Compound Tenses	
Singular	Plural	Singular	Plural
1 présent de l'indicatif		**8 passé composé**	
finis	finissons	ai fini	avons fini
finis	finissez	as fini	avez fini
finit	finissent	a fini	ont fini
2 imparfait de l'indicatif		**9 plus-que-parfait de l'indicatif**	
finissais	finissions	avais fini	avions fini
finissais	finissiez	avais fini	aviez fini
finissait	finissaient	avait fini	avaient fini
3 passé simple		**10 passé antérieur**	
finis	finîmes	eus fini	eûmes fini
finis	finîtes	eus fini	eûtes fini
finit	finirent	eut fini	eurent fini
4 futur		**11 futur antérieur**	
finirai	finirons	aurai fini	aurons fini
finiras	finirez	auras fini	aurez fini
finira	finiront	aura fini	auront fini
5 conditionnel		**12 conditionnel passé**	
finirais	finirions	aurais fini	aurions fini
finirais	finiriez	aurais fini	auriez fini
finirait	finiraient	aurait fini	auraient fini
6 présent du subjonctif		**13 passé du subjonctif**	
finisse	finissions	aie fini	ayons fini
finisses	finissiez	aies fini	ayez fini
finisse	finissent	ait fini	aient fini
7 imparfait du subjonctif		**14 plus-que-parfait du subjonctif**	
finisse	finissions	eusse fini	eussions fini
finisses	finissiez	eusses fini	eussiez fini
finît	finissent	eût fini	eussent fini

Impératif
finis
finissons
finissez

Sentences using this verb and words and expressions related to it

finir de + inf.   to finish + pr. part.
J'ai fini de travailler pour aujourd'hui   I have finished working for today.

finir par + inf.   to end up by + pr. part.
Louis a fini par épouser une femme plus âgée que lui   Louis ended up by marrying a
    woman older than he.

la fin   the end; **la fin de semaine**   weekend; **C'est fini!**   It's all over!
afin de   in order to; **enfin**   finally; **finalement**   finally
mettre fin à   to put an end to; **final, finale**   final; **définir**   to define

The subject pronouns are found on the page facing page 1.   **225**

to found, to establish, to lay the foundation

The Seven Simple Tenses		The Seven Compound Tenses	
Singular	Plural	Singular	Plural
1 présent de l'indicatif		**8 passé composé**	
fonde	fondons	ai fondé	avons fondé
fondes	fondez	as fondé	avez fondé
fonde	fondent	a fondé	ont fondé
2 imparfait de l'indicatif		**9 plus-que-parfait de l'indicatif**	
fondais	fondions	avais fondé	avions fondé
fondais	fondiez	avais fondé	aviez fondé
fondait	fondaient	avait fondé	avaient fondé
3 passé simple		**10 passé antérieur**	
fondai	fondâmes	eus fondé	eûmes fondé
fondas	fondâtes	eus fondé	eûtes fondé
fonda	fondèrent	eut fondé	eurent fondé
4 futur		**11 futur antérieur**	
fonderai	fonderons	aurai fondé	aurons fondé
fonderas	fonderez	auras fondé	aurez fondé
fondera	fonderont	aura fondé	auront fondé
5 conditionnel		**12 conditionnel passé**	
fonderais	fonderions	aurais fondé	aurions fondé
fonderais	fonderiez	aurais fondé	auriez fondé
fonderait	fonderaient	aurait fondé	auraient fondé
6 présent du subjonctif		**13 passé du subjonctif**	
fonde	fondions	aie fondé	ayons fondé
fondes	fondiez	aies fondé	ayez fondé
fonde	fondent	ait fondé	aient fondé
7 imparfait du subjonctif		**14 plus-que-parfait du subjonctif**	
fondasse	fondassions	eusse fondé	eussions fondé
fondasses	fondassiez	eusses fondé	eussiez fondé
fondât	fondassent	eût fondé	eussent fondé

Impératif
fonde
fondons
fondez

Common idiomatic expressions using this verb and words related to it

se fonder sur   to be based on
un fondateur, une fondatrice   founder
le fond   bottom; background
à fond   thoroughly
du fond du coeur   from the bottom of one's heart
de fond en comble   from top to bottom (from bottom to top)

le fondement   foundation of a building
la fondation   foundation, endowment
bien fondé   well founded; **mal fondé**   ill founded
au fond   in the bottom, in the back, in the rear; at bottom, after all
manquer de fond   to be shallow

Consult the sections on verbs used in idiomatic expressions, verbs with prepositions, and the list of over 1,000 verbs conjugated like model verbs in the back pages.

to melt, to dissolve, to mix colors

The Seven Simple Tenses		The Seven Compound Tenses	
Singular	Plural	Singular	Plural

1 présent de l'indicatif
fonds	fondons		
fonds	fondez		
fond	fondent		

8 passé composé
ai fondu	avons fondu
as fondu	avez fondu
a fondu	ont fondu

2 imparfait de l'indicatif
fondais	fondions
fondais	fondiez
fondait	fondaient

9 plus-que-parfait de l'indicatif
avais fondu	avions fondu
avais fondu	aviez fondu
avait fondu	avaient fondu

3 passé simple
fondis	fondîmes
fondis	fondîtes
fondit	fondirent

10 passé antérieur
eus fondu	eûmes fondu
eus fondu	eûtes fondu
eut fondu	eurent fondu

4 futur
fondrai	fondrons
fondras	fondrez
fondra	fondront

11 futur antérieur
aurai fondu	aurons fondu
auras fondu	aurez fondu
aura fondu	auront fondu

5 conditionnel
fondrais	fondrions
fondrais	fondriez
fondrait	fondraient

12 conditionnel passé
aurais fondu	aurions fondu
aurais fondu	auriez fondu
aurait fondu	auraient fondu

6 présent du subjonctif
fonde	fondions
fondes	fondiez
fonde	fondent

13 passé du subjonctif
aie fondu	ayons fondu
aies fondu	ayez fondu
ait fondu	aient fondu

7 imparfait du subjonctif
fondisse	fondissions
fondisses	fondissiez
fondît	fondissent

14 plus-que-parfait du subjonctif
eusse fondu	eussions fondu
eusses fondu	eussiez fondu
eût fondu	eussent fondu

Impératif
fonds
fondons
fondez

Words and expressions related to this verb

confondre   to confound, to confuse; **se confondre**   to merge, to mingle
refondre   to recast, to remelt; **se fondre**   to melt, to dissolve
la refonte   recasting, remelting of metal
du beurre fondu   melted butter; **du fromage fondu**   melted cheese
fondre en larmes   to burst into tears

Consult the sections on verbs used in idiomatic expressions, verbs with prepositions, and the list of over 1,000 verbs conjugated like model verbs in the back pages.

to force

The Seven Simple Tenses		The Seven Compound Tenses	
Singular	Plural	Singular	Plural
1 présent de l'indicatif		**8 passé composé**	
force	forçons	ai forcé	avons forcé
forces	forcez	as forcé	avez forcé
force	forcent	a forcé	ont forcé
2 imparfait de l'indicatif		**9 plus-que-parfait de l'indicatif**	
forçais	forcions	avais forcé	avions forcé
forçais	forciez	avais forcé	aviez forcé
forçait	forçaient	avait forcé	avaient forcé
3 passé simple		**10 passé antérieur**	
forçai	forçâmes	eus forcé	eûmes forcé
forças	forçâtes	eus forcé	eûtes forcé
força	forcèrent	eut forcé	eurent forcé
4 futur		**11 futur antérieur**	
forcerai	forcerons	aurai forcé	aurons forcé
forceras	forcerez	auras forcé	aurez forcé
forcera	forceront	aura forcé	auront forcé
5 conditionnel		**12 conditionnel passé**	
forcerais	forcerions	aurais forcé	aurions forcé
forcerais	forceriez	aurais forcé	auriez forcé
forcerait	forceraient	aurait forcé	auraient forcé
6 présent du subjonctif		**13 passé du subjonctif**	
force	forcions	aie forcé	ayons forcé
forces	forciez	aies forcé	ayez forcé
force	forcent	ait forcé	aient forcé
7 imparfait du subjonctif		**14 plus-que-parfait du subjonctif**	
forçasse	forçassions	eusse forcé	eussions forcé
forçasses	forçassiez	eusses forcé	eussiez forcé
forçât	forçassent	eût forcé	eussent forcé

Impératif
force
forçons
forcez

Words and expressions related to this verb

forcer la porte de qqn to force one's way
    into someone's house
être forcé de faire qqch to be obliged to do
    something
se forcer la voix to strain one's voice
un forçat a convict
à force de by dint of; **A force d'essayer, il a
    réussi** By dint of trying, he succeeded.

la force strength, force; **avec force**
    forcefully, with force
forcément necessarily, inevitably
forcer qqn à faire qqch to force someone
    to do something

to dig deeply, to excavate, to go deep into, to search

The Seven Simple Tenses		The Seven Compound Tenses	
Singular	Plural	Singular	Plural
1 présent de l'indicatif		**8 passé composé**	
fouille	fouillons	ai fouillé	avons fouillé
fouilles	fouillez	as fouillé	avez fouillé
fouille	fouillent	a fouillé	ont fouillé
2 imparfait de l'indicatif		**9 plus-que-parfait de l'indicatif**	
fouillais	fouillions	avais fouillé	avions fouillé
fouillais	fouilliez	avais fouillé	aviez fouillé
fouillait	fouillaient	avait fouillé	avaient fouillé
3 passé simple		**10 passé antérieur**	
fouillai	fouillâmes	eus fouillé	eûmes fouillé
fouillas	fouillâtes	eus fouillé	eûtes fouillé
fouilla	fouillèrent	eut fouillé	eurent fouillé
4 futur		**11 futur antérieur**	
fouillerai	fouillerons	aurai fouillé	aurons fouillé
fouilleras	fouillerez	auras fouillé	aurez fouillé
fouillera	fouilleront	aura fouillé	auront fouillé
5 conditionnel		**12 conditionnel passé**	
fouillerais	fouillerions	aurais fouillé	aurions fouillé
fouillerais	fouilleriez	aurais fouillé	auriez fouillé
fouillerait	fouilleraient	aurait fouillé	auraient fouillé
6 présent du subjonctif		**13 passé du subjonctif**	
fouille	fouillions	aie fouillé	ayons fouillé
fouilles	fouilliez	aies fouillé	ayez fouillé
fouille	fouillent	ait fouillé	aient fouillé
7 imparfait du subjonctif		**14 plus-que-parfait du subjonctif**	
fouillasse	fouillassions	eusse fouillé	eussions fouillé
fouillasses	fouillassiez	eusses fouillé	eussiez fouillé
fouillât	fouillassent	eût fouillé	eussent fouillé

	Impératif	
	fouille	
	fouillons	
	fouillez	

Words and expressions related to this verb

fouiller la maison   to search the house
fouiller dans les poches   to search around
   (to rummage) in one's pockets

fouiller qqn   to frisk (search) someone
la fouille   excavation
un fouilleur, une fouilleuse   searcher

Consult the sections on verbs used in idiomatic expressions, verbs with prepositions, and the list of over 1,000 verbs conjugated like model verbs in the back pages.

to furnish, to supply

The Seven Simple Tenses		The Seven Compound Tenses	
Singular	Plural	Singular	Plural

1 présent de l'indicatif		8 passé composé	
fournis	fournissons	ai fourni	avons fourni
fournis	fournissez	as fourni	avez fourni
fournit	fournissent	a fourni	ont fourni

2 imparfait de l'indicatif		9 plus-que-parfait de l'indicatif	
fournissais	fournissions	avais fourni	avions fourni
fournissais	fournissiez	avais fourni	aviez fourni
fournissait	fournissaient	avait fourni	avaient fourni

3 passé simple		10 passé antérieur	
fournis	fournîmes	eus fourni	eûmes fourni
fournis	fournîtes	eus fourni	eûtes fourni
fournit	fournirent	eut fourni	eurent fourni

4 futur		11 futur antérieur	
fournirai	fournirons	aurai fourni	aurons fourni
fourniras	fournirez	auras fourni	aurez fourni
fournira	fourniront	aura fourni	auront fourni

5 conditionnel		12 conditionnel passé	
fournirais	fournirions	aurais fourni	aurions fourni
fournirais	fourniriez	aurais fourni	auriez fourni
fournirait	fourniraient	aurait fourni	auraient fourni

6 présent du subjonctif		13 passé du subjonctif	
fournisse	fournissions	aie fourni	ayons fourni
fournisses	fournissiez	aies fourni	ayez fourni
fournisse	fournissent	ait fourni	aient fourni

7 imparfait du subjonctif		14 plus-que-parfait du subjonctif	
fournisse	fournissions	eusse fourni	eussions fourni
fournisses	fournissiez	eusses fourni	eussiez fourni
fournît	fournissent	eût fourni	eussent fourni

Impératif
fournis
fournissons
fournissez

Words and expressions related to this verb

fournir qqch à qqn   to supply somebody with something
se fournir de   to provide oneself with
un fournisseur   supplier
fournir à   to provide for; **fournir de**   to furnish with
la fourniture   supplying; **les fournitures**   supplies

Consult the sections on verbs used in idiomatic expressions, verbs with prepositions, and the list of over 1,000 verbs conjugated like model verbs in the back pages.

to knock, to hit, to frap, to rap, to strike (hit)

The Seven Simple Tenses		The Seven Compound Tenses	
Singular	Plural	Singular	Plural
1 présent de l'indicatif		**8 passé composé**	
frappe	frappons	ai frappé	avons frappé
frappes	frappez	as frappé	avez frappé
frappe	frappent	a frappé	ont frappé
2 imparfait de l'indicatif		**9 plus-que-parfait de l'indicatif**	
frappais	frappions	avais frappé	avions frappé
frappais	frappiez	avais frappé	aviez frappé
frappait	frappaient	avait frappé	avaient frappé
3 passé simple		**10 passé antérieur**	
frappai	frappâmes	eus frappé	eûmes frappé
frappas	frappâtes	eus frappé	eûtes frappé
frappa	frappèrent	eut frappé	eurent frappé
4 futur		**11 futur antérieur**	
frapperai	frapperons	aurai frappé	aurons frappé
frapperas	frapperez	auras frappé	aurez frappé
frappera	frapperont	aura frappé	auront frappé
5 conditionnel		**12 conditionnel passé**	
frapperais	frapperions	aurais frappé	aurions frappé
frapperais	frapperiez	aurais frappé	auriez frappé
frapperait	frapperaient	aurait frappé	auraient frappé
6 présent du subjonctif		**13 passé du subjonctif**	
frappe	frappions	aie frappé	ayons frappé
frappes	frappiez	aies frappé	ayez frappé
frappe	frappent	ait frappé	aient frappé
7 imparfait du subjonctif		**14 plus-que-parfait du subjonctif**	
frappasse	frappassions	eusse frappé	eussions frappé
frappasses	frappassiez	eusses frappé	eussiez frappé
frappât	frappassent	eût frappé	eussent frappé

Impératif
frappe
frappons
frappez

Common idiomatic expressions using this verb and words related to it

se frapper la poitrine   to beat one's chest
le frappage   striking (medals, coins)
une faute de frappe   a typing mistake
frapper à la porte   to knock on the door
frapper du pied   to stamp one's foot
entrer sans frapper   enter without knocking
C'est frappant!   It's striking!

frappé (frappée) de
   stricken with
le frappement   beating,
   striking
frappé à mort   mortally
   wounded

frémir

to shudder, to quiver, to tremble

The Seven Simple Tenses		The Seven Compound Tenses	
Singular	Plural	Singular	Plural
1 présent de l'indicatif		**8 passé composé**	
frémis	frémissons	ai frémi	avons frémi
frémis	frémissez	as frémi	avez frémi
frémit	frémissent	a frémi	ont frémi
2 imparfait de l'indicatif		**9 plus-que-parfait de l'indicatif**	
frémissais	frémissions	avais frémi	avions frémi
frémissais	frémissiez	avais frémi	aviez frémi
frémissait	frémissaient	avait frémi	avaient frémi
3 passé simple		**10 passé antérieur**	
frémis	frémîmes	eus frémi	eûmes frémi
frémis	frémîtes	eus frémi	eûtes frémi
frémit	frémirent	eut frémi	eurent frémi
4 futur		**11 futur antérieur**	
frémirai	frémirons	aurai frémi	aurons frémi
frémiras	frémirez	auras frémi	aurez frémi
frémira	frémiront	aura frémi	auront frémi
5 conditionnel		**12 conditionnel passé**	
frémirais	frémirions	aurais frémi	aurions frémi
frémirais	frémiriez	aurais frémi	auriez frémi
frémirait	frémiraient	aurait frémi	auraient frémi
6 présent du subjonctif		**13 passé du subjonctif**	
frémisse	frémissions	aie frémi	ayons frémi
frémisses	frémissiez	aies frémi	ayez frémi
frémisse	frémissent	ait frémi	aient frémi
7 imparfait du subjonctif		**14 plus-que-parfait du subjonctif**	
frémisse	frémissions	eusse frémi	eussions frémi
frémisses	frémissiez	eusses frémi	eussiez frémi
frémît	frémissent	eût frémi	eussent frémi

Impératif
frémis
frémissons
frémissez

Words and expressions related to this verb

frémir de colère   to shake with anger
le frémissement   quivering, rustling,
   shuddering; **le frémissement des feuilles**
   rustling of leaves
faire frémir qqn   to give someone
   the shivers

une histoire à faire frémir   a horror story,
   a chiller thriller
frémissant, frémissante   rustling,
   quivering, shuddering
de l'eau frémissante   simmering water

Consult the sections on verbs used in idiomatic expressions, verbs with prepositions, and the list of over 1,000 verbs conjugated like model verbs in the back pages.

The Seven Simple Tenses		The Seven Compound Tenses	
Singular	Plural	Singular	Plural
1 présent de l'indicatif		8 passé composé	
fris		**ai frit**	**avons frit**
fris		**as frit**	**avez frit**
frit		**a frit**	**ont frit**
		9 plus-que-parfait de l'indicatif	
		avais frit	**avions frit**
		avais frit	**aviez frit**
		avait frit	**avaient frit**
		10 passé antérieur	
		eus frit	**eûmes frit**
		eus frit	**eûtes frit**
		eut frit	**eurent frit**
4 futur		11 futur antérieur	
frirai	**frirons**	**aurai frit**	**aurons frit**
friras	**frirez**	**auras frit**	**aurez frit**
frira	**friront**	**aura frit**	**auront frit**
5 conditionnel		12 conditionnel passé	
frirais	**fririons**	**aurais frit**	**aurions frit**
frirais	**fririez**	**aurais frit**	**auriez frit**
frirait	**friraient**	**aurait frit**	**auraient frit**
		13 passé du subjonctif	
		aie frit	**ayons frit**
		aies frit	**ayez frit**
		ait frit	**aient frit**
		14 plus-que-parfait du subjonctif	
		eusse frit	**eussions frit**
		eusses frit	**eussiez frit**
		eût frit	**eussent frit**

Impératif
fris
faisons frire
faites frire

Words and expressions related to this verb

friable   friable
pommes frites   French fries
une friteuse   frying basket
la friture   frying

des pommes de terre frites   fried potatoes
    (French style)
un bifteck frites   steak with French fries

This verb is generally used only in the persons and tenses given above. To supply the forms that are lacking, use the appropriate form of **faire** plus the infinitive **frire**, e.g., the plural of the present indicative is: **nous faisons frire, vous faites frire, ils font frire.**

to flee, to fly off, to shun, to leak

The Seven Simple Tenses		The Seven Compound Tenses	
Singular	Plural	Singular	Plural

1 présent de l'indicatif

fuis	fuyons
fuis	fuyez
fuit	fuient

8 passé composé

ai fui	avons fui
as fui	avez fui
a fui	ont fui

2 imparfait de l'indicatif

fuyais	fuyions
fuyais	fuyiez
fuyait	fuyaient

9 plus-que-parfait de l'indicatif

avais fui	avions fui
avais fui	aviez fui
avait fui	avaient fui

3 passé simple

fuis	fuîmes
fuis	fuîtes
fuit	fuirent

10 passé antérieur

eus fui	eûmes fui
eus fui	eûtes fui
eut fui	eurent fui

4 futur

fuirai	fuirons
fuiras	fuirez
fuira	fuiront

11 futur antérieur

aurai fui	aurons fui
auras fui	aurez fui
aura fui	auront fui

5 conditionnel

fuirais	fuirions
fuirais	fuiriez
fuirait	fuiraient

12 conditionnel passé

aurais fui	aurions fui
aurais fui	auriez fui
aurait fui	auraient fui

6 présent du subjonctif

fuie	fuyions
fuies	fuyiez
fuie	fuient

13 passé du subjonctif

aie fui	ayons fui
aies fui	ayez fui
ait fui	aient fui

7 imparfait du subjonctif

fuisse	fuissions
fuisses	fuissiez
fuît	fuissent

14 plus-que-parfait du subjonctif

eusse fui	eussions fui
eusses fui	eussiez fui
eût fui	eussent fui

Impératif
fuis
fuyons
fuyez

Common idiomatic expressions using this verb

faire fuir to put to flight
la fuite flight, escape
prendre la fuite to take to flight
une fuite de gaz gas leak
s'enfuir de to flee from, to run away from

fugitif, fugitive fugitive, fleeting, runaway
fugitivement fugitively
une fuite d'huile oil leak

Read the entries in the section on definitions of basic grammatical terms with examples in the back pages.

to smoke, to steam

The Seven Simple Tenses		The Seven Compound Tenses	
Singular	Plural	Singular	Plural
1 présent de l'indicatif		**8 passé composé**	
fume	fumons	ai fumé	avons fumé
fumes	fumez	as fumé	avez fumé
fume	fument	a fumé	ont fumé
2 imparfait de l'indicatif		**9 plus-que-parfait de l'indicatif**	
fumais	fumions	avais fumé	avions fumé
fumais	fumiez	avais fumé	aviez fumé
fumait	fumaient	avait fumé	avaient fumé
3 passé simple		**10 passé antérieur**	
fumai	fumâmes	eus fumé	eûmes fumé
fumas	fumâtes	eus fumé	eûtes fumé
fuma	fumèrent	eut fumé	eurent fumé
4 futur		**11 futur antérieur**	
fumerai	fumerons	aurai fumé	aurons fumé
fumeras	fumerez	auras fumé	aurez fumé
fumera	fumeront	aura fumé	auront fumé
5 conditionnel		**12 conditionnel passé**	
fumerais	fumerions	aurais fumé	aurions fumé
fumerais	fumeriez	aurais fumé	auriez fumé
fumerait	fumeraient	aurait fumé	auraient fumé
6 présent du subjonctif		**13 passé du subjonctif**	
fume	fumions	aie fumé	ayons fumé
fumes	fumiez	aies fumé	ayez fumé
fume	fument	ait fumé	aient fumé
7 imparfait du subjonctif		**14 plus-que-parfait du subjonctif**	
fumasse	fumassions	eusse fumé	eussions fumé
fumasses	fumassiez	eusses fumé	eussiez fumé
fumât	fumassent	eût fumé	eussent fumé

Impératif
fume
fumons
fumez

Sentences using this verb and words related to it

Le père: **Je te défends de fumer. C'est une mauvaise habitude.**
Le fils: **Alors, pourquoi fumes-tu, papa?**

Défense de fumer   No smoking allowed
la fumée   smoke
un rideau de fumée   smoke screen
parfumer   to perfume
compartiment (pour) fumeurs
   smoking car (on a train)

fumeux, fumeuse   smoky
un fume-cigare   cigar holder
un fume-cigarette   cigarette holder
un fumeur, une fumeuse   smoker
   (person who smokes)

to win, to earn, to gain

The Seven Simple Tenses		The Seven Compound Tenses	
Singular	Plural	Singular	Plural
1 présent de l'indicatif		8 passé composé	
gagne	gagnons	ai gagné	avons gagné
gagnes	gagnez	as gagné	avez gagné
gagne	gagnent	a gagné	ont gagné
2 imparfait de l'indicatif		9 plus-que-parfait de l'indicatif	
gagnais	gagnions	avais gagné	avions gagné
gagnais	gagniez	avais gagné	aviez gagné
gagnait	gagnaient	avait gagné	avaient gagné
3 passé simple		10 passé antérieur	
gagnai	gagnâmes	eus gagné	eûmes gagné
gagnas	gagnâtes	eus gagné	eûtes gagné
gagna	gagnèrent	eut gagné	eurent gagné
4 futur		11 futur antérieur	
gagnerai	gagnerons	aurai gagné	aurons gagné
gagneras	gagnerez	auras gagné	aurez gagné
gagnera	gagneront	aura gagné	auront gagné
5 conditionnel		12 conditionnel passé	
gagnerais	gagnerions	aurais gagné	aurions gagné
gagnerais	gagneriez	aurais gagné	auriez gagné
gagnerait	gagneraient	aurait gagné	auraient gagné
6 présent du subjonctif		13 passé du subjonctif	
gagne	gagnions	aie gagné	ayons gagné
gagnes	gagniez	aies gagné	ayez gagné
gagne	gagnent	ait gagné	aient gagné
7 imparfait du subjonctif		14 plus-que-parfait du subjonctif	
gagnasse	gagnassions	eusse gagné	eussions gagné
gagnasses	gagnassiez	eusses gagné	eussiez gagné
gagnât	gagnassent	eût gagné	eussent gagné

Impératif
gagne
gagnons
gagnez

Common idiomatic expressions using this verb and words related to it

gagner sa vie   to earn one's living
gagner du poids   to gain weight
gagner de l'argent   to earn money
gagnable   obtainable
gagner du temps   to save time

regagner   to regain, to recover, to win back
regagner le temps perdu   to make up
   (to recover) time lost
un gagne-pain   a job
un gagnant, une gagnante   a winner

Try the verb tests (with answers explained) in the back pages.

to guard, to keep, to retain

The Seven Simple Tenses		The Seven Compound Tenses	
Singular	Plural	Singular	Plural
1 présent de l'indicatif		**8 passé composé**	
garde	gardons	ai gardé	avons gardé
gardes	gardez	as gardé	avez gardé
garde	gardent	a gardé	ont gardé
2 imparfait de l'indicatif		**9 plus-que-parfait de l'indicatif**	
gardais	gardions	avais gardé	avions gardé
gardais	gardiez	avais gardé	aviez gardé
gardait	gardaient	avait gardé	avaient gardé
3 passé simple		**10 passé antérieur**	
gardai	gardâmes	eus gardé	eûmes gardé
gardas	gardâtes	eus gardé	eûtes gardé
garda	gardèrent	eut gardé	eurent gardé
4 futur		**11 futur antérieur**	
garderai	garderons	aurai gardé	aurons gardé
garderas	garderez	auras gardé	aurez gardé
gardera	garderont	aura gardé	auront gardé
5 conditionnel		**12 conditionnel passé**	
garderais	garderions	aurais gardé	aurions gardé
garderais	garderiez	aurais gardé	auriez gardé
garderait	garderaient	aurait gardé	auraient gardé
6 présent du subjonctif		**13 passé du subjonctif**	
garde	gardions	aie gardé	ayons gardé
gardes	gardiez	aies gardé	ayez gardé
garde	gardent	ait gardé	aient gardé
7 imparfait du subjonctif		**14 plus-que-parfait du subjonctif**	
gardasse	gardassions	eusse gardé	eussions gardé
gardasses	gardassiez	eusses gardé	eussiez gardé
gardât	gardassent	eût gardé	eussent gardé

Impératif
garde
gardons
gardez

Sentences using this verb and words and expressions related to it

Madame Mimi a mis son enfant chez une gardienne d'enfants parce qu'elle va passer la journée en ville. Elle a besoin d'acheter une nouvelle garde-robe.

se garder to protect oneself
se garder de tomber to take care not to fall
un gardien, une gardienne guardian
prendre garde de to take care not to
une gardienne d'enfants babysitter
une garde-robe wardrobe (closet)
un gardien de but goalie

regarder to look at, to watch, to consider, to regard
un garde-manger pantry
un garde-vue eyeshade (visor)
En garde! On guard!
Dieu m'en garde! God forbid!

The subject pronouns are found on the page facing page 1.

to spoil, to damage

The Seven Simple Tenses		The Seven Compound Tenses	
Singular	Plural	Singular	Plural

1 présent de l'indicatif

gâte	gâtons		
gâtes	gâtez		
gâte	gâtent		

8 passé composé

ai gâté	avons gâté
as gâté	avez gâté
a gâté	ont gâté

2 imparfait de l'indicatif

gâtais	gâtions
gâtais	gâtiez
gâtait	gâtaient

9 plus-que-parfait de l'indicatif

avais gâté	avions gâté
avais gâté	aviez gâté
avait gâté	avaient gâté

3 passé simple

gâtai	gâtâmes
gâtas	gâtâtes
gâta	gâtèrent

10 passé antérieur

eus gâté	eûmes gâté
eus gâté	eûtes gâté
eut gâté	eurent gâté

4 futur

gâterai	gâterons
gâteras	gâterez
gâtera	gâteront

11 futur antérieur

aurai gâté	aurons gâté
auras gâté	aurez gâté
aura gâté	auront gâté

5 conditionnel

gâterais	gâterions
gâterais	gâteriez
gâterait	gâteraient

12 conditionnel passé

aurais gâté	aurions gâté
aurais gâté	auriez gâté
aurait gâté	auraient gâté

6 présent du subjonctif

gâte	gâtions
gâtes	gâtiez
gâte	gâtent

13 passé du subjonctif

aie gâté	ayons gâté
aies gâté	ayez gâté
ait gâté	aient gâté

7 imparfait du subjonctif

gâtasse	gâtassions
gâtasses	gâtassiez
gâtât	gâtassent

14 plus-que-parfait du subjonctif

eusse gâté	eussions gâté
eusses gâté	eussiez gâté
eût gâté	eussent gâté

Impératif
gâte
gâtons
gâtez

Sentences using this verb and words related to it

Marcel est un enfant gâté. Je n'aime pas jouer avec lui. Il gâte tout. Il demande toujours des gâteries.

gâter un enfant	to spoil a child	**un enfant gâté**	a spoiled child
se gâter	to pamper oneself	**une gâterie**	a treat

The Seven Simple Tenses		The Seven Compound Tenses	
Singular	Plural	Singular	Plural

1 présent de l'indicatif		8 passé composé	
gèle	gelons	ai gelé	avons gelé
gèles	gelez	as gelé	avez gelé
gèle	gèlent	a gelé	ont gelé

2 imparfait de l'indicatif		9 plus-que-parfait de l'indicatif	
gelais	gelions	avais gelé	avions gelé
gelais	geliez	avais gelé	aviez gelé
gelait	gelaient	avait gelé	avaient gelé

3 passé simple		10 passé antérieur	
gelai	gelâmes	eus gelé	eûmes gelé
gelas	gelâtes	eus gelé	eûtes gelé
gela	gelèrent	eut gelé	eurent gelé

4 futur		11 futur antérieur	
gèlerai	gèlerons	aurai gelé	aurons gelé
gèleras	gèlerez	auras gelé	aurez gelé
gèlera	gèleront	aura gelé	auront gelé

5 conditionnel		12 conditionnel passé	
gèlerais	gèlerions	aurais gelé	aurions gelé
gèlerais	gèleriez	aurais gelé	auriez gelé
gèlerait	gèleraient	aurait gelé	auraient gelé

6 présent du subjonctif		13 passé du subjonctif	
gèle	gelions	aie gelé	ayons gelé
gèles	geliez	aies gelé	ayez gelé
gèle	gèlent	ait gelé	aient gelé

7 imparfait du subjonctif		14 plus-que-parfait du subjonctif	
gelasse	gelassions	eusse gelé	eussions gelé
gelasses	gelassiez	eusses gelé	eussiez gelé
gelât	gelassent	eût gelé	eussent gelé

Impératif
gèle
gelons
gelez

Sentences using this verb and words related to it

Je ne veux pas sortir aujourd'hui parce qu'il gèle. Quand je me suis levé ce matin, j'ai regardé par la fenêtre et j'ai vu de la gelée partout.

Il gèle! It's freezing!
Qu'il gèle! Let it freeze!
le gel frost, freezing
la gelée frost; jello; jelly
congeler to congeal, to freeze

la congélation congelation, freezing, icing
le point de congélation freezing point
à la gelée jellied

Consult the sections on verbs used in idiomatic expressions, verbs with prepositions, and the list of over 1,000 verbs conjugated like model verbs in the back pages.

The subject pronouns are found on the page facing page 1.

to bother, to hamper, to constrict, to embarrass, to hinder, to impede, to inconvenience

The Seven Simple Tenses		The Seven Compound Tenses	
Singular	Plural	Singular	Plural
1 présent de l'indicatif		**8 passé composé**	
gêne	gênons	ai gêné	avons gêné
gênes	gênez	as gêné	avez gêné
gêne	gênent	a gêné	ont gêné
2 imparfait de l'indicatif		**9 plus-que-parfait de l'indicatif**	
gênais	gênions	avais gêné	avions gêné
gênais	gêniez	avais gêné	aviez gêné
gênait	gênaient	avait gêné	avaient gêné
3 passé simple		**10 passé antérieur**	
gênai	gênâmes	eus gêné	eûmes gêné
gênas	gênâtes	eus gêné	eûtes gêné
gêna	gênèrent	eut gêné	eurent gêné
4 futur		**11 futur antérieur**	
gênerai	gênerons	aurai gêné	aurons gêné
gêneras	gênerez	auras gêné	aurez gêné
gênera	gêneront	aura gêné	auront gêné
5 conditionnel		**12 conditionnel passé**	
gênerais	gênerions	aurais gêné	aurions gêné
generais	gêneriez	aurais gêné	auriez gêné
gênerait	gêneraient	aurait gêné	auraient gêné
6 présent du subjonctif		**13 passé du subjonctif**	
gêne	gênions	aie gêné	ayons gêné
gênes	gêniez	aies gêné	ayez gêné
gêne	gênent	ait gêné	aient gêné
7 imparfait du subjonctif		**14 plus-que-parfait du subjonctif**	
gênasse	gênassions	eusse gêné	eussions gêné
gênasses	gênassiez	eusses gêné	eussiez gêné
gênât	gênassent	eût gêné	eussent gêné

Impératif
gêne
gênons
gênez

Words and expressions related to this verb

se gêner   to inconvenience oneself   **un gêneur, une gêneuse**   nuisance (person)
Ne vous gênez pas!   Put yourself at ease!   **C'est gênant!**   It's bothersome!
   Don't trouble yourself!

Consult the sections on verbs used in idiomatic expressions, verbs with prepositions, and the list of over 1,000 verbs conjugated like model verbs in the back pages.

to lie down, to be lying down

The Seven Simple Tenses		The Seven Compound Tenses	
Singular	Plural	Singular	Plural
1 présent de l'indicatif			
gis	gisons		
gis	gisez		
gît	gisent		
2 imparfait de l'indicatif			
gisais	gisions		
gisais	gisiez		
gisait	gisaient		

This is a defective verb. It is used only in the two tenses given above.

Words and expressions related to this verb

un gisement layer, deposit
un gisement de charbon coal field
Ci-gît... Here lies...
Ci-gisent... Here lie...

gisant, gisante lying, fallen, felled
un gîte lodging, refuge, shelter
gîter to lodge

This verb is generally used only in the above tenses. It is used primarily in reference to the dead, to sick persons lying down, and to inanimate objects that have been felled.

Consult the sections on verbs used in idiomatic expressions, verbs with prepositions, and the list of over 1,000 verbs conjugated like model verbs in the back pages.

goûter

Part. pr. **goûtant**   Part. passé **goûté**

to taste, to have a snack, to enjoy

The Seven Simple Tenses		The Seven Compound Tenses	
Singular	Plural	Singular	Plural
1 présent de l'indicatif		**8 passé composé**	
goûte	goûtons	ai goûté	avons goûté
goûtes	goûtez	as goûté	avez goûté
goûte	goûtent	a goûté	ont goûté
2 imparfait de l'indicatif		**9 plus-que-parfait de l'indicatif**	
goûtais	goûtions	avais goûté	avions goûté
goûtais	goûtiez	avais goûté	aviez goûté
goûtait	goûtaient	avait goûté	avaient goûté
3 passé simple		**10 passé antérieur**	
goûtai	goûtâmes	eus goûté	eûmes goûté
goûtas	goûtâtes	eus goûté	eûtes goûté
goûta	goûtèrent	eut goûté	eurent goûté
4 futur		**11 futur antérieur**	
goûterai	goûterons	aurai goûté	aurons goûté
goûteras	goûterez	auras goûté	aurez goûté
goûtera	goûteront	aura goûté	auront goûté
5 conditionnel		**12 conditionnel passé**	
goûterais	goûterions	aurais goûté	aurions goûté
goûterais	goûteriez	aurais goûté	auriez goûté
goûterait	goûteraient	aurait goûté	auraient goûté
6 présent du subjonctif		**13 passé du subjonctif**	
goûte	goûtions	aie goûté	ayons goûté
goûtes	goûtiez	aies goûté	ayez goûté
goûte	goûtent	ait goûté	aient goûté
7 imparfait du subjonctif		**14 plus-que-parfait du subjonctif**	
goûtasse	goûtassions	eusse goûté	eussions goûté
goûtasses	goûtassiez	eusses goûté	eussiez goûté
goûtât	goûtassent	eût goûté	eussent goûté

Impératif
goûte
goûtons
goûtez

Common idiomatic expressions using this verb

Quand j'arrive chez moi de l'école l'après-midi, j'ai l'habitude de prendre le goûter à quatre heures.

le goûter   snack, bite to eat
goûter sur l'herbe   to have a picnic
à chacun son goût   To each his own
goûter à   to drink or eat only a small quantity
le goût   taste

de mauvais goût   in bad taste
avoir un goût de   to taste like
goûter de   to eat or drink something for the first time
dégoûter   to disgust
C'est dégoûtant!   It's disgusting!

242

to grow (up, taller), to increase

The Seven Simple Tenses		The Seven Compound Tenses	
Singular	Plural	Singular	Plural

1 présent de l'indicatif

		8 passé composé	
grandis	grandissons	ai grandi	avons grandi
grandis	grandissez	as grandi	avez grandi
grandit	grandissent	a grandi	ont grandi

2 imparfait de l'indicatif

		9 plus-que-parfait de l'indicatif	
grandissais	grandissions	avais grandi	avions grandi
grandissais	grandissiez	avais grandi	aviez grandi
grandissait	grandissaient	avait grandi	avaient grandi

3 passé simple

		10 passé antérieur	
grandis	grandîmes	eus grandi	eûmes grandi
grandis	grandîtes	eus grandi	eûtes grandi
grandit	grandirent	eut grandi	eurent grandi

4 futur

		11 futur antérieur	
grandirai	grandirons	aurai grandi	aurons grandi
grandiras	grandirez	auras grandi	aurez grandi
grandira	grandiront	aura grandi	auront grandi

5 conditionnel

		12 conditionnel passé	
grandirais	grandirions	aurais grandi	aurions grandi
grandirais	grandiriez	aurais grandi	auriez grandi
grandirait	grandiraient	aurait grandi	auraient grandi

6 présent du subjonctif

		13 passé du subjonctif	
grandisse	grandissions	aie grandi	ayons grandi
grandisses	grandissiez	aies grandi	ayez grandi
grandisse	grandissent	ait grandi	aient grandi

7 imparfait du subjonctif

		14 plus-que-parfait du subjonctif	
grandisse	grandissions	eusse grandi	eussions grandi
grandisses	grandissiez	eusses grandi	eussiez grandi
grandît	grandissent	eût grandi	eussent grandi

Impératif
grandis
grandissons
grandissez

Sentences using this verb and words related to it

Voyez-vous comme Joseph et Joséphine ont grandi? C'est incroyable! Quel âge ont-ils maintenant?

le grandissement growth
grandiose grandiose, grand
grand, grande tall
la grandeur size, greatness, grandeur
grandiosement grandiosely

agrandir to expand, to enlarge
un agrandissement enlargement, extension, aggrandizement
un enfant grandi trop vite a lanky child (grew tall too fast)

to grate, to scrape, to scratch

The Seven Simple Tenses		The Seven Compound Tenses	
Singular	Plural	Singular	Plural
1 présent de l'indicatif		**8 passé composé**	
gratte	grattons	ai gratté	avons gratté
grattes	grattez	as gratté	avez gratté
gratte	grattent	a gratté	ont gratté
2 imparfait de l'indicatif		**9 plus-que-parfait de l'indicatif**	
grattais	grattions	avais gratté	avions gratté
grattais	grattiez	avais gratté	aviez gratté
grattait	grattaient	avait gratté	avaient gratté
3 passé simple		**10 passé antérieur**	
grattai	grattâmes	eus gratté	eûmes gratté
grattas	grattâtes	eus gratté	eûtes gratté
gratta	grattèrent	eut gratté	eurent gratté
4 futur		**11 futur antérieur**	
gratterai	gratterons	aurai gratté	aurons gratté
gratteras	gratterez	auras gratté	aurez gratté
grattera	gratteront	aura gratté	auront gratté
5 conditionnel		**12 conditionnel passé**	
gratterais	gratterions	aurais gratté	aurions gratté
gratterais	gratteriez	aurais gratté	auriez gratté
gratterait	gratteraient	aurait gratté	auraient gratté
6 présent du subjonctif		**13 passé du subjonctif**	
gratte	grattions	aie gratté	ayons gratté
grattes	grattiez	aies gratté	ayez gratté
gratte	grattent	ait gratté	aient gratté
7 imparfait du subjonctif		**14 plus-que-parfait du subjonctif**	
grattasse	grattassions	eusse gratté	eussions gratté
grattasses	grattassiez	eusses gratté	eussiez gratté
grattât	grattassent	eût gratté	eussent gratté

Impératif
gratte
grattons
grattez

Words and expressions related to this verb

le grattement scratching	**le grattage** scratching, scraping
un gratte-ciel skyscraper (**des gratte-ciel**)	**un grattoir** scraper, grater
un gratte-dos back scratcher (**des gratte-dos**)	**se gratter** to scratch oneself

Consult the sections on verbs used in idiomatic expressions, verbs with prepositions, and the list of over 1,000 verbs conjugated like model verbs in the back pages.

to hail (weather)

The Seven Simple Tenses	The Seven Compound Tenses
Singular Plural	Singular Plural
1 présent de l'indicatif **il grêle**	8 passé composé **il a grêlé**
2 imparfait de l'indicatif **il grêlait**	9 plus-que-parfait de l'indicatif **il avait grêlé**
3 passé simple **il grêla**	10 passé antérieur **il eut grêlé**
4 futur **il grêlera**	11 futur antérieur **il aura grêlé**
5 conditionnel **il grêlerait**	12 conditionnel passé **il aurait grêlé**
6 présent du subjonctif **qu'il grêle**	13 passé du subjonctif **qu'il ait grêlé**
7 imparfait du subjonctif **qu'il grêlât**	14 plus-que-parfait du subjonctif **qu'il eût grêlé**

Impératif
Qu'il grêle!   Let it hail!

Words and expressions related to this verb

la grêle   hail (weather)
une averse de grêle   hail storm
un grêlon   hail stone

grêle *adj.*   thin, slender, slim; **un bras grêle**   thin arm; **une voix grêle** shrill voice

See the section on weather expressions using verbs and try the verb tests (with answers explained) in the back pages.

to climb

The Seven Simple Tenses		The Seven Compound Tenses	
Singular	Plural	Singular	Plural
1 présent de l'indicatif		**8 passé composé**	
grimpe	grimpons	ai grimpé	avons grimpé
grimpes	grimpez	as grimpé	avez grimpé
grimpe	grimpent	a grimpé	ont grimpé
2 imparfait de l'indicatif		**9 plus-que-parfait de l'indicatif**	
grimpais	grimpions	avais grimpé	avions grimpé
grimpais	grimpiez	avais grimpé	aviez grimpé
grimpait	grimpaient	avait grimpé	avaient grimpé
3 passé simple		**10 passé antérieur**	
grimpai	grimpâmes	eus grimpé	eûmes grimpé
grimpas	grimpâtes	eus grimpé	eûtes grimpé
grimpa	grimpèrent	eut grimpé	eurent grimpé
4 futur		**11 futur antérieur**	
grimperai	grimperons	aurai grimpé	aurons grimpé
grimperas	grimperez	auras grimpé	aurez grimpé
grimpera	grimperont	aura grimpé	auront grimpé
5 conditionnel		**12 conditionnel passé**	
grimperais	grimperions	aurais grimpé	aurions grimpé
grimperais	grimperiez	aurais grimpé	auriez grimpé
grimperait	grimperaient	aurait grimpé	auraient grimpé
6 présent du subjonctif		**13 passé du subjonctif**	
grimpe	grimpions	aie grimpé	ayons grimpé
grimpes	grimpiez	aies grimpé	ayez grimpé
grimpe	grimpent	ait grimpé	aient grimpé
7 imparfait du subjonctif		**14 plus-que-parfait du subjonctif**	
grimpasse	grimpassions	eusse grimpé	eussions grimpé
grimpasses	grimpassiez	eusses grimpé	eussiez grimpé
grimpât	grimpassent	eût grimpé	eussent grimpé

Impératif
grimpe
grimpons
grimpez

Words and expressions related to this verb

grimper à l'échelle to climb a ladder
une plante grimpante climbing plant
une grimpée, une grimpette steep climb

un grimpeur, une grimpeuse climber
grimper aux arbres to climb trees

Consult the sections on verbs used in idiomatic expressions, verbs with prepositions, and the list of over 1,000 verbs conjugated like model verbs in the back pages.

to chide, to reprimand, to scold

The Seven Simple Tenses		The Seven Compound Tenses	
Singular	Plural	Singular	Plural
1 présent de l'indicatif		8 passé composé	
gronde	grondons	ai grondé	avons grondé
grondes	grondez	as grondé	avez grondé
gronde	grondent	a grondé	ont grondé
2 imparfait de l'indicatif		9 plus-que-parfait de l'indicatif	
grondais	grondions	avais grondé	avions grondé
grondais	grondiez	avais grondé	aviez grondé
grondait	grondaient	avait grondé	avaient grondé
3 passé simple		10 passé antérieur	
grondai	grondâmes	eus grondé	eûmes grondé
grondas	grondâtes	eus grondé	eûtes grondé
gronda	grondèrent	eut grondé	eurent grondé
4 futur		11 futur antérieur	
gronderai	gronderons	aurai grondé	aurons grondé
gronderas	gronderez	auras grondé	aurez grondé
grondera	gronderont	aura grondé	auront grondé
5 conditionnel		12 conditionnel passé	
gronderais	gronderions	aurais grondé	aurions grondé
gronderais	gronderiez	aurais grondé	auriez grondé
gronderait	gronderaient	aurait grondé	auraient grondé
6 présent du subjonctif		13 passé du subjonctif	
gronde	grondions	aie grondé	ayons grondé
grondes	grondiez	aies grondé	ayez grondé
gronde	grondent	ait grondé	aient grondé
7 imparfait du subjonctif		14 plus-que-parfait du subjonctif	
grondasse	grondassions	eusse grondé	eussions grondé
grondasses	grondassiez	eusses grondé	eussiez grondé
grondât	grondassent	eût grondé	eussent grondé

Impératif
gronde
grondons
grondez

Sentences using this verb and words related to it

— Victor, pourquoi pleures-tu?
— La maîtresse de mathématiques m'a grondé.
— Pourquoi est-ce qu'elle t'a grondé? Qu'est-ce que tu as fait?
— Ce n'est pas parce que j'ai fait quelque chose. C'est parce que je n'ai rien fait. Je n'ai pas préparé la leçon.
— Alors, tu mérites une gronderie et une réprimande.
— C'est une grondeuse. Elle gronde à chaque instant. C'est une criarde.

une grondeuse   a scolder
une criarde   a nag, nagger

une gronderie   a scolding
à chaque instant   constantly

to cure, to heal, to remedy, to recover

The Seven Simple Tenses		The Seven Compound Tenses	
Singular	Plural	Singular	Plural
1 présent de l'indicatif		**8 passé composé**	
guéris	guérissons	ai guéri	avons guéri
guéris	guérissez	as guéri	avez guéri
guérit	guérissent	a guéri	ont guéri
2 imparfait de l'indicatif		**9 plus-que-parfait de l'indicatif**	
guérissais	guérissions	avais guéri	avions guéri
guérissais	guérissiez	avais guéri	aviez guéri
guérissait	guérissaient	avait guéri	avaient guéri
3 passé simple		**10 passé antérieur**	
guéris	guérîmes	eus guéri	eûmes guéri
guéris	guérîtes	eus guéri	eûtes guéri
guérit	guérirent	eut guéri	eurent guéri
4 futur		**11 futur antérieur**	
guérirai	guérirons	aurai guéri	aurons guéri
guériras	guérirez	auras guéri	aurez guéri
guérira	guériront	aura guéri	auront guéri
5 conditionnel		**12 conditionnel passé**	
guérirais	guéririons	aurais guéri	aurions guéri
guérirais	guéririez	aurais guéri	auriez guéri
guérirait	guériraient	aurait guéri	auraient guéri
6 présent du subjonctif		**13 passé du subjonctif**	
guérisse	guérissions	aie guéri	ayons guéri
guérisses	guérissiez	aies guéri	ayez guéri
guérisse	guérissent	ait guéri	aient guéri
7 imparfait du subjonctif		**14 plus-que-parfait du subjonctif**	
guérisse	guérissions	eusse guéri	eussions guéri
guérisses	guérissiez	eusses guéri	eussiez guéri
guérît	guérissent	eût guéri	eussent guéri

Impératif
guéris
guérissons
guérissez

Sentences using this verb and words related to it

Madame Gérard est tombée dans l'escalier la semaine dernière et elle a reçu une blessure au genlu. Elle est allée chez le médecin et maintenant elle est guérle.

une guérison healing, cure
guérisseur, guérisseuse healer
guérissable curable

guérir de to recover from, to cure of
la guérison par la foi faith healing

Try the verb tests (with answers explained) in the back pages.

to get dressed, to dress (oneself)

The Seven Simple Tenses		The Seven Compound Tenses	
Singular	Plural	Singular	Plural
1 présent de l'indicatif		**8 passé composé**	
m'habille	**nous habillons**	**me suis habillé(e)**	**nous sommes habillé(e)s**
t'habilles	**vous habillez**	**t'es habillé(e)**	**vous êtes habillé(e)(s)**
s'habille	**s'habillent**	**s'est habillé(e)**	**se sont habillé(e)s**
2 imparfait de l'indicatif		**9 plus-que-parfait de l'indicatif**	
m'habillais	**nous habillions**	**m'étais habillé(e)**	**nous étions habillé(e)s**
t'habillais	**vous habilliez**	**t'étais habillé(e)**	**vous étiez habillé(e)(s)**
s'habillait	**s'habillaient**	**s'était habillé(e)**	**s'étaient habillé(e)s**
3 passé simple		**10 passé antérieur**	
m'habillai	**nous habillâmes**	**me fus habillé(e)**	**nous fûmes habillé(e)s**
t'habillas	**vous habillâtes**	**te fus habillé(e)**	**vous fûtes habillé(e)(s)**
s'habilla	**s'habillèrent**	**se fut habillé(e)**	**se furent habillé(e)s**
4 futur		**11 futur antérieur**	
m'habillerai	**nous habillerons**	**me serai habillé(e)**	**nous serons habillé(e)s**
t'habilleras	**vous habillerez**	**te seras habillé(e)**	**vous serez habillé(e)(s)**
s'habillera	**s'habilleront**	**se sera habillé(e)**	**se seront habillé(e)s**
5 conditionnel		**12 conditionnel passé**	
m'habillerais	**nous habillerions**	**me serais habillé(e)**	**nous serions habillé(e)s**
t'habillerais	**vous habilleriez**	**te serais habillé(e)**	**vous seriez habillé(e)(s)**
s'habillerait	**s'habilleraient**	**se serait habillé(e)**	**se seraient habillé(e)s**
6 présent du subjonctif		**13 passé du subjonctif**	
m'habille	**nous habillions**	**me sois habillé(e)**	**nous soyons habillé(e)s**
t'habilles	**vous habilliez**	**te sois habillé(e)**	**vous soyez habillé(e)(s)**
s'habille	**s'habillent**	**se soit habillé(e)**	**se soient habillé(e)s**
7 imparfait du subjonctif		**14 plus-que-parfait du subjonctif**	
m'habillasse	**nous habillassions**	**me fusse habillé(e)**	**nous fussions habillé(e)s**
t'habillasses	**vous habillassiez**	**te fusses habillé(e)**	**vous fussiez habillé(e)(s)**
s'habillât	**s'habillassent**	**se fût habillé(e)**	**se fussent habillé(e)s**

Impératif
habille-toi; ne t'habille pas
habillons-nous; ne nous habillons pas
habillez-vous; ne vous habillez pas

Sentences using this verb and words related to it

un habit costume, outfit
les habits clothes
habiller qqn to dress someone
habillement *(m.)* garment, wearing apparel
L'habit ne fait pas le moine. Clothes don't make the person (the monk).

déshabiller to undress
se déshabiller to undress oneself, to get undressed
habiller de to clothe with
l'habit de gala formal wear
l'habit militaire military dress

habiter

Part. pr. **habitant**   Part. passé **habité**

to live (in), to dwell (in), to inhabit

The Seven Simple Tenses		The Seven Compound Tenses	
Singular	Plural	Singular	Plural
1 présent de l'indicatif		**8 passé composé**	
habite	habitons	ai habité	avons habité
habites	habitez	as habité	avez habité
habite	habitent	a habité	ont habité
2 imparfait de l'indicatif		**9 plus-que-parfait de l'indicatif**	
habitais	habitions	avais habité	avions habité
habitais	habitiez	avais habité	aviez habité
habitait	habitaient	avait habité	avaient habité
3 passé simple		**10 passé antérieur**	
habitai	habitâmes	eus habité	eûmes habité
habitas	habitâtes	eus habité	eûtes habité
habita	habitèrent	eut habité	eurent habité
4 futur		**11 futur antérieur**	
habiterai	habiterons	aurai habité	aurons habité
habiteras	habiterez	auras habité	aurez habité
habitera	habiteront	aura habité	auront habité
5 conditionnel		**12 conditionnel passé**	
habiterais	habiterions	aurais habité	aurions habité
habiterais	habiteriez	aurais habité	auriez habité
habiterait	habiteraient	aurait habité	auraient habité
6 présent du subjonctif		**13 passé du subjonctif**	
habite	habitions	aie habité	ayons habité
habites	habitiez	aies habité	ayez habité
habite	habitent	ait habité	aient habité
7 imparfait du subjonctif		**14 plus-que-parfait du subjonctif**	
habitasse	habitassions	eusse habité	eussions habité
habitasses	habitassiez	eusses habité	eussiez habité
habitât	habitassent	eût habité	eussent habité

Impératif
habite
habitons
habitez

Sentences using this verb and words related to it

—**Où habitez-vous?**
—**J'habite 27 rue Duparc dans une petite maison blanche.**
—**Avec qui habitez-vous?**
—**J'habite avec mes parents, mes frères, mes soeurs, et mon chien.**

une habitation   dwelling, residence, abode
un habitat   habitat
un habitant   inhabitant
H.L.M. (habitation à loyer modéré)   lodging at a moderate rental
habitable   habitable, inhabitable

l'amélioration de l'habitat   improvement of living conditions
habiter à la campagne   to live in the country
habiter la banlieue   to live in the suburbs

250

The Seven Simple Tenses		The Seven Compound Tenses	
Singular	Plural	Singular	Plural

1 présent de l'indicatif

		8 passé composé	
hais	haïssons	ai haï	avons haï
hais	haïssez	as haï	avez haï
hait	haïssent	a haï	ont haï

2 imparfait de l'indicatif

		9 plus-que-parfait de l'indicatif	
haïssais	haïssions	avais haï	avions haï
haïssais	haïssiez	avais haï	aviez haï
haïssait	haïssaient	avait haï	avaient haï

3 passé simple

		10 passé antérieur	
haïs	haïmes	eus haï	eûmes haï
haïs	haïtes	eus haï	eûtes haï
haït	haïrent	eut haï	eurent haï

4 futur

		11 futur antérieur	
haïrai	haïrons	aurai haï	aurons haï
haïras	haïrez	auras haï	aurez haï
haïra	haïront	aura haï	auront haï

5 conditionnel

		12 conditionnel passé	
haïrais	haïrions	aurais haï	aurions haï
haïrais	haïriez	aurais haï	auriez haï
haïrait	haïraient	aurait haï	auraient haï

6 présent du subjonctif

		13 passé du subjonctif	
haïsse	haïssions	aie haï	ayons haï
haïsses	haïssiez	aies haï	ayez haï
haïsse	haïssent	ait haï	aient haï

7 imparfait du subjonctif

		14 plus-que-parfait du subjonctif	
haïsse	haïssions	eusse haï	eussions haï
haïsses	haïssiez	eusses haï	eussiez haï
haït	haïssent	eût haï	eussent haï

Impératif
hais
haïssons
haïssez

Sentences using this verb and words related to it

Je hais le mensonge, je hais la médiocrité, et je hais la calomnie. Ces choses sont haïssables. Je hais Marguerite et Jeanne; elles sont haineuses.

haïssable detestable, hateful	**haïr qqn comme la peste** to hate
la haine hatred, hate	somebody like poison
haineux, haineuse hateful, heinous	**des haines mesquines** petty hatreds

This verb begins with aspirate *h*; make no liaison and use *je* instead of *j'*.

to hesitate

The Seven Simple Tenses		The Seven Compound Tenses	
Singular	Plural	Singular	Plural
1 présent de l'indicatif		**8 passé composé**	
hésite	hésitons	ai hésité	avons hésité
hésites	hésitez	as hésité	avez hésité
hésite	hésitent	a hésité	ont hésité
2 imparfait de l'indicatif		**9 plus-que-parfait de l'indicatif**	
hésitais	hésitions	avais hésité	avions hésité
hésitais	hésitiez	avais hésité	aviez hésité
hésitait	hésitaient	avait hésité	avaient hésité
3 passé simple		**10 passé antérieur**	
hésitai	hésitâmes	eus hésité	eûmes hésité
hésitas	hésitâtes	eus hésité	eûtes hésité
hésita	hésitèrent	eut hésité	eurent hésité
4 futur		**11 futur antérieur**	
hésiterai	hésiterons	aurai hésité	aurons hésité
hésiteras	hésiterez	auras hésité	aurez hésité
hésitera	hésiteront	aura hésité	auront hésité
5 conditionnel		**12 conditionnel passé**	
hésiterais	hésiterions	aurais hésité	aurions hésité
hésiterais	hésiteriez	aurais hésité	auriez hésité
hésiterait	hésiteraient	aurait hésité	auraient hésité
6 présent du subjonctif		**13 passé du subjonctif**	
hésite	hésitions	aie hésité	ayons hésité
hésites	hésitiez	aies hésité	ayez hésité
hésite	hésitent	ait hésité	aient hésité
7 imparfait du subjonctif		**14 plus-que-parfait du subjonctif**	
hésitasse	hésitassions	eusse hésité	eussions hésité
hésitasses	hésitassiez	eusses hésité	eussiez hésité
hésitât	hésitassent	eût hésité	eussent hésité

Impératif
hésite
hésitons
hésitez

Words and expressions related to this verb

hésiter à faire qqch   to hesitate to do something
une hésitation   hesitation
hésitant, hésitante   undecided, hesitating
sans hésitation   unhesitatingly, without hesitation

Consult the sections on verbs used in idiomatic expressions, verbs with prepositions, and the list of over 1,000 verbs conjugated like model verbs in the back pages.

to impose

The Seven Simple Tenses		The Seven Compound Tenses	
Singular	Plural	Singular	Plural

1 présent de l'indicatif

impose	imposons
imposes	imposez
impose	imposent

8 passé composé

ai imposé	avons imposé
as imposé	avez imposé
a imposé	ont imposé

2 imparfait de l'indicatif

imposais	imposions
imposais	imposiez
imposait	imposaient

9 plus-que-parfait de l'indicatif

avais imposé	avions imposé
avais imposé	aviez imposé
avait imposé	avaient imposé

3 passé simple

imposai	imposâmes
imposas	imposâtes
imposa	imposèrent

10 passé antérieur

eus imposé	eûmes imposé
eus imposé	eûtes imposé
eut imposé	eurent imposé

4 futur

imposerai	imposerons
imposeras	imposerez
imposera	imposeront

11 futur antérieur

aurai imposé	aurons imposé
auras imposé	aurez imposé
aura imposé	auront imposé

5 conditionnel

imposerais	imposerions
imposerais	imposeriez
imposerait	imposeraient

12 conditionnel passé

aurais imposé	aurions imposé
aurais imposé	auriez imposé
aurait imposé	auraient imposé

6 présent du subjonctif

impose	imposions
imposes	imposiez
impose	imposent

13 passé du subjonctif

aie imposé	ayons imposé
aies imposé	ayez impoé
ait imposé	aient imposé

7 imparfait du subjonctif

imposasse	imposassions
imposasses	imposassiez
imposât	imposassent

14 plus-que-parfait du subjonctif

eusse imposé	eussions imposé
eusses imposé	eussiez imposé
eût imposé	eussent imposé

Impératif
impose
imposons
imposez

Words and expressions related to this verb

s'imposer	to assert oneself	**une imposition**	imposition
s'imposer à	to intrude on	**imposant, imposante**	imposing, impressive
imposable	taxable	**imposer le respect**	to compel respect
un impôt tax; **l'impôt sur le revenu**		**imposer une règle**	to lay down a rule
income tax			

Consult the sections on verbs used in idiomatic expressions, verbs with prepositions, and the list of over 1,000 verbs conjugated like model verbs in the back pages.

The subject pronouns are found on the page facing page 1.

to include, to enclose

The Seven Simple Tenses		The Seven Compound Tenses	
Singular	Plural	Singular	Plural
1 présent de l'indicatif		**8 passé composé**	
inclus	incluons	ai inclus	avons inclus
inclus	incluez	as inclus	avez inclus
inclut	incluent	a inclus	ont inclus
2 imparfait de l'indicatif		**9 plus-que-parfait de l'indicatif**	
incluais	incluions	avais inclus	avions inclus
incluais	incluiez	avais inclus	aviez inclus
incluait	incluaient	avait inclus	avaient inclus
3 passé simple		**10 passé antérieur**	
inclus	inclûmes	eus inclus	eûmes inclus
inclus	inclûtes	eus inclus	eûtes inclus
inclut	inclurent	eut inclus	eurent inclus
4 futur		**11 futur antérieur**	
inclurai	inclurons	aurai inclus	aurons inclus
incluras	inclurez	auras inclus	aurez inclus
inclura	incluront	aura inclus	auront inclus
5 conditionnel		**12 conditionnel passé**	
inclurais	inclurions	aurais inclus	aurions inclus
inclurais	incluriez	aurais inclus	auriez inclus
inclurait	incluraient	aurait inclus	auraient inclus
6 présent du subjonctif		**13 passé du subjonctif**	
inclue	incluions	aie inclus	ayons inclus
inclues	incluiez	aies inclus	ayez inclus
inclue	incluent	ait invlus	aient inclus
7 imparfait du subjonctif		**14 plus-que-parfait du subjonctif**	
inclusse	inclussions	eusse inclus	eussions inclus
inclusses	inclussiez	eusses inclus	eussiez inclus
inclût	inclussent	eût inclus	eussent inclus

Impératif
inclus
incluons
incluez

Words and expressions related to this verb

la lettre ci-incluse the letter enclosed herewith
l'argent ci-inclus   the money enclosed herewith
une inclusion inclusion
inclusif, inclusive inclusive
inclusivement inclusively

exclure to exclude
exclusivement exclusively
exclusif, exclusive exclusive
une exclusion exclusion
exclu, exclue excluded

Consult the sections on verbs used in idiomatic expressions, verbs with prepositions, and the list of over 1,000 verbs conjugated like model verbs in the back pages.

See also **conclure.**

to indicate, to point out, to show

The Seven Simple Tenses		The Seven Compound Tenses	
Singular	Plural	Singular	Plural

1 présent de l'indicatif

indique	indiquons		
indiques	indiquez		
indique	indiquent		

2 imparfait de l'indicatif

indiquais	indiquions
indiquais	indiquiez
indiquait	indiquaient

3 passé simple

indiquai	indiquâmes
indiquas	indiquâtes
indiqua	indiquèrent

4 futur

indiquerai	indiquerons
indiqueras	indiquerez
indiquera	indiqueront

5 conditionnel

indiquerais	indiquerions
indiquerais	indiqueriez
indiquerait	indiqueraient

6 présent du subjonctif

indique	indiquions
indiques	indiquiez
indique	indiquent

7 imparfait du subjonctif

indiquasse	indiquassions
indiquasses	indiquassiez
indiquât	indiquassent

8 passé composé

ai indiqué	avons indiqué
as indiqué	avez indiqué
a indiqué	ont indiqué

9 plus-que-parfait de l'indicatif

avais indiqué	avions indiqué
avais indiqué	aviez indiqué
avait indiqué	avaient indiqué

10 passé antérieur

eus indiqué	eûmes indiqué
eus indiqué	eûtes indiqué
eut indiqué	eurent indiqué

11 futur antérieur

aurai indiqué	aurons indiqué
auras indiqué	aurez indiqué
aura indiqué	auront indiqué

12 conditionnel passé

aurais indiqué	aurions indiqué
aurais indiqué	auriez indiqué
aurait indiqué	auraient indiqué

13 passé du subjonctif

aie indiqué	ayons indiqué
aies indiqué	ayez indiqué
ait indiqué	aient indiqué

14 plus-que-parfait du subjonctif

eusse indiqué	eussions indiqué
eusses indiqué	eussiez indiqué
eût indiqué	eussent indiqué

Impératif
indique
indiquons
indiquez

Words and expressions related to this verb

indiquer du doigt   to point out (with one's finger)
indiquer un bon médecin   to recommend a good doctor
une indication   indication
indicatif, indicative   indicative
un indice   index
indicateur, indicatrice   indicator
un indicateur de vitesse   speedometer

Consult the sections on verbs used in idiomatic expressions, verbs with prepositions, and the list of over 1,000 verbs conjugated like model verbs in the back pages.

to find out, to inquire, to make inquiries, to inform oneself

The Seven Simple Tenses		The Seven Compound Tenses	
Singular	Plural	Singular	Plural
1 présent de l'indicatif		**8 passé composé**	
m'informe	nous informons	me suis informé(e)	nous sommes informé(e)s
t'informes	vous informez	t'es informé(e)	vous êtes informé(e)(s)
s'informe	s'informent	s'est informé(e)	se sont informé(e)s
2 imparfait de l'indicatif		**9 plus-que-parfait de l'indicatif**	
m'informais	nous informions	m'étais informé(e)	nous étions informé(e)s
t'informais	vous informiez	t'étais informé(e)	vous étiez informé(e)(s)
s'informait	s'informaient	s'était informé(e)	s'étaient informé(e)s
3 passé simple		**10 passé antérieur**	
m'informai	nous informâmes	me fus informé(e)	nous fûmes informé(e)s
t'informas	vous informâtes	te fus informé(e)	vous fûtes informé(e)(s)
s'informa	s'informèrent	se fut informé(e)	se furent informé(e)s
4 futur		**11 futur antérieur**	
m'informerai	nous informerons	me serai informé(e)	nous serons informé(e)s
t'informeras	vous informerez	te seras informé(e)	vous serez informé(e)(s)
s'informera	s'informeront	se sera informé(e)	se seront informé(e)s
5 conditionnel		**12 conditionnel passé**	
m'informerais	nous informerions	me serais informé(e)	nous serions informé(e)s
t'informerais	vous informeriez	te serais informé(e)	vous seriez informé(e)(s)
s'informerait	s'informeraient	se serait informé(e)	se seraient informé(e)s
6 présent du subjonctif		**13 passé du subjonctif**	
m'informe	nous informions	me sois informé(e)	nous soyons informé(e)s
t'informes	vous informiez	te sois informé(e)	vous soyez informé(e)(s)
s'informe	s'informent	se soit informé(e)	se soient informé(e)s
7 imparfait du subjonctif		**14 plus-que-parfait du subjonctif**	
m'informasse	nous informassions	me fusse informé(e)	nous fussions informé(e)s
t'informasses	vous informassiez	te fusses informé(e)	vous fussiez informé(e)(s)
s'informât	s'informassent	se fût informé(e)	se fussent informé(e)s

Impératif
informe-toi; ne t'informe pas
informons-nous; ne nous informons pas
informez-vous; ne vous informez pas

Words and expressions related to this verb

informer to inform, to advise
Je vous informe que. . .
  I am informing you that. . .
les informations *f.* new items,
  news bulletins
informatif, informative informative
informationnel, informationnelle
  informational

s'informer de to inquire about
prendre des informations sur qqn
  to make inquiries about someone
un informateur, une informatrice
  informer, informant
une information officielle official
  investigation
former to form

Consult the sections on verbs used in idiomatic expressions, verbs with prepositions, and the list of over 1,000 verbs conjugated like model verbs in the back pages.

to worry, to be upset

The Seven Simple Tenses		The Seven Compound Tenses	
Singular	Plural	Singular	Plural
1 présent de l'indicatif		**8 passé composé**	
m'inquiète	nous inquiétons	me suis inquiété(e)	nous sommes inquiété(e)s
t'inquiètes	vous inquiétez	t'es inquiété(e)	vous êtes inquiété(e)(s)
s'inquiète	s'inquiètent	s'est inquiété(e)	se sont inquiété(e)s
2 imparfait de l'indicatif		**9 plus-que-parfait de l'indicatif**	
m'inquiétais	nous inquiétions	m'étais inquiété(e)	nous étions inquiété(e)s
t'inquiétais	vous inquiétiez	t'étais inquiété(e)	vous étiez inquiété(e)(s)
s'inquiétait	s'inquiétaient	s'était inquiété(e)	s'étaient inquiété(e)s
3 passé simple		**10 passé antérieur**	
m'inquiétai	nous inquiétâmes	me fus inquiété(e)	nous fûmes inquiété(e)s
t'inquiétas	vous inquiétâtes	te fus inquiété(e)	vous fûtes inquiété(e)(s)
s'inquiéta	s'inquiétèrent	se fut inquiété(e)	se furent inquiété(e)s
4 futur		**11 futur antérieur**	
m'inquiéterai	nous inquiéterons	me serai inquiété(e)	nous serons inquiété(e)s
t'inquiéteras	vous inquiéterez	te seras inquiété(e)	vous serez inquiété(e)(s)
s'inquiétera	s'inquiéteront	se sera inquiété(e)	se seront inquiété(e)s
5 conditionnel		**12 conditionnel passé**	
m'inquiéterais	nous inquiéterions	me serais inquiété(e)	nous serions inquiété(e)s
t'inquiéterais	vous inquiéteriez	te serais inquiété(e)	vous seriez inquiété(e)(s)
s'inquiéterait	s'inquiéteraient	se serait inquiété(e)	se seraient inquiété(e)s
6 présent du subjonctif		**13 passé du subjonctif**	
m'inquiète	nous inquiétions	me sois inquiété(e)	nous soyons inquiété(e)s
t'inquiètes	vous inquiétiez	te sois inquiété(e)	vous soyez inquiété(e)(s)
s'inquiète	s'inquiètent	se soit inquiété(e)	se soient inquiété(e)s
7 imparfait du subjonctif		**14 plus-que-parfait du subjonctif**	
m'inquiétasse	nous inquiétassions	me fusse inquiété(e)	nous fussions inquiété(e)s
t'inquiétasses	vous inquiétassiez	te fusses inquiété(e)	vous fussiez inquiété(e)(s)
s'inquiétât	s'inquiétassent	se fût inquiété(e)	se fussent inquiété(e)s

Impératif
inquiète-toi, ne t'inquiète pas
inquiétons-nous; ne nous inquiétons pas
inquiétez-vous; ne vous inquiétez pas

Words related to this verb

s'inquiéter de   to worry about
inquiéter   to trouble, to worry
une inquiétude   restlessness, anxiety, uneasiness
inquiétant, inquiétante   disturbing, alarming
inquiet, inquiète   restless, alarmed, disturbed, worried

Consult the sections on verbs used in idiomatic expressions, verbs with prepositions, and the list of over 1,000 verbs conjugated like model verbs in the back pages.

to insist

The Seven Simple Tenses		The Seven Compound Tenses	
Singular	Plural	Singular	Plural
1 présent de l'indicatif		**8 passé composé**	
insiste	insistons	ai insisté	avons insisté
insistes	insistez	as insisté	avez insisté
insiste	insistent	a insisté	ont insisté
2 imparfait de l'indicatif		**9 plus-que-parfait de l'indicatif**	
insistais	insistions	avais insisté	avions insisté
insistais	insistiez	avais insisté	aviez insisté
insistait	insistaient	avait insisté	avaient insisté
3 passé simple		**10 passé antérieur**	
insistai	insistâmes	eus insisté	eûmes insisté
insistas	insistâtes	eus insisté	eûtes insisté
insista	insistèrent	eut insisté	eurent insisté
4 futur		**11 futur antérieur**	
insisterai	insisterons	aurai insisté	aurons insisté
insisteras	insisterez	auras insisté	aurez insisté
insistera	insisteront	aura insisté	auront insisté
5 conditionnel		**12 conditionnel passé**	
insisterais	insisterions	aurais insisté	aurions insisté
insisterais	insisteriez	aurais insisté	auriez insisté
insisterait	insisteraient	aurait insisté	auraient insisté
6 présent du subjonctif		**13 passé du subjonctif**	
insiste	insistions	aie insisté	ayons insisté
insistes	insistiez	aies insisté	ayez insisté
insiste	insistent	ait insisté	aient insisté
7 imparfait du subjonctif		**14 plus-que-parfait du subjonctif**	
insistasse	insistassions	eusse insisté	eussions insisté
insistasses	insistassiez	eusses insisté	eussiez insisté
insistât	insistassent	eût insisté	eussent insisté

Impératif
insiste
insistons
insistez

Sentences using this verb and words related to it

Madame Albertine, maîtresse de français, insiste que les élèves fassent les devoirs tous les jours, qu'ils parlent en français dans la salle de classe, et qu'ils soient attentifs.

insistant, insistante insistent, persistent
l'insistance (f.) insistence

insister sur to insist on
inutile d'insister useless to insist

For the use of subjunctive, see p. 560.

The Seven Simple Tenses		The Seven Compound Tenses	
Singular	Plural	Singular	Plural

1 présent de l'indicatif
instruis	instruisons		
instruis	instruisez		
instruit	instruisent		

8 passé composé
ai instruit	avons instruit
as instruit	avez instruit
a instruit	ont instruit

2 imparfait de l'indicatif
instruisais	instruisions
instruisais	instruisiez
instruisait	instruisaient

9 plus-que-parfait de l'indicatif
avais instruit	avions instruit
avais instruit	aviez instruit
avait instruit	avaient instruit

3 passé simple
instruisis	instruisîmes
instruisis	instruisîtes
instruisit	instruisirent

10 passé antérieur
eus instruit	eûmes instruit
eus instruit	eûtes instruit
eut instruit	eurent instruit

4 futur
instruirai	instruirons
instruiras	instruirez
instruira	instruiront

11 futur antérieur
aurai instruit	aurons instruit
auras instruit	aurez instruit
aura instruit	auront instruit

5 conditionnel
instruirais	instruirions
instruirais	instruiriez
instruirait	instruiraient

12 conditionnel passé
aurais instruit	aurions instruit
aurais instruit	auriez instruit
aurait instruit	auraient instruit

6 présent du subjonctif
instruise	instruisions
instruises	instruisiez
instruise	instruisent

13 passé du subjonctif
aie instruit	ayons instruit
aies instruit	ayez instruit
ait instruit	aient instruit

7 imparfait du subjonctif
instruisisse	instruisissions
instruisisses	instruisissiez
instruisît	instruisissent

14 plus-que-parfait du subjonctif
eusse instruit	eussions instruit
eusses instruit	eussiez instruit
eût instruit	eussent instruit

Impératif
instruis
instruisons
instruisez

Words and expressions related to this verb

instruit, instruite educated
instruction *(f.)* instruction, teaching
sans instruction uneducated
instructeur, instructrice instructor
instructif, instructive instructive
les instructions instructions

s'instruire to teach oneself, to educate oneself
l'instruction publique public education
bien instruit (instruite), fort instruit (instruite) well educated

---

The subject pronouns are found on the page facing page 1.   **259**

to forbid, to prohibit

The Seven Simple Tenses		The Seven Compound Tenses	
Singular	Plural	Singular	Plural

1　présent de l'indicatif

		8　passé composé	
interdis	interdisons	ai interdit	avons interdit
interdis	interdisez	as interdit	avez interdit
interdit	interdisent	a interdit	ont interdit

2　imparfait de l'indicatif

		9　plus-que-parfait de l'indicatif	
interdisais	interdisions	avais interdit	avions interdit
interdisais	interdisiez	avais interdit	aviez interdit
interdisait	interdisaient	avait interdit	avaient interdit

3　passé simple

		10　passé antérieur	
interdis	interdîmes	eus interdit	eûmes interdit
interdis	interdîtes	eus interdit	eûtes interdit
interdit	interdirent	eut interdit	eurent interdit

4　futur

		11　futur antérieur	
interdirai	interdirons	aurai interdit	aurons interdit
interdiras	interdirez	auras interdit	aurez interdit
interdira	interdiront	aura interdit	auront interdit

5　conditionnel

		12　conditionnel passé	
interdirais	interdirions	aurais interdit	aurions interdit
inerdirais	interdiriez	aurais interdit	auriez interdit
interdirait	interdiraient	aurait interdit	auraient interdit

6　présent du subjonctif

		13　passé du subjonctif	
interdise	interdisions	aie interdit	ayons interdit
interdises	interdisiez	aies interdit	ayez interdit
interdise	interdisent	ait interdit	aient interdit

7　imparfait du subjonctif

		14　plus-que-parfait du subjonctif	
interdisse	interdissions	eusse interdit	eussions interdit
interdisses	interdissiez	eusses interdit	eussiez interdit
interdît	interdissent	eût interdit	eussent interdit

Impératif
interdis
interdisons
interdisez

Sentences using this verb and words and expressions related to it

Je vous interdis de m'interrompre constamment, je vous interdis d'entrer dans la salle de classe en retard, et je vous interdis de quitter la salle sans permission.

interdire qqch à qqn　　to forbid someone something
l'interdit *(m.)*　interdict; *(adj.)* **les jeux interdits**　forbidden games
l'interdiction *(f.)*　interdiction, prohibition
Il est interdit de marcher sur l'herbe　Do not walk on the grass.
interdire à qqn de faire qqch　to forbid someone from doing something
STATIONNEMENT INTERDIT　NO PARKING

to be interested in

The Seven Simple Tenses		The Seven Compound Tenses	
Singular	Plural	Singular	Plural

1 présent de l'indicatif

m'intéresse	nous intéressons	
t'intéresses	vous intéressez	
s'intéresse	s'intéressent	

8 passé composé

me suis intéressé(e)	nous sommes intéressé(e)s
t'es intéressé(e)	vous êtes intéressé(e)(s)
s'est intéressé(e)	se sont intéressé(e)s

2 imparfait de l'indicatif

m'intéressais	nous intéressions
t'intéressais	vous intéressiez
s'intéressait	s'intéressaient

9 plus-que-parfait de l'indicatif

m'étais intéressé(e)	nous étions intéressé(e)s
t'étais intéressé(e)	vous étiez intéressé(e)(s)
s'était intéressé(e)	s'étaient intéressé(e)s

3 passé simple

m'intéressai	nous intéressâmes
t'intéressas	vous intéressâtes
s'intéressa	s'intéressèrent

10 passé antérieur

me fus intéressé(e)	nous fûmes intéressé(e)s
te fus intéressé(e)	vous fûtes intéressé(e)(s)
se fut intéressé(e)	se furent intéressé(e)s

4 futur

m'intéresserai	nous intéresserons
t'intéresseras	vous intéresserez
s'intéressera	s'intéresseront

11 futur antérieur

me serai intéressé(e)	nous serons intéressé(e)s
te seras intéressé(e)	vous serez intéressé(e)(s)
se sera intéressé(e)	se seront intéressé(e)s

5 conditionnel

m'intéresserais	nous intéresserions
t'intéresserais	vous intéresseriez
s'intéresserait	s'intéresseraient

12 conditionnel passé

me serais intéressé(e)	nous serions intéressé(e)s
te serais intéressé(e)	vous seriez intéressé(e)(s)
se serait intéressé(e)	se seraient intéressé(e)s

6 présent du subjonctif

m'intéresse	nous intéressions
t'intéresses	vous intéressiez
s'intéresse	s'intéressent

13 passé du subjonctif

me sois intéressé(e)	nous soyons intéressé(e)s
te sois intéressé(e)	vous soyez intéressé(e)(s)
se soit intéressé(e)	se soient intéressé(e)s

7 imparfait du subjonctif

m'intéressasse	nous intéressassions
t'intéressasses	vous intéressassiez
s'intéressât	s'intéressassent

14 plus-que-parfait du subjonctif

me fusse intéressé(e)	nous fussions intéressé(e)s
te fusses intéressé(e)	vous fussiez intéressé(e)(s)
se fût intéressé(e)	se fussent intéressé(e)s

Impératif
intéresse-toi; ne t'intéresse pas
intéressons-nous; ne nous intéressons pas
intéressez-vous; ne vous intéressez pas

Words and expressions related to this verb

s'intéresser à qqch   to be interested in something, to concern oneself with
Je m'intéresse aux sports.   I am interested in sports.
s'intéresser à qqn   to be interested in someone
Janine s'intéresse à lui.   Janine is interested in him.
intéresser qqn à qqch   to interest someone in something
Je m'intéresse à tout.   I am interested in everything.
Cela ne m'intéresse pas du tout.   That does not interest me at all.
un intérêt   interest
intéressant, intéressante   interesting
Rien ne m'intéresse   Nothing interests me.

The subject pronouns are found on the page facing page 1.   **261**

to interrogate, to question

The Seven Simple Tenses		The Seven Compound Tenses	
Singular	Plural	Singular	Plural
1 présent de l'indicatif		**8 passé composé**	
interroge	interrogeons	ai interrogé	avons interrogé
interroges	interrogez	as interrogé	avez interrogé
interroge	interrogent	a interrogé	ont interrogé
2 imparfait de l'indicatif		**9 plus-que-parfait de l'indicatif**	
interrogeais	interrogions	avais interrogé	avions interrogé
interrogeais	interrogiez	avais interrogé	aviez interrogé
interrogeait	interrogeaient	avait interrogé	avaient interrogé
3 passé simple		**10 passé antérieur**	
interrogeai	interrogeâmes	eus interrogé	eûmes interrogé
interrogeas	interrogeâtes	eus interrogé	eûtes interrogé
interrogea	interrogèrent	eut interrogé	eurent interrogé
4 futur		**11 futur antérieur**	
interrogerai	interrogerons	aurai interrogé	aurons interrogé
interrogeras	interrogerez	auras interrogé	aurez interrogé
interrogera	interrogeront	aura interrogé	auront interrogé
5 conditionnel		**12 conditionnel passé**	
interrogerais	interrogerions	aurais interrogé	aurions interrogé
interrogerais	interrogeriez	aurais interrogé	auriez interrogé
interrogerait	interrogeraient	aurait interrogé	auraient interrogé
6 présent du subjonctif		**13 passé du subjonctif**	
interroge	interrogions	aie interrogé	ayons interrogé
interroges	interrogiez	aies interrogé	ayez interrogé
interroge	interrogent	ait interrogé	aient interrogé
7 imparfait du subjonctif		**14 plus-que-parfait du subjonctif**	
interrogeasse	interrogeassions	eusse interrogé	eussions interrogé
interrogeasses	interrogeassiez	eusses interrogé	eussiez interrogé
interrogeât	interrogeassent	eût interrogé	eussent interrogé

Impératif
interroge
interrogeons
interrogez

Words and expressions related to this verb

une interrogation   interrogation, questioning
un point d'interrogation   question mark
un interrogateur, une interrogatrice
   interrogator

interrogatif, interrogative
   interrogative
interrogativement   interrogatively

Consult the sections on verbs used in idiomatic expressions, verbs with prepositions, and the list of over 1,000 verbs conjugated like model verbs in the back pages.

to interrupt

The Seven Simple Tenses		The Seven Compound Tenses	
Singular	Plural	Singular	Plural

1   présent de l'indicatif

interromps	interrompons
interromps	interrompez
interrompt	interrompent

8   passé composé

ai interrompu	avons interrompu
as interrompu	avez interrompu
a interrompu	ont interrompu

2   imparfait de l'indicatif

interrompais	interrompions
interrompais	interrompiez
interrompait	interrompaient

9   plus-que-parfait de l'indicatif

avais interrompu	avions interrompu
avais interrompu	aviez interrompu
avait interrompu	avaient interrompu

3   passé simple

interrompis	interrompîmes
interrompis	interrompîtes
interrompit	interrompirent

10   passé antérieur

eus interrompu	eûmes interrompu
eus interrompu	eûtes interrompu
eut interrompu	eurent interrompu

4   futur

interromprai	interromprons
interrompras	interromprez
interrompra	interrompront

11   futur antérieur

aurai interrompu	aurons interrompu
auras interrompu	aurez interrompu
aura interrompu	auront interrompu

5   conditionnel

interromprais	interromprions
interromprais	interrompriez
interromprait	interrompraient

12   conditionnel passé

aurais interrompu	aurions interrompu
aurais interrompu	auriez interrompu
aurait interrompu	auraient interrompu

6   présent du subjonctif

interrompe	interrompions
interrompes	interrompiez
interrompe	interrompent

13   passé du subjonctif

aie interrompu	ayons interrompu
aies interrompu	ayez interrompu
ait interrompu	aient interrompu

7   imparfait du subjonctif

interrompisse	interrompissions
interrompisses	interrompissiez
interrompît	interrompissent

14   plus-que-parfait du subjonctif

eusse interrompu	eussions interrompu
eusses interrompu	eussiez interrompu
eût interrompu	eussent interrompu

Impératif
interromps
interrompons
interrompez

Sentences using this verb and words related to it

—**Maurice, tu m'interromps à chaque instant. Cesse de m'interrompre, s'il te plaît! C'est une mauvaise habitude et je ne l'aime pas. Est-ce que tu l'aimes quand on t'interrompt continuellement?**

| **une interruption**   interruption | **un interrupteur, une interruptrice** |
| **interrompu, interrompue**   interrupted | interrupter |

introduire

Part. pr. introduisant   **Part. passé introduit**

to introduce, to show in

The Seven Simple Tenses		The Seven Compound Tenses	
Singular	Plural	Singular	Plural
1 présent de l'indicatif		**8 passé composé**	
introduis	introduisons	ai introduit	avons introduit
introduis	introduisez	as introduit	avez introduit
introduit	introduisent	a introduit	ont introduit
2 imparfait de l'indicatif		**9 plus-que-parfait de l'indicatif**	
introduisais	introduisions	avais introduit	avions introduit
introduisais	introduisiez	avais introduit	aviez introduit
introduisait	introduisaient	avait introduit	avaient introduit
3 passé simple		**10 passé antérieur**	
introduisis	introduisîmes	eus introduit	eûmes introduit
introduisis	introduisîtes	eus introduit	eûtes introduit
introduisit	introduisirent	eut introduit	eurent introduit
4 futur		**11 futur antérieur**	
introduirai	introduirons	aurai introduit	aurons introduit
introduiras	introduirez	auras introduit	aurez introduit
introduira	introduiront	aura introduit	auront introduit
5 conditionnel		**12 conditionnel passé**	
introduirais	introduirions	aurais introduit	aurions introduit
introduirais	introduiriez	aurais introduit	auriez introduit
introduirait	introduiraient	aurait introduit	auraient introduit
6 présent du subjonctif		**13 passé du subjonctif**	
introduise	introduisions	aie introduit	ayons introduit
introduises	introduisiez	aies introduit	ayez introduit
introduise	introduisent	ait introduit	aient introduit
7 imparfait du subjonctif		**14 plus-que-parfait du subjonctif**	
introduisisse	introduisissions	eusse introduit	eussions introduit
introduisisses	introduisissiez	eusses introduit	eussiez introduit
introduisît	introduisissent	eût introduit	eussent introduit

Impératif
introduis
introduisons
introduisez

Words related to this verb

introducteur, introductrice   introducer, initiator
introductif, introductive   introductory
introduction (*f.*)   introduction; **les paroles d'introduction**   introductory words

Consult the back pages for various sections on verbs used in idiomatic expressions and verbs that require certain prepositions.

The Seven Simple Tenses		The Seven Compound Tenses	
Singular	Plural	Singular	Plural

1 présent de l'indicatif

		8 passé composé	
invite	invitons	ai invité	avons invité
invites	invitez	as invité	avez invité
invite	invitent	a invité	ont invité

2 imparfait de l'indicatif

		9 plus-que-parfait de l'indicatif	
invitais	invitions	avais invité	avions invité
invitais	invitiez	avais invité	aviez invité
invitait	invitaient	avait invité	avaient invité

3 passé simple

		10 passé antérieur	
invitai	invitâmes	eus invité	eûmes invité
invitas	invitâtes	eus invité	eûtes invité
invita	invitèrent	eut invité	eurent invité

4 futur

		11 futur antérieur	
inviterai	inviterons	aurai invité	aurons invité
inviteras	inviterez	auras invité	aurez invité
invitera	inviteront	aura invité	auront invité

5 conditionnel

		12 conditionnel passé	
inviterais	inviterions	aurais invité	aurions invité
inviterais	inviteriez	aurais invité	auriez invité
inviterait	inviteraient	aurait invité	auraient invité

6 présent du subjonctif

		13 passé du subjonctif	
invite	invitions	aie invité	ayons invité
invites	invitiez	aies invité	ayez invité
invite	invitent	ait invité	aient invité

7 imparfait du subjonctif

		14 plus-que-parfait du subjonctif	
invitasse	invitassions	eusse invité	eussions invité
invitasses	invitassiez	eusses invité	eussiez invité
invitât	invitassent	eût invité	eussent invité

Impératif
invite
invitons
invitez

Sentences using this verb and words related to it

J'ai reçu une invitation à dîner chez les Martin. C'est pour samedi soir. J'ai accepté avec plaisir et maintenant je vais en ville acheter un cadeau pour eux.

l'invitation (f.)   invitation
les invités   the guests
sur l'invitation de   at the invitation of
sans invitation   without invitation, uninvited

inviter qqn à faire qqch   to invite someone to do something
Elle s'est invitée   She invited herself.

The subject pronouns are found on the page facing page 1.

to throw, to cast

The Seven Simple Tenses		The Seven Compound Tenses	
Singular	Plural	Singular	Plural
1 présent de l'indicatif		**8 passé composé**	
jette	jetons	ai jeté	avons jeté
jettes	jetez	as jeté	avez jeté
jette	jettent	a jeté	ont jeté
2 imparfait de l'indicatif		**9 plus-que-parfait de l'indicatif**	
jetais	jetions	avais jeté	avions jeté
jetais	jetiez	avais jeté	aviez jeté
jetait	jetaient	avait jeté	avaient jeté
3 passé simple		**10 passé antérieur**	
jetai	jetâmes	eus jeté	eûmes jeté
jetas	jetâtes	eus jeté	eûtes jeté
jeta	jetèrent	eut jeté	eurent jeté
4 futur		**11 futur antérieur**	
jetterai	jetterons	aurai jeté	aurons jeté
jetteras	jetterez	auras jeté	aurez jeté
jettera	jetteront	aura jeté	auront jeté
5 conditionnel		**12 conditionnel passé**	
jetterais	jetterions	aurais jeté	aurions jeté
jetterais	jetteriez	aurais jeté	auriez jeté
jetterait	jetteraient	aurait jeté	auraient jeté
6 présent du subjonctif		**13 passé du subjonctif**	
jette	jetions	aie jeté	ayons jeté
jettes	jetiez	aies jeté	ayez jeté
jette	jettent	ait jeté	aient jeté
7 imparfait du subjonctif		**14 plus-que-parfait du subjonctif**	
jetasse	jetassions	eusse jeté	eussions jeté
jetasses	jetassiez	eusses jeté	eussiez jeté
jetât	jetassent	eût jeté	eussent jeté

Impératif
jette
jetons
jetez

Common idiomatic expressions using this verb

jeter un cri   to utter a cry
jeter son argent par la fenêtre   to throw out one's money
se jeter sur (contre)   to throw oneself at (against)
un jeton de téléphone   telephone slug
une jetée   jetty
un jet d'eau   fountain
jeter un coup d'oeil à   to glance at; **se jeter au cou de qqn**
   to throw oneself at somebody
rejeter   to reject, to throw back; **projeter**   to plan, to project

to join

The Seven Simple Tenses		The Seven Compound Tenses	
Singular	Plural	Singular	Plural
1 présent de l'indicatif		**8 passé composé**	
joins	joignons	ai joint	avons joint
joins	joignez	as joint	avez joint
joint	joignent	a joint	ont joint
2 imparfait de l'indicatif		**9 plus-que-parfait de l'indicatif**	
joignais	joignions	avais joint	avions joint
joignais	joigniez	avais joint	aviez joint
joignait	joignaient	avait joint	avaient joint
3 passé simple		**10 passé antérieur**	
joignis	joignîmes	eus joint	eûmes joint
joignis	joignîtes	eus joint	eûtes joint
joignit	joignirent	eut joint	eurent joint
4 futur		**11 futur antérieur**	
joindrai	joindrons	aurai joint	aurons joint
joindras	joindrez	auras joint	aurez joint
joindra	joindront	aura joint	auront joint
5 conditionnel		**12 conditionnel passé**	
joindrais	joindrions	aurais joint	aurions joint
joindrais	joindriez	aurais joint	auriez joint
joindrait	joindraient	aurait joint	auraient joint
6 présent du subjonctif		**13 passé du subjonctif**	
joigne	joignions	aie joint	ayons joint
joignes	joigniez	aies joint	ayez joint
joigne	joignent	ait joint	aient joint
7 imparfait du subjonctif		**14 plus-que-parfait du subjonctif**	
joignisse	joignissions	eusse joint	eussions joint
joignisses	joignissiez	eusses joint	eussiez joint
joignît	joignissent	eût joint	eussent joint

Impératif
joins
joignons
joignez

Common idiomatic expressions using this verb and words related to it

joindre les deux bouts   to make ends meet
les jointures des doigts   knuckles
joint, jointe   joined
les talons joints   heels together
ci-joint   herewith, attached
joindre à   to join to, to add to

rejoindre   to rejoin, to join together
se rejoindre   to meet, to come together again
se joindre à la discussion   to join in the discussion

The subject pronouns are found on the page facing page 1.

267

to play, to act (in a play), to gamble

The Seven Simple Tenses		The Seven Compound Tenses	
Singular	Plural	Singular	Plural
1 présent de l'indicatif		**8 passé composé**	
joue	jouons	ai joué	avons joué
joues	jouez	as joué	avez joué
joue	jouent	a joué	ont joué
2 imparfait de l'indicatif		**9 plus-que-parfait de l'indicatif**	
jouais	jouions	avais joué	avions joué
jouais	jouiez	avais joué	aviez joué
jouait	jouaient	avait joué	avaient joué
3 passé simple		**10 passé antérieur**	
jouai	jouâmes	eus joué	eûmes joué
jouas	jouâtes	eus joué	eûtes joué
joua	jouèrent	eut joué	eurent joué
4 futur		**11 futur antérieur**	
jouerai	jouerons	aurai joué	aurons joué
joueras	jouerez	auras joué	aurez joué
jouera	joueront	aura joué	auront joué
5 conditionnel		**12 conditionnel passé**	
jouerais	jouerions	aurais joué	aurions joué
jouerais	joueriez	aurais joué	auriez joué
jouerait	joueraient	aurait joué	auraient joué
6 présent du subjonctif		**13 passé du subjonctif**	
joue	jouions	aie joué	ayons joué
joues	jouiez	aies joué	ayez joué
joue	jouent	ait joué	aient joué
7 imparfait du subjonctif		**14 plus-que-parfait du subjonctif**	
jouasse	jouassions	eusse joué	eussions joué
jouasses	jouassiez	eusses joué	eussiez joué
jouât	jouassent	eût joué	eussent joué

Impératif
joue
jouons
jouez

Common idiomatic expressions using this verb

jouer au tennis to play tennis
jouer aux cartes to play cards
jouer du piano to play the piano
jouer un tour à qqn to play a trick on someone
un jouet toy, plaything
joueur, joueuse player, gambler
jouer sur les mots to play with words
déjouer to baffle, to thwart
jouer un rôle to play a part

jouer une partie de qqch to play a game of something
jouer de la flûte to play the flute
se jouer de to make fun of, to deride
un joujou, des joujoux toy, toys (child's language)
jouer gros jeu to play for high stakes
Cela va se jouer ce soir That will be settled tonight.

The Seven Simple Tenses		The Seven Compound Tenses	
Singular	Plural	Singular	Plural

1 présent de l'indicatif

jouis	jouissons
jouis	jouissez
jouit	jouissent

8 passé composé

ai joui	avons joui
as joui	avez joui
a joui	ont joui

2 imparfait de l'indicatif

jouissais	jouissions
jouissais	jouissiez
jouissait	jouissaient

9 plus-que-parfait de l'indicatif

avais joui	avions joui
avais joui	aviez joui
avait joui	avaient joui

3 passé simple

jouis	jouîmes
jouis	jouîtes
jouit	jouirent

10 passé antérieur

eus joui	eûmes joui
eus joui	eûtes joui
eut joui	eurent joui

4 futur

jouirai	jouirons
jouiras	jouirez
jouira	jouiront

11 futur antérieur

aurai joui	aurons joui
auras joui	aurez joui
aura joui	auront joui

5 conditionnel

jouirais	jouirions
jouirais	jouiriez
jouirait	jouiraient

12 conditionnel passé

aurais joui	aurions joui
aurais joui	auriez joui
aurait joui	auraient joui

6 présent du subjonctif

jouisse	jouissions
jouisses	jouissiez
jouisse	jouissent

13 passé du subjonctif

aie joui	ayons joui
aies joui	ayez joui
ait joui	aient joui

7 imparfait du subjonctif

jouisse	jouissions
jouisses	jouissiez
jouît	jouissent

14 plus-que-parfait du subjonctif

eusse joui	eussions joui
eusses joui	eussiez joui
eût joui	eussent joui

Impératif
jouis
jouissons
jouissez

Words and expressions related to this verb

jouir de qqch   to enjoy something
la jouissance   delight, enjoyment
la joie   joy; **la joie de vivre**   joy of living; **avec joie**   gladly
la réjouissance   rejoicing

se réjouir de   to rejoice in, to be delighted at
réjouir   to cheer up, to gladden, to rejoice
réjouir la vue   to be pleasing to the eye
réjouir le coeur   to gladden the heart
réjouissant, réjouissante   entertaining, amusing

Consult the sections on verbs used in idiomatic expressions, verbs with prepositions, and the list of over 1,000 verbs conjugated like model verbs in the back pages.

to judge, to deem

The Seven Simple Tenses		The Seven Compound Tenses	
Singular	Plural	Singular	Plural
1 présent de l'indicatif		**8 passé composé**	
juge	jugeons	ai jugé	avons jugé
juges	jugez	as jugé	avez jugé
juge	jugent	a jugé	ont jugé
2 imparfait de l'indicatif		**9 plus-que-parfait de l'indicatif**	
jugeais	jugions	avais jugé	avions jugé
jugeais	jugiez	avais jugé	aviez jugé
jugeait	jugeaient	avait jugé	avaient jugé
3 passé simple		**10 passé antérieur**	
jugeai	jugeâmes	eus jugé	eûmes jugé
jugeas	jugeâtes	eus jugé	eûtes jugé
jugea	jugèrent	eut jugé	eurent jugé
4 futur		**11 futur antérieur**	
jugerai	jugerons	aurai jugé	aurons jugé
jugeras	jugerez	auras jugé	aurez jugé
jugera	jugeront	aura jugé	auront jugé
5 conditionnel		**12 conditionnel passé**	
jugerais	jugerions	aurais jugé	aurions jugé
jugerais	jugeriez	aurais jugé	auriez jugé
jugerait	jugeraient	aurait jugé	auraient jugé
6 présent du subjonctif		**13 passé du subjonctif**	
juge	jugions	aie jugé	ayons jugé
juges	jugiez	aies jugé	ayez jugé
juge	jugent	ait jugé	aient jugé
7 imparfait du subjonctif		**14 plus-que-parfait du subjonctif**	
jugeasse	jugeassions	eusse jugé	eussions jugé
jugeasses	jugeassiez	eusses jugé	eussiez jugé
jugeât	jugeassent	eût jugé	eussent jugé

Impératif
juge
jugeons
jugez

Words and expressions related to this verb

juger de to judge (of) **Jugez de ma joie!** You can imagine my joy!
à en juger par. . . judging by. . .
juger par. . . to judge by. . .
mal juger qqn to misjudge someone
juger bon de faire qqch to think it wise to do something
un juge judge, magistrate; **un juge de paix** justice of the peace
un jugement judgment

Consult the sections on verbs used in idiomatic expressions, verbs with prepositions, and the list of over 1,000 verbs conjugated like model verbs in the back pages.

to swear, to vow

The Seven Simple Tenses		The Seven Compound Tenses	
Singular	Plural	Singular	Plural

1 présent de l'indicatif

jure	jurons
jures	jurez
jure	jurent

8 passé composé

ai juré	avons juré
as juré	avez juré
a juré	ont juré

2 imparfait de l'indicatif

jurais	jurions
jurais	juriez
jurait	juraient

9 plus-que-parfait de l'indicatif

avais juré	avions juré
avais juré	aviez juré
avait juré	avaient juré

3 passé simple

jurai	jurâmes
juras	jurâtes
jura	jurèrent

10 passé antérieur

eus juré	eûmes juré
eus juré	eûtes juré
eut juré	eurent juré

4 futur

jurerai	jurerons
jureras	jurerez
jurera	jureront

11 futur antérieur

aurai juré	aurons juré
auras juré	aurez juré
aura juré	auront juré

5 conditionnel

jurerais	jurerions
jurerais	jureriez
jurerait	jureraient

12 conditionnel passé

aurais juré	aurions juré
aurais juré	auriez juré
aurait juré	auraient juré

6 présent du subjonctif

jure	jurions
jures	juriez
jure	jurent

13 passé du subjonctif

aie juré	ayons juré
aies juré	ayez juré
ait juré	aient juré

7 imparfait du subjonctif

jurasse	jurassions
jurasses	jurassiez
jurât	jurassent

14 plus-que-parfait du subjonctif

eusse juré	eussions juré
eusses juré	eussiez juré
eût juré	eussent juré

Impératif
jure
jurons
jurez

Words and expressions related to this verb

jurer sur la Bible   to swear on the Bible
un juriste   jurist
la jurisprudence   jurisprudence
un jureur   swearer
jurer contre   to swear against

un juron   curse, oath
un jury   jury
un jurisconsulte   legal expert
Je vous le jure!   I swear it!
dire des jurons   to swear, to curse

Consult the sections on verbs used in idiomatic expressions, verbs with prepositions, and the list of over 1,000 verbs conjugated like model verbs in the back pages.

The subject pronouns are found on the page facing page 1.

lâcher

to loosen, to unleash, to let go

The Seven Simple Tenses		The Seven Compound Tenses	
Singular	Plural	Singular	Plural
1 présent de l'indicatif		**8 passé composé**	
lâche	lâchons	ai lâché	avons lâché
lâches	lâchez	as lâché	avez lâché
lâche	lâchent	a lâché	ont lâché
2 imparfait de l'indicatif		**9 plus-que-parfait de l'indicatif**	
lâchais	lâchions	avais lâché	avions lâché
lâchais	lâchiez	avais lâché	aviez lâché
lâchait	lâchaient	avait lâché	avaient lâché
3 passé simple		**10 passé antérieur**	
lâchai	lâchâmes	eus lâché	eûmes lâché
lâchas	lâchâtes	eus lâché	eûtes lâché
lâcha	lâchèrent	eut lâché	eurent lâché
4 futur		**11 futur antérieur**	
lâcherai	lâcherons	aurai lâché	aurons lâché
lâcheras	lâcherez	auras lâché	aurez lâché
lâchera	lâcheront	aura lâché	auront lâché
5 conditionnel		**12 conditionnel passé**	
lâcherais	lâcherions	aurais lâché	aurions lâché
lâcherais	lâcheriez	aurais lâché	auriez lâché
lâcherait	lâcheraient	aurait lâché	auraient lâché
6 présent du subjonctif		**13 passé du subjonctif**	
lâche	lâchions	aie lâché	ayons lâché
lâches	lâchiez	aies lâché	ayez lâché
lâche	lâchent	ait lâché	aient lâché
7 imparfait du subjonctif		**14 plus-que-parfait du subjonctif**	
lâchasse	lâchassions	eusse lâché	eussions lâché
lâchasses	lâchassiez	eusses lâché	eussiez lâché
lâchât	lâchassent	eût lâché	eussent lâché

Impératif
lâche
lâchons
lâchez

Words and expressions related to this verb

lâcher prise   to let go
un lâcheur, une lâcheuse   quitter
lâche   coward; **lâchement**   cowardly
la lâcheté   cowardice
un vêtement lâche   flowing, loose garment

un relâche   rest, relaxation, respite, temporary closing of a theater
relâcher   to abate, to loosen, to relax, to slacken
Lâchez-moi!   Let go of me!

Consult the sections on verbs used in idiomatic expressions, verbs with prepositions, and the list of over 1,000 verbs conjugated like model verbs in the back pages.

to let, to allow, to leave

The Seven Simple Tenses		The Seven Compound Tenses	
Singular	Plural	Singular	Plural
1 présent de l'indicatif		**8 passé composé**	
laisse	laissons	ai laissé	avons laissé
laisses	laissez	as laissé	avez laissé
laisse	laissent	a laissé	ont laissé
2 imparfait de l'indicatif		**9 plus-que-parfait de l'indicatif**	
laissais	laissions	avais laissé	avions laissé
laissais	laissiez	avais laissé	aviez laissé
laissait	laissaient	avait laissé	avaient laissé
3 passé simple		**10 passé antérieur**	
laissai	laissâmes	eus laissé	eumes laissé
laissas	laissâtes	eus laissé	eûtes laissé
laissa	laissèrent	eut laissé	eurent laissé
4 futur		**11 futur antérieur**	
laisserai	laisserons	aurai laissé	aurons laissé
laisseras	laisserez	auras laissé	aurez laissé
laissera	laisseront	aura laissé	auront laissé
5 conditionnel		**12 conditionnel passé**	
laisserais	laisserions	aurais laissé	aurions laissé
laisserais	laisseriez	aurais laissé	auriez laissé
laisserait	laisseraient	aurait laissé	auraient laissé
6 présent du subjonctif		**13 passé du subjonctif**	
laisse	laissions	aie laissé	ayons laissé
laisses	laissiez	aies laissé	ayez laissé
laisse	laissent	ait laissé	aient laissé
7 imparfait du subjonctif		**14 plus-que-parfait du subjonctif**	
laissasse	laissassions	eusse laissé	eussions laissé
laissasses	laissassiez	eusses laissé	eussiez laissé
laissât	laissassent	eût laissé	eussent laissé

Impératif
laisse
laissons
laissez

Common idiomatic expressions using this verb

   Quand j'ai quitté la maison ce matin pour aller à l'école, j'ai laissé mes livres sur la table dans la cuisine. Dans la classe de français, le professeur m'a demandé où étaient mes livres et je lui ai répondu que je les avais laissés sur la table chez moi. C'était fâcheux.

laissez-faire   do not interfere;   **Laissez-moi faire**   Let me do as I please.
une laisse   a leash; **délaisser**   to abandon, to forsake
laisser entrer   to let in, to allow to enter; **laisser tomber**   to drop
laisser aller   to let go;   **se laisser aller**   to let oneself go
C'était fâcheux!   (See se fâcher)

The subject pronouns are found on the page facing page 1.   **273**

to hurl, to launch, to throw

The Seven Simple Tenses		The Seven Compound Tenses	
Singular	Plural	Singular	Plural
1 présent de l'indicatif		**8 passé composé**	
lance	lançons	ai lancé	avons lancé
lances	lancez	as lancé	avez lancé
lance	lancent	a lancé	ont lancé
2 imparfait de l'indicatif		**9 plus-que-parfait de l'indicatif**	
lançais	lancions	avais lancé	avions lancé
lançais	lanciez	avais lancé	aviez lancé
lançait	lançaient	avait lancé	avaient lancé
3 passé simple		**10 passé antérieur**	
lançai	lançâmes	eus lancé	eûmes lancé
lanças	lançâtes	eus lancé	eûtes lancé
lança	lancèrent	eut lancé	eurent lancé
4 futur		**11 futur antérieur**	
lancerai	lancerons	aurai lancé	aurons lancé
lanceras	lancerez	auras lancé	aurez lancé
lancera	lanceront	aura lancé	auront lancé
5 conditionnel		**12 conditionnel passé**	
lancerais	lancerions	aurais lancé	aurions lancé
lancerais	lanceriez	aurais lancé	auriez lancé
lancerait	lanceraient	aurait lancé	auraient lancé
6 présent du subjonctif		**13 passé du subjonctif**	
lance	lancions	aie lancé	ayons lancé
lances	lanciez	aies lancé	ayez lancé
lance	lancent	ait lancé	aient lancé
7 imparfait du subjonctif		**14 plus-que-parfait du subjonctif**	
lançasse	lançassions	eusse lancé	eussions lancé
lançasses	lançassiez	eusses lancé	eussiez lancé
lançât	lançassent	eût lancé	eussent lancé

Impératif
lance
lançons
lancez

Words and expressions related to this verb

se lancer contre to throw oneself at, against   **un lancement** hurling, casting
un départ lancé a flying start (sports)   **un lanceur** thrower, pitcher (sports)
une lance a spear   **lancer un cri** to cry out

Consult the front and back pages for various sections on using verbs.

Try the verb tests (with answers explained) in the back pages.

to wash

The Seven Simple Tenses		The Seven Compound Tenses	
Singular	Plural	Singular	Plural
1 présent de l'indicatif		**8 passé composé**	
lave	lavons	ai lavé	avons lavé
laves	lavez	as lavé	avez lavé
lave	lavent	a lavé	ont lavé
2 imparfait de l'indicatif		**9 plus-que-parfait de l'indicatif**	
lavais	lavions	avais lavé	avions lavé
lavais	laviez	avais lavé	aviez lavé
lavait	lavaient	avait lavé	avaient lavé
3 passé simple		**10 passé antérieur**	
lavai	lavâmes	eus lavé	eûmes lavé
lavas	lavâtes	eus lavé	eûtes lavé
lava	lavèrent	eut lavé	eurent lavé
4 futur		**11 futur antérieur**	
laverai	laverons	aurai lavé	aurons lavé
laveras	laverez	auras lavé	aurez lavé
lavera	laveront	aura lavé	auront lavé
5 conditionnel		**12 conditionnel passé**	
laverais	laverions	aurais lavé	aurions lavé
laverais	laveriez	aurais lavé	auriez lavé
laverait	laveraient	aurait lavé	auraient lavé
6 présent du subjonctif		**13 passé du subjonctif**	
lave	lavions	aie lavé	ayons lavé
laves	laviez	aies lavé	ayez lavé
lave	lavent	ait lavé	aient lavé
7 imparfait du subjonctif		**14 plus-que-parfait du subjonctif**	
lavasse	lavassions	eusse lavé	eussions lavé
lavasses	lavassiez	eusses lavé	eussiez lavé
lavât	lavassent	eût lavé	eussent lavé

Impératif
lave
lavons
lavez

Sentences using this verb and words related to it

Samedi après-midi j'ai lavé la voiture de mon père et il m'a donné de l'argent pour mon travail.

le lavage   washing
le lavement   enema
la lavette   dish mop
la lavure   dishwater; **un lave-vaisselle** dishwasher

un laveur, une laveuse   washer; **une laverie**   launderette
un lave-linge   washing machine

See also **se laver.**

Consult the front and back pages for various sections on using verbs.

The subject pronouns are found on the page facing page 1.

se laver

Part. pr. **se lavant**   Part. passé **lavé(e)(s)**

to wash oneself

The Seven Simple Tenses		The Seven Compound Tenses	
Singular	Plural	Singular	Plural

1   présent de l'indicatif

me lave	nous lavons
te laves	vous lavez
se lave	se lavent

8   passé composé

me suis lavé(e)	nous sommes lavé(e)s
t'es lavé(e)	vous êtes lavé(e)(s)
s'est lavé(e)	se sont lavé(e)s

2   imparfait de l'indicatif

me lavais	nous lavions
te lavais	vous laviez
se lavait	se lavaient

9   plus-que-parfait de l'indicatif

m'étais lavé(e)	nous étions lavé(e)s
t'étais lavé(e)	vous étiez lavé(e)(s)
s'était lavé(e)	s'étaient lavé(e)s

3   passé simple

me lavai	nous lavâmes
te lavas	vous lavâtes
se lava	se lavèrent

10   passé antérieur

me fus lavé(e)	nous fûmes lavé(e)s
te fus lavé(e)	vous fûtes lavé(e)(s)
se fut lavé(e)	se furent lavé(e)s

4   futur

me laverai	nous laverons
te laveras	vous laverez
se lavera	se laveront

11   futur antérieur

me serai lavé(e)	nous serons lavé(e)s
te seras lavé(e)	vous serez lavé(e)(s)
se sera lavé(e)	se seront lavé(e)s

5   conditionnel

me laverais	nous laverions
te laverais	vous laveriez
se laverait	se laveraient

12   conditionnel passé

me serais lavé(e)	nous serions lavé(e)s
te serais lavé(e)	vous seriez lavé(e)(s)
se serait lavé(e)	se seraient lavé(e)s

6   présent du subjonctif

me lave	nous lavions
te laves	vous laviez
se lave	se lavent

13   passé du subjonctif

me sois lavé(e)	nous soyons lavé(e)s
te sois lavé(e)	vous soyez lavé(e)(s)
se soit lavé(e)	se soient lavé(e)s

7   imparfait du subjonctif

me lavasse	nous lavassions
te lavasses	vous lavassiez
se lavât	se lavassent

14   plus-que-parfait du subjonctif

me fusse lavé(e)	nous fussions lavé(e)s
te fusses lavé(e)	vous fussiez lavé(e)(s)
se fût lavé(e)	se fussent lavé(e)s

Impératif
lave-toi; ne te lave pas
lavons-nous; ne nous lavons pas
lavez-vous; ne vous lavez pas

Sentences using this verb and words related to it

Tous les matins je me lave. Je me lave le visage, je me lave les mains, le cou et les oreilles. Hier soir je me suis lavé les pieds.
Ma mère m'a demandé: —Henriette, est-ce que tu t'es bien lavée?
Je lui ai répondu: —Oui, maman, je me suis lavée! Je me suis bien lavé les mains!

For words related to **se laver**, see the verb **laver.**

Read the entries in the section on definitions of basic grammatical terms with examples in the back pages. In particular, review the entry **agreement of past participle of a reflexive verb with its reflexive pronoun.**

276

to lift, to raise

The Seven Simple Tenses		The Seven Compound Tenses	
Singular	Plural	Singular	Plural

1 présent de l'indicatif

lève	levons		
lèves	levez		
lève	lèvent		

8 passé composé

ai levé		avons levé	
as levé		avez levé	
a levé		ont levé	

2 imparfait de l'indicatif

levais	levions
levais	leviez
levait	levaient

9 plus-que-parfait de l'indicatif

avais levé	avions levé
avais levé	aviez levé
avait levé	avaient levé

3 passé simple

levai	levâmes
levas	levâtes
leva	levèrent

10 passé antérieur

eus levé	eûmes levé
eus levé	eûtes levé
eut levé	eurent levé

4 futur

lèverai	lèverons
lèveras	lèverez
lèvera	lèveront

11 futur antérieur

aurai levé	aurons levé
auras levé	aurez levé
aura levé	auront levé

5 conditionnel

lèverais	lèverions
lèverais	lèveriez
lèverait	lèveraient

12 conditionnel passé

aurais levé	aurions levé
aurais levé	auriez levé
aurait levé	auraient levé

6 présent du subjonctif

lève	levions
lèves	leviez
lève	lèvent

13 passé du subjonctif

aie levé	ayons levé
aies levé	ayez levé
ait levé	aient levé

7 imparfait du subjonctif

levasse	levassions
levasses	levassiez
levât	levassent

14 plus-que-parfait du subjonctif

eusse levé	eussions levé
eusses levé	eussiez levé
eût levé	eussent levé

Impératif
lève
levons
levez

Words and expressions related to this verb

voter à main levée   to vote by a show of hands
le levage raising, lifting
faire lever qqn   to get someone out of bed
le levant   the East
le levain   leaven
du pain sans levain   unleavened bread
le lever du soleil   sunrise

se relever   to get up on one's feet
lever la main   to raise one's hands
élever   to raise, to rear, to bring up
enlever   to remove
relever   to raise again, to pick up
La séance est levée   The meeting is adjourned.

Consult the back pages for verbs used in idiomatic expressions. See also **se lever.**

to get up

The Seven Simple Tenses		The Seven Compound Tenses	
Singular	Plural	Singular	Plural
1 présent de l'indicatif		**8 passé composé**	
me lève	nous levons	me suis levé(e)	nous sommes levé(e)s
te lèves	vous levez	t'es levé(e)	vous êtes levé(e)(s)
se lève	se lèvent	s'est levé(e)	se sont levé(e)s
2 imparfait de l'indicatif		**9 plus-que-parfait de l'indicatif**	
me levais	nous levions	m'étais levé(e)	nous étions levé(e)s
te levais	vous leviez	t'étais levé(e)	vous étiez levé(e)(s)
se levait	se levaient	s'était levé(e)	s'étaient levé(e)s
3 passé simple		**10 passé antérieur**	
me levai	nous levâmes	me fus levé(e)	nous fûmes levé(e)s
te levas	vous levâtes	te fus levé(e)	vous fûtes levé(e)(s)
se leva	se levèrent	se fut levé(e)	se furent levé(e)s
4 futur		**11 futur antérieur**	
me lèverai	nous lèverons	me serai levé(e)	nous serons levé(e)s
te lèveras	vous lèverez	te seras levé(e)	vous serez levé(e)(s)
se lèvera	se lèveront	se sera levé(e)	se seront levé(e)s
5 conditionnel		**12 conditionnel passé**	
me lèverais	nous lèverions	me serais levé(e)	nous serions levé(e)s
te lèverais	vous lèveriez	te serais levé(e)	vous seriez levé(e)(s)
se lèverait	se lèveraient	se serait levé(e)	se seraient levé(e)s
6 présent du subjonctif		**13 passé du subjonctif**	
me lève	nous levions	me sois levé(e)	nous soyons levé(e)s
te lèves	vous leviez	te sois levé(e)	vous soyez levé(e)(s)
se lève	se lèvent	se soit levé(e)	se soient levé(e)s
7 imparfait du subjonctif		**14 plus-que-parfait du subjonctif**	
me levasse	nous levassions	me fusse levé(e)	nous fussions levé(e)s
te levasses	vous levassiez	te fusses levé(e)	vous fussiez levé(e)(s)
se levât	se levassent	se fût levé(e)	se fussent levé(e)s

Impératif
lève-toi; ne te lève pas
levons-nous; ne nous levons pas
levez-vous; ne vous levez pas

Sentences using this verb and words related to it

   Caroline est entrée dans le salon. Elle s'est assise, puis elle s'est levée. Après s'être levée, elle a quitté la maison.

For words related to **se lever**, see the verb **lever**.

Review the entry **agreement of past participle of a reflexive verb with its reflexive pronoun** in the section on definitions of basic grammatical terms with examples in the back pages.

The Seven Simple Tenses		The Seven Compound Tenses	
Singular	Plural	Singular	Plural
1 présent de l'indicatif		**8 passé composé**	
lis	lisons	ai lu	avons lu
lis	lisez	as lu	avez lu
lit	lisent	a lu	ont lu
2 imparfait de l'indicatif		**9 plus-que-parfait de l'indicatif**	
lisais	lisions	avais lu	avions lu
lisais	lisiez	avais lu	aviez lu
lisait	lisaient	avait lu	avaient lu
3 passé simple		**10 passé antérieur**	
lus	lûmes	eus lu	eûmes lu
lus	lûtes	eus lu	eûtes lu
lut	lurent	eut lu	eurent lu
4 futur		**11 futur antérieur**	
lirai	lirons	aurai lu	aurons lu
liras	lirez	auras lu	aurez lu
lira	liront	aura lu	auront lu
5 conditionnel		**12 conditionnel passé**	
lirais	lirions	aurais lu	aurions lu
lirais	liriez	aurais lu	auriez lu
lirait	liraient	aurait lu	auraient lu
6 présent du subjonctif		**13 passé du subjonctif**	
lise	lisions	aie lu	ayons lu
lises	lisiez	aies lu	ayez lu
lise	lisent	ait lu	aient lu
7 imparfait du subjonctif		**14 plus-que-parfait du subjonctif**	
lusse	lussions	eusse lu	eussions lu
lusses	lussiez	eusses lu	eussiez lu
lût	lussent	eût lu	eussent lu

Impératif
lis
lisons
lisez

Words and expressions related to this verb

C'est un livre à lire   It's a book worth reading.
lisible   legible, readable
lisiblement   legibly
lecteur, lectrice   reader (a person who reads)
un lecteur d'épreuves, une lectrice d'épreuves   proofreader
la lecture   reading
lectures pour la jeunesse   juvenile reading
Dans l'espoir de vous lire. . .
  I hope to receive a letter from you soon.

lire à haute voix   to read aloud
lire à voix basse   to read in a low voice
lire tout bas   to read to oneself
relire   to reread

to praise, to rent, to rent out

The Seven Simple Tenses		The Seven Compound Tenses	
Singular	Plural	Singular	Plural
1 présent de l'indicatif		**8 passé composé**	
loue	louons	ai loué	avons loué
loues	louez	as loué	avez loué
loue	louent	a loué	ont loué
2 imparfait de l'indicatif		**9 plus-que-parfait de l'indicatif**	
louais	louions	avais loué	avions loué
louais	louiez	avais loué	aviez loué
louait	louaient	avait loué	avaient loué
3 passé simple		**10 passé antérieur**	
louai	louâmes	eus loué	eûmes loué
louas	louâtes	eus loué	eûtes loué
loua	louèrent	eut loué	eurent loué
4 futur		**11 futur antérieur**	
louerai	louerons	aurai loué	aurons loué
loueras	louerez	auras loué	aurez loué
louera	loueront	aura loué	auront loué
5 conditionnel		**12 conditionnel passé**	
louerais	louerions	aurais loué	aurions loué
louerais	loueriez	aurais loué	auriez loué
louerait	loueraient	aurait loué	auraient loué
6 présent du subjonctif		**13 passé du subjonctif**	
loue	louions	aie loué	ayons loué
loues	louiez	aies loué	ayez loué
loue	louent	ait loué	aient loué
7 imparfait du subjonctif		**14 plus-que-parfait du subjonctif**	
louasse	louassions	eusse loué	eussions loué
louasses	louassiez	eusses loué	eussiez loué
louât	louassent	eût loué	eussent loué

Impératif
loue
louons
louez

Words and expressions related to this verb

une place louée   reserved seat
maison à louer   house for rent (to let)
se louer de   to congratulate oneself on
allouer   to allot, to allocate
Dieu soit loué!   God be praised!

un loueur, une loueuse   a person who rents something to someone
un loueur de voitures   car rental agent
le louage   renting, hiring out
la louange   praise

Consult the sections on verbs used in idiomatic expressions, verbs with prepositions, and the list of over 1,000 verbs conjugated like model verbs in the back pages.

to shine, to gleam, to glisten

The Seven Simple Tenses		The Seven Compound Tenses	
Singular	Plural	Singular	Plural
1 présent de l'indicatif **il luit**		8 passé composé **il a lui**	
2 imparfait de l'indicatif **il luisait**		9 plus-que-parfait de l'indicatif **il avait lui**	
3 passé simple **il luisit**		10 passé antérieur **il eut lui**	
4 futur **il luira**		11 futur antérieur **il aura lui**	
5 conditionnel **il luirait**		12 conditionnel passé **il aurait lui**	
6 présent du subjonctif **qu'il luise**		13 passé du subjonctif **qu'il ait lui**	
7 imparfait du subjonctif **qu'il luisît**		14 plus-que-parfait du subjonctif **qu'il eût lui**	

Impératif
Qu'il luise!   Let it shine!

Words and expressions related to this verb

la lueur   glimmer, gleam, glow
luisant, luisante   shining
à la lueur d'une bougie   by candlelight
l'espoir luit encore   there is still a glimmer of hope

le lac luisait au soleil du matin   the lake glistened in the morning sunlight
Le soleil luit   The sun is shining.
J'ai le nez qui luit   My nose is shiny.

to reduce (one's weight), to grow thin, to lose weight

The Seven Simple Tenses		The Seven Compound Tenses	
Singular	Plural	Singular	Plural

1 présent de l'indicatif

maigris	maigrissons	**8 passé composé**	
maigris	maigrissez	ai maigri	avons maigri
maigrit	maigrissent	as maigri	avez maigri
		a maigri	ont maigri

2 imparfait de l'indicatif   **9 plus-que-parfait de l'indicatif**

maigrissais	maigrissions	avais maigri	avions maigri
maigrissais	maigrissiez	avais maigri	aviez maigri
maigrissait	maigrissaient	avait maigri	avaient maigri

3 passé simple   **10 passé antérieur**

maigris	maigrîmes	eus maigri	eûmes maigri
maigris	maigrîtes	eus maigri	eûtes maigri
maigrit	maigrirent	eut maigri	eurent maigri

4 futur   **11 futur antérieur**

maigrirai	maigrirons	aurai maigri	aurons maigri
maigriras	maigrirez	auras maigri	aurez maigri
maigrira	maigriront	aura maigri	auront maigri

5 conditionnel   **12 conditionnel passé**

maigrirais	maigririons	aurais maigri	aurions maigri
maigrirais	maigririez	aurais maigri	auriez maigri
maigrirait	maigriraient	aurait maigri	auraient maigri

6 présent du subjonctif   **13 passé du subjonctif**

maigrisse	maigrissions	aie maigri	ayons maigri
maigrisses	maigrissiez	aies maigri	ayez maigri
maigrisse	maigrissent	ait maigri	aient maigri

7 imparfait du subjonctif   **14 plus-que-parfait du subjonctif**

maigrisse	maigrissions	eusse maigri	eussions maigri
maigrisses	maigrissiez	eusses maigri	eussiez maigri
maigrît	maigrissent	eût maigri	eussent maigri

Impératif
maigris
maigrissons
maigrissez

Words and expressions related to this verb

maigre thin
la maigreur thinness
maigrement meagerly
se faire maigrir to slim down one's weight
être au régime pour maigrir to be on a diet to lose weight

maigre comme un clou as thin as a nail
faire maigre to abstain from meat
un gamin maigrelet a skinny kid

Try the verb tests (with answers explained) in the back pages.

The Seven Simple Tenses		The Seven Compound Tenses	
Singular	Plural	Singular	Plural

1 présent de l'indicatif

mange	mangeons	
manges	mangez	
mange	mangent	

8 passé composé

ai mangé	avons mangé
as mangé	avez mangé
a mangé	ont mangé

2 imparfait de l'indicatif

mangeais	mangions
mangeais	mangiez
mangeait	mangeaient

9 plus-que-parfait de l'indicatif

avais mangé	avions mangé
avais mangé	aviez mangé
avait mangé	avaient mangé

3 passé simple

mangeai	mangeâmes
mangeas	mangeâtes
mangea	mangèrent

10 passé antérieur

eus mangé	eûmes mangé
eus mangé	eûtes mangé
eut mangé	eurent mangé

4 futur

mangerai	mangerons
mangeras	mangerez
mangera	mangeront

11 futur antérieur

aurai mangé	aurons mangé
auras mangé	aurez mangé
aura mangé	auront mangé

5 conditionnel

mangerais	mangerions
mangerais	mangeriez
mangerait	mangeraient

12 conditionnel passé

aurais mangé	aurions mangé
aurais mangé	auriez mangé
aurait mangé	auraient mangé

6 présent du subjonctif

mange	mangions
manges	mangiez
mange	mangent

13 passé du subjonctif

aie mangé	ayons mangé
aies mangé	ayez mangé
ait mangé	aient mangé

7 imparfait du subjonctif

mangeasse	mangeassions
mangeasses	mangeassiez
mangeât	mangeassent

14 plus-que-parfait du subjonctif

eusse mangé	eussions mangé
eusses mangé	eussiez mangé
eût mangé	eussent mangé

Impératif
mange
mangeons
mangez

Words and expressions related to this verb

le manger food
gros mangeur big eater
manger de l'argent to spend money
  foolishly
ne pas manger à sa faim not to have much to
  eat
manger à sa faim to eat until filled

manger comme quatre to eat like a horse
une mangeoire manger
mangeable edible, eatable
la mangeaille disgusting food
immangeable uneatable, inedible
manger comme un oiseau to eat like a
  bird

The subject pronouns are found on the page facing page 1.

manquer

Part. pr. **manquant**   **Part. passé** **manqué**

to miss, to lack

The Seven Simple Tenses		The Seven Compound Tenses	
Singular	Plural	Singular	Plural
1 présent de l'indicatif		**8 passé composé**	
manque	manquons	ai manqué	avons manqué
manques	manquez	as manqué	avez manqué
manque	manquent	a manqué	ont manqué
2 imparfait de l'indicatif		**9 plus-que-parfait de l'indicatif**	
manquais	manquions	avais manqué	avions manqué
manquais	manquiez	avais manqué	aviez manqué
manquait	manquaient	avait manqué	avaient manqué
3 passé simple		**10 passé antérieur**	
manquai	manquâmes	eus manqué	eûmes manqué
manquas	manquâtes	eus manqué	eûtes manqué
manqua	manquèrent	eut manqué	eurent manqué
4 futur		**11 futur antérieur**	
manquerai	manquerons	aurai manqué	aurons manqué
manqueras	manquerez	auras manqué	aurez manqué
manquera	manqueront	aura manqué	auront manqué
5 conditionnel		**12 conditionnel passé**	
manquerais	manquerions	aurais manqué	aurions manqué
manquerais	manqueriez	aurais manqué	auriez manqué
manquerait	manqueraient	aurait manqué	auraient manqué
6 présent du subjonctif		**13 passé du subjonctif**	
manque	manquions	aie manqué	ayons manqué
manques	manquiez	aies manqué	ayez manqué
manque	manquent	ait manqué	aient manqué
7 imparfait du subjonctif		**14 plus-que-parfait du subjonctif**	
manquasse	manquassions	eusse manqué	eussions manqué
manquasses	manquassiez	eusses manqué	eussiez manqué
manquât	manquassent	eût manqué	eussent manqué

Impératif
manque
manquons
manquez

Common idiomatic expressions using this verb

manquer à   to lack;   **Le courage lui manque**   He lacks courage.
Elle me manque   I miss her.
Est-ce que je te manque?   Do you miss me?
manquer de qqch   to be lacking something; **manquer de sucre**   to be out of sugar
Ne manquez pas de venir   Don't fail to come.
un mariage manqué   a broken engagement
un héros manqué   a would-be hero
Il me manque un franc   I am lacking (I need) one franc.

to walk, to march, to run (machine), to function

The Seven Simple Tenses		The Seven Compound Tenses	
Singular	Plural	Singular	Plural

1 présent de l'indicatif

		8 passé composé	
marche	marchons	ai marché	avons marché
marches	marchez	as marché	avez marché
marche	marchent	a marché	ont marché

2 imparfait de l'indicatif

		9 plus-que-parfait de l'indicatif	
marchais	marchions	avais marché	avions marché
marchais	marchiez	avais marché	aviez marché
marchait	marchaient	avait marché	avaient marché

3 passé simple

		10 passé antérieur	
marchai	marchâmes	eus marché	eûmes marché
marchas	marchâtes	eus marché	eûtes marché
marcha	marchèrent	eut marché	eurent marché

4 futur

		11 futur antérieur	
marcherai	marcherons	aurai marché	aurons marché
marcheras	marcherez	auras marché	aurez marché
marchera	marcheront	aura marché	auront marché

5 conditionnel

		12 conditionnel passé	
marcherais	marcherions	aurais marché	aurions marché
marcherais	marcheriez	aurais marché	auriez marché
marcherait	marcheraient	aurait marché	auraient marché

6 présent du subjonctif

		13 passé du subjonctif	
marche	marchions	aie marché	ayons marché
marches	marchiez	aies marché	ayez marché
marche	marchent	ait marché	aient marché

7 imparfait du subjonctif

		14 plus-que-parfait du subjonctif	
marchasse	marchassions	eusse marché	eussions marché
marchasses	marchassiez	eusses marché	eussiez marché
marchât	marchassent	eût marché	eussent marché

Impératif
marche
marchons
marchez

Words and expressions related to this verb

la marche   march, walking
ralentir sa marche   to slow down one's pace
le marché   market
le marché aux fleurs   flower market
le marché aux puces   flea market
à bon marché   cheap
faire marcher qqn   to put someone on
une démarche   gait, walk
faire une démarche   to take a step

marcher bien   to function (go, run, work) well
marcher sur les pas de qqn   to follow in someone's footsteps
faire marcher qqch   to make something go (run, function)
Ça ne marche plus   It's out of order.
la course et la marche   running and walking

The subject pronouns are found on the page facing page 1.

to curse

The Seven Simple Tenses		The Seven Compound Tenses	
Singular	Plural	Singular	Plural
1 présent de l'indicatif		**8 passé composé**	
maudis	maudissons	ai maudit	avons maudit
maudis	maudissez	as maudit	avez maudit
maudit	maudissent	a maudit	ont maudit
2 imparfait de l'indicatif		**9 plus-que-parfait de l'indicatif**	
maudissais	maudissions	avais maudit	avions maudit
maudissais	maudissiez	avais maudit	aviez maudit
maudissait	maudissaient	avait maudit	avaient maudit
3 passé simple		**10 passé antérieur**	
maudis	maudîmes	eus maudit	eûmes maudit
maudis	maudîtes	eus maudit	eûtes maudit
maudit	maudirent	eut maudit	eurent maudit
4 futur		**11 futur antérieur**	
maudirai	maudirons	aurai maudit	aurons maudit
maudiras	maudirez	auras maudit	aurez maudit
maudira	maudiront	aura maudit	auront maudit
5 conditionnel		**12 conditionnel passé**	
maudirais	maudirions	aurais maudit	aurions maudit
maudirais	maudiriez	aurais maudit	auriez maudit
maudirait	maudiraient	aurait maudit	auraient maudit
6 présent du subjonctif		**13 passé du subjonctif**	
maudisse	maudissions	aie maudit	ayons maudit
maudisses	maudissiez	aies maudit	ayez maudit
maudisse	maudissent	ait maudit	aient maudit
7 imparfait du subjonctif		**14 plus-que-parfait du subjonctif**	
maudisse	maudissions	eusse maudit	eussions maudit
maudisses	maudissiez	eusses maudit	eussiez maudit
maudît	maudissent	eût maudit	eussent maudit

Impératif
maudis
maudissons
maudissez

Words and expressions related to this verb

maudit, maudite   cursed
Quel maudit temps!   What rotten weather!
maudire un ennemi   to curse an enemy

les maudits   the damned
le Maudit   Demon
dire   to say, to tell; **dire du mal de qqn**
        to say something evil about someone

Consult the sections on verbs used in idiomatic expressions, verbs with prepositions, and the list of over 1,000 verbs conjugated like model verbs in the back pages.

286

to misjudge, to misunderstand, not to know, not to recognize

The Seven Simple Tenses		The Seven Compound Tenses	
Singular	Plural	Singular	Plural
1 présent de l'indicatif		**8 passé composé**	
méconnais	méconnaissons	ai méconnu	avons méconnu
méconnais	méconnaissez	as méconnu	avez méconnu
méconnaît	méconnaissent	a méconnu	ont méconnu
2 imparfait de l'indicatif		**9 plus-que-parfait de l'indicatif**	
méconnaissais	méconnaissions	avais méconnu	avions méconnu
méconnaissais	méconnaissiez	avais méconnu	aviez méconnu
méconnaissait	méconnaissaient	avait méconnu	avaient méconnu
3 passé simple		**10 passé antérieur**	
méconnus	méconnûmes	eus méconnu	eûmes méconnu
méconnus	méconnûtes	eus méconnu	eûtes méconnu
méconnut	méconnurent	eut méconnu	eurent méconnu
4 futur		**11 futur antérieur**	
méconnaîtrai	méconnaîtrons	aurai méconnu	aurons méconnu
méconnaîtras	méconnaîtrez	auras méconnu	aurez méconnu
méconnaîtra	méconnaîtront	aura méconnu	auront méconnu
5 conditionnel		**12 conditionnel passé**	
méconnaîtrais	méconnaîtrions	aurais méconnu	aurions méconnu
méconnaîtrais	méconnaîtriez	aurais méconnu	auriez méconnu
méconnaîtrait	méconnaîtraient	aurait méconnu	auraient méconnu
6 présent du subjonctif		**13 passé du subjonctif**	
méconnaisse	méconnaissions	aie méconnu	ayons méconnu
méconnaisses	méconnaissiez	aies méconnu	ayez méconnu
méconnaisse	méconnaissent	ait méconnu	aient méconnu
7 imparfait du subjonctif		**14 plus-que-parfait du subjonctif**	
méconnusse	méconnussions	eusse méconnu	eussions méconnu
méconnusses	méconnussiez	eusses méconnu	eussiez méconnu
méconnût	méconnussent	eût méconnu	eussent méconnu

Impératif
méconnais
méconnaissons
méconnaissez

Words related to this verb

méconnaissable unrecognizable   **la méconnaissance** misappreciation
méconnu, méconnue misunderstood   **se méconnaître** to underrate
                                                                                   (underestimate) oneself

Consult the sections on verbs used in idiomatic expressions, verbs with prepositions, and the list of over 1,000 verbs conjugated like model verbs in the back pages.

to slander

The Seven Simple Tenses		The Seven Compound Tenses	
Singular	Plural	Singular	Plural
1 présent de l'indicatif		8 passé composé	
médis	médisons	ai médit	avons médit
médis	médisez	as médit	avez médit
médit	médisent	a médit	ont médit
2 imparfait de l'indicatif		9 plus-que-parfait de l'indicatif	
médisais	médisions	avais médit	avions médit
médisais	médisiez	avais médit	aviez médit
médisait	médisaient	avait médit	avaient médit
3 passé simple		10 passé antérieur	
médis	médîmes	eus médit	eûmes médit
médis	médîtes	eus médit	eûtes médit
médit	médirent	eut médit	eurent médit
4 futur		11 futur antérieur	
médirai	médirons	aurai médit	aurons médit
médiras	médirez	auras médit	aurez médit
médira	médiront	aura médit	auront médit
5 conditionnel		12 conditionnel passé	
médirais	médirions	aurais médit	aurions médit
médirais	médiriez	aurais médit	auriez médit
médirait	médiraient	aurait médit	auraient médit
6 présent du subjonctif		13 passé du subjonctif	
médise	médisions	aie médit	ayons médit
médises	médisiez	aies médit	ayez médit
médise	médisent	ait médit	aient médit
7 imparfait du subjonctif		14 plus-que-parfait du subjonctif	
médisse	médissions	eusse médit	eussions médit
médisses	médissiez	eusses médit	eussiez médit
médît	médissent	eût médit	eussent médit

Impératif
médis
médisons
médisez

Words and expressions related to this verb

la médisance   slander   **un médisant, une médisante**   slanderer
dire des médisances   to say scandalous   **médire de**   to speak ill of, to slander
     things

Consult the sections on verbs used in idiomatic expressions, verbs with prepositions, and the list of over 1,000 verbs conjugated like model verbs in the back pages.

to beware, distrust, mistrust

The Seven Simple Tenses		The Seven Compound Tenses	
Singular	Plural	Singular	Plural

1 présent de l'indicatif

		8 passé composé	
me méfie	nous méfions	me suis méfié(e)	nous sommes méfié(e)s
te méfies	vous méfiez	t'es méfié(e)	vous êtes méfié(e)(s)
se méfie	se méfient	s'est méfié(e)	se sont méfié(e)s

2 imparfait de l'indicatif

		9 plus-que-parfait de l'indicatif	
me méfiais	nous méfiions	m'étais méfié(e)	nous étions méfié(e)s
te méfiais	vous méfiiez	t'étais méfié(e)	vous étiez méfié(e)(s)
se méfiait	se méfiaient	s'était méfié(e)	s'étaient méfié(e)s

3 passé simple

		10 passé antérieur	
me méfiai	nous méfiâmes	me fus méfié(e)	nous fûmes méfié(e)s
te méfias	vous méfiâtes	te fus méfié(e)	vous fûtes méfié(e)(s)
se méfia	se méfièrent	se fut méfié(e)	se furent méfié(e)s

4 futur

		11 futur antérieur	
me méfierai	nous méfierons	me serai méfié(e)	nous serons méfié(e)s
te méfieras	vous méfierez	te seras méfié(e)	vous serez méfié(e)(s)
se méfiera	se méfieront	se sera méfié(e)	se seront méfié(e)s

5 conditionnel

		12 conditionnel passé	
me méfierais	nous méfierions	me serais méfié(e)	nous serions méfié(e)s
te méfierais	vous méfieriez	te serais méfié(e)	vous seriez méfié(e)(s)
se méfierait	se méfieraient	se serait méfié(e)	se seraient méfié(e)s

6 présent du subjonctif

		13 passé du subjonctif	
me méfie	nous méfiions	me sois méfié(e)	nous soyons méfié(e)s
te méfies	vous méfiiez	te sois méfié(e)	vous soyez méfié(e)(s)
se méfie	se méfient	se soit méfié(e)	se soient méfié(e)s

7 imparfait du subjonctif

		14 plus-que-parfait du subjonctif	
me méfiasse	nous méfiassions	me fusse méfié(e)	nous fussions méfié(e)s
te méfiasses	vous méfiassiez	te fusses méfié(e)	vous fussiez méfié(e)(s)
se méfiât	se méfiassent	se fût méfié(e)	se fussent méfié(e)s

Impératif
méfie-toi; ne te méfie pas
méfions-nous; ne nous méfions pas
méfiez-vous; ne vous méfiez pas

Words and expressions related to this verb

se méfier de to distrust, to mistrust
méfiez-vous! Watch out!
méfiant, méfiante distrustful
la méfiance distrust, mistrust
un méfait misdeed, wrongdoing
avoir de la méfiance envers quelqu'un to distrust someone

être sans méfiance to be completely trusting
Il faut vous méfier You must be careful.
Méfiez-vous de lui (d'elle) Do not trust him (her).

to lead, to control

The Seven Simple Tenses		The Seven Compound Tenses	
Singular	Plural	Singular	Plural
1 présent de l'indicatif		**8 passé composé**	
mène	menons	ai mené	avons mené
mènes	menez	as mené	avez mené
mène	mènent	a mené	ont mené
2 imparfait de l'indicatif		**9 plus-que-parfait de l'indicatif**	
menais	menions	avais mené	avions mené
menais	meniez	avais mené	aviez mené
menait	menaient	avait mené	avaient mené
3 passé simple		**10 passé antérieur**	
menai	menâmes	eus mené	eûmes mené
menas	menâtes	eus mené	eûtes mené
mena .	menèrent	eut mené	eurent mené
4 futur		**11 futur antérieur**	
mènerai	mènerons	aurai mené	aurons mené
mèneras	mènerez	auras mené	aurez mené
mènera	mèneront	aura mené	auront mené
5 conditionnel		**12 conditionnel passé**	
mènerais	mènerions	aurais mené	aurions mené
mènerais	mèneriez	aurais mené	auriez mené
mènerait	mèneraient	aurait mené	auraient mené
6 présent du subjonctif		**13 passé du subjonctif**	
mène	menions	aie mené	ayons mené
mènes	meniez	aies mené	ayez mené
mène	mènent	ait mené	aient mené
7 imparfait du subjonctif		**14 plus-que-parfait du subjonctif**	
menasse	menassions	eusse mené	eussions mené
menasses	menassiez	eusses mené	eussiez mené
menât	menassent	eût mené	eussent mené

Impératif
mène
menons
menez

Words and expressions related to this verb

un meneur, une meneuse leader
Cela ne mène à rien That leads to nothing
mener qqn par le bout du nez to lead someone around by the nose
mener une vie vagabonde to lead a vagabond life
mener tout le monde to be bossy with everyone
mener la bande to lead the group
Cela vous mènera loin That will take you a long way.

See also **emmener.**

to lie, to tell a lie

The Seven Simple Tenses		The Seven Compound Tenses	
Singular	Plural	Singular	Plural
1 présent de l'indicatif		**8 passé composé**	
mens	mentons	ai menti	avons menti
mens	mentez	as menti	avez menti
ment	mentent	a menti	ont menti
2 imparfait de l'indicatif		**9 plus-que-parfait de l'indicatif**	
mentais	mentions	avais menti	avions menti
mentais	mentiez	avais menti	aviez menti
mentait	mentaient	avait menti	avaient menti
3 passé simple		**10 passé antérieur**	
mentis	mentîmes	eus menti	eûmes menti
mentis	mentîtes	eus menti	eûtes menti
mentit	mentirent	eut menti	eurent menti
4 futur		**11 futur antérieur**	
mentirai	mentirons	aurai menti	aurons menti
mentiras	mentirez	auras menti	aurez menti
mentira	mentiront	aura menti	auront menti
5 conditionnel		**12 conditionnel passé**	
mentirais	mentirions	aurais menti	aurions mnti
mentirais	mentiriez	aurais menti	auriez menti
mentirait	mentiraient	aurait menti	auraient menti
6 présent du subjonctif		**13 passé du subjonctif**	
mente	mentions	aie menti	ayons menti
mentes	mentiez	aies menti	ayez menti
mente	mentent	ait menti	aient menti
7 imparfait du subjonctif		**14 plus-que-parfait du subjonctif**	
mentisse	mentissions	eusse menti	eussions menti
mentisses	mentissiez	eusses menti	eussiez menti
mentît	mentissent	eût menti	eussent menti

Impératif
mens
mentons
mentez

Words and expressions related to this verb

un mensonge   a lie
dire des mensonges   to tell lies
un menteur, une menteuse   a liar
Elle vit dans le mensonge   Her whole life is a lie.
Ce sont des mensonges   It's all a pack of lies.

Tu mens!   You're a liar!
sans mentir   quite honestly
démentir   to belie, to deny, to falsify, to refute
une menterie   fib

Consult the back pages for weather expressions using verbs.

se méprendre

Part. pr. **se méprenant**   Part. passé **mépris(e)(es)**

to be mistaken, to mistake

The Seven Simple Tenses		The Seven Compound Tenses	
Singular	Plural	Singular	Plural
1 présent de l'indicatif		**8 passé composé**	
me méprends	nous méprenons	me suis mépris(e)	nous sommes mépris(es)
te méprends	vous méprenez	t'es mépris(e)	vous êtes mépris(e)(es)
se méprend	se méprennent	s'est mépris(e)	se sont mépris(es)
2 imparfait de l'indicatif		**9 plus-que-parfait de l'indicatif**	
me méprenais	nous méprenions	m'étais mépris(e)	nous étions mépris(es)
te méprenais	vous mépreniez	t'étais mépris(e)	vous étiez mépris(e)(es)
se méprenait	se méprenaient	s'était mépris(e)	s'étaient mépris(es)
3 passé simple		**10 passé antérieur**	
me mépris	nous méprîmes	me fus mépris(e)	nous fûmes mépris(es)
te mépris	vous méprîtes	te fus mépris(e)	vous fûtes mépris(e)(es)
se méprit	se méprirent	se fut mépris(e)	se furent mépris(es)
4 futur		**11 futur antérieur**	
me méprendrai	nous méprendrons	me serai mépris(e)	nous serons mépris(es)
te méprendras	vous méprendrez	te seras mépris(e)	vous serez mépris(e)(es)
se méprendra	se méprendront	se sera mépris(e)	se seront mépris(es)
5 conditionnel		**12 conditionnel passé**	
me méprendrais	nous méprendrions	me serais mépris(e)	nous serions mépris(es)
te méprendrais	vous méprendriez	te serais mépris(e)	vous seriez mépris(e)(es)
se méprendrait	se méprendraient	se serait mépris(e)	se seraient mépris(es)
6 présent du subjonctif		**13 passé du subjonctif**	
me méprenne	nous méprenions	me sois mépris(e)	nous soyons mépris(es)
te méprennes	vous mépreniez	te sois mépris(e)	vous soyez mépris(e)(es)
se méprenne	se méprennent	se soit mépris(e)	se soient mépris(es)
7 imparfait du subjonctif		**14 plus-que-parfait du subjonctif**	
me méprisse	nous méprissions	me fusse mépris(e)	nous fussions mépris(es)
te méprisses	vous méprissiez	te fusses mépris(e)	vous fussiez mépris(e)(es)
se méprît	se méprissent	se fût mépris(e)	se fussent mépris(es)

Impératif
méprends-toi; ne te méprends pas
méprenons-nous; ne nous méprenons pas
méprenez-vous; ne vous méprenez pas

Common idiomatic expressions using this verb

se méprendre sur qqn
to be mistaken about someone;
to take someone for someone else

se méprendre au sujet de qqch
to be mistaken about something;
to take something for something else

Consult the sections on verbs used in idiomatic expressions, verbs with prepositions, and the list of over 1,000 verbs conjugated like model verbs in the back pages.

to merit, to deserve

The Seven Simple Tenses		The Seven Compound Tenses	
Singular	Plural	Singular	Plural
1 présent de l'indicatif		**8 passé composé**	
mérite	méritons	ai mérité	avons mérité
mérites	méritez	as mérité	avez mérité
mérite	méritent	a mérité	ont mérité
2 imparfait de l'indicatif		**9 plus-que-parfait de l'indicatif**	
méritais	méritions	avais mérité	avions mérité
méritais	méritiez	avais mérité	aviez mérité
méritait	méritaient	avait mérité	avaient mérité
3 passé simple		**10 passé antérieur**	
méritai	méritâmes	eus mérité	eûmes mérité
méritas	méritâtes	eus mérité	eûtes mérité
mérita	méritèrent	eut mérité	eurent mérité
4 futur		**11 futur antérieur**	
mériterai	mériterons	aurai mérité	aurons mérité
mériteras	mériterez	auras mérité	aurez mérité
méritera	mériteront	aura mérité	auront mérité
5 conditionnel		**12 conditionnel passé**	
mériterais	mériterions	aurais mérité	aurions mérité
mériterais	mériteriez	aurais mérité	auriez mérité
mériterait	mériteraient	aurait mérité	auraient mérité
6 présent du subjonctif		**13 passé du subjonctif**	
mérite	méritions	aie mérité	ayons mérité
mérites	méritiez	aies mérité	ayez mérité
mérite	méritent	ait mérité	aient mérité
7 imparfait du subjonctif		**14 plus-que-parfait du subjonctif**	
méritasse	méritassions	eusse mérité	eussions mérité
méritasses	méritassiez	eusses mérité	eussiez mérité
méritât	méritassent	eût mérité	eussent mérité

Impératif
mérite
méritons
méritez

Words and expressions related to this verb

un mérite   merit, worthiness
méritant, méritante   deserving (person)
une femme de mérite, un homme de mérite
   a woman, a man of merit

méritoire   meritorious, commendable,
   deserving (things, acts, deeds)
sans mérite   undeserving

Consult the back pages for French proverbs using verbs.

to put, to place

The Seven Simple Tenses		The Seven Compound Tenses	
Singular	Plural	Singular	Plural
1 présent de l'indicatif		**8 passé composé**	
mets	mettons	ai mis	avons mis
mets	mettez	as mis	avez mis
met	mettent	a mis	ont mis
2 imparfait de l'indicatif		**9 plus-que-parfait de l'indicatif**	
mettais	mettions	avais mis	avions mis
mettais	mettiez	avais mis	aviez mis
mettait	mettaient	avait mis	avaient mis
3 passé simple		**10 passé antérieur**	
mis	mîmes	eus mis	eûmes mis
mis	mîtes	eus mis	eûtes mis
mit	mirent	eut mis	eurent mis
4 futur		**11 futur antérieur**	
mettrai	mettrons	aurai mis	aurons mis
mettras	mettrez	auras mis	aurez mis
mettra	mettront	aura mis	auront mis
5 conditionnel		**12 conditionnel passé**	
mettrais	mettrions	aurais mis	aurions mis
mettrais	mettriez	aurais mis	auriez mis
mettrait	mettraient	aurait mis	auraient mis
6 présent du subjonctif		**13 passé du subjonctif**	
mette	mettions	aie mis	ayons mis
mettes	mettiez	aies mis	ayez mis
mette	mettent	ait mis	aient mis
7 imparfait du subjonctif		**14 plus-que-parfait du subjonctif**	
misse	missions	eusse mis	eussions mis
misses	missiez	eusses mis	eussiez mis
mît	missent	eût mis	eussent mis

Impératif
mets
mettons
mettez

Words and expressions related to this verb

mettre la table	to set the table	**mettre au courant**	to inform
mettre de côté	to lay aside, to save	**mettre le couvert**	to set the table
mettre en cause	to question	**mettre au point**	to make clear
mettre qqn à la porte	to kick somebody out the door	**mettre la télé**	to turn on the TV
		mettre la radio	to turn on the radio

See also **se mettre**.

Try reading aloud as fast as you can this play on the sound **mi: Mimi a mis ses amis à Miami.**   Mimi dropped off her friends in Miami.

to begin, to start, to place oneself

The Seven Simple Tenses		The Seven Compound Tenses	
Singular	Plural	Singular	Plural

1 présent de l'indicatif

me mets	nous mettons	
te mets	vous mettez	
se met	se mettent	

8 passé composé

me suis mis(e)	nous sommes mis(es)
t'es mis(e)	vous êtes mis(e)(es)
s'est mis(e)	se sont mis(es)

2 imparfait de l'indicatif

me mettais	nous mettions
te mettais	vous mettiez
se mettait	se mettaient

9 plus-que-parfait de l'indicatif

m'étais mis(e)	nous étions mis(es)
t'étais mis(e)	vous étiez mis(e)(es)
s'était mis(e)	s'étaient mis(es)

3 passé simple

me mis	nous mîmes
te mis	vous mîtes
se mit	se mirent

10 passé antérieur

me fus mis(e)	nous fûmes mis(es)
te fus mis(e)	vous fûtes mis(e)(es)
se fut mis(e)	se furent mis(es)

4 futur

me mettrai	nous mettrons
te mettras	vous mettrez
se mettra	se mettront

11 futur antérieur

me serai mis(e)	nous serons mis(es)
te seras mis(e)	vous serez mis(e)(es)
se sera mis(e)	se seront mis(es)

5 conditionnel

me mettrais	nous mettrions
te mettrais	vous mettriez
se mettrait	se mettraient

12 conditionnel passé

me serais mis(e)	nous serions mis(es)
te serais mis(e)	vous seriez mis(e)(es)
se serait mis(e)	se seraient mis(es)

6 présent du subjonctif

me mette	nous mettions
te mettes	vous mettiez
se mette	se mettent

13 passé du subjonctif

me sois mis(e)	nous soyons mis(es)
te sois mis(e)	vous soyez mis(e)(es)
se soit mis(e)	se soient mis(es)

7 imparfait du subjonctif

me misse	nous missions
te misses	vous missiez
se mît	se missent

14 plus-que-parfait du subjonctif

me fusse mis(e)	nous fussions mis(es)
te fusses mis(e)	vous fussiez mis(e)(es)
se fût mis(e)	se fussent mis(es)

Impératif
mets-toi; ne te mets pas
mettons-nous; ne nous mettons pas
mettez-vous; ne vous mettez pas

Words and expressions related to this verb

se mettre à + inf.   to begin, to start + inf.
se mettre à table   to go sit at the table
se mettre en colère   to get angry
mettable   wearable; **se mettre en grande toilette**   to dress for an occasion;
  se mettre en smoking   to put on a dinner jacket
mettre en scène   to stage; **un metteur en scène**   director of a play, film

See also **mettre.**

The subject pronouns are found on the page facing page 1.   **295**

to mirror

The Seven Simple Tenses		The Seven Compound Tenses	
Singular	Plural	Singular	Plural

1 présent de l'indicatif

mire	mirons		
mires	mirez		
mire	mirent		

8 passé composé

ai miré	avons miré		
as miré	avez miré		
a miré	ont miré		

2 imparfait de l'indicatif

mirais	mirions
mirais	miriez
mirait	miraient

9 plus-que-parfait de l'indicatif

avais miré	avions miré
avais miré	aviez miré
avait miré	avaient miré

3 passé simple

mirai	mirâmes
miras	mirâtes
mira	mirèrent

10 passé antérieur

eus miré	eûmes miré
eus miré	eûtes miré
eut miré	eurent miré

4 futur

mirerai	mirerons
mireras	mirerez
mirera	mireront

11 futur antérieur

aurai miré	aurons miré
auras miré	aurez miré
aura miré	auront miré

5 conditionnel

mirerais	mirerions
mirerais	mireriez
mirerait	mireraient

12 conditionnel passé

aurais miré	aurions miré
aurais miré	auriez miré
aurait miré	auraient miré

6 présent du subjonctif

mire	mirions
mires	miriez
mire	mirent

13 passé du subjonctif

aie miré	ayons miré
aies miré	ayez miré
ait miré	aient miré

7 imparfait du subjonctif

mirasse	mirassions
mirasses	mirassiez
mirât	mirassent

14 plus-que-parfait du subjonctif

eusse miré	eussions miré
eusses miré	eussiez miré
eût miré	eussent miré

Impératif
mire
mirons
mirez

Words and expressions related to this verb

la mire   aim, aiming; **point de mire**   point aimed at; **prendre sa mire (viser)**   to take aim
le mirage   mirage; illusion
un miroir   mirror

miroiter   to gleam, glisten, sparkle
se mirer dans   to look at oneself in (a mirror, a pool of water, a shiny surface)
admirer   to admire

Consult the sections on verbs used in idiomatic expressions, verbs with prepositions, and the list of over 1,000 verbs conjugated like model verbs in the back pages.

to go up, to ascend, to take up, to bring up, to mount

The Seven Simple Tenses		The Seven Compound Tenses	
Singular	Plural	Singular	Plural
1 présent de l'indicatif		**8 passé composé**	
monte	montons	suis monté(e)	sommes monté(e)s
montes	montez	es monté(e)	êtes monté(e)(s)
monte	montent	est monté(e)	sont monté(e)s
2 imparfait de l'indicatif		**9 plus-que-parfait de l'indicatif**	
montais	montions	étais monté(e)	étions monté(e)s
montais	montiez	étais monté(e)	étiez monté(e)(s)
montait	montaient	était monté(e)	étaient monté(e)s
3 passé simple		**10 passé antérieur**	
montai	montâmes	fus monté(e)	fûmes monté(e)s
montas	montâtes	fus monté(e)	fûtes monté(e)(s)
monta	montèrent	fut monté(e)	furent monté(e)s
4 futur		**11 futur antérieur**	
monterai	monterons	serai monté(e)	serons monté(e)s
monteras	monterez	seras monté(e)	serez monté(e)(s)
montera	monteront	sera monté(e)	seront monté(e)s
5 conditionnel		**12 conditionnel passé**	
monterais	monterions	serais monté(e)	serions monté(e)s
monterais	monteriez	serais monté(e)	seriez monté(e)(s)
monterait	monteraient	serait monté(e)	seraient monté(e)s
6 présent du subjonctif		**13 passé du subjonctif**	
monte	montions	sois monté(e)	soyons monté(e)s
montes	montiez	sois monté(e)	soyez monté(e)(s)
monte	montent	soit monté(e)	soient monté(e)s
7 imparfait du subjonctif		**14 plus-que-parfait du subjonctif**	
montasse	montassions	fusse monté(e)	fussions monté(e)s
montasses	montassiez	fusses monté(e)	fussiez monté(e)(s)
montât	montassent	fût monté(e)	fussent monté(e)s

Impératif
monte
montons
montez

This verb is conjugated with *avoir* when it has a direct object.

Examples: **J'ai monté l'escalier** I went up the stairs.
J'ai monté les valises I brought up the suitcases.

BUT: **Elle est montée vite** She went up quickly.

See also the verb **descendre**. Review p. viii.

monter à bicyclette to ride a bicycle
monter dans un train to get on a train
monter une pièce de théâtre to stage a play
monter à cheval to mount a horse

monter à bord d'un navire to get on board a ship
monter les prix to push prices up

to show, to display, to exhibit, to point out

The Seven Simple Tenses		The Seven Compound Tenses	
Singular	Plural	Singular	Plural
1 présent de l'indicatif		8 passé composé	
montre	montrons	ai montré	avons montré
montres	montrez	as montré	avez montré
montre	montrent	a montré	ont montré
2 imparfait de l'indicatif		9 plus-que-parfait de l'indicatif	
montrais	montrions	avais montré	avions montré
montrais	montriez	avais montré	aviez montré
montrait	montraient	avait montré	avaient montré
3 passé simple		10 passé antérieur	
montrai	montrâmes	eus montré	eûmes montré
montras	montrâtes	eus montré	eûtes montré
montra	montrèrent	eut montré	eurent montré
4 futur		11 futur antérieur	
montrerai	montrerons	aurai montré	aurons montré
montreras	montrerez	auras montré	aurez montré
montrera	montreront	aura montré	auront montré
5 conditionnel		12 conditionnel passé	
montrerais	montrerions	aurais montré	aurions montré
montrerais	montreriez	aurais montré	auriez montré
montrerait	montreraient	aurait montré	auraient montré
6 présent du subjonctif		13 passé du subjonctif	
montre	montrions	aie montré	ayons montré
montres	montriez	aies montré	ayez montré
montre	montrent	ait montré	aient montré
7 imparfait du subjonctif		14 plus-que-parfait du subjonctif	
montrasse	montrassions	eusse montré	eussions montré
montrasses	montrassiez	eusses montré	eussiez montré
montrât	montrassent	eût montré	eussent montré

Impératif
montre
montrons
montrez

Words and expressions related to this verb

une montre   a watch, display
une montre-bracelet   wristwatch
faire montre de sa richesse   to display, to show off one's wealth
Quelle heure est-il à votre montre?   What time is it on your watch?
se faire montrer la porte   to be put out the door
démontrer   to demonstrate
se démontrer   to be proved
se montrer   to show oneself, to appear

The Seven Simple Tenses		The Seven Compound Tenses	
Singular	Plural	Singular	Plural
1 présent de l'indicatif		**8 passé composé**	
me moque	nous moquons	me suis moqué(e)	nous sommes moqué(e)s
te moques	vous moquez	t'es moqué(e)	vous êtes moqué(e)(s)
se moque	se moquent	s'est moqué(e)	se sont moqué(e)s
2 imparfait de l'indicatif		**9 plus-que-parfait de l'indicatif**	
me moquais	nous moquions	m'étais moqué(e)	nous étions moqué(e)s
te moquais	vous moquiez	t'étais moqué(e)	vous étiez moqué(e)(s)
se moquais	se moquaient	s'était moqué(e)	s'étaient moqué(e)s
3 passé simple		**10 passé antérieur**	
me moquai	nous moquâmes	me fus moqué(e)	nous fûmes moqué(e)s
te moquas	vous moquâtes	te fus moqué(e)	vous fûtes moqué(e)(s)
se moqua	se moquèrent	se fut moqué(e)	se furent moqué(e)s
4 futur		**11 futur antérieur**	
me moquerai	nous moquerons	me serai moqué(e)	nous serons moqué(e)s
te moqueras	vous moquerez	te seras moqué(e)	vous serez moqué(e)(s)
se moquera	se moqueront	se sera moqué(e)	se seront moqué(e)s
5 conditionnel		**12 conditionnel passé**	
me moquerais	nous moquerions	me serais moqué(e)	nous serions moqué(e)s
te moquerais	vous moqueriez	te serais moqué(e)	vous seriez moqué(e)(s)
se moquerait	se moqueraient	se serait moqué(e)	se seraient moqué(e)s
6 présent du subjonctif		**13 passé du subjonctif**	
me moque	nous moquions	me sois moqué(e)	nous soyons moqué(e)s
te moques	vous moquiez	te sois moqué(e)	vous soyez moqué(e)(s)
se moque	se moquent	se soit moqué(e)	se soient moqué(e)s
7 imparfait du subjonctif		**14 plus-que-parfait du subjonctif**	
me moquasse	nous moquassions	me fusse moqué(e)	nous fussions moqué(e)s
te moquasses	vous moquassiez	te fusses moqué(e)	vous fussiez moqué(e)(s)
se moquât	se moquassent	se fût moqué(e)	se fussent moqué(e)s

Impératif
moque-toi; ne te moque pas
moquons-nous; ne nous moquons pas
moquez-vous; ne vous moquez pas

Words and expressions related to this verb

se moquer de   to make fun of, to laugh at
Je m'en moque!   I don't give a hoot!
moquer   to mock

une moquerie   mockery
un moqueur, une moqueuse   mocker
moqueusement   mockingly

Consult the sections on verbs used in idiomatic expressions, verbs with prepositions, and the list of over 1,000 verbs conjugated like model verbs in the back pages.

mordre

to bite

The Seven Simple Tenses		The Seven Compound Tenses	
Singular	Plural	Singular	Plural
1 présent de l'indicatif		**8 passé composé**	
mords	mordons	ai mordu	avons mordu
mords	mordez	as mordu	avez mordu
mord	mordent	a mordu	ont mordu
2 imparfait de l'indicatif		**9 plus-que-parfait de l'indicatif**	
mordais	mordions	avais mordu	avions mordu
mordais	mordiez	avais mordu	aviez mordu
mordait	mordaient	avait mordu	avaient mordu
3 passé simple		**10 passé antérieur**	
mordis	mordîmes	eus mordu	eûmes mordu
mordis	mordîtes	eus mordu	eûtes mordu
mordit	mordirent	eut mordu	eurent mordu
4 futur		**11 futur antérieur**	
mordrai	mordrons	aurai mordu	aurons mordu
mordras	mordrez	auras mordu	aurez mordu
mordra	mordront	aura mordu	auront mordu
5 conditionnel		**12 conditionnel passé**	
mordrais	mordrions	aurais mordu	aurions mordu
mordrais	mordriez	aurais mordu	auriez mordu
mordrait	mordraient	aurait mordu	auraient mordu
6 présent du subjonctif		**13 passé du subjonctif**	
morde	mordions	aie mordu	ayons mordu
mordes	mordiez	aies mordu	ayez mordu
morde	mordent	ait mordu	aient mordu
7 imparfait du subjonctif		**14 plus-que-parfait du subjonctif**	
mordisse	mordissions	eusse mordu	eussions mordu
mordisses	mordissiez	eusses mordu	eussiez mordu
mordît	mordissent	eût mordu	eussent mordu

Impératif
mords
mordons
mordez

Words and expressions related to this verb

Chien qui aboie ne mord pas   A barking dog does not bite; (**aboyer,** to bark)
Tous les chiens qui aboient ne mordent pas   All dogs that bark do not bite.
mordre la poussière   to bite the dust
se mordre les lèvres   to bite one's lips
mordeur, mordeuse   biter (one who bites)
mordiller   to bite playfully, to nibble

mordant, mordante   biting, trenchant
une morsure   bite
mordre dans une pomme   to bite into an apple
un mordu de l'ordinateur   a computer fanatic
C'est un mordu du jazz   He's jazz crazy.

The Seven Simple Tenses		The Seven Compound Tenses	
Singular	Plural	Singular	Plural
1 présent de l'indicatif		**8 passé composé**	
mouds	moulons	ai moulu	avons moulu
mouds	moulez	as moulu	avez moulu
moud	moulent	a moulu	ont moulu
2 imparfait de l'indicatif		**9 plus-que-parfait de l'indicatif**	
moulais	moulions	avais moulu	avions moulu
moulais	mouliez	avais moulu	aviez moulu
moulait	moulaient	avait moulu	avaient moulu
3 passé simple		**10 passé antérieur**	
moulus	moulûmes	eus moulu	eûmes moulu
moulus	moulûtes	eus moulu	eûtes moulu
moulut	moulurent	eut moulu	eurent moulu
4 futur		**11 futur antérieur**	
moudrai	moudrons	aurai moulu	aurons moulu
moudras	moudrez	auras moulu	aurez moulu
moudra	moudront	aura moulu	auront moulu
5 conditionnel		**12 conditionnel passé**	
moudrais	moudrions	aurais moulu	aurions moulu
moudrais	moudriez	aurais moulu	auriez moulu
moudrait	moudraient	aurait moulu	auraient moulu
6 présent du subjonctif		**13 passé du subjonctif**	
moule	moulions	aie moulu	ayons moulu
moules	mouliez	aies moulu	ayez moulu
moule	moulent	ait moulu	aient moulu
7 imparfait du subjonctif		**14 plus-que-parfait du subjonctif**	
moulusse	moulussions	eusse moulu	eussions moulu
moulusses	moulussiez	eusses moulu	eussiez moulu
moulût	moulussent	eût moulu	eussent moulu

Impératif
mouds
moulons
moulez

Words and expressions related to this verb

moudre du café   to grind coffee;
  moudre du poivre   to grind pepper
un moulin à café   coffee mill,
  coffee grinder
un petit moulin à légumes
  vegetable blender

un moulin   mill; **un moulin à eau**
watermill; **un moulin à vent**
windmill; **un moulin rouge**   red mill
un moulin à paroles   person who talks
constantly without ever stopping;
excessively talkative; chatterbox

Consult the sections on verbs used in idiomatic expressions, verbs with prepositions, and the list of over 1,000 verbs conjugated like model verbs in the back pages.

mourir

Part. pr. **mourant**   Part. passé **mort(e)(s)**

to die

The Seven Simple Tenses		The Seven Compound Tenses	
Singular	Plural	Singular	Plural
1 présent de l'indicatif		**8 passé composé**	
meurs	mourons	suis mort(e)	sommes mort(e)s
meurs	mourez	es mort(e)	êtes mort(e)(s)
meurt	meurent	est mort(e)	sont mort(e)s
2 imparfait de l'indicatif		**9 plus-que-parfait de l'indicatif**	
mourais	mourions	étais mort(e)	étions mort(e)s
mourais	mouriez	étais mort(e)	étiez mort(e)(s)
mourait	mouraient	était mort(e)	étaient mort(e)s
3 passé simple		**10 passé antérieur**	
mourus	mourûmes	fus mort(e)	fûmes mort(e)s
mourus	mourûtes	fus mort(e)	fûtes mort(e)(s)
mourut	moururent	fut mort(e)	furent mort(e)s
4 futur		**11 futur antérieur**	
mourrai	mourrons	serai mort(e)	serons mort(e)s
mourras	mourrez	seras mort(e)	serez mort(e)(s)
mourra	mourront	sera mort(e)	seront mort(e)s
5 conditionnel		**12 conditionnel passé**	
mourrais	mourrions	serais mort(e)	serions mort(e)s
mourrais	mourriez	serais mort(e)	seriez mort(e)(s)
mourrait	mourraient	serait mort(e)	seraient mort(e)s
6 présent du subjonctif		**13 passé du subjonctif**	
meure	mourions	sois mort(e)	soyons mort(e)s
meures	mouriez	sois mort(e)	soyez mort(e)(s)
meure	meurent	soit mort(e)	soient mort(e)s
7 imparfait du subjonctif		**14 plus-que-parfait du subjonctif**	
mourusse	mourussions	fusse mort(e)	fussions mort(e)s
mourusses	mourussiez	fusses mort(e)	fussiez mort(e)(s)
mourût	mourussent	fût mort(e)	fussent mort(e)s

Impératif
meurs
mourons
mourez

Words and expressions related to this verb

mourir de faim   to starve to death
la mort   death
Elle est mourante   She is dying; **Elle se meurt**   She is dying
mourir d'ennui   to be bored to tears
mourir de chagrin   to die of a broken heart
mourir de soif   to die of thirst
mourir de rire   to die laughing
mourir d'envie de faire qqch   to be very eager to do something

The Seven Simple Tenses		The Seven Compound Tenses	
Singular	Plural	Singular	Plural

1   présent de l'indicatif

meus	mouvons	ai mû	avons mû
meus	mouvez	as mû	avez mû
meut	meuvent	a mû	ont mû

8   passé composé

2   imparfait de l'indicatif

mouvais	mouvions	avais mû	avions mû
mouvais	mouviez	avais mû	aviez mû
mouvait	mouvaient	avait mû	avaient mû

9   plus-que-parfait de l'indicatif

3   passé simple

mus	mûmes	eus mû	eûmes mû
mus	mûtes	eus mû	eûtes mû
mut	murent	eut mû	eurent mû

10   passé antérieur

4   futur

mouvrai	mouvrons	aurai mû	aurons mû
mouvras	mouvrez	auras mû	aurez mû
mouvra	mouvront	aura mû	auront mû

11   futur antérieur

5   conditionnel

mouvrais	mouvrions	aurais mû	aurions mû
mouvrais	mouvriez	aurais mû	auriez mû
mouvrait	mouvraient	aurait mû	auraient mû

12   conditionnel passé

6   présent du subjonctif

meuve	mouvions	aie mû	ayons mû
meuves	mouviez	aies mû	ayez mû
meuve	meuvent	ait mû	aient mû

13   passé du subjonctif

7   imparfait du subjonctif

musse	mussions	eusse mû	eussions mû
musses	mussiez	eusses mû	eussiez mû
mût	mussent	eût mû	eussent mû

14   plus-que-parfait du subjonctif

Impératif
meus
mouvons
mouvez

Words and expressions related to this verb

émouvoir   to move, to affect (emotionally)
s'émouvoir   to be moved, to be touched, to be affected (emotionally)
faire mouvoir   to move, to set in motion

Do not confuse this verb with **déménager,** which means to move from one dwelling to another or from one city to another.

to swim

The Seven Simple Tenses		The Seven Compound Tenses	
Singular	Plural	Singular	Plural
1 présent de l'indicatif		**8 passé composé**	
nage	nageons	ai nagé	avons nagé
nages	nagez	as nagé	avez nagé
nage	nagent	a nagé	ont nagé
2 imparfait de l'indicatif		**9 plus-que-parfait de l'indicatif**	
nageais	nagions	avais nagé	avions nagé
nageais	nagiez	avais nagé	aviez nagé
nageait	nageaient	avait nagé	avaient nagé
3 passé simple		**10 passé antérieur**	
nageai	nageâmes	eus nagé	eûmes nagé
nageas	nageâtes	eus nagé	eûtes nagé
nagea	nagèrent	eut nagé	eurent nagé
4 futur		**11 futur antérieur**	
nagerai	nagerons	aurai nagé	aurons nagé
nageras	nagerez	auras nagé	aurez nagé
nagera	nageront	aura nagé	auront nagé
5 conditionnel		**12 conditionnel passé**	
nagerais	nagerions	aurais nagé	aurions nagé
nagerais	nageriez	aurais nagé	auriez nagé
nagerait	nageraient	aurait nagé	auraient nagé
6 présent du subjonctif		**13 passé du subjonctif**	
nage	nagions	aie nagé	ayons nagé
nages	nagiez	aies nagé	ayez nagé
nage	nagent	ait nagé	aient nagé
7 imparfait du subjonctif		**14 plus-que-parfait du subjonctif**	
nageasse	nageassions	eusse nagé	eussions nagé
nageasses	nageassiez	eusses nagé	eussiez nagé
nageât	nageassent	eût nagé	eussent nagé

Impératif
nage
nageons
nagez

Words and expressions related to this verb

un nageur, une nageuse   swimmer
la piscine   swimming pool
savoir nager   to know how to swim
la natation   swimming
nager entre deux eaux   to sit on the fence
la nage   swimming; **la nage libre**   free style swimming
se sauver à la nage   to swim to safety
nager sous l'eau   to swim under water

Il nage dans ses vêtements   His clothes are too big on him.
un maillot de bain   swimsuit
nager comme un poisson   to swim like a fish
nager dans l'opulence   to be rolling in money
aller nager   to go swimming

The Seven Simple Tenses		The Seven Compound Tenses	
Singular	Plural	Singular	Plural
1 présent de l'indicatif		**8 passé composé**	
nais	naissons	suis né(e)	sommes né(e)s
nais	naissez	es né(e)	êtes né(e)(s)
naît	naissent	est né(e)	sont né(e)s
2 imparfait de l'indicatif		**9 plus-que-parfait de l'indicatif**	
naissais	naissions	étais né(e)	étions né(e)s
naissais	naissiez	étais né(e)	étiez né(e)(s)
naissait	naissaient	était né(e)	étaient né(e)s
3 passé simple		**10 passé antérieur**	
naquis	naquîmes	fus né(e)	fûmes né(e)s
naquis	naquîtes	fus né(e)	fûtes né(e)(s)
naquit	naquirent	fut né(e)	furent né(e)s
4 futur		**11 futur antérieur**	
naîtrai	naîtrons	serai né(e)	serons né(e)s
naîtras	naîtrez	seras né(e)	serez né(e)(s)
naîtra	naîtront	sera né(e)	seront né(e)s
5 conditionnel		**12 conditionnel passé**	
naîtrais	naîtrions	serais né(e)	serions né(e)s
naîtrais	naîtriez	serais né(e)	seriez né(e)(s)
naîtrait	naîtraient	serait né(e)	seraient né(e)s
6 présent du subjonctif		**13 passé du subjonctif**	
naisse	naissions	sois né(e)	soyons né(e)s
naisses	naissiez	sois né(e)	soyez né(e)(s)
naisse	naissent	soit né(e)	soient né(e)s
7 imparfait du subjonctif		**14 plus-que-parfait du subjonctif**	
naquisse	naquissions	fusse né(e)	fussions né(e)s
naquisses	naquissiez	fusses né(e)	fussiez né(e)(s)
naquît	naquissent	fût né(e)	fussent né(e)s

Impératif
nais
naissons
naissez

Words and expressions related to this verb

la naissance   birth
un anniversaire de naissance   a birthday anniversary
donner naissance à   to give birth to; **la naissance du monde**   beginning of the world
Anne est Française de naissance   Anne was born French.
renaître   to be born again
faire naître   to cause, to give rise to
Je ne suis pas né(e) d'hier!   I wasn't born yesterday!

The subject pronouns are found on the page facing page 1.   **305**

to snow

The Seven Simple Tenses	The Seven Compound Tenses
Singular Plural	Singular Plural
1 présent de l'indicatif **il neige**	8 passé composé **il a neigé**
2 imparfait de l'indicatif **il neigeait**	9 plus-que-parfait de l'indicatif **il avait neigé**
3 passé simple **il neigea**	10 passé antérieur **il eut neigé**
4 futur **il neigera**	11 futur antérieur **il aura neigé**
5 conditionnel **il neigerait**	12 conditionnel passé **il aurait neigé**
6 présent du subjonctif **qu'il neige**	13 passé du subjonctif **qu'il ait neigé**
7 imparfait du subjonctif **qu'il neigeât**	14 plus-que-parfait du subjonctif **qu'il eût neigé**

Impératif
Qu'il neige! (Let it snow)!

Words and expressions related to this verb

la neige   snow
un bonhomme de neige   a snowman
neige fondue   slush
neigeux, neigeuse   snowy
Blanche-Neige   Snow White
une boule de neige   snowball
lancer des boules de neige   to throw snowballs
une chute de neige   snowfall

la neige artificielle   artificial snow
la neige poudreuse   dusting of snow
la bataille de boules de neige   snowball fight
être submergé de travail   to be snowed under with work
les conditions d'enneigement   snow conditions
le bulletin d'enneigement   snow report

The Seven Simple Tenses		The Seven Compound Tenses	
Singular	Plural	Singular	Plural

1   présent de l'indicatif

		8 passé composé	
nettoie	nettoyons	ai nettoyé	avons nettoyé
nettoies	nettoyez	as nettoyé	avez nettoyé
nettoie	nettoient	a nettoyé	ont nettoyé

2   imparfait de l'indicatif

		9 plus-que-parfait de l'indicatif	
nettoyais	nettoyions	avais nettoyé	avions nettoyé
nettoyais	nettoyiez	avais nettoyé	aviez nettoyé
nettoyait	nettoyaient	avait nettoyé	avaient nettoyé

3   passé simple

		10 passé antérieur	
nettoyai	nettoyâmes	eus nettoyé	eûmes nettoyé
nettoyas	nettoyâtes	eus nettoyé	eûtes nettoyé
nettoya	nettoyèrent	eut nettoyé	eurent nettoyé

4   futur

		11 futur antérieur	
nettoierai	nettoierons	aurai nettoyé	aurons nettoyé
nettoieras	nettoierez	auras nettoyé	aurez nettoyé
nettoiera	nettoieront	aura nettoyé	auront nettoyé

5   conditionnel

		12 conditionnel passé	
nettoierais	nettoierions	aurais nettoyé	aurions nettoyé
nettoierais	nettoieriez	aurais nettoyé	auriez nettoyé
nettoierait	nettoieraient	aurait nettoyé	auraient nettoyé

6   présent du subjonctif

		13 passé du subjonctif	
nettoie	nettoyions	aie nettoyé	ayons nettoyé
nettoies	nettoyiez	aies nettoyé	ayez nettoyé
nettoie	nettoient	ait nettoyé	aient nettoyé

7   imparfait du subjonctif

		14 plus-que-parfait du subjonctif	
nettoyasse	nettoyassions	eusse nettoyé	eussions nettoyé
nettoyasses	nettoyassiez	eusses nettoyé	eussiez nettoyé
nettoyât	nettoyassent	eût nettoyé	eussent nettoyé

Impératif
nettoie
nettoyons
nettoyez

Words and expressions related to this verb

le nettoyage   cleaning; **le nettoyage à sec**
  dry cleaning
nettoyer à sec   to dry clean
une nettoyeuse   cleaning machine

un nettoyeur de fenêtres   window cleaner
Elle refuse nettement   She flatly refuses.
se faire nettoyer au jeu   to be cleaned out
  at gambling

Verbs ending in -*oyer* must change *y* to *i* before mute *e*.

nier

to deny

The Seven Simple Tenses		The Seven Compound Tenses	
Singular	Plural	Singular	Plural
1 présent de l'indicatif		**8 passé composé**	
nie	nions	ai nié	avons nié
nies	niez	as nié	avez nié
nie	nient	a nié	ont nié
2 imparfait de l'indicatif		**9 plus-que-parfait de l'indicatif**	
niais	niions	avais nié	avions nié
niais	niiez	avais nié	aviez nié
niait	niaient	avait nié	avaient nié
3 passé simple		**10 passé antérieur**	
niai	niâmes	eus nié	eûmes nié
nias	niâtes	eus nié	eûtes nié
nia	nièrent	eut nié	eurent nié
4 futur		**11 futur antérieur**	
nierai	nierons	aurai nié	aurons nié
nieras	nierez	auras nié	aurez nié
niera	nieront	aura nié	auront nié
5 conditionnel		**12 conditionnel passé**	
nierais	nierions	aurais nié	aurions nié
nierais	nieriez	aurais nié	auriez nié
nierait	nieraient	aurait nié	auraient nié
6 présent du subjonctif		**13 passé du subjonctif**	
nie	niions	aie nié	ayons nié
nies	niiez	aies nié	ayez nié
nie	nient	ait nié	aient nié
7 imparfait du subjonctif		**14 plus-que-parfait du subjonctif**	
niasse	niassions	eusse nié	eussions nié
niasses	niassiez	eusses nié	eussiez nié
niât	niassent	eût nié	eussent nié

Impératif
nie
nions
niez

Words and expressions related to this verb

nier un fait   to deny a fact
dénier qqch à qqn   to deny someone
   something, to refuse someone something
un déni   denial; **un déni de justice**   denial of
   justice
renier   to deny openly, to reject

renier un ami   to reject a friend
renier sa promesse   to go back on, to
   break one's promise
un renégat, une renégate   renegade
un reniement   denial

Consult the sections on verbs used in idiomatic expressions, verbs with prepositions, and the
list of over 1,000 verbs conjugated like model verbs in the back pages.

to name, to appoint

The Seven Simple Tenses		The Seven Compound Tenses	
Singular	Plural	Singular	Plural

1 présent de l'indicatif

nomme	nommons	
nommes	nommez	
nomme	nomment	

8 passé composé

ai nommé	avons nommé
as nommé	avez nommé
a nommé	ont nommé

2 imparfait de l'indicatif

nommais	nommions
nommais	nommiez
nommait	nommaient

9 plus-que-parfait de l'indicatif

avais nommé	avions nommé
avais nommé	aviez nommé
avait nommé	avaient nommé

3 passé simple

nommai	nommâmes
nommas	nommâtes
nomma	nommèrent

10 passé antérieur

eus nommé	eûmes nommé
eus nommé	eûtes nommé
eut nommé	eurent nommé

4 futur

nommerai	nommerons
nommeras	nommerez
nommera	nommeront

11 futur antérieur

aurai nommé	aurons nommé
auras nommé	aurez nommé
aura nommé	auront nommé

5 conditionnel

nommerais	nommerions
nommerais	nommeriez
nommerait	nommeraient

12 conditionnel passé

aurais nommé	aurions nommé
aurais nommé	auriez nommé
aurait nommé	auraient nommé

6 présent du subjonctif

nomme	nommions
nommes	nommiez
nomme	nomment

13 passé du subjonctif

aie nommé	ayons nommé
aies nommé	ayez nommé
ait nommé	aient nommé

7 imparfait du subjonctif

nommasse	nommassions
nommasses	nommassiez
nommât	nommassent

14 plus-que-parfait du subjonctif

eusse nommé	eussions nommé
eusses nommé	eussiez nommé
eût nommé	eussent nommé

Impératif
nomme
nommons
nommez

Common idiomatic expressions using this verb and words related to it

nommément   namely, by name
un pronom   a pronoun
un pseudonyme   pseudonym
un nom de théâtre   stage name
le petit nom   a person's first name
appeler les choses par leur nom
    to call a spade a spade
anonyme   anonymous

un nom de plume   pen name (a name used
    by an author other than the real name)
un nom de guerre   false (assumed) name
nominalement   nominally
au nom du Père, du Fils, et du Saint-Esprit
    in the name of the Father, the Son, and
    the Holy Spirit

to feed, to nourish

The Seven Simple Tenses		The Seven Compound Tenses	
Singular	Plural	Singular	Plural

1 présent de l'indicatif

		8 passé composé	
nourris	nourrissons	ai nourri	avons nourri
nourris	nourrissez	as nourri	avez nourri
nourrit	nourrissent	a nourri	ont nourri

2 imparfait de l'indicatif

		9 plus-que-parfait de l'indicatif	
nourrissais	nourrissions	avais nourri	avions nourri
nourrissais	nourrissiez	avais nourri	aviez nourri
nourrissait	nourrissaient	avait nourri	avaient nourri

3 passé simple

		10 passé antérieur	
nourris	nourrîmes	eus nourri	eûmes nourri
nourris	nourrîtes	eus nourri	eûtes nourri
nourrit	nourrirent	eut nourri	eurent nourri

4 futur

		11 futur antérieur	
nourrirai	nourrirons	aurai nourri	aurons nourri
nourriras	nourrirez	auras nourri	aurez nourri
nourrira	nourriront	aura nourri	auront nourri

5 conditionnel

		12 conditionnel passé	
nourrirais	nourririons	aurais nourri	aurions nourri
nourrirais	nourririez	aurais nourri	auriez nourri
nourrirait	nourriraient	aurait nourri	auraient nourri

6 présent du subjonctif

		13 passé du subjonctif	
nourrisse	nourrissions	aie nourri	ayons nourri
nourrisses	nourrissiez	aies nourri	ayez nourri
nourrisse	nourrissent	ait nourri	aient nourri

7 imparfait du subjonctif

		14 plus-que-parfait du subjonctif	
nourrisse	nourrissions	eusse nourri	eussions nourri
nourrisses	nourrissiez	eusses nourri	eussiez nourri
nourrît	nourrissent	eût nourri	eussent nourri

Impératif
nourris
nourrissons
nourrissez

Words and expressions related to this verb

la nourriture nourishment, food
une nourrice wet nurse
bien nourri well fed
mal nourri poorly fed
nourrissant, nourrissante nourishing

un nourrisson infant
nourricier, nourricière nutritious
une mère nourricière foster mother
un père nourricier foster father

to harm, to hinder

The Seven Simple Tenses		The Seven Compound Tenses	
Singular	Plural	Singular	Plural
1 présent de l'indicatif		**8 passé composé**	
nuis	nuisons	ai nui	avons nui
nuis	nuisez	as nui	avez nui
nuit	nuisent	a nui	ont nui
2 imparfait de l'indicatif		**9 plus-que-parfait de l'indicatif**	
nuisais	nuisions	avais nui	avions nui
nuisais	nuisiez	avais nui	aviez nui
nuisait	nuisaient	avait nui	avaient nui
3 passé simple		**10 passé antérieur**	
nuisis	nuisîmes	eus nui	eûmes nui
nuisis	nuisîtes	eus nui	eûtes nui
nuisit	nuisirent	eut nui	eurent nui
4 futur		**11 futur antérieur**	
nuirai	nuirons	aurai nui	aurons nui
nuiras	nuirez	auras nui	aurez nui
nuira	nuiront	aura nui	auront nui
5 conditionnel		**12 conditionnel passé**	
nuirais	nuirions	aurais nui	aurions nui
nuirais	nuiriez	aurais nui	auriez nui
nuirait	nuiraient	aurait nui	auraient nui
6 présent du subjonctif		**13 passé du subjonctif**	
nuise	nuisions	aie nui	ayons nui
nuises	nuisiez	aies nui	ayez nui
nuise	nuisent	ait nui	aient nui
7 imparfait du subjonctif		**14 plus-que-parfait du subjonctif**	
nuisisse	nuisissions	eusse nui	eussions nui
nuisisses	nuisissiez	eusses nui	eussiez nui
nuisît	nuisissent	eût nui	eussent nui

Impératif
nuis
nuisons
nuisez

Words and expressions related to this verb

la nuisance nuisance
les nuisances sonores noise pollution
nuisible harmful
nuire à to do harm to, to be injurious to, to
  be harmful to

Cela peut nuire à la réputation de votre famille That may harm the reputation of your family.

Try the verb tests (with answers explained) in the back pages.

The subject pronouns are found on the page facing page 1.

obéir

to obey

The Seven Simple Tenses		The Seven Compound Tenses	
Singular	Plural	Singular	Plural
1 présent de l'indicatif		**8 passé composé**	
obéis	obéissons	ai obéi	avons obéi
obéis	obéissez	as obéi	avez obéi
obéit	obéissent	a obéi	ont obéi
2 . imparfait de l'indicatif		**9 plus-que-parfait de l'indicatif**	
obéissais	obéissions	avais obéi	avions obéi
obéissais	obéissiez	avais obéi	aviez obéi
obéissait	obéissaient	avait obéi	avaient obéi
3 passé simple		**10 passé antérieur**	
obéis	obéîmes	eus obéi	eûmes obéi
obéis	obéîtes	eus obéi	eûtes obéi
obéit	obéirent	eut obéi	eurent obéi
4 futur		**11 futur antérieur**	
obéirai	obéirons	aurai obéi	aurons obéi
obéiras	obéirez	auras obéi	aurez obéi
obéira	obéiront	aura obéi	auront obéi
5 conditionnel		**12 conditionnel passé**	
obéirais	obéirions	aurais obéi	aurions obéi
obéirais	obéiriez	aurais obéi	auriez obéi
obéirait	obéiraient	aurait obéi	auraient obéi
6 présent du subjonctif		**13 passé du subjonctif**	
obéisse	obéissions	aie obéi	ayons obéi
obéisses	obéissiez	aies obéi	ayez obéi
obéisse	obéissent	ait obéi	aient obéi
7 imparfait du subjonctif		**14 plus-que-parfait du subjonctif**	
obéisse	obéissions	eusse obéi	eussions obéi
obéisses	obéissiez	eusses obéi	eussiez obéi
obéît	obéissent	eût obéi	eussent obéi

Impératif
obéis
obéissons
obéissez

Words and expressions related to this verb

obéir à qqn   to obey someone
désobéir à qqn   to disobey someone
l'obéissance *(f.)*   obedience

obéissant, obéissante   obedient
désobéissant, désobéissante   disobedient
obéir à ses instincts   to obey one's instincts

Consult the entries in the section on definitions of basic grammatical terms with examples in the back pages.

Consult the back pages for verbs with prepositions.

The Seven Simple Tenses		The Seven Compound Tenses	
Singular	Plural	Singular	Plural

1 présent de l'indicatif

oblige	obligeons
obliges	obligez
oblige	obligent

8 passé composé

ai obligé	avons obligé
as obligé	avez obligé
a obligé	ont obligé

2 imparfait de l'indicatif

obligeais	obligions
obligeais	obligiez
obligeait	obligeaient

9 plus-que-parfait de l'indicatif

avais obligé	avions obligé
avais obligé	aviez obligé
avait obligé	avaient obligé

3 passé simple

obligeai	obligeâmes
obligeas	obligeâtes
obligea	obligèrent

10 passé antérieur

eus obligé	eûmes obligé
eus obligé	eûtes obligé
eut obligé	eurent obligé

4 futur

obligerai	obligerons
obligeras	obligerez
obligera	obligeront

11 futur antérieur

aurai obligé	aurons obligé
auras obligé	aurez obligé
aura obligé	auront obligé

5 conditionnel

obligerais	obligerions
obligerais	obligeriez
obligerait	obligeraient

12 conditionnel passé

aurais obligé	aurions obligé
aurais obligé	auriez obligé
aurait obligé	auraient obligé

6 présent du subjonctif

oblige	obligions
obliges	obligiez
oblige	obligent

13 passé du subjonctif

aie obligé	ayons obligé
aies obligé	ayez obligé
ait obligé	aient obligé

7 imparfait du subjonctif

obligeasse	obligeassions
obligeasses	obligeassiez
obligeât	obligeassent

14 plus-que-parfait du subjonctif

eusse obligé	eussions obligé
eusses obligé	eussiez obligé
eût obligé	eussent obligé

Impératif
oblige
obligeons
obligez

Words and expressions related to this verb

obligatoire   obligatory
obligation *(f.)*   obligation
avoir beaucoup d'obligation à qqn   to be much obliged to someone
obligeant, obligeante   obliging
se montrer obligeant envers qqn   to show kindness to someone
obligé, obligée   obliged
Noblesse oblige   Nobility obliges. (i.e., the moral obligation of a highborn person is to show
  honorable conduct)

obtenir Part. pr. **obtenant** Part. passé **obtenu**

to obtain, to get

The Seven Simple Tenses		The Seven Compound Tenses	
Singular	Plural	Singular	Plural
1 présent de l'indicatif		**8 passé composé**	
obtiens	obtenons	ai obtenu	avons obtenu
obtiens	obtenez	as obtenu	avez obtenu
obtient	obtiennent	a obtenu	ont obtenu
2 imparfait de l'indicatif		**9 plus-que-parfait de l'indicatif**	
obtenais	obtenions	avais obtenu	avions obtenu
obtenais	obteniez	avais obtenu	aviez obtenu
obtenait	obtenaient	avait obtenu	avaient obtenu
3 passé simple		**10 passé antérieur**	
obtins	obtînmes	eus obtenu	eûmes obtenu
obtins	obtîntes	eus obtenu	eûtes obtenu
obtint	obtinrent	eut obtenu	eurent obtenu
4 futur		**11 futur antérieur**	
obtiendrai	obtiendrons	aurai obtenu	aurons obtenu
obtiendras	obtiendrez	auras obtenu	aurez obtenu
obtiendra	obtiendront	aura obtenu	auront obtenu
5 conditionnel		**12 conditionnel passé**	
obtiendrais	obtiendrions	aurais obtenu	aurions obtenu
obtiendrais	obtiendriez	aurais obtenu	auriez obtenu
obtiendrait	obtiendraient	aurait obtenu	auraient obtenu
6 présent du subjonctif		**13 passé du subjonctif**	
obtienne	obtenions	aie obtenu	ayons obtenu
obtiennes	obteniez	aies obtenu	ayez obtenu
obtienne	obtiennent	ait obtenu	aient obtenu
7 imparfait du subjonctif		**14 plus-que-parfait du subjonctif**	
obtinsse	obtinssions	eusse obtenu	eussions obtenu
obtinsses	obtinssiez	eusses obtenu	eussiez obtenu
obtînt	obtinssent	eût obtenu	eussent obtenu

Impératif
obtiens
obtenons
obtenez

Words and expressions related to this verb

l'obtention obtainment
obtenir de qqn qqch de force to get something out of someone by force
s'obtenir de to be obtained from

See also **tenir.**

Consult the back pages for verbs used in weather expressions.

The Seven Simple Tenses		The Seven Compound Tenses	
Singular	Plural	Singular	Plural

1   présent de l'indicatif

occupe	occupons	
occupes	occupez	
occupe	occupent	

8   passé composé

ai occupé	avons occupé
as occupé	avez occupé
a occupé	ont occupé

2   imparfait de l'indicatif

occupais	occupions
occupais	occupiez
occupait	occupaient

9   plus-que-parfait de l'indicatif

avais occupé	avions occupé
avais occupé	aviez occupé
avait occupé	avaient occupé

3   passé simple

occupai	occupâmes
occupas	occupâtes
occupa	occupèrent

10   passé antérieur

eus occupé	eûmes occupé
eus occupé	eûtes occupé
eut occupé	eurent occupé

4   futur

occuperai	occuperons
occuperas	occuperez
occupera	occuperont

11   futur antérieur

aurai occupé	aurons occupé
auras occupé	aurez occupé
aura occupé	auront occupé

5   conditionnel

occuperais	occuperions
occuperais	occuperiez
occuperait	occuperaient

12   conditionnel passé

aurais occupé	aurions occupé
aurais occupé	auriez occupé
aurait occupé	auraient occupé

6   présent du subjonctif

occupe	occupions
occupes	occupiez
occupe	occupent

13   passé du subjonctif

aie occupé	ayons occupé
aies occupé	ayez occupé
ait occupé	aient occupé

7   imparfait du subjonctif

occupasse	occupassions
occupasses	occupassiez
occupât	occupassent

14   plus-que-parfait du subjonctif

eusse occupé	eussions occupé
eusses occupé	eussiez occupé
eût occupé	eussent occupé

Impératif
occupe
occupons
occupez

Words and expressions related to this verb

occupation *(f.)*   occupation
être occupé(e)   to be busy
occuper qqn   to keep someone busy
occuper trop de place   to take up too much room
occupant, occupante   occupying; **du travail occupant**   engrossing work
occuper l'attention de qqn   to hold someone's attention
préoccuper   to preoccupy; **une préoccupation**   preoccupation

The subject pronouns are found on the page facing page 1.   **315**

s'occuper

Part. pr. **s'occupant**   Part. passé **occupé(e)(s)**

to be busy, to keep oneself busy

The Seven Simple Tenses		The Seven Compound Tenses	
Singular	Plural	Singular	Plural
1 présent de l'indicatif		**8 passé composé**	
m'occupe	nous occupons	me suis occupé(e)	nous sommes occupé(e)s
t'occupes	vous occupez	t'es occupé(e)	vous êtes occupé(e)(s)
s'occupe	s'occupent	s'est occupé(e)	se sont occupé(e)s
2 imparfait de l'indicatif		**9 plus-que-parfait de l'indicatif**	
m'occupais	nous occupions	m'étais occupé(e)	nous étions occupé(e)s
t'occupais	vous occupiez	t'étais occupé(e)	vous étiez occupé(e)(s)
s'occupait	s'occupaient	s'était occupé(e)	s'étaient occupé(e)s
3 passé simple		**10 passé antérieur**	
m'occupai	nous occupâmes	me fus occupé(e)	nous fûmes occupé(e)s
t'occupas	vous occupâtes	te fus occupé(e)	vous fûtes occupé(e)(s)
s'occupa	s'occupèrent	se fut occupé(e)	se furent occupé(e)s
4 futur		**11 futur antérieur**	
m'occuperai	nous occuperons	me serai occupé(e)	nous serons occupé(e)s
t'occuperas	vous occuperez	te seras occupé(e)	vous serez occupé(e)(s)
s'occupera	s'occuperont	se sera occupé(e)	se seront occupé(e)s
5 conditionnel		**12 conditionnel passé**	
m'occuperais	nous occuperions	me serais occupé(e)	nous serions occupé(e)s
t'occuperais	vous occuperiez	te serais occupé(e)	vous seriez occupé(e)(s)
s'occuperait	s'occuperaient	se serait occupé(e)	se seraient occupé(e)s
6 présent du subjonctif		**13 passé du subjonctif**	
m'occupe	nous occupions	me sois occupé(e)	nous soyons occupé(e)s
t'occupes	vous occupiez	te sois occupé(e)	vous soyez occupé(e)(s)
s'occupe	s'occupent	se soit occupé(e)	se soient occupé(e)s
7 imparfait du subjonctif		**14 plus-que-parfait du subjonctif**	
m'occupasse	nous occupassions	me fusse occupé(e)	nous fussions occupé(e)s
t'occupasses	vous occupassiez	te fusses occupé(e)	vous fussiez occupé(e)(s)
s'occupât	s'occupassent	se fût occupé(e)	se fussent occupé(e)s

Impératif
occupe-toi; ne t'occupe pas
occupons-nous; ne nous occupons pas
occupez-vous; ne vous occupez pas

Words and expressions related to this verb

s'occuper de ses affaires   to mind one's own business
Je m'occupe de mes affaires   I mind my own business.
s'occuper des enfants   to look after children
s'occuper de   to look after, to tend to
s'occuper à   to be engaged in

See also the verb **occuper**.

Occupez-vous de vos affaires!   Mind your own business!
Ne vous occupez pas de mes affaires!   Don't mind my business!
Est-ce qu'on s'occupe de vous?   Is someone helping you?

to offer

The Seven Simple Tenses		The Seven Compound Tenses	
Singular	Plural	Singular	Plural
1 présent de l'indicatif		**8 passé composé**	
offre	offrons	ai offert	avons offert
offres	offrez	as offert	avez offert
offre	offrent	a offert	ont offert
2 imparfait de l'indicatif		**9 plus-que-parfait de l'indicatif**	
offrais	offrions	avais offert	avions offert
offrais	offriez	avais offert	aviez offert
offrait	offraient	avait offert	avaient offert
3 passé simple		**10 passé antérieur**	
offris	offrîmes	eus offert	eûmes offert
offris	offrîtes	eus offert	eûtes offert
offrit	offrirent	eut offert	eurent offert
4 futur		**11 futur antérieur**	
offrirai	offrirons	aurai offert	aurons offert
offriras	offrirez	auras offert	aurez offert
offrira	offriront	aura offert	auront offert
5 conditionnel		**12 conditionnel passé**	
offrirais	offririons	aurais offert	aurions offert
offrirais	offririez	aurais offert	auriez offert
offrirait	offriraient	aurait offert	auraient offert
6 présent du subjonctif		**13 passé du subjonctif**	
offre	offrions	aie offert	ayons offert
offres	offriez	aies offert	ayez offert
offre	offrent	ait offert	aient offert
7 imparfait du subjonctif		**14 plus-que-parfait du subjonctif**	
offrisse	offrissions	eusse offert	eussions offert
offrisses	offrissiez	eusses offert	eussiez offert
offrît	offrissent	eût offert	eussent offert

Impératif
offre
offrons
offrez

Words and expressions related to this verb

offrir qqch à qqn to offer (to present)
   something to someone
une offre an offer, a proposal
une offrande gift, offering
l'offre et la demande supply and demand

une offre d'emploi a job offer
les offres d'emploi employment
   opportunities
C'est pour offrir? Is it to give as a gift?

Consult the back pages for the section on verbs that require certain prepositions.

omettre

to omit

The Seven Simple Tenses		The Seven Compound Tenses	
Singular	Plural	Singular	Plural
1 présent de l'indicatif		**8 passé composé**	
omets	omettons	ai omis	avons omis
omets	omettez	as omis	avez omis
omet	omettent	a omis	ont omis
2 imparfait de l'indicatif		**9 plus-que-parfait de l'indicatif**	
omettais	omettions	avais omis	avions omis
omettais	omettiez	avais omis	aviez omis
omettait	omettaient	avait omis	avaient omis
3 passé simple		**10 passé antérieur**	
omis	omîmes	eus omis	eûmes omis
omis	omîtes	eus omis	eûtes omis
omit	omirent	eut omis	eurent omis
4 futur		**11 futur antérieur**	
omettrai	omettrons	aurai omis	aurons omis
omettras	omettrez	auras omis	aurez omis
omettra	omettront	aura omis	auront omis
5 conditionnel		**12 conditionnel passé**	
omettrais	omettrions	aurais omis	aurions omis
omettrais	omettriez	aurais omis	auriez omis
omettrait	omettraient	aurait omis	auraient omis
6 présent du subjonctif		**13 passé du subjonctif**	
omette	omettions	aie omis	ayons omis
omettes	omettiez	aies omis	ayez omis
omette	omettent	ait omis	aient omis
7 imparfait du subjonctif		**14 plus-que-parfait du subjonctif**	
omisse	omissions	eusse omis	eussions omis
omisses	omissiez	eusses omis	eussiez omis
omît	omissent	eût omis	eussent omis

Impératif
omets
omettons
omettez

Words and expressions related to this verb

omettre de faire qqch   to neglect to do something
une omission   an omission
omis, omise   omitted
commettre   to commit

Consult the back pages for verbs used in idiomatic expressions.

The Seven Simple Tenses		The Seven Compound Tenses	
Singular	Plural	Singular	Plural
1 présent de l'indicatif		**8 passé composé**	
ose	osons	ai osé	avons osé
oses	osez	as osé	avez osé
ose	osent	a osé	ont osé
2 imparfait de l'indicatif		**9 plus-que-parfait de l'indicatif**	
osais	osions	avais osé	avions osé
osais	osiez	avais osé	aviez osé
osait	osaient	avait osé	avaient osé
3 passé simple		**10 passé antérieur**	
osai	osâmes	eus osé	eûmes osé
osas	osâtes	eus osé	eûtes osé
osa	osèrent	eut osé	eurent osé
4 futur		**11 futur antérieur**	
oserai	oserons	aurai osé	aurons osé
oseras	oserez	auras osé	aurez osé
osera	oseront	aura osé	auront osé
5 conditionnel		**12 conditionnel passé**	
oserais	oserions	aurais osé	aurions osé
oserais	oseriez	aurais osé	auriez osé
oserait	oseraient	aurait osé	auraient osé
6 présent du subjonctif		**13 passé du subjonctif**	
ose	osions	aie osé	ayons osé
oses	osiez	aies osé	ayez osé
ose	osent	ait osé	aient osé
7 imparfait du subjonctif		**14 plus-que-parfait du subjonctif**	
osasse	osassions	eusse osé	eussions osé
osasses	osassiez	eusses osé	eussiez osé
osât	osassent	eût osé	eussent osé

Impératif
ose
osons
osez

Words and expressions related to this verb

Si j'ose dire. . .   If I may be so bold as to say. . .
Je n'ose le dire   I dare not say so.
oser faire qqch   to dare to do something; to have the courage, audacity to do something
Je n'ose rien dire   I don't dare say anything.

Consult the sections on verbs used in idiomatic expressions, verbs with prepositions, and the list of over 1,000 verbs conjugated like model verbs in the back pages.

oublier

to forget

The Seven Simple Tenses		The Seven Compound Tenses	
Singular	Plural	Singular	Plural
1　présent de l'indicatif		**8　passé composé**	
oublie	oublions	ai oublié	avons oublié
oublies	oubliez	as oublié	avez oublié
oublie	oublient	a oublié	ont oublié
2　imparfait de l'indicatif		**9　plus-que-parfait de l'indicatif**	
oubliais	oubliions	avais oublié	avions oublié
oubliais	oubliiez	avais oublié	aviez oublié
oubliait	oubliaient	avait oublié	avaient oublié
3　passé simple		**10　passé antérieur**	
oubliai	oubliâmes	eus oublié	eûmes oublié
oublias	oubliâtes	eus oublié	eûtes oublié
oublia	oublièrent	eut oublié	eurent oublié
4　futur		**11　futur antérieur**	
oublierai	oublierons	aurai oublié	aurons oublié
oublieras	oublierez	auras oublié	aurez oublié
oubliera	oublieront	aura oublié	auront oublié
5　conditionnel		**12　conditionnel passé**	
oublierais	oublierions	aurais oublié	aurions oublié
oublierais	oublieriez	aurais oublié	auriez oublié
oublierait	oublieraient	aurait oublié	auraient oublié
6　présent du subjonctif		**13　passé du subjonctif**	
oublie	oubliions	aie oublié	ayons oublié
oublies	oubliiez	aies oublié	ayez oublié
oublie	oublient	ait oublié	aient oublié
7　imparfait du subjonctif		**14　plus-que-parfait du subjonctif**	
oubliasse	oubliassions	eusse oublié	eussions oublié
oubliasses	oubliassiez	eusses oublié	eussiez oublié
oubliât	oubliassent	eût oublié	eussent oublié

Impératif
oublie
oublions
oubliez

Words and expressions related to this verb

un oubli　oversight; oblivion
oubliable　forgettable
inoubliable　unforgettable
s'oublier　to forget oneself, to be unmindful
　of oneself

oublier de faire qqch　to forget to do
　something
oublieux, oublieuse　oblivious; **oublieux
　de**　unmindful of; forgetful

Consult the back pages for the section on verbs that require certain prepositions.

The Seven Simple Tenses		The Seven Compound Tenses	
Singular	Plural	Singular	Plural

1 présent de l'indicatif

ouvre	ouvrons	
ouvres	ouvrez	
ouvre	ouvrent	

8 passé composé

ai ouvert	avons ouvert
as ouvert	avez ouvert
a ouvert	ont ouvert

2 imparfait de l'indicatif

ouvrais	ouvrions
ouvrais	ouvriez
ouvrait	ouvraient

9 plus-que-parfait de l'indicatif

avais ouvert	avions ouvert
avais ouvert	aviez ouvert
avait ouvert	avaient ouvert

3 passé simple

ouvris	ouvrîmes
ouvris	ouvrîtes
ouvrit	ouvrirent

10 passé antérieur

eus ouvert	eûmes ouvert
eus ouvert	eûtes ouvert
eut ouvert	eurent ouvert

4 futur

ouvrirai	ouvrirons
ouvriras	ouvrirez
ouvrira	ouvriront

11 futur antérieur

aurai ouvert	aurons ouvert
auras ouvert	aurez ouvert
aura ouvert	auront ouvert

5 conditionnel

ouvrirais	ouvririons
ouvrirais	ouvririez
ouvrirait	ouvriraient

12 conditionnel passé

aurais ouvert	aurions ouvert
aurais ouvert	auriez ouvert
aurait ouvert	auraient ouvert

6 présent du subjonctif

ouvre	ouvrions
ouvres	ouvriez
ouvre	ouvrent

13 passé du subjonctif

aie ouvert	ayons ouvert
aies ouvert	ayez ouvert
ait ouvert	aient ouvert

7 imparfait du subjonctif

ouvrisse	ouvrissions
ouvrisses	ouvrissiez
ouvrît	ouvrissent

14 plus-que-parfait du subjonctif

eusse ouvert	eussions ouvert
eusses ouvert	eussiez ouvert
eût ouvert	eussent ouvert

Impératif
ouvre
ouvrons
ouvrez

Words and expressions related to this verb

ouvert, ouverte   open
ouverture *(f.)*   opening
ouvrir le gaz   to turn on the gas
ouvrir de force   to force open
un ouvre-boîte (des ouvre-boîtes)   can opener

un ouvre-bouteille (des ouvre-bouteilles)
   bottle opener
rouvrir   to reopen, to open again
entrouvrir   to open just a bit
s'ouvrir à   to confide in
les heures ouvrables   business hours

Consult the back pages for over 1,000 French verbs conjugated like model verbs among the 501.

The subject pronouns are found on the page facing page 1.

paraître

to appear, to seem

The Seven Simple Tenses		The Seven Compound Tenses	
Singular	Plural	Singular	Plural
1 présent de l'indicatif		**8 passé composé**	
parais	paraissons	ai paru	avons paru
parais	paraissez	as paru	avez paru
paraît	paraissent	a paru	ont paru
2 imparfait de l'indicatif		**9 plus-que-parfait de l'indicatif**	
paraissais	paraissions	avais paru	avions paru
paraissais	paraissiez	avais paru	aviez paru
paraissait	paraissaient	avait paru	avaient paru
3 passé simple		**10 passé antérieur**	
parus	parûmes	eus paru	eûmes paru
parus	parûtes	eus paru	eûtes paru
parut	parurent	eut paru	eurent paru
4 futur		**11 futur antérieur**	
paraîtrai	paraîtrons	aurai paru	aurons paru
paraîtras	paraîtrez	auras paru	aurez paru
paraîtra	paraîtront	aura paru	auront paru
5 conditionnel		**12 conditionnel passé**	
paraîtrais	paraîtrions	aurais paru	aurions paru
paraîtrais	paraîtriez	aurais paru	auriez paru
paraîtrait	paraîtraient	aurait paru	auraient paru
6 présent du subjonctif		**13 passé du subjonctif**	
paraisse	paraissions	aie paru	ayons paru
paraisses	paraissiez	aies paru	ayez paru
paraisse	paraissent	ait paru	aient paru
7 imparfait du subjonctif		**14 plus-que-parfait du subjonctif**	
parusse	parussions	eusse paru	eussions paru
parusses	parussiez	eusses paru	eussiez paru
parût	parussent	eût paru	eussent paru

Impératif
parais
paraissons
paraissez

Words and expressions related to this verb

apparition *(f.)*   apparition, appearance
Cela me paraît incroyable   That seems unbelievable to me.
Le jour paraît   Day is breaking.
apparaître   to appear, to come into view
disparaître   to disappear
réapparaître   to reappear
Ce livre vient de paraître   This book has just been published.

to pardon, to forgive

The Seven Simple Tenses		The Seven Compound Tenses	
Singular	Plural	Singular	Plural

1 présent de l'indicatif

pardonne	pardonnons	
pardonnes	pardonnez	
pardonne	pardonnent	

8 passé composé

ai pardonné	avons pardonné
as pardonné	avez pardonné
a pardonné	ont pardonné

2 imparfait de l'indicatif

pardonnais	pardonnions
pardonnais	pardonniez
pardonnait	pardonnaient

9 plus-que-parfait de l'indicatif

avais pardonné	avions pardonné
avais pardonné	aviez pardonné
avait pardonné	avaient pardonné

3 passé simple

pardonnai	pardonnâmes
pardonnas	pardonnâtes
pardonna	pardonnèrent

10 passé antérieur

eus pardonné	eûmes pardonné
eus pardonné	eûtes pardonné
eut pardonné	eurent pardonné

4 futur

pardonnerai	pardonnerons
pardonneras	pardonnerez
pardonnera	pardonneront

11 futur antérieur

aurai pardonné	aurons pardonné
auras pardonné	aurez pardonné
aura pardonné	auront pardonné

5 conditionnel

pardonnerais	pardonnerions
pardonnerais	pardonneriez
pardonnerait	pardonneraient

12 conditionnel passé

aurais pardonné	aurions pardonné
aurais pardonné	auriez pardonné
aurait pardonné	auraient pardonné

6 présent du subjonctif

pardonne	pardonnions
pardonnes	pardonniez
pardonne	pardonnent

13 passé du subjonctif

aie pardonné	ayons pardonné
aies pardonné	ayez pardonné
ait pardonné	aient pardonné

7 imparfait du subjonctif

pardonnasse	pardonnassions
pardonnasses	pardonnassiez
pardonnât	pardonnassent

14 plus-que-parfait du subjonctif

eusse pardonné	eussions pardonné
eusses pardonné	eussiez pardonné
eût pardonné	eussent pardonné

Impératif
pardonne
pardonnons
pardonnez

Sentences using this verb and words related to it

pardonner à qqn de qqch   to forgive
  someone for something
  **J'ai pardonné à mon ami d'être arrivé en
  retard**   I forgave my friend for having
  arrived late.
un pardon   forgiveness, pardon
un don   gift

pardonnable   forgivable, pardonable
Pardonnez-moi   Pardon me.
**Marie-Thérèse, ce que vous venez de faire
  est impardonnable**   Marie-Thérèse,
  what you just did is unforgivable.

Consult the back pages for weather expressions using verbs.

The subject pronouns are found on the page facing page 1.

to talk, to speak

The Seven Simple Tenses		The Seven Compound Tenses	
Singular	Plural	Singular	Plural
1　présent de l'indicatif		8　passé composé	
parle	parlons	ai parlé	avons parlé
parles	parlez	as parlé	avez parlé
parle	parlent	a parlé	ont parlé
2　imparfait de l'indicatif		9　plus-que-parfait de l'indicatif	
parlais	parlions	avais parlé	avions parlé
parlais	parliez	avais parlé	aviez parlé
parlait	parlaient	avait parlé	avaient parlé
3　passé simple		10　passé antérieur	
parlai	parlâmes	eus parlé	eûmes parlé
parlas	parlâtes	eus parlé	eûtes parlé
parla	parlèrent	eut parlé	eurent parlé
4　futur		11　futur antérieur	
parlerai	parlerons	aurai parlé	aurons parlé
parleras	parlerez	auras parlé	aurez parlé
parlera	parleront	aura parlé	auront parlé
5　conditionnel		12　conditionnel passé	
parlerais	parlerions	aurais parlé	aurions parlé
parlerais	parleriez	aurais parlé	auriez parlé
parlerait	parleraient	aurait parlé	auraient parlé
6　présent du subjonctif		13　passé du subjonctif	
parle	parlions	aie parlé	ayons parlé
parles	parliez	aies parlé	ayez parlé
parle	parlent	ait parlé	aient parlé
7　imparfait du subjonctif		14　plus-que-parfait du subjonctif	
parlasse	parlassions	eusse parlé	eussions parlé
parlasses	parlassiez	eusses parlé	eussiez parlé
parlât	parlassent	eût parlé	eussent parlé

Impératif
parle
parlons
parlez

Words and expressions related to this verb

parler à haute voix　to speak in a loud voice;
　parler haut　to speak loudly
parler à voix basse　to speak softly; **parler
　bas**　to speak softly
la parole　spoken word; **parler à**　to talk to;
　parler de　to talk about (of)
selon la parole du Christ　according to
　Christ's words
le don de la parole　the gift of gab

francophone　French-speaking
parler affaires　to talk business, to talk
　shop
sans parler de...　not to mention...
parler pour qqn　to speak for someone;
　parler contre qqn　to speak against
　someone
un parloir　parlor (room where people
　talk)

to leave, to depart

The Seven Simple Tenses		The Seven Compound Tenses	
Singular	Plural	Singular	Plural
1 présent de l'indicatif		**8 passé composé**	
pars	**partons**	**suis parti(e)**	**sommes parti(e)s**
pars	**partez**	**es parti(e)**	**êtes parti(e)(s)**
part	**partent**	**est parti(e)**	**sont parti(e)s**
2 imparfait de l'indicatif		**9 plus-que-parfait de l'indicatif**	
partais	**partions**	**étais parti(e)**	**étions parti(e)s**
partais	**partiez**	**étais parti(e)**	**étiez parti(e)(s)**
partait	**partaient**	**était parti(e)**	**étaient parti(e)s**
3 passé símple		**10 passé antérieur**	
partis	**partîmes**	**fus parti(e)**	**fûmes parti(e)s**
partis	**partîtes**	**fus parti(e)**	**fûtes parti(e)(s)**
partit	**partirent**	**fut parti(e)**	**furent parti(e)s**
4 futur		**11 futur antérieur**	
partirai	**partirons**	**serai parti(e)**	**serons parti(e)s**
partiras	**partirez**	**seras parti(e)**	**serez parti(e)(s)**
partira	**partiront**	**sera parti(e)**	**seront parti(e)s**
5 conditionnel		**12 conditionnel passé**	
partirais	**partirions**	**serais parti(e)**	**serions parti(e)s**
partirais	**partiriez**	**serais parti(e)**	**seriez parti(e)(s)**
partirait	**partiraient**	**serait parti(e)**	**seraient parti(e)s**
6 présent du subjonctif		**13 passé du subjonctif**	
parte	**partions**	**sois parti(e)**	**soyons parti(e)s**
partes	**partiez**	**sois parti(e)**	**soyez parti(e)(s)**
parte	**partent**	**soit parti(e)**	**soient parti(e)s**
7 imparfait du subjonctif		**14 plus-que-parfait du subjonctif**	
partisse	**partissions**	**fusse parti(e)**	**fussions parti(e)s**
partisses	**partissiez**	**fusses parti(e)**	**fussiez parti(e)(s)**
partît	**partissent**	**fût parti(e)**	**fussent parti(e)s**

Impératif
pars
partons
partez

Words and expressions related to this verb

A quelle heure part le train pour Paris?   At
  what time does the train for Paris leave?
à partir de maintenant   from now on; **à
  partir d'aujourd'hui**   from today on
le départ   departure
partir en voyage   to go on a trip

partir en vacances   to leave for a vacation
repartir   to leave again, to set out again
**Le train en partance pour Paris est sur la
  voie deux**   The train leaving for Paris is
  on track two.

Consult the back pages for verbs used in idiomatic expressions.

to pass, to spend (time)

The Seven Simple Tenses		The Seven Compound Tenses	
Singular	Plural	Singular	Plural
1 présent de l'indicatif		**8 passé composé**	
passe	passons	ai passé	avons passé
passes	passez	as passé	avez passé
passe	passent	a passé	ont passé
2 imparfait de l'indicatif		**9 plus-que-parfait de l'indicatif**	
passais	passions	avais passé	avions passé
passais	passiez	avais passé	aviez passé
passait	passaient	avait passé	avaient passé
3 passé simple		**10 passé antérieur**	
passai	passâmes	eus passé	eûmes passé
passas	passâtes	eus passé	eûtes passé
passa	passèrent	eut passé	eurent passé
4 futur		**11 futur antérieur**	
passerai	passerons	aurai passé	aurons passé
passeras	passerez	auras passé	aurez passé
passera	passeront	aura passé	auront passé
5 conditionnel		**12 conditionnel passé**	
passerais	passerions	aurais passé	aurions passé
passerais	passeriez	aurais passé	auriez passé
passerait	passeraient	aurait passé	auraient passé
6 présent du subjonctif		**13 passé du subjonctif**	
passe	passions	aie passé	ayons passé
passes	passiez	aies passé	ayez passé
passe	passent	ait passé	aient passé
7 imparfait du subjonctif		**14 plus-que-parfait du subjonctif**	
passasse	passassions	eusse passé	eussions passé
passasses	passassiez	eusses passé	eussiez passé
passât	passassent	eût passé	eussent passé

Impératif
passe
passons
passez

This verb is conjugated with **être** to indicate a state.

Example: **Ses soupçons sont passés en certitudes.**
This verb is conjugated with **être** when it means *to pass by, go by:*
Example: **Elle est passée chez moi.**   She came by my house.
BUT: This verb is conjugated with **avoir** when it has a direct object:
Examples: **Elle m'a passé le sel.**   She passed me the salt.
             Elle a passé un examen.   She took an exam.
repasser   to pass again; to iron
dépasser   to protrude, to exceed, to surpass
See also **se passer.** Review p. viii.

to happen, to take place

The Seven Simple Tenses		The Seven Compound Tenses	
Singular	Plural	Singular	Plural
1 présent de l'indicatif **il se passe**		8 passé composé **il s'est passé**	
2 imparfait de l'indicatif **il se passait**		9 plus-que-parfait de l'indicatif **il s'était passé**	
3 passé simple **il se passa**		10 passé antérieur **il se fut passé**	
4 futur **il se passera**		11 futur antérieur **il se sera passé**	
5 conditionnel **il se passerait**		12 conditionnel passé **il se serait passé**	
6 présent du subjonctif **qu'il se passe**		13 passé du subjonctif **qu'il se soit passé**	
7 imparfait du subjonctif **qu'il se passât**		14 plus-que-parfait du subjonctif **qu'il se fût passé**	

Impératif
Qu'il se passe! (Let it happen!)

Words and expressions related to this verb

Que se passe-t-il?   What's going on? What's happening?
Qu'est-ce qui se passe?   What's going on? What's happening?
Qu'est-ce qui s'est passé?   What happened?
se passer de qqch   to do without something
Je peux me passer de fumer   I can do without smoking.

This verb is impersonal and is generally used in the 3rd person sing. only.

See also **passer.**

The subject pronouns are found on the page facing page 1.   **327**

to skate

The Seven Simple Tenses		The Seven Compound Tenses	
Singular	Plural	Singular	Plural
1 présent de l'indicatif		**8 passé composé**	
patine	patinons	ai patiné	avons patiné
patines	patinez	as patiné	avez patiné
patine	patinent	a patiné	ont patiné
2 imparfait de l'indicatif		**9 plus-que-parfait de l'indicatif**	
patinais	patinions	avais patiné	avions patiné
patinais	patiniez	avais patiné	aviez patiné
patinait	patinaient	avait patiné	avaient patiné
3 passé simple		**10 passé antérieur**	
patinai	patinâmes	eus patiné	eûmes patiné
patinas	patinâtes	eus patiné	eûtes patiné
patina	patinèrent	eut patiné	eurent patiné
4 futur		**11 futur antérieur**	
patinerai	patinerons	aurai patiné	aurons patiné
patineras	patinerez	auras patiné	aurez patiné
patinera	patineront	aura patiné	auront patiné
5 conditionnel		**12 conditionnel passé**	
patinerais	patinerions	aurais patiné	aurions patiné
patinerais	patineriez	aurais patiné	auriez patiné
patinerait	patineraient	aurait patiné	auraient patiné
6 présent du subjonctif		**13 passé du subjonctif**	
patine	patinions	aie patiné	ayons patiné
patines	patiniez	aies patiné	ayez patiné
patine	patinent	ait patiné	aient patiné
7 imparfait du subjonctif		**14 plus-que-parfait du subjonctif**	
patinasse	patinassions	eusse patiné	eussions patiné
patinasses	patinassiez	eusses patiné	eussiez patiné
patinât	patinassent	eût patiné	eussent patiné

Impératif
patine
patinons
patinez

Words and expressions related to this verb

patiner sur glace   to skate on ice
une patinette   scooter
un patineur, une patineuse   skater
le patinage   skating
le patinage artistique   figure skating

une patinoire   skating rink
patiner sur roulettes, patiner à roulettes   to roller skate
le patinage à roulettes   roller skating
le patinage de vitesse   speed skating

The Seven Simple Tenses		The Seven Compound Tenses	
Singular	Plural	Singular	Plural

1 présent de l'indicatif

		8 passé composé	
paye	payons	ai payé	avons payé
payes	payez	as payé	avez payé
paye	payent	a payé	ont payé

2 imparfait de l'indicatif

		9 plus-que-parfait de l'indicatif	
payais	payions	avais payé	avions payé
payais	payiez	avais payé	aviez payé
payait	payaient	avait payé	avaient payé

3 passé simple

		10 passé antérieur	
payai	payâmes	eus payé	eûmes payé
payas	payâtes	eus payé	eûtes payé
paya	payèrent	eut payé	eurent payé

4 futur

		11 futur antérieur	
payerai	payerons	aurai payé	aurons payé
payeras	payerez	auras payé	aurez payé
payera	payeront	aura payé	auront payé

5 conditionnel

		12 conditionnel passé	
payerais	payerions	aurais payé	aurions payé
payerais	payeriez	aurais payé	auriez payé
payerait	payeraient	aurait payé	auraient payé

6 présent du subjonctif

		13 passé du subjonctif	
paye	payions	aie payé	ayons payé
payes	payiez	aies payé	ayez payé
paye	payent	ait payé	aient payé

7 imparfait du subjonctif

		14 plus-que-parfait du subjonctif	
payasse	payassions	eusse payé	eussions payé
payasses	payassiez	eusses payé	eussiez payé
payât	payassent	eût payé	eussent payé

Impératif
paye
payons
payez

Words and expressions related to this verb

Payez à la caisse, s'il vous plaît   Pay at the cashier, please.
un payement (or paiement)   payment
avoir de quoi payer   to have the means to pay
payable   payable
se faire payer à dîner par qqn   to get your dinner paid for by someone
payer cher   to pay a lot
payer peu   to pay little
payer comptant   to pay in cash

Verbs ending in *-ayer* may change *y* to *i* before mute *e* or may keep *y*.

The subject pronouns are found on the page facing page 1.

to sin, to commit a sin

The Seven Simple Tenses		The Seven Compound Tenses	
Singular	Plural	Singular	Plural
1 présent de l'indicatif		**8 passé composé**	
pèche	péchons	ai péché	avons péché
pèches	péchez	as péché	avez péché
pèche	pèchent	a péché	ont péché
2 imparfait de l'indicatif		**9 plus-que-parfait de l'indicatif**	
péchais	péchions	avais péché	avions péché
péchais	péchiez	avais péché	aviez péché
péchait	péchaient	avait péché	avaient péché
3 passé simple		**10 passé antérieur**	
péchai	péchâmes	eus péché	eûmes péché
péchas	péchâtes	eus péché	eûtes péché
pécha	péchèrent	eut péché	eurent péché
4 futur		**11 futur antérieur**	
pécherai	pécherons	aurai péché	aurons péché
pécheras	pécherez	auras péché	aurez péché
péchera	pécheront	aura péché	auront péché
5 conditionnel		**12 conditionnel passé**	
pécherais	pécherions	aurais péché	aurions péché
pécherais	pécheriez	aurais péché	auriez péché
pécherait	pécheraient	aurait péché	auraient péché
6 présent du subjonctif		**13 passé du subjonctif**	
pèche	péchions	aie péché	ayons péché
pèches	péchiez	aies péché	ayez péché
pèche	pèchent	ait péché	aient péché
7 imparfait du subjonctif		**14 plus-que-parfait du subjonctif**	
péchasse	péchassions	eusse péché	eussions péché
péchasses	péchassiez	eusses péché	eussiez péché
péchât	péchassent	eût péché	eussent péché

Impératif
pèche
péchons
péchez

Words and expressions related to this verb

le péché sin
un pécheur, une pécheresse sinner
à tout péché miséricorde forgiveness for
    every sin

commettre, faire un péché to commit sin
vivre dans le péché to lead a sinful life
les sept péchés capitaux the seven deadly
    sins

Do not confuse this verb with **pêcher**, *to fish*.

The Seven Simple Tenses

The Seven Compound Tenses

Singular	Plural	Singular	Plural
1 présent de l'indicatif		**8 passé composé**	
pêche	pêchons	ai pêché	avons pêché
pêches	pêchez	as pêché	avez pêché
pêche	pêchent	a pêché	ont pêché
2 imparfait de l'indicatif		**9 plus-que-parfait de l'indicatif**	
pêchais	pêchions	avais pêché	avions pêché
pêchais	pêchiez	avais pêché	aviez pêché
pêchait	pêchaient	avait pêché	avaient pêché
3 passé simple		**10 passé antérieur**	
pêchai	pêchâmes	eus pêché	eûmes pêché
pêchas	pêchâtes	eus pêché	eûtes pêché
pêcha	pêchèrent	eut pêché	eurent pêché
4 futur		**11 futur antérieur**	
pêcherai	pêcherons	aurai pêché	aurons pêché
pêcheras	pêcherez	auras pêché	aurez pêché
pêchera	pêcheront	aura pêché	auront pêché
5 conditionnel		**12 conditionnel passé**	
pêcherais	pêcherions	aurais pêché	aurions pêché
pêcherais	pêcheriez	aurais pêché	auriez pêché
pêcherait	pêcheraient	aurait pêché	auraient pêché
6 présent du subjonctif		**13 passé du subjonctif**	
pêche	pêchions	aie pêché	ayons pêché
pêches	pêchiez	aies pêché	ayez pêché
pêche	pêchent	ait pêché	aient pêché
7 imparfait du subjonctif		**14 plus-que-parfait du subjonctif**	
pêchasse	pêchassions	eusse pêché	eussions pêché
pêchasses	pêchassiez	eusses pêché	eussiez pêché
pêchât	pêchassent	eût pêché	eussent pêché

Impératif
pêche
pêchons
pêchez

Common idiomatic expressions using this verb

Samedi nous irons à la pêche. Je connais un lac à la campagne où il y a beaucoup de poissons.

aller à la pêche   to go fishing
un pêcheur   fisherman; **une pêcheuse**
un bateau pêcheur   fishing boat

la pêche au filet   net fishing
un pêcheur de perles
    pearl diver

Do not confuse this verb with **pécher**, *to sin*. And do not confuse **une pêche** (peach), which is a fruit, with a verb form of **pêcher** and with the noun **la pêche** which means *fishing,* the sport.

to comb one's hair

The Seven Simple Tenses		The Seven Compound Tenses	
Singular	Plural	Singular	Plural
1 présent de l'indicatif		**8 passé composé**	
me peigne	nous peignons	me suis peigné(e)	nous sommes peigné(e)s
te peignes	vous peignez	t'es peigné(e)	vous êtes peigné(e)(s)
se peigne	se peignent	s'est peigné(e)	se sont peigné(e)s
2 imparfait de l'indicatif		**9 plus-que-parfait de l'indicatif**	
me peignais	nous peignions	m'étais peigné(e)	nous étions peigné(e)s
te peignais	vous peigniez	t'étais peigné(e)	vous étiez peigné(e)(s)
se peignait	se peignaient	s'était peigné(e)	s'étaient peigné(e)s
3 passé simple		**10 passé antérieur**	
me peignai	nous peignâmes	me fus peigné(e)	nous fûmes peigné(e)s
te peignas	vous peignâtes	te fus peigné(e)	vous fûtes peigné(e)(s)
se peigna	se peignèrent	se fut peigné(e)	se furent peigné(e)s
4 futur		**11 futur antérieur**	
me peignerai	nous peignerons	me serai peigné(e)	nous serons peigné(e)s
te peigneras	vous peignerez	te seras peigné(e)	vous serez peigné(e)(s)
se peignera	se peigneront	se sera peigné(e)	se seront peigné(e)s
5 conditionnel		**12 conditionnel passé**	
me peignerais	nous peignerions	me serais peigné(e)	nous serions peigné(e)s
te peignerais	vous peigneriez	te serais peigné(e)	vous seriez peigné(e)(s)
se peignerait	se peigneraient	se serait peigné(e)	se seraient peigné(e)s
6 présent du subjonctif		**13 passé du subjonctif**	
me peigne	nous peignions	me sois peigné(e)	nous soyons peigné(e)s
te peignes	vous peigniez	te sois peigné(e)	vous soyez peigné(e)(s)
se peigne	se peignent	se soit peigné(e)	se soient peigné(e)s
7 imparfait du subjonctif		**14 plus-que-parfait du subjonctif**	
me peignasse	nous peignassions	me fusse peigné(e)	nous fussions peigné(e)s
te peignasses	vous peignassiez	te fusses peigné(e)	vous fussiez peigné(e)(s)
se peignât	se peignassent	se fût peigné(e)	se fussent peigné(e)s

Impératif
peigne-toi; ne te peigne pas
peignons-nous; ne nous peignons pas
peignez-vous; ne vous peignez pas

Sentences using this verb and words related to it

Mon frère a peigné notre petit chien. Ma mère a lavé les cheveux de ma petite soeur et elle l'a peignée. Après cela, elle s'est lavé les cheveux et elle s'est peignée.

peigner qqn	to comb someone	**mal peigné(e)(s)**	untidy hair, dishevelled
un peigne	a comb	**bien peigné(e)(s)**	well combed
un peignoir	dressing gown	**un peignoir de bain**	bathrobe

Review the entry **agreement of past participle of a reflexive verb with its reflexive pronoun** in the section on definitions of basic grammatical terms with examples in the back pages.

to paint, to portray

The Seven Simple Tenses		The Seven Compound Tenses	
Singular	Plural	Singular	Plural

1   présent de l'indicatif

peins	peignons
peins	peignez
peint	peignent

8   passé composé

ai peint	avons peint
as peint	avez peint
a peint	ont peint

2   imparfait de l'indicatif

peignais	peignions
peignais	peigniez
peignait	peignaient

9   plus-que-parfait de l'indicatif

avais peint	avions peint
avais peint	aviez peint
avait peint	avaient peint

3   passé simple

peignis	peignîmes
peignis	peignîtes
peignit	peignirent

10   passé antérieur

eus peint	eûmes peint
eus peint	eûtes peint
eut peint	eurent peint

4   futur

peindrai	peindrons
peindras	peindrez
peindra	peindront

11   futur antérieur

aurai peint	aurons peint
auras peint	aurez peint
aura peint	auront peint

5   conditionnel

peindrais	peindrions
peindrais	peindriez
peindrait	peindraient

12   conditionnel passé

aurais peint	aurions peint
aurais peint	auriez peint
aurait peint	auraient peint

6   présent du subjonctif

peigne	peignions
peignes	peigniez
peigne	peignent

13   passé du subjonctif

aie peint	ayons peint
aies peint	ayez peint
ait peint	aient peint

7   imparfait du subjonctif

peignisse	peignissions
peignisses	peignissiez
peignît	peignissent

14   plus-que-parfait du subjonctif

eusse peint	eussions peint
eusses peint	eussiez peint
eût peint	eussent peint

Impératif
peins
peignons
peignez

Sentences using this verb and words related to it

—**Qui a peint ce tableau? Mon fils. Il est artiste peintre.**
—**Est-ce que Renoir a jamais peint une reine noire?**

une peinture   painting, picture
un tableau   painting, picture
une peinture à l'huile   oil painting
peintre en bâtiments   house painter
dépeindre   to depict, to describe

un peintre   painter
un artiste peintre   artist
une femme peintre   woman artist
une palette de peintre   artist's palette
se faire peindre   to have one's portrait painted

to hang, to suspend

The Seven Simple Tenses		The Seven Compound Tenses	
Singular	Plural	Singular	Plural
1 présent de l'indicatif		**8 passé composé**	
pends	pendons	ai pendu	avons pendu
pends	pendez	as pendu	avez pendu
pend	pendent	a pendu	ont pendu
2 imparfait de l'indicatif		**9 plus-que-parfait de l'indicatif**	
pendais	pendions	avais pendu	avions pendu
pendais	pendiez	avais pendu	aviez pendu
pendait	pendaient	avait pendu	avaient pendu
3 passé simple		**10 passé antérieur**	
pendis	pendîmes	eus pendu	eûmes pendu
pendis	pendîtes	eus pendu	eûtes pendu
pendit	pendirent	eut pendu	eurent pendu
4 futur		**11 futur antérieur**	
pendrai	pendrons	aurai pendu	aurons pendu
pendras	pendrez	auras pendu	aurez pendu
pendra	pendront	aura pendu	auront pendu
5 conditionnel		**12 conditionnel passé**	
pendrais	pendrions	aurais pendu	aurions pendu
pendrais	pendriez	aurais pendu	auriez pendu
pendrait	pendraient	aurait pendu	auraient pendu
6 présent du subjonctif		**13 passé du subjonctif**	
pende	pendions	aie pendu	ayons pendu
pendes	pendiez	aies pendu	ayez pendu
pende	pendent	ait pendu	aient pendu
7 imparfait du subjonctif		**14 plus-que-parfait du subjonctif**	
pendisse	pendissions	eusse pendu	eussions pendu
pendisses	pendissiez	eusses pendu	eussiez pendu
pendît	pendissent	eût pendu	eussent pendu

Impératif
pends
pendons
pendez

Words and expressions related to this verb

pendre des rideaux   to hang curtains
pendre qqch   to hang something
pendre qqn   to hang someone
se pendre   to hang oneself
dépendre de   to depend on
pendant   during; **pendant que**   while
un pendant   pendant, main piece of a necklace, hanging ornament

suspendre un lustre   to hang a chandelier (ceiling lighting fixture)
pendu, pendue *adj.*   hung (thing); hanged (person)
un pendule   pendulum
une pendule   clock
un pendant d'oreille   pendant earring, drop earring

The Seven Simple Tenses		The Seven Compound Tenses	
Singular	Plural	Singular	Plural

1   présent de l'indicatif

pense	pensons
penses	pensez
pense	pensent

8   passé composé

ai pensé	avons pensé
as pensé	avez pensé
a pensé	ont pensé

2   imparfait de l'indicatif

pensais	pensions
pensais	pensiez
pensait	pensaient

9   plus-que-parfait de l'indicatif

avais pensé	avions pensé
avais pensé	aviez pensé
avait pensé	avaient pensé

3   passé simple

pensai	pensâmes
pensas	pensâtes
pensa	pensèrent

10   passé antérieur

eus pensé	eûmes pensé
eus pensé	eûtes pensé
eut pensé	eurent pensé

4   futur

penserai	penserons
penseras	penserez
pensera	penseront

11   futur antérieur

aurai pensé	aurons pensé
auras pensé	aurez pensé
aura pensé	auront pensé

5   conditionnel

penserais	penserions
penserais	penseriez
penserait	penseraient

12   conditionnel passé

aurais pensé	aurions pensé
aurais pensé	auriez pensé
aurait pensé	auraient pensé

6   présent du subjonctif

pense	pensions
penses	pensiez
pense	pensent

13   passé du subjonctif

aie pensé	ayons pensé
aies pensé	ayez pensé
ait pensé	aient pensé

7   imparfait du subjonctif

pensasse	pensassions
pensasses	pensassiez
pensât	pensassent

14   plus-que-parfait du subjonctif

eusse pensé	eussions pensé
eusses pensé	eussiez pensé
eût pensé	eussent pensé

Impératif
pense
pensons
pensez

Common idiomatic expressions using this verb

—**Robert, tu as l'air pensif; à quoi penses-tu?**
—**Je pense à mon examen de français.**
—**Moi, je pense aux vacances de Noël.**
—**Que penses-tu de cette classe de français?**
—**Je trouve que cette classe est excellente.**
—**Penses-tu continuer à étudier le français l'année prochaine?**
—**Certainement.**

penser à   to think of, to think about; **penser de**   to think about (i.e., to have an opinion about)

Consult the back pages for verbs with prepositions.

The subject pronouns are found on the page facing page 1.

perdre

Part. pr. **perdant**   Part. passé **perdu**

to lose

The Seven Simple Tenses		The Seven Compound Tenses	
Singular	Plural	Singular	Plural
1 présent de l'indicatif		**8 passé composé**	
perds	perdons	ai perdu	avons perdu
perds	perdez	as perdu	avez perdu
perd	perdent	a perdu	ont perdu
2 imparfait de l'indicatif		**9 plus-que-parfait de l'indicatif**	
perdais	perdions	avais perdu	avions perdu
perdais	perdiez	avais perdu	aviez perdu
perdait	perdaient	avait perdu	avaient perdu
3 passé simple		**10 passé antérieur**	
perdis	perdîmes	eus perdu	eûmes perdu
perdis	perdîtes	eus perdu	eûtes perdu
perdit	perdirent	eut perdu	eurent perdu
4 futur		**11 futur antérieur**	
perdrai	perdrons	aurai perdu	aurons perdu
perdras	perdrez	auras perdu	aurez perdu
perdra	perdront	aura perdu	auront perdu
5 conditionnel		**12 conditionnel passé**	
perdrais	perdrions	aurais perdu	aurions perdu
perdrais	perdriez	aurais perdu	auriez perdu
perdrait	perdraient	aurait perdu	auraient perdu
6 présent du subjonctif		**13 passé du subjonctif**	
perde	perdions	aie perdu	ayons perdu
perdes	perdiez	aies perdu	ayez perdu
perde	perdent	ait perdu	aient perdu
7 imparfait du subjonctif		**14 plus-que-parfait du subjonctif**	
perdisse	perdissions	eusse perdu	eussions perdu
perdisses	perdissiez	eusses perdu	eussiez perdu
perdît	perdissent	eût perdu	eussent perdu

Impératif
perds
perdons
perdez

Sentences using this verb and words related to it

Je n'ai pas d'argent sur moi. Je l'ai laissé à la maison parce que si je l'avais pris avec moi je sais que je l'aurais perdu dans la rue. Puis-je vous demander deux dollars? Je vous les rendrai la semaine prochaine.

se perdre   to lose oneself, to lose one's way, to be ruined
perdre son temps   to waste one's time
perdre son chemin   to lose one's way
perdre pied   to lose one's footing
perdre l'esprit   to go out of one's mind

Vous n'avez rien à perdre   You have nothing to lose.
une perte   a loss
perdre de vue   to lose sight of
perdre la raison   to take leave of one's senses

to perish, to die

The Seven Simple Tenses		The Seven Compound Tenses	
Singular	Plural	Singular	Plural

1   présent de l'indicatif

		8 passé composé	
péris	périssons	ai péri	avons péri
péris	périssez	as péri	avez péri
périt	périssent	a péri	ont péri

2   imparfait de l'indicatif

		9 plus-que-parfait de l'indicatif	
périssais	périssions	avais péri	avions péri
périssais	périssiez	avais péri	aviez péri
périssait	périssaient	avait péri	avaient péri

3   passé simple

		10 passé antérieur	
péris	pérîmes	eus péri	eûmes péri
péris	pérîtes	eus péri	eûtes péri
périt	périrent	eut péri	eurent péri

4   futur

		11 futur antérieur	
périrai	périrons	aurai péri	aurons péri
périras	périrez	auras péri	aurez péri
périra	périront	aura péri	auront péri

5   conditionnel

		12 conditionnel passé	
périrais	péririons	aurais péri	aurions péri
périrais	péririez	aurais péri	auriez péri
périrait	périraient	aurait péri	auraient péri

6   présent du subjonctif

		13 passé du subjonctif	
périsse	périssions	aie péri	ayons péri
périsses	périssiez	aies péri	ayez péri
périsse	périssent	ait péri	aient péri

7   imparfait du subjonctif

		14 plus-que-parfait du subjonctif	
périsse	périssions	eusse péri	eussions péri
périsses	périssiez	eusses péri	eussiez péri
pérît	périssent	eût péri	eussent péri

Impératif
péris
périssons
périssez

Common idiomatic expressions using this verb

faire périr   to kill
s'ennuyer à périr   to be bored to death
périssable   perishable
périr d'ennui   to be bored to death

péri en mer   lost at sea
périr de froid   to freeze to death
les denrées périssables   perishable foods

Consult the back pages for the section on verbs used in idiomatic expressions.

Try the verb tests (with answers explained) in the back pages.

to permit, to allow, to let

The Seven Simple Tenses		The Seven Compound Tenses	
Singular	Plural	Singular	Plural

1 présent de l'indicatif

		8 passé composé	
permets	permettons	ai permis	avons permis
permets	permettez	as permis	avez permis
permet	permettent	a permis	ont permis

2 imparfait de l'indicatif

		9 plus-que-parfait de l'indicatif	
permettais	permettions	avais permis	avions permis
permettais	permettiez	avais permis	aviez permis
permettait	permettaient	avait permis	avaient permis

3 passé simple

		10 passé antérieur	
permis	permîmes	eus permis	eûmes permis
permis	permîtes	eus permis	eûtes permis
permit	permirent	eut permis	eurent permis

4 futur

		11 futur antérieur	
permettrai	permettrons	aurai permis	aurons permis
permettras	permettrez	auras permis	aurez permis
permettra	permettront	aura permis	auront permis

5 conditionnel

		12 conditionnel passé	
permettrais	permettrions	aurais permis	aurions permis
permettrais	permettriez	aurais permis	auriez permis
permettrait	permettraient	aurait permis	auraient permis

6 présent du subjonctif

		13 passé du subjonctif	
permette	permettions	aie permis	ayons permis
permettes	permettiez	aies permis	ayez permis
permette	permettent	ait permis	aient permis

7 imparfait du subjonctif

		14 plus-que-parfait du subjonctif	
permisse	permissions	eusse permis	eussions permis
permisses	permissiez	eusses permis	eussiez permis
permît	permissent	eût permis	eussent permis

Impératif
permets
permettons
permettez

Common idiomatic expressions using this verb and words related to it

La maîtresse de français a permis à l'élève de quitter la salle de classe quelques minutes avant la fin de la leçon.

permettre à qqn de faire qqch   to permit (to allow) someone to do something
Vous permettez?   May I? Do you mind?
s'il est permis   if it is allowed, permitted
un permis   permit
un permis de conduire   driving license

la permission   permission
se permettre de faire qqch   to take the liberty to do something; to venture to do something
un permis de construction   building permit

to persuade, to convince, to induce

The Seven Simple Tenses		The Seven Compound Tenses	
Singular	Plural	Singular	Plural

1   présent de l'indicatif

persuade	persuadons	
persuades	persuadez	
persuade	persuadent	

8   passé composé

ai persuadé	avons persuadé
as persuadé	avez persuadé
a persuadé	ont persuadé

2   imparfait de l'indicatif

persuadais	persuadions
persuadais	persuadiez
persuadait	persuadaient

9   plus-que-parfait de l'indicatif

avais persuadé	avions persuadé
avais persuadé	aviez persuadé
avait persuadé	avaient persuadé

3   passé simple

persuadai	persuadâmes
persuadas	persuadâtes
persuada	persuadèrent

10   passé antérieur

eus persuadé	eûmes persuadé
eus persuadé	eûtes persuadé
eut persuadé	eurent persuadé

4   futur

persuaderai	persuaderons
persuaderas	persuaderez
persuadera	persuaderont

11   futur antérieur

aurai persuadé	aurons persuadé
auras persuadé	aurez persuadé
aura persuadé	auront persuadé

5   conditionnel

persuaderais	persuaderions
persuaderais	persuaderiez
persuaderait	persuaderaient

12   conditionnel passé

aurais persuadé	aurions persuadé
aurais persuadé	auriez persuadé
aurait persuadé	auraient persuadé

6   présent du subjonctif

persuade	persuadions
persuades	persuadiez
persuade	persuadent

13   passé du subjonctif

aie persuadé	ayons persuadé
aies persuadé	ayez persuadé
ait persuadé	aient persuadé

7   imparfait du subjonctif

persuadasse	persuadassions
persuadasses	persuadassiez
persuadât	persuadassent

14   plus-que-parfait du subjonctif

eusse persuadé	eussions persuadé
eusses persuadé	eussiez persuadé
eût persuadé	eussent persuadé

Impératif
persuade
persuadons
persuadez

Words and expressions related to this verb

persuader à qqn de faire qqch   to induce
  someone to do something
persuader qqn de qqch   to persuade
  someone of something
se persuader de qqch   to persuade
  (convince) oneself of something

la persuasion   persuasion
persuasif, persuasive   persuasive
persuasivement   persuasively
dissuader de   to dissuade from

Consult the sections on verbs used in idiomatic expressions, verbs with prepositions, and the list of over 1,000 verbs conjugated like model verbs in the back pages.

The subject pronouns are found on the page facing page 1.

to weigh

The Seven Simple Tenses		The Seven Compound Tenses	
Singular	Plural	Singular	Plural
1 présent de l'indicatif		**8 passé composé**	
pèse	pesons	ai pesé	avons pesé
pèses	pesez	as pesé	avez pesé
pèse	pèsent	a pesé	ont pesé
2 imparfait de l'indicatif		**9 plus-que-parfait de l'indicatif**	
pesais	pesions	avais pesé	avions pesé
pesais	pesiez	avais pesé	aviez pesé
pesait	pesaient	avait pesé	avaient pesé
3 passé simple		**10 passé antérieur**	
pesai	pesâmes	eus pesé	eûmes pesé
pesas	pesâtes	eus pesé	eûtes pesé
pesa	pesèrent	eut pesé	eurent pesé
4 futur		**11 futur antérieur**	
pèserai	pèserons	aurai pesé	aurons pesé
pèseras	pèserez	auras pesé	aurez pesé
pèsera	pèseront	aura pesé	auront pesé
5 conditionnel		**12 conditionnel passé**	
pèserais	pèserions	aurais pesé	aurions pesé
pèserais	pèseriez	aurais pesé	auriez pesé
pèserait	pèseraient	aurait pesé	auraient pesé
6 présent du subjonctif		**13 passé du subjonctif**	
pèse	pesions	aie pesé	ayons pesé
pèses	pesiez	aies pesé	ayez pesé
pèse	pèsent	ait pesé	aient pesé
7 imparfait du subjonctif		**14 plus-que-parfait du subjonctif**	
pesasse	pesassions	eusse pesé	eussions pesé
pesasses	pesassiez	eusses pesé	eussiez pesé
pesât	pesassent	eût pesé	eussent pesé

Impératif
pèse
pesons
pesez

Words and expressions related to this verb

peser qqch   to weigh something; to ponder;
   to think out, to consider
peser sur   to weigh upon
se peser   to weigh oneself
pesamment   heavily
un pèse-lettre   weight scale for letters (**des
   pèse-lettres**)

le poids   weight (measured)
la pesanteur   weight, gravity
pesant, pesante   heavy, weighty
poids et mesures   weights and measures
perdre du poids   to lose weight

Consult the sections on verbs used in idiomatic expressions, verbs with prepositions, and the list of over 1,000 verbs conjugated like model verbs in the back pages.

The Seven Simple Tenses		The Seven Compound Tenses	
Singular	Plural	Singular	Plural
1 présent de l'indicatif		8 passé composé	
place	plaçons	ai placé	avons placé
places	placez	as placé	avez placé
place	placent	a placé	ont placé
2 imparfait de l'indicatif		9 plus-que-parfait de l'indicatif	
plaçais	placions	avais placé	avions placé
plaçais	placiez	avais placé	aviez placé
plaçait	plaçaient	avait placé	avaient placé
3 passé simple		10 passé antérieur	
plaçai	plaçâmes	eus placé	eûmes placé
plaças	plaçâtes	eus placé	eûtes placé
plaça	placèrent	eut placé	eurent placé
4 futur		11 futur antérieur	
placerai	placerons	aurai placé	aurons placé
placeras	placerez	auras placé	aurez placé
placera	placeront·	aura placé	auront placé
5 conditionnel		12 conditionnel passé	
placerais	placerions	aurais placé	aurions placé
placerais	placeriez	aurais placé	auriez placé
placerait	placeraient	aurait placé	auraient placé
6 présent du subjonctif		13 passé du subjonctif	
place	placions	aie placé	ayons placé
places	placiez	aies placé	ayez placé
place	placent	ait placé	aient placé
7 imparfait du subjonctif		14 plus-que-parfait du subjonctif	
plaçasse	plaçassions	eusse placé	eussions placé
plaçasses	plaçassiez	eusses placé	eussiez placé
plaçât	plaçassent	eût placé	eussent placé

Impératif
place
plaçons
placez

Sentences using this verb and words related to it

Nous pouvons déjeuner maintenant. Ma place est ici près de la fenêtre, ta place est là-bas près de la porte. Marie, place-toi à côté de Pierre. Combien de places y a-t-il? Y a-t-il assez de places pour tout le monde?

une place   a seat, a place
chaque chose à sa place   everything in its place
un placement   placing
un bureau de placement   employment agency
se placer   to place oneself, to take a seat, to find employment
remplacer   to replace

The subject pronouns are found on the page facing page 1.

plaindre

to pity

The Seven Simple Tenses		The Seven Compound Tenses	
Singular	Plural	Singular	Plural
1 présent de l'indicatif		**8 passé composé**	
plains	plaignons	ai plaint	avons plaint
plains	plaignez	as plaint	avez plaint
plaint	plaignent	a plaint	ont plaint
2 imparfait de l'indicatif		**9 plus-que-parfait de l'indicatif**	
plaignais	plaignions	avais plaint	avions plaint
plaignais	plaigniez	avais plaint	aviez plaint
plaignait	plaignaient	avait plaint	avaient plaint
3 passé simple		**10 passé antérieur**	
plaignis	plaignîmes	eus plaint	eûmes plaint
plaignis	plaignîtes	eus plaint	eûtes plaint
plaignit	plaignirent	eut plaint	eurent plaint
4 futur		**11 futur antérieur**	
plaindrai	plaindrons	aurai plaint	aurons plaint
plaindras	plaindrez	auras plaint	aurez plaint
plaindra	plaindront	aura plaint	auront plaint
5 conditionnel		**12 conditionnel passé**	
plaindrais	plaindrions	aurais plaint	aurions plaint
plaindrais	plaindriez	aurais plaint	auriez plaint
plaindrait	plaindraient	aurait plaint	auraient plaint
6 présent du subjonctif		**13 passé du subjonctif**	
plaigne	plaignions	aie plaint	ayons plaint
plaignes	plaigniez	aies plaint	ayez plaint
plaigne	plaignent	ait plaint	aient plaint
7 imparfait du subjonctif		**14 plus-que-parfait du subjonctif**	
plaignisse	plaignissions	eusse plaint	eussions plaint
plaignisses	plaignissiez	eusses plaint	eussiez plaint
plaignît	plaignissent	eût plaint	eussent plaint

Impératif
plains
plaignons
plaignez

Sentences using this verb and words related to it

Pauvre Madame Bayou! Elle a des ennuis et je la plains.

une plainte   groan, moan, protest, complaint
porter plainte contre   to bring charges against
plaintif, plaintive   plaintive
plaintivement   plaintively, mournfully

Je te plains   I feel for you; I feel sorry
  for you; I pity you
être à plaindre   to be pitied
Elle est à plaindre   She is to be pitied.

For additional related words, see **se plaindre**.

to complain, to lament, to moan

The Seven Simple Tenses		The Seven Compound Tenses	
Singular	Plural	Singular	Plural

1   présent de l'indicatif

me plains	nous plaignons	
te plains	vous plaignez	
se plaint	se plaignent	

8   passé composé

me suis plaint(e)	nous sommes plaint(e)s
t'es plaint(e)	vous êtes plaint(e)(s)
s'est plaint(e)	se sont plaint(e)s

2   imparfait de l'indicatif

me plaignais	nous plaignions
te plaignais	vous plaigniez
se plaignait	se plaignaient

9   plus-que-parfait de l'indicatif

m'étais plaint(e)	nous étions plaint(e)s
t'étais plaint(e)	vous étiez plaint(e)(s)
s'était plaint(e)	s'étaient plaint(e)s

3   passé simple

me plaignis	nous plaignîmes
te plaignis	vous plaignîtes
se plaignit	se plaignirent

10   passé antérieur

me fus plaint(e)	nous fûmes plaint(e)s
te fus plaint(e)	vous fûtes plaint(e)(s)
se fut plaint(e)	se furent plaint(e)s

4   futur

me plaindrai	nous plaindrons
te plaindras	vous plaindrez
se plaindra	se plaindront

11   futur antérieur

me serai plaint(e)	nous serons plaint(e)s
te seras plaint(e)	vous serez plaint(e)(s)
se sera plaint(e)	se seront plaint(e)s

5   conditionnel

me plaindrais	nous plaindrions
te plaindrais	vous plaindriez
se plaindrait	se plaindraient

12   conditionnel passé

me serais plaint(e)	nous serions plaint(e)s
te serais plaint(e)	vous seriez plaint(e)(s)
se serait plaint(e)	se seraient plaint(e)s

6   présent du subjonctif

me plaigne	nous plaignions
te plaignes	vous plaigniez
se plaigne	se plaignent

13   passé du subjonctif

me sois plaint(e)	nous soyons plaint(e)s
te sois plaint(e)	vous soyez plaint(e)(s)
se soit plaint(e)	se soient plaint(e)s

7   imparfait du subjonctif

me plaignisse	nous plaignissions
te plaignisses	vous plaignissiez
se plaignît	se plaignissent

14   plus-que-parfait du subjonctif

me fusse plaint(e)	nous fussions plaint(e)s
te fusses plaint(e)	vous fussiez plaint(e)(s)
se fût plaint(e)	se fussent plaint(e)s

Impératif
plains-toi; ne te plains pas
plaignons-nous; ne nous plaignons pas
plaignez-vous; ne vous plaignez pas

Common idiomatic expressions using this verb

Quelle jeune fille! Elle se plaint toujours de tout! Hier elle s'est plainte de son professeur de français, aujourd'hui elle se plaint de ses devoirs, et je suis certain que demain elle se plaindra du temps.

se plaindre du temps   to complain about the weather
se plaindre de qqn ou de qqch   to complain of, to find fault with someone or something
avoir bonne raison de se plaindre   to have a good reason to complain

For other words related to this verb, see **plaindre**.

to please

The Seven Simple Tenses		The Seven Compound Tenses	
Singular	Plural	Singular	Plural
1 présent de l'indicatif		**8 passé composé**	
plais	plaisons	ai plu	avons plu
plais	plaisez	as plu	avez plu
plaît	plaisent	a plu	ont plu
2 imparfait de l'indicatif		**9 plus-que-parfait de l'indicatif**	
plaisais	plaisions	avais plu	avions plu
plaisais	plaisiez	avais plu	aviez plu
plaisait	plaisaient	avait plu	avaient plu
3 passé simple		**10 passé antérieur**	
plus	plûmes	eus plu	eûmes plu
plus	plûtes	eus plu	eûtes plu
plut	plurent	eut plu	eurent plu
4 futur		**11 futur antérieur**	
plairai	plairons	aurai plu	aurons plu
plairas	plairez	auras plu	aurez plu
plaira	plairont	aura plu	auront plu
5 conditionnel		**12 conditionnel passé**	
plairais	plairions	aurais plu	aurions plu
plairais	plairiez	aurais plu	auriez plu
plairait	plairaient	aurait plu	auraient plu
6 présent du subjonctif		**13 passé du subjonctif**	
plaise	plaisions	aie plu	ayons plu
plaises	plaisiez	aies plu	ayez plu
plaise	plaisent	ait plu	aient plu
7 imparfait du subjonctif		**14 plus-que-parfait du subjonctif**	
plusse	plussions	eusse plu	eussions plu
plusses	plussiez	eusses plu	eussiez plu
plût	plussent	eût plu	eussent plu

Impératif
plais
plaisons
plaisez

Common idiomatic expressions using this verb

plaire à qqn   to please, to be pleasing to someone;   **Son mariage a plu à sa famille**
Her (his) marriage pleased her (his) family. **Est-ce que ce cadeau lui plaira?**   Will
this present please her (him)? Will this gift be pleasing to her (to him)?
se plaire à   to take pleasure in;   **Robert se plaît à ennuyer son petit frère**   Robert
takes pleasure in bothering his little brother.
le plaisir   delight, pleasure;   **complaire à**   to please;   **déplaire à**   to displease
s'il vous plaît; s'il te plaît   please (if it is pleasing to you)
Il a beaucoup plu hier et cela m'a beaucoup plu.   It rained a lot yesterday and that pleased
me a great deal. (See **pleuvoir**)

to joke

The Seven Simple Tenses		The Seven Compound Tenses	
Singular	Plural	Singular	Plural

1 présent de l'indicatif

plaisante	plaisantons
plaisantes	plaisantez
plaisante	plaisantent

8 passé composé

ai plaisanté	avons plaisanté
as plaisanté	avez plaisanté
a plaisanté	ont plaisanté

2 imparfait de l'indicatif

plaisantais	plaisantions
plaisantais	plaisantiez
plaisantait	plaisantaient

9 plus-que-parfait de l'indicatif

avais plaisanté	avions plaisanté
avais plaisanté	aviez plaisanté
avait plaisanté	avaient plaisanté

3 passé simple

plaisantai	plaisantâmes
plaisantas	plaisantâtes
plaisanta	plaisantèrent

10 passé antérieur

eus plaisanté	eûmes plaisanté
eus plaisanté	eûtes plaisanté
eut plaisanté	eurent plaisanté

4 futur

plaisanterai	plaisanterons
plaisanteras	plaisanterez
plaisantera	plaisanteront

11 futur antérieur

aurai plaisanté	aurons plaisanté
auras plaisanté	aurez plaisanté
aura plaisanté	auront plaisanté

5 conditionnel

plaisanterais	plaisanterions
plaisanterais	plaisanteriez
plaisanterait	plaisanteraient

12 conditionnel passé

aurais plaisanté	aurions plaisanté
aurais plaisanté	auriez plaisanté
aurait plaisanté	auraient plaisanté

6 présent du subjonctif

plaisante	plaisantions
plaisantes	plaisantiez
plaisante	plaisantent

13 passé du subjonctif

aie plaisanté	ayons plaisanté
aies plaisanté	ayez plaisanté
ait plaisanté	aient plaisanté

7 imparfait du subjonctif

plaisantasse	plaisantassions
plaisantasses	plaisantassiez
plaisantât	plaisantassent

14 plus-que-parfait du subjonctif

eusse plaisanté	eussions plaisanté
eusses plaisanté	eussiez plaisanté
eût plaisanté	eussent plaisanté

Impératif
plaisante
plaisantons
plaisantez

Words and expressions related to this verb

pour plaisanter   for fun
une plaisanterie   joke, joking
dire des plaisanteries   to crack jokes
en plaisantant   in fun

dire une chose par plaisanterie   to say something in a joking way
prendre bien une plaisanterie   to know how to take a joke

Consult the sections on verbs used in idiomatic expressions, verbs with prepositions, and the list of over 1,000 verbs conjugated like model verbs in the back pages.

The subject pronouns are found on the page facing page 1.

pleurer

to cry, to weep, to mourn

The Seven Simple Tenses		The Seven Compound Tenses	
Singular	Plural	Singular	Plural
1 présent de l'indicatif		**8 passé composé**	
pleure	pleurons	ai pleuré	avons pleuré
pleures	pleurez	as pleuré	avez pleuré
pleure	pleurent	a pleuré	ont pleuré
2 imparfait de l'indicatif		**9 plus-que-parfait de l'indicatif**	
pleurais	pleurions	avais pleuré	avions pleuré
pleurais	pleuriez	avais pleuré	aviez pleuré
pleurait	pleuraient	avait pleuré	avaient pleuré
3 passé simple		**10 passé antérieur**	
pleurai	pleurâmes	eus pleuré	eûmes pleuré
pleuras	pleurâtes	eus pleuré	eûtes pleuré
pleura	pleurèrent	eut pleuré	eurent pleuré
4 futur		**11 futur antérieur**	
pleurerai	pleurerons	aurai pleuré	aurons pleuré
pleureras	pleurerez	auras pleuré	aurez pleuré
pleurera	pleureront	aura pleuré	auront pleuré
5 conditionnel		**12 conditionnel passé**	
pleurerais	pleurerions	aurais pleuré	aurions pleuré
pleurerais	pleureriez	aurais pleuré	auriez pleuré
pleurerait	pleureraient	aurait pleuré	auraient pleuré
6 présent du subjonctif		**13 passé du subjonctif**	
pleure	pleurions	aie pleuré	ayons pleuré
pleures	pleuriez	aies pleuré	ayez pleuré
pleure	pleurent	ait pleuré	aient pleuré
7 imparfait du subjonctif		**14 plus-que-parfait du subjonctif**	
pleurasse	pleurassions	eusse pleuré	eussions pleuré
pleurasses	pleurassiez	eusses pleuré	eussiez pleuré
pleurât	pleurassent	eût pleuré	eussent pleuré

Impératif
pleure
pleurons
pleurez

Common idiomatic expressions using this verb and words related to it

pleurer toutes les larmes de son corps   to cry
  one's eyes out
une larme   a tear
un pleur   a tear
pleurard, pleurarde   whimpering person
une pièce pleurnicharde   soap opera

larmoyant, larmoyante   tearful,
  lachrymose
pleurnicher   to snivel, to whine
un pleurnicheur, une pleurnicheuse
  crybaby

The Seven Simple Tenses	The Seven Compound Tenses
Singular Plural	Singular Plural
1 présent de l'indicatif **il pleut**	8 passé composé **il a plu**
2 imparfait de l'indicatif **il pleuvait**	9 plus-que-parfait de l'indicatif **il avait plu**
3 passé simple **il plut**	10 passé antérieur **il eut plu**
4 futur **il pleuvra**	11 futur antérieur **il aura plu**
5 conditionnel **il pleuvrait**	12 conditionnel passé **il aurait plu**
6 présent du subjonctif **qu'il pleuve**	13 passé du subjonctif **qu'il ait plu**
7 imparfait du subjonctif **qu'il plût**	14 plus-que-parfait du subjonctif **qu'il eût plu**

Impératif
Qu'il pleuve!   (Let it rain!)

Sentences using this verb and words related to it

Hier il a plu, il pleut maintenant, et je suis certain qu'il pleuvra demain.

la pluie   the rain
pluvieux, pluvieuse   rainy
pleuvoter   to drizzle

bruiner   to drizzle; **un parapluie**   umbrella
Il pleut à seaux   It's raining in buckets.
Il pleut à verse   It's raining hard.

Il a beaucoup plu hier et cela m'a beaucoup plu.   It rained a lot yesterday and that pleased me a great deal. (See **plaire**)

Do not confuse the past part. of this verb with the past part. of **plaire**, which are identical.

Consult the back pages for the section on weather expressions using verbs.

The subject pronouns are found on the page facing page 1.

to wear, to carry

The Seven Simple Tenses		The Seven Compound Tenses	
Singular	Plural	Singular	Plural
1 présent de l'indicatif		**8 passé composé**	
porte	portons	ai porté	avons porté
portes	portez	as porté	avez porté
porte	portent	a porté	ont porté
2 imparfait de l'indicatif		**9 plus-que-parfait de l'indicatif**	
portais	portions	avais porté	avions porté
portais	portiez	avais porté	aviez porté
portait	portaient	avait porté	avaient porté
3 passé simple		**10 passé antérieur**	
portai	portâmes	eus porté	eûmes porté
portas	portâtes	eus porté	eûtes porté
porta	portèrent	eut porté	eurent porté
4 futur		**11 futur antérieur**	
porterai	porterons	aurai porté	aurons porté
porteras	porterez	auras porté	aurez porté
portera	porteront	aura porté	auront porté
5 conditionnel		**12 conditionnel passé**	
porterais	porterions	aurais porté	aurions porté
porterais	porteriez	aurais porté	auriez porté
porterait	porteraient	aurait porté	auraient porté
6 présent du subjonctif		**13 passé du subjonctif**	
porte	portions	aie porté	ayons porté
portes	portiez	aies porté	ayez porté
porte	portent	ait porté	aient porté
7 imparfait du subjonctif		**14 plus-que-parfait du subjonctif**	
portasse	portassions	eusse porté	eussions porté
portasses	portassiez	eusses porté	eussiez porté
portât	portassent	eût porté	eussent porté

Impératif
porte
portons
portez

Common idiomatic expressions using this verb and words related to it

porter la main sur qqn to raise one's hand against someone
porter son âge to look one's age
se porter to feel (health); **Comment vous portez-vous aujourd'hui?** How do you feel today?
apporter to bring
exporter to export
importer to import; to matter, to be of importance

un porte-monnaie change purse (**des porte-monnaie**)
comporter to comprise
déporter to deport
se comporter to behave
emporter to carry away; **Autant en emporte le vent** (*Gone with the Wind*)
Elle porte de jolies robes She wears pretty dresses

to lay, to place, to put, to set, to pose

The Seven Simple Tenses		The Seven Compound Tenses	
Singular	Plural	Singular	Plural

1 présent de l'indicatif

pose	posons
poses	posez
pose	posent

8 passé composé

ai posé	avons posé
as posé	avez posé
a posé	ont posé

2 imparfait de l'indicatif

posais	posions
posais	posiez
posait	posaient

9 plus-que-parfait de l'indicatif

avais posé	avions posé
avais posé	aviez posé
avait posé	avaient posé

3 passé simple

posai	posâmes
posas	posâtes
posa	posèrent

10 passé antérieur

eus posé	eûmes posé
eus posé	eûtes posé
eut posé	eurent posé

4 futur

poserai	poserons
poseras	poserez
posera	poseront

11 futur antérieur

aurai posé	aurons posé
auras posé	aurez posé
aura posé	auront posé

5 conditionnel

poserais	poserions
poserais	poseriez
poserait	poseraient

12 conditionnel passé

aurais posé	aurions posé
aurais posé	auriez posé
aurait posé	auraient posé

6 présent du subjonctif

pose	posions
poses	posiez
pose	posent

13 passé du subjonctif

aie posé	ayons posé
aies posé	ayez posé
ait posé	aient posé

7 imparfait du subjonctif

posasse	posassions
posasses	posassiez
posât	posassent

14 plus-que-parfait du subjonctif

eusse posé	eussions posé
eusses posé	eussiez posé
eût posé	eussent posé

Impératif
pose
posons
posez

Words and expressions related to this verb

poser une question   to ask a question
poser pour son portrait   to sit for a
  portrait painting
faire poser qqn   to keep someone
  waiting
déposer   to deposit, to set (put)
  down

composer   to compose
supposer   to suppose
opposer   to oppose; **s'opposer à**   to be
  opposed to
reposer   to set down again; **se reposer**
  to rest
exposer   to exhibit, to expose

Consult the sections on verbs used in idiomatic expressions, verbs with prepositions, and the list of over 1,000 verbs conjugated like model verbs in the back pages.

The subject pronouns are found on the page facing page 1.   **349**

to possess, to own, to master

The Seven Simple Tenses		The Seven Compound Tenses	
Singular	Plural	Singular	Plural
1 présent de l'indicatif		**8 passé composé**	
possède	possédons	ai possédé	avons possédé
possèdes	possédez	as possédé	avez possédé
possède	possèdent	a possédé	ont possédé
2 imparfait de l'indicatif		**9 plus-que-parfait de l'indicatif**	
possédais	possédions	avais possédé	avions possédé
possédais	possédiez	avais possédé	aviez possédé
possédait	possédaient	avait possédé	avaient possédé
3 passé simple		**10 passé antérieur**	
possédai	possédâmes	eus possédé	eûmes possédé
possédas	possédâtes	eus possédé	eûtes possédé
posséda	possédèrent	eut possédé	eurent possédé
4 futur		**11 futur antérieur**	
posséderai	posséderons	aurai possédé	aurons possédé
posséderas	posséderez	auras possédé	aurez possédé
possédera	posséderont	aura possédé	auront possédé
5 conditionnel		**12 conditionnel passé**	
posséderais	posséderions	aurais possédé	aurions possédé
posséderais	posséderiez	aurais possédé	auriez possédé
posséderait	posséderaient	aurait possédé	auraient possédé
6 présent du subjonctif		**13 passé du subjonctif**	
possède	possédions	aie possédé	ayons possédé
possèdes	possédiez	aies possédé	ayez possédé
possède	possèdent	ait possédé	aient possédé
7 imparfait du subjonctif		**14 plus-que-parfait du subjonctif**	
possédasse	possédassions	eusse possédé	eussions possédé
possédasses	possédassiez	eusses possédé	eussiez possédé
possédât	possédassent	eût possédé	eussent possédé

Impératif
possède
possédons
possédez

Words and expressions related to this verb

se faire posséder   to be taken in
la possession   possession, ownership
possessif, possessive   possessive
se posséder   to have control of oneself

un possesseur   possessor, owner; **Madame Goulu est possesseur d'un grand château.**
déposséder de   to dispossess of (from)
une dépossession   dispossession

Consult the sections on verbs used in idiomatic expressions, verbs with prepositions, and the list of over 1,000 verbs conjugated like model verbs in the back pages.

to pursue, to prosecute

The Seven Simple Tenses		The Seven Compound Tenses	
Singular	Plural	Singular	Plural
1 présent de l'indicatif		**8 passé composé**	
poursuis	**poursuivons**	**ai poursuivi**	**avons poursuivi**
poursuis	**poursuivez**	**as poursuivi**	**avez poursuivi**
poursuit	**poursuivent**	**a poursuivi**	**ont poursuivi**
2 imparfait de l'indicatif		**9 plus-que-parfait de l'indicatif**	
poursuivais	**poursuivions**	**avais poursuivi**	**avions poursuivi**
poursuivais	**poursuiviez**	**avais poursuivi**	**aviez poursuivi**
poursuivait	**poursuivaient**	**avait poursuivi**	**avaient poursuivi**
3 passé simple		**10 passé antérieur**	
poursuivis	**poursuivîmes**	**eus poursuivi**	**eûmes poursuivi**
poursuivis	**poursuivîtes**	**eus poursuivi**	**eûtes poursuivi**
poursuivit	**poursuivirent**	**eut poursuivi**	**eurent poursuivi**
4 futur		**11 futur antérieur**	
poursuivrai	**poursuivrons**	**aurai poursuivi**	**aurons poursuivi**
poursuivras	**poursuivrez**	**auras poursuivi**	**aurez poursuivi**
poursuivra	**poursuivront**	**aura poursuivi**	**auront poursuivi**
5 conditionnel		**12 conditionnel passé**	
poursuivrais	**poursuivrions**	**aurais poursuivi**	**aurions poursuivi**
poursuivrais	**poursuivriez**	**aurais poursuivi**	**auriez poursuivi**
poursuivrait	**poursuivraient**	**aurait poursuivi**	**auraient poursuivi**
6 présent du subjonctif		**13 passé du subjonctif**	
poursuive	**poursuivions**	**aie poursuivi**	**ayons poursuivi**
poursuives	**poursuiviez**	**aies poursuivi**	**ayez poursuivi**
poursuive	**poursuivent**	**ait poursuivi**	**aient poursuivi**
7 imparfait du subjonctif		**14 plus-que-parfait du subjonctif**	
poursuivisse	**poursuivissions**	**eusse poursuivi**	**eussions poursuivi**
poursuivisses	**poursuivissiez**	**eusses poursuivi**	**eussiez poursuivi**
poursuivît	**poursuivissent**	**eût poursuivi**	**eussent poursuivi**

Impératif
poursuis
poursuivons
poursuivez

Words and expressions related to this verb

se poursuivre   to pursue each other
poursuivre qqn en justice   to sue someone, to prosecute
poursuivre ses études   to carry on one's studies

une poursuite   pursuit
à la poursuite de   in pursuit of
poursuivre son chemin   to continue on one's way

Consult the sections on verbs used in idiomatic expressions, verbs with prepositions, and the list of over 1,000 verbs conjugated like model verbs in the back pages.

The subject pronouns are found on the page facing page 1.

to push, to grow

The Seven Simple Tenses		The Seven Compound Tenses	
Singular	Plural	Singular	Plural
1 présent de l'indicatif		**8 passé composé**	
pousse	poussons	ai poussé	avons poussé
pousses	poussez	as poussé	avez poussé
pousse	poussent	a poussé	ont poussé
2 imparfait de l'indicatif		**9 plus-que-parfait de l'indicatif**	
poussais	poussions	avais poussé	avions poussé
poussais	poussiez	avais poussé	aviez poussé
poussait	poussaient	avait poussé	avaient poussé
3 passé simple		**10 passé antérieur**	
poussai	poussâmes	eus poussé	eûmes poussé
poussas	poussâtes	eus poussé	eûtes poussé
poussa	poussèrent	eut poussé	eurent poussé
4 futur		**11 futur antérieur**	
pousserai	pousserons	aurai poussé	aurons poussé
pousseras	pousserez	auras poussé	aurez poussé
poussera	pousseront	aura poussé	auront poussé
5 conditionnel		**12 conditionnel passé**	
pousserais	pousserions	aurais poussé	aurions poussé
pousserais	pousseriez	aurais poussé	auriez poussé
pousserait	pousseraient	aurait poussé	auraient poussé
6 présent du subjonctif		**13 passé du subjonctif**	
pousse	poussions	aie poussé	ayons poussé
pousses	poussiez	aies poussé	ayez poussé
pousse	poussent	ait poussé	aient poussé
7 imparfait du subjonctif		**14 plus-que-parfait du subjonctif**	
poussasse	poussassions	eusse poussé	eussions poussé
poussasses	poussassiez	eusses poussé	eussiez poussé
poussât	poussassent	eût poussé	eussent poussé

Impératif
pousse
poussons
poussez

Common idiomatic expressions using this verb

une poussée a push, a thrust
pousser qqn à faire qqch to egg someone on to do something
Robert pousse une barbe Robert is growing a beard.
pousser un cri to utter a cry; **pousser un soupir** to heave a sigh
une poussette a stroller

repousser to repulse, to drive back; to grow in again, to grow back in
se pousser to push oneself; to push each other
un pousse-pousse rickshaw
pousser qqn à bout to corner someone

to be able, can

The Seven Simple Tenses		The Seven Compound Tenses	
Singular	Plural	Singular	Plural
1 présent de l'indicatif		**8 passé composé**	
peux *or* puis	pouvons	ai pu	avons pu
peux	pouvez	as pu	avez pu
peut	peuvent	a pu	ont pu
2 imparfait de l'indicatif		**9 plus-que-parfait de l'indicatif**	
pouvais	pouvions	avais pu	avions pu
pouvais	pouviez	avais pu	aviez pu
pouvait	pouvaient	avait pu	avaient pu
3 passé simple		**10 passé antérieur**	
pus	pûmes	eus pu	eûmes pu
pus	pûtes	eus pu	eûtes pu
put	purent	eut pu	eurent pu
4 futur		**11 futur antérieur**	
pourrai	pourrons	aurai pu	aurons pu
pourras	pourrez	auras pu	aurez pu
pourra	pourront	aura pu	auront pu
5 conditionnel		**12 conditionnel passé**	
pourrais	pourrions	aurais pu	aurions pu
pourrais	pourriez	aurais pu	auriez pu
pourrait	pourraient	aurait pu	auraient pu
6 présent du subjonctif		**13 passé du subjonctif**	
puisse	puissions	aie pu	ayons pu
puisses	puissiez	aies pu	ayez pu
puisse	puissent	ait pu	aient pu
7 imparfait du subjonctif		**14 plus-que-parfait du subjonctif**	
pusse	pussions	eusse pu	eussions pu
pusses	pussiez	eusses pu	eussiez pu
pût	pussent	eût pu	eussent pu

Impératif
[not in use]

Common idiomatic expressions using this verb and words related to it

si l'on peut dire   if one may say so
se pouvoir: Cela se peut   That may be.
le pouvoir   power
la course au pouvoir   the race for power
avoir du pouvoir sur soi-même   to have self control

n'y pouvoir rien   not to be able to do anything about it; **Que me voulez-vous?** What do you want from me? **Je n'y peux rien.**   I can't help it; I can't do anything about it.
Puis-je entrer? Est-ce que je peux entrer? May I come in?

The subject pronouns are found on the page facing page 1.   **353**

prédire

to predict, to foretell

The Seven Simple Tenses		The Seven Compound Tenses	
Singular	Plural	Singular	Plural
1 présent de l'indicatif		**8 passé composé**	
prédis	prédisons	ai prédit	avons prédit
prédis	prédisez	as prédit	avez prédit
prédit	prédisent	a prédit	ont prédit
2 imparfait de l'indicatif		**9 plus-que-parfait de l'indicatif**	
prédisais	prédisions	avais prédit	avions prédit
prédisais	prédisiez	avais prédit	aviez prédit
prédisait	prédisaient	avait prédit	avaient prédit
3 passé simple		**10 passé antérieur**	
prédis	prédîmes	eus prédit	eûmes prédit
prédis	prédîtes	eus prédit	eûtes prédit
prédit	prédirent	eut prédit	eurent prédit
4 futur		**11 futur antérieur**	
prédirai	prédirons	aurai prédit	aurons prédit
prédiras	prédirez	auras prédit	aurez prédit
prédira	prédiront	aura prédit	auront prédit
5 conditionnel		**12 conditionnel passé**	
prédirais	prédirions	aurais prédit	aurions prédit
prédirais	prédiriez	aurais prédit	auriez prédit
prédirait	prédiraient	aurait prédit	auraient prédit
6 présent du subjonctif		**13 passé du subjonctif**	
prédise	prédisions	aie prédit	ayons prédit
prédises	prédisiez	aies prédit	ayez prédit
prédise	prédisent	ait prédit	aient prédit
7 imparfait du subjonctif		**14 plus-que-parfait du subjonctif**	
prédisse	prédissions	eusse prédit	eussions prédit
prédisses	prédissiez	eusses prédit	eussiez prédit
prédît	prédissent	eût prédit	eussent prédit

Impératif
prédis
prédisons
prédisez

Words related to this verb

une prédiction prediction
prédire l'avenir to predict the future

Compare (**vous**) **prédisez** with (**vous**) **dites** of **dire** on p. 164.

Consult the back pages for sections on verbs used in idiomatic expressions, verbs with prepositions, French proverbs using verbs, weather expressions using verbs, and over 1,000 verbs conjugated like model verbs.

The Seven Simple Tenses		The Seven Compound Tenses	
Singular	Plural	Singular	Plural

1   présent de l'indicatif

		8 passé composé	
préfère	préférons	ai préféré	avons préféré
préfères	préférez	as préféré	avez préféré
préfère	préfèrent	a préféré	ont préféré

2   imparfait de l'indicatif

		9 plus-que-parfait de l'indicatif	
préférais	préférions	avais préféré	avions préféré
préférais	préfériez	avais préféré	aviez préféré
préférait	préféraient	avait préféré	avaient préféré

3   passé simple

		10 passé antérieur	
préférai	préférâmes	eus préféré	eûmes préféré
préféras	préférâtes	eus préféré	eûtes préféré
préféra	préférèrent	eut préféré	eurent préféré

4   futur

		11 futur antérieur	
préférerai	préférerons	aurai préféré	aurons préféré
préféreras	préférerez	auras préféré	aurez préféré
préférera	préféreront	aura préféré	auront préféré

5   conditionnel

		12 conditionnel passé	
préférerais	préférerions	aurais préféré	aurions préféré
préférerais	préféreriez	aurais préféré	auriez préféré
préférerait	préféreraient	aurait préféré	auraient préféré

6   présent du subjonctif

		13 passé du subjonctif	
préfère	préférions	aie préféré	ayons préféré
préfères	préfériez	aies préféré	ayez préféré
préfère	préfèrent	ait préféré	aient préféré

7   imparfait du subjonctif

		14 plus-que-parfait du subjonctif	
préférasse	préférassions	eusse préféré	eussions préféré
préférasses	préférassiez	eusses préféré	eussiez préféré
préférât	préférassent	eût préféré	eussent préféré

Impératif
préfère
préférons
préférez

Sentences using this verb and words related to it

—**Qu'est-ce que vous préférez faire ce soir?**
—**Je préfère aller voir un bon film. Et vous?**
—**Je préfère rester à la maison. Ne préféreriez-vous pas rester ici avec moi?**

une préférence   a preference
préférentiel, préférentielle   preferential
préférable   preferable
préférablement   preferably
de préférence à   in preference to

Je n'ai pas de préférence   I have no preference.
par ordre de préférence   in order of preference

to take

The Seven Simple Tenses		The Seven Compound Tenses	
Singular	Plural	Singular	Plural
1 présent de l'indicatif		**8 passé composé**	
prends	prenons	ai pris	avons pris
prends	prenez	as pris	avez pris
prend	prennent	a pris	ont pris
2 imparfait de l'indicatif		**9 plus-que-parfait de l'indicatif**	
prenais	prenions	avais pris	avions pris
prenais	preniez	avais pris	aviez pris
prenait	prenaient	avait pris	avaient pris
3 passé simple		**10 passé antérieur**	
pris	prîmes	eus pris	eûmes pris
pris	prîtes	eus pris	eûtes pris
prit	prirent	eut pris	eurent pris
4 futur		**11 futur antérieur**	
prendrai	prendrons	aurai pris	aurons pris
prendras	prendrez	auras pris	aurez pris
prendra	prendront	aura pris	auront pris
5 conditionnel		**12 conditionnel passé**	
prendrais	prendrions	aurais pris	aurions pris
prendrais	prendriez	aurais pris	auriez pris
prendrait	prendraient	aurait pris	auraient pris
6 présent du subjonctif		**13 passé du subjonctif**	
prenne	prenions	aie pris	ayons pris
prennes	preniez	aies pris	ayez pris
prenne	prennent	ait pris	aient pris
7 imparfait du subjonctif		**14 plus-que-parfait du subjonctif**	
prisse	prissions	eusse pris	eussions pris
prisses	prissiez	eusses pris	eussiez pris
prît	prissent	eût pris	eussent pris

Impératif
prends
prenons
prenez

Sentences using this verb and words related to it

—Qui a pris les fleurs qui étaient sur la table?
—C'est moi qui les ai prises.

à tout prendre   on the whole, all in all
un preneur, une preneuse   taker, purchaser
s'y prendre   to go about it, to handle it, to set about it
Je ne sais comment m'y prendre   I don't know how to go about it.

C'est à prendre ou à laisser   Take it or leave it.
prendre à témoin   to call to witness
la prise   seizure, capture; **La Prise de la Bastille**   The Storming of the Bastille (July 14, 1789)

The Seven Simple Tenses		The Seven Compound Tenses	
Singular	Plural	Singular	Plural
1 présent de l'indicatif		**8 passé composé**	
prépare	préparons	ai préparé	avons préparé
prépares	préparez	as préparé	avez préparé
prépare	préparent	a préparé	ont préparé
2 imparfait de l'indicatif		**9 plus-que-parfait de l'indicatif**	
préparais	préparions	avais préparé	avions préparé
préparais	prépariez	avais préparé	aviez préparé
préparait	préparaient	avait préparé	avaient préparé
3 passé simple		**10 passé antérieur**	
préparai	préparâmes	eus préparé	eûmes préparé
préparas	préparâtes	eus préparé	eûtes préparé
prépara	préparèrent	eut préparé	eurent préparé
4 futur		**11 futur antérieur**	
préparerai	préparerons	aurai préparé	aurons préparé
prépareras	préparerez	auras préparé	aurez préparé
préparera	prépareront	aura préparé	auront préparé
5 conditionnel		**12 conditionnel passé**	
préparerais	préparerions	aurais préparé	aurions préparé
préparerais	prépareriez	aurais préparé	auriez préparé
préparerait	prépareraient	aurait préparé	auraient préparé
6 présent du subjonctif		**13 passé du subjonctif**	
prépare	préparions	aie préparé	ayons préparé
prépares	prépariez	aies préparé	ayez préparé
prépare	préparent	ait préparé	aient préparé
7 imparfait du subjonctif		**14 plus-que-parfait du subjonctif**	
préparasse	préparassions	eusse préparé	eussions préparé
préparasses	préparassiez	eusses préparé	eussiez préparé
préparât	préparassent	eût préparé	eussent préparé

Impératif
prépare
préparons
préparez

Sentences using this verb and words related to it

   Si Albert avait préparé sa leçon, il aurait reçu une bonne note. Il prépare toujours ses leçons, mais, cette fois, il ne les a pas préparées.

la préparation   preparation
les préparatifs *(m.)*   preparations
préparatoire   preparatory
se préparer   to prepare oneself
préparer un examen   to study for an exam

Consult the back pages for verbs used with certain prepositions.

The subject pronouns are found on the page facing page 1.   **357**

présenter

to present, to introduce

The Seven Simple Tenses		The Seven Compound Tenses	
Singular	Plural	Singular	Plural
1 présent de l'indicatif		**8 passé composé**	
présente	présentons	ai présenté	avons présenté
présentes	présentez	as présenté	avez présenté
présente	présentent	a présenté	ont présenté
2 imparfait de l'indicatif		**9 plus-que-parfait de l'indicatif**	
présentais	présentions	avais présenté	avions présenté
présentais	présentiez	avais présenté	aviez présenté
présentait	présentaient	avait présenté	avaient présenté
3 passé simple		**10 passé antérieur**	
présentai	présentâmes	eus présenté	eûmes présenté
présentas	présentâtes	eus présenté	eûtes présenté
présenta	présentèrent	eut présenté	eurent présenté
4 futur		**11 futur antérieur**	
présenterai	présenterons	aurai présenté	aurons présenté
présenteras	présenterez	auras présenté	aurez présenté
présentera	présenteront	aura présenté	auront présenté
5 conditionnel		**12 conditionnel passé**	
présenterais	présenterions	aurais présenté	aurions présenté
présenterais	présenteriez	aurais présenté	auriez présenté
présenterait	présenteraient	aurait présenté	auraient présenté
6 présent du subjonctif		**13 passé du subjonctif**	
présente	présentions	aie présenté	ayons présenté
présentes	présentiez	aies présenté	ayez présenté
présente	présentent	ait présenté	aient présenté
7 imparfait du subjonctif		**14 plus-que-parfait du subjonctif**	
présentasse	présentassions	eusse présenté	eussions présenté
présentasses	présentassiez	eusses présenté	eussiez présenté
présentât	présentassent	eût présenté	eussent présenté

Impératif
présente
présentons
présentez

Common idiomatic expressions using this verb

présenter qqn à qqn   to introduce someone to someone
Je vous présente à mon professeur de français.   May I introduce you to my French teacher?
se présenter   to introduce oneself
   Permettez-moi de me présenter   Allow me to introduce myself.
présenter bien   to make a good impression
présenter mal   to make a bad impression

For more idioms using this verb, see the back pages for the section on verbs used in idiomatic expressions.

to press, to squeeze

The Seven Simple Tenses		The Seven Compound Tenses	
Singular	Plural	Singular	Plural

1 présent de l'indicatif

		8 passé composé	
presse	pressons	ai pressé	avons pressé
presses	pressez	as pressé	avez pressé
presse	pressent	a pressé	ont pressé

2 imparfait de l'indicatif

		9 plus-que-parfait de l'indicatif	
pressais	pressions	avais pressé	avions pressé
pressais	pressiez	avais pressé	aviez pressé
pressait	pressaient	avait pressé	avaient pressé

3 passé simple

		10 passé antérieur	
pressai	pressâmes	eus pressé	eûmes pressé
pressas	pressâtes	eus pressé	eûtes pressé
pressa	pressèrent	eut pressé	eurent pressé

4 futur

		11 futur antérieur	
presserai	presserons	aurai pressé	aurons pressé
presseras	presserez	auras pressé	aurez pressé
pressera	presseront	aura pressé	auront pressé

5 conditionnel

		12 conditionnel passé	
presserais	presserions	aurais pressé	aurions pressé
presserais	presseriez	aurais pressé	auriez pressé
presserait	presseraient	aurait pressé	auraient pressé

6 présent du subjonctif

		13 passé du subjonctif	
presse	pressions	aie pressé	ayons pressé
presses	pressiez	aies pressé	ayez pressé
presse	pressent	ait pressé	aient pressé

7 imparfait du subjonctif

		14 plus-que-parfait du subjonctif	
pressasse	pressassions	eusse pressé	eussions pressé
pressasses	pressassiez	eusses pressé	eussiez pressé
pressât	pressassent	eût pressé	eussent pressé

Impératif
presse
pressons
pressez

Words and expressions related to this verb

presser qqn   to hurry someone
la pression   pressure
un presse-bouton   push button (**des presse-boutons**)
un presse-papiers   paperweight (**des presse-papiers**)
un pressoir   press
un presseur, une presseuse   press worker

presser qqn de se décider   to urge someone to make a decision
être sous pression   to be under pressure
un presse-citron   lemon squeezer (**des presse-citrons**)
faire le coup du presse-citron à qqn   to put the squeeze on someone
le pressing   steam pressing (dry cleaner's)

Consult the sections on verbs used in idiomatic expressions, verbs with prepositions, and the list of over 1,000 verbs conjugated like model verbs in the back pages.

The subject pronouns are found on the page facing page 1.

to be in a hurry, to make haste, to rush, to crowd

The Seven Simple Tenses		The Seven Compound Tenses	
Singular	Plural	Singular	Plural
1 présent de l'indicatif		**8 passé composé**	
me presse	nous pressons	me suis pressé(e)	nous sommes pressé(e)s
te presses	vous pressez	t'es pressé(e)	vous êtes pressé(e)(s)
se presse	se pressent	s'est pressé(e)	se sont pressé(e)s
2 imparfait de l'indicatif		**9 plus-que-parfait de l'indicatif**	
me pressais	nous pressions	m'étais pressé(e)	nous étions pressé(e)s
te pressais	vous pressiez	t'étais pressé(e)	vous étiez pressé(e)(s)
se pressait	se pressaient	s'était pressé(e)	s'étaient pressé(e)s
3 passé simple		**10 passé antérieur**	
me pressai	nous pressâmes	me fus pressé(e)	nous fûmes pressé(e)s
te pressas	vous pressâtes	te fus pressé(e)	vous fûtes pressé(e)(s)
se pressa	se pressèrent	se fut pressé(e)	se furent pressé(e)s
4 futur		**11 futur antérieur**	
me presserai	nous presserons	me serai pressé(e)	nous serons pressé(e)s
te presseras	vous presserez	te seras pressé(e)	vous serez pressé(e)(s)
se pressera	se presseront	se sera pressé(e)	se seront pressé(e)s
5 conditionnel		**12 conditionnel passé**	
me presserais	nous presserions	me serais pressé(e)	nous serions pressé(e)s
te presserais	vous presseriez	te serais pressé(e)	vous seriez pressé(e)(s)
se presserait	se presseraient	se serait pressé(e)	se seraient pressé(e)s
6 présent du subjonctif		**13 passé du subjonctif**	
me presse	nous pressions	me sois pressé(e)	nous soyons pressé(e)s
te presses	vous pressiez	te sois pressé(e)	vous soyez pressé(e)(s)
se presse	se pressent	se soit pressé(e)	se soient pressé(e)s
7 imparfait du subjonctif		**14 plus-que-parfait du subjonctif**	
me pressasse	nous pressassions	me fusse pressé(e)	nous fussions pressé(e)s
te pressasses	vous pressassiez	te fusses pressé(e)	vous fussiez pressé(e)(s)
se pressât	se pressassent	se fût pressé(e)	se fussent pressé(e)s

Impératif
presse-toi; ne te presse pas
pressons-nous; ne nous pressons pas
pressez-vous; ne vous pressez pas

Words and expressions related to this verb

se presser contre qqn   to press oneself against someone
se presser de faire qqch   to hurry to do something
se presser en foule   to press against each other in a crowd
presser   to press, to squeeze
presser le pas   to walk more quickly
presser qqn   to urge someone, to hurry someone
une pression   pressure
faire pression sur qqn   to exert pressure on someone

Consult the sections on verbs used in idiomatic expressions, verbs with prepositions, and the list of over 1,000 verbs conjugated like model verbs in the back pages.

to pretend, to claim, to lay claim, to maintain

The Seven Simple Tenses		The Seven Compound Tenses	
Singular	Plural	Singular	Plural
1 présent de l'indicatif		8 passé composé	
prétends	prétendons	ai prétendu	avons prétendu
prétends	prétendez	as prétendu	avez prétendu
prétend	prétendent	a prétendu	ont prétendu
2 imparfait de l'indicatif		9 plus-que-parfait de l'indicatif	
prétendais	prétendions	avais prétendu	avions prétendu
prétendais	prétendiez	avais prétendu	aviez prétendu
prétendait	prétendaient	avait prétendu	avaient prétendu
3 passé simple		10 passé antérieur	
prétendis	prétendîmes	eus prétendu	eûmes prétendu
prétendis	prétendîtes	eus prétendu	eûtes prétendu
prétendit	prétendirent	eut prétendu	eurent prétendu
4 futur		11 futur antérieur	
prétendrai	prétendrons	aurai prétendu	aurons prétendu
prétendras	prétendrez	auras prétendu	aurez prétendu
prétendra	prétendront	aura prétendu	auront prétendu
5 conditionnel		12 conditionnel passé	
prétendrais	prétendrions	aurais prétendu	aurions prétendu
prétendrais	prétendriez	aurais prétendu	auriez prétendu
prétendrait	prétendraient	aurait prétendu	auraient prétendu
6 présent du subjonctif		13 passé du subjonctif	
prétende	prétendions	aie prétendu	ayons pretendu
prétendes	prétendiez	aies prétendu	ayez prétendu
prétende	prétendent	ait prétendu	aient prétendu
7 imparfait du subjonctif		14 plus-que-parfait du subjonctif	
prétendisse	prétendissions	eusse prétendu	eussions prétendu
prétendisses	prétendissiez	eusses prétendu	eussiez prétendu
prétendît	prétendissent	eût prétendu	eussent prétendu

Impératif
prétends
prétendons
prétendez

Words and expressions related to this verb

prétendre savoir qqch   to claim to know
  something
prétentieux, prétentieuse   pretentious
un prétendu spécialiste   self-styled specialist
prétendre à   to lay claim to

la prétention   pretention
sans prétentions   unpretentious,
  unpretentiously
prétentieusement   pretentiously

Consult the sections on verbs used in idiomatic expressions, verbs with prepositions, and the
list of over 1,000 verbs conjugated like model verbs in the back pages.

The subject pronouns are found on the page facing page 1.
                                                                                            361

to lend

The Seven Simple Tenses		The Seven Compound Tenses	
Singular	Plural	Singular	Plural
1 présent de l'indicatif		**8 passé composé**	
prête	prêtons	ai prêté	avons prêté
prêtes	prêtez	as prêté	avez prêté
prête	prêtent	a prêté	ont prêté
2 imparfait de l'indicatif		**9 plus-que-parfait de l'indicatif**	
prêtais	prêtions	avais prêté	avions prêté
prêtais	prêtiez	avais prêté	aviez prêté
prêtait	prêtaient	avait prêté	avaient prêté
3 passé simple		**10 passé antérieur**	
prêtai	prêtâmes	eus prêté	eûmes prêté
prêtas	prêtâtes	eus prêté	eûtes prêté
prêta	prêtèrent	eut prêté	eurent prêté
4 futur		**11 futur antérieur**	
prêterai	prêterons	aurai prêté	aurons prêté
prêteras	prêterez	auras prêté	aurez prêté
prêtera	prêteront	aura prêté	auront prêté
5 conditionnel		**12 conditionnel passé**	
prêterais	prêterions	aurais prêté	aurions prêté
prêterais	prêteriez	aurais prêté	auriez prêté
prêterait	prêteraient	aurait prêté	auraient prêté
6 présent du subjonctif		**13 passé du subjonctif**	
prête	prêtions	aie prêté	ayons prêté
prêtes	prêtiez	aies prêté	ayez prêté
prête	prêtent	ait prêté	aient prêté
7 imparfait du subjonctif		**14 plus-que-parfait du subjonctif**	
prêtasse	prêtassions	eusse prêté	eussions prêté
prêtasses	prêtassiez	eusses prêté	eussiez prêté
prêtât	prêtassent	eût prêté	eussent prêté

Impératif
prête
prêtons
prêtez

Common idiomatic expressions using this verb

prêter à intérêt   to lend at interest
prêter attention à qqn ou à qqch   to pay attention to someone or something
un prêteur sur gages   pawnbroker
prêter la main à qqn   to give a helping hand to someone
prêter secours à qqn   to go to someone's rescue (help)
apprêter   to prepare, to get (something) ready
s'apprêter   to get oneself ready

to warn, to forestall, to ward off

The Seven Simple Tenses		The Seven Compound Tenses	
Singular	Plural	Singular	Plural
1 présent de l'indicatif		**8 passé composé**	
préviens	prévenons	ai prévenu	avons prévenu
préviens	prévenez	as prévenu	avez prévenu
prévient	préviennent	a prévenu	ont prévenu
2 imparfait de l'indicatif		**9 plus-que-parfait de l'indicatif**	
prévenais	prévenions	avais prévenu	avions prévenu
prévenais	préveniez	avais prévenu	aviez prévenu
prévenait	prévenaient	avait prévenu	avaient prévenu
3 passé simple		**10 passé antérieur**	
prévins	prévînmes	eus prévenu	eûmes prévenu
prévins	prévîntes	eus prévenu	eûtes prévenu
prévint	prévinrent	eut prévenu	eurent prévenu
4 futur		**11 futur antérieur**	
préviendrai	préviendrons	aurai prévenu	aurons prévenu
préviendras	préviendrez	auras prévenu	aurez prévenu
préviendra	préviendront	aura prévenu	auront prévenu
5 conditionnel		**12 conditionnel passé**	
préviendrais	préviendrions	aurais prévenu	aurions prévenu
préviendrais	préviendriez	aurais prévenu	auriez prévenu
préviendrait	préviendraient	aurait prévenu	auraient prévenu
6 présent du subjonctif		**13 passé du subjonctif**	
prévienne	prévenions	aie prévenu	ayons prévenu
préviennes	préveniez	aies prévenu	ayez prévenu
prévienne	préviennent	ait prévenu	aient prévenu
7 imparfait du subjonctif		**14 plus-que-parfait du subjonctif**	
prévinsse	prévinssions	eusse prévenu	eussions prévenu
prévinsses	prévinssiez	eusses prévenu	eussiez prévenu
prévînt	prévinssent	eût prévenu	eussent prévenu

Impératif
préviens
prévenons
prévenez

Words and expressions related to this verb

Mieux vaut prévenir que guérir
  Prevention is better than cure.
la prévenance   considerateness, kindness

prévenant, prévenante   considerate, kind,
  thoughtful
entourer qqn de prévenances   to shower
  someone with kindness, attention

Consult the sections on verbs used in idiomatic expressions, verbs with prepositions, and the list of over 1,000 verbs conjugated like model verbs in the back pages.

to foresee

The Seven Simple Tenses		The Seven Compound Tenses	
Singular	Plural	Singular	Plural
1 présent de l'indicatif		**8 passé composé**	
prévois	prévoyons	ai prévu	avons prévu
prévois	prévoyez	as prévu	avez prévu
prévoit	prévoient	a prévu	ont prévu
2 imparfait de l'indicatif		**9 plus-que-parfait de l'indicatif**	
prévoyais	prévoyions	avais prévu	avions prévu
prévoyais	prévoyiez	avais prévu	aviez prévu
prévoyait	prévoyaient	avait prévu	avaient prévu
3 passé simple		**10 passé antérieur**	
prévis	prévîmes	eus prévu	eûmes prévu
prévis	prévîtes	eus prévu	eûtes prévu
prévit	prévirent	eut prévu	eurent prévu
4 futur		**11 futur antérieur**	
prévoirai	prévoirons	aurai prévu	aurons prévu
prévoiras	prévoirez	auras prévu	aurez prévu
prévoira	prévoiront	aura prévu	auront prévu
5 conditionnel		**12 conditionnel passé**	
prévoirais	prévoirions	aurais prévu	aurions prévu
prévoirais	prévoiriez	aurais prévu	auriez prévu
prévoirait	prévoiraient	aurait prévu	auraient prévu
6 présent du subjonctif		**13 passé du subjonctif**	
prévoie	prévoyions	aie prévu	ayons prévu
prévoies	prévoyiez	aies prévu	ayez prévu
prévoie	prévoient	ait prévu	aient prévu
7 imparfait du subjonctif		**14 plus-que-parfait du subjonctif**	
prévisse	prévissions	eusse prévu	eussions prévu
prévisses	prévissiez	eusses prévu	eussiez prévu
prévît	prévissent	eût prévu	eussent prévu

Impératif
prévois
prévoyons
prévoyez

Words and expressions related to this verb

la prévision forecast
en prévision de in anticipation of
prévisible foreseeable; **visible** visible
la prévoyance foresight
une avant-première preview

prévoir le temps to forecast the weather
les prévisions météorologiques weather
   forecasts
voir to see
prévoyant, prévoyante provident

Consult the sections on verbs used in idiomatic expressions, verbs with prepositions, and the list of over 1,000 verbs conjugated like model verbs in the back pages.

to pray, to supplicate, to entreat, to beg, to request

The Seven Simple Tenses		The Seven Compound Tenses	
Singular	Plural	Singular	Plural

1 présent de l'indicatif		8 passé composé	
prie	prions	ai prié	avons prié
pries	priez	as prié	avez prié
prie	prient	a prié	ont prié

2 imparfait de l'indicatif		9 plus-que-parfait de l'indicatif	
priais	priions	avais prié	avions prié
priais	priiez	avais prié	aviez prié
priait	priaient	avait prié	avaient prié

3 passé simple		10 passé antérieur	
priai	priâmes	eus prié	eûmes prié
prias	priâtes	eus prié	eûtes prié
pria	prièrent	eut prié	eurent prié

4 futur		11 futur antérieur	
prierai	prierons	aurai prié	aurons prié
prieras	prierez	auras prié	aurez prié
priera	prieront	aura prié	auront prié

5 conditionnel		12 conditionnel passé	
prierais	prierions	aurais prié	aurions prié
prierais	prieriez	aurais prié	auriez prié
prierait	prieraient	aurait prié	auraient prié

6 présent du subjonctif		13 passé du subjonctif	
prie	priions	aie prié	ayons prié
pries	priiez	aies prié	ayez prié
prie	prient	ait prié	aient prié

7 imparfait du subjonctif		14 plus-que-parfait du subjonctif	
priasse	priassions	eusse prié	eussions prié
priasses	priassiez	eusses prié	eussiez prié
priât	priassent	eût prié	eussent prié

Impératif
prie
prions
priez

Words and expressions related to this verb

prier qqn de faire qqch   to beg (entreat, request) someone to do something
Je vous en prie!   You're welcome! I beg of you!
On vous prie de + inf.   You are requested + inf.
prier qqn à faire qqch   to invite someone to do something
une prière   prayer; **Prière d'entrer sans frapper**   Please enter without knocking.
Prière de ne pas fumer   You are requested not to smoke.
Puis-je entrer?   May I come in? —**Je vous en prie!**   Please do! (I beg you to do so)
vouloir se faire prier   to desire to be urged; **Madame Duchemin veut toujours se faire
   prier**   Mrs. Duchemin always wants to be urged.
sans se faire prier   willingly

The subject pronouns are found on the page facing page 1.

produire

to produce

The Seven Simple Tenses		The Seven Compound Tenses	
Singular	Plural	Singular	Plural

1 présent de l'indicatif

		8 passé composé	
produis	produisons	ai produit	avons produit
produis	produisez	as produit	avez produit
produit	produisent	a produit	ont produit

2 imparfait de l'indicatif

		9 plus-que-parfait de l'indicatif	
produisais	produisions	avais produit	avions produit
produisais	produisiez	avais produit	aviez produit
produisait	produisaient	avait produit	avaient produit

3 passé simple

		10 passé antérieur	
produisis	produisîmes	eus produit	eûmes produit
produisis	produisîtes	eus produit	eûtes produit
produisit	produisirent	eut produit	eurent produit

4 futur

		11 futur antérieur	
produirai	produirons	aurai produit	aurons produit
produiras	produirez	auras produit	aurez produit
produira	produiront	aura produit	auront produit

5 conditionnel

		12 conditionnel passé	
produirais	produirions	aurais produit	aurions produit
produirais	produiriez	aurais produit	auriez produit
produirait	produiraient	aurait produit	auraient produit

6 présent du subjonctif

		13 passé du subjonctif	
produise	produisions	aie produit	ayons produit
produises	produisiez	aies produit	ayez produit
produise	produisent	ait produit	aient produit

7 imparfait du subjonctif

		14 plus-que-parfait du subjonctif	
produisisse	produisissions	eusse produit	eussions produit
produisisses	produisissiez	eusses produit	eussiez produit
produisît	produisissent	eût produit	eussent produit

Impératif
produis
produisons
produisez

Words related to this verb

un produit   product
la production   production
productible   producible
productif, productive   productive
le produit national brut   the gross national product

la productivité   productivity
se produire   to happen, to occur, to be brought about
les produits alimentaires   food products
se produire en public   to appear in public

Consult the back pages for verbs used with certain prepositions.

to take a walk

The Seven Simple Tenses		The Seven Compound Tenses	
Singular	Plural	Singular	Plural
1 présent de l'indicatif		**8 passé composé**	
me promène	nous promenons	me suis promené(e)	nous sommes promené(e)s
te promènes	vous promenez	t'es promené(e)	vous êtes promené(e)(s)
se promène	se promènent	s'est promené(e)	se sont promené(e)s
2 imparfait de l'indicatif		**9 plus-que-parfait de l'indicatif**	
me promenais	nous promenions	m'étais promené(e)	nous étions promené(e)s
te promenais	vous promeniez	t'étais promené(e)	vous étiez promené(e)(s)
se promenait	se promenaient	s'était promené(e)	s'étaient promené(e)s
3 passé simple		**10 passé antérieur**	
me promenai	nous promenâmes	me fus promené(e)	nous fûmes promené(e)s
te promenas	vous promenâtes	te fus promené(e)	vous fûtes promené(e)(s)
se promena	se promenèrent	se fut promené(e)	se furent promené(e)s
4 futur		**11 futur antérieur**	
me promènerai	nous promènerons	me serai promené(e)	nous serons promené(e)s
te promèneras	vous promènerez	te seras promené(e)	vous serez promené(e)(s)
se promènera	se promèneront	se sera promené(e)	se seront promené(e)s
5 conditionnel		**12 conditionnel passé**	
me promènerais	nous promènerions	me serais promené(e)	nous serions promené(e)s
te promènerais	vous promèneriez	te serais promené(e)	vous seriez promené(e)(s)
se promènerait	se promèneraient	se serait promené(e)	se seraient promené(e)s
6 présent du subjonctif		**13 passé du subjonctif**	
me promène	nous promenions	me sois promené(e)	nous soyons promené(e)s
te promènes	vous promeniez	te sois promené(e)	vous soyez promené(e)(s)
se promène	se promènent	se soit promené(e)	se soient promené(e)s
7 imparfait du subjonctif		**14 plus-que-parfait du subjonctif**	
me promenasse	nous promenassions	me fusse promené(e)	nous fussions promené(e)s
te promenasses	vous promenassiez	te fusses promené(e)	vous fussiez promené(e)(s)
se promenât	se promenassent	se fût promené(e)	se fussent promené(e)s

Impératif
promène-toi; ne te promène pas
promenons-nous; ne nous promenons pas
promenez-vous; ne vous promenez pas

Common idiomatic expressions using this verb

Je me promène tous les matins.   I take a walk every morning.
Cette promenade est merveilleuse.   This walk is marvelous.
Janine et Robert se sont promenés dans le parc.   Janine and Robert took a walk
  in the park.
faire une promenade   to take a walk
faire une promenade en voiture   to go for a drive
promener son chien   to take one's dog out for a walk
promener ses regards sur   to cast one's eyes on, to look over
un promenoir   indoor mall for walking, strolling

to promise

The Seven Simple Tenses		The Seven Compound Tenses	
Singular	Plural	Singular	Plural
1 présent de l'indicatif		**8 passé composé**	
promets	promettons	ai promis	avons promis
promets	promettez	as promis	avez promis
promet	promettent	a promis	ont promis
2 imparfait de l'indicatif		**9 plus-que-parfait de l'indicatif**	
promettais	promettions	avais promis	avions promis
promettais	promettiez	avais promis	aviez promis
promettait	promettaient	avait promis	avaient promis
3 passé simple		**10 passé antérieur**	
promis	promîmes	eus promis	eûmes promis
promis	promîtes	eus promis	eûtes promis
promit	promirent	eut promis	eurent promis
4 futur		**11 futur antérieur**	
promettrai	promettrons	aurai promis	aurons promis
promettras	promettrez	auras promis	aurez promis
promettra	promettront	aura promis	auront promis
5 conditionnel		**12 conditionnel passé**	
promettrais	promettrions	aurais promis	aurions promis
promettrais	promettriez	aurais promis	auriez promis
promettrait	promettraient	aurait promis	auraient promis
6 présent du subjonctif		**13 passé du subjonctif**	
promette	promettions	aie promis	ayons promis
promettes	promettiez	aies promis	ayez promis
promette	promettent	ait promis	aient promis
7 imparfait du subjonctif		**14 plus-que-parfait du subjonctif**	
promisse	promissions	eusse promis	eussions promis
promisses	promissiez	eusses promis	eussiez promis
promît	promissent	eût promis	eussent promis

Impératif
promets
promettons
promettez

Common idiomatic expressions using this verb

promettre de faire qqch to promise to do something
une promesse promise
tenir sa promesse to keep one's promise
promettre à qqn de faire qqch to promise someone to do something
Ça promet! It looks promising!
se promettre to promise oneself

See also **mettre** and compounds of **mettre**, e.g., **permettre**.

to pronounce, to declare

The Seven Simple Tenses		The Seven Compound Tenses	
Singular	Plural	Singular	Plural

1 présent de l'indicatif

		8 passé composé	
prononce	prononçons	ai prononcé	avons prononcé
prononces	prononcez	as prononcé	avez prononcé
prononce	prononcent	a prononcé	ont prononcé

2 imparfait de l'indicatif

		9 plus-que-parfait de l'indicatif	
prononçais	prononcions	avais prononcé	avions prononcé
prononçais	prononciez	avais prononcé	aviez prononcé
prononçait	prononçaient	avait prononcé	avaient prononcé

3 passé simple

		10 passé antérieur	
prononçai	prononçâmes	eus prononcé	eûmes prononcé
prononças	prononçâtes	eus prononcé	eûtes prononcé
prononça	prononcèrent	eut prononcé	eurent prononcé

4 futur

		11 futur antérieur	
prononcerai	prononcerons	aurai prononcé	aurons prononcé
prononceras	prononcerez	auras prononcé	aurez prononcé
prononcera	prononceront	aura prononcé	auront prononcé

5 conditionnel

		12 conditionnel passé	
prononcerais	prononcerions	aurais prononcé	aurions prononcé
prononcerais	prononceriez	aurais prononcé	auriez prononcé
prononcerait	prononceraient	aurait prononcé	auraient prononcé

6 présent du subjonctif

		13 passé du subjonctif	
prononce	prononcions	aie prononcé	ayons prononcé
prononces	prononciez	aies prononcé	ayez prononcé
prononce	prononcent	ait prononcé	aient prononcé

7 imparfait du subjonctif

		14 plus-que-parfait du subjonctif	
prononçasse	prononçassions	eusse prononcé	eussions prononcé
prononçasses	prononçassiez	eusses prononcé	eussiez prononcé
prononçât	prononçassent	eût prononcé	eussent prononcé

Impératif
prononce
prononçons
prononcez

Words and expressions related to this verb

prononcer un discours   to deliver a speech
la prononciation   pronunciation
prononçable   pronounceable
se prononcer pour   to decide in favor of
énoncer   to enunciate

annoncer   to announce
dénoncer   to denounce
se prononcer   to declare, to be pronounced (as a word)
se prononcer contre   to decide against

to prove

The Seven Simple Tenses		The Seven Compound Tenses	
Singular	Plural	Singular	Plural
1 présent de l'indicatif		**8 passé composé**	
prouve	prouvons	ai prouvé	avons prouvé
prouves	prouvez	as prouvé	avez prouvé
prouve	prouvent	a prouvé	ont prouvé
2 imparfait de l'indicatif		**9 plus-que-parfait de l'indicatif**	
prouvais	prouvions	avais prouvé	avions prouvé
prouvais	prouviez	avais prouvé	aviez prouvé
prouvait	prouvaient	avait prouvé	avaient prouvé
3 passé simple		**10 passé antérieur**	
prouvai	prouvâmes	eus prouvé	eûmes prouvé
prouvas	prouvâtes	eus prouvé	eûtes prouvé
prouva	prouvèrent	eut prouvé	eurent prouvé
4 futur		**11 futur antérieur**	
prouverai	prouverons	aurai prouvé	aurons prouvé
prouveras	prouverez	auras prouvé	aurez prouvé
prouvera	prouveront	aura prouvé	auront prouvé
5 conditionnel		**12 conditionnel passé**	
prouverais	prouverions	aurais prouvé	aurions prouvé
prouverais	prouveriez	aurais prouvé	auriez prouvé
prouverait	prouveraient	aurait prouvé	auraient prouvé
6 présent du subjonctif		**13 passé du subjonctif**	
prouve	prouvions	aie prouvé	ayons prouvé
prouves	prouviez	aies prouvé	ayez prouvé
prouve	prouvent	ait prouvé	aient prouvé
7 imparfait du subjonctif		**14 plus-que-parfait du subjonctif**	
prouvasse	prouvassions	eusse prouvé	eussions prouvé
prouvasses	prouvassiez	eusses prouvé	eussiez prouvé
prouvât	prouvassent	eût prouvé	eussent prouvé

Impératif
prouve
prouvons
prouvez

Words and expressions related to this verb

une preuve proof
comme preuve by way of proof
prouvable provable
une épreuve test, proof
approuver to approve of
désapprouver to disapprove of
faire la preuve de qqch to prove
   something

éprouver to test, to try, to experience
éprouver de la sympathie pour to feel
   sympathy for
mettre à l'épreuve to put to the test
avoir la preuve de to have proof of

The Seven Simple Tenses

Singular	Plural

1 présent de l'indicatif

pue	puons
pues	puez
pue	puent

2 imparfait de l'indicatif

puais	puions
puais	puiez
puait	puaient

4 futur

puerai	puerons
pueras	puerez
puera	pueront

5 conditionnel

puerais	puerions
puerais	pueriez
puerait	pueraient

Words and expressions related to this verb

puant, puante stinking; conceited
la puanteur stink, foul smell
Robert est un type puant Robert is a stinker.
Cet ivrogne pue l'alcool; je me bouche le nez This drunkard stinks of alcohol;
I'm blocking my nose.
Joseph, ta chambre pue la porcherie Joseph, you room smells like a pigsty.

This verb is used mainly in the above tenses.

If you have the need to use this verb in all the 14 tenses and the imperative, the forms are the same as for the verb **tuer** among the 501 verbs. Just replace the letter **t** with the letter **p**.

to punish

The Seven Simple Tenses		The Seven Compound Tenses	
Singular	Plural	Singular	Plural

1　présent de l'indicatif

		8　passé composé	
punis	punissons	ai puni	avons puni
punis	punissez	as puni	avez puni
punit	punissent	a puni	ont puni

2　imparfait de l'indicatif

		9　plus-que-parfait de l'indicatif	
punissais	punissions	avais puni	avions puni
punissais	punissiez	avais puni	aviez puni
punissait	punissaient	avait puni	avaient puni

3　passé simple

		10　passé antérieur	
punis	punîmes	eus puni	eûmes puni
punis	punîtes	eus puni	eûtes puni
punit	punirent	eut puni	eurent puni

4　futur

		11　futur antérieur	
punirai	punirons	aurai puni	aurons puni
puniras	punirez	auras puni	aurez puni
punira	puniront	aura puni	auront puni

5　conditionnel

		12　conditionnel passé	
punirais	punirions	aurais puni	aurions puni
punirais	puniriez	aurais puni	auriez puni
punirait	puniraient	aurait puni	auraient puni

6　présent du subjonctif

		13　passé du subjonctif	
punisse	punissions	aie puni	ayons puni
punisses	punissiez	aies puni	ayez puni
punisse	punissent	ait puni	aient puni

7　imparfait du subjonctif

		14　plus-que-parfait du subjonctif	
punisse	punissions	eusse puni	eussions puni
punisses	punissiez	eusses puni	eussiez puni
punît	punissent	eût puni	eussent puni

Impératif
punis
punissons
punissez

Words and expressions related to this verb and sentences using them

punisseur, punisseuse　punisher
punissable　punishable
punition (*f.*)　punishment
punitif, punitive　punitive

échapper à la punition　to escape
　punishment
la peine capitale　capital punishment
en punition　as a punishment

La maîtresse de biologie: Pierre, si tu continues à venir dans cette classe sans avoir fait tes devoirs, je téléphonerai à tes parents pour te punir. Mérites-tu une punition? Oui ou non? Aimes-tu les mesures disciplinaires? Aimes-tu les mesures punitives? Je ne le pense pas. Compris?

The Seven Simple Tenses		The Seven Compound Tenses	
Singular	Plural	Singular	Plural

1 présent de l'indicatif		**8 passé composé**	
quitte	quittons	ai quitté	avons quitté
quittes	quittez	as quitté	avez quitté
quitte	quittent	a quitté	ont quitté

2 imparfait de l'indicatif		**9 plus-que-parfait de l'indicatif**	
quittais	quittions	avais quitté	avions quitté
quittais	quittiez	avais quitté	aviez quitté
quittait	quittaient	avait quitté	avaient quitté

3 passé simple		**10 passé antérieur**	
quittai	quittâmes	eus quitté	eûmes quitté
quittas	quittâtes	eus quitté	eûtes quitté
quitta	quittèrent	eut quitté	eurent quitté

4 futur		**11 futur antérieur**	
quitterai	quitterons	aurai quitté	aurons quitté
quitteras	quitterez	auras quitté	aurez quitté
quittera	quitteront	aura quitté	auront quitté

5 conditionnel		**12 conditionnel passé**	
quitterais	quitterions	aurais quitté	aurions quitté
quitterais	quitteriez	aurais quitté	auriez quitté
quitterait	quitteraient	aurait quitté	auraient quitté

6 présent du subjonctif		**13 passé du subjonctif**	
quitte	quittions	aie quitté	ayons quitté
quittes	quittiez	aies quitté	ayez quitté
quitte	quittent	ait quitté	aient quitté

7 imparfait du subjonctif		**14 plus-que-parfait du subjonctif**	
quittasse	quittassions	eusse quitté	eussions quitté
quittasses	quittassiez	eusses quitté	eussiez quitté
quittât	quittassent	eût quitté	eussent quitté

Impératif
quitte
quittons
quittez

Words and expressions related to this verb

une quittance   acquittance, discharge
quitter son chapeau   to take off one's hat
se quitter   to separate, to leave each other
Ne quittez pas, s'il vous plaît   Hold the line,
  please! (on the phone)
être quitte   to be free of an obligation
Elle a quitté son mari   She left her husband.

acquitter   to acquit
s'acquitter de   to fulfill
un acquittement   acquittal
**Je vous ai payé la dette; maintenant nous
  sommes quittes!**   I paid you the debt;
  now we're even!
Il a quitté sa femme   He left his wife.

to relate, to tell about

The Seven Simple Tenses		The Seven Compound Tenses	
Singular	Plural	Singular	Plural
1 présent de l'indicatif		**8 passé composé**	
raconte	racontons	ai raconté	avons raconté
racontes	racontez	as raconté	avez raconté
raconte	racontent	a raconté	ont raconté
2 imparfait de l'indicatif		**9 plus-que-parfait de l'indicatif**	
racontais	racontions	avais raconté	avions raconté
racontais	racontiez	avais raconté	aviez raconté
racontait	racontaient	avait raconté	avaient raconté
3 passé simple		**10 passé antérieur**	
racontai	racontâmes	eus raconté	eûmes raconté
racontas	racontâtes	eus raconté	eûtes raconté
raconta	racontèrent	eut raconté	eurent raconté
4 futur		**11 futur antérieur**	
raconterai	raconterons	aurai raconté	aurons raconté
raconteras	raconterez	auras raconté	aurez raconté
racontera	raconteront	aura raconté	auront raconté
5 conditionnel		**12 conditionnel passé**	
raconterais	raconterions	aurais raconté	aurions raconté
raconterais	raconteriez	aurais raconté	auriez raconté
raconterait	raconteraient	aurait raconté	auraient raconté
6 présent du subjonctif		**13 passé du subjonctif**	
raconte	racontions	aie raconté	ayons raconté
racontes	racontiez	aies raconté	ayez raconté
raconte	racontent	ait raconté	aient raconté
7 imparfait du subjonctif		**14 plus-que-parfait du subjonctif**	
racontasse	racontassions	eusse raconté	eussions raconté
racontasses	racontassiez	eusses raconté	eussiez raconté
racontât	racontassent	eût raconté	eussent raconté

Impératif
raconte
racontons
racontez

Sentences using this verb and words related to it

   Mon professeur de français aime nous raconter des anecdotes en français dans la classe de français. C'est un bon raconteur.

un raconteur, une raconteuse   storyteller
Qu'est-ce que vous racontez?   What are you talking about?

See also **conter**.

to set (put) in order, to tidy up

The Seven Simple Tenses		The Seven Compound Tenses	
Singular	Plural	Singular	Plural

1   présent de l'indicatif

range	rangeons
ranges	rangez
range	rangent

8   passé composé

ai rangé	avons rangé
as rangé	avez rangé
a rangé	ont rangé

2   imparfait de l'indicatif

rangeais	rangions
rangeais	rangiez
rangeait	rangeaient

9   plus-que-parfait de l'indicatif

avais rangé	avions rangé
avais rangé	aviez rangé
avait rangé	avaient rangé

3   passé simple

rangeai	rangeâmes
rangeas	rangeâtes
rangea	rangèrent

10   passé antérieur

eus rangé	eûmes rangé
eus rangé	eûtes rangé
eut rangé	eurent rangé

4   futur

rangerai	rangerons
rangeras	rangerez
rangera	rangeront

11   futur antérieur

aurai rangé	aurons rangé
auras rangé	aurez rangé
aura rangé	auront rangé

5   conditionnel

rangerais	rangerions
rangerais	rangeriez
rangerait	rangeraient

12   conditionnel passé

aurais rangé	aurions rangé
aurais rangé	auriez rangé
aurait rangé	auraient rangé

6   présent du subjonctif

range	rangions
ranges	rangiez
range	rangent

13   passé du subjonctif

aie rangé	ayons rangé
aies rangé	ayez rangé
ait rangé	aient rangé

7   imparfait du subjonctif

rangeasse	rangeassions
rangeasses	rangeassiez
rangeât	rangeassent

14   plus-que-parfait du subjonctif

eusse rangé	eussions rangé
eusses rangé	eussiez rangé
eût rangé	eussent rangé

Impératif
range
rangeons
rangez

Words and expressions related to this verb

un rang row; rank	**de premier rang** first-rate
sortir du rang to rise from the ranks	**se mettre sur les rangs** to join the ranks
une rangée d'arbres a line of trees	**se ranger** to stand back (out of the way)
déranger to disturb	**arranger** to arrange; **s'arranger avec**
se déranger to inconvenience oneself	to come to terms with, to come to an agreement with; to manage

Consult the sections on verbs used in idiomatic expressions, verbs with prepositions, and the list of over 1,000 verbs conjugated like model verbs in the back pages.

The subject pronouns are found on the page facing page 1.

to call again, to call back, to recall, to remind

The Seven Simple Tenses		The Seven Compound Tenses	
Singular	Plural	Singular	Plural
1 présent de l'indicatif		**8 passé composé**	
rappelle	rappelons	ai rappelé	avons rappelé
rappelles	rappelez	as rappelé	avez rappelé
rappelle	rappellent	a rappelé	ont rappelé
2 imparfait de l'indicatif		**9 plus-que-parfait de l'indicatif**	
rappelais	rappelions	avais rappelé	avions rappelé
rappelais	rappeliez	avais rappelé	aviez rappelé
rappelait	rappelaient	avait rappelé	avaient rappelé
3 passé simple		**10 passé antérieur**	
rappelai	rappelâmes	eus rappelé	eûmes rappelé
rappelas	rappelâtes	eus rappelé	eûtes rappelé
rappela	rappelèrent	eut rappelé	eurent rappelé
4 futur		**11 futur antérieur**	
rappellerai	rappellerons	aurai rappelé	aurons rappelé
rappelleras	rappellerez	auras rappelé	aurez rappelé
rappellera	rappelleront	aura rappelé	auront rappelé
5 conditionnel		**12 conditionnel passé**	
rappellerais	rappellerions	aurais rappelé	aurions rappelé
rappellerais	rappelleriez	aurais rappelé	auriez rappelé
rappellerait	rappelleraient	aurait rappelé	auraient rappelé
6 présent du subjonctif		**13 passé du subjonctif**	
rappelle	rappelions	aie rappelé	ayons rappelé
rappelles	rappeliez	aies rappelé	ayez rappelé
rappelle	rappellent	ait rappelé	aient rappelé
7 imparfait du subjonctif		**14 plus-que-parfait du subjonctif**	
rappelasse	rappelassions	eusse rappelé	eussions rappelé
rappelasses	rappelassiez	eusses rappelé	eussiez rappelé
rappelât	rappelassent	eût rappelé	eussent rappelé

Impératif
rappelle
rappelons
rappelez

Sentences using this verb and words related to it

—Je ne peux pas vous parler maintenant. Rappelez-moi demain.
—D'accord. Je vous rappellerai demain.

un rappel   recall, call back, recalling
rappeler à la vie   to restore to life
Rappelez-moi votre nom.   Remind me of your name.
rappeler qqn à l'ordre   to call someone to order

See also **appeler**, **s'appeler**, and **se rappeler**.

to remember, to recall, to recollect

The Seven Simple Tenses		The Seven Compound Tenses	
Singular	Plural	Singular	Plural

1 présent de l'indicatif

me rappelle	nous rappelons		
te rappelles	vous rappelez		
se rappelle	se rappellent		

8 passé composé

me suis rappelé(e)	nous sommes rappelé(e)s
t'es rappelé(e)	vous êtes rappelé(e)(s)
s'est rappelé(e)	se sont rappelé(e)s

2 imparfait de l'indicatif

me rappelais	nous rappelions
te rappelais	vous rappeliez
se rappelait	se rappelaient

9 plus-que-parfait de l'indicatif

m'étais rappelé(e)	nous étions rappelé(e)s
t'étais rappelé(e)	vous étiez rappelé(e)(s)
s'était rappelé(e)	s'étaient rappelé(e)s

3 passé simple

me rappelai	nous rappelâmes
te rappelas	vous rappelâtes
se rappela	se rappelèrent

10 passé antérieur

me fus rappelé(e)	nous fûmes rappelé(e)s
te fus rappelé(e)	vous fûtes rappelé(e)(s)
se fut rappelé(e)	se furent rappelé(e)s

4 futur

me rappellerai	nous rappellerons
te rappelleras	vous rappellerez
se rappellera	se rappelleront

11 futur antérieur

me serai rappelé(e)	nous serons rappelé(e)s
te seras rappelé(e)	vous serez rappelé(e)(s)
se sera rappelé(e)	se seront rappelé(e)s

5 conditionnel

me rappellerais	nous rappellerions
te rappellerais	vous rappelleriez
se rappellerait	se rappelleraient

12 conditionnel passé

me serais rappelé(e)	nous serions rappelé(e)s
te serais rappelé(e)	vous seriez rappelé(e)(s)
se serait rappelé(e)	se seraient rappelé(e)s

6 présent du subjonctif

me rappelle	nous rappelions
te rappelles	vous rappeliez
se rappelle	se rappellent

13 passé du subjonctif

me sois rappelé(e)	nous soyons rappelé(e)s
te sois rappelé(e)	vous soyez rappelé(e)(s)
se soit rappelé(e)	se soient rappelé(e)s

7 imparfait du subjonctif

me rappelasse	nous rappelassions
te rappelasses	vous rappelassiez
se rappelât	se rappelassent

14 plus-que-parfait du subjonctif

me fusse rappelé(e)	nous fussions rappelé(e)s
te fusses rappelé(e)	vous fussiez rappelé(e)(s)
se fût rappelé(e)	se fussent rappelé(e)s

Impératif
rappelle-toi; ne te rappelle pas
rappelons-nous; ne nous rappelons pas
rappelez-vous; ne vous rappelez pas

Sentences using this verb and words related to it

Je me rappelle bien le premier jour où j'ai vu la belle Hélène. C'était un jour inoubliable.

See also **appeler, s'appeler,** and **rappeler.**

Consult the front and back pages for various sections on using verbs.

The subject pronouns are found on the page facing page 1.   **377**

to receive, to get

The Seven Simple Tenses		The Seven Compound Tenses	
Singular	Plural	Singular	Plural
1 présent de l'indicatif		**8 passé composé**	
reçois	recevons	ai reçu	avons reçu
reçois	recevez	as reçu	avez reçu
reçoit	reçoivent	a reçu	ont reçu
2 imparfait de l'indicatif		**9 plus-que-parfait de l'indicatif**	
recevais	recevions	avais reçu	avions reçu
recevais	receviez	avais reçu	aviez reçu
recevait	recevaient	avait reçu	avaient reçu
3 passé simple		**10 passé antérieur**	
reçus	reçûmes	eus reçu	eûmes reçu
reçus	reçûtes	eus reçu	eûtes reçu
reçut	reçurent	eut reçu	eurent reçu
4 futur		**11 futur antérieur**	
recevrai	recevrons	aurai reçu	aurons reçu
recevras	recevrez	auras reçu	aurez reçu
recevra	recevront	aura reçu	auront reçu
5 conditionnel		**12 conditionnel passé**	
recevrais	recevrions	aurais reçu	aurions reçu
recevrais	recevriez	aurais reçu	auriez reçu
recevrait	recevraient	aurait reçu	auraient reçu
6 présent du subjonctif		**13 passé du subjonctif**	
reçoive	recevions	aie reçu	ayons reçu
reçoives	receviez	aies reçu	ayez reçu
reçoive	reçoivent	ait reçu	aient reçu
7 imparfait du subjonctif		**14 plus-que-parfait du subjonctif**	
reçusse	reçussions	eusse reçu	eussions reçu
reçusses	reçussiez	eusses reçu	eussiez reçu
reçût	reçussent	eût reçu	eussent reçu

Impératif
reçois
recevons
recevez

Words and expressions related to this verb

réceptif, réceptive receptive
une réception reception, welcome
un, une réceptionniste receptionist
un reçu a receipt
au reçu de on receipt of

recevable receivable
un receveur, une receveuse receiver
être reçu à un examen
to pass an exam

Consult the back pages for the section on French proverbs using verbs.

to recognize, to acknowledge

The Seven Simple Tenses		The Seven Compound Tenses	
Singular	Plural	Singular	Plural

1 présent de l'indicatif
		8 passé composé	
reconnais	reconnaissons	ai reconnu	avons reconnu
reconnais	reconnaissez	as reconnu	avez reconnu
reconnaît	reconnaissent	a reconnu	ont reconnu

2 imparfait de l'indicatif
		9 plus-que-parfait de l'indicatif	
reconnaissais	reconnaissions	avais reconnu	avions reconnu
reconnaissais	reconnaissiez	avais reconnu	aviez reconnu
reconnaissait	reconnaissaient	avait reconnu	avaient reconnu

3 passé simple
		10 passé antérieur	
reconnus	reconnûmes	eus reconnu	eûmes reconnu
reconnus	reconnûtes	eus reconnu	eûtes reconnu
reconnut	reconnurent	eut reconnu	eurent reconnu

4 futur
		11 futur antérieur	
reconnaîtrai	reconnaîtrons	aurai reconnu	aurons reconnu
reconnaîtras	reconnaîtrez	auras reconnu	aurez reconnu
reconnaîtra	reconnaîtront	aura reconnu	auront reconnu

5 conditionnel
		12 conditionnel passé	
reconnaîtrais	reconnaîtrions	aurais reconnu	aurions reconnu
reconnaîtrais	reconnaîtriez	aurais reconnu	auriez reconnu
reconnaîtrait	reconnaîtraient	aurait reconnu	auraient reconnu

6 présent du subjonctif
		13 passé du subjonctif	
reconnaisse	reconnaissions	aie reconnu	ayons reconnu
reconnaisses	reconnaissiez	aies reconnu	ayez reconnu
reconnaisse	reconnaissent	ait reconnu	aient reconnu

7 imparfait du subjonctif
		14 plus-que-parfait du subjonctif	
reconnusse	reconnussions	eusse reconnu	eussions reconnu
reconnusses	reconnussiez	eusses reconnu	eussiez reconnu
reconnût	reconnussent	eût reconnu	eussent reconnu

Impératif
reconnais
reconnaissons
reconnaissez

Words and expressions related to this verb

la reconnaissance   gratitude, gratefulness, recognition
être reconnaissant à qqn de   to be grateful (thankful, obliged) to someone for

se reconnaître   to recognize oneself, to recognize each other
reconnaissable   recognizable

See also **connaître.**

Consult the sections on verbs used in idiomatic expressions, verbs with prepositions, and the list of over 1,000 verbs conjugated like model verbs in the back pages.

to collect, to gather, to harvest

The Seven Simple Tenses		The Seven Compound Tenses	
Singular	Plural	Singular	Plural
1 présent de l'indicatif		**8 passé composé**	
recueille	recueillons	ai recueilli	avons recueilli
recueilles	recueillez	as recueilli	avez recueilli
recueille	recueillent	a recueilli	ont recueilli
2 imparfait de l'indicatif		**9 plus-que-parfait de l'indicatif**	
recueillais	recueillions	avais recueilli	avions recueilli
recueillais	recueilliez	avais recueilli	aviez recueilli
recueillait	recueillaient	avait recueilli	avaient recueilli
3 passé simple		**10 passé antérieur**	
recueillis	recueillîmes	eus recueilli	eûmes recueilli
recueillis	recueillîtes	eus recueilli	eûtes recueilli
recueillit	recueillirent	eut recueilli	eurent recueilli
4 futur		**11 futur antérieur**	
recueillerai	recueillerons	aurai recueilli	aurons recueilli
recueilleras	recueillerez	auras recueilli	aurez recueilli
recueillera	recueilleront	aura recueilli	auront recueilli
5 conditionnel		**12 conditionnel passé**	
recueillerais	recueillerions	aurais recueilli	aurions recueilli
recueillerais	recueilleriez	aurais recueilli	auriez recueilli
recueillerait	recueilleraient	aurait recueilli	auraient recueilli
6 présent du subjonctif		**13 passé du subjonctif**	
recueille	recueillions	aie recueilli	ayons recueilli
recueilles	recueilliez	aies recueilli	ayez recueilli
recueille	recueillent	ait recueilli	aient recueilli
7 imparfait du subjonctif		**14 plus-que-parfait du subjonctif**	
recueillisse	recueillissions	eusse recueilli	eussions recueilli
recueillisses	recueillissiez	eusses recueilli	eussiez recueilli
recueillît	recueillissent	eût recueilli	eussent recueilli

Impératif
recueille
recueillons
recueillez

Words and expressions related to this verb

recueillir le fruit de son travail
  to reap the fruit of one's labor
un recueil collection; **un recueil de contes**
  collection of stories

le recueillement meditation, contemplation
se recueillir to meditate, to collect
  one's thoughts

Avez-vous jamais lu le poème *Recueillement* de Charles Baudelaire? Have you ever
read the poem *Recueillement* by Charles Baudelaire?

Consult the sections on verbs used in idiomatic expressions, verbs with prepositions, and the
list of over 1,000 verbs conjugated like model verbs in the back pages.

to reduce, to decrease, to diminish

The Seven Simple Tenses		The Seven Compound Tenses	
Singular	Plural	Singular	Plural
1 présent de l'indicatif		**8 passé composé**	
réduis	réduisons	ai réduit	avons réduit
réduis	réduisez	as réduit	avez réduit
réduit	réduisent	a réduit	ont réduit
2 imparfait de l'indicatif		**9 plus-que-parfait de l'indicatif**	
réduisais	réduisions	avais réduit	avions réduit
réduisais	réduisiez	avais réduit	aviez réduit
réduisait	réduisaient	avait réduit	avaient réduit
3 passé simple		**10 passé antérieur**	
réduisis	réduisîmes	eus réduit	eûmes réduit
réduisis	réduisîtes	eus réduit	eûtes réduit
réduisit	réduisirent	eut réduit	eurent réduit
4 futur		**11 futur antérieur**	
réduirai	réduirons	aurai réduit	aurons réduit
réduiras	réduirez	auras réduit	aurez réduit
réduira	réduiront	aura réduit	auront réduit
5 conditionnel		**12 conditionnel passé**	
réduirais	réduirions	aurais réduit	aurions réduit
réduirais	réduiriez	aurais réduit	auriez réduit
réduirait	réduiraient	aurait réduit	auraient réduit
6 présent du subjonctif		**13 passé du subjonctif**	
réduise	réduisions	aie réduit	ayons réduit
réduises	réduisiez	aies réduit	ayez réduit
réduise	réduisent	ait réduit	aient réduit
7 imparfait du subjonctif		**14 plus-que-parfait du subjonctif**	
réduisisse	réduisissions	eusse réduit	eussions réduit
réduisisses	réduisissiez	eusses réduit	eussiez réduit
réduisît	réduisissent	eût réduit	eussent réduit

Impératif
réduis
réduisons
réduisez

Words and expressions related to this verb

une réduction   reduction, decrease
réductible   reducible
une tête réduite   shrunken head

la réductibilité   reductibility
se réduire à   to be reduced to
à prix réduit   at a reduced price

Consult the back pages for over 1,000 verbs conjugated like model verbs among the 501 in this book.

Try the verb tests (with answers explained) in the back pages.

réfléchir

to think, to meditate, to reflect, to ponder

The Seven Simple Tenses		The Seven Compound Tenses	
Singular	Plural	Singular	Plural
1 présent de l'indicatif		**8 passé composé**	
réfléchis	réfléchissons	ai réfléchi	avons réfléchi
réfléchis	réfléchissez	as réfléchi	avez réfléchi
réfléchit	réfléchissent	a réfléchi	ont réfléchi
2 imparfait de l'indicatif		**9 plus-que-parfait de l'indicatif**	
réfléchissais	réfléchissions	avais réfléchi	avions réfléchi
réfléchissais	réfléchissiez	avais réfléchi	aviez réfléchi
réfléchissait	réfléchissaient	avait réfléchi	avaient réfléchi
3 passé simple		**10 passé antérieur**	
réfléchis	réfléchîmes	eus réfléchi	eûmes réfléchi
réfléchis	réfléchîtes	eus réfléchi	eûtes réfléchi
réfléchit	réfléchirent	eut réfléchi	eurent réfléchi
4 futur		**11 futur antérieur**	
réfléchirai	réfléchirons	aurai réfléchi	aurons réfléchi
réfléchiras	réfléchirez	auras réfléchi	aurez réfléchi
réfléchira	réfléchiront	aura réfléchi	auront réfléchi
5 conditionnel		**12 conditionnel passé**	
réfléchirais	réfléchirions	aurais réfléchi	aurions réfléchi
réfléchirais	réfléchiriez	aurais réfléchi	auriez réfléchi
réfléchirait	réfléchiraient	aurait réfléchi	auraient réfléchi
6 présent du subjonctif		**13 passé du subjonctif**	
réfléchisse	réfléchissions	aie réfléchi	ayons réfléchi
réfléchisses	réfléchissiez	aies réfléchi	ayez réfléchi
réfléchisse	réfléchissènt	ait réfléchi	aient réfléchi
7 imparfait du subjonctif		**14 plus-que-parfait du subjonctif**	
réfléchisse	réfléchissions	eusse réfléchi	eussions réfléchi
réfléchisses	réfléchissiez	eusses réfléchi	eussiez réfléchi
réfléchît	réfléchissent	eût réfléchi	eussent réfléchi

Impératif
réfléchis
réfléchissons
réfléchissez

Sentences using this verb and expressions related to it

Mathilde: **Yvette, vas-tu au bal samedi soir?**
Yvette: **Je ne sais pas si j'y vais. Je demande à réfléchir.**
Mathilde: **Bon, alors, réfléchis avant de me donner ta réponse.**

réfléchir à qqch   to think over (ponder) something
réfléchir avant de parler   to think before speaking
La mer réfléchit le ciel   The sea reflects the sky.
un reflet   reflection
tout bien réfléchi   after careful thought

to refuse, to withhold

The Seven Simple Tenses		The Seven Compound Tenses	
Singular	Plural	Singular	Plural
1 présent de l'indicatif		**8 passé composé**	
refuse	refusons	ai refusé	avons refusé
refuses	refusez	as refusé	avez refusé
refuse	refusent	a refusé	ont refusé
2 imparfait de l'indicatif		**9 plus-que-parfait de l'indicatif**	
refusais	refusions	avais refusé	avions refusé
refusais	refusiez	avais refusé	aviez refusé
refusait	refusaient	avait refusé	avaient refusé
3 passé simple		**10 passé antérieur**	
refusai	refusâmes	eus refusé	eûmes refusé
refusas	refusâtes	eus refusé	eûtes refusé
refusa	refusèrent	eut refusé	eurent refusé
4 futur		**11 futur antérieur**	
refuserai	refuserons	aurai refusé	aurons refusé
refuseras	refuserez	auras refusé	aurez refusé
refusera	refuseront	aura refusé	auront refusé
5 conditionnel		**12 conditionnel passé**	
refuserais	refuserions	aurais refusé	aurions refusé
refuserais	refuseriez	aurais refusé	auriez refusé
refuserait	refuseraient	aurait refusé	auraient refusé
6 présent du subjonctif		**13 passé du subjonctif**	
refuse	refusions	aie refusé	ayons refusé
refuses	refusiez	aies refusé	ayez refusé
refuse	refusent	ait refusé	aient refusé
7 imparfait du subjonctif		**14 plus-que-parfait du subjonctif**	
refusasse	refusassions	eusse refusé	eussions refusé
refusasses	refusassiez	eusses refusé	eussiez refusé
refusât	refusassent	eût refusé	eussent refusé

Impératif
refuse
refusons
refusez

Sentences using this verb and words related to it

Je refuse absolument de vous écouter. Sortez, s'il vous plaît! Si vous refusez, vous le regretterez.

refuser de faire qqch to refuse to do something
se refuser qqch to deny oneself something
refusable refusable
un refus refusal

refuser l'entrée à qqn to turn someone away
refuser la vie routinière to refuse a routine life
Elle a été refusée She was refused.

The subject pronouns are found on the page facing page 1.   **383**

to look (at), to watch

The Seven Simple Tenses		The Seven Compound Tenses	
Singular	Plural	Singular	Plural
1 présent de l'indicatif		**8 passé composé**	
regarde	regardons	ai regardé	avons regardé
regardes	regardez	as regardé	avez regardé
regarde	regardent	a regardé	ont regardé
2 imparfait de l'indicatif		**9 plus-que-parfait de l'indicatif**	
regardais	regardions	avais regardé	avions regardé
regardais	regardiez	avais regardé	aviez regardé
regardait	regardaient	avait regardé	avaient regardé
3 passé simple		**10 passé antérieur**	
regardai	regardâmes	eus regardé	eûmes regardé
regardas	regardâtes	eus regardé	eûtes regardé
regarda	regardèrent	eut regardé	eurent regardé
4 futur		**11 futur antérieur**	
regarderai	regarderons	aurai regardé	aurons regardé
regarderas	regarderez	auras regardé	aurez regardé
regardera	regarderont	aura regardé	auront regardé
5 conditionnel		**12 conditionnel passé**	
regarderais	regarderions	aurais regardé	aurions regardé
regarderais	regarderiez	aurais regardé	auriez regardé
regarderait	regarderaient	aurait regardé	auraient regardé
6 présent du subjonctif		**13 passé du subjonctif**	
regarde	regardions	aie regardé	ayons regardé
regardes	regardiez	aies regardé	ayez regardé
regarde	regardent	ait regardé	aient regardé
7 imparfait du subjonctif		**14 plus-que-parfait du subjonctif**	
regardasse	regardassions	eusse regardé	eussions regardé
regardasses	regardassiez	eusses regardé	eussiez regardé
regardât	regardassent	eût regardé	eussent regardé

Impératif
regarde
regardons
regardez

Sentences using this verb and words related to it

—**Qu'est-ce que tu regardes, Bernard?**
—**Je regarde le ciel. Il est beau et clair.**
—**Pourquoi ne me regardes-tu pas?**

regarder qqch to look at (to watch) something; **regarder la télé** to watch TV
un regard glance, look; **au regard de** compared to, with regard to

Consult the back pages for the section on verbs that do not require a preposition.

The Seven Simple Tenses		The Seven Compound Tenses	
Singular	Plural	Singular	Plural
1 présent de l'indicatif		**8 passé composé**	
regrette	regrettons	ai regretté	avons regretté
regrettes	regrettez	as regretté	avez regretté
regrette	regrettent	a regretté	ont regretté
2 imparfait de l'indicatif		**9 plus-que-parfait de l'indicatif**	
regrettais	regrettions	avais regretté	avions regretté
regrettais	regrettiez	avais regretté	aviez regretté
regrettait	regrettaient	avait regretté	avaient regretté
3 passé simple		**10 passé antérieur**	
regrettai	regrettâmes	eus regretté	eûmes regretté
regrettas	regrettâtes	eus regretté	eûtes regretté
regretta	regrettèrent	eut regretté	eurent regretté
4 futur		**11 futur antérieur**	
regretterai	regretterons	aurai regretté	aurons regretté
regretteras	regretterez	auras regretté	aurez regretté
regrettera	regretteront	aura regretté	auront regretté
5 conditionnel		**12 conditionnel passé**	
regretterais	regretterions	aurais regretté	aurions regretté
regretterais	regretteriez	aurais regretté	auriez regretté
regretterait	regretteraient	aurait regretté	auraient regretté
6 présent du subjonctif		**13 passé du subjonctif**	
regrette	regrettions	aie regretté	ayons regretté
regrettes	regrettiez	aies regretté	ayez regretté
regrette	regrettent	ait regretté	aient regretté
7 imparfait du subjonctif		**14 plus-que-parfait du subjonctif**	
regrettasse	regrettassions	eusse regretté	eussions regretté
regrettasses	regrettassiez	eusses regretté	eussiez regretté
regrettât	regrettassent	eût regretté	eussent regretté

Impératif
regrette
regrettons
regrettez

Common idiomatic expressions using this verb and words related to it

regretter d'avoir fait qqch   to regret (to be sorry for) having done something
regrettable   regrettable; **Il est regrettable que + subjunctive**   It is regrettable (It is a
   pity) that. . .
Je ne regrette rien   I regret nothing.
un regret   regret; **avoir regret de qqch**   to regret something, to feel sorry
   about something

Consult the sections on verbs used in idiomatic expressions, verbs with prepositions, and the
list of over 1,000 verbs conjugated like model verbs in the back pages.

to read again, to reread

The Seven Simple Tenses		The Seven Compound Tenses	
Singular	Plural	Singular	Plural
1 présent de l'indicatif		**8 passé composé**	
relis	relisons	ai relu	avons relu
relis	relisez	as relu	avez relu
relit	relisent	a relu	ont relu
2 imparfait de l'indicatif		**9 plus-que-parfait de l'indicatif**	
relisais	relisions	avais relu	avions relu
relisais	relisiez	avais relu	aviez relu
relisait	relisaient	avait relu	avaient relu
3 passé simple		**10 passé antérieur**	
relus	relûmes	eus relu	eûmes relu
relus	relûtes	eus relu	eûtes relu
relut	relurent	eut relu	eurent relu
4 futur		**11 futur antérieur**	
relirai	relirons	aurai relu	aurons relu
reliras	relirez	auras relu	aurez relu
relira	reliront	aura relu	auront relu
5 conditionnel		**12 conditionnel passé**	
relirais	relirions	aurais relu	aurions relu
relirais	reliriez	aurais relu	auriez relu
relirait	reliraient	aurait relu	auraient relu
6 présent du subjonctif		**13 passé du subjonctif**	
relise	relisions	aie relu	ayons relu
relises	relisiez	aies relu	ayez relu
relise	relisent	ait relu	aient relu
7 imparfait du subjonctif		**14 plus-que-parfait du subjonctif**	
relusse	relussions	eusse relu	eussions relu
relusses	relussiez	eusses relu	eussiez relu
relût	relussent	eût relu	eussent relu

Impératif
relis
relisons
relisez

Words and expressions related to this verb

lire   to read
la lecture   reading; reading selection
la relecture   rereading

relire une composition en vue de la corriger
to reread a composition for the purpose
of correcting it

Consult the sections on verbs used in idiomatic expressions, verbs with prepositions, and the list of over 1,000 verbs conjugated like model verbs in the back pages.

For other words related to this verb see **lire.**

to remark, to notice, to observe, to distinguish

The Seven Simple Tenses		The Seven Compound Tenses	
Singular	Plural	Singular	Plural
1 présent de l'indicatif		**8 passé composé**	
remarque	remarquons	ai remarqué	avons remarqué
remarques	remarquez	as remarqué	avez remarqué
remarque	remarquent	a remarqué	ont remarqué
2 imparfait de l'indicatif		**9 plus-que-parfait de l'indicatif**	
remarquais	remarquions	avais remarqué	avions remarqué
remarquais	remarquiez	avais remarqué	aviez remarqué
remarquait	remarquaient	avait remarqué	avaient remarqué
3 passé simple		**10 passé antérieur**	
remarquai	remarquâmes	eus remarqué	eûmes remarqué
remarquas	remarquâtes	eus remarqué	eûtes remarqué
remarqua	remarquèrent	eut remarqué	eurent remarqué
4 futur		**11 futur antérieur**	
remarquerai	remarquerons	aurai remarqué	aurons remarqué
remarqueras	remarquerez	auras remarqué	aurez remarqué
remarquera	remarqueront	aura remarqué	auront remarqué
5 conditionnel		**12 conditionnel passé**	
remarquerais	remarquerions	aurais remarqué	aurions remarqué
remarquerais	remarqueriez	aurais remarqué	auriez remarqué
remarquerait	remarqueraient	aurait remarqué	auraient remarqué
6 présent du subjonctif		**13 passé du subjonctif**	
remarque	remarquions	aie remarqué	ayons remarqué
remarques	remarquiez	aies remarqué	ayez remarqué
remarque	remarquent	ait remarqué	aient remarqué
7 imparfait du subjonctif		**14 plus-que-parfait du subjonctif**	
remarquasse	remarquassions	eusse remarqué	eussions remarqué
remarquasses	remarquassiez	eusses remarqué	eussiez remarqué
remarquât	remarquassent	eût remarqué	eussent remarqué

Impératif
remarque
remarquons
remarquez

Words and expressions related to this verb

une remarque   remark, observation, comment; **marquer**   to mark
faire remarquer qqch à qqn   to bring something to someone's attention, to point out something to someone

Erich Maria Remarque, romancier, est l'auteur du roman *All Quiet on the Western Front.* **Son nom de famille est d'origine française.**

to thank

The Seven Simple Tenses		The Seven Compound Tenses	
Singular	Plural	Singular	Plural
1 présent de l'indicatif		**8 passé composé**	
remercie	remercions	ai remercié	avons remercié
remercies	remerciez	as remercié	avez remercié
remercie	remercient	a remercié	ont remercié
2 imparfait de l'indicatif		**9 plus-que-parfait de l'indicatif**	
remerciais	remerciions	avais remercié	avions remercié
remerciais	remerciiez	avais remercié	aviez remercié
remerciait	remerciaient	avait remercié	avaient remercié
3 passé simple		**10 passé antérieur**	
remerciai	remerciâmes	eus remercié	eûmes remercié
remercias	remerciâtes	eus remercié	eûtes remercié
remercia	remercièrent	eut remercié	eurent remercié
4 futur		**11 futur antérieur**	
remercierai	remercierons	aurai remercié	aurons remercié
remercieras	remercierez	auras remercié	aurez remercié
remerciera	remercieront	aura remercié	auront remercié
5 conditionnel		**12 conditionnel passé**	
remercierais	remercierions	aurais remercié	aurions remercié
remercierais	remercieriez	aurais remercié	auriez remercié
remercierait	remercieraient	aurait remercié	auraient remercié
6 présent du subjonctif		**13 passé du subjonctif**	
remercie	remerciions	aie remercié	ayons remercié
remercies	remerciiez	aies remercié	ayez remercié
remercie	remercient	ait remercié	aient remercié
7 imparfait du subjonctif		**14 plus-que-parfait du subjonctif**	
remerciasse	remerciassions	eusse remercié	eussions remercié
remerciasses	remerciassiez	eusses remercié	eussiez remercié
remerciât	remerciassent	eût remercié	eussent remercié

Impératif
remercie
remercions
remerciez

Common idiomatic expressions using this verb and words related to it

remercier qqn de qqch   to thank someone for something; **Je vous remercie de votre aimable invitation**   I thank you for your kind invitation.
un remerciement   acknowledgment, thanks
Merci!   Thank you! **Merci bien!**   Thank you very much!
sans merci   without mercy, mercilessly
être à la merci de   to be at the mercy of; **la merci**   mercy, good will

Consult the sections on verbs used in idiomatic expressions, verbs with prepositions, and the list of over 1,000 verbs conjugated like model verbs in the back pages.

to put (on) again, to replace, to put back, to give back, to postpone

The Seven Simple Tenses		The Seven Compound Tenses	
Singular	Plural	Singular	Plural

1 présent de l'indicatif

		8 passé composé	
remets	remettons	ai remis	avons remis
remets	remettez	as remis	avez remis
remet	remettent	a remis	ont remis

2 imparfait de l'indicatif

		9 plus-que-parfait de l'indicatif	
remettais	remettions	avais remis	avions remis
remettais	remettiez	avais remis	aviez remis
remettait	remettaient	avait remis	avaient remis

3 passé simple

		10 passé antérieur	
remis	remîmes	eus remis	eûmes remis
remis	remîtes	eus remis	eûtes remis
remit	remirent	eut remis	eurent remis

4 futur

		11 futur antérieur	
remettrai	remettrons	aurai remis	aurons remis
remettras	remettrez	auras remis	aurez remis
remettra	remettront	aura remis	auront remis

5 conditionnel

		12 conditionnel passé	
remettrais	remettrions	aurais remis	aurions remis
remettrais	remettriez	aurais remis	auriez remis
remettrait	remettraient	aurait remis	auraient remis

6 présent du subjonctif

		13 passé du subjonctif	
remette	remettions	aie remis	ayons remis
remettes	remettiez	aies remis	ayez remis
remette	remettent	ait remis	aient remis

7 imparfait du subjonctif

		14 plus-que-parfait du subjonctif	
remisse	remissions	eusse remis	eussions remis
remisses	remissiez	eusses remis	eussiez remis
remît	remissent	eût remis	eussent remis

Impératif
remets
remettons
remettez

Sentences using this verb and words and expressions related to it

—**Où avez-vous remis les fleurs que je vous ai données?**
—**Je les ai remises là-bas. Ne les voyez-vous pas?**

se remettre de   to recover from
se remettre à faire qqch   to start to do something again
s'en remettre à   to depend on, to rely on
Remettez-vous!   Pull yourself together!
une remise   remittance, postponement, discount

See also **mettre** and compounds of **mettre**, e.g., **promettre.**

to replace

The Seven Simple Tenses		The Seven Compound Tenses	
Singular	Plural	Singular	Plural
1 présent de l'indicatif		**8 passé composé**	
remplace	remplaçons	ai remplacé	avons remplacé
remplaces	remplacez	as remplacé	avez remplacé
remplace	remplacent	a remplacé	ont remplacé
2 imparfait de l'indicatif		**9 plus-que-parfait de l'indicatif**	
remplaçais	remplacions	avais remplacé	avions remplacé
remplaçais	remplaciez	avais remplacé	aviez remplacé
remplaçait	remplaçaient	avait remplacé	avaient remplacé
3 passé simple		**10 passé antérieur**	
remplaçai	remplaçâmes	eus remplacé	eûmes remplacé
remplaças	remplaçâtes	eus remplacé	eûtes remplacé
remplaça	remplacèrent	eut remplacé	eurent remplacé
4 futur		**11 futur antérieur**	
remplacerai	remplacerons	aurai remplacé	aurons remplacé
remplaceras	remplacerez	auras remplacé	aurez remplacé
remplacera	remplaceront	aura remplacé	auront remplacé
5 conditionnel		**12 conditionnel passé**	
remplacerais	remplacerions	aurais remplacé	aurions remplacé
remplacerais	remplaceriez	aurais remplacé	auriez remplacé
remplacerait	remplaceraient	aurait remplacé	auraient remplacé
6 présent du subjonctif		**13 passé du subjonctif**	
remplace	remplacions	aie remplacé	ayons remplacé
remplaces	remplaciez	aies remplacé	ayez remplacé
remplace	remplacent	ait remplacé	aient remplacé
7 imparfait du subjonctif		**14 plus-que-parfait du subjonctif**	
remplaçasse	remplaçassions	eusse remplacé	eussions remplacé
remplaçasses	remplaçassiez	eusses remplacé	eussiez remplacé
remplaçât	remplaçassent	eût remplacé	eussent remplacé

Impératif
remplace
remplaçons
remplacez

Words and expressions related to this verb

remplacer par to replace with
un remplacement replacement (thing)
un remplaçant, une remplaçante replacement (person), substitute
remplaçable replaceable
en remplacement de in place of

See also **placer.**

to fill, to fulfill, to fill in, to fill out

The Seven Simple Tenses		The Seven Compound Tenses	
Singular	Plural	Singular	Plural

1   présent de l'indicatif

remplis	remplissons	
remplis	remplissez	
remplit	remplissent	

8   passé composé

ai rempli	avons rempli
as rempli	avez rempli
a rempli	ont rempli

2   imparfait de l'indicatif

remplissais	remplissions
remplissais	remplissiez
remplissait	remplissaient

9   plus-que-parfait de l'indicatif

avais rempli	avions rempli
avais rempli	aviez rempli
avait rempli	avaient rempli

3   passé simple

remplis	remplîmes
remplis	remplîtes
remplit	remplirent

10   passé antérieur

eus rempli	eûmes rempli
eus rempli	eûtes rempli
eut rempli	eurent rempli

4   futur

remplirai	remplirons
rempliras	remplirez
remplira	rempliront

11   futur antérieur

aurai rempli	aurons rempli
auras rempli	aurez rempli
aura rempli	auront rempli

5   conditionnel

remplirais	remplirions
remplirais	rempliriez
remplirait	rempliraient

12   conditionnel passé

aurais rempli	aurions rempli
aurais rempli	auriez rempli
aurait rempli	auraient rempli

6   présent du subjonctif

remplisse	remplissions
remplisses	remplissiez
remplisse	remplissent

13   passé du subjonctif

aie rempli	ayons rempli
aies rempli	ayez rempli
ait rempli	aient rempli

7   imparfait du subjonctif

remplisse	remplissions
remplisses	remplissiez
remplît	remplissent

14   plus-que-parfait du subjonctif

eusse rempli	eussions rempli
eusses rempli	eussiez rempli
eût rempli	eussent rempli

Impératif
remplis
remplissons
remplissez

Words and expressions related to this verb

remplir de   to fill with
remplir qqch de qqch   to fill something with
  something
se remplir   to fill up
un remplissage   filling up

remplir des conditions   to fulfill
  requirements, conditions
remplir une tâche   to carry out (perform)
  a task
remplir quelqu'un d'admiration   to fill
  someone with admiration

Consult the entries in the section on definitions of basic grammatical terms with examples in the back pages.

rencontrer

Part. pr. **rencontrant**   Part. passé **rencontré**

to meet, to encounter

The Seven Simple Tenses		The Seven Compound Tenses	
Singular	Plural	Singular	Plural
1 présent de l'indicatif		**8 passé composé**	
rencontre	rencontrons	ai rencontré	avons rencontré
rencontres	rencontrez	as rencontré	avez rencontré
rencontre	rencontrent	a rencontré	ont rencontré
2 imparfait de l'indicatif		**9 plus-que-parfait de l'indicatif**	
rencontrais	rencontrions	avais rencontré	avions rencontré
rencontrais	rencontriez	avais rencontré	aviez rencontré
rencontrait	rencontraient	avait rencontré	avaient rencontré
3 passé simple		**10 passé antérieur**	
rencontrai	rencontrâmes	eus rencontré	eûmes rencontré
rencontras	rencontrâtes	eus rencontré	eûtes rencontré
rencontra	rencontrèrent	eut rencontré	eurent rencontré
4 futur		**11 futur antérieur**	
rencontrerai	rencontrerons	aurai rencontré	aurons rencontré
rencontreras	rencontrerez	auras rencontré	aurez rencontré
rencontrera	rencontreront	aura rencontré	auront rencontré
5 conditionnel		**12 conditionnel passé**	
rencontrerais	rencontrerions	aurais rencontré	aurions rencontré
rencontrerais	rencontreriez	aurais rencontré	auriez rencontré
rencontrerait	rencontreraient	aurait rencontré	auraient rencontré
6 présent du subjonctif		**13 passé du subjonctif**	
rencontre	rencontrions	aie rencontré	ayons rencontré
rencontres	rencontriez	aies rencontré	ayez rencontré
rencontre	rencontrent	ait rencontré	aient rencontré
7 imparfait du subjonctif		**14 plus-que-parfait du subjonctif**	
recontrasse	rencontrassions	eusse rencontré	eussions rencontré
rencontrasses	rencontrassiez	eusses rencontré	eussiez rencontré
rencontrât	rencontrassent	eût rencontré	eussent rencontré

Impératif
rencontre
rencontrons
rencontrez

Words and expressions related to this verb

se rencontrer to meet each other
une rencontre encounter, meeting
aller à la rencontre de qqn to go to meet someone
rencontrer par hasard to meet someone by chance (bump into)

une rencontre au sommet summit meeting
faire une rencontre inattendue to have an unexpected encounter
de mauvaises rencontres the wrong sort of people

to give back, to return (something), to render; to vomit

The Seven Simple Tenses		The Seven Compound Tenses	
Singular	Plural	Singular	Plural
1 présent de l'indicatif		**8 passé composé**	
rends	rendons	ai rendu	avons rendu
rends	rendez	as rendu	avez rendu
rend	rendent	a rendu	ont rendu
2 imparfait de l'indicatif		**9 plus-que-parfait de l'indicatif**	
rendais	rendions	avais rendu	avions rendu
rendais	rendiez	avais rendu	aviez rendu
rendait	rendaient	avait rendu	avaient rendu
3 passé simple		**10 passé antérieur**	
rendis	rendîmes	eus rendu	eûmes rendu
rendis	rendîtes	eus rendu	eûtes rendu
rendit	rendirent	eut rendu	eurent rendu
4 futur		**11 futur antérieur**	
rendrai	rendrons	aurai rendu	aurons rendu
rendras	rendrez	auras rendu	aurez rendu
rendra	rendront	aura rendu	auront rendu
5 conditionnel		**12 conditionnel passé**	
rendrais	rendrions	aurais rendu	aurions rendu
rendrais	rendriez	aurais rendu	auriez rendu
rendrait	rendraient	aurait rendu	auraient rendu
6 présent du subjonctif		**13 passé du subjonctif**	
rende	rendions	aie rendu	ayons rendu
rendes	rendiez	aies rendu	ayez rendu
rende	rendent	ait rendu	aient rendu
7 imparfait du subjonctif		**14 plus-que-parfait du subjonctif**	
rendisse	rendissions	eusse rendu	eussions rendu
rendisses	rendissiez	eusses rendu	eussiez rendu
rendît	rendissent	eût rendu	eussent rendu

Impératif
rends
rendons
rendez

Words and expressions related to this verb

un rendez-vous appointment, date
un compte rendu report, account
se rendre à to surrender to
se rendre compte de to realize
rendre un service à qqn to do someone a favor
rendre qqn + adj. to make someone + adj.
Elle a rendu tout ce qu'elle a mangé She vomited everything she ate.
J'ai rendu le livre à la bibliothèque I returned the book to the library.

fixer un rendez-vous to make an appointment, a date
rendre grâce à qqn to give thanks to someone
rendre service à qqn to be of service to someone
rendre compte de qqch to give an account of something
rendre justice to uphold justice
rendre qqch to return something

The subject pronouns are found on the page facing page 1.

rentrer

Part. pr. **rentrant**   Part. passé **rentré(e)(s)**

to return

The Seven Simple Tenses		The Seven Compound Tenses	
Singular	Plural	Singular	Plural
1 présent de l'indicatif		**8 passé composé**	
rentre	rentrons	suis rentré(e)	sommes rentré(e)s
rentres	rentrez	es rentré(e)	êtes rentré(e)(s)
rentre	rentrent	est rentré(e)	sont rentré(e)s
2 imparfait de l'indicatif		**9 plus-que-parfait de l'indicatif**	
rentrais	rentrions	étais rentré(e)	étions rentré(e)s
rentrais	rentriez	étais rentré(e)	étiez rentré(e)(s)
rentrait	rentraient	était rentré(e)	étaient rentré(e)s
3 passé simple		**10 passé antérieur**	
rentrai	rentrâmes	fus rentré(e)	fûmes rentré(e)s
rentras	rentrâtes	fus rentré(e)	fûtes rentré(e)(s)
rentra	rentrèrent	fut rentré(e)	furent rentré(e)s
4 futur		**11 futur antérieur**	
rentrerai	rentrerons	serai rentré(e)	serons rentré(e)s
rentreras	rentrerez	seras rentré(e)	serez rentré(e)(s)
rentrera	rentreront	sera rentré(e)	seront rentré(e)s
5 conditionnel		**12 conditionnel passé**	
rentrerais	rentrerions	serais rentré(e)	serions rentré(e)s
rentrerais	rentreriez	serais rentré(e)	seriez rentré(e)(s)
rentrerait	rentreraient	serait rentré(e)	seraient rentré(e)s
6 présent du subjonctif		**13 passé du subjonctif**	
rentre	rentrions	sois rentré(e)	soyons rentré(e)s
rentres	rentriez	sois rentré(e)	soyez rentré(e)(s)
rentre	rentrent	soit rentré(e)	soient rentré(e)s
7 imparfait du subjonctif		**14 plus-que-parfait du subjonctif**	
rentrasse	rentrassions	fusse rentré(e)	fussions rentré(e)s
rentrasses	rentrassiez	fusses rentré(e)	fussiez rentré(e)(s)
rentrât	rentrassent	fût rentré(e)	fussent rentré(e)s

Impératif
rentre
rentrons
rentrez

The verb is conjugated with **avoir** when it has a direct object.

Example: **Elle a rentré le chat dans la maison.**   She brought (took) the cat into the house.
BUT: **Elle est rentrée tôt.**   She returned home early.

rentrer chez soi   to go back home
rentrer les enfants   to take the children home
rentrer ses larmes   to hold back one's tears
la rentrée   return, homecoming
la rentrée des classes   back to school

See also **entrer**. Review p. viii.

to spread, to scatter, to spill

The Seven Simple Tenses		The Seven Compound Tenses	
Singular	Plural	Singular	Plural
1 présent de l'indicatif		**8 passé composé**	
répands	répandons	ai répandu	avons répandu
répands	répandez	as répandu	avez répandu
répand	répandent	a répandu	ont répandu
2 imparfait de l'indicatif		**9 plus-que-parfait de l'indicatif**	
répandais	répandions	avais répandu	avions répandu
répandais	répandiez	avais répandu	aviez répandu
répandait	répandaient	avait répandu	avaient répandu
3 passé simple		**10 passé antérieur**	
répandis	répandîmes	eus répandu	eûmes répandu
répandis	répandîtes	eus répandu	eûtes répandu
répandit	répandirent	eut répandu	eurent répandu
4 futur		**11 futur antérieur**	
répandrai	répandrons	aurai répandu	aurons répandu
répandras	répandrez	auras répandu	aurez répandu
répandra	répandront	aura répandu	auront répandu
5 conditionnel		**12 conditionnel passé**	
répandrais	répandrions	aurais répandu	aurions répandu
répandrais	répandriez	aurais répandu	auriez répandu
répandrait	répandraient	aurait répandu	auraient répandu
6 présent du subjonctif		**13 passé du subjonctif**	
répande	répandions	aie répandu	ayons répandu
répandes	répandiez	aies répandu	ayez répandu
répande	répandent	ait répandu	aient répandu
7 imparfait du subjonctif		**14 plus-que-parfait du subjonctif**	
répandisse	répandissions	eusse répandu	eussions répandu
répandisses	répandissiez	eusses répandu	eussiez répandu
répandît	répandissent	eût répandu	eussent répandu

Impératif
répands
répandons
répandez

Words and expressions related to this verb

répandre l'effroi to spread fear
une personne répandue widely known person
une opinion répandue widely accepted opinion

répandre du sang to shed blood
répandre une nouvelle to spread news
se répandre en injures to pour out insults
répandre la joie to spread joy

Consult the sections on verbs used in idiomatic expressions, verbs with prepositions, and the list of over 1,000 verbs conjugated like model verbs in the back pages.

to reappear, to appear again

The Seven Simple Tenses		The Seven Compound Tenses	
Singular	Plural	Singular	Plural

1 présent de l'indicatif

		8 passé composé	
reparais	reparaissons	ai reparu	avons reparu
reparais	reparaissez	as reparu	avez reparu
reparaît	reparaissent	a reparu	ont reparu

2 imparfait de l'indicatif

		9 plus-que-parfait de l'indicatif	
reparaissais	reparaissions	avais reparu	avions reparu
reparaissais	reparaissiez	avais reparu	aviez reparu
reparaissait	reparaissaient	avait reparu	avaient reparu

3 passé simple

		10 passé antérieur	
reparus	reparûmes	eus reparu	eûmes reparu
reparus	reparûtes	eus reparu	eûtes reparu
reparut	reparurent	eut reparu	eurent reparu

4 futur

		11 futur antérieur	
reparaîtrai	reparaîtrons	aurai reparu	aurons reparu
reparaîtras	reparaîtrez	auras reparu	aurez reparu
reparaîtra	reparaîtront	aura reparu	auront reparu

5 conditionnel

		12 conditionnel passé	
reparaîtrais	reparaîtrions	aurais reparu	aurions reparu
reparaîtrais	reparaîtriez	aurais reparu	auriez reparu
reparaîtrait	reparaîtraient	aurait reparu	auraient reparu

6 présent du subjonctif

		13 passé du subjonctif	
reparaisse	reparaissions	aie reparu	ayons reparu
reparaisses	reparaissiez	aies reparu	ayez reparu
reparaisse	reparaissent	ait reparu	aient reparu

7 imparfait du subjonctif

		14 plus-que-parfait du subjonctif	
reparusse	reparussions	eusse reparu	eussions reparu
reparusses	reparussiez	eusses reparu	eussiez reparu
reparût	reparussent	eût reparu	eussent reparu

Impératif
reparais
reparaissons
reparaissez

Words related to this verb

paraître   to appear, to seem   **disparaître**   to disappear
réapparaître   to appear again, to reappear   **apparaître**   to appear, to come into view
la réapparition   reappearance

Consult the sections on verbs used in idiomatic expressions, verbs with prepositions, and the list of over 1,000 verbs conjugated like model verbs in the back pages.

The Seven Simple Tenses		The Seven Compound Tenses	
Singular	Plural	Singular	Plural

1   présent de l'indicatif

répare	réparons		
répares	réparez		
répare	réparent		

8   passé composé

ai réparé	avons réparé
as réparé	avez réparé
a réparé	ont réparé

2   imparfait de l'indicatif

réparais	réparions
réparais	répariez
réparait	réparaient

9   plus-que-parfait de l'indicatif

avais réparé	avions réparé
avais réparé	aviez réparé
avait réparé	avaient réparé

3   passé simple

réparai	réparâmes
réparas	réparâtes
répara	réparèrent

10   passé antérieur

eus réparé	eûmes réparé
eus réparé	eûtes réparé
eut réparé	eurent réparé

4   futur

réparerai	réparerons
répareras	réparerez
réparera	répareront

11   futur antérieur

aurai réparé	aurons réparé
auras réparé	aurez réparé
aura réparé	auront réparé

5   conditionnel

réparerais	réparerions
réparerais	répareriez
réparerait	répareraient

12   conditionnel passé

aurais réparé	aurions réparé
aurais réparé	auriez réparé
aurait réparé	auraient réparé

6   présent du subjonctif

répare	réparions
répares	répariez
répare	réparent

13   passé du subjonctif

aie réparé	ayons réparé
aies réparé	ayez réparé
ait réparé	aient réparé

7   imparfait du subjonctif

réparasse	réparassions
réparasses	réparassiez
réparât	réparassent

14   plus-que-parfait du subjonctif

eusse réparé	eussions réparé
eusses réparé	eussiez réparé
eût réparé	eussent réparé

Impératif
répare
réparons
réparez

Words and expressions related to this verb

faire réparer ses chaussures
  to have one's shoes repaired
un réparateur, une réparatrice   repairer
réparable   reparable
irréparable   irreparable

réparer une maison   to restore a house
la réparation   repair, repairing;
  en réparation   in repair, under repair
réparer une offense   to correct an offense
irréparablement   irreparably

Consult the sections on verbs used in idiomatic expressions, verbs with prepositions, and the list of over 1,000 verbs conjugated like model verbs in the back pages.

to iron, to pass again, to pass by again

The Seven Simple Tenses		The Seven Compound Tenses	
Singular	Plural	Singular	Plural

1 présent de l'indicatif

		8 passé composé	
repasse	repassons	ai repassé	avons repassé
repasses	repassez	as repassé	avez repassé
repasse	repassent	a repassé	ont repassé

2 imparfait de l'indicatif

		9 plus-que-parfait de l'indicatif	
repassais	repassions	avais repassé	avions repassé
repassais	repassiez	avais repassé	aviez repassé
repassait	repassaient	avait repassé	avaient repassé

3 passé simple

		10 passé antérieur	
repassai	repassâmes	eus repassé	eûmes repassé
repassas	repassâtes	eus repassé	eûtes repassé
repassa	repassèrent	eut repassé	eurent repassé

4 futur

		11 futur antérieur	
repasserai	repasserons	aurai repassé	aurons repassé
repasseras	repasserez	auras repassé	aurez repassé
repassera	repasseront	aura repassé	auront repassé

5 conditionnel

		12 conditionnel passé	
repasserais	repasserions	aurais repassé	aurions repassé
repasserais	repasseriez	aurais repassé	auriez repassé
repasserait	repasseraient	aurait repassé	auraient repassé

6 présent du subjonctif

		13 passé du subjonctif	
repasse	repassions	aie repassé	ayons repassé
repasses	repassiez	aies repassé	ayez repassé
repasse	repassent	ait repassé	aient repassé

7 imparfait du subjonctif

		14 plus-que-parfait du subjonctif	
repassasse	repassassions	eusse repassé	eussions repassé
repassasses	repassassiez	eusses repassé	eussiez repassé
repassât	repassassent	eût repassé	eussent repassé

Impératif
repasse
repassons
repassez

Common idiomatic expressions using this verb and words related to it

une planche à repasser ironing board
un fer à repasser flat iron (for ironing clothes)
passer un examen to take (sit for) an exam
repasser un examen to take an exam over again

See also **passer.**

repasser un couteau, des ciseaux to sharpen a knife, scissors
repasser une leçon to review a lesson
repasser une chemise to iron a shirt
repasser un autre jour to stop in again another day
du linge à repasser laundry to iron

Consult the sections on verbs used in idiomatic expressions, verbs with prepositions, and the list of over 1,000 verbs conjugated like model verbs in the back pages.

to repeat, to rehearse

The Seven Simple Tenses		The Seven Compound Tenses	
Singular	Plural	Singular	Plural

1 présent de l'indicatif

répète	répétons	
répètes	répétez	
répète	répètent	

8 passé composé

ai répété	avons répété
as répété	avez répété
a répété	ont répété

2 imparfait de l'indicatif

répétais	répétions
répétais	répétiez
répétait	répétaient

9 plus-que-parfait de l'indicatif

avais répété	avions répété
avais répété	aviez répété
avait répété	avaient répété

3 passé simple

répétai	répétâmes
répétas	répétâtes
répéta	répétèrent

10 passé antérieur

eus répété	eûmes répété
eus répété	eûtes répété
eut répété	eurent répété

4 futur

répéterai	répéterons
répéteras	répéterez
répétera	répéteront

11 futur antérieur

aurai répété	aurons répété
auras répété	aurez répété
aura répété	auront répété

5 conditionnel

répéterais	répéterions
répéterais	répéteriez
répéterait	répéteraient

12 conditionnel passé

aurais répété	aurions répété
aurais répété	auriez répété
aurait répété	auraient répété

6 présent du subjonctif

répète	répétions
répètes	répétiez
répète	répètent

13 passé du subjonctif

aie répété	ayons répété
aies répété	ayez répété
ait répété	aient répété

7 imparfait du subjonctif

répétasse	répétassions
répétasses	répétassiez
répétât	répétassent

14 plus-que-parfait du subjonctif

eusse répété	eussions répété
eusses répété	eussiez répété
eût répété	eussent répété

Impératif
répète
répétons
répétez

Words and expressions related to this verb

répéter une pièce de théâtre   to rehearse a play
une répétition   repetition
La pièce est en répétition   The play is in rehearsal.
se répéter   to repeat oneself; to recur.

Consult the the sections on verbs used in idiomatic expressions, verbs with prepositions, and the list of over 1,000 verbs conjugated like model verbs in the back pages.

répondre

to respond, to reply, to answer

The Seven Simple Tenses		The Seven Compound Tenses	
Singular	Plural	Singular	Plural
1 présent de l'indicatif		**8 passé composé**	
réponds	répondons	ai répondu	avons répondu
réponds	répondez	as répondu	avez répondu
répond	répondent	a répondu	ont répondu
2 imparfait de l'indicatif		**9 plus-que-parfait de l'indicatif**	
répondais	répondions	avais répondu	avions répondu
répondais	répondiez	avais répondu	aviez répondu
répondait	répondaient	avait répondu	avaient répondu
3 passé simple		**10 passé antérieur**	
répondis	répondîmes	eus répondu	eûmes répondu
répondis	répondîtes	eus répondu	eûtes répondu
répondit	répondirent	eut répondu	eurent répondu
4 futur		**11 futur antérieur**	
répondrai	répondrons	aurai répondu	aurons répondu
répondras	répondrez	auras répondu	aurez répondu
répondra	répondront	aura répondu	auront répondu
5 conditionnel		**12 conditionnel passé**	
répondrais	répondrions	aurais répondu	aurions répondu
répondrais	répondriez	aurais répondu	auriez répondu
répondrait	répondraient	aurait répondu	auraient répondu
6 présent du subjonctif		**13 passé du subjonctif**	
réponde	répondions	aie répondu	ayons répondu
répondes	répondiez	aies répondu	ayez répondu
réponde	répondent	ait répondu	aient répondu
7 imparfait du subjonctif		**14 plus-que-parfait du subjonctif**	
répondisse	répondissions	eusse répondu	eussions répondu
répondisses	répondissiez	eusses répondu	eussiez répondu
répondît	répondissent	eût répondu	eussent répondu

Impératif
réponds
répondons
répondez

Words and expressions related to this verb

répondre à qqn   to answer someone; to reply
  to someone
répondre de qqn   to be responsible for, to
  vouch for someone
répondre de qqch   to vouch for something,
  to guarantee something
une réponse   answer, reply; **en réponse à**
  votre lettre...   in reply to your letter...

pour répondre à la question de...   in
  answer to the question of...
un répondeur téléphonique   telephone
  answering machine
Elle m'a répondu en claquant la porte
  She answered me by slamming the door.

400

The Seven Simple Tenses		The Seven Compound Tenses	
Singular	Plural	Singular	Plural
1 présent de l'indicatif		**8 passé composé**	
me repose	nous reposons	me suis reposé(e)	nous sommes reposé(e)s
te reposes	vous reposez	t'es reposé(e)	vous êtes reposé(e)(s)
se repose	se reposent	s'est reposé(e)	se sont reposé(e)s
2 imparfait de l'indicatif		**9 plus-que-parfait de l'indicatif**	
me reposais	nous reposions	m'étais reposé(e)	nous étions reposé(e)s
te reposais	vous reposiez	t'étais reposé(e)	vous étiez reposé(e)(s)
se reposait	se reposaient	s'était reposé(e)	s'étaient reposé(e)s
3 passé simple		**10 passé antérieur**	
me reposai	nous reposâmes	me fus reposé(e)	nous fûmes reposé(e)s
te reposas	vous reposâtes	te fus reposé(e)	vous fûtes reposé(e)(s)
se reposa	se reposèrent	se fut reposé(e)	se furent reposé(e)s
4 futur		**11 futur antérieur**	
me reposerai	nous reposerons	me serai reposé(e)	nous serons reposé(e)s
te reposeras	vous reposerez	te seras reposé(e)	vous serez reposé(e)(s)
se reposera	se reposeront	se sera reposé(e)	se seront reposé(e)s
5 conditionnel		**12 conditionnel passé**	
me reposerais	nous reposerions	me serais reposé(e)	nous serions reposé(e)s
te reposerais	vous reposeriez	te serais reposé(e)	vous seriez reposé(e)(s)
se reposerait	se reposeraient	se serait reposé(e)	se seraient reposé(e)s
6 présent du subjonctif		**13 passé du subjonctif**	
me repose	nous reposions	me sois reposé(e)	nous soyons reposé(e)s
te reposes	vous reposiez	te sois reposé(e)	vous soyez reposé(e)(s)
se repose	se reposent	se soit reposé(e)	se soient reposé(e)s
7 imparfait du subjonctif		**14 plus-que-parfait du subjonctif**	
me reposasse	nous reposassions	me fusse reposé(e)	nous fussions reposé(e)s
te reposasses	vous reposassiez	te fusses reposé(e)	vous fussiez reposé(e)(s)
se reposât	se reposassent	se fût reposé(e)	se fussent reposé(e)s

Impératif
repose-toi; ne te repose pas
reposons-nous; ne nous reposons pas
reposez-vous; ne vous reposez pas

Words and expressions related to this verb

repose   to put down again; **reposer la tête sur**   to rest one's head on; **reposer sur**
  to be based on
le repos   rest, repose; **au repos!**   at ease!
se reposer sur qqn, qqch   to put one's trust in someone, something
un repose-pied   footrest; **un repose-bras**   armrest
Je suis fatigué; je vais me reposer.   I'm tired; I'm going to rest.

Consult the sections on verbs used in idiomatic expressions, verbs with prepositions, and the list of over 1,000 verbs conjugated like model verbs in the back pages.

to take again, to take back, to recover, to resume

The Seven Simple Tenses		The Seven Compound Tenses	
Singular	Plural	Singular	Plural

1 présent de l'indicatif		8 passé composé	
reprends	reprenons	ai repris	avons repris
reprends	reprenez	as repris	avez repris
reprend	reprennent	a repris	ont repris

2 imparfait de l'indicatif		9 plus-que-parfait de l'indicatif	
reprenais	reprenions	avais repris	avions repris
reprenais	repreniez	avais repris	aviez repris
reprenait	reprenaient	avait repris	avaient repris

3 passé simple		10 passé antérieur	
repris	reprîmes	eus repris	eûmes repris
repris	reprîtes	eus repris	eûtes repris
reprit	reprirent	eut repris	eurent repris

4 futur		11 futur antérieur	
reprendrai	reprendrons	aurai repris	aurons repris
reprendras	reprendrez	auras repris	aurez repris
reprendra	reprendront	aura repris	auront repris

5 conditionnel		12 conditionnel passé	
reprendrais	reprendrions	aurais repris	aurions repris
reprendrais	reprendriez	aurais repris	auriez repris
reprendrait	reprendraient	aurait repris	auraient repris

6 présent du subjonctif		13 passé du subjonctif	
reprenne	reprenions	aie repris	ayons repris
reprennes	repreniez	aies repris	ayez repris
reprenne	reprennent	ait repris	aient repris

7 imparfait du subjonctif		14 plus-que-parfait du subjonctif	
reprisse	reprissions	eusse repris	eussions repris
reprisses	reprissiez	eusses repris	eussiez repris
reprît	reprissent	eût repris	eussent repris

Impératif
reprends
reprenons
reprenez

Words and expressions related to this verb

reprendre froid to catch cold again
reprendre ses esprits to recover one's senses
reprendre le dessus to regain the upper hand
reprendre ses forces to recover one's strength

se reprendre to take hold of oneself, to recover oneself
une reprise resumption, renewal, repetition (*music*)
à maintes reprises over and over again

to reprimand, to rebuke

The Seven Simple Tenses		The Seven Compound Tenses	
Singular	Plural	Singular	Plural

1   présent de l'indicatif

		8 passé composé	
réprimande	réprimandons	ai réprimandé	avons réprimandé
réprimandes	réprimandez	as réprimandé	avez réprimandé
réprimande	réprimandent	a réprimandé	ont réprimandé

2   imparfait de l'indicatif

		9 plus-que-parfait de l'indicatif	
réprimandais	réprimandions	avais réprimandé	avions réprimandé
réprimandais	réprimandiez	avais réprimandé	aviez réprimandé
réprimandait	réprimandaient	avait réprimandé	avaient réprimandé

3   passé simple

		10 passé antérieur	
réprimandai	réprimandâmes	eus réprimandé	eûmes réprimandé
réprimandas	réprimandâtes	eus réprimandé	eûtes réprimandé
réprimanda	réprimandèrent	eut réprimandé	eurent réprimandé

4   futur

		11 futur antérieur	
réprimanderai	réprimanderons	aurai réprimandé	aurons réprimandé
réprimanderas	réprimanderez	auras réprimandé	aurez réprimandé
réprimandera	réprimanderont	aura réprimandé	auront réprimandé

5   conditionnel

		12 conditionnel passé	
réprimanderais	réprimanderions	aurais réprimandé	aurions réprimandé
réprimanderais	réprimanderiez	aurais réprimandé	auriez réprimandé
réprimanderait	réprimanderaient	aurait réprimandé	auraient réprimandé

6   présent du subjonctif

		13 passé du subjonctif	
réprimande	réprimandions	aie réprimandé	ayons réprimandé
réprimandes	réprimandiez	aies réprimandé	ayez réprimandé
réprimande	réprimandent	ait réprimandé	aient réprimandé

7   imparfait du subjonctif

		14 plus-que-parfait du subjonctif	
réprimandasse	réprimandassions	eusse réprimandé	eussions réprimandé
réprimandasses	réprimandassiez	eusses réprimandé	eussiez réprimandé
réprimandât	réprimandassent	eût réprimandé	eussent réprimandé

Impératif
réprimande
réprimandons
réprimandez

Words and expressions related to this verb

une réprimande   reprimand, rebuke
faire des réprimandes
  to make rebukes

réprimandable   blameworthy
prononcer une réprimande
  to issue a reprimand

Consult the sections on verbs used in idiomatic expressions, verbs with prepositions, and the list of over 1,000 verbs conjugated like model verbs in the back pages.

reproduire

Part. pr. **reproduisant**   Part. passé **reproduit**

to reproduce

The Seven Simple Tenses		The Seven Compound Tenses	
Singular	Plural	Singular	Plural
1 présent de l'indicatif		**8 passé composé**	
reproduis	reproduisons	ai reproduit	avons reproduit
reproduis	reproduisez	as reproduit	avez reproduit
reproduit	reproduisent	a reproduit	ont reproduit
2 imparfait de l'indicatif		**9 plus-que-parfait de l'indicatif**	
reproduisais	reproduisions	avais reproduit	avions reproduit
reproduisais	reproduisiez	avais reproduit	aviez reproduit
reproduisait	reproduisaient	avait reproduit	avaient reproduit
3 passé simple		**10 passé antérieur**	
reproduisis	reproduisîmes	eus reproduit	eûmes reproduit
reproduisis	reproduisîtes	eus reproduit	eûtes reproduit
reproduisit	reproduisirent	eut reproduit	eurent reproduit
4 futur		**11 futur antérieur**	
reproduirai	reproduirons	aurai reproduit	aurons reproduit
reproduiras	reproduirez	auras reproduit	aurez reproduit
reproduira	reproduiront	aura reproduit	auront reproduit
5 conditionnel		**12 conditionnel passé**	
reproduirais	reproduirions	aurais reproduit	aurions reproduit
reproduirais	reproduiriez	aurais reproduit	auriez reproduit
reproduirait	reproduiraient	aurait reproduit	auraient reproduit
6 présent du subjonctif		**13 passé du subjonctif**	
reproduise	reproduisions	aie reproduit	ayons reproduit
reproduises	reproduisiez	aies reproduit	ayez reproduit
reproduise	reproduisent	ait reproduit	aient reproduit
7 imparfait du subjonctif		**14 plus-que-parfait du subjonctif**	
reproduisisse	reproduisissions	eusse reproduit	eussions reproduit
reproduisisses	reproduisissiez	eusses reproduit	eussiez reproduit
reproduisît	reproduisissent	eût reproduit	eussent reproduit

Impératif
reproduis
reproduisons
reproduisez

Words and expressions related to this verb

se reproduire   to reproduce itself, to multiply, to recur, to happen again
une reproduction   reproduction; **les droits de reproduction**   copyright
reproductif, reproductive   reproductive
reproductible   reproductible

See also **produire**.

Consult the sections on verbs used in idiomatic expressions, verbs with prepositions, and the list of over 1,000 verbs conjugated like model verbs in the back pages.

The Seven Simple Tenses		The Seven Compound Tenses	
Singular	Plural	Singular	Plural
1 présent de l'indicatif		**8 passé composé**	
résous	résolvons	ai résolu	avons résolu
résous	résolvez	as résolu	avez résolu
résout	résolvent	a résolu	ont résolu
2 imparfait de l'indicatif		**9 plus-que-parfait de l'indicatif**	
résolvais	résolvions	avais résolu	avions résolu
résolvais	résolviez	avais résolu	aviez résolu
résolvait	résolvaient	avait résolu	avaient résolu
3 passé simple		**10 passé antérieur**	
résolus	résolûmes	eus résolu	eûmes résolu
résolus	résolûtes	eus résolu	eûtes résolu
résolut	résolurent	eut résolu	eurent résolu
4 futur		**11 futur antérieur**	
résoudrai	résoudrons	aurai résolu	aurons résolu
résoudras	résoudrez	auras résolu	aurez résolu
résoudra	résoudront	aura résolu	auront résolu
5 conditionnel		**12 conditionnel passé**	
résoudrais	résoudrions	aurais résolu	aurions résolu
résoudrais	résoudriez	aurais résolu	auriez résolu
résoudrait	résoudraient	aurait résolu	auraient résolu
6 présent du subjonctif		**13 passé du subjonctif**	
résolve	résolvions	aie résolu	ayons résolu
résolves	résolviez	aies résolu	ayez résolu
résolve	résolvent	ait résolu	aient résolu
7 imparfait du subjonctif		**14 plus-que-parfait du subjonctif**	
résolusse	résolussions	eusse résolu	eussions résolu
résolusses	résolussiez	eusses résolu	eussiez résolu
résolût	résolussent	eût résolu	eussent résolu

Impératif
résous
résolvons
résolvez

Words and expressions related to this verb

se résoudre à   to make up one's mind to
résoudre qqn à faire qqch   to induce someone to do something
résoudre un problème mathématique   to solve a math problem
une résolution   resolution
être résolu(e) à faire qqch   to be resolved to doing something
Le feu a résous le bois en cendres.   The fire has changed the wood into ashes. (The past part. **résous** is used for things that have undergone a physical change.)

The subject pronouns are found on the page facing page 1.   **405**

to resemble, to be like, to look like

The Seven Simple Tenses		The Seven Compound Tenses	
Singular	Plural	Singular	Plural

1 présent de l'indicatif

		8 passé composé	
ressemble	ressemblons	ai ressemblé	avons ressemblé
ressembles	ressemblez	as ressemblé	avez ressemblé
ressemble	ressemblent	a ressemblé	ont ressemblé

2 imparfait de l'indicatif

		9 plus-que-parfait de l'indicatif	
ressemblais	ressemblions	avais ressemblé	avions ressemblé
ressemblais	ressembliez	avais ressemblé	aviez ressemblé
ressemblait	ressemblaient	avait ressemblé	avaient ressemblé

3 passé simple

		10 passé antérieur	
ressemblai	ressemblâmes	eus ressemblé	eûmes ressemblé
ressemblas	ressemblâtes	eus ressemblé	eûtes ressemblé
ressembla	ressemblèrent	eut ressemblé	eurent ressemblé

4 futur

		11 futur antérieur	
ressemblerai	ressemblerons	aurai ressemblé	aurons ressemblé
ressembleras	ressemblerez	auras ressemblé	aurez ressemblé
ressemblera	ressembleront	aura ressemblé	auront ressemblé

5 conditionnel

		12 conditionnel passé	
ressemblerais	ressemblerions	aurais ressemblé	aurions ressemblé
ressemblerais	ressembleriez	aurais ressemblé	auriez ressemblé
ressemblerait	ressembleraient	aurait ressemblé	auraient ressemblé

6 présent du subjonctif

		13 passé du subjonctif	
ressemble	ressemblions	aie ressemblé	ayons ressemblé
ressembles	ressembliez	aies ressemblé	ayez ressemblé
ressemble	ressemblent	ait ressemblé	aient ressemblé

7 imparfait du subjonctif

		14 plus-que-parfait du subjonctif	
ressemblasse	ressemblassions	eusse ressemblé	eussions ressemblé
ressemblasses	ressemblassiez	eusses ressemblé	eussiez ressemblé
ressemblât	ressemblassent	eût ressemblé	eussent ressemblé

Impératif
ressemble
ressemblons
ressemblez

Words and expressions related to this verb

ressembler à qqn to resemble someone
Paulette ressemble beaucoup à sa mère
   Paulette looks very much like her mother.
se ressembler to resemble each other, to
   look alike
Qui se ressemble s'assemble Birds of a
   feather flock together.

sembler to seem, to appear
une ressemblance resemblance
Cela ne te ressemble pas! That's not like
   you!
**Ils se ressemblent comme deux gouttes
   d'eau** They are as alike as two peas in
   a pod (like two drops of water).

to remain, to stay; to be left (over)

The Seven Simple Tenses		The Seven Compound Tenses	
Singular	Plural	Singular	Plural

1 présent de l'indicatif

reste	restons	
restes	restez	
reste	restent	

8 passé composé

suis resté(e)	sommes resté(e)s
es resté(e)	êtes resté(e)(s)
est resté(e)	sont resté(e)s

2 imparfait de l'indicatif

restais	restions
restais	restiez
restait	restaient

9 plus-que-parfait de l'indicatif

étais resté(e)	étions resté(e)s
étais resté(e)	étiez resté(e)(s)
était resté(e)	étaient resté(e)s

3 passé simple

restai	restâmes
restas	restâtes
resta	restèrent

10 passé antérieur

fus resté(e)	fûmes resté(e)s
fus resté(e)	fûtes resté(e)(s)
fut resté(e)	furent resté(e)s

4 futur

resterai	resterons
resteras	resterez
restera	resteront

11 futur antérieur

serai resté(e)	serons resté(e)s
seras resté(e)	serez resté(e)(s)
sera resté(e)	seront resté(e)s

5 conditionnel

resterais	resterions
resterais	resteriez
resterait	resteraient

12 conditionnel passé

serais resté(e)	serions resté(e)s
serais resté(e)	seriez resté(e)(s)
serait resté(e)	seraient resté(e)s

6 présent du subjonctif

reste	restions
restes	restiez
reste	restent

13 passé du subjonctif

sois resté(e)	soyons resté(e)s
sois resté(e)	soyez resté(e)(s)
soit resté(e)	soient resté(e)s

7 imparfait du subjonctif

restasse	restassions
restasses	restassiez
restât	restassent

14 plus-que-parfait du subjonctif

fusse resté(e)	fussions resté(e)s
fusses resté(e)	fussiez resté(e)(s)
fût resté(e)	fussent resté(e)s

Impératif
reste
restons
restez

Words and expressions related to this verb

Combien d'argent vous reste-t-il?   How much money do you have left (over)?
Il me reste deux cents francs.   I have two hundred francs left.
rester au lit   to stay in bed
Restez là; je reviens tout de suite.   Stay there; I'll be right back.

Simone est restée au lit toute la journée.   Simone stayed in bed all day.
les restes   leftovers; **le reste du temps** the rest of the time

The subject pronouns are found on the page facing page 1.   **407**

to retain, to keep, to detain, to hold back

The Seven Simple Tenses		The Seven Compound Tenses	
Singular	Plural	Singular	Plural
1 présent de l'indicatif		**8 passé composé**	
retiens	retenons	ai retenu	avons retenu
retiens	retenez	as retenu	avez retenu
retient	retiennent	a retenu	ont retenu
2 imparfait de l'indicatif		**9 plus-que-parfait de l'indicatif**	
retenais	retenions	avais retenu	avions retenu
retenais	reteniez	avais retenu	aviez retenu
retenait	retenaient	avait retenu	avaient retenu
3 passé simple		**10 passé antérieur**	
retins	retînmes	eus retenu	eûmes retenu
retins	retîntes	eus retenu	eûtes retenu
retint	retinrent	eut retenu	eurent retenu
4 futur		**11 futur antérieur**	
retiendrai	retiendrons	aurai retenu	aurons retenu
retiendras	retiendrez	auras retenu	aurez retenu
retiendra	retiendront	aura retenu	auront retenu
5 conditionnel		**12 conditionnel passé**	
retiendrais	retiendrions	aurais retenu	aurions retenu
retiendrais	retiendriez	aurais retenu	auriez retenu
retiendrait	retiendraient	aurait retenu	auraient retenu
6 présent du subjonctif		**13 passé du subjonctif**	
retienne	retenions	aie retenu	ayons retenu
retiennes	reteniez	aies retenu	ayez retenu
retienne	retiennent	ait retenu	aient retenu
7 imparfait du subjonctif		**14 plus-que-parfait du subjonctif**	
retinsse	retinssions	eusse retenu	eussions retenu
retinsses	retinssiez	eusses retenu	eussiez retenu
retînt	retinssent	eût retenu	eussent retenu

Impératif
retiens
retenons
retenez

Words and expressions related to this verb

retenir au lit to confine to bed
retenir qqn to detain someone
se retenir to restrain oneself
retenir une chambre to reserve a room

retenir une place to reserve a place, a seat
une rétention retention

See also **tenir.**

Consult the sections on verbs used in idiomatic expressions, verbs with prepositions, and the list of over 1,000 verbs conjugated like model verbs in the back pages.

to draw (out) again, to pull again

The Seven Simple Tenses		The Seven Compound Tenses	
Singular	Plural	Singular	Plural
1 présent de l'indicatif		**8 passé composé**	
retire	retirons	ai retiré	avons retiré
retires	retirez	as retiré	avez retiré
retire	retirent	a retiré	ont retiré
2 imparfait de l'indicatif		**9 plus-que-parfait de l'indicatif**	
retirais	retirions	avais retiré	avions retiré
retirais	retiriez	avais retiré	aviez retiré
retirait	retiraient	avait retiré	avaient retiré
3 passé simple		**10 passé antérieur**	
retirai	retirâmes	eus retiré	eûmes retiré
retiras	retirâtes	eus retiré	eûtes retiré
retira	retirèrent	eut retiré	eurent retiré
4 futur		**11 futur antérieur**	
retirerai	retirerons	aurai retiré	aurons retiré
retireras	retirerez	auras retiré	aurez retiré
retirera	retireront	aura retiré	auront retiré
5 conditionnel		**12 conditionnel passé**	
retirerais	retirerions	aurais retiré	aurions retiré
retirerais	retireriez	aurais retiré	auriez retiré
retirerait	retireraient	aurait retiré	auraient retiré
6 présent du subjonctif		**13 passé du subjonctif**	
retire	retirions	aie retiré	ayons retiré
retires	retiriez	aies retiré	ayez retiré
retire	retirent	ait retiré	aient retiré
7 imparfait du subjonctif		**14 plus-que-parfait du subjonctif**	
retirasse	retirassions	eusse retiré	eussions retiré
retirasses	retirassiez	eusses retiré	eussiez retiré
retirât	retirassent	eût retiré	eussent retiré

Impératif
retire
retirons
retirez

Words and expressions related to this verb

retirer qqch à qqn   to take something back from someone
retirer qqn de   to take someone out of, to withdraw someone from
retirer une promesse   to take back a promise

retirer ses chaussures   to take off one's shoes
retirer qqch de   to take something out of
retirer ses paroles   to withdraw, to take back one's words

See also **se retirer** and **tirer.**

Consult the sections on verbs used in idiomatic expressions, verbs with prepositions, and the list of over 1,000 verbs conjugated like model verbs in the back pages.

se retirer

to retire, to withdraw

The Seven Simple Tenses		The Seven Compound Tenses	
Singular	Plural	Singular	Plural
1 présent de l'indicatif		**8 passé composé**	
me retire	nous retirons	me suis retiré(e)	nous sommes retiré(e)s
te retires	vous retirez	t'es retiré(e)	vous êtes retiré(e)(s)
se retire	se retirent	s'est retiré(e)	se sont retiré(e)s
2 imparfait de l'indicatif		**9 plus-que-parfait de l'indicatif**	
me retirais	nous retirions	m'étais retiré(e)	nous étions retiré(e)s
te retirais	vous retiriez	t'étais retiré(e)	vous étiez retiré(e)(s)
se retirait	se retiraient	s'était retiré(e)	s'étaient retiré(e)s
3 passé simple		**10 passé antérieur**	
me retirai	nous retirâmes	me fus retiré(e)	nous fûmes retiré(e)s
te retiras	vous retirâtes	te fus retiré(e)	vous fûtes retiré(e)(s)
se retira	se retirèrent	se fut retiré(e)	se furent retiré(e)s
4 futur		**11 futur antérieur**	
me retirerai	nous retirerons	me serai retiré(e)	nous serons retiré(e)s
te retireras	vous retirerez	te seras retiré(e)	vous serez retiré(e)(s)
se retirera	se retireront	se sera retiré(e)	se seront retiré(e)s
5 conditionnel		**12 conditionnel passé**	
me retirerais	nous retirerions	me serais retiré(e)	nous serions retiré(e)s
te retirerais	vous retireriez	te serais retiré(e)	vous seriez retiré(e)(s)
se retirerait	se retireraient	se serait retiré(e)	se seraient retiré(e)s
6 présent du subjonctif		**13 passé du subjonctif**	
me retire	nous retirions	me sois retiré(e)	nous soyons retiré(e)s
te retires	vous retiriez	te sois retiré(e)	vous soyez retiré(e)(s)
se retire	se retirent	se soit retiré(e)	se soient retiré(e)s
7 imparfait du subjonctif		**14 plus-que-parfait du subjonctif**	
me retirasse	nous retirassions	me fusse retiré(e)	nous fussions retiré(e)s
te retirasses	vous retirassiez	te fusses retiré(e)	vous fussiez retiré(e)(s)
se retirât	se retirassent	se fût retiré(e)	se fussent retiré(e)s

Impératif
retire-toi; ne te retire pas
retirons-nous; ne nous retirons pas
retirez-vous; ne vous retirez pas

Words and expressions related to this verb

se retirer des affaires   to retire from
   business
retraité, retraitée   retired, pensioned off
un officier en retraite   retired officer

See also retirer and **tirer.**

une retraite   retreat, retirement; **vivre à
   la retraite**   to live in retirement
un retrait   withdrawal; **en retrait**   set
   back; out of line; **un mur en retrait**
   recess of a wall

Consult the sections on verbs used in idiomatic expressions, verbs with prepositions, and the list of over 1,000 verbs conjugated like model verbs in the back pages.

to return, to go back, to turn again

The Seven Simple Tenses		The Seven Compound Tenses	
Singular	Plural	Singular	Plural

1 présent de l'indicatif

retourne	retournons	
retournes	retournez	
retourne	retournent	

8 passé composé

suis retourné(e)	sommes retourné(e)s
es retourné(e)	êtes retourné(e)(s)
est retourné(e)	sont retourné(e)s

2 imparfait de l'indicatif

retournais	retournions
retournais	retourniez
retournait	retournaient

9 plus-que-parfait de l'indicatif

étais retourné(e)	étions retourné(e)s
étais retourné(e)	étiez retourné(e)(s)
était retourné(e)	étaient retourné(e)s

3 passé simple

retournai	retournâmes
retournas	retournâtes
retourna	retournèrent

10 passé antérieur

fus retourné(e)	fûmes retourné(e)s
fus retourné(e)	fûtes retourné(e)(s)
fut retourné(e)	furent retourné(e)s

4 futur

retournerai	retournerons
retourneras	retournerez
retournera	retourneront

11 futur antérieur

serai retourné(e)	serons retourné(e)s
seras retourné(e)	serez retourné(e)(s)
sera retourné(e)	seront retourné(e)s

5 conditionnel

retournerais	retournerions
retournerais	retourneriez
retournerait	retourneraient

12 conditionnel passé

serais retourné(e)	serions retourné(e)s
serais retourné(e)	seriez retourné(e)(s)
serait retourné(e)	seraient retourné(e)s

6 présent du subjonctif

retourne	retournions
retournes	retourniez
retourne	retournent

13 passé du subjonctif

sois retourné(e)	soyons retourné(e)s
sois retourné(e)	soyez retourné(e)(s)
soit retourné(e)	soient retourné(e)s

7 imparfait du subjonctif

retournasse	retournassions
retournasses	retournassiez
retournât	retournassent

14 plus-que-parfait du subjonctif

fusse retourné(e)	fussions retourné(e)s
fusses retourné(e)	fussiez retourné(e)(s)
fût retourné(e)	fussent retourné(e)s

Impératif
retourne
retournons
retournez

Words and expressions related to this verb

retourner une chaussette   to turn a sock inside out
retourner un matelas   to turn over a mattress
retourner qqn   to change someone's mind
se retourner   to turn around; **se retourner sur le dos**   to turn over on one's back
un retour   return; **un billet de retour**   return ticket
un billet d'aller et retour   a round trip ticket
être de retour   to be back; **Madame Dupin sera de retour demain.**

réussir

to succeed, to result

The Seven Simple Tenses		The Seven Compound Tenses	
Singular	Plural	Singular	Plural
1 présent de l'indicatif		**8 passé composé**	
réussis	réussissons	ai réussi	avons réussi
réussis	réussissez	as réussi	avez réussi
réussit	réussissent	a réussi	ont réussi
2 imparfait de l'indicatif		**9 plus-que-parfait de l'indicatif**	
réussissais	réussissions	avais réussi	avions réussi
réussissais	réussissiez	avais réussi	aviez réussi
réussissait	réussissaient	avait réussi	avaient réussi
3 passé simple		**10 passé antérieur**	
réussis	réussîmes	eus réussi	eûmes réussi
réussis	réussîtes	eus réussi	eûtes réussi
réussit	réussirent	eut réussi	eurent réussi
4 futur		**11 futur antérieur**	
réussirai	réussirons	aurai réussi	aurons réussi
réussiras	réussirez	auras réussi	aurez réussi
réussira	réussiront	aura réussi	auront réussi
5 conditionnel		**12 conditionnel passé**	
réussirais	réussirions	aurais réussi	aurions réussi
réussirais	réussiriez	aurais réussi	auriez réussi
réussirait	réussiraient	aurait réussi	auraient réussi
6 présent du subjonctif		**13 passé du subjonctif**	
réussisse	réussissions	aie réussi	ayons réussi
réussisses	réussissiez	aies réussi	ayez réussi
réussisse	réussissent	ait réussi	aient réussi
7 imparfait du subjonctif		**14 plus-que-parfait du subjonctif**	
réussisse	réussissions	eusse réussi	eussions réussi
réussisses	réussissiez	eusses réussi	eussiez réussi
réussît	réussissent	eût réussi	eussent réussi

Impératif
réussis
réussissons
réussissez

Words and expressions related to this verb

réussir à qqch   to succeed in something
réussir à un examen   to pass an exam
une réussite   success; **une réussite sociale**
   social success
réussir   to result; **Le projet a mal réussi**
   The plan turned out badly; **Le projet a bien**
   réussi   The plan turned out well.

une soirée réussie   a successful evening
réussir dans la vie   to succeed in life
Les fritures ne me réussissent pas   Fried
   food doesn't agree with me.

The Seven Simple Tenses		The Seven Compound Tenses	
Singular	Plural	Singular	Plural

1 présent de l'indicatif
me réveille / nous réveillons
te réveilles / vous réveillez
se réveille / se réveillent

8 passé composé
me suis réveillé(e) / nous sommes réveillé(e)s
t'es réveillé(e) / vous êtes réveillé(e)(s)
s'est réveillé(e) / se sont réveillé(e)s

2 imparfait de l'indicatif
me réveillais / nous réveillions
te réveillais / vous réveilliez
se réveillait / se réveillaient

9 plus-que-parfait de l'indicatif
m'étais réveillé(e) / nous étions réveillé(e)s
t'étais réveillé(e) / vous étiez réveillé(e)(s)
s'était réveillé(e) / s'étaient réveillé(e)s

3 passé simple
me réveillai / nous réveillâmes
te réveillas / vous réveillâtes
se réveilla / se réveillèrent

10 passé antérieur
me fus réveillé(e) / nous fûmes réveillé(e)s
te fus réveillé(e) / vous fûtes réveillé(e)(s)
se fut réveillé(e) / se furent réveillé(e)s

4 futur
me réveillerai / nous réveillerons
te réveilleras / vous réveillerez
se réveillera / se réveilleront

11 futur antérieur
me serai réveillé(e) / nous serons réveillé(e)s
te seras réveillé(e) / vous serez réveillé(e)(s)
se sera réveillé(e) / se seront réveillé(e)s

5 conditionnel
me réveillerais / nous réveillerions
te réveillerais / vous réveilleriez
se réveillerait / se réveilleraient

12 conditionnel passé
me serais réveillé(e) / nous serions réveillé(e)s
te serais réveillé(e) / vous seriez réveillé(e)(s)
se serait réveillé(e) / se seraient réveillé(e)s

6 présent du subjonctif
me réveille / nous réveillions
te réveilles / vous réveilliez
se réveille / se réveillent

13 passé du subjonctif
me sois réveillé(e) / nous soyons réveillé(e)s
te sois réveillé(e) / vous soyez réveillé(e)(s)
se soit réveillé(e) / se soient réveillé(e)s

7 imparfait du subjonctif
me réveillasse / nous réveillassions
te réveillasses / vous réveillassiez
se réveillât / se réveillassent

14 plus-que-parfait du subjonctif
me fusse réveillé(e) / nous fussions réveillé(e)s
te fusses réveillé(e) / vous fussiez réveillé(e)(s)
se fût réveillé(e) / se fussent réveillé(e)s

Impératif
réveille-toi; ne te réveille pas
réveillons-nous; ne nous réveillons pas
réveillez-vous; ne vous réveillez pas

Words and expressions related to this verb

le réveillon   Christmas or New Year's Eve party
faire réveillon   to see the New Year in, to see Christmas in on Christmas eve
un réveille-matin   alarm clock
éveiller (réveiller) qqn   to wake up, awaken someone; **éveiller**   implies to awaken or wake up gently; **réveiller**   suggests with some effort
veiller   to stay awake; **veiller à**   to look after

veiller sur   to watch over; **surveiller**   to keep an eye on
la veille de Noël   Christmas Eve
La tempête a réveillé le chien   The storm woke up the dog.
Marie s'est réveillée à six heures   Mary woke up at six o'clock.

The subject pronouns are found on the page facing page 1.

revenir

Part. pr. **revenant**   Part. passé **revenu(e)(s)**

to come back

The Seven Simple Tenses		The Seven Compound Tenses	
Singular	Plural	Singular	Plural
1 présent de l'indicatif		**8 passé composé**	
reviens	revenons	suis revenu(e)	sommes revenu(e)s
reviens	revenez	es revenu(e)	êtes revenu(e)(s)
revient	reviennent	est revenu(e)	sont revenu(e)s
2 imparfait de l'indicatif		**9 plus-que-parfait de l'indicatif**	
revenais	revenions	étais revenu(e)	étions revenu(e)s
revenais	reveniez	étais revenu(e)	étiez revenu(e)(s)
revenait	revenaient	était revenu(e)	étaient revenu(e)s
3 passé simple		**10 passé antérieur**	
revins	revînmes	fus revenu(e)	fûmes revenu(e)s
revins	revîntes	fus revenu(e)	fûtes revenu(e)(s)
revint	revinrent	fut revenu(e)	furent revenu(e)s
4 futur		**11 futur antérieur**	
reviendrai	reviendrons	serai revenu(e)	serons revenu(e)s
reviendras	reviendrez	seras revenu(e)	serez revenu(e)(s)
reviendra	reviendront	sera revenu(e)	seront revenu(e)s
5 conditionnel		**12 conditionnel passé**	
reviendrais	reviendrions	serais revenu(e)	serions revenu(e)s
reviendrais	reviendriez	serais revenu(e)	seriez revenu(e)(s)
reviendrait	reviendraient	serait revenu(e)	seraient revenu(e)s
6 présent du subjonctif		**13 passé du subjonctif**	
revienne	revenions	sois revenu(e)	soyons revenu(e)s
reviennes	reveniez	sois revenu(e)	soyez revenu(e)(s)
revienne	reviennent	soit revenu(e)	soient revenu(e)s
7 imparfait du subjonctif		**14 plus-que-parfait du subjonctif**	
revinsse	revinssions	fusse revenu(e)	fussions revenu(e)s
revinsses	revinssiez	fusses revenu(e)	fussiez revenu(e)(s)
revînt	revinssent	fût revenu(e)	fussent revenu(e)s

Impératif
reviens
revenons
revenez

Words and expressions related to this verb

le revenu   revenue, income
à revenu fixe   fixed interest
revenir d'une erreur   to realize one's mistake
revenir au même   to amount to the same thing
revenir sur ses pas   to retrace one's steps
revenir sur le sujet   to get back to the subject
revenir sur sa parole   to go back on one's word
Tout revient à ceci. . .   It all boils down to this. . .

The Seven Simple Tenses		The Seven Compound Tenses	
Singular	Plural	Singular	Plural
1 présent de l'indicatif		**8 passé composé**	
rêve	rêvons	ai rêvé	avons rêvé
rêves	rêvez	as rêvé	avez rêvé
rêve	rêvent	a rêvé	ont rêvé
2 imparfait de l'indicatif		**9 plus-que-parfait de l'indicatif**	
rêvais	rêvions	avais rêvé	avions rêvé
rêvais	rêviez	avais rêvé	aviez rêvé
rêvait	rêvaient	avait rêvé	avaient rêvé
3 passé simple		**10 passé antérieur**	
rêvai	rêvâmes	eus rêvé	eûmes rêvé
rêvas	rêvâtes	eus rêvé	eûtes rêvé
rêva	rêvèrent	eut rêvé	eurent rêvé
4 futur		**11 futur antérieur**	
rêverai	rêverons	aurai rêvé	aurons rêvé
rêveras	rêverez	auras rêvé	aurez rêvé
rêvera	rêveront	aura rêvé	auront rêvé
5 conditionnel		**12 conditionnel passé**	
rêverais	rêverions	aurais rêvé	aurions rêvé
rêverais	rêveriez	aurais rêvé	auriez rêvé
rêverait	rêveraient	aurait rêvé	auraient rêvé
6 présent du subjonctif		**13 passé du subjonctif**	
rêve	rêvions	aie rêvé	ayons rêvé
rêves	rêviez	aies rêvé	ayez rêvé
rêve	rêvent	ait rêvé	aient rêvé
7 imparfait du subjonctif		**14 plus-que-parfait du subjonctif**	
rêvasse	rêvassions	eusse rêvé	eussions rêvé
rêvasses	rêvassiez	eusses rêvé	eussiez rêvé
rêvât	rêvassent	eût rêvé	eussent rêvé

Impératif
rêve
rêvons
rêvez

Common idiomatic expressions using this verb and words related to it

rêver de   to dream of, to dream about, to yearn for
J'ai rêvé de toi toute la nuit   I dreamt of you all night long.
rêver tout éveillé(e)   to daydream
rêver à   to imagine, to think vaguely about something, to daydream
Janine, tu ne fais pas attention! A quoi rêves-tu?   Janine, you are not paying
   attention! What are you dreaming about?
un rêveur, une rêveuse   dreamer
une rêverie   reverie, meditation
un rêve   dream

to see again, to see once more

The Seven Simple Tenses		The Seven Compound Tenses	
Singular	Plural	Singular	Plural
1 présent de l'indicatif		**8 passé composé**	
revois	revoyons	ai revu	avons revu
revois	revoyez	as revu	avez revu
revoit	revoient	a revu	ont revu
2 imparfait de l'indicatif		**9 plus-que-parfait de l'indicatif**	
revoyais	revoyions	avais revu	avions revu
revoyais	revoyiez	avais revu	aviez revu
revoyait	revoyaient	avait revu	avaient revu
3 passé simple		**10 passé antérieur**	
revis	revîmes	eus revu	eûmes revu
revis	revîtes	eus revu	eûtes revu
revit	revirent	eut revu	eurent revu
4 futur		**11 futur antérieur**	
reverrai	reverrons	aurai revu	aurons revu
reverras	reverrez	auras revu	aurez revu
reverra	reverront	aura revu	auront revu
5 conditionnel		**12 conditionnel passé**	
reverrais	reverrions	aurais revu	aurions revu
reverrais	reverriez	aurais revu	auriez revu
reverrait	reverraient	aurait revu	auraient revu
6 présent du subjonctif		**13 passé du subjonctif**	
revoie	revoyions	aie revu	ayons revu
revoies	revoyiez	aies revu	ayez revu
revoie	revoient	ait revu	aient revu
7 imparfait du subjonctif		**14 plus-que-parfait du subjonctif**	
revisse	revissions	eusse revu	eussions revu
revisses	revissiez	eusses revu	eussiez revu
revît	revissent	eût revu	eussent revu

	Impératif
	revois
	revoyons
	revoyez

Words and expressions related to this verb

au revoir   good-bye, see you again, until we meet again
se revoir   to see each other again
une revue   review, magazine
un, une revuiste   a writer of reviews
une révision   revision; **à revoir**   to be revised

See also **voir.**

to laugh

The Seven Simple Tenses		The Seven Compound Tenses	
Singular	Plural	Singular	Plural
1 présent de l'indicatif		**8 passé composé**	
ris	rions	ai ri	avons ri
ris	riez	as ri	avez ri
rit	rient	a ri	ont ri
2 imparfait de l'indicatif		**9 plus-que-parfait de l'indicatif**	
riais	riions	avais ri	avions ri
riais	riiez	avais ri	aviez ri
riait	riaient	avait ri	avaient ri
3 passé simple		**10 passé antérieur**	
ris	rîmes	eus ri	eûmes ri
ris	rîtes	eus ri	eûtes ri
rit	rirent	eut ri	eurent ri
4 futur		**11 futur antérieur**	
rirai	rirons	aurai ri	aurons ri
riras	rirez	auras ri	aurez ri
rira	riront	aura ri	auront ri
5 conditionnel		**12 conditionnel passé**	
rirais	ririons	aurais ri	aurions ri
rirais	ririez	aurais ri	auriez ri
rirait	riraient	aurait ri	auraient ri
6 présent du subjonctif		**13 passé du subjonctif**	
rie	riions	aie ri	ayons ri
ries	riiez	aies ri	ayez ri
rie	rient	ait ri	aient ri
7 imparfait du subjonctif		**14 plus-que-parfait du subjonctif**	
risse	rissions	eusse ri	eussions ri
risses	rissiez	eusses ri	eussiez ri
rît	rissent	eût ri	eussent ri

Impératif
ris
rions
riez

Words and expressions related to this verb

éclater de rire   to burst out laughing; **rire de**   to laugh at
dire qqch pour rire   to say something just for a laugh
rire au nez de qqn   to laugh in someone's face
rire de bon coeur   to laugh heartily
le rire   laughter; **un sourire**   smile; **risible**   laughable

See also **sourire.**

to break, to burst, to shatter, to break off

The Seven Simple Tenses		The Seven Compound Tenses	
Singular	Plural	Singular	Plural
1 présent de l'indicatif		**8 passé composé**	
romps	rompons	ai rompu	avons rompu
romps	rompez	as rompu	avez rompu
rompt	rompent	a rompu	ont rompu
2 imparfait de l'indicatif		**9 plus-que-parfait de l'indicatif**	
rompais	rompions	avais rompu	avions rompu
rompais	rompiez	avais rompu	aviez rompu
rompait	rompaient	avait rompu	avaient rompu
3 passé simple		**10 passé antérieur**	
rompis	rompîmes	eus rompu	eûmes rompu
rompis	rompîtes	eus rompu	eûtes rompu
rompit	rompirent	eut rompu	eurent rompu
4 futur		**11 futur antérieur**	
romprai	romprons	aurai rompu	aurons rompu
rompras	romprez	auras rompu	aurez rompu
rompra	rompront	aura rompu	auront rompu
5 conditionnel		**12 conditionnel passé**	
romprais	romprions	aurais rompu	aurions rompu
romprais	rompriez	aurais rompu	auriez rompu
romprait	rompraient	aurait rompu	auraient rompu
6 présent du subjonctif		**13 passé du subjonctif**	
rompe	rompions	aie rompu	ayons rompu
rompes	rompiez	aies rompu	ayez rompu
rompe	rompent	ait rompu	aient rompu
7 imparfait du subjonctif		**14 plus-que-parfait du subjonctif**	
rompisse	rompissions	eusse rompu	eussions rompu
rompisses	rompissiez	eusses rompu	eussiez rompu
rompît	rompissent	eût rompu	eussent rompu

Impératif
romps
rompons
rompez

Common idiomatic expressions using this verb and words related to it

rompu de fatigue   worn out
rompu aux affaires   experienced in business
se rompre à   to get used to
se rompre la tête   to rack one's brains
une rupture de contrat   breach of contract
corrompre   to corrupt

interrompre   to interrupt
une rupture   rupture, bursting
un rupteur   circuit breaker
rompre avec qqn   to have a falling out
   with someone

See also **corrompre**.

Try the verb tests (with answers explained) in the back pages.

to blush, to redden

The Seven Simple Tenses		The Seven Compound Tenses	
Singular	Plural	Singular	Plural
1 présent de l'indicatif		**8 passé composé**	
rougis	rougissons	ai rougi	avons rougi
rougis	rougissez	as rougi	avez rougi
rougit	rougissent	a rougi	ont rougi
2 imparfait de l'indicatif		**9 plus-que-parfait de l'indicatif**	
rougissais	rougissions	avais rougi	avions rougi
rougissais	rougissiez	avais rougi	aviez rougi
rougissait	rougissaient	avait rougi	avaient rougi
3 passé simple		**10 passé antérieur**	
rougis	rougîmes	eus rougi	eûmes rougi
rougis	rougîtes	eus rougi	eûtes rougi
rougit	rougirent	eut rougi	eurent rougi
4 futur		**11 futur antérieur**	
rougirai	rougirons	aurai rougi	aurons rougi
rougiras	rougirez	auras rougi	aurez rougi
rougira	rougiront	aura rougi	auront rougi
5 conditionnel		**12 conditionnel passé**	
rougirais	rougirions	aurais rougi	aurions rougi
rougirais	rougiriez	aurais rougi	auriez rougi
rougirait	rougiraient	aurait rougi	auraient rougi
6 présent du subjonctif		**13 passé du subjonctif**	
rougisse	rougissions	aie rougi	ayons rougi
rougisses	rougissiez	aies rougi	ayez rougi
rougisse	rougissent	ait rougi	aient rougi
7 imparfait du subjonctif		**14 plus-que-parfait du subjonctif**	
rougisse	rougissions	eusse rougi	eussions rougi
rougisses	rougissiez	eusses rougi	eussiez rougi
rougît	rougissent	eût rougi	eussent rougi

Impératif
rougis
rougissons
rougissez

Words and expressions related to this verb

faire rougir qqn   to make someone blush
le rouge   red; **rougeâtre**   reddish
un rouge-gorge   robin redbreast;
  (des rouges-gorges)
rougir de qqn   to feel shame for someone
la rougeole   measles

rougeaud, rougeaude   ruddy complexion
de rouge à lèvres   lipstick; **du rouge à
  joues**   rouge (for cheeks)
voir rouge   to see red
une jeune mariée rougissante
  a blushing bride

Consult the sections on verbs used in idiomatic expressions, verbs with prepositions, and the list of over 1,000 verbs conjugated like model verbs in the back pages.

rouler

Part. pr. **roulant**   Part. passé **roulé**

to roll, to roll along, to drive (a car), to ride along

The Seven Simple Tenses		The Seven Compound Tenses	
Singular	Plural	Singular	Plural
1 présent de l'indicatif		**8 passé composé**	
roule	roulons	ai roulé	avons roulé
roules	roulez	as roulé	avez roulé
roule	roulent	a roulé	ont roulé
2 imparfait de l'indicatif		**9 plus-que-parfait de l'indicatif**	
roulais	roulions	avais roulé	avions roulé
roulais	rouliez	avais roulé	aviez roulé
roulait	roulaient	avait roulé	avaient roulé
3 passé simple		**10 passé antérieur**	
roulai	roulâmes	eus roulé	eûmes roulé
roulas	roulâtes	eus roulé	eûtes roulé
roula	roulèrent	eut roulé	eurent roulé
4 futur		**11 futur antérieur**	
roulerai	roulerons	aurai roulé	aurons roulé
rouleras	roulerez	auras roulé	aurez roulé
roulera	rouleront	aura roulé	auront roulé
5 conditionnel		**12 conditionnel passé**	
roulerais	roulerions	aurais roulé	aurions roulé
roulerais	rouleriez	aurais roulé	auriez roulé
roulerait	rouleraient	aurait roulé	auraient roulé
6 présent du subjonctif		**13 passé du subjonctif**	
roule	roulions	aie roulé	ayons roulé
roules	rouliez	aies roulé	ayez roulé
roule	roulent	ait roulé	aient roulé
7 imparfait du subjonctif		**14 plus-que-parfait du subjonctif**	
roulasse	roulassions	eusse roulé	eussions roulé
roulasses	roulassiez	eusses roulé	eussiez roulé
roulât	roulassent	eût roulé	eussent roulé

Impératif
roule
roulons
roulez

Words and expressions related to this verb

rouler les _r_   to roll one's r's
rouler sur l'or   to be rolling in dough (money)
se rouler   to roll over
dérouler   to unroll
un rouleau   roll; **un rouleau de papier peint**   roll of wallpaper
un rouleau de pièces de monnaie   a roll of coins
un rouleau à pâtisserie   rolling pin
se dérouler   to take place, to develop, to unfold

420

to seize, to grasp, to comprehend

The Seven Simple Tenses		The Seven Compound Tenses	
Singular	Plural	Singular	Plural

1 présent de l'indicatif

saisis	saisissons	
saisis	saisissez	
saisit	saisissent	

8 passé composé

ai saisi	avons saisi
as saisi	avez saisi
a saisi	ont saisi

2 imparfait de l'indicatif

saisissais	saisissions
saisissais	saisissiez
saisissait	saisissaient

9 plus-que-parfait de l'indicatif

avais saisi	avions saisi
avais saisi	aviez saisi
avait saisi	avaient saisi

3 passé simple

saisis	saisîmes
saisis	saisîtes
saisit	saisirent

10 passé antérieur

eus saisi	eûmes saisi
eus saisi	eûtes saisi
eut saisi	eurent saisi

4 futur

saisirai	saisirons
saisiras	saisirez
saisira	saisiront

11 futur antérieur

aurai saisi	aurons saisi
auras saisi	aurez saisi
aura saisi	auront saisi

5 conditionnel

saisirais	saisirions
saisirais	saisiriez
saisirait	saisiraient

12 conditionnel passé

aurais saisi	aurions saisi
aurais saisi	auriez saisi
aurait saisi	auraient saisi

6 présent du subjonctif

saisisse	saisissions
saisisses	saisissiez
saisisse	saisissent

13 passé du subjonctif

aie saisi	ayons saisi
aies saisi	ayez saisi
ait saisi	aient saisi

7 imparfait du subjonctif

saisisse	saisissions
saisisses	saisissiez
saisît	saisissent

14 plus-que-parfait du subjonctif

eusse saisi	eussions saisi
eusses saisi	eussiez saisi
eût saisi	eussent saisi

Impératif
saisis
saisissons
saisissez

Words and expressions related to this verb

un saisissement   shock
saisissable   seizable
saisissant, saisissante   thrilling, piercing
une saisie   seizure
se saisir de   to take possession of

saisir l'occasion   to seize the opportunity
saisi de joie   overcome with joy
saisir la signification de qqch   to grasp the meaning of something

to soil, to dirty

The Seven Simple Tenses		The Seven Compound Tenses	
Singular	Plural	Singular	Plural
1 présent de l'indicatif		**8 passé composé**	
salis	salissons	ai sali	avons sali
salis	salissez	as sali	avez sali
salit	salissent	a sali	ont sali
2 imparfait de l'indicatif		**9 plus-que-parfait de l'indicatif**	
salissais	salissions	avais sali	avions sali
salissais	salissiez	avais sali	aviez sali
salissait	salissaient	avait sali	avaient sali
3 passé simple		**10 passé antérieur**	
salis	salîmes	eus sali	eûmes sali
salis	salîtes	eus sali	eûtes sali
salit	salirent	eut sali	eurent sali
4 futur		**11 futur antérieur**	
salirai	salirons	aurai sali	aurons sali
saliras	salirez	auras sali	aurez sali
salira	saliront	aura sali	auront sali
5 conditionnel		**12 conditionnel passé**	
salirais	salirions	aurais sali	aurions sali
salirais	saliriez	aurais sali	auriez sali
salirait	saliraient	aurait sali	auraient sali
6 présent du subjonctif		**13 passé du subjonctif**	
salisse	salissions	aie sali	ayons sali
salisses	salissiez	aies sali	ayez sali
salisse	salissent	ait sali	aient sali
7 imparfait du subjonctif		**14 plus-que-parfait du subjonctif**	
salisse	salissions	eusse sali	eussions sali
salisses	salissiez	eusses sali	eussiez sali
salît	salissent	eût sali	eussent sali

Impératif
salis
salissons
salissez

Words and expressions related to this verb

sale dirty, soiled
salement disgustingly
la saleté filth
dire des saletés to use filthy language

les mains sales soiled hands
une réputation salie a tarnished reputation

Avez-vous jamais lu ou vu la pièce de théâtre *Les Mains sales* **de Jean-Paul Sartre?**

Try the verb tests (with answers explained) in the back pages.

to satisfy

The Seven Simple Tenses		The Seven Compound Tenses	
Singular	Plural	Singular	Plural

1   présent de l'indicatif

		8 passé composé	
satisfais	satisfaisons	ai satisfait	avons satisfait
satisfais	satisfaites	as satisfait	avez satisfait
satisfait	satisfont	a satisfait	ont satisfait

2   imparfait de l'indicatif

		9 plus-que-parfait de l'indicatif	
satisfaisais	satisfaisions	avais satisfait	avions satisfait
satisfaisais	satisfaisiez	avais satisfait	aviez satisfait
satisfaisait	satisfaisaient	avait satisfait	avaient satisfait

3   passé simple

		10 passé antérieur	
satisfis	satisfîmes	eus satisfait	eûmes satisfait
satisfis	satisfîtes	eus satisfait	eûtes satisfait
satisfit	satisfirent	eut satisfait	eurent satisfait

4   futur

		11 futur antérieur	
satisferai	satisferons	aurai satisfait	aurons satisfait
satisferas	satisferez	auras satisfait	aurez satisfait
satisfera	satisferont	aura satisfait	auront satisfait

5   conditionnel

		12 conditionnel passé	
satisferais	satisferions	aurais satisfait	aurions satisfait
satisferais	satisferiez	aurais satisfait	auriez satisfait
satisferait	satisferaient	aurait satisfait	auraient satisfait

6   présent du subjonctif

		13 passé du subjonctif	
satisfasse	satisfassions	aie satisfait	ayons satisfait
satisfasses	satisfassiez	aies satisfait	ayez satisfait
satisfasse	satisfassent	ait satisfait	aient satisfait

7   imparfait du subjonctif

		14 plus-que-parfait du subjonctif	
satisfisse	satisfissions	eusse satisfait	eussions satisfait
satisfisses	satisfissiez	eusses satisfait	eussiez satisfait
satisfît	satisfissent	eût satisfait	eussent satisfait

Impératif
satisfais
satisfaisons
satisfaites

Words and expressions related to this verb

satisfaire sa faim   to satisfy one's hunger;
  satisfaire sa soif   to satisfy one's
  thirst
satisfaisant, satisfaisante   satisfying

la satisfaction   satisfaction
demander satisfaction à   to demand
  satisfaction from
être satisfait (satisfaite) de   to be
  satisfied with

Consult the sections on verbs used in idiomatic expressions, verbs with prepositions, and the
list of over 1,000 verbs conjugated like model verbs in the back pages.

sauter

Part. pr. **sautant**   Part. passé **sauté**

to jump, to leap

The Seven Simple Tenses		The Seven Compound Tenses	
Singular	Plural	Singular	Plural
1 présent de l'indicatif		**8 passé composé**	
saute	sautons	ai sauté	avons sauté
sautes	sautez	as sauté	avez sauté
saute	sautent	a sauté	ont sauté
2 imparfait de l'indicatif		**9 plus-que-parfait de l'indicatif**	
sautais	sautions	avais sauté	avions sauté
sautais	sautiez	avais sauté	aviez sauté
sautait	sautaient	avait sauté	avaient sauté
3 passé simple		**10 passé antérieur**	
sautai	sautâmes	eus sauté	eûmes sauté
sautas	sautâtes	eus sauté	eûtes sauté
sauta	sautèrent	eut sauté	eurent sauté
4 futur		**11 futur antérieur**	
sauterai	sauterons	aurai sauté	aurons sauté
sauteras	sauterez	auras sauté	aurez sauté
sautera	sauteront	aura sauté	auront sauté
5 conditionnel		**12 conditionnel passé**	
sauterais	sauterions	aurais sauté	aurions sauté
sauterais	sauteriez	aurais sauté	auriez sauté
sauterait	sauteraient	aurait sauté	auraient sauté
6 présent du subjonctif		**13 passé du subjonctif**	
saute	sautions	aie sauté	ayons sauté
sautes	sautiez	aies sauté	ayez sauté
saute	sautent	ait sauté	aient sauté
7 imparfait du subjonctif		**14 plus-que-parfait du subjonctif**	
sautasse	sautassions	eusse sauté	eussions sauté
sautasses	sautassiez	eusses sauté	eussiez sauté
sautât	sautassent	eût sauté	eussent sauté

Impératif
saute
sautons
sautez

Words and expressions related to this verb

un saut   leap, jump
une sauterelle   grasshopper
sautiller   to skip, to hop
sauter à la corde   to jump (skip) rope

sauter au bas du lit   to jump out of bed
faire sauter une crêpe   to toss a pancake
Cela saute aux yeux   That's obvious.

Consult the back pages for French proverbs using verbs.

The Seven Simple Tenses		The Seven Compound Tenses	
Singular	Plural	Singular	Plural

1 présent de l'indicatif		8 passé composé	
sauve	sauvons	ai sauvé	avons sauvé
sauves	sauvez	as sauvé	avez sauvé
sauve	sauvent	a sauvé	ont sauvé

2 imparfait de l'indicatif		9 plus-que-parfait de l'indicatif	
sauvais	sauvions	avais sauvé	avions sauvé
sauvais	sauviez	avais sauvé	aviez sauvé
sauvait	sauvaient	avait sauvé	avaient sauvé

3 passé simple		10 passé antérieur	
sauvai	sauvâmes	eus sauvé	eûmes sauvé
sauvas	sauvâtes	eus sauvé	eûtes sauvé
sauva	sauvèrent	eut sauvé	eurent sauvé

4 futur		11 futur antérieur	
sauverai	sauverons	aurai sauvé	aurons sauvé
sauveras	sauverez	auras sauvé	aurez sauvé
sauvera	sauveront	aura sauvé	auront sauvé

5 conditionnel		12 conditionnel passé	
sauverais	sauverions	aurais sauvé	aurions sauvé
sauverais	sauveriez	aurais sauvé	auriez sauvé
sauverait	sauveraient	aurait sauvé	auraient sauvé

6 présent du subjonctif		13 passé du subjonctif	
sauve	sauvions	aie sauvé	ayons sauvé
sauves	sauviez	aies sauvé	ayez sauvé
sauve	sauvent	ait sauvé	aient sauvé

7 imparfait du subjonctif		14 plus-que-parfait du subjonctif	
sauvasse	sauvassions	eusse sauvé	eussions sauvé
sauvasses	sauvassiez	eusses sauvé	eussiez sauvé
sauvât	sauvassent	eût sauvé	eussent sauvé

Impératif
sauve
sauvons
sauvez

Words and expressions related to this verb

sauvegarder   to safeguard
le sauvetage   life-saving, rescue
sauve-qui-peut   run for your life
sauver les apparences   to preserve
appearances

See also **se sauver.**

se sauver   to run away, to escape, to
rush off
sauver la vie à qqn   to save someone's
life
une échelle de sauvetage   fire escape

to run away, to rush off, to escape

The Seven Simple Tenses		The Seven Compound Tenses	
Singular	Plural	Singular	Plural
1 présent de l'indicatif		**8 passé composé**	
me sauve	nous sauvons	me suis sauvé(e)	nous sommes sauvé(e)s
te sauves	vous sauvez	t'es sauvé(e)	vous êtes sauvé(e)(s)
se sauve	se sauvent	s'est sauvé(e)	se sont sauvé(e)s
2 imparfait de l'indicatif		**9 plus-que-parfait de l'indicatif**	
me sauvais	nous sauvions	m'étais sauvé(e)	nous étions sauvé(e)s
te sauvais	vous sauviez	t'étais sauvé(e)	vous étiez sauvé(e)(s)
se sauvait	se sauvaient	s'était sauvé(e)	s'étaient sauvé(e)s
3 passé simple		**10 passé antérieur**	
me sauvai	nous sauvâmes	me fus sauvé(e)	nous fûmes sauvé(e)s
te sauvas	vous sauvâtes	te fus sauvé(e)	vous fûtes sauvé(e)(s)
se sauva	se sauvèrent	se fut sauvé(e)	se furent sauvé(e)s
4 futur		**11 futur antérieur**	
me sauverai	nous sauverons	me serai sauvé(e)	nous serons sauvé(e)s
te sauveras	vous sauverez	te seras sauvé(e)	vous serez sauvé(e)(s)
se sauvera	se sauveront	se sera sauvé(e)	se seront sauvé(e)s
5 conditionnel		**12 conditionnel passé**	
me sauverais	nous sauverions	me serais sauvé(e)	nous serions sauvé(e)s
te sauverais	vous sauveriez	te serais sauvé(e)	vous seriez sauvé(e)(s)
se sauverait	se sauveraient	se serait sauvé(e)	se seraient sauvé(e)s
6 présent du subjonctif		**13 passé du subjonctif**	
me sauve	nous sauvions	me sois sauvé(e)	nous soyons sauvé(e)s
te sauves	vous sauviez	te sois sauvé(e)	vous soyez sauvé(e)(s)
se sauve	se sauvent	se soit sauvé(e)	se soient sauvé(e)s
7 imparfait du subjonctif		**14 plus-que-parfait du subjonctif**	
me sauvasse	nous sauvassions	me fusse sauvé(e)	nous fussions sauvé(e)s
te sauvasses	vous sauvassiez	te fusses sauvé(e)	vous fussiez sauvé(e)(s)
se sauvât	se sauvassent	se fût sauvé(e)	se fussent sauvé(e)s

Impératif
sauve-toi; ne te sauve pas
sauvons-nous; ne nous sauvons pas
sauvez-vous; ne vous sauvez pas

Words and expressions related to this verb

se sauver de prison to get out of prison
sauvegarder to safeguard
le sauvetage life-saving, rescue
sauve-qui-peut run for your life
sauver to rescue, to save

sauver la vie à qqn to save someone's life
vendre à la sauvette to peddle in the streets
une vente à la sauvette street peddling

Consult the back pages for verbs that require certain prepositions.

See also **sauver**.

to know (how)

The Seven Simple Tenses		The Seven Compound Tenses	
Singular	Plural	Singular	Plural
1 présent de l'indicatif		**8 passé composé**	
sais	savons	ai su	avons su
sais	savez	as su	avez su
sait	savent	a su	ont su
2 imparfait de l'indicatif		**9 plus-que-parfait de l'indicatif**	
savais	savions	avais su	avions su
savais	saviez	avais su	aviez su
savait	savaient	avait su	avaient su
3 passé simple		**10 passé antérieur**	
sus	sûmes	eus su	eûmes su
sus	sûtes	eus su	eûtes su
sut	surent	eut su	eurent su
4 futur		**11 futur antérieur**	
saurai	saurons	aurai su	aurons su
sauras	saurez	auras su	aurez su
saura	sauront	aura su	auront su
5 conditionnel		**12 conditionnel passé**	
saurais	saurions	aurais su	aurions su
saurais	sauriez	aurais su	auriez su
saurait	sauraient	aurait su	auraient su
6 présent du subjonctif		**13 passé du subjonctif**	
sache	sachions	aie su	ayons su
saches	sachiez	aies su	ayez su
sache	sachent	ait su	aient su
7 imparfait du subjonctif		**14 plus-que-parfait du subjonctif**	
susse	sussions	eusse su	eussions su
susses	sussiez	eusses su	eussiez su
sût	sussent	eût su	eussent su

Impératif
sache
sachons
sachez

Words and expressions related to this verb

le savoir   knowledge
le savoir-faire   know-how, tact, ability
le savoir-vivre   to be well-mannered, well-bred
faire savoir   to inform
Pas que je sache   Not to my knowledge

savoir faire qqch   to know how to do something; **Savez-vous jouer du piano?**
Autant que je sache...   As far as I know...
C'est à savoir   That remains to be seen.
sans le savoir   without knowing it

Consult the back pages for the section on verbs used in idiomatic expressions.

The subject pronouns are found on the page facing page 1.   **427**

to shake, to shake down (off)

The Seven Simple Tenses		The Seven Compound Tenses	
Singular	Plural	Singular	Plural
1 présent de l'indicatif		**8 passé composé**	
secoue	secouons	ai secoué	avons secoué
secoues	secouez	as secoué	avez secoué
secoue	secouent	a secoué	ont secoué
2 imparfait de l'indicatif		**9 plus-que-parfait de l'indicatif**	
secouais	secouions	avais secoué	avions secoué
secouais	secouiez	avais secoué	aviez secoué
secouait	secouaient	avait secoué	avaient secoué
3 passé simple		**10 passé antérieur**	
secouai	secouâmes	eus secoué	eûmes secoué
secouas	secouâtes	eus secoué	eûtes secoué
secoua	secouèrent	eut secoué	eurent secoué
4 futur		**11 futur antérieur**	
secouerai	secouerons	aurai secoué	aurons secoué
secoueras	secouerez	auras secoué	aurez secoué
secouera	secoueront	aura secoué	auront secoué
5 conditionnel		**12 conditionnel passé**	
secouerais	secouerions	aurais secoué	aurions secoué
secouerais	secoueriez	aurais secoué	auriez secoué
secouerait	secoueraient	aurait secoué	auraient secoué
6 présent du subjonctif		**13 passé du subjonctif**	
secoue	secouions	aie secoué	ayons secoué
secoues	secouiez	aies secoué	ayez secoué
secoue	secouent	ait secoué	aient secoué
7 imparfait du subjonctif		**14 plus-que-parfait du subjonctif**	
secouasse	secouassions	eusse secoué	eussions secoué
secouasses	secouassiez	eusses secoué	eussiez secoué
secouât	secouassent	eût secoué	eussent secoué

Impératif
secoue
secouons
secouez

Words and expressions related to this verb

secouer la tête	to shake one's head	**secouer la poussière**	to shake off the dust
le secouement	shaking	**une secousse** jolt; **sans secousse**	smoothly

Consult the sections on verbs used in idiomatic expressions, verbs with prepositions, and the list of over 1,000 verbs conjugated like model verbs in the back pages.

to help, to relieve, to succor

The Seven Simple Tenses		The Seven Compound Tenses	
Singular	Plural	Singular	Plural
1 présent de l'indicatif		**8 passé composé**	
secours	secourons	ai secouru	avons secouru
secours	secourez	as secouru	avez secouru
secourt	secourent	a secouru	ont secouru
2 imparfait de l'indicatif		**9 plus-que-parfait de l'indicatif**	
secourais	secourions	avais secouru	avions secouru
secourais	secouriez	avais secouru	aviez secouru
secourait	secouraient	avait secouru	avaient secouru
3 passé simple		**10 passé antérieur**	
secourus	secourûmes	eus secouru	eûmes secouru
secourus	secourûtes	eus secouru	eûtes secouru
secourut	secoururent	eut secouru	eurent secouru
4 futur		**11 futur antérieur**	
secourrai	secourrons	aurai secouru	aurons secouru
secourras	secourrez	auras secouru	aurez secouru
secourra	secourront	aura secouru	auront secouru
5 conditionnel		**12 conditionnel passé**	
secourrais	secourrions	aurais secouru	aurions secouru
secourrais	secourriez	aurais secouru	auriez secouru
secourrait	secourraient	aurait secouru	auraient secouru
6 présent du subjonctif		**13 passé du subjonctif**	
secoure	secourions	aie secouru	ayons secouru
secoures	secouriez	aies secouru	ayez secouru
secoure	secourent	ait secouru	aient secouru
7 imparfait du subjonctif		**14 plus-que-parfait du subjonctif**	
secourusse	secourussions	eusse secouru	eussions secouru
secourusses	secourussiez	eusses secouru	eussiez secouru
secourût	secourussent	eût secouru	eussent secouru

Impératif
secours
secourons
secourez

Common idiomatic expressions using this verb and words related to it

le secours   help, assistance
Au secours!   Help!
crier au secours   to shout for help
une roue de secours   spare wheel
une sortie de secours   emergency exit
secourir qqn contre un ennemi   to help someone from an enemy

aller au secours de qqn   to go to someone's aid
prêter secours à qqn   to go to someone's rescue, assistance
une équipe de secours   rescue squad
courir   to run

Consult the sections on verbs used in idiomatic expressions, verbs with prepositions, and the list of over 1,000 verbs conjugated like model verbs in the back pages.

The subject pronouns are found on the page facing page 1.

séduire

to seduce

The Seven Simple Tenses		The Seven Compound Tenses	
Singular	Plural	Singular	Plural
1 présent de l'indicatif		**8 passé composé**	
séduis	séduisons	ai séduit	avons séduit
séduis	séduisez	as séduit	avez séduit
séduit	séduisent	a séduit	ont séduit
2 imparfait de l'indicatif		**9 plus-que-parfait de l'indicatif**	
séduisais	séduisions	avais séduit	avions séduit
séduisais	séduisiez	avais séduit	aviez séduit
séduisait	séduisaient	avait séduit	avaient séduit
3 passé simple		**10 passé antérieur**	
séduisis	séduisîmes	eus séduit	eûmes séduit
séduisis	séduisîtes	eus séduit	eûtes séduit
séduisit	séduisirent	eut séduit	eurent séduit
4 futur		**11 futur antérieur**	
séduirai	séduirons	aurai séduit	aurons séduit
séduiras	séduirez	auras séduit	aurez séduit
séduira	séduiront	aura séduit	auront séduit
5 conditionnel		**12 conditionnel passé**	
séduirais	séduirions	aurais séduit	aurions séduit
séduirais	séduiriez	aurais séduit	auriez séduit
séduirait	séduiraient	aurait séduit	auraient séduit
6 présent du subjonctif		**13 passé du subjonctif**	
séduise	séduisions	aie séduit	ayons séduit
séduises	séduisiez	aies séduit	ayez séduit
séduise	séduisent	ait séduit	aient séduit
7 imparfait du subjonctif		**14 plus-que-parfait du subjonctif**	
séduisisse	séduisissions	eusse séduit	eussions séduit
séduisisses	séduisissiez	eusses séduit	eussiez séduit
séduisît	séduisissent	eût séduit	eussent séduit

Impératif
séduis
séduisons
séduisez

Words related to this verb

séduisant, séduisante   fascinating, seductive, attractive
un séducteur, une séductrice   tempter (temptress), seducer (seductress)
une séduction   seduction, enticement

Consult the sections on verbs used in idiomatic expressions, verbs with prepositions, and the list of over 1,000 verbs conjugated like model verbs in the back pages.

to sojourn, to live somewhere temporarily

The Seven Simple Tenses		The Seven Compound Tenses	
Singular	Plural	Singular	Plural
1 présent de l'indicatif		**8 passé composé**	
séjourne	séjournons	ai séjourné	avons séjourné
séjournes	séjournez	as séjourné	avez séjourné
séjourne	séjournent	a séjourné	ont séjourné
2 imparfait de l'indicatif		**9 plus-que-parfait de l'indicatif**	
séjournais	séjournions	avais séjourné	avions séjourné
séjournais	séjourniez	avais séjourné	aviez séjourné
séjournait	séjournaient	avait séjourné	avaient séjourné
3 passé simple		**10 passé antérieur**	
séjournai	séjournâmes	eus séjourné	eûmes séjourné
séjournas	séjournâtes	eus séjourné	eûtes séjourné
séjourna	séjournèrent	eut séjourné	eurent séjourné
4 futur		**11 futur antérieur**	
séjournerai	séjournerons	aurai séjourné	aurons séjourné
séjourneras	séjournerez	auras séjourné	aurez séjourné
séjournera	séjourneront	aura séjourné	auront séjourné
5 conditionnel		**12 conditionnel passé**	
séjournerais	séjournerions	aurais séjourné	aurions séjourné
séjournerais	séjourneriez	aurais séjourné	auriez séjourné
séjournerait	séjourneraient	aurait séjourné	auraient séjourné
6 présent du subjonctif		**13 passé du subjonctif**	
séjourne	séjournions	aie séjourné	ayons séjourné
séjournes	séjourniez	aies séjourné	ayez séjourné
séjourne	séjournent	ait séjourné	aient séjourné
7 imparfait du subjonctif		**14 plus-que-parfait du subjonctif**	
séjournasse	séjournassions	eusse séjourné	eussions séjourné
séjournasses	séjournassiez	eusses séjourné	eussiez séjourné
séjournât	séjournassent	eût séjourné	eussent séjourné

Impératif
séjourne
séjournons
séjournez

Words and expressions related to this verb

séjourner à un hôtel   to stay (stop)
 at a hotel
un séjour   sojourn, stay
faire un séjour à la campagne
 to stay in the country

séjourner chez des amis   to stay with
 friends
le jour   day
une salle de séjour   livingroom
un bref séjour   a brief stay

Consult the sections on verbs used in idiomatic expressions, verbs with prepositions, and the list of over 1,000 verbs conjugated like model verbs in the back pages.

The subject pronouns are found on the page facing page 1.   **431**

sembler

to seem

The Seven Simple Tenses		The Seven Compound Tenses	
Singular	Plural	Singular	Plural
1 présent de l'indicatif		**8 passé composé**	
il semble		il a semblé	
2 imparfait de l'indicatif		**9 plus-que-parfait de l'indicatif**	
il semblait		il avait semblé	
3 passé simple		**10 passé antérieur**	
il sembla		il eut semblé	
4 futur		**11 futur antérieur**	
il semblera		il aura semblé	
5 conditionnel		**12 conditionnel passé**	
il semblerait		il aurait semblé	
6 présent du subjonctif		**13 passé du subjonctif**	
qu'il semble		qu'il ait semblé	
7 imparfait du subjonctif		**14 plus-que-parfait du subjonctif**	
qu'il semblât		qu'il eût semblé	

Impératif
[not in use]

This verb has regular forms in all the tenses (like **ressembler** among the 501 verbs in this book) but much of the time it is used impersonally in the forms given above with **il** (it) as the subject.

Il me semble difficile. It seems difficult to me.
Il me semble que... It seems to me that...
Il semble bon. It seems good.
Il semble inutile. It seems useless.

à ce qu'il me semble... to my mind...
C'est ce qui me semble. That's what it looks like to me.

to feel, to smell, to perceive

The Seven Simple Tenses		The Seven Compound Tenses	
Singular	Plural	Singular	Plural

1 présent de l'indicatif

		8 passé composé	
sens	sentons	ai senti	avons senti
sens	sentez	as senti	avez senti
sent	sentent	a senti	ont senti

2 imparfait de l'indicatif

		9 plus-que-parfait de l'indicatif	
sentais	sentions	avais senti	avions senti
sentais	sentiez	avais senti	aviez senti
sentait	sentaient	avait senti	avaient senti

3 passé simple

		10 passé antérieur	
sentis	sentîmes	eus senti	eûmes senti
sentis	sentîtes	eus senti	eûtes senti
sentit	sentirent	eut senti	eurent senti

4 futur

		11 futur antérieur	
sentirai	sentirons	aurai senti	aurons senti
sentiras	sentirez	auras senti	aurez senti
sentira	sentiront	aura senti	auront senti

5 conditionnel

		12 conditionnel passé	
sentirais	sentirions	aurais senti	aurions senti
sentirais	sentiriez	aurais senti	auriez senti
sentirait	sentiraient	aurait senti	auraient senti

6 présent du subjonctif

		13 passé du subjonctif	
sente	sentions	aie senti	ayons senti
sentes	sentiez	aies senti	ayez senti
sente	sentent	ait senti	aient senti

7 imparfait du subjonctif

		14 plus-que-parfait du subjonctif	
sentisse	sentissions	eusse senti	eussions senti
sentisses	sentissiez	eusses senti	eussiez senti
sentît	sentissent	eût senti	eussent senti

Impératif
sens
sentons
sentez

Words and expressions related to this verb

un sentiment   feeling, sense, impression
sentimental, sentimentale   sentimental
la sentimentalité   sentimentality
sentir le chagrin   to feel sorrow
se sentir + adj.   to feel + adj.;
  Je me sens malade.   I feel sick.

sentir bon   to smell good
sentir mauvais   to smell bad
faire sentir qqch à qqn   to make someone
  feel something
se faire sentir   to make itself felt
ne se sentir pas bien   not to feel well; **Je ne
  me sens pas bien.**   I don't feel well.

The subject pronouns are found on the page facing page 1.

to be becoming, to suit

The Seven Simple Tenses		The Seven Compound Tenses	
Singular	Plural	Singular	Plural
1 présent de l'indicatif			
il sied	**ils siéent**		
2 imparfait de l'indicatif			
il seyait	**ils seyaient**		
4 futur			
il siéra	**ils siéront**		
5 conditionnel			
il siérait	**ils siéraient**		
6 présent du subjonctif			
qu'il siée	**qu'ils siéent**		

This verb is defective and it is generally used only in the above persons and tenses.

Cela vous sied   That suits you well.

Ce chapeau te sied si bien!   That hat looks so good on you!

Connaissez-vous la pièce *Le Deuil sied à Electre* **d'Eugene O'Neill?**

   Do you know the play *Mourning Becomes Electra* by Eugene O'Neill?

seoir à   to be becoming to

Consult the sections on verbs used in idiomatic expressions, verbs with prepositions, and the list of over 1,000 verbs conjugated like model verbs in the back pages.

The form **séant** is used as an adj.: **Il n'est pas séant de faire cela**   It's unbecoming to do that.

The Seven Simple Tenses		The Seven Compound Tenses	
Singular	Plural	Singular	Plural
1 présent de l'indicatif		**8 passé composé**	
sépare	séparons	ai séparé	avons séparé
sépares	séparez	as séparé	avez séparé
sépare	séparent	a séparé	ont séparé
2 imparfait de l'indicatif		**9 plus-que-parfait de l'indicatif**	
séparais	séparions	avais séparé	avions séparé
séparais	sépariez	avais séparé	aviez séparé
séparait	séparaient	avait séparé	avaient séparé
3 passé simple		**10 passé antérieur**	
séparai	séparâmes	eus séparé	eûmes séparé
séparas	séparâtes	eus séparé	eûtes séparé
sépara	séparèrent	eut séparé	eurent séparé
4 futur		**11 futur antérieur**	
séparerai	séparerons	aurai séparé	aurons séparé
sépareras	séparerez	auras séparé	aurez séparé
séparera	sépareront	aura séparé	auront séparé
5 conditionnel		**12 conditionnel passé**	
séparerais	séparerions	aurais séparé	aurions séparé
séparerais	sépareriez	aurais séparé	auriez séparé
séparerait	sépareraient	aurait séparé	auraient séparé
6 présent du subjonctif		**13 passé du subjonctif**	
sépare	séparions	aie séparé	ayons séparé
sépares	sépariez	aies séparé	ayez séparé
sépare	séparent	ait séparé	aient séparé
7 imparfait du subjonctif		**14 plus-que-parfait du subjonctif**	
séparasse	séparassions	eusse séparé	eussions séparé
séparasses	séparassiez	eusses séparé	eussiez séparé
séparât	séparassent	eût séparé	eussent séparé

Impératif
sépare
séparons
séparez

Words and expressions related to this verb

séparer de   to sever from, to separate from
Les Pyrénées séparent la France et l'Espagne   France is separated from Spain by
the Pyrenees.
se séparer de   to be separated from, to separate oneself from
Madame Dubois se sépare de son mari   Mrs. Dubois is separating from her husband.
une séparation   separation, parting

Consult the sections on verbs used in idiomatic expressions, verbs with prepositions, and the
list of over 1,000 verbs conjugated like model verbs in the back pages.

to grasp, to press, to squeeze, to shake (hands)

The Seven Simple Tenses		The Seven Compound Tenses	
Singular	Plural	Singular	Plural
1 présent de l'indicatif		**8 passé composé**	
serre	serrons	ai serré	avons serré
serres	serrez	as serré	avez serré
serre	serrent	a serré	ont serré
2 imparfait de l'indicatif		**9 plus-que-parfait de l'indicatif**	
serrais	serrions	avais serré	avions serré
serrais	serriez	avais serré	aviez serré
serrait	serraient	avait serré	avaient serré
3 passé simple		**10 passé antérieur**	
serrai	serrâmes	eus serré	eûmes serré
serras	serrâtes	eus serré	eûtes serré
serra	serrèrent	eut serré	eurent serré
4 futur		**11 futur antérieur**	
serrerai	serrerons	aurai serré	aurons serré
serreras	serrerez	auras serré	aurez serré
serrera	serreront	aura serré	auront serré
5 conditionnel		**12 conditionnel passé**	
serrerais	serrerions	aurais serré	aurions serré
serrerais	serreriez	aurais serré	auriez serré
serrerait	serreraient	aurait serré	auraient serré
6 présent du subjonctif		**13 passé du subjonctif**	
serre	serrions	aie serré	ayons serré
serres	serriez	aies serré	ayez serré
serre	serrent	ait serré	aient serré
7 imparfait du subjonctif		**14 plus-que-parfait du subjonctif**	
serrasse	serrasisons	eusse serré	eussions serré
serrasses	serrassiez	eusses serré	eussiez serré
serrât	serrassent	eût serré	eussent serré

Impératif
serre
serrons
serrez

Words and expressions related to this verb

serrer la main à qqn to shake hands
  with someone
serrer un noeud to tighten a knot
un serre-livres book end;
  (des serre-livres)

serrer les rangs to close up ranks
serrer le coeur to wring one's heart
serrés comme des harengs packed like
  sardines
une serrure lock; **le trou de la serrure**
  keyhole

Consult the sections on verbs used in idiomatic expressions, verbs with prepositions, and the list of over 1,000 verbs conjugated like model verbs in the back pages.

to serve, to be useful

The Seven Simple Tenses		The Seven Compound Tenses	
Singular	Plural	Singular	Plural

1   présent de l'indicatif

		8 passé composé	
sers	servons	ai servi	avons servi
sers	servez	as servi	avez servi
sert	servent	a servi	ont servi

2   imparfait de l'indicatif

		9 plus-que-parfait de l'indicatif	
servais	servions	avais servi	avions servi
servais	serviez	avais servi	aviez servi
servait	servaient	avait servi	avaient servi

3   passé simple

		10 passé antérieur	
servis	servîmes	eus servi	eûmes servi
servis	servîtes	eus servi	eûtes servi
servit	servirent	eut servi	eurent servi

4   futur

		11 futur antérieur	
servirai	servirons	aurai servi	aurons servi
serviras	servirez	auras servi	aurez servi
servira	serviront	aura servi	auront servi

5   conditionnel

		12 conditionnel passé	
servirais	servirions	aurais servi	aurions servi
servirais	serviriez	aurais servi	auriez servi
servirait	serviraient	aurait servi	auraient servi

6   présent du subjonctif

		13 passé du subjonctif	
serve	servions	aie servi	ayons servi
serves	serviez	aies servi	ayez servi
serve	servent	ait servi	aient servi

7   imparfait du subjonctif

		14 plus-que-parfait du subjonctif	
servisse	servissions	eusse servi	eussions servi
servisses	servissiez	eusses servi	eussiez servi
servît	servissent	eût servi	eussent servi

Impératif
sers
servons
servez

Words and expressions related to this verb

le serveur waiter	**se servir** to serve oneself, to help oneself
la serveuse waitress	**se servir de qqch** to use something, to avail
le service service	oneself of something, to make use of
une serviette napkin	something
un serviteur servant	**servir à qqch** to be of some use
la servitude servitude	**servir à rien** to be of no use;
desservir to clear off the table	**Cela ne sert à rien** That serves no purpose.

The subject pronouns are found on the page facing page 1.   **437**

to serve oneself, to help oneself (to food and drink)

The Seven Simple Tenses		The Seven Compound Tenses	
Singular	Plural	Singular	Plural
1 présent de l'indicatif		**8 passé composé**	
me sers	nous servons	me suis servi(e)	nous sommes servi(e)s
te sers	vous servez	t'es servi(e)	vous êtes servi(e)(s)
se sert	se servent	s'est servi(e)	se sont servi(e)s
2 imparfait de l'indicatif		**9 plus-que-parfait de l'indicatif**	
me servais	nous servions	m'étais servi(e)	nous étions servi(e)s
te servais	vous serviez	t'étais servi(e)	vous étiez servi(e)(s)
se servait	se servaient	s'était servi(e)	s'étaient servi(e)s
3 passé simple		**10 passé antérieur**	
me servis	nous servîmes	me fus servi(e)	nous fûmes servi(e)s
te servis	vous servîtes	te fus servi(e)	vous fûtes servi(e)(s)
se servit	se servirent	se fut servi(e)	se furent servi(e)s
4 futur		**11 futur antérieur**	
me servirai	nous servirons	me serai servi(e)	nous serons servi(e)s
te serviras	vous servirez	te seras servi(e)	vous serez servi(e)(s)
se servira	se serviront	se sera servi(e)	se seront servi(e)s
5 conditionnel		**12 conditionnel passé**	
me servirais	nous servirions	me serais servi(e)	nous serions servi(e)s
te servirais	vous serviriez	te serais servi(e)	vous seriez servi(e)(s)
se servirait	se serviraient	se serait servi(e)	se seraient servi(e)s
6 présent du subjonctif		**13 passé du subjonctif**	
me serve	nous servions	me sois servi(e)	nous soyons servi(e)s
te serves	vous serviez	te sois servi(e)	vous soyez servi(e)(s)
se serve	se servent	se soit servi(e)	se soient servi(e)s
7 imparfait du subjonctif		**14 plus-que-parfait du subjonctif**	
me servisse	nous servissions	me fusse servi(e)	nous fussions servi(e)s
te servisses	vous servissiez	te fusses servi(e)	vous fussiez servi(e)(s)
se servît	se servissent	se fût servi(e)	se fussent servi(e)s

Impératif
sers-toi; ne te sers pas
servons-nous; ne nous servons pas
servez-vous; ne vous servez pas

Words and expressions related to this verb

un serviteur servant
la servitude servitude
le serveur waiter
la serveuse waitress
le service service
une serviette napkin

See also **servir**.

se servir de qqch   to use something, to make use of something
se servir   to serve oneself, to help oneself; **Servez-vous, je vous en prie!** Help yourself, please!
Est-ce qu'on se sert seul dans ce restaurant? —**Oui, c'est un restaurant self-service.**

438

to whistle, to hiss, to boo

The Seven Simple Tenses		The Seven Compound Tenses	
Singular	Plural	Singular	Plural

1   présent de l'indicatif

		8 passé composé	
siffle	sifflons	ai sifflé	avons sifflé
siffles	sifflez	as sifflé	avez sifflé
siffle	sifflent	a sifflé	ont sifflé

2   imparfait de l'indicatif

		9 plus-que-parfait de l'indicatif	
sifflais	sifflions	avais sifflé	avions sifflé
sifflais	siffliez	avais sifflé	aviez sifflé
sifflait	sifflaient	avait sifflé	avaient sifflé

3   passé simple

		10 passé antérieur	
sifflai	sifflâmes	eus sifflé	eûmes sifflé
sifflas	sifflâtes	eus sifflé	eûtes sifflé
siffla	sifflèrent	eut sifflé	eurent sifflé

4   futur

		11 futur antérieur	
sifflerai	sifflerons	aurai sifflé	aurons sifflé
siffleras	sifflerez	auras sifflé	aurez sifflé
sifflera	siffleront	aura sifflé	auront sifflé

5   conditionnel

		12 conditionnel passé	
sifflerais	sifflerions	aurais sifflé	aurions sifflé
sifflerais	siffleriez	aurais sifflé	auriez sifflé
sifflerait	siffleraient	aurait sifflé	auraient sifflé

6   présent du subjonctif

		13 passé du subjonctif	
siffle	sifflions	aie sifflé	ayons sifflé
siffles	siffliez	aies sifflé	ayez sifflé
siffle	sifflent	ait sifflé	aient sifflé

7   imparfait du subjonctif

		14 plus-que-parfait du subjonctif	
sifflasse	sifflassions	eusse sifflé	eussions sifflé
sifflasses	sifflassiez	eusses sifflé	eussiez sifflé
sifflât	sifflassent	eût sifflé	eussent sifflé

Impératif
siffle
sifflons
sifflez

Words and expressions related to this verb

un sifflet   whistle
un sifflet d'alarme   alarm whistle
un siffleur, une siffleuse   whistler,
  booer, hisser

le sifflet d'un agent de police
  policeman's whistle
le sifflement   whistling, hissing

Consult the sections on verbs used in idiomatic expressions, verbs with prepositions, and the list of over 1,000 verbs conjugated like model verbs in the back pages.

to point out, to signal

The Seven Simple Tenses		The Seven Compound Tenses	
Singular	Plural	Singular	Plural
1 présent de l'indicatif		**8 passé composé**	
signale	signalons	ai signalé	avons signalé
signales	signalez	as signalé	avez signalé
signale	signalent	a signalé	ont signalé
2 imparfait de l'indicatif		**9 plus-que-parfait de l'indicatif**	
signalais	signalions	avais signalé	avions signalé
signalais	signaliez	avais signalé	aviez signalé
signalait	signalaient	avait signalé	avaient signalé
3 passé simple		**10 passé antérieur**	
signalai	signalâmes	eus signalé	eûmes signalé
signalas	signalâtes	eus signalé	eûtes signalé
signala	signalèrent	eut signalé	eurent signalé
4 futur		**11 futur antérieur**	
signalerai	signalerons	aurai signalé	aurons signalé
signaleras	signalerez	auras signalé	aurez signalé
signalera	signaleront	aura signalé	auront signalé
5 conditionnel		**12 conditionnel passé**	
signalerais	signalerions	aurais signalé	aurions signalé
signalerais	signaleriez	aurais signalé	auriez signalé
signalerait	signaleraient	aurait signalé	auraient signalé
6 présent du subjonctif		**13 passé du subjonctif**	
signale	signalions	aie signalé	ayons signalé
signales	signaliez	aies signalé	ayez signalé
signale	signalent	ait signalé	aient signalé
7 imparfait du subjonctif		**14 plus-que-parfait du subjonctif**	
signalasse	signalassions	eusse signalé	eussions signalé
signalasses	signalassiez	eusses signalé	eussiez signalé
signalât	signalassent	eût signalé	eussent signalé

Impératif
signale
signalons
signalez

Words and expressions related to this verb

se signaler   to distinguish oneself
un signal   signal
le signal d'alarme   alarm signal
les signaux de route   road signs
signaliser   to mark with signs

le signal de détresse   distress signal
tirer le signal d'alarme   to pull the alarm
les moyens de signalisation   means of signaling

Consult the sections on verbs used in idiomatic expressions, verbs with prepositions, and the list of over 1,000 verbs conjugated like model verbs in the back pages.

to sign

The Seven Simple Tenses		The Seven Compound Tenses	
Singular	Plural	Singular	Plural
1 présent de l'indicatif		**8 passé composé**	
signe	signons	ai signé	avons signé
signes	signez	as signé	avez signé
signe	signent	a signé	ont signé
2 imparfait de l'indicatif		**9 plus-que-parfait de l'indicatif**	
signais	signions	avais signé	avions signé
signais	signiez	avais signé	aviez signé
signait	signaient	avait signé	avaient signé
3 passé simple		**10 passé antérieur**	
signai	signâmes	eus signé	eûmes signé
signas	signâtes	eus signé	eûtes signé
signa	signèrent	eut signé	eurent signé
4 futur		**11 futur antérieur**	
signerai	signerons	aurai signé	aurons signé
signeras	signerez	auras signé	aurez signé
signera	signeront	aura signé	auront signé
5 conditionnel		**12 conditionnel passé**	
signerais	signerions	aurais signé	aurions signé
signerais	signeriez	aurais signé	auriez signé
signerait	signeraient	aurait signé	auraient signé
6 présent du subjonctif		**13 passé du subjonctif**	
signe	signions	aie signé	ayons signé
signes	signiez	aies signé	ayez signé
signe	signent	ait signé	aient signé
7 imparfait du subjonctif		**14 plus-que-parfait du subjonctif**	
signasse	signassions	eusse signé	eussions signé
signasses	signassiez	eusses signé	eussiez signé
signât	signassent	eût signé	eussent signé

Impératif
signe
signons
signez

Words and expressions related to this verb

se signer   to cross oneself (to make the sign of the Cross)
un signe   gesture, sign;
   un signe de tête   nod
faire le signe de la Croix   to make the sign of the Cross
la signature   signature, signing
les signes de vie   signs of life

assigner   to assign
consigner   to deposit (money); to consign (merchandise)
la consignation   consignment, deposit
le, la consignataire   consignee
le, la signataire   signer

Consult the sections on verbs used in idiomatic expressions, verbs with prepositions, and the list of over 1,000 verbs conjugated like model verbs in the back pages.

The subject pronouns are found on the page facing page 1.

to dream, to think

The Seven Simple Tenses		The Seven Compound Tenses	
Singular	Plural	Singular	Plural
1 présent de l'indicatif		**8 passé composé**	
songe	songeons	ai songé	avons songé
songes	songez	as songé	avez songé
songe	songent	a songé	ont songé
2 imparfait de l'indicatif		**9 plus-que-parfait de l'indicatif**	
songeais	songions	avais songé	avions songé
songeais	songiez	avais songé	aviez songé
songeait	songeaient	avait songé	avaient songé
3 passé simple		**10 passé antérieur**	
songeai	songeâmes	eus songé	eûmes songé
songeas	songeâtes	eus songé	eûtes songé
songea	songèrent	eut songé	eurent songé
4 futur		**11 futur antérieur**	
songerai	songerons	aurai songé	aurons songé
songeras	songerez	auras songé	aurez songé
songera	songeront	aura songé	auront songé
5 conditionnel		**12 conditionnel passé**	
songerais	songerions	aurais songé	aurions songé
songerais	songeriez	aurais songé	auriez songé
songerait	songeraient	aurait songé	auraient songé
6 présent du subjonctif		**13 passé du subjonctif**	
songe	songions	aie songé	ayons songé
songes	songiez	aies songé	ayez songé
songe	songent	ait songé	aient songé
7 imparfait du subjonctif		**14 plus-que-parfait du subjonctif**	
songeasse	songeassions	eusse songé	eussions songé
songeasses	songeassiez	eusses songé	eussiez songé
songeât	songeassent	eût songé	eussent songé

Impératif
songe
songeons
songez

Words and expressions related to this verb

un songe dream
un songeur, une songeuse dreamer
songer à l'avenir to think of the future
faire un songe to have a dream
songer à to think of something, to give thought to something

Songez-y bien! Think it over carefully!
songer à faire qqch to contemplate doing something

Consult the back pages for new features

The Seven Simple Tenses		The Seven Compound Tenses	
Singular	Plural	Singular	Plural
1 présent de l'indicatif		**8 passé composé**	
sonne	sonnons	ai sonné	avons sonné
sonnes	sonnez	as sonné	avez sonné
sonne	sonnent	a sonné	ont sonné
2 imparfait de l'indicatif		**9 plus-que-parfait de l'indicatif**	
sonnais	sonnions	avais sonné	avions sonné
sonnais	sonniez	avais sonné	aviez sonné
sonnait	sonnaient	avait sonné	avaient sonné
3 passé simple		**10 passé antérieur**	
sonnai	sonnâmes	eus sonné	eûmes sonné
sonnas	sonnâtes	eus sonné	eûtes sonné
sonna	sonnèrent	eut sonné	eurent sonné
4 futur		**11 futur antérieur**	
sonnerai	sonnerons	aurai sonné	aurons sonné
sonneras	sonnerez	auras sonné	aurez sonné
sonnera	sonneront	aura sonné	auront sonné
5 conditionnel		**12 conditionnel passé**	
sonnerais	sonnerions	aurais sonné	aurions sonné
sonnerais	sonneriez	aurais sonné	auriez sonné
sonnerait	sonneraient	aurait sonné	auraient sonné
6 présent du subjonctif		**13 passé du subjonctif**	
sonne	sonnions	aie sonné	ayons sonné
sonnes	sonniez	aies sonné	ayez sonné
sonne	sonnent	ait sonné	aient sonné
7 imparfait du subjonctif		**14 plus-que-parfait du subjonctif**	
sonnasse	sonnassions	eusse sonné	eussions sonné
sonnasses	sonnassiez	eusses sonné	eussiez sonné
sonnât	sonnassent	eût sonné	eussent sonné

Impératif
sonne
sonnons
sonnez

Words and expressions related to this verb

une sonnerie   ringing, chiming
une sonnette   house bell
une sonnette électrique   electric bell
le son   sound, ringing
une sonnette de nuit   night bell

sonner creux   to sound hollow
une sonnette d'alarme   alarm bell
faire sonner un mot   to emphasize a word
une clochette   hand bell
la sonnerie du téléphone   the ringing
  of the telephone

The subject pronouns are found on the page facing page 1.

sortir

Part. pr. **sortant**   Part. passé **sorti(e)(s)**

to go out, to leave

The Seven Simple Tenses		The Seven Compound Tenses	
Singular	Plural	Singular	Plural
1 présent de l'indicatif		**8 passé composé**	
sors	sortons	suis sorti(e)	sommes sorti(e)s
sors	sortez	es sorti(e)	êtes sorti(e)(s)
sort	sortent	est sorti(e)	sont sorti(e)s
2 imparfait de l'indicatif		**9 plus-que-parfait de l'indicatif**	
sortais	sortions	étais sorti(e)	étions sorti(e)s
sortais	sortiez	étais sorti(e)	étiez sorti(e)(s)
sortait	sortaient	était sorti(e)	étaient sorti(e)s
3 passé simple		**10 passé antérieur**	
sortis	sortîmes	fus sorti(e)	fûmes sorti(e)s
sortis	sortîtes	fus sorti(e)	fûtes sorti(e)(s)
sortit	sortirent	fut sorti(e)	furent sorti(e)s
4 futur		**11 futur antérieur**	
sortirai	sortirons	serai sorti(e)	serons sorti(e)s
sortiras	sortirez	seras sorti(e)	serez sorti(e)(s)
sortira	sortiront	sera sorti(e)	seront sorti(e)s
5 conditionnel		**12 conditionnel passé**	
sortirais	sortirions	serais sorti(e)	serions sorti(e)s
sortirais	sortiriez	serais sorti(e)	seriez sorti(e)(s)
sortirait	sortiraient	serait sorti(e)	seraient sorti(e)s
6 présent du subjonctif		**13 passé du subjonctif**	
sorte	sortions	sois sorti(e)	soyons sorti(e)s
sortes	sortiez	sois sorti(e)	soyez sorti(e)(s)
sorte	sortent	soit sorti(e)	soient sorti(e)s
7 imparfait du subjonctif		**14 plus-que-parfait du subjonctif**	
sortisse	sortissions	fusse sorti(e)	fussions sorti(e)s
sortisses	sortissiez	fusses sorti(e)	fussiez sorti(e)(s)
sortît	sortissent	fût sorti(e)	fussent sorti(e)s

Impératif
sors
sortons
sortez

This verb is conjugated with **avoir** when it has a direct object. Review p. viii.

Example: **Elle a sorti son mouchoir**   She took out her handkerchief.
BUT: **Elle est sortie hier soir**   She went out last night.

Words and expressions related to this verb

ressortir   to go out again
une sortie   exit;
     une sortie de secours   emergency exit
sortir du lit   to get out of bed

se sortir d'une situation   to get oneself
     out of a situation
sortir d'une bonne famille   to come from
     a good family

to blow, to pant, to prompt (an actor/actress with a cue)

The Seven Simple Tenses		The Seven Compound Tenses	
Singular	Plural	Singular	Plural
1 présent de l'indicatif		**8 passé composé**	
souffle	soufflons	ai soufflé	avons soufflé
souffles	soufflez	as soufflé	avez soufflé
souffle	soufflent	a soufflé	ont soufflé
2 imparfait de l'indicatif		**9 plus-que-parfait de l'indicatif**	
soufflais	soufflions	avais soufflé	avions soufflé
soufflais	souffliez	avais soufflé	aviez soufflé
soufflait	soufflaient	avait soufflé	avaient soufflé
3 passé simple		**10 passé antérieur**	
soufflai	soufflâmes	eus soufflé	eûmes soufflé
soufflas	soufflâtes	eus soufflé	eûtes soufflé
souffla	soufflèrent	eut soufflé	eurent soufflé
4 futur		**11 futur antérieur**	
soufflerai	soufflerons	aurai soufflé	aurons soufflé
souffleras	soufflerez	auras soufflé	aurez soufflé
soufflera	souffleront	aura soufflé	auront soufflé
5 conditionnel		**12 conditionnel passé**	
soufflerais	soufflerions	aurais soufflé	aurions soufflé
soufflerais	souffleriez	aurais soufflé	auriez soufflé
soufflerait	souffleraient	aurait soufflé	auraient soufflé
6 présent du subjonctif		**13 passé du subjonctif**	
souffle	soufflions	aie soufflé	ayons soufflé
souffles	souffliez	aies soufflé	ayez soufflé
souffle	soufflent	ait soufflé	aient soufflé
7 imparfait du subjonctif		**14 plus-que-parfait du subjonctif**	
soufflasse	soufflassions	eusse soufflé	eussions soufflé
soufflasses	soufflassiez	eusses soufflé	eussiez soufflé
soufflât	soufflassent	eût soufflé	eussent soufflé

Impératif
souffle
soufflons
soufflez

Words and expressions related to this verb

le souffle   breath, breathing
à bout de souffle   out of breath
retenir son souffle   to hold one's breath
couper le souffle à qqn   to take someone's
   breath away

un soufflé au fromage   cheese soufflé
souffler le verre   to blow glass
le souffle cardiaque   heart murmur

Consult the sections on verbs used in idiomatic expressions, verbs with prepositions, and the list of over 1,000 verbs conjugated like model verbs in the back pages.

to suffer, to endure

The Seven Simple Tenses		The Seven Compound Tenses	
Singular	Plural	Singular	Plural

1 présent de l'indicatif

souffre	souffrons	
souffres	souffrez	
souffre	souffrent	

8 passé composé

ai souffert	avons souffert
as souffert	avez souffert
a souffert	ont souffert

2 imparfait de l'indicatif

souffrais	souffrions
souffrais	souffriez
souffrait	souffraient

9 plus-que-parfait de l'indicatif

avais souffert	avions souffert
avais souffert	aviez souffert
avait souffert	avaient souffert

3 passé simple

souffris	souffrîmes
souffris	souffrîtes
souffrit	souffrirent

10 passé antérieur

eus souffert	eûmes souffert
eus souffert	eûtes souffert
eut souffert	eurent souffert

4 futur

souffrirai	souffrirons
souffriras	souffrirez
souffrira	souffriront

11 futur antérieur

aurai souffert	aurons souffert
auras souffert	aurez souffert
aura souffert	auront souffert

5 conditionnel

souffrirais	souffririons
souffrirais	souffririez
souffrirait	souffriraient

12 conditionnel passé

aurais souffert	aurions souffert
aurais souffert	auriez souffert
aurait souffert	auraient souffert

6 présent du subjonctif

souffre	souffrions
souffres	souffriez
souffre	souffrent

13 passé du subjonctif

aie souffert	ayons souffert
aies souffert	ayez souffert
ait souffert	aient souffert

7 imparfait du subjonctif

souffrisse	souffrissions
souffrisses	souffrissiez
souffrît	souffrissent

14 plus-que-parfait du subjonctif

eusse souffert	eussions souffert
eusses souffert	eussiez souffert
eût souffert	eussent souffert

Impératif
souffre
souffrons
souffrez

Words and expressions related to this verb

la souffrance   suffering
souffrant, souffrante   ailing, sick
souffreteux, souffreteuse   sickly, feeble

souffrir le froid   to withstand the cold
Cela me fait souffrir
   That hurts me.

Consult the back pages for the section on verbs used in idiomatic expressions.

The Seven Simple Tenses		The Seven Compound Tenses	
Singular	Plural	Singular	Plural

1 présent de l'indicatif

souhaite	souhaitons		
souhaites	souhaitez		
souhaite	souhaitent		

8 passé composé

ai souhaité	avons souhaité
as souhaité	avez souhaité
a souhaité	ont souhaité

2 imparfait de l'indicatif

souhaitais	souhaitions
souhaitais	souhaitiez
souhaitait	souhaitaient

9 plus-que-parfait de l'indicatif

avais souhaité	avions souhaité
avais souhaité	aviez souhaité
avait souhaité	avaient souhaité

3 passé simple

souhaitai	souhaitâmes
souhaitas	souhaitâtes
souhaita	souhaitèrent

10 passé antérieur

eus souhaité	eûmes souhaité
eus souhaité	eûtes souhaité
eut souhaité	eurent souhaité

4 futur

souhaiterai	souhaiterons
souhaiteras	souhaiterez
souhaitera	souhaiteront

11 futur antérieur

aurai souhaité	aurons souhaité
auras souhaité	aurez souhaité
aura souhaité	auront souhaité

5 conditionnel

souhaiterais	souhaiterions
souhaiterais	souhaiteriez
souhaiterait	souhaiteraient

12 conditionnel passé

aurais souhaité	aurions souhaité
aurais souhaité	auriez souhaité
aurait souhaité	auraient souhaité

6 présent du subjonctif

souhaite	souhaitions
souhaites	souhaitiez
souhaite	souhaitent

13 passé du subjonctif

aie souhaité	ayons souhaité
aies souhaité	ayez souhaité
ait souhaité	aient souhaité

7 imparfait du subjonctif

souhaitasse	souhaitassions
souhaitasses	souhaitassiez
souhaitât	souhaitassent

14 plus-que-parfait du subjonctif

eusse souhaité	eussions souhaité
eusses souhaité	eussiez souhaité
eût souhaité	eussent souhaité

Impératif
souhaite
souhaitons
souhaitez

Words and expressions related to this verb

un souhait a wish	**souhaiter la bienvenue à qqn** to welcome someone
à souhait to one's liking	
souhaits de bonne année New Year's greetings	**souhaiter le bonjour à qqn** to greet someone
souhaiter bon voyage à qqn to wish someone a good trip	**souhaitable** desirable

Consult the back pages for the section on verbs that require certain prepositions.

The subject pronouns are found on the page facing page 1.   **447**

souiller

to dirty, to muddy, to soil

The Seven Simple Tenses		The Seven Compound Tenses	
Singular	Plural	Singular	Plural
1 présent de l'indicatif		**8 passé composé**	
souille	souillons	ai souillé	avons souillé
souilles	souillez	as souillé	avez souillé
souille	souillent	a souillé	ont souillé
2 imparfait de l'indicatif		**9 plus-que-parfait de l'indicatif**	
souillais	souillions	avais souillé	avions souillé
souillais	souilliez	avais souillé	aviez souillé
souillait	souillaient	avait souillé	avaient souillé
3 passé simple		**10 passé antérieur**	
souillai	souillâmes	eus souillé	eûmes souillé
souillas	souillâtes	eus souillé	eûtes souillé
souilla	souillèrent	eut souillé	eurent souillé
4 futur		**11 futur antérieur**	
souillerai	souillerons	aurai souillé	aurons souillé
souilleras	souillerez	auras souillé	aurez souillé
souillera	souilleront	aura souillé	auront souillé
5 conditionnel		**12 conditionnel passé**	
souillerais	souillerions	aurais souillé	aurions souillé
souillerais	souilleriez	aurais souillé	auriez souillé
souillerait	souilleraient	aurait souillé	auraient souillé
6 présent du subjonctif		**13 passé du subjonctif**	
souille	souillions	aie souillé	ayons souillé
souilles	souilliez	aies souillé	ayez souillé
souille	souillent	ait souillé	aient souillé
7 imparfait du subjonctif		**14 plus-que-parfait du subjonctif**	
souillasse	souillassions	eusse souillé	eussions souillé
souillasses	souillassiez	eusses souillé	eussiez souillé
souillât	souillassent	eût souillé	eussent souillé

Impératif
souille
souillons
souillez

Sentences using this verb and words related to it

Monsieur Beauregard dîne seul dans un restaurant. Le garçon lui apporte du poisson et après quelques minutes il demande au monsieur.

—**Eh bien, monsieur. Comment trouvez-vous le poisson? Il est bon, n'est-ce pas?**
—**Non, je le trouve dégoûtant. Ce poisson salé est souillé. Emportez-le!**

dégoûtant, dégoûtante   disgusting
salé, salée   salty
Comment trouvez-vous le poisson?
   How do you like the fish?

souillé, souillée   dirty, soiled
Emportez-le!   Take it away!
un, une souillon   filthy slob
une souillure   spot, stain

to submit

The Seven Simple Tenses		The Seven Compound Tenses	
Singular	Plural	Singular	Plural
1 présent de l'indicatif		**8 passé composé**	
soumets	soumettons	ai soumis	avons soumis
soumets	soumettez	as soumis	avez soumis
soumet	soumettent	a soumis	ont soumis
2 imparfait de l'indicatif		**9 plus-que-parfait de l'indicatif**	
soumettais	soumettions	avais soumis	avions soumis
soumettais	soumettiez	avais soumis	aviez soumis
soumettait	soumettaient	avait soumis	avaient soumis
3 passé simple		**10 passé antérieur**	
soumis	soumîmes	eus soumis	eûmes soumis
soumis	soumîtes	eus soumis	eûtes soumis
soumit	soumirent	eut soumis	eurent soumis
4 futur		**11 futur antérieur**	
soumettrai	soumettrons	aurai soumis	aurons soumis
soumettras	soumettrez	auras soumis	aurez soumis
soumettra	soumettront	aura soumis	auront soumis
5 conditionnel		**12 conditionnel passé**	
soumettrais	soumettrions	aurais soumis	aurions soumis
soumettrais	soumettriez	aurais soumis	auriez soumis
soumettrait	soumettraient	aurait soumis	auraient soumis
6 présent du subjonctif		**13 passé du subjonctif**	
soumette	soumettions	aie soumis	ayons soumis
soumettes	soumettiez	aies soumis	ayez soumis
soumette	soumettent	ait soumis	aient soumis
7 imparfait du subjonctif		**14 plus-que-parfait du subjonctif**	
soumisse	soumissions	eusse soumis	eussions soumis
soumisses	soumissiez	eusses soumis	eussiez soumis
soumît	soumissent	eût soumis	eussent soumis

Impératif
soumets
soumettons
soumettez

Words and expressions related to this verb

se soumettre à   to give in to, to comply with
se soumettre à une décision   to comply with a decision
la soumission   submission

See also **mettre** and compounds of **mettre**, e.g., **promettre.**

Consult the sections on verbs used in idiomatic expressions, verbs with prepositions, and the list of over 1,000 verbs conjugated like model verbs in the back pages.

to smile

The Seven Simple Tenses		The Seven Compound Tenses	
Singular	Plural	Singular	Plural
1 présent de l'indicatif		**8 passé composé**	
souris	sourions	ai souri	avons souri
souris	souriez	as souri	avez souri
sourit	sourient	a souri	ont souri
2 imparfait de l'indicatif		**9 plus-que-parfait de l'indicatif**	
souriais	souriions	avais souri	avions souri
souriais	souriiez	avais souri	aviez souri
souriait	souriaient	avait souri	avaient souri
3 passé simple		**10 passé antérieur**	
souris	sourîmes	eus souri	eûmes souri
souris	sourîtes	eus souri	eûtes souri
sourit	sourirent	eut souri	eurent souri
4 futur		**11 futur antérieur**	
sourirai	sourirons	aurai souri	aurons souri
souriras	sourirez	auras souri	aurez souri
sourira	souriront	aura souri	auront souri
5 conditionnel		**12 conditionnel passé**	
sourirais	souririons	aurais souri	aurions souri
sourirais	souririez	aurais souri	auriez souri
sourirait	souriraient	aurait souri	auraient souri
6 présent du subjonctif		**13 passé du subjonctif**	
sourie	souriions	aie souri	ayons souri
souries	souriiez	aies souri	ayez souri
sourie	sourient	ait souri	aient souri
7 imparfait du subjonctif		**14 plus-que-parfait du subjonctif**	
sourisse	sourissions	eusse souri	eussions souri
sourisses	sourissiez	eusses souri	eussiez souri
sourît	sourissent	eût souri	eussent souri

Impératif
souris
sourions
souriez

Words and expressions related to this verb

un sourire a smile
Gardez le sourire! Keep smiling!
un large sourire a broad smile
le rire laughter
sourire à to favor, to be favorable to, to smile on; **Claudine est heureuse; la vie lui sourit.**

faire un sourire à qqn to give someone a smile
Souris à la vie, et la vie te sourira. Smile at life and life will smile at you.

See also **rire**.

Try the verb tests (with answers explained) in the back pages.

to remember, to recall

The Seven Simple Tenses		The Seven Compound Tenses	
Singular	Plural	Singular	Plural
1 présent de l'indicatif		**8 passé composé**	
me souviens	**nous souvenons**	**me suis souvenu(e)**	**nous sommes souvenu(e)s**
te souviens	**vous souvenez**	**t'es souvenu(e)**	**vous êtes souvenu(e)(s)**
se souvient	**se souviennent**	**s'est souvenu(e)**	**se sont souvenu(e)s**
2 imparfait de l'indicatif		**9 plus-que-parfait de l'indicatif**	
me souvenais	**nous souvenions**	**m'étais souvenu(e)**	**nous étions souvenu(e)s**
te souvenais	**vous souveniez**	**t'étais souvenu(e)**	**vous étiez souvenu(e)(s)**
se souvenait	**se souvenaient**	**s'était souvenu(e)**	**s'étaient souvenu(e)s**
3 passé simple		**10 passé antérieur**	
me souvins	**nous souvînmes**	**me fus souvenu(e)**	**nous fûmes souvenu(e)s**
te souvins	**vous souvîntes**	**te fus souvenu(e)**	**vous fûtes souvenu(e)(s)**
se souvint	**se souvinrent**	**se fut souvenu(e)**	**se furent souvenu(e)s**
4 futur		**11 futur antérieur**	
me souviendrai	**nous souviendrons**	**me serai souvenu(e)**	**nous serons souvenu(e)s**
te souviendras	**vous souviendrez**	**te seras souvenu(e)**	**vous serez souvenu(e)(s)**
se souviendra	**se souviendront**	**se sera souvenu(e)**	**se seront souvenu(e)s**
5 conditionnel		**12 conditionnel passé**	
me souviendrais	**nous souviendrions**	**me serais souvenu(e)**	**nous serions souvenu(e)s**
te souviendrais	**vous souviendriez**	**te serais souvenu(e)**	**vous seriez souvenu(e)(s)**
se souviendrait	**se souviendraient**	**se serait souvenu(e)**	**se seraient souvenu(e)s**
6 présent du subjonctif		**13 passé du subjonctif**	
me souvienne	**nous souvenions**	**me sois souvenu(e)**	**nous soyons souvenu(e)s**
te souviennes	**vous souveniez**	**te sois souvenu(e)**	**vous soyez souvenu(e)(s)**
se souvienne	**se souviennent**	**se soit souvenu(e)**	**se soient souvenu(e)s**
7 imparfait du subjonctif		**14 plus-que-parfait du subjonctif**	
me souvinsse	**nous souvinssions**	**me fusse souvenu(e)**	**nous fussions souvenu(e)s**
te souvinsses	**vous souvinssiez**	**te fusses souvenu(e)**	**vous fussiez souvenu(e)(s)**
se souvînt	**se souvinssent**	**se fût souvenu(e)**	**se fussent souvenu(e)s**

Impératif
souviens-toi; ne te souviens pas
souvenons-nous; ne nous souvenons pas
souvenez-vous; ne vous souvenez pas

Words and expressions related to this verb

un souvenir souvenir, remembrance
Je m'en souviendrai! I'll remember that! I won't forget that!
se souvenir de qqn ou de qqch to remember someone or something
conserver le souvenir de qqch to retain the memory of something

raconter des souvenirs d'enfance to recount memories of one's childhood
les souvenirs memoirs
en souvenir de in remembrance of

The subject pronouns are found on the page facing page 1. **451**

to suck

The Seven Simple Tenses		The Seven Compound Tenses	
Singular	Plural	Singular	Plural
1 présent de l'indicatif		**8 passé composé**	
suce	suçons	ai sucé	avons sucé
suces	sucez	as sucé	avez sucé
suce	sucent	a sucé	ont sucé
2 imparfait de l'indicatif		**9 plus-que-parfait de l'indicatif**	
suçais	sucions	avais sucé	avions sucé
suçais	suciez	avais sucé	aviez sucé
suçait	suçaient	avait sucé	avaient sucé
3 passé simple		**10 passé antérieur**	
suçai	suçâmes	eus sucé	eûmes sucé
suças	suçâtes	eus sucé	eûtes sucé
suça	sucèrent	eut sucé	eurent sucé
4 futur		**11 futur antérieur**	
sucerai	sucerons	aurai sucé	aurons sucé
suceras	sucerez	auras sucé	aurez sucé
sucera	suceront	aura sucé	auront sucé
5 conditionnel		**12 conditionnel passé**	
sucerais	sucerions	aurais sucé	aurions sucé
sucerais	suceriez	aurais sucé	auriez sucé
sucerait	suceraient	aurait sucé	auraient sucé
6 présent du subjonctif		**13 passé du subjonctif**	
suce	sucions	aie sucé	ayons sucé
suces	suciez	aies sucé	ayez sucé
suce	sucent	ait sucé	aient sucé
7 imparfait du subjonctif		**14 plus-que-parfait du subjonctif**	
suçasse	suçassions	eusse sucé	eussions sucé
suçasses	suçassiez	eusses sucé	eussiez sucé
suçât	suçassent	eût sucé	eussent sucé

Impératif
suce
suçons
sucez

Words and expressions related to this verb

une sucette   lollipop; **une sucette de bébé**
teething ring
sucer le jus d'une orange   to suck the juice of
an orange
un suceur, une suceuse   sucker; **suceur de
sang**   bloodsucker

suçoter   to suck away on a candy;
toujours à sucer des bonbons   always
sucking candies

Consult the sections on verbs used in idiomatic expressions, verbs with prepositions, and the
list of over 1,000 verbs conjugated like model verbs in the back pages.

to suffice, to be sufficient, to be enough

The Seven Simple Tenses	The Seven Compound Tenses
Singular Plural	Singular Plural
1 présent de l'indicatif **il suffit**	8 passé composé **il a suffi**
2 imparfait de l'indicatif **il suffisait**	9 plus-que-parfait de l'indicatif **il avait suffi**
3 passé simple **il suffit**	10 passé antérieur **il eut suffi**
4 futur **il suffira**	11 futur antérieur **il aura suffi**
5 conditionnel **il suffirait**	12 conditionnel passé **il aurait suffi**
6 présent du subjonctif **qu'il suffise**	13 passé du subjonctif **qu'il ait suffi**
7 imparfait du subjonctif **qu'il suffît**	14 plus-que-parfait du subjonctif **qu'il eût suffi**

Impératif
Qu'il suffise!

Words and expressions related to this verb

la suffisance   sufficiency
suffisamment   sufficiently
Cela suffit!   That's quite enough!
Suffit!   Enough! Stop it!
Ma famille suffit à mon bonheur   My family
   is enough for my happiness.

Ça ne te suffit pas?   That's not enough
   for you?
Y a-t-il suffisamment à manger?   Is there
   enough to eat?

This verb is generally impersonal and is used in the third person singular as given in the above
tenses.

to follow

The Seven Simple Tenses		The Seven Compound Tenses	
Singular	Plural	Singular	Plural
1 présent de l'indicatif		**8 passé composé**	
suis	suivons	ai suivi	avons suivi
suis	suivez	as suivi	avez suivi
suit	suivent	a suivi	ont suivi
2 imparfait de l'indicatif		**9 plus-que-parfait de l'indicatif**	
suivais	suivions	avais suivi	avions suivi
suivais	suiviez	avais suivi	aviez suivi
suivait	suivaient	avait suivi	avaient suivi
3 passé simple		**10 passé antérieur**	
suivis	suivîmes	eus suivi	eûmes suivi
suivis	suivîtes	eus suivi	eûtes suivi
suivit	suivirent	eut suivi	eurent suivi
4 futur		**11 futur antérieur**	
suivrai	suivrons	aurai suivi	aurons suivi
suivras	suivrez	auras suivi	aurez suivi
suivra	suivront	aura suivi	auront suivi
5 conditionnel		**12 conditionnel passé**	
suivrais	suivrions	aurais suivi	aurions suivi
suivrais	suivriez	aurais suivi	auriez suivi
suivrait	suivraient	aurait suivi	auraient suivi
6 présent du subjonctif		**13 passé du subjonctif**	
suive	suivions	aie suivi	ayons suivi
suives	suiviez	aies suivi	ayez suivi
suive	suivent	ait suivi	aient suivi
7 imparfait du subjonctif		**14 plus-que-parfait du subjonctif**	
suivisse	suivissions	eusse suivi	eussions suivi
suivisses	suivissiez	eusses suivi	eussiez suivi
suivît	suivissent	eût suivi	eussent suivi

Impératif
suis
suivons
suivez

Words and expressions related to this verb

suivant according to
suivant que. . . according as . . .
la suite continuation
à la suite de coming after
de suite in succession, right away
à suivre to be continued

le jour suivant on the following day
les questions suivantes the following questions
tout de suite immediately
suivre un cours to take a course

Consult the section on verbs used in idiomatic expressions, verbs with prepositions, and the list of over 1,000 verbs conjugated like model verbs in the back pages.

to beg, to beseech, to implore, to supplicate

The Seven Simple Tenses		The Seven Compound Tenses	
Singular	Plural	Singular	Plural

1 présent de l'indicatif
supplie	supplions	ai supplié	avons supplié
supplies	suppliez	as supplié	avez supplié
supplie	supplient	a supplié	ont supplié

8 passé composé (heading aligned right column)

2 imparfait de l'indicatif   **9 plus-que-parfait de l'indicatif**
suppliais	suppliions	avais supplié	avions supplié
suppliais	suppliiez	avais supplié	aviez supplié
suppliait	suppliaient	avait supplié	avaient supplié

3 passé simple   **10 passé antérieur**
suppliai	suppliâmes	eus supplié	eûmes supplié
supplias	suppliâtes	eus supplié	eûtes supplié
supplia	supplièrent	eut supplié	eurent supplié

4 futur   **11 futur antérieur**
supplierai	supplierons	aurai supplié	aurons supplié
supplieras	supplierez	auras supplié	aurez supplié
suppliera	supplieront	aura supplié	auront supplié

5 conditionnel   **12 conditionnel passé**
supplierais	supplierions	aurais supplié	aurions supplié
supplierais	supplieriez	aurais supplié	auriez supplié
supplierait	supplieraient	aurait supplié	auraient supplié

6 présent du subjonctif   **13 passé du subjonctif**
supplie	suppliions	aie supplié	ayons supplié
supplies	suppliiez	aies supplié	ayez supplié
supplie	supplient	ait supplié	aient supplié

7 imparfait du subjonctif   **14 plus-que-parfait du subjonctif**
suppliasse	suppliassions	eusse supplié	eussions supplié
suppliasses	suppliassiez	eusses supplié	eussiez supplié
suppliât	suppliassent	eût supplié	eussent supplié

Impératif
supplie
supplions
suppliez

Words and expressions related to this verb

une supplique request, petition
suppliant, suppliante imploring, supplicating
supplicier to torture
un supplice torture

une supplication supplication, plea
supplier qqn à genoux to beg someone
on hands and knees

Consult the sections on verbs used in idiomatic expressions, verbs with prepositions, and the list of over 1,000 verbs conjugated like model verbs in the back pages.

to hold up, to prop up, to support, to endure, to tolerate

The Seven Simple Tenses		The Seven Compound Tenses	
Singular	Plural	Singular	Plural
1 présent de l'indicatif		**8 passé composé**	
supporte	supportons	ai supporté	avons supporté
supportes	supportez	as supporté	avez supporté
supporte	supportent	a supporté	ont supporté
2 imparfait de l'indicatif		**9 plus-que-parfait de l'indicatif**	
supportais	supportions	avais supporté	avions supporté
supportais	supportiez	avais supporté	aviez supporté
supportait	supportaient	avait supporté	avaient supporté
3 passé simple		**10 passé antérieur**	
supportai	supportâmes	eus supporté	eûmes supporté
supportas	supportâtes	eus supporté	eûtes supporté
supporta	supportèrent	eut supporté	eurent supporté
4 futur		**11 futur antérieur**	
supporterai	supporterons	aurai supporté	aurons supporté
supporteras	supporterez	auras supporté	aurez supporté
supportera	supporteront	aura supporté	auront supporté
5 conditionnel		**12 conditionnel passé**	
supporterais	supporterions	aurais supporté	aurions supporté
supporterais	supporteriez	aurais supporté	auriez supporté
supporterait	supporteraient	aurait supporté	auraient supporté
6 présent du subjonctif		**13 passé du subjonctif**	
supporte	supportions	aie supporté	ayons supporté
supportes	supportiez	aies supporté	ayez supporté
supporte	supportent	ait supporté	aient supporté
7 imparfait du subjonctif		**14 plus-que-parfait du subjonctif**	
supportasse	supportassions	eusse supporté	eussions supporté
supportasses	supportassiez	eusses supporté	eussiez supporté
supportât	supportassent	eût supporté	eussent supporté

Impératif
supporte
supportons
supportez

Words and expressions related to this verb

supportable   endurable, bearable,
   supportable
porter   to carry
insupportable   unbearable, insufferable

un support   support, prop
un support-chaussette   elastic band support
   (for socks) **(des supports-chaussettes)**

Consult the sections on verbs used in idiomatic expressions, verbs with prepositions, and the list of over 1,000 verbs conjugated like model verbs in the back pages.

456

The Seven Simple Tenses		The Seven Compound Tenses	
Singular	Plural	Singular	Plural
1 présent de l'indicatif		**8 passé composé**	
surprends	surprenons	ai surpris	avons surpris
surprends	surprenez	as surpris	avez surpris
surprend	surprennent	a surpris	ont surpris
2 imparfait de l'indicatif		**9 plus-que-parfait de l'indicatif**	
surprenais	surprenions	avais surpris	avions surpris
surprenais	surpreniez	avais surpris	aviez surpris
surprenait	surprenaient	avait surpris	avaient surpris
3 passé simple		**10 passé antérieur**	
surpris	surprîmes	eus surpris	eûmes surpris
surpris	surprîtes	eus surpris	eûtes surpris
surprit	surprirent	eut surpris	eurent surpris
4 futur		**11 futur antérieur**	
surprendrai	surprendrons	aurai surpris	aurons surpris
surprendras	surprendrez	auras surpris	aurez surpris
surprendra	surprendront	aura surpris	auront surpris
5 conditionnel		**12 conditionnel passé**	
surprendrais	surprendrions	aurais surpris	aurions surpris
surprendrais	surprendriez	aurais surpris	auriez surpris
surprendrait	surprendraient	aurait surpris	auraient surpris
6 présent du subjonctif		**13 passé du subjonctif**	
surprenne	surprenions	aie surpris	ayons surpris
surprennes	surpreniez	aies surpris	ayez surpris
surprenne	surprennent	ait surpris	aient surpris
7 imparfait du subjonctif		**14 plus-que-parfait du subjonctif**	
surprisse	surprissions	eusse surpris	eussions surpris
surprisses	surprissiez	eusses surpris	eussiez surpris
surprît	surprissent	eût surpris	eussent surpris

Impératif
surprends
surprenons
surprenez

Words and expressions related to this verb

surprendre qqn chez soi   to surprise
  someone at home
une surprise   surprise
surprenant, surprenante   surprising
une boîte à surprise   jack-in-the-box

surpris par qqn   surprised by someone
surpris par qqch   surprised by something
par surprise   by surprise
à ma grande surprise   to my great surprise
une surprise-partie (une surprise-party)
  surprise party; **des surprises-parties**

Consult the sections on verbs used in idiomatic expressions, verbs with prepositions, and the list of over 1,000 verbs conjugated like model verbs in the back pages.

The subject pronouns are found on the page facing page 1.

to survive

The Seven Simple Tenses		The Seven Compound Tenses	
Singular	Plural	Singular	Plural

1 présent de l'indicatif

		8 passé composé	
survis	survivons	ai survécu	avons survécu
survis	survivez	as survécu	avez survécu
survit	survivent	a survécu	ont survécu

2 imparfait de l'indicatif

		9 plus-que-parfait de l'indicatif	
survivais	survivions	avais survécu	avions survécu
survivais	surviviez	avais survécu	aviez survécu
survivait	survivaient	avait survécu	avaient survécu

3 passé simple

		10 passé antérieur	
survécus	survécûmes	eus survécu	eûmes survécu
survécus	survécûtes	eus survécu	eûtes survécu
survécut	survécurent	eut survécu	eurent survécu

4 futur

		11 futur antérieur	
survivrai	survivrons	aurai survécu	aurons survécu
survivras	survivrez	auras survécu	aurez survécu
survivra	survivront	aura survécu	auront survécu

5 conditionnel

		12 conditionnel passé	
survivrais	survivrions	aurais survécu	aurions survécu
survivrais	survivriez	aurais survécu	auriez survécu
survivrait	survivraient	aurait survécu	auraient survécu

6 présent du subjonctif

		13 passé du subjonctif	
survive	survivions	aie survécu	ayons survécu
survives	surviviez	aies survécu	ayez survécu
survive	survivent	ait survécu	aient survécu

7 imparfait du subjonctif

		14 plus-que-parfait du subjonctif	
survécusse	survécussions	eusse survécu	eussions survécu
survécusses	survécussiez	eusses survécu	eussiez survécu
survécût	survécussent	eût survécu	eussent survécu

Impératif
survis
survivons
survivez

Words and expressions related to this verb

survivre à qqn   to survive someone
survivant, survivante   surviving; survivor
la survivance   survival

See also **vivre.**

se survivre   to live on
survivre à l'humiliation   to survive humiliation
la survie   survival

Consult the sections on verbs used in idiomatic expressions, verbs with prepositions, and the list of over 1,000 verbs conjugated like model verbs in the back pages.

to fly over

The Seven Simple Tenses		The Seven Compound Tenses	
Singular	Plural	Singular	Plural

1   présent de l'indicatif

		8 passé composé	
survole	survolons	ai survolé	avons survolé
survoles	survolez	as survolé	avez survolé
survole	survolent	a survolé	ont survolé

2   imparfait de l'indicatif

		9 plus-que-parfait de l'indicatif	
survolais	survolions	avais survolé	avions survolé
survolais	survoliez	avais survolé	aviez survolé
survolait	survolaient	avait survolé	avaient survolé

3   passé simple

		10 passé antérieur	
survolai	survolâmes	eus survolé	eûmes survolé
survolas	survolâtes	eus survolé	eûtes survolé
survola	survolèrent	eut survolé	eurent survolé

4   futur

		11 futur antérieur	
survolerai	survolerons	aurai survolé	aurons survolé
survoleras	survolerez	auras survolé	aurez survolé
survolera	survoleront	aura survolé	auront survolé

5   conditionnel

		12 conditionnel passé	
survolerais	survolerions	aurais survolé	aurions survolé
survolerais	survoleriez	aurais survolé	auriez survolé
survolerait	survoleraient	aurait survolé	auraient survolé

6   présent du subjonctif

		13 passé du subjonctif	
survole	survolions	aie survolé	ayons survolé
survoles	survoliez	aies survolé	ayez survolé
survole	survolent	ait survolé	aient survolé

7   imparfait du subjonctif

		14 plus-que-parfait du subjonctif	
survolasse	survolassions	eusse survolé	eussions survolé
survolasses	survolassiez	eusses survolé	eussiez survolé
survolât	survolassent	eût survolé	eussent survolé

Imperatif
survole
survolons
survolez

Words and expressions related to this verb

le survol   flying over
voler   to fly, to steal
le vol   flight, theft
faire un survol à basse altitude   to make a low flight

See also **voler**.

Consult the sections on verbs used in idiomatic expressions, verbs with prepositions, and the list of over 1,000 verbs conjugated like model verbs in the back pages.

to be silent, to be quiet, not to speak

The Seven Simple Tenses		The Seven Compound Tenses	
Singular	Plural	Singular	Plural
1 présent de l'indicatif		**8 passé composé**	
me tais	nous taisons	me suis tu(e)	nous sommes tu(e)s
te tais	vous taisez	t'es tu(e)	vous êtes tu(e)(s)
se tait	se taisent	s'est tu(e)	se sont tu(e)s
2 imparfait de l'indicatif		**9 plus-que-parfait de l'indicatif**	
me taisais	nous taisions	m'étais tu(e)	nous étions tu(e)s
te taisais	vous taisiez	t'étais tu(e)	vous étiez tu(e)(s)
se taisait	se taisaient	s'était tu(e)	s'étaient tu(e)s
3 passé simple		**10 passé antérieur**	
me tus	nous tûmes	me fus tu(e)	nous fûmes tu(e)s
te tus	vous tûtes	te fus tu(e)	vous fûtes tu(e)(s)
se tut	se turent	se fut tu(e)	se furent tu(e)s
4 futur		**11 futur antérieur**	
me tairai	nous tairons	me serai tu(e)	nous serons tu(e)s
te tairas	vous tairez	te seras tu(e)	vous serez tu(e)(s)
se taira	se tairont	se sera tu(e)	se seront tu(e)s
5 conditionnel		**12 conditionnel passé**	
me tairais	nous tairions	me serais tu(e)	nous serions tu(e)s
te tairais	vous tairiez	te serais tu(e)	vous seriez tu(e)(s)
se tairait	se tairaient	se serait tu(e)	se seraient tu(e)s
6 présent du subjonctif		**13 passé du subjonctif**	
me taise	nous taisions	me sois tu(e)	nous soyons tu(e)s
te taises	vous taisiez	te sois tu(e)	vous soyez tu(e)(s)
se taise	se taisent	se soit tu(e)	se soient tu(e)s
7 imparfait du subjonctif		**14 plus-que-parfait du subjonctif**	
me tusse	nous tussions	me fusse tu(e)	nous fussions tu(e)s
te tusses	vous tussiez	te fusses tu(e)	vous fussiez tu(e)(s)
se tût	se tussent	se fût tu(e)	se fussent tu(e)s

Impératif
tais-toi; ne te tais pas
taisons-nous; ne nous taisons pas
taisez-vous; ne vous taisez pas

—Marie, veux-tu te taire! Tu es trop bavarde. Et toi, Hélène, tais-toi aussi.
Les deux élèves ne se taisent pas. La maîtresse de chimie continue:
—Taisez-vous, je vous dis, toutes les deux; autrement, vous resterez dans cette salle après la classe.
Les deux jeunes filles se sont tues.

See also **bavarder** and **cesser**.

Consult the sections on verbs used in idiomatic expressions, verbs with prepositions, and the list of over 1,000 verbs conjugated like model verbs in the back pages.

The Seven Simple Tenses		The Seven Compound Tenses	
Singular	Plural	Singular	Plural
1 présent de l'indicatif		**8 passé composé**	
teins	teignons	ai teint	avons teint
teins	teignez	as teint	avez teint
teint	teignent	a teint	ont teint
2 imparfait de l'indicatif		**9 plus-que-parfait de l'indicatif**	
teignais	teignions	avais teint	avions teint
teignais	teigniez	avais teint	aviez teint
teignait	teignaient	avait teint	avaient teint
3 passé simple		**10 passé antérieur**	
teignis	teignîmes	eus teint	eûmes teint
teignis	teignîtes	eus teint	eûtes teint
teignit	teignirent	eut teint	eurent teint
4 futur		**11 futur antérieur**	
teindrai	teindrons	aurai teint	aurons teint
teindras	teindrez	auras teint	aurez teint
teindra	teindront	aura teint	auront teint
5 conditionnel		**12 conditionnel passé**	
teindrais	teindrions	aurais teint	aurions teint
teindrais	teindriez	aurais teint	auriez teint
teindrait	teindraient	aurait teint	auraient teint
6 présent du subjonctif		**13 passé du subjonctif**	
teigne	teignions	aie teint	ayons teint
teignes	teigniez	aies teint	ayez teint
teigne	teignent	ait teint	aient teint
7 imparfait du subjonctif		**14 plus-que-parfait du subjonctif**	
teignisse	teignissions	eusse teint	eussions teint
teignisses	teignissiez	eusses teint	eussiez teint
teignît	teignissent	eût teint	eussent teint

Impératif
teins
teignons
teignez

Words and expressions related to this verb

déteindre to fade, to lose color, to remove
   the color
faire teindre qqch to have something dyed
la teinture dyeing
un teinturier, une teinturière dyer
des cheveux teints dyed hair
teindre en noir to dye black

le teint color, dye; complexion
teinter to tint
la teinturerie cleaning and dyeing
des lunettes à verres teintés tinted
   eyeglasses
se teindre les cheveux to dye one's hair

Consult the sections on verbs used in idiomatic expressions, verbs with prepositions, and the list of over 1,000 verbs conjugated like model verbs in the back pages.

téléphoner

Part. pr. **téléphonant**   Part. passé **téléphoné**

to telephone

The Seven Simple Tenses		The Seven Compound Tenses	
Singular	Plural	Singular	Plural
1 présent de l'indicatif		**8 passé composé**	
téléphone	téléphonons	ai téléphoné	avons téléphoné
téléphones	téléphonez	as téléphoné	avez téléphoné
téléphone	téléphonent	a téléphoné	ont téléphoné
2 imparfait de l'indicatif		**9 plus-que-parfait de l'indicatif**	
téléphonais	téléphonions	avais téléphoné	avions téléphoné
téléphonais	téléphoniez	avais téléphoné	aviez téléphoné
téléphonait	téléphonaient	avait téléphoné	avaient téléphoné
3 passé simple		**10 passé antérieur**	
téléphonai	téléphonâmes	eus téléphoné	eûmes téléphoné
téléphonas	téléphonâtes	eus téléphoné	eûtes téléphoné
téléphona	téléphonèrent	eut téléphoné	eurent téléphoné
4 futur		**11 futur antérieur**	
téléphonerai	téléphonerons	aurai téléphoné	aurons téléphoné
téléphoneras	téléphonerez	auras téléphoné	aurez téléphoné
téléphonera	téléphoneront	aura téléphoné	auront téléphoné
5 conditionnel		**12 conditionnel passé**	
téléphonerais	téléphonerions	aurais téléphoné	aurions téléphoné
téléphonerais	téléphoneriez	aurais téléphoné	auriez téléphoné
téléphonerait	téléphoneraient	aurait téléphoné	auraient téléphoné
6 présent du subjonctif		**13 passé du subjonctif**	
téléphone	téléphonions	aie téléphoné	ayons téléphoné
téléphones	téléphoniez	aies téléphoné	ayez téléphoné
téléphone	téléphonent	ait téléphoné	aient téléphoné
7 imparfait du subjonctif		**14 plus-que-parfait du subjonctif**	
téléphonasse	téléphonassions	eusse téléphoné	eussions téléphoné
téléphonasses	téléphonassiez	eusses téléphoné	eussiez téléphoné
téléphonât	téléphonassent	eût téléphoné	eussent téléphoné

Impératif
téléphone
téléphonons
téléphonez

Words and expressions related to this verb

le téléphone   telephone
téléphonique   telephonic
téléphoniquement   telephonically (by
   telephone)
un, une téléphoniste   telephone operator

téléphoner à qqn   to telephone someone
Marie? Je lui ai téléphoné hier   Mary? I
   telephoned her yesterday.
le téléphone rouge   hot line

Consult the back pages for the section on verbs that require certain prepositions.

to strain, to stretch, to tighten, to tend

The Seven Simple Tenses		The Seven Compound Tenses	
Singular	Plural	Singular	Plural

1   présent de l'indicatif
tends	tendons
tends	tendez
tend	tendent

8   passé composé
ai tendu	avons tendu
as tendu	avez tendu
a tendu	ont tendu

2   imparfait de l'indicatif
tendais	tendions
tendais	tendiez
tendait	tendaient

9   plus-que-parfait de l'indicatif
avais tendu	avions tendu
avais tendu	aviez tendu
avait tendu	avaient tendu

3   passé simple
tendis	tendîmes
tendis	tendîtes
tendit	tendirent

10   passé antérieur
eus tendu	eûmes tendu
eus tendu	eûtes tendu
eut tendu	eurent tendu

4   futur
tendrai	tendrons
tendras	tendrez
tendra	tendront

11   futur antérieur
aurai tendu	aurons tendu
auras tendu	aurez tendu
aura tendu	auront tendu

5   conditionnel
tendrais	tendrions
tendrais	tendriez
tendrait	tendraient

12   conditionnel passé
aurais tendu	aurions tendu
aurais tendu	auriez tendu
aurait tendu	auraient tendu

6   présent du subjonctif
tende	tendions
tendes	tendiez
tende	tendent

13   passé du subjonctif
aie tendu	ayons tendu
aies tendu	ayez tendu
ait tendu	aient tendu

7   imparfait du subjonctif
tendisse	tendissions
tendisses	tendissiez
tendît	tendissent

14   plus-que-parfait du subjonctif
eusse tendu	eussions tendu
eusses tendu	eussiez tendu
eût tendu	eussent tendu

Impératif
tends
tendons
tendez

Words and expressions related to this verb

tendre la main à qqn   to hold out one's hand to someone
attendre   to wait (for)
détendre   to slacken
se détendre   to bend, to relax
étendre   to extend, to spread
une détente   relaxing, slackening, release of tension
s'attendre à   to expect

entendre   to hear, to understand
s'entendre avec qqn   to get along with someone, to understand each other, to agree
s'étendre   to stretch out, to lie down
tendre l'autre joue   to turn the other cheek
tendre l'oreille   to prick up one's ears
tendre un piège   to set a trap

Consult the sections on verbs used in idiomatic expressions, verbs with prepositions, and the list of over 1,000 verbs conjugated like model verbs in the back pages.

The subject pronouns are found on the page facing page 1.

tenir

Part. pr. **tenant** Part. passé **tenu**

to hold, to grasp

The Seven Simple Tenses		The Seven Compound Tenses	
Singular	Plural	Singular	Plural
1 présent de l'indicatif		**8 passé composé**	
tiens	tenons	ai tenu	avons tenu
tiens	tenez	as tenu	avez tenu
tient	tiennent	a tenu	ont tenu
2 imparfait de l'indicatif		**9 plus-que-parfait de l'indicatif**	
tenais	tenions	avais tenu	avions tenu
tenais	teniez	avais tenu	aviez tenu
tenait	tenaient	avait tenu	avaient tenu
3 passé simple		**10 passé antérieur**	
tins	tînmes	eus tenu	eûmes tenu
tins	tîntes	eus tenu	eûtes tenu
tint	tinrent	eut tenu	eurent tenu
4 futur		**11 futur antérieur**	
tiendrai	tiendrons	aurai tenu	aurons tenu
tiendras	tiendrez	auras tenu	aurez tenu
tiendra	tiendront	aura tenu	auront tenu
5 conditionnel		**12 conditionnel passé**	
tiendrais	tiendrions	aurais tenu	aurions tenu
tiendrais	tiendriez	aurais tenu	auriez tenu
tiendrait	tiendraient	aurait tenu	auraient tenu
6 présent du subjonctif		**13 passé du subjonctif**	
tienne	tenions	aie tenu	ayons tenu
tiennes	teniez	aies tenu	ayez tenu
tienne	tiennent	ait tenu	aient tenu
7 imparfait du subjonctif		**14 plus-que-parfait du subjonctif**	
tinsse	tinssions	eusse tenu	eussions tenu
tinsses	tinssiez	eusses tenu	eussiez tenu
tînt	tinssent	eût tenu	eussent tenu

Impératif
tiens
tenons
tenez

Words and expressions related to this verb

tenir de qqn to take after (to favor) someone; **Robert tient de son père** Robert takes after his father.
tenir de bonne source to have on good authority
tenir à qqch to cherish something
tenir le pari to take on the bet
tenir les bras levés to keep one's arms up

tenir les yeux fermés to keep one's eyes closed
tenir un chien en laisse to keep a dog on a leash
Cette maîtresse tient bien sa classe This teacher controls her class well.
Tiens! Voilà Bob! Look! There's Bob!
Tiens, tiens! Well, well! Fancy that!

to tempt, to attempt, to try

The Seven Simple Tenses		The Seven Compound Tenses	
Singular	Plural	Singular	Plural
1 présent de l'indicatif		**8 passé composé**	
tente	tentons	ai tenté	avons tenté
tentes	tentez	as tenté	avez tenté
tente	tentent	a tenté	ont tenté
2 imparfait de l'indicatif		**9 plus-que-parfait de l'indicatif**	
tentais	tentions	avais tenté	avions tenté
tentais	tentiez	avais tenté	aviez tenté
tentait	tentaient	avait tenté	avaient tenté
3 passé simple		**10 passé antérieur**	
tentai	tentâmes	eus tenté	eûmes tenté
tentas	tentâtes	eus tenté	eûtes tenté
tenta	tentèrent	eut tenté	eurent tenté
4 futur		**11 futur antérieur**	
tenterai	tenterons	aurai tenté	aurons tenté
tenteras	tenterez	auras tenté	aurez tenté
tentera	tenteront	aura tenté	auront tenté
5 conditionnel		**12 conditionnel passé**	
tenterais	tenterions	aurais tenté	aurions tenté
tenterais	tenteriez	aurais tenté	auriez tenté
tenterait	tenteraient	aurait tenté	auraient tenté
6 présent du subjonctif		**13 passé du subjonctif**	
tente	tentions	aie tenté	ayons tenté
tentes	tentiez	aies tenté	ayez tenté
tente	tentent	ait tenté	aient tenté
7 imparfait du subjonctif		**14 plus-que-parfait du subjonctif**	
tentasse	tentassions	eusse tenté	eussions tenté
tentasses	tentassiez	eusses tenté	eussiez tenté
tentât	tentassent	eût tenté	eussent tenté

Impératif
tente
tentons
tentez

Words and expressions related to this verb

se laisser tenter   to allow oneself
  to be tempted
une tentative   attempt
tenter sa chance   to try one's luck

un tentateur, une tentatrice
  tempter, temptress
tenter de faire qqch
  to try, to attempt to do something
tentant, tentante   tempting, inviting

Consult the sections on verbs used in idiomatic expressions, verbs with prepositions, and the list of over 1,000 verbs conjugated like model verbs in the back pages.

The subject pronouns are found on the page facing page 1.   **465**

terminer

Part. pr. **terminant**   Part. passé **terminé**

to terminate, to finish, to end

The Seven Simple Tenses		The Seven Compound Tenses	
Singular	Plural	Singular	Plural
1 présent de l'indicatif		**8 passé composé**	
termine	terminons	ai terminé	avons teminé
termines	terminez	as terminé	avez terminé
termine	terminent	a terminé	ont terminé
2 imparfait de l'indicatif		**9 plus-que-parfait de l'indicatif**	
terminais	terminions	avais terminé	avions terminé
terminais	terminiez	avais terminé	aviez terminé
terminait	terminaient	avait terminé	avaient terminé
3 passé simple		**10 passé antérieur**	
terminai	terminâmes	eus terminé	eûmes terminé
terminas	terminâtes	eus terminé	eûtes terminé
termina	terminèrent	eut terminé	eurent terminé
4 futur		**11 futur antérieur**	
terminerai	terminerons	aurai terminé	aurons terminé
termineras	terminerez	auras terminé	aurez terminé
terminera	termineront	aura terminé	auront terminé
5 conditionnel		**12 conditionnel passé**	
terminerais	terminerions	aurais terminé	aurions terminé
terminerais	termineriez	aurais terminé	auriez terminé
terminerait	termineraient	aurait terminé	auraient terminé
6 présent du subjonctif		**13 passé du subjonctif**	
termine	terminions	aie terminé	ayons terminé
termines	terminiez	aies terminé	ayez terminé
termine	terminent	ait terminé	aient terminé
7 imparfait du subjonctif		**14 plus-que-parfait du subjonctif**	
terminasse	terminassions	eusse terminé	eussions terminé
terminasses	terminassiez	eusses terminé	eussiez terminé
terminât	terminassent	eût terminé	eussent terminé

Impératif
termine
terminons
terminez

Words and expressions related to this verb

terminal, terminale terminal
la terminaison ending, termination
terminable terminable
interminable interminable, endless
exterminer to exterminate
terminer la journée chez un ami to end the day at a friend's house
J'attends qu'elle termine le travail I'm waiting for her to finish the work.

Les vacances de Noël se terminent demain Christmas vacation ends tomorrow.
se terminer to end (itself)
se terminer en to end in; **un verbe qui se termine en** *er...* a verb that ends in *er...*
terminer un repas to finish a meal

466

to draw out, to shoot, to pull

The Seven Simple Tenses		The Seven Compound Tenses	
Singular	Plural	Singular	Plural

1 présent de l'indicatif

		8 passé composé	
tire	tirons	ai tiré	avons tiré
tires	tirez	as tiré	avez tiré
tire	tirent	a tiré	ont tiré

2 imparfait de l'indicatif

		9 plus-que-parfait de l'indicatif	
tirais	tirions	avais tiré	avions tiré
tirais	tiriez	avais tiré	aviez tiré
tirait	tiraient	avait tiré	avaient tiré

3 passé simple

		10 passé antérieur	
tirai	tirâmes	eus tiré	eûmes tiré
tiras	tirâtes	eus tiré	eûtes tiré
tira	tirèrent	eut tiré	eurent tiré

4 futur

		11 futur antérieur	
tirerai	tirerons	aurai tiré	aurons tiré
tireras	tirerez	auras tiré	aurez tiré
tirera	tireront	aura tiré	auront tiré

5 conditionnel

		12 conditionnel passé	
tirerais	tirerions	aurais tiré	aurions tiré
tirerais	tireriez	aurais tiré	auriez tiré
tirerait	tireraient	aurait tiré	auraient tiré

6 présent du subjonctif

		13 passé du subjonctif	
tire	tirions	aie tiré	ayons tiré
tires	tiriez	aies tiré	ayez tiré
tire	tirent	ait tiré	aient tiré

7 imparfait du subjonctif

		14 plus-que-parfait du subjonctif	
tirasse	tirassions	eusse tiré	eussions tiré
tirasses	tirassiez	eusses tiré	eussiez tiré
tirât	tirassent	eût tiré	eussent tiré

Impératif
tire
tirons
tirez

Words and expressions related to this verb

tirer une affaire au clair   to clear up a matter

tirer parti de   to take advantage of, to make the best of

un tireur, une tireuse   marksman, markswoman

un tire-bouchon   corkscrew (**des tire-bouchons**)

s'en tirer   to pull through

s'en tirer bien   to get off well, to come through well

tirer sur   to fire (shoot) at

un tiroir   drawer (of a desk, etc.)

se tirer d'affaire   to get out of a jam

un tire-clou   nail puller (**des tire-clous**)

For more idioms using this verb, see the back pages for the section on verbs used in idiomatic expressions.

Consult the sections on verbs used in idiomatic expressions, verbs with prepositions, and the list of over 1,000 verbs conjugated like model verbs in the back pages.

The subject pronouns are found on the page facing page 1.

tomber

Part. pr. **tombant**   Part. passé **tombé(e)(s)**

to fall

The Seven Simple Tenses		The Seven Compound Tenses	
Singular	Plural	Singular	Plural
1 présent de l'indicatif		**8 passé composé**	
tombe	tombons	suis tombé(e)	sommes tombé(e)s
tombes	tombez	es tombé(e)	êtes tombé(e)(s)
tombe	tombent	est tombé(e)	sont tombé(e)s
2 imparfait de l'indicatif		**9 plus-que-parfait de l'indicatif**	
tombais	tombions	étais tombé(e)	étions tombé(e)s
tombais	tombiez	étais tombé(e)	étiez tombé(e)(s)
tombait	tombaient	était tombé(e)	étaient tombé(e)s
3 passé simple		**10 passé antérieur**	
tombai	tombâmes	fus tombé(e)	fûmes tombé(e)s
tombas	tombâtes	fus tombé(e)	fûtes tombé(e)(s)
tomba	tombèrent	fut tombé(e)	furent tombé(e)s
4 futur		**11 futur antérieur**	
tomberai	tomberons	serai tombé(e)	serons tombé(e)s
tomberas	tomberez	seras tombé(e)	serez tombé(e)(s)
tombera	tomberont	sera tombé(e)	seront tombé(e)s
5 conditionnel		**12 conditionnel passé**	
tomberais	tomberions	serais tombé(e)	serions tombé(e)s
tomberais	tomberiez	serais tombé(e)	seriez tombé(e)(s)
tomberait	tomberaient	serait tombé(e)	seraient tombé(e)s
6 présent du subjonctif		**13 passé du subjonctif**	
tombe	tombions	sois tombé(e)	soyons tombé(e)s
tombes	tombiez	sois tombé(e)	soyez tombé(e)(s)
tombe	tombent	soit tombé(e)	soient tombé(e)s
7 imparfait du subjonctif		**14 plus-que-parfait du subjonctif**	
tombasse	tombassions	fusse tombé(e)	fussions tombé(e)s
tombasses	tombassiez	fusses tombé(e)	fussiez tombé(e)(s)
tombât	tombassent	fût tombé(e)	fussent tombé(e)s

Impératif
tombe
tombons
tombez

Words and expressions using this verb

tomber amourex (amoureuse) de qqn
    to fall in love with someone
tomber sur   to run into, to come across
laisser tomber   to drop

tomber malade   to fall sick
faire tomber   to knock down
retomber   to fall again

Consult the sections on verbs used in idiomatic expressions, verbs with prepositions, and the list of over 1,000 verbs conjugated like model verbs in the back pages.

Review p. viii.

Part. pr. **tonnant**   Part. passé **tonné**

tonner
to thunder

The Seven Simple Tenses		The Seven Compound Tenses	
Singular	Plural	Singular	Plural
1 présent de l'indicatif **il tonne**		8 passé composé **il a tonné**	
2 imparfait de l'indicatif **il tonnait**		9 plus-que-parfait de l'indicatif **il avait tonné**	
3 passé simple **il tonna**		10 passé antérieur **il eut tonné**	
4 futur **il tonnera**		11 futur antérieur **il aura tonné**	
5 conditionnel **il tonnerait**		12 conditionnel passé **il aurait tonné**	
6 présent du subjonctif **qu'il tonne**		13 passé du subjonctif **qu'il ait tonné**	
7 imparfait du subjonctif **qu'il tonnât**		14 plus-que-parfait du subjonctif **qu'il eût tonné**	

Impératif
Qu'il tonne!   Let it thunder!

Common idiomatic expressions using this verb and words related to it

le tonnerre   thunder
Tonnerre!   By thunder!
C'est du tonnerre!
   That's terrific!

un coup de tonnerre
   a clap of thunder
un tonnerre d'acclamations
   thundering applause

This verb is impersonal and is used in the 3rd person singular.

Consult the back pages for the section on verbs used in weather expressions.

The subject pronouns are found on the page facing page 1.   **469**

to rap, to tap, to knock

The Seven Simple Tenses		The Seven Compound Tenses	
Singular	Plural	Singular	Plural
1 présent de l'indicatif		8 passé composé	
toque	toquons	ai toqué	avons toqué
toques	toquez	as toqué	avez toqué
toque	toquent	a toqué	ont toqué
2 imparfait de l'indicatif		9 plus-que-parfait de l'indicatif	
toquais	toquions	avais toqué	avions toqué
toquais	toquiez	avais toqué	aviez toqué
toquait	toquaient	avait toqué	avaient toqué
3 passé simple		10 passé antérieur	
toquai	toquâmes	eus toqué	eûmes toqué
toquas	toquâtes	eus toqué	eûtes toqué
toqua	toquèrent	eut toqué	eurent toqué
4 futur		11 futur antérieur	
toquerai	toquerons	aurai toqué	aurons toqué
toqueras	toquerez	auras toqué	aurez toqué
toquera	toqueront	aura toqué	auront toqué
5 conditionnel		12 conditionnel passé	
toquerais	toquerions	aurais toqué	aurions toqué
toquerais	toqueriez	aurais toqué	auriez toqué
toquerait	toqueraient	aurait toqué	auraient toqué
6 présent du subjonctif		13 passé du subjonctif	
toque	toquions	aie toqué	ayons toqué
toques	toquiez	aies toqué	ayez toqué
toque	toquent	ait toqué	aient toqué
7 imparfait du subjonctif		14 plus-que-parfait du subjonctif	
toquasse	toquassions	eusse toqué	eussions toqué
toquasses	toquassiez	eusses toqué	eussiez toqué
toquât	toquassent	eût toqué	eussent toqué

Impératif
toque
toquons
toquez

Sentences using this verb and words and expressions related to it

Je suis allé voir Madame Dutour, notre voisine qui est un peu toquée. J'ai toqué à la porte de l'index (with my index finger) trois fois mais il n'y avait pas de réponse. Sa fille a une toquade pour mon fils et je voulais lui en parler.

toquer à la porte to knock (tap) on the door
se toquer to go crazy; **se toquer de** to go mad about (over)
une toque cap (worn on head)
être toqué(e) to be tetched (in the head), to be a little crazy, nuts, batty, daft

une toquante ticker
une toquade infatuation, craze; **avoir une toquade pour qqn** to fall for someone, to become infatuated with someone
une toque de cuisinier chef's hat

Consult the sections on verbs used in idiomatic expressions, verbs with prepositions, and the list of over 1,000 verbs conjugated like model verbs in the back pages.

The Seven Simple Tenses		The Seven Compound Tenses	
Singular	Plural	Singular	Plural

1 présent de l'indicatif

tords	tordons		
tords	tordez		
tord	tordent		

8 passé composé

ai tordu	avons tordu
as tordu	avez tordu
a tordu	ont tordu

2 imparfait de l'indicatif

tordais	tordions
tordais	tordiez
tordait	tordaient

9 plus-que-parfait de l'indicatif

avais tordu	avions tordu
avais tordu	aviez tordu
avait tordu	avaient tordu

3 passé simple

tordis	tordîmes
tordis	tordîtes
tordit	tordirent

10 passé antérieur

eus tordu	eûmes tordu
eus tordu	eûtes tordu
eut tordu	eurent tordu

4 futur

tordrai	tordrons
tordras	tordrez
tordra	tordront

11 futur antérieur

aurai tordu	aurons tordu
auras tordu	aurez tordu
aura tordu	auront tordu

5 conditionnel

tordrais	tordrions
tordrais	tordriez
tordrait	tordraient

12 conditionnel passé

aurais tordu	aurions tordu
aurais tordu	auriez tordu
aurait tordu	auraient tordu

6 présent du subjonctif

torde	tordions
tordes	tordiez
torde	tordent

13 passé du subjonctif

aie tordu	ayons tordu
aies tordu	ayez tordu
ait tordu	aient tordu

7 imparfait du subjonctif

tordisse	tordissions
tordisses	tordissiez
tordît	tordissent

14 plus-que-parfait du subjonctif

eusse tordu	eussions tordu
eusses tordu	eussiez tordu
eût tordu	eussent tordu

Impératif
tords
tordons
tordez

Words and expressions related to this verb

tordre le cou à qqn   to twist someone's neck
tordu, tordue   twisted
tortueux   twisting
être tordu (tordue)   to be crazy
une rue tortueuse   winding street
se tordre les mains   to wring one's hands

se tordre de rire   to split one's sides laughing
avoir la gueule tordue   to have an ugly puss (face)
avoir l'esprit tordu   to have a twisted mind

Consult the sections on verbs used in idiomatic expressions, verbs with prepositions, and the list of over 1,000 verbs conjugated like model verbs in the back pages.

toucher

to touch, to affect

The Seven Simple Tenses		The Seven Compound Tenses	
Singular	Plural	Singular	Plural
1 présent de l'indicatif		**8 passé composé**	
touche	touchons	ai touché	avons touché
touches	touchez	as touché	avez touché
touche	touchent	a touché	ont touché
2 imparfait de l'indicatif		**9 plus-que-parfait de l'indicatif**	
touchais	touchions	avais touché	avions touché
touchais	touchiez	avais touché	aviez touché
touchait	touchaient	avait touché	avaient touché
3 passé simple		**10 passé antérieur**	
touchai	touchâmes	eus touché	eûmes touché
touchas	touchâtes	eus touché	eûtes touché
toucha	touchèrent	eut touché	eurent touché
4 futur		**11 futur antérieur**	
toucherai	toucherons	aurai touché	aurons touché
toucheras	toucherez	auras touché	aurez touché
touchera	toucheront	aura touché	auront touché
5 conditionnel		**12 conditionnel passé**	
toucherais	toucherions	aurais touché	aurions touché
toucherais	toucheriez	aurais touché	auriez touché
toucherait	toucheraient	aurait touché	auraient touché
6 présent du subjonctif		**13 passé du subjonctif**	
touche	touchions	aie touché	ayons touché
touches	touchiez	aies touché	ayez touché
touche	touchent	ait touché	aient touché
7 imparfait du subjonctif		**14 plus-que-parfait du subjonctif**	
touchasse	touchassions	eusse touché	eussions touché
touchasses	touchassiez	eusses touché	eussiez touché
touchât	touchassent	eût touché	eussent touché

Impératif
touche
touchons
touchez

Words and expressions related to this verb

Une personne qui touche à tout   a
  meddlesome person
Touchez là!   Put it there! Shake!
toucher à qqch   to touch something
N'y touchez pas!   Don't touch!

le toucher   touch, feeling
toucher de l'argent   to get some money
Cela me touche profondément   That
  touches me deeply.
un, une touche-à-tout   meddler

Consult the sections on verbs used in idiomatic expressions, verbs with prepositions, and the list of over 1,000 verbs conjugated like model verbs in the back pages.

The Seven Simple Tenses		The Seven Compound Tenses	
Singular	Plural	Singular	Plural
1 présent de l'indicatif		**8 passé composé**	
tourne	tournons	ai tourné	avons tourné
tournes	tournez	as tourné	avez tourné
tourne	tournent	a tourné	ont tourné
2 imparfait de l'indicatif		**9 plus-que-parfait de l'indicatif**	
tournais	tournions	avais tourné	avions tourné
tournais	tourniez	avais tourné	aviez tourné
tournait	tournaient	avait tourné	avaient tourné
3 passé simple		**10 passé antérieur**	
tournai	tournâmes	eus tourné	eûmes tourné
tournas	tournâtes	eus tourné	eûtes tourné
tourna	tournèrent	eut tourné	eurent tourné
4 futur		**11 futur antérieur**	
tournerai	tournerons	aurai tourné	aurons tourné
tourneras	tournerez	auras tourné	aurez tourné
tournera	tourneront	aura tourné	auront tourné
5 conditionnel		**12 conditionnel passé**	
tournerais	tournerions	aurais tourné	aurions tourné
tournerais	tourneriez	aurais tourné	auriez tourné
tournerait	tourneraient	aurait tourné	auraient tourné
6 présent du subjonctif		**13 passé du subjonctif**	
tourne	tournions	aie tourné	ayons tourné
tournes	tourniez	aies tourné	ayez tourné
tourne	tournent	ait tourné	aient tourné
7 imparfait du subjonctif		**14 plus-que-parfait du subjonctif**	
tournasse	tournassions	eusse tourné	eussions tourné
tournasses	tournassiez	eusses tourné	eussiez tourné
tournât	tournassent	eût tourné	eussent tourné

Impératif
tourne
tournons
tournez

Words and expressions related to this verb

se tourner   to turn around
tourner qqn en ridicule   to ridicule
  someone
un tourne-disque   record player
  (des tourne-disques)

retourner   to return
tourner l'estomac à qqn   to turn
  someone's stomach
faire une tournée   to go on a tour
tourner autour du pot   to beat around the
  bush

Consult the sections on verbs used in idiomatic expressions, verbs with prepositions, and the list of over 1,000 verbs conjugated like model verbs in the back pages.

tousser Part. pr. **toussant** Part. passé **toussé**

to cough

The Seven Simple Tenses		The Seven Compound Tenses	
Singular	Plural	Singular	Plural
1 présent de l'indicatif		**8 passé composé**	
tousse	toussons	ai toussé	avons toussé
tousses	toussez	as toussé	avez toussé
tousse	toussent	a toussé	ont toussé
2 imparfait de l'indicatif		**9 plus-que-parfait de l'indicatif**	
toussais	toussions	avais toussé	avions toussé
toussais	toussiez	avais toussé	aviez toussé
toussait	toussaient	avait toussé	avaient toussé
3 passé simple		**10 passé antérieur**	
toussai	toussâmes	eus toussé	eûmes toussé
toussas	toussâtes	eus toussé	eûtes toussé
toussa	toussèrent	eut toussé	eurent toussé
4 futur		**11 futur antérieur**	
tousserai	tousserons	aurai toussé	aurons toussé
tousseras	tousserez	auras toussé	aurez toussé
toussera	tousseront	aura toussé	auront toussé
5 conditionnel		**12 conditionnel passé**	
tousserais	tousserions	aurais toussé	aurions toussé
tousserais	tousseriez	aurais toussé	auriez toussé
tousserait	tousseraient	aurait toussé	auraient toussé
6 présent du subjonctif		**13 passé du subjonctif**	
tousse	toussions	aie toussé	ayons toussé
tousses	toussiez	aies toussé	ayez toussé
tousse	toussent	ait toussé	aient toussé
7 imparfait du subjonctif		**14 plus-que-parfait du subjonctif**	
toussasse	toussassions	eusse toussé	eussions toussé
toussasses	toussassiez	eusses toussé	eussiez toussé
toussât	toussassent	eût toussé	eussent toussé

Impératif
tousse
toussons
toussez

Words and expressions related to this verb

une toux cough; **une toux grasse** crackling cough, heavy cough; **une toux sèche** dry cough
une toux nerveuse nervous cough

toussoter to have a minor, slight cough
un tousseur, une tousseuse cougher
un toussotement slight cough

Consult the sections on verbs used in idiomatic expressions, verbs with prepositions, and the list of over 1,000 verbs conjugated like model verbs in the back pages.

The Seven Simple Tenses		The Seven Compound Tenses	
Singular	Plural	Singular	Plural

1 présent de l'indicatif

traduis	traduisons
traduis	traduisez
traduit	traduisent

8 passé composé

ai traduit	avons traduit
as traduit	avez traduit
a traduit	ont traduit

2 imparfait de l'indicatif

traduisais	traduisions
traduisais	traduisiez
traduisait	traduisaient

9 plus-que-parfait de l'indicatif

avais traduit	avions traduit
avais traduit	aviez traduit
avait traduit	avaient traduit

3 passé simple

traduisis	traduisîmes
traduisis	traduisîtes
traduisit	traduisirent

10 passé antérieur

eus traduit	eûmes traduit
eus traduit	eûtes traduit
eut traduit	eurent traduit

4 futur

traduirai	traduirons
traduiras	traduirez
traduira	traduiront

11 futur antérieur

aurai traduit	aurons traduit
auras traduit	aurez traduit
aura traduit	auront traduit

5 conditionnel

traduirais	traduirions
traduirais	traduiriez
traduirait	traduiraient

12 conditionnel passé

aurais traduit	aurions traduit
aurais traduit	auriez traduit
aurait traduit	auraient traduit

6 présent du subjonctif

traduise	traduisions
traduises	traduisiez
traduise	traduisent

13 passé du subjonctif

aie traduit	ayons traduit
aies traduit	ayez traduit
ait traduit	aient traduit

7 imparfait du subjonctif

traduisisse	traduisissions
traduisisses	traduisissiez
traduisît	traduisissent

14 plus-que-parfait du subjonctif

eusse traduit	eussions traduit
eusses traduit	eussiez traduit
eût traduit	eussent traduit

Impératif
traduis
traduisons
traduisez

Words and expressions related to this verb

un traducteur, une traductrice   translator
une traduction   a translation
traduisible   translatable
une traduction littérale   a literal translation
une traduction libre   a free translation
traduire du français en anglais   to translate from French to English

se traduire   to be translated; **Cette phrase se traduit facilement**   This sentence is easily translated.
une traduction fidèle   a faithful translation
traduire de l'anglais en français   to translate from English to French

to betray

The Seven Simple Tenses		The Seven Compound Tenses	
Singular	Plural	Singular	Plural
1 présent de l'indicatif		8 passé composé	
trahis	trahissons	ai trahi	avons trah
trahis	trahissez	as trahi	avez trahi
trahit	trahissent	a trahi	ont trahi
2 imparfait de l'indicatif		9 plus-que-parfait de l'indicatif	
trahissais	trahissions	avais trahi	avions trahi
trahissais	trahissiez	avais trahi	aviez trahi
trahissait	trahissaient	avait trahi	avaient trahi
3 passé simple		10 passé antérieur	
trahis	trahîmes	eus trahi	eûmes trahi
trahis	trahîtes	eus trahi	eûtes trahi
trahit	trahirent	eut trahi	eurent trahi
4 futur		11 futur antérieur	
trahirai	trahirons	aurai trahi	aurons trahi
trahiras	trahirez	auras trahi	aurez trahi
trahira	trahiront	aura trahi	auront trahi
5 conditionnel		12 conditionnel passé	
trahirais	trahirions	aurais trahi	aurions trahi
trahirais	trahiriez	aurais trahi	auriez trahi
trahirait	trahiraient	aurait trahi	auraient trahi
6 présent du subjonctif		13 passé du subjonctif	
trahisse	trahissions	aie trahi	ayons trahi
trahisses	trahissiez	aies trahi	ayez trahi
trahisse	trahissent	ait trahi	aient trahi
7 imparfait du subjonctif		14 plus-que-parfait du subjonctif	
trahisse	trahissions	eusse trahi	eussions trahi
trahisses	trahissiez	eusses trahi	eussiez trahi
trahît	trahissent	eût trahi	eussent trahi

Impératif
trahis
trahissons
trahissez

Words and expressions related to this verb

se trahir   to give oneself away, to betray
  each other, to deceive each other
traîtreusement   treacherously

la trahison   betrayal, treason
la haute trahison   high treason
un traître   traitor, betrayer
une traîtresse   traitress, betrayer

Consult the sections on verbs used in idiomatic expressions, verbs with prepositions, and the list of over 1,000 verbs conjugated like model verbs in the back pages.

to treat, to negotiate

The Seven Simple Tenses		The Seven Compound Tenses	
Singular	Plural	Singular	Plural

1   présent de l'indicatif

traite	traitons	
traites	traitez	
traite	traitent	

8   passé composé

ai traité	avons traité
as traité	avez traité
a traité	ont traité

2   imparfait de l'indicatif

traitais	traitions
traitais	traitiez
traitait	traitaient

9   plus-que-parfait de l'indicatif

avais traité	avions traité
avais traité	aviez traité
avait traité	avaient traité

3   passé simple

traitai	traitâmes
traitas	traitâtes
traita	traitèrent

10   passé antérieur

eus traité	eûmes traité
eus traité	eûtes traité
eut traité	eurent traité

4   futur

traiterai	traiterons
traiteras	traiterez
traitera	traiteront

11   futur antérieur

aurai traité	aurons traité
auras traité	aurez traité
aura traité	auront traité

5   conditionnel

traiterais	traiterions
traiterais	traiteriez
traiterait	traiteraient

12   conditionnel passé

aurais traité	aurions traité
aurais traité	auriez traité
aurait traité	auraient traité

6   présent du subjonctif

traite	traitions
traites	traitiez
traite	traitent

13   passé du subjonctif

aie traité	ayons traité
aies traité	ayez traité
ait traité	aient traité

7   imparfait du subjonctif

traitasse	traitassions
traitasses	traitassiez
traitât	traitassent

14   plus-que-parfait du subjonctif

eusse traité	eussions traité
eusses traité	eussiez traité
eût traité	eussent traité

Impératif
traite
traitons
traitez

Words and expressions related to this verb

traiter qqn mal   to treat someone badly;
   traiter qqn bien   to treat someone well
maltraiter   to maltreat, to mistreat; **traiter de**
   to deal with
traiter qqn de qqch   to call someone
   something; **traiter qqn de menteur**   to call
   someone a liar

un traitement   treatment; salary
un traité   treatise; treaty
boire d'une seule traite   to drink in one
   gulp

Consult the sections on verbs used in idiomatic expressions, verbs with prepositions, and the list of over 1,000 verbs conjugated like model verbs in the back pages.

The subject pronouns are found on the page facing page 1.

to transmit, to transfer

The Seven Simple Tenses		The Seven Compound Tenses	
Singular	Plural	Singular	Plural

1 présent de l'indicatif

		8 passé composé	
transmets	transmettons	ai transmis	avons transmis
transmets	transmettez	as transmis	avez transmis
transmet	transmettent	a transmis	ont transmis

2 imparfait de l'indicatif

		9 plus-que-parfait de l'indicatif	
transmettais	transmettions	avais transmis	avions transmis
transmettais	transmettiez	avais transmis	aviez transmis
transmettait	transmettaient	avait transmis	avaient transmis

3 passé simple

		10 passé antérieur	
transmis	transmîmes	eus transmis	eûmes transmis
transmis	transmîtes	eus transmis	eûtes transmis
transmit	transmirent	eut transmis	eurent transmis

4 futur

		11 futur antérieur	
transmettrai	transmettrons	aurai transmis	aurons transmis
transmettras	transmettrez	auras transmis	aurez transmis
transmettra	transmettront	aura transmis	auront transmis

5 conditionnel

		12 conditionnel passé	
transmettrais	transmettrions	aurais transmis	aurions transmis
transmettrais	transmettriez	aurais transmis	auriez transmis
transmettrait	transmettraient	aurait transmis	auraient transmis

6 présent du subjonctif

		13 passé du subjonctif	
transmette	transmettions	aie transmis	ayons transmis
transmettes	transmettiez	aies transmis	ayez transmis
transmette	transmettent	ait transmis	aient transmis

7 imparfait du subjonctif

		14 plus-que-parfait du subjonctif	
transmisse	transmissions	eusse transmis	eussions transmis
transmisses	transmissiez	eusses transmis	eussiez transmis
transmît	transmissent	eût transmis	eussent transmis

Impératif
transmets
transmettons
transmettez

Words and expressions related to this verb

transmettre une maladie   to transmit an
  illness
transmettre un message   to relay, to transmit
  a message
transmettre son autorité   to transfer one's
  authority
transmettre une lettre   to forward a letter

une transmission   transmission
transmissible   transmissible, transferable
une maladie transmissible   contagious
  disease
Le SIDA est une maladie transmissible
  AIDS is a transmittable disease.

See also **mettre.**

Consult the sections on verbs used in idiomatic expressions, verbs with prepositions, and the
list of over 1,000 verbs conjugated like model verbs in the back pages.

The Seven Simple Tenses		The Seven Compound Tenses	
Singular	Plural	Singular	Plural

1 présent de l'indicatif

		8 passé composé	
travaille	travaillons	ai travaillé	avons travaillé
travailles	travaillez	as travaillé	avez travaillé
travaille	travaillent	a travaillé	ont travaillé

2 imparfait de l'indicatif

		9 plus-que-parfait de l'indicatif	
travaillais	travaillions	avais travaillé	avions travaillé
travaillais	travailliez	avais travaillé	aviez travaillé
travaillait	travaillaient	avait travaillé	avaient travaillé

3 passé simple

		10 passé antérieur	
travaillai	travaillâmes	eus travaillé	eûmes travaillé
travaillas	travaillâtes	eus travaillé	eûtes travaillé
travailla	travaillèrent	eut travaillé	eurent travaillé

4 futur

		11 futur antérieur	
travaillerai	travaillerons	aurai travaillé	aurons travaillé
travailleras	travaillerez	auras travaillé	aurez travaillé
travaillera	travailleront	aura travaillé	auront travaillé

5 conditionnel

		12 conditionnel passé	
travaillerais	travaillerions	aurais travaillé	aurions travaillé
travaillerais	travailleriez	aurais travaillé	auriez travaillé
travaillerait	travailleraient	aurait travaillé	auraient travaillé

6 présent du subjonctif

		13 passé du subjonctif	
travaille	travaillions	aie travaillé	ayons travaillé
travailles	travailliez	aies travaillé	ayez travaillé
travaille	travaillent	ait travaillé	aient travaillé

7 imparfait du subjonctif

		14 plus-que-parfait du subjonctif	
travaillasse	travaillassions	eusse travaillé	eussions travaillé
travaillasses	travaillassiez	eusses travaillé	eussiez travaillé
travaillât	travaillassent	eût travaillé	eussent travaillé

Impératif
travaille
travaillons
travaillez

Words and expressions related to this verb

travailleur, travailleuse   industrious, worker
être sans travail   to be out of work
faire travailler son argent   to put one's
  money to work (to earn interest)
**Madame Reed fait travailler ses élèves dans la
  classe de français**   Mrs. Reed makes her
  students work in French class.

le travail   work, labor, travail (**les
  travaux**)
les travaux publics   public works
les vêtements de travail   work clothes

Consult the entry *causative* **faire** in the section on definitions of basic grammatical terms with examples in the back pages.

The subject pronouns are found on the page facing page 1.   **479**

to traverse, to cross

The Seven Simple Tenses		The Seven Compound Tenses	
Singular	Plural	Singular	Plural
1 présent de l'indicatif		**8 passé composé**	
traverse	traversons	ai traversé	avons traversé
traverses	traversez	as traversé	avez traversé
traverse	traversent	a traversé	ont traversé
2 imparfait de l'indicatif		**9 plus-que-parfait de l'indicatif**	
traversais	traversions	avais traversé	avions traversé
traversais	traversiez	avais traversé	aviez traversé
traversait	traversaient	avait traversé	avaient traversé
3 passé simple		**10 passé antérieur**	
traversai	traversâmes	eus traversé	eûmes traversé
traversas	traversâtes	eus traversé	eûtes traversé
traversa	traversèrent	eut traversé	eurent traversé
4 futur		**11 futur antérieur**	
traverserai	traverserons	aurai traversé	aurons traversé
traverseras	traverserez	auras traversé	aurez traversé
traversera	traverseront	aura traversé	auront traversé
5 conditionnel		**12 conditionnel passé**	
traverserais	traverserions	aurais traversé	aurions traversé
traverserais	traverseriez	aurais traversé	auriez traversé
traverserait	traverseraient	aurait traversé	auraient traversé
6 présent du subjonctif		**13 passé du subjonctif**	
traverse	traversions	aie traversé	ayons traversé
traverses	traversiez	aies traversé	ayez traversé
traverse	traversent	ait traversé	aient traversé
7 imparfait du subjonctif		**14 plus-que-parfait du subjonctif**	
traversasse	traversassions	eusse traversé	eussions traversé
traversasses	traversassiez	eusses traversé	eussiez traversé
traversât	traversassent	eût traversé	eussent traversé

Impératif
traverse
traversons
traversez

Words and expressions related to this verb

la traversée　the crossing
à travers　through
de travers　askew, awry, crooked

une traversée de voie　railroad crossing
marcher de travers　to stagger

Consult the sections on verbs used in idiomatic expressions, verbs with prepositions, and the list of over 1,000 verbs conjugated like model verbs in the back pages.

The Seven Simple Tenses		The Seven Compound Tenses	
Singular	Plural	Singular	Plural

1   présent de l'indicatif

triche	trichons		
triches	trichez		
triche	trichent		

8   passé composé

ai triché		avons triché	
as triché		avez triché	
a triché		ont triché	

2   imparfait de l'indicatif

trichais	trichions
trichais	trichiez
trichait	trichaient

9   plus-que-parfait de l'indicatif

avais triché	avions triché
avais triché	aviez triché
avait triché	avaient triché

3   passé simple

trichai	trichâmes
trichas	trichâtes
tricha	trichèrent

10   passé antérieur

eus triché	eûmes triché
eus triché	eûtes triché
eut triché	eurent triché

4   futur

tricherai	tricherons
tricheras	tricherez
trichera	tricheront

11   futur antérieur

aurai triché	aurons triché
auras triché	aurez triché
aura triché	auront triché

5   conditionnel

tricherais	tricherions
tricherais	tricheriez
tricherait	tricheraient

12   conditionnel passé

aurais triché	aurions triché
aurais triché	auriez triché
aurait triché	auraient triché

6   présent du subjonctif

triche	trichions
triches	trichiez
triche	trichent

13   passé du subjonctif

aie triché	ayons triché
aies triché	ayez triché
ait triché	aient triché

7   imparfait du subjonctif

trichasse	trichassions
trichasses	trichassiez
trichât	trichassent

14   plus-que-parfait du subjonctif

eusse triché	eussions triché
eusses triché	eussiez triché
eût triché	eussent triché

Impératif
triche
trichons
trichez

Words and expressions related to this verb

une tricherie   cheating
gagner par tricherie   to win by cheating
une triche   cheating

un tricheur, une tricheuse   cheater
tricher aux cartes   to cheat at cards

Consult the sections on verbs used in idiomatic expressions, verbs with prepositions, and the list of over 1,000 verbs conjugated like model verbs in the back pages.

to be mistaken, to be wrong (about something)

The Seven Simple Tenses		The Seven Compound Tenses	
Singular	Plural	Singular	Plural
1 présent de l'indicatif		**8 passé composé**	
me trompe	nous trompons	me suis trompé(e)	nous sommes trompé(e)s
te trompes	vous trompez	t'es trompé(e)	vous êtes trompé(e)(s)
se trompe	se trompent	s'est trompé(e)	se sont trompé(e)s
2 imparfait de l'indicatif		**9 plus-que-parfait de l'indicatif**	
me trompais	nous trompions	m'étais trompé(e)	nous étions trompé(e)s
te trompais	vous trompiez	t'étais trompé(e)	vous étiez trompé(e)(s)
se trompait	se trompaient	s'était trompé(e)	s'étaient trompé(e)s
3 passé simple		**10 passé antérieur**	
me trompai	nous trompâmes	me fus trompé(e)	nous fûmes trompé(e)s
te trompas	vous trompâtes	te fus trompé(e)	vous fûtes trompé(e)(s)
se trompa	se trompèrent	se fut trompé(e)	se furent trompé(e)s
4 futur		**11 futur antérieur**	
me tromperai	nous tromperons	me serai trompé(e)	nous serons trompé(e)s
te tromperas	vous tromperez	te seras trompé((e)	vous serez trompé(e)(s)
se trompera	se tromperont	se sera trompé(e)	se seront trompé(e)s
5 conditionnel		**12 conditionnel passé**	
me tromperais	nous tromperions	me serais trompé(e)	nous serions trompé(e)s
te tromperais	vous tromperiez	te serais trompé(e)	vous seriez trompé(e)(s)
se tromperait	se tromperaient	se serait trompé(e)	se seraient trompé(e)s
6 présent du subjonctif		**13 passé du subjonctif**	
me trompe	nous trompions	me sois trompé(e)	nous soyons trompé(e)s
te trompes	vous trompiez	te sois trompé(e)	vous soyez trompé(e)(s)
se trompe	se trompent	se soit trompé(e)	se soient trompé(e)s
7 imparfait du subjonctif		**14 plus-que-parfait du subjonctif**	
me trompasse	nous trompassions	me fusse trompé(e)	nous fussions trompé(e)s
te trompasses	vous trompassiez	te fusses trompé(e)	vous fussiez trompé(e)(s)
se trompât	se trompassent	se fût trompé(e)	se fussent trompé(e)s

Impératif
trompe-toi; ne te trompe pas
trompons-nous; ne nous trompons pas
trompez-vous; ne vous trompez pas

Words and expressions related to this verb

tromper to cheat, to deceive
détromper to free from deception, to set a
   matter straight
se laisser tromper to be taken in (fooled,
   deceived)
un trompeur, une trompeuse deceiver

se détromper to see the truth about a
   matter
se tromper de chemin to take the wrong
   route
une tromperie deceit, deception

Consult the sections on verbs used in idiomatic expressions, verbs with prepositions, and the list of over 1,000 verbs conjugated like model verbs in the back pages.

The Seven Simple Tenses		The Seven Compound Tenses	
Singular	Plural	Singular	Plural

1   présent de l'indicatif

		8 passé composé	
trouve	trouvons	ai trouvé	avons trouvé
trouves	trouvez	as trouvé	avez trouvé
trouve	trouvent	a trouvé	ont trouvé

2   imparfait de l'indicatif

		9 plus-que-parfait de l'indicatif	
trouvais	trouvions	avais trouvé	avions trouvé
trouvais	trouviez	avais trouvé	aviez trouvé
trouvait	trouvaient	avait trouvé	avaient trouvé

3   passé simple

		10 passé antérieur	
trouvai	trouvâmes	eus trouvé	eûmes trouvé
trouvas	trouvâtes	eus trouvé	eûtes trouvé
trouva	trouvèrent	eut trouvé	eurent trouvé

4   futur

		11 futur antérieur	
trouverai	trouverons	aurai trouvé	aurons trouvé
trouveras	trouverez	auras trouvé	aurez trouvé
trouvera	trouveront	aura trouvé	auront trouvé

5   conditionnel

		12 conditionnel passé	
trouverais	trouverions	aurais trouvé	aurions trouvé
trouverais	trouveriez	aurais trouvé	auriez trouvé
trouverait	trouveraient	aurait trouvé	auraient trouvé

6   présent du subjonctif

		13 passé du subjonctif	
trouve	trouvions	aie trouvé	ayons trouvé
trouves	trouviez	aies trouvé	ayez trouvé
trouve	trouvent	ait trouvé	aient trouvé

7   imparfait du subjonctif

		14 plus-que-parfait du subjonctif	
trouvasse	trouvassions	eusse trouvé	eussions trouvé
trouvasses	trouvassiez	eusses trouvé	eussiez trouvé
trouvât	trouvassent	eût trouvé	eussent trouvé

Impératif
trouve
trouvons
trouvez

Words and expressions related to this verb

J'ai une nouvelle voiture; comment la trouvez-vous?
    I have a new car; how do you like it?
trouver un emploi   to find a job
trouver bon de faire qqch   to think fit to do something
retrouver   to find again, to recover, to retrieve
trouver porte close   not to find anyone answering the door after knocking

See also **se trouver.**

to be located, to be situated

The Seven Simple Tenses		The Seven Compound Tenses	
Singular	Plural	Singular	Plural
1 présent de l'indicatif		**8 passé composé**	
me trouve	nous trouvons	me suis trouvé(e)	nous sommes trouvé(e)s
te trouves	vous trouvez	t'es trouvé(e)	vous êtes trouvé(e)(s)
se trouve	se trouvent	s'est trouvé(e)	se sont trouvé(e)s
2 imparfait de l'indicatif		**9 plus-que-parfait de l'indicatif**	
me trouvais	nous trouvions	m'étais trouvé(e)	nous étions trouvé(e)s
te trouvais	vous trouviez	t'étais trouvé(e)	vous étiez trouvé(e)(s)
se trouvait	se trouvaient	s'était trouvé(e)	s'étaient trouvé(e)s
3 passé simple		**10 passé antérieur**	
me trouvai	nous trouvâmes	me fus trouvé(e)	nous fûmes trouvé(e)s
te trouvas	vous trouvâtes	te fus trouvé(e)	vous fûtes trouvé(e)(s)
se trouva	se trouvèrent	se fut trouvé(e)	se furent trouvé(e)s
4 futur		**11 futur antérieur**	
me trouverai	nous trouverons	me serai trouvé(e)	nous serons trouvé(e)s
te trouveras	vous trouverez	te seras trouvé(e)	vous serez trouvé(e)(s)
se trouvera	se trouveront	se sera trouvé(e)	se seront trouvé(e)s
5 conditionnel		**12 conditionnel passé**	
me trouverais	nous trouverions	me serais trouvé(e)	nous serions trouvé(e)s
te trouverais	vous trouveriez	te serais trouvé(e)	vous seriez trouvé(e)(s)
se trouverait	se trouveraient	se serait trouvé(e)	se seraient trouvé(e)s
6 présent du subjonctif		**13 passé du subjonctif**	
me trouve	nous trouvions	me sois trouvé(e)	nous soyons trouvé(e)s
te trouves	vous trouviez	te sois trouvé(e)	vous soyez trouvé(e)(s)
se trouve	se trouvent	se soit trouvé(e)	se soient trouvé(e)s
7 imparfait du subjonctif		**14 plus-que-parfait du subjonctif**	
me trouvasse	nous trouvassions	me fusse trouvé(e)	nous fussions trouvé(e)s
te trouvasses	vous trouvassiez	te fusses trouvé(e)	vous fussiez trouvé(e)(s)
se trouvât	se trouvassent	se fût trouvé(e)	se fussent trouvé(e)s

Impératif
trouve-toi; ne te trouve pas
trouvons-nous; ne nous trouvons pas
trouvez-vous; ne vous trouvez pas

Words and expressions related to this verb

Où se trouve le bureau de poste?   Where is the post office located?
Trouve-toi dans ce café à huit heures ce soir.   Be in this café at 8 o'clock tonight.
Vous avez été malade; allez-vous mieux maintenant? —Oui, je me trouve mieux, merci!
    You have been sick; are you feeling better now? —Yes, I'm feeling better, thank you!

See also **trouver.**

The Seven Simple Tenses		The Seven Compound Tenses	
Singular	Plural	Singular	Plural

1 présent de l'indicatif

		8 passé composé	
tue	tuons	ai tué	avons tué
tues	tuez	as tué	avez tué
tue	tuent	a tué	ont tué

2 imparfait de l'indicatif

		9 plus-que-parfait de l'indicatif	
tuais	tuions	avais tué	avions tué
tuais	tuiez	avais tué	aviez tué
tuait	tuaient	avait tué	avaient tué

3 passé simple

		10 passé antérieur	
tuai	tuâmes	eus tué	eûmes tué
tuas	tuâtes	eus tué	eûtes tué
tua	tuèrent	eut tué	eurent tué

4 futur

		11 futur antérieur	
tuerai	tuerons	aurai tué	aurons tué
tueras	tuerez	auras tué	aurez tué
tuera	tueront	aura tué	auront tué

5 conditionnel

		12 conditionnel passé	
tuerais	tuerions	aurais tué	aurions tué
tuerais	tueriez	aurais tué	auriez tué
tuerait	tueraient	aurait tué	auraient tué

6 présent du subjonctif

		13 passé du subjonctif	
tue	tuions	aie tué	ayons tué
tues	tuiez	aies tué	ayez tué
tue	tuent	ait tué	aient tué

7 imparfait du subjonctif

		14 plus-que-parfait du subjonctif	
tuasse	tuassions	eusse tué	eussions tué
tuasses	tuassiez	eusses tué	eussiez tué
tuât	tuassent	eût tué	eussent tué

Impératif
tue
tuons
tuez

Words and expressions related to this verb

tuer le temps   to kill time
Ce travail me tue!   This work is killing me!
se tuer   to kill oneself; to get killed
un tueur, une tueuse   killer
une tuerie   slaughter
La drogue tue   Drugs kill.

un tue-mouche   fly swatter (**des tue-mouches**)
crier à tue-tête   to shout at the top of one's voice
chanter à tue-tête   to sing at the top of one's voice

Consult the sections on verbs used in idiomatic expressions, verbs with prepositions, and the list of over 1,000 verbs conjugated like model verbs in the back pages.

The subject pronouns are found on the page facing page 1.

to unite, to join

The Seven Simple Tenses		The Seven Compound Tenses	
Singular	Plural	Singular	Plural
1 présent de l'indicatif		**8 passé composé**	
unis	unissons	ai uni	avons uni
unis	unissez	as uni	avez uni
unit	unissent	a uni	ont uni
2 imparfait de l'indicatif		**9 plus-que-parfait de l'indicatif**	
unissais	unissions	avais uni	avions uni
unissais	unissiez	avais uni	aviez uni
unissait	unissaient	avait uni	avaient uni
3 passé simple		**10 passé antérieur**	
unis	unîmes	eus uni	eûmes uni
unis	unîtes	eus uni	eûtes uni
unit	unirent	eut uni	eurent uni
4 futur		**11 futur antérieur**	
unirai	unirons	aurai uni	aurons uni
uniras	unirez	auras uni	aurez uni
unira	uniront	aura uni	auront uni
5 conditionnel		**12 conditionnel passé**	
unirais	unirions	aurais uni	aurions uni
unirais	uniriez	aurais uni	auriez uni
unirait	uniraient	aurait uni	auraient uni
6 présent du subjonctif		**13 passé du subjonctif**	
unisse	unissions	aie uni	ayons uni
unisses	unissiez	aies uni	ayez uni
unisse	unissent	ait uni	aient uni
7 imparfait du subjonctif		**14 plus-que-parfait du subjonctif**	
unisse	unissions	eusse uni	eussions uni
unisses	unissiez	eusses uni	eussiez uni
unît	unissent	eût uni	eussent uni

Impératif
unis
unissons
unissez

Words and expressions related to this verb

s'unir   to join together, to marry
réunir   to reunite; **se réunir**   to meet
together
les Etats-Unis   the United States
les Nations-Unies   the United Nations

une union   union, alliance
un trait d'union   hyphen
unisexe   unisex
unir ses forces   to combine one's forces
chanter à l'unisson   to sing in unison

Consult the sections on verbs used in idiomatic expressions, verbs with prepositions, and the list of over 1,000 verbs conjugated like model verbs in the back pages.

486

to utilize, to use, to make use of, to put to use

The Seven Simple Tenses		The Seven Compound Tenses	
Singular	Plural	Singular	Plural

1   présent de l'indicatif

		8 passé composé	
utilise	utilisons	ai utilisé	avons utilisé
utilises	utilisez	as utilisé	avez utilisé
utilise	utilisent	a utilisé	ont utilisé

2   imparfait de l'indicatif

		9 plus-que-parfait de l'indicatif	
utilisais	utilisions	avais utilisé	avions utilisé
utilisais	utilisiez	avais utilisé	aviez utilisé
utilisait	utilisaient	avait utilisé	avaient utilisé

3   passé simple

		10 passé antérieur	
utilisai	utilisâmes	eus utilisé	eûmes utilisé
utilisas	utilisâtes	eus utilisé	eûtes utilisé
utilisa	utilisèrent	eut utilisé	eurent utilisé

4   futur

		11 futur antérieur	
utiliserai	utiliserons	aurai utilisé	aurons utilisé
utiliseras	utiliserez	auras utilisé	aurez utilisé
utilisera	utiliseront	aura utilisé	auront utilisé

5   conditionnel

		12 conditionnel passé	
utiliserais	utiliserions	aurais utilisé	aurions utilisé
utiliserais	utiliseriez	aurais utilisé	auriez utilisé
utiliserait	utiliseraient	aurait utilisé	auraient utilisé

6   présent du subjonctif

		13 passé du subjonctif	
utilise	utilisions	aie utilisé	ayons utilisé
utilises	utilisiez	aies utilisé	ayez utilisé
utilise	utilisent	ait utilisé	aient utilisé

7   imparfait du subjonctif

		14 plus-que-parfait du subjonctif	
utilisasse	utilisassions	eusse utilisé	eussions utilisé
utilisasses	utilisassiez	eusses utilisé	eussiez utilisé
utilisât	utilisassent	eût utilisé	eussent utilisé

Impératif
utilise
utilisons
utilisez

Words and expressions related to this verb

utile   useful
inutile   useless
une utilité   utility, usefulness
un utilisateur, une utilisatrice   user

utilitaire   utilitarian
une utilisation   utilization
Il est utile de + inf.   It is useful + inf.
utilement   usefully

Consult the sections on verbs used in idiomatic expressions, verbs with prepositions, and the list of over 1,000 verbs conjugated like model verbs in the back pages.

to vanquish, to conquer

The Seven Simple Tenses		The Seven Compound Tenses	
Singular	Plural	Singular	Plural
1 présent de l'indicatif		**8 passé composé**	
vaincs	vainquons	ai vaincu	avons vaincu
vaincs	vainquez	as vaincu	avez vaincu
vainc	vainquent	a vaincu	ont vaincu
2 imparfait de l'indicatif		**9 plus-que-parfait de l'indicatif**	
vainquais	vainquions	avais vaincu	avions vaincu
vainquais	vainquiez	avais vaincu	aviez vaincu
vainquait	vainquaient	avait vaincu	avaient vaincu
3 passé simple		**10 passé antérieur**	
vainquis	vainquîmes	eus vaincu	eûmes vaincu
vainquis	vainquîtes	eus vaincu	eûtes vaincu
vainquit	vainquirent	eut vaincu	eurent vaincu
4 futur		**11 futur antérieur**	
vaincrai	vaincrons	aurai vaincu	aurons vaincu
vaincras	vaincrez	auras vaincu	aurez vaincu
vaincra	vaincront	aura vaincu	auront vaincu
5 conditionnel		**12 conditionnel passé**	
vaincrais	vaincrions	aurais vaincu	aurions vaincu
vaincrais	vaincriez	aurais vaincu	auriez vaincu
vaincrait	vaincraient	aurait vaincu	auraient vaincu
6 présent du subjonctif		**13 passé du subjonctif**	
vainque	vainquions	aie vaincu	ayons vaincu
vainques	vainquiez	aies vaincu	ayez vaincu
vainque	vainquent	ait vaincu	aient vaincu
7 imparfait du subjonctif		**14 plus-que-parfait du subjonctif**	
vainquisse	vainquissions	eusse vaincu	eussions vaincu
vainquisses	vainquissiez	eusses vaincu	eussiez vaincu
vainquît	vainquissent	eût vaincu	eussent vaincu

Impératif
vaincs
vainquons
vainquez

Words and expressions related to this verb

convaincre qqn de qqch   to convince, to persuade someone of something
vainqueur   victor, victorious; conqueror, conquering
convaincant, convaincante   convincing   **vaincu**   defeated

Consult the sections on verbs used in idiomatic expressions, verbs with prepositions, and the list of over 1,000 verbs conjugated like model verbs in the back pages.

to be worth, to be as good as, to deserve, to merit, to be equal to

The Seven Simple Tenses		The Seven Compound Tenses	
Singular	Plural	Singular	Plural
1 présent de l'indicatif		**8 passé composé**	
vaux	valons	ai valu	avons valu
vaux	valez	as valu	avez valu
vaut	valent	a valu	ont valu
2 imparfait de l'indicatif		**9 plus-que-parfait de l'indicatif**	
valais	valions	avais valu	avions valu
valais	valiez	avais valu	aviez valu
valait	valaient	avait valu	avaient valu
3 passé simple		**10 passé antérieur**	
valus	valûmes	eus valu	eûmes valu
valus	valûtes	eus valu	eûtes valu
valut	valurent	eut valu	eurent valu
4 futur		**11 futur antérieur**	
vaudrai	vaudrons	aurai valu	aurons valu
vaudras	vaudrez	auras valu	aurez valu
vaudra	vaudront	aura valu	auront valu
5 conditionnel		**12 conditionnel passé**	
vaudrais	vaudrions	aurais valu	aurions valu
vaudrais	vaudriez	aurais valu	auriez valu
vaudrait	vaudraient	aurait valu	auraient valu
6 présent du subjonctif		**13 passé du subjonctif**	
vaille	valions	aie valu	ayons valu
vailles	valiez	aies valu	ayez valu
vaille	vaillent	ait valu	aient valu
7 imparfait du subjonctif		**14 plus-que-parfait du subjonctif**	
valusse	valussions	eusse valu	eussions valu
valusses	valussiez	eusses valu	eussiez valu
valût	valussent	eût valu	eussent valu

Impératif
vaux
valons
valez

Words and expressions related to this verb

la valeur   value, worth
valeureusement   valorously
valeureux, valeureuse   valorous
la validation   validation
valide   valid
Mieux vaut tard que jamais   Better late than never.

Cela vaut la peine   It's worth the trouble.
faire valoir   to make the most of, to invest one's money
valoir cher   to be worth a lot
valoir de l'argent   to be worth money

vendre

Part. pr. **vendant** Part. passé **vendu**

to sell

The Seven Simple Tenses		The Seven Compound Tenses	
Singular	Plural	Singular	Plural
1 présent de l'indicatif		**8 passé composé**	
vends	vendons	ai vendu	avons vendu
vends	vendez	as vendu	avez vendu
vend	vendent	a vendu	ont vendu
2 imparfait de l'indicatif		**9 plus-que-parfait de l'indicatif**	
vendais	vendions	avais vendu	avions vendu
vendais	vendiez	avais vendu	aviez vendu
vendait	vendaient	avait vendu	avaient vendu
3 passé simple		**10 passé antérieur**	
vendis	vendîmes	eus vendu	eûmes vendu
vendis	vendîtes	eus vendu	eûtes vendu
vendit	vendirent	eut vendu	eurent vendu
4 futur		**11 futur antérieur**	
vendrai	vendrons	aurai vendu	aurons vendu
vendras	vendrez	auras vendu	aurez vendu
vendra	vendront	aura vendu	auront vendu
5 conditionnel		**12 conditionnel passé**	
vendrais	vendrions	aurais vendu	aurions vendu
vendrais	vendriez	aurais vendu	auriez vendu
vendrait	vendraient	aurait vendu	auraient vendu
6 présent du subjonctif		**13 passé du subjonctif**	
vende	vendions	aie vendu	ayons vendu
vendes	vendiez	aies vendu	ayez vendu
vende	vendent	ait vendu	aient vendu
7 imparfait du subjonctif		**14 plus-que-parfait du subjonctif**	
vendisse	vendissions	eusse vendu	eussions vendu
vendisses	vendissiez	eusses vendu	eussiez vendu
vendît	vendissent	eût vendu	eussent vendu

Impératif
vends
vendons
vendez

Words and expressions related to this verb

un vendeur, une vendeuse salesperson
une vente a sale
maison à vendre house for sale
revendre to resell
en vente on sale
une salle des ventes salesroom
vendre à bon marché to sell at a reasonably low price (a good buy)

une vente aux enchères auction sale
vendre au rabais to sell at a discount
On vend des livres ici Books are sold here.
vendre à la sauvette to peddle on the streets
une vente à la sauvette street peddling

The Seven Simple Tenses		The Seven Compound Tenses	
Singular	Plural	Singular	Plural

1 présent de l'indicatif		8 passé composé	
venge	vengeons	ai vengé	avons vengé
venges	vengez	as vengé	avez vengé
venge	vengent	a vengé	ont vengé

2 imparfait de l'indicatif		9 plus-que-parfait de l'indicatif	
vengeais	vengions	avais vengé	avions vengé
vengeais	vengiez	avais vengé	aviez vengé
vengeait	vengeaient	avait vengé	avaient vengé

3 passé simple		10 passé antérieur	
vengeai	vengeâmes	eus vengé	eûmes vengé
vengeas	vengeâtes	eus vengé	eûtes vengé
vengea	vengèrent	eut vengé	eurent vengé

4 futur		11 futur antérieur	
vengerai	vengerons	aurai vengé	aurons vengé
vengeras	vengerez	auras vengé	aurez vengé
vengera	vengeront	aura vengé	auront vengé

5 conditionnel		12 conditionnel passé	
vengerais	vengerions	aurais vengé	aurions vengé
vengerais	vengeriez	aurais vengé	auriez vengé
vengerait	vengeraient	aurait vengé	auraient vengé

6 présent du subjonctif		13 passé du subjonctif	
venge	vengions	aie vengé	ayons vengé
venges	vengiez	aies vengé	ayez vengé
venge	vengent	ait vengé	aient vengé

7 imparfait du subjonctif		14 plus-que-parfait du subjonctif	
vengeasse	vengeassions	eusse vengé	eussions vengé
vengeasses	vengeassiez	eusses vengé	eussiez vengé
vengeât	vengeassent	eût vengé	eussent vengé

Impératif
venge
vengeons
vengez

Words and expressions related to this verb

se venger to avenge oneself
venger son honneur to avenge one's honor
par vengeance out of revenge
un vengeur, une vengeresse avenger

se venger de to avenge oneself for
la vengeance vengeance, revenge
la vengeance divine divine vengeance

Consult the sections on verbs used in idiomatic expressions, verbs with prepositions, and the list of over 1,000 verbs conjugated like model verbs in the back pages.

The subject pronouns are found on the page facing page 1.

491

venir

Part. pr. **venant**   Part. passé **venu(e)(s)**

to come

The Seven Simple Tenses		The Seven Compound Tenses	
Singular	Plural	Singular	Plural
1 présent de l'indicatif		**8 passé composé**	
viens	venons	suis venu(e)	sommes venu(e)s
viens	venez	es venu(e)	êtes venu(e)(s)
vient	viennent	est venu(e)	sont venu(e)s
2 imparfait de l'indicatif		**9 plus-que-parfait de l'indicatif**	
venais	venions	étais venu(e)	étions venu(e)s
venais	veniez	étais venu(e)	étiez venu(e)(s)
venait	venaient	était venu(e)	étaient venu(e)s
3 passé simple		**10 passé antérieur**	
vins	vînmes	fus venu(e)	fûmes venu(e)s
vins	vîntes	fus venu(e)	fûtes venu(e)(s)
vint	vinrent	fut venu(e)	furent venu(e)s
4 futur		**11 futur antérieur**	
viendrai	viendrons	serai venu(e)	serons venu(e)s
viendras	viendrez	seras venu(e)	serez venu(e)(s)
viendra	viendront	sera venu(e)	seront venu(e)s
5 conditionnel		**12 conditionnel passé**	
viendrais	viendrions	serais venu(e)	serions venu(e)s
viendrais	viendriez	serais venu(e)	seriez venu(e)(s)
viendrait	viendraient	serait venu(e)	seraient venu(e)s
6 présent du subjonctif		**13 passé du subjonctif**	
vienne	venions	sois venu(e)	soyons venu(e)s
viennes	veniez	sois venu(e)	soyez venu(e)(s)
vienne	viennent	soit venu(e)	soient venu(e)s
7 imparfait du subjonctif		**14 plus-que-parfait du subjonctif**	
vinsse	vinssions	fusse venu(e)	fussions venu(e)s
vinsses	vinssiez	fusses venu(e)	fussiez venu(e)(s)
vînt	vinssent	fût venu(e)	fussent venu(e)s

Impératif
viens
venons
venez

Words and expressions related to this verb

venir de faire qqch   to have just done something
Je viens de manger   I have just eaten.
venir à + inf.   to happen to; Si je viens à devenir riche. . .   If I happen to become rich.

faire venir   to send for
venir chercher   to call for, to come to get
D'où vient cela?   Where does that come from?
Venons-en au fait   Let's get to the point.

The Seven Simple Tenses		The Seven Compound Tenses	
Singular	Plural	Singular	Plural
1 présent de l'indicatif		**8 passé composé**	
verse	versons	ai versé	avons versé
verses	versez	as versé	avez versé
verse	versent	a versé	ont versé
2 imparfait de l'indicatif		**9 plus-que-parfait de l'indicatif**	
versais	versions	avais versé	avions versé
versais	versiez	avais versé	aviez versé
versait	versaient	avait versé	avaient versé
3 passé simple		**10 passé antérieur**	
versai	versâmes	eus versé	eûmes versé
versas	versâtes	eus versé	eûtes versé
versa	versèrent	eut versé	eurent versé
4 futur		**11 futur antérieur**	
verserai	verserons	aurai versé	aurons versé
verseras	verserez	auras versé	aurez versé
versera	verseront	aura versé	auront versé
5 conditionnel		**12 conditionnel passé**	
verserais	verserions	aurais versé	aurions versé
verserais	verseriez	aurais versé	auriez versé
verserait	verseraient	aurait versé	auraient versé
6 présent du subjonctif		**13 passé du subjonctif**	
verse	versions	aie versé	ayons versé
verses	versiez	aies versé	ayez versé
verse	versent	ait versé	aient versé
7 imparfait du subjonctif		**14 plus-que-parfait du subjonctif**	
versasse	versassions	eusse versé	eussions versé
versasses	versassiez	eusses versé	eussiez versé
versât	versassent	eût versé	eussent versé

	Impératif
	verse
	versons
	versez

Common idiomatic expressions using this verb and words related to it

verser des larmes   to shed tears
verser de l'argent   to deposit money
verser des fonds   to invest capital
un versement   deposit, payment

verser du sang   to shed blood
verser à boire à qqn   to pour someone
a drink
pleuvoir à verse   to rain hard

Consult the sections on verbs used in idiomatic expressions, verbs with prepositions, and the list of over 1,000 verbs conjugated like model verbs in the back pages.

to clothe, to dress

The Seven Simple Tenses		The Seven Compound Tenses	
Singular	Plural	Singular	Plural
1 présent de l'indicatif		**8 passé composé**	
vêts	vêtons	ai vêtu	avons vêtu
vêts	vêtez	as vêtu	avez vêtu
vêt	vêtent	a vêtu	ont vêtu
2 imparfait de l'indicatif		**9 plus-que-parfait de l'indicatif**	
vêtais	vêtions	avais vêtu	avions vêtu
vêtais	vêtiez	avais vêtu	aviez vêtu
vêtait	vêtaient	avait vêtu	avaient vêtu
3 passé simple		**10 passé antérieur**	
vêtis	vêtîmes	eus vêtu	eûmes vêtu
vêtis	vêtîtes	eus vêtu	eûtes vêtu
vêtit	vêtirent	eut vêtu	eurent vêtu
4 futur		**11 futur antérieur**	
vêtirai	vêtirons	aurai vêtu	aurons vêtu
vêtiras	vêtirez	auras vêtu	aurez vêtu
vêtira	vêtiront	aura vêtu	auront vêtu
5 conditionnel		**12 conditionnel passé**	
vêtirais	vêtirions	aurais vêtu	aurions vêtu
vêtirais	vêtiriez	aurais vêtu	auriez vêtu
vêtirait	vêtiraient	aurait vêtu	auraient vêtu
6 présent du subjonctif		**13 passé du subjonctif**	
vête	vêtions	aie vêtu	ayons vêtu
vêtes	vêtiez	aies vêtu	ayez vêtu
vête	vêtent	ait vêtu	aient vêtu
7 imparfait du subjonctif		**14 plus-que-parfait du subjonctif**	
vêtisse	vêtissions	eusse vêtu	eussions vêtu
vêtisses	vêtissiez	eusses vêtu	eussiez vêtu
vêtît	vêtissent	eût vêtu	eussent vêtu

Impératif
vêts
vêtons
vêtez

Words and expressions related to this verb

un vêtement   garment, wearing apparel;
  des vêtements   clothes
les vêtements de dessus   outerwear
les sous-vêtements   underwear
vêtir un enfant   to dress a child
dévêtir   to undress
mettre sur soi un vêtement
  to put on clothing

les vêtements de deuil   mourning clothes
le vestiaire   coatroom
les vêtements de travail   work clothes
se vêtir   to dress oneself
se dévêtir   to undress oneself
être bien vêtu (vêtue)   to be well dressed;
  mal vêtu   badly dressed;
  à demi-vêtu   half dressed

to grow old, to become old, to age

The Seven Simple Tenses		The Seven Compound Tenses	
Singular	Plural	Singular	Plural

1   présent de l'indicatif

		8 passé composé	
vieillis	vieillissons	ai vieilli	avons vieilli
vieillis	vieillissez	as vieilli	avez vieilli
vieillit	vieillissent	a vieilli	ont vieilli

2   imparfait de l'indicatif

		9 plus-que-parfait de l'indicatif	
vieillissais	vieillissions	avais vieilli	avions vieilli
vieillissais	vieillissiez	avais vieilli	aviez vieilli
vieillissait	vieillissaient	avait vieilli	avaient vieilli

3   passé simple

		10 passé antérieur	
vieillis	vieillîmes	eus vieilli	eûmes vieilli
vieillis	vieillîtes	eus vieilli	eûtes vieilli
vieillit	vieillirent	eut vieilli	eurent vieilli

4   futur

		11 futur antérieur	
vieillirai	vieillirons	aurai vieilli	aurons vieilli
vieilliras	vieillirez	auras vieilli	aurez vieilli
vieillira	vieilliront	aura vieilli	auront vieilli

5,   conditionnel

		12 conditionnel passé	
vieillirais	vieillirions	aurais vieilli	aurions vieilli
vieillirais	vieilliriez	aurais vieilli	auriez vieilli
vieillirait	vieilliraient	aurait vieilli	auraient vieilli

6   présent du subjonctif

		13 passé du subjonctif	
vieillisse	vieillissions	aie vieilli	ayons vieilli
vieillisses	vieillissiez	aies vieilli	ayez vieilli
vieillisse	vieillissent	ait vieilli	aient vieilli

7   imparfait du subjonctif

		14 plus-que-parfait du subjonctif	
vieillisse	vieillissions	eusse vieilli	eussions vieilli
vieillisses	vieillissiez	eusses vieilli	eussiez vieilli
vieillît	vieillissent	eût vieilli	eussent vieilli

Impératif
vieillis
vieillissons
vieillissez

Words related to this verb

vieux, vieil, vieille   old
  un vieux chapeau   an old hat
  un vieil arbre   an old tree
  un vieil homme   an old man
  deux vieux hommes   two old men
  une vieille dame   an old lady

la vieillesse   old age
un vieillard   old man
une vieille   old woman
vieillissant, vieillissante *adj.*   aging
le vieillissement   aging, growing old

Consult the sections on verbs used in idiomatic expressions, verbs with prepositions, and the list of over 1,000 verbs conjugated like model verbs in the back pages.

The subject pronouns are found on the page facing page 1.

visiter

Part. pr. **visitant**   Part. passé **visité**

to visit

The Seven Simple Tenses		The Seven Compound Tenses	
Singular	Plural	Singular	Plural
1 présent de l'indicatif		**8 passé composé**	
visite	visitons	ai visité	avons visité
visites	visitez	as visité	avez visité
visite	visitent	a visité	ont visité
2 imparfait de l'indicatif		**9 plus-que-parfait de l'indicatif**	
visitais	visitions	avais visité	avions visité
visitais	visitiez	avais visité	aviez visité
visitait	visitaient	avait visité	avaient visité
3 passé simple		**10 passé antérieur**	
visitai	visitâmes	eus visité	eûmes visité
visitas	visitâtes	eus visité	eûtes visité
visita	visitèrent	eut visité	eurent visité
4 futur		**11 futur antérieur**	
visiterai	visiterons	aurai visité	aurons visité
visiteras	visiterez	auras visité	aurez visité
visitera	visiteront	aura visité	auront visité
5 conditionnel		**12 conditionnel passé**	
visiterais	visiterions	aurais visité	aurions visité
visiterais	visiteriez	aurais visité	auriez visité
visiterait	visiteraient	aurait visité	auraient visité
6 présent du subjonctif		**13 passé du subjonctif**	
visite	visitions	aie visité	ayons visité
visites	visitiez	aies visité	ayez visité
visite	visitent	ait visité	aient visité
7 imparfait du subjonctif		**14 plus-que-parfait du subjonctif**	
visitasse	visitassions	eusse visité	eussions visité
visitasses	visitassiez	eusses visité	eussiez visité
visitât	visitassent	eût visité	eussent visité

Impératif
visite
visitons
visitez

Words and expressions related to this verb

rendre visite à qqn   to visit someone,
  to pay a call
un visiteur, une visiteuse   visitor, caller

rendre une visite à qqn   to return a visit
les heures de visite   visiting hours
une visitation   visitation

The Seven Simple Tenses		The Seven Compound Tenses	
Singular	Plural	Singular	Plural

1 présent de l'indicatif

Singular	Plural
vis	vivons
vis	vivez
vit	vivent

8 passé composé

Singular	Plural
ai vécu	avons vécu
as vécu	avez vécu
a vécu	ont vécu

2 imparfait de l'indicatif

vivais	vivions
vivais	viviez
vivait	vivaient

9 plus-que-parfait de l'indicatif

avais vécu	avions vécu
avais vécu	aviez vécu
avait vécu	avaient vécu

3 passé simple

vécus	vécûmes
vécus	vécûtes
vécut	vécurent

10 passé antérieur

eus vécu	eûmes vécu
eus vécu	eûtes vécu
eut vécu	eurent vécu

4 futur

vivrai	vivrons
vivras	vivrez
vivra	vivront

11 futur antérieur

aurai vécu	aurons vécu
auras vécu	aurez vécu
aura vécu	auront vécu

5 conditionnel

vivrais	vivrions
vivrais	vivriez
vivrait	vivraient

12 conditionnel passé

aurais vécu	aurions vécu
aurais vécu	auriez vécu
aurait vécu	auraient vécu

6 présent du subjonctif

vive	vivions
vives	viviez
vive	vivent

13 passé du subjonctif

aie vécu	ayons vécu
aies vécu	ayez vécu
ait vécu	aient vécu

7 imparfait du subjonctif

vécusse	vécussions
vécusses	vécussiez
vécût	vécussent

14 plus-que-parfait du subjonctif

eusse vécu	eussions vécu
eusses vécu	eussiez vécu
eût vécu	eussent vécu

Impératif
vis
vivons
vivez

Words and expressions related to this verb

revivre   to relive, to revive
survivre à   to survive
Vive la France!   Long live France!
avoir de quoi vivre   to have enough to live on
vivre de   to subsist on
savoir-vivre   to be well-mannered

Vivent les Etats-Unis!   Long live the United States!
le vivre et le couvert   room and board
vivre largement   to live well
Nous vivons des temps troublés   We are living in troubled times.

Consult the back pages for new features.

The subject pronouns are found on the page facing page 1.

497

to see

The Seven Simple Tenses		The Seven Compound Tenses	
Singular	Plural	Singular	Plural
1 présent de l'indicatif		**8 passé composé**	
vois	voyons	ai vu	avons vu
vois	voyez	as vu	avez vu
voit	voient	a vu	ont vu
2 imparfait de l'indicatif		**9 plus-que-parfait de l'indicatif**	
voyais	voyions	avais vu	avions vu
voyais	voyiez	avais vu	aviez vu
voyait	voyaient	avait vu	avaient vu
3 passé simple		**10 passé antérieur**	
vis	vîmes	eus vu	eûmes vu
vis	vîtes	eus vu	eûtes vu
vit	virent	eut vu	eurent vu
4 futur		**11 futur antérieur**	
verrai	verrons	aurai vu	aurons vu
verras	verrez	auras vu	aurez vu
verra	verront	aura vu	auront vu
5 conditionnel		**12 conditionnel passé**	
verrais	verrions	aurais vu	aurions vu
verrais	verriez	aurais vu	auriez vu
verrait	verraient	aurait vu	auraient vu
6 présent du subjonctif		**13 passé du subjonctif**	
voie	voyions	aie vu	ayons vu
voies	voyiez	aies vu	ayez vu
voie	voient	ait vu	aient vu
7 imparfait du subjonctif		**14 plus-que-parfait du subjonctif**	
visse	vissions	eusse vu	eussions vu
visses	vissiez	eusses vu	eussiez vu
vît	vissent	eût vu	eussent vu

Impératif
vois
voyons
voyez

Words and expressions related to this verb

revoir to see again
faire voir to show
voir la vie en rose to see the bright side of life
Voyez vous-même! See for yourself!

entrevoir to catch a glimpse, to glimpse
C'est à voir It remains to be seen.
Cela se voit That's obvious.
Voyons! See here now!
Voir c'est croire Seeing is believing.

Consult the back pages for new features

to fly, to steal

The Seven Simple Tenses		The Seven Compound Tenses	
Singular	Plural	Singular	Plural
1 présent de l'indicatif		**8 passé composé**	
vole	volons	ai volé	avons volé
voles	volez	as volé	avez volé
vole	volent	a volé	ont volé
2 imparfait de l'indicatif		**9 plus-que-parfait de l'indicatif**	
volais	volions	avais volé	avions volé
volais	voliez	avais volé	aviez volé
volait	volaient	avait volé	avaient volé
3 passé simple		**10 passé antérieur**	
volai	volâmes	eus volé	eûmes volé
volas	volâtes	eus volé	eûtes volé
vola	volèrent	eut volé	eurent volé
4 futur		**11 futur antérieur**	
volerai	volerons	aurai volé	aurons volé
voleras	volerez	auras volé	aurez volé
volera	voleront	aura volé	auront volé
5 conditionnel		**12 conditionnel passé**	
volerais	volerions	aurais volé	aurions volé
volerais	voleriez	aurais volé	auriez volé
volerait	voleraient	aurait volé	auraient volé
6 présent du subjonctif		**13 passé du subjonctif**	
vole	volions	aie volé	ayons volé
voles	voliez	aies volé	ayez volé
vole	volent	ait volé	aient volé
7 imparfait du subjonctif		**14 plus-que-parfait du subjonctif**	
volasse	volassions	eusse volé	eussions volé
volasses	volassiez	eusses volé	eussiez volé
volât	volassent	eût volé	eussent volé

Impératif
vole
volons
volez

Words and expressions related to this verb

un vol   flight, theft
le voleur   thief
à vol d'oiseau   as the crow flies
vol de nuit   night flying (airplane), night flight
New York à vol d'oiseau   bird's eye view of New York
survoler   to fly over

le volant   steering wheel
se mettre au volant   to take the (steering) wheel
voler un baiser à qqn · to steal a kiss from someone
voler dans les bras de qqn   to fly into someone's arms

vouloir

to want

The Seven Simple Tenses		The Seven Compound Tenses	
Singular	Plural	Singular	Plural
1 présent de l'indicatif		**8 passé composé**	
veux	voulons	ai voulu	avons voulu
veux	voulez	as voulu	avez voulu
veut	veulent	a voulu	ont voulu
2 imparfait de l'indicatif		**9 plus-que-parfait de l'indicatif**	
voulais	voulions	avais voulu	avions voulu
voulais	vouliez	avais voulu	aviez voulu
voulait	voulaient	avait voulu	avaient voulu
3 passé simple		**10 passé antérieur**	
voulus	voulûmes	eus voulu	eûmes voulu
voulus	voulûtes	eus voulu	eûtes voulu
voulut	voulurent	eut voulu	eurent voulu
4 futur		**11 futur antérieur**	
voudrai	voudrons	aurai voulu	aurons voulu
voudras	voudrez	auras voulu	aurez voulu
voudra	voudront	aura voulu	auront voulu
5 conditionnel		**12 conditionnel passé**	
voudrais	voudrions	aurais voulu	aurions voulu
voudrais	voudriez	aurais voulu	auriez voulu
voudrait	voudraient	aurait voulu	auraient voulu
6 présent du subjonctif		**13 passé du subjonctif**	
veuille	voulions	aie voulu	ayons voulu
veuilles	vouliez	aies voulu	ayez voulu
veuille	veuillent	ait voulu	aient voulu
7 imparfait du subjonctif		**14 plus-que-parfait du subjonctif**	
voulusse	voulussions	eusse voulu	eussions voulu
voulusses	voulussiez	eusses voulu	eussiez voulu
voulût	voulussent	eût voulu	eussent voulu

Impératif
veuille
veuillons
veuillez

Words and expressions related to this verb

un voeu   a wish
meilleurs voeux   best wishes
Vouloir c'est pouvoir   Where there's a will there's a way.
vouloir dire   to mean; **Qu'est-ce que cela veut dire?**   What does that mean?
vouloir bien faire qqch   to be willing to do something
sans le vouloir   without meaning to, unintentionally
en temps voulu   in due time
en vouloir à qqn   to bear a grudge against someone
Que voulez-vous dire par là?   What do you mean by that remark?

500

The Seven Simple Tenses		The Seven Compound Tenses	
Singular	Plural	Singular	Plural

1 présent de l'indicatif

voyage	voyageons	
voyages	voyagez	
voyage	voyagent	

8 passé composé

ai voyagé	avons voyagé
as voyagé	avez voyagé
a voyagé	ont voyagé

2 imparfait de l'indicatif

voyageais	voyagions
voyageais	voyagiez
voyageait	voyageaient

9 plus-que-parfait de l'indicatif

avais voyagé	avions voyagé
avais voyagé	aviez voyagé
avait voyagé	avaient voyagé

3 passé simple

voyageai	voyageâmes
voyageas	voyageâtes
voyagea	voyagèrent

10 passé antérieur

eus voyagé	eûmes voyagé
eus voyagé	eûtes voyagé
eut voyagé	eurent voyagé

4 futur

voyagerai	voyagerons
voyageras	voyagerez
voyagera	voyageront

11 futur antérieur

aurai voyagé	aurons voyagé
auras voyagé	aurez voyagé
aura voyagé	auront voyagé

5 conditionnel

voyagerais	voyagerions
voyagerais	voyageriez
voyagerait	voyageraient

12 conditionnel passé

aurais voyagé	aurions voyagé
aurais voyagé	auriez voyagé
aurait voyagé	auraient voyagé

6 présent du subjonctif

voyage	voyagions
voyages	voyagiez
voyage	voyagent

13 passé du subjonctif

aie voyagé	ayons voyagé
aies voyagé	ayez voyagé
ait voyagé	aient voyagé

7 imparfait du subjonctif

voyageasse	voyageassions
voyageasses	voyageassiez
voyageât	voyageassent

14 plus-que-parfait du subjonctif

eusse voyagé	eussions voyagé
eusses voyagé	eussiez voyagé
eût voyagé	eussent voyagé

Impératif
voyage
voyageons
voyagez

Words and expressions related to this verb

un voyage   a trip
faire un voyage   to take a trip
un voyageur, une voyageuse   traveler
une agence de voyages   tourist agency
Bon voyage!   Have a good trip!
Bon voyage et bon retour!   Have a good trip
  and a safe return!

Les Voyages de Gulliver   *Gulliver's Travels*
les frais de voyage   travel expenses
un voyage d'affaires   business trip
un voyage d'agrément   pleasure trip

Consult the back pages for new features.

The subject pronouns are found on the page facing page 1.

501

Appendixes

Index of English-French verbs

The purpose of this index is to give you instantly the French verb for the English verb you have in mind to use. This saves you time if you do not have at your fingertips a standard English-French word dictionary.

If the French verb you want is reflexive (*e.g.,* **s'appeler** or **se lever**), you will find it listed alphabetically under the first letter of the verb and not under the reflexive pronoun *s'* or *se.*

When you find the French verb you need through the English verb, look up its verb forms in this book where all verbs are listed alphabetically at the top of each page. If it is not among the 501 verbs in this book, consult the list of over 1,000 French verbs conjugated like model verbs among the 501 which begins at the end of this index.

assure oneself **s'assurer**
astonish **étonner**
attain **atteindre**
attempt **tenter**
attend **assister**
attest **certifier**
attract **attirer**
augment **augmenter**
avenge **venger**
avoid **échapper, éviter**

B

babble **bavarder**
balance **balancer**
be **être**
be a matter of **s'agir**
be a question of **s'agir**
be able **pouvoir**
be acquainted with **connaître**
be afraid **craindre**
be appropriate **convenir**
be as good as **valoir**
be becoming (in appearance) **seoir**
be born **naître**
be busy **s'occuper**
be dependent on **dépendre**
be enough **suffire**
be equal **valoir**
be in a hurry **se presser**
be interested **s'intéresser**
be lacking **falloir, manquer**
be left (over) **rester**
be like **ressembler**
be located **se trouver**
be mistaken **se méprendre, se tromper**
be named **s'appeler**
be necessary **falloir**
be present (at) **assister**
be quiet **se taire**
be silent **se taire**
be situated **se trouver**
be sufficient **suffire**
be suitable **convenir**
be the matter **s'agir**
be upset **s'inquiéter**
be worth **valoir**
bear **apporter**
beat **battre**

become **devenir**
become angry **se fâcher**
become old **vieillir**
becoming, be (in appearance) **seoir**
beg **prier, supplier**
begin **commencer, se mettre**
behave **agir**
believe **croire**
belong **appartenir**
beseech **supplier**
bet **parier**
betray **trahir**
beware **se méfier**
bewilder **abasourdir, étourdir**
bite **mordre**
blame **blâmer**
bless **bénir**
blow **souffler**
blush **rougir**
boil **bouillir**
boo **siffler**
bore **ennuyer**
born, be **naître**
borrow **emprunter**
bother **gêner**
break **casser, se casser, rompre**
breakfast **déjeuner**
bring **amener, apporter**
bring down **descendre**
bring near **approcher**
bring up (raise) **élever**
bring up (take up) **monter**
brush **brosser**
brush oneself **se brosser**
budge **bouger**
build **bâtir, construire**
burden **charger**
burn **brûler**
burst **rompre**
bury **enterrer**
busy, be **s'occuper**
buy **acheter**

C

call **appeler**
call again **rappeler**
call back **rappeler**
call oneself **s'appeler**

can **pouvoir**
carry **porter**
carry away **enlever**
cast **jeter**
catch **attraper**
cause **causer**
cease **cesser**
cede **céder**
certify **certifier, constater**
change **changer**
charge **charger**
chase **chasser**
chat **bavarder, causer**
chatter **bavarder**
cheat **tricher**
cheer **acclamer**
cheer up **égayer**
cherish **chérir**
chide **gronder**
choose **choisir, élire**
claim **prétendre**
class **classer**
classify **classer**
clean **nettoyer**
cleave **fendre**
climb **grimper**
clip **tailler**
close **fermer**
clothe **vêtir**
collect **recueillir**
comb one's hair **se peigner**
combat **combattre**
come **venir**
come back **revenir**
come (go) running to **accourir**
come in **entrer**
come near **approcher**
come to pass **advenir**
command **commander**
commence **commencer**
commit **commettre**
commit sin **pécher**
compare **comparer**
compel **contraindre**
complain **se plaindre**
complete **achever, finir**
comprehend **comprendre, saisir**
compromise **compromettre**
conceive **concevoir**

conclude **conclure**
concur **concourir**
condescend **s'abaisser**
conduct **conduire**
congratulate **féliciter**
conquer **conquérir, vaincre**
consecrate **bénir**
consent **consentir**
constrain **contraindre**
constrict **gêner**
construct **construire, bâtir**
contain **contenir**
continue **continuer**
contradict **contredire**
control **mener**
convince **convaincre, persuader**
cook **cuire**
correct **corriger**
corrupt **corrompre**
cost **coûter**
cough **tousser**
counsel **conseiller**
count **compter**
cover **couvrir**
crack **fendre**
create **créer**
cross **traverser**
crowd **se presser**
cry **pleurer**
cry out **crier**
cure **guérir**
curse **maudire**
cut **couper**
cut down **abattre**
cut (out) **tailler**

D

damage **gâter**
dance **danser**
dare **oser**
daze **abasourdir, étourdir**
deafen **abasourdir, étourdir**
deceive **décevoir**
decide **décider**
declare **prononcer**
decrease **décroître, diminuer, réduire**
deduce **déduire**
deduct **déduire**

deem **juger**
defend **défendre**
demand **exiger**
demolish **démolir**
deny **nier**
depart **partir**
depend on **dépendre, se fier**
dependent, be **dépendre**
depict **dépeindre**
derange **déranger**
descend **descendre**
describe **décrire, dépeindre**
desert **abandonner**
deserve **mériter, valoir**
desire **désirer**
destroy **détruire**
detain **retenir**
detest **détester**
develop **développer**
die **mourir, périr**
dig deeply **fouiller**
diminish **décroître, diminuer, réduire**
dine **dîner**
dirty **salir, souiller**
disappear **disparaître**
disappoint **décevoir**
discourse **discourir**
discover **découvrir**
discuss **discuter**
dishearten **abattre**
dislike **détester**
display **montrer**
displease **déplaire**
dissolve **fondre**
dissuade **dissuader**
distinguish **remarquer**
distrust **se méfier**
disturb **déranger**
divert **détourner**
divest **dévêtir**
do **faire**
do away with **abolir**
doubt **douter**
draw (sketch) **dessiner**
draw (out) **tirer**
draw (out) again **retirer**
draw up **établir**
dream **rêver, songer**
dress **vêtir**

dress oneself **s'habiller**
drift **voguer**
drink **boire**
drive **conduire**
drive (a car) **conduire, rouler**
drive out **chasser**
dwell (in) **habiter**
dye **teindre**

E

earn **gagner**
eat **manger**
elect **élire**
embarrass **gêner**
embrace **étreindre, embrasser**
employ **employer**
enclose **inclure**
encounter **rencontrer**
encourage **encourager**
end **achever, finir, terminer**
endure **souffrir, supporter**
engage upon **entreprendre**
enjoy **goûter, jouir**
enjoy oneself **s'amuser**
enlarge **accroître**
enliven **égayer**
enough, be **suffire**
ensure **assurer**
enter **entrer**
entertain **amuser, égayer**
entreat **prier**
escape **échapper, s'enfuir, se sauver**
establish **établir, fonder**
estimate **évaluer**
evaluate **évaluer**
excavate **fouiller**
excite **émouvoir**
exclude **exclure**
excuse **excuser**
excuse oneself **s'excuser**
exhibit **montrer**
expect **attendre**
expect to **compter**
experience **éprouver**
explain **expliquer**
express **exprimer**
extinguish **éteindre**

F

fail échouer, faillir
faint s'évanouir
fake truquer
fall tomber
fall asleep s'endormir
fear craindre
feed nourrir
feel sentir
feel (experience) éprouver
feign feindre
fight se battre, combattre
fill, fill in, fill out remplir
find trouver
find out s'informer
finish achever, finir, terminer
fish pêcher
flatten coucher
flatter flatter
flee s'enfuir, fuir
float flotter
fly s'enfuir, fuir, voler
fly away s'enfuir, s'envoler
fly off s'envoler, fuir
fly over survoler
follow suivre
forbid défendre, interdire
force forcer
foresee prévoir
forestall prévenir
foretell prédire
forget oublier
forgive pardonner
found (establish) fonder
frap frapper
freeze geler
freeze again regeler
frighten effrayer
fry frire
fulfill remplir
function marcher
furnish fournir

G

gain gagner
gamble jouer
gather cueillir, recueillir

get obtenir, recevoir
get angry se fâcher
get dressed s'habiller
get up se lever
give donner
give back remettre, rendre
go aller
go away s'éloigner, s'en aller
go back retourner
go deeply into fouiller
go down descendre
go forward avancer
go in entrer
go out sortir
go to bed se coucher
go up monter
gossip bavarder
grant accorder
grasp saisir, serrer
greet accueillir
grind moudre
grip étreindre
grow croître, pousser
grow old vieillir
grow thin maigrir
grow (up, grow taller) grandir
guarantee assurer, certifier
guard garder
guide guider

H

hail (weather) grêler
hamper gêner
hang accrocher, pendre
happen advenir, se passer, arriver
harm blesser, nuire
harvest recueillir
hasten se dépêcher
hate détester, haïr
have avoir
have (hold) tenir
have a good time s'amuser
have a snack goûter
have dinner dîner
have lunch déjeuner
have supper souper
have to devoir
heal guérir

hear **entendre**
help **aider, assister, secourir**
help oneself (to food and drink)
    se servir
hesitate **hésiter**
hide **cacher**
hide oneself **se cacher**
hinder **arrêter, empêcher, gêner,**
    nuire
hiss **siffler**
hit **battre, taper, frapper**
hold **tenir**
hold back **retenir**
hold up **supporter**
hook **accrocher**
hope **espérer**
humble **abaisser**
humble oneself **s'abaisser**
humiliate **abaisser**
hunt **chasser**
hurl **lancer**
hurry **se dépêcher**
hurry (be in a hurry) **se presser**
hurt **blesser**
hurt oneself **se blesser**

I

impede **gêner**
implore **supplier**
impose **imposer**
include **inclure**
inconvenience **gêner**
increase **accroître, augmenter,**
    croître, grandir
indicate **indiquer**
induce **persuader**
infer **déduire**
inform **informer**
inform oneself **s'informer**
inhabit **habiter**
injure **blesser**
injure oneself **se blesser**
inquire **s'informer**
insist **insister**
instruct **instruire**
insure **assurer**
insure oneself **s'assurer**

intend **compter**
interrogate **interroger**
interrupt **interrompre**
introduce **introduire**
introduce (a person) **présenter**
invent **inventer**
invite **inviter**
iron **repasser**
irritate **agacer**

J

join **joindre, unir**
joke **plaisanter**
judge **juger**
jump **sauter**

K

keep **garder, retenir**
keep away **s'éloigner**
keep back **s'éloigner**
keep oneself busy **s'occuper**
kill **tuer**
kiss **embrasser**
knock **frapper, toquer**
knock down **abattre**
know **connaître**
know (how) **savoir**
know, not to **méconnaître**

L

lace **lacer**
lack **manquer**
lament **se plaindre**
laugh **rire**
launch **lancer**
lay **coucher, poser**
lay claim **prétendre**
lay the foundation **fonder**
lead **amener, conduire, guider, mener**
lead away **emmener**
leak **fuir**
leap **sauter**
learn **apprendre**
leave **laisser, partir, quitter, sortir**
leave hold **lâcher**
lend **prêter**

lessen **diminuer**
let **laisser, permettre**
let go **lâcher**
lick **lécher**
lie dead **gésir**
lie down **s'étendre, se coucher, gésir**
lie ill **gésir**
lie, tell a **mentir**
lift **lever**
like **aimer**
listen (to) **écouter**
live **vivre**
live (reside) **demeurer**
live (in) **habiter**
live somewhere temporarily **séjourner**
load **charger**
located, be **se trouver**
look (at) **regarder**
look for **chercher**
look like **ressembler**
loosen **lâcher**
lose **perdre**
lose consciousness **s'évanouir**
lose weight **maigrir**
love **aimer**
lower **abaisser, baisser**
lower oneself **s'abaisser**
lunch **déjeuner**
lying down **s'étendre, se coucher, gésir**

M

maintain **maintenir, prétendre, soutenir**
make **faire**
make believe **feindre**
make dizzy **étourdir**
make fun **se moquer**
make greater **accroître**
make haste **se presser**
make inquiries **s'informer**
make sure **s'assurer**
make the acquaintance **connaître**
make use of **utiliser**
manage **conduire**
march **marcher**
marry **épouser**
matter, be the **s'agir**

meditate **méditer, réfléchir**
meet **rencontrer**
melt **fondre**
merit **mériter, valoir**
mill **moudre**
misjudge **méconnaître**
miss **manquer, regretter**
mistaken, be **(se) méprendre, se tromper**
mistrust **se méfier**
misunderstand **méconnaître**
mix (colors) **fondre**
moan **se plaindre**
mount **monter**
mourn **pleurer**
move **émouvoir, mouvoir**
move away **s'éloigner**
move (budge) **bouger**
move forward **avancer**
move out (change residence) **déménager**
muddy **souiller**
murmur **murmurer**
must **devoir, falloir**
mutter **murmurer**

N

name **appeler, nommer**
named, be **s'appeler**
narrate **conter, narrer, raconter**
necessary, be **falloir**
need **falloir**
negotiate **traiter**
not to know **méconnaître**
not to recognize **méconnaître**
not to speak **se taire**
notice **remarquer**
nourish **nourrir**

O

obey **obéir**
oblige **obliger**
observe **constater, remarquer**
obtain **acquérir, obtenir**
occupy **occuper**
occur **advenir**
offend **blesser, offenser**

offer **offrir**
omit **omettre**
open **ouvrir**
order **commander**
ought **devoir**
overtake **gagner**
owe **devoir**
own **posséder**

P

paint **peindre**
pant **souffler**
pardon **pardonner**
park (a car) **stationner**
pass **passer**
pass again **repasser**
pass by again **repasser**
pause **s'arrêter**
pay **payer**
perceive **apercevoir, sentir**
perish **périr**
permit **permettre**
persuade **persuader**
pertain **appartenir**
pester **agacer**
pick (choose) **choisir**
pick (gather) **cueillir**
pity **plaindre**
place **mettre, placer, poser**
place oneself **se mettre**
play **jouer**
please **plaire**
point out **indiquer, montrer, signaler**
ponder **réfléchir**
portray **dépeindre, peindre**
pose **poser**
possess **posséder**
postpone **remettre**
pour **verser**
praise **louer**
pray **prier**
predict **prédire**
prefer **préférer**
prepare **préparer**
present **présenter**
present (at), be **assister**
press **presser, serrer**
pretend **feindre, prétendre**

prevent **empêcher**
produce **produire**
prohibit **défendre, interdire**
promise **promettre**
promote **avancer**
prompt (an actor/actress with a cue)
      souffler
pronounce **prononcer**
prop up **supporter**
prosecute **poursuivre**
prove **prouver**
pull **tirer**
pull again **retirer**
pull up, pull out **arracher**
punish **punir**
purchase **acheter**
pursue **chasser, poursuivre**
push **pousser**
put **mettre, placer, poser**
put back **remettre**
put forward **avancer**
put in order **ranger**
put (on) again **remettre**
put to bed **coucher**
put to the test **éprouver**
put to use **utiliser**

Q

question **interroger**
question (be a question of) **s'agir**
quiet, be **se taire**
quiver **frémir**

R

race **courir**
rain **pleuvoir**
raise (bring up) **élever**
raise (lift) **lever**
rap **frapper, taper, toquer**
read **lire**
read again **relire**
reappear **reparaître**
rear **élever**
rebuke **réprimander**
recall **rappeler, se rappeler, se
      souvenir**
receive **recevoir**
recognize **reconnaître**

recognize, not to **méconnaître**
recollect **se rappeler**
recommend **conseiller**
reconcile **accorder**
recover **guérir, reprendre**
redden **rougir**
reduce **abaisser, réduire**
reduce (one's weight) **maigrir**
reflect **réfléchir**
refuse **refuser**
regret **regretter**
rehearse **répéter**
relate **conter, raconter**
relieve **secourir**
rely on **se fier**
remain **demeurer, rester**
remark **remarquer**
remedy **guérir**
remember **se rappeler, se souvenir**
remind **rappeler**
remove **enlever**
rend **déchirer**
render **rendre**
rent **louer**
repair **réparer**
repeat **répéter**
replace **remettre, remplacer**
reply **répondre**
reprimand **gronder, réprimander**
reproduce **reproduire**
request **demander, prier**
require **exiger**
reread **relire**
rescue **sauver**
resemble **ressembler**
reside **demeurer**
resolve **résoudre**
respond **répondre**
rest **se reposer**
restrain **contraindre**
result **résulter, réussir**
resume **reprendre**
retain **garder, retenir**
retire **se retirer**
return **rentrer, retourner**
return (something) **rendre**
ride along **rouler**
ridicule **ridiculiser**
ring **sonner**

rip **déchirer**
roll **rouler**
roll along **rouler**
rouse **émouvoir**
row **voguer**
run **courir**
run (machine) **marcher**
run away **s'enfuir, se sauver**
run to **accourir**
run up to **accourir**
rush **se presser**
rush off **se sauver**

S

sail **voguer**
satisfy **satisfaire**
save (money) **épargner**
save (rescue) **sauver**
say **dire**
scatter **répandre**
scold **gronder**
scrape **gratter**
scratch **gratter**
search **chercher, fouiller**
seduce **séduire**
see **apercevoir, voir**
see again **revoir**
see once more **revoir**
seek **chercher**
seem **paraître, sembler**
seize **saisir**
select **choisir**
sell **vendre**
send **envoyer**
separate **séparer**
serve **servir**
serve oneself **se servir**
set **poser**
set in order **ranger**
set up **établir**
sew **coudre**
shake **secouer**
shake down (off) **secouer**
shake (hands) **serrer**
shatter **rompre**
shine **luire**
shoot **tirer**
should **devoir**

shout **crier**
show **indiquer, montrer**
show in **introduire**
shudder **frémir**
shun **fuir**
sigh **soupirer**
sign **signer**
silent, be **se taire**
simulate **feindre**
sin **pécher**
sing **chanter**
sink **baisser**
sit down **s'asseoir**
skate **patiner**
sketch **dessiner**
slander **médire**
slaughter **abattre**
sleep **dormir**
slip away **s'enfuir**
smack **taper**
smell **sentir**
smile **sourire**
smoke **fumer**
smooth **adoucir**
snow **neiger**
soften **adoucir**
soil **salir, souiller**
sojourn **séjourner**
solve **résoudre**
sort **classer**
speak **parler**
speak, not to **se taire**
spend (money) **dépenser**
spend (time) **passer**
split **fendre**
spoil **gâter**
spread **répandre**
squeeze **presser, serrer**
start **commencer, se mettre**
station **stationner**
stay **demeurer, rester**
steal **voler**
steam **fumer**
step back **s'éloigner**
stink **puer**
stir **émouvoir**
stitch **coudre**
stop (oneself) **s'arrêter**

stop (someone or something) **arrêter**
strain **tendre**
stretch **tendre**
stretch (oneself) **s'étendre**
stretch out (oneself) **s'étendre**
strike (beat) **battre**
strike down **abattre**
strike (hit) **battre, frapper, taper**
strip **dévêtir**
study **étudier**
stun **abasourdir, étonner, étourdir**
stupefy **abasourdir**
submit **soumettre**
succeed **réussir**
succor **secourir**
suck **sucer**
suffer **souffrir**
suffice **suffire**
sufficient, be **suffire**
suit **convenir, seoir**
suitable, be **convenir**
sup **souper**
supplicate **prier, supplier**
supply **fournir**
support **supporter**
suppose **supposer**
surprise **étonner, surprendre**
survive **survivre**
suspend **pendre**
swallow **avaler**
sway **balancer**
swear **jurer**
sweep **balayer**
swim **nager**
swing **balancer**
switch off **couper**
swoon **s'évanouir**

T

take **prendre**
take a walk **se promener**
take again **reprendre**
take away **enlever, emmener** (for persons)
take back **reprendre**
take down **descendre**
take effect **agir**

take flight **s'envoler**
take for a walk **promener**
take off (airplane) **s'envoler**
take place **se passer**
take up (carry up) **monter**
take wing **s'envoler**
talk **parler**
tap **taper, toquer**
taste **goûter**
teach **enseigner**
tear **déchirer**
telephone **téléphoner**
tell **dire**
tell a lie **mentir**
tell about **raconter**
tell lies **mentir**
tempt **tenter**
tend **tendre**
terminate **finir, terminer**
test **éprouver**
thank **remercier**
thaw **dégeler**
think **penser, réfléchir, songer**
throw **jeter, lancer**
thunder **tonner**
tidy up **ranger**
tighten **tendre**
tolerate **supporter, tolérer**
touch **émouvoir, toucher**
transfer **transmettre**
translate **traduire**
transmit **transmettre**
travel **voyager**
traverse **traverser**
treat **traiter**
tremble **frémir, trembler**
trick **tricher**
trim **tailler**
trust **se fier**
try **éprouver, essayer, tenter**
try on **essayer**
turn **tourner**
turn again **retourner**
turn aside **détourner**
turn (oneself) aside, away **se détourner**
turn away **détourner**
twist **tordre**

U

uncover **découvrir**
understand **comprendre, entendre**
undertake **entreprendre**
undo **défaire**
unite **unir**
unlace **délacer**
unleash **lâcher**
unsew **découdre**
unstitch **découdre**
untie **défaire**
uproot **arracher**
use **employer, utiliser**
utilize **utiliser**

V

vanish **s'évanouir**
vanquish **vaincre**
vex **agacer**
visit **visiter**
vomit **rendre**
vow **jurer**

W

wager **parier**
wait (for) **attendre**
wake up **se réveiller**
walk **marcher**
walk, take a **se promener**
wander **voguer**
want **vouloir**
ward off **prévenir**
warn **prévenir**
wash **laver**
wash oneself **se laver**
watch **regarder**
wear **porter**
weary **ennuyer**
wed **épouser**
weep **pleurer**
weigh **balancer, peser**
welcome **accueillir**
whisper **chuchoter**
whistle **siffler**

whiten **blanchir**
win **gagner**
wipe **essuyer**
wish **souhaiter**
withdraw **s'éloigner, se retirer**
withhold **refuser**
wonder **se demander**
work **travailler**
worry **s'inquiéter**

worship **adorer**
worth, be **valoir**
wound **blesser**
wound oneself **se blesser**
write **écrire**

Y

yield **céder**

The number after each verb is the page number in this book where a model verb is shown fully conjugated. At times there are two page references; for example, **abréger** is conjugated like **céder** on p. 85 because **é** changes to **è**, and like **manger** on p. 283 because **abréger** and **manger** are both -ger type verbs.

If the French verb you want is reflexive (*e.g.*, **s'appeler** or **se lever**), you will find it listed alphabetically under the first letter of the verb. The reflexive pronoun **s'** or **se** is given in parentheses after the verb, *e.g.*, **appeler (s'), lever (se)**.

A

abandonner to abandon 167
abhorrer to abhor, loathe 29
abîmer to damage, spoil 29
abjurer to abjure, renounce 145
abominer to abominate, loathe 466
abonder en to abound in 28
abonner (s') à to subscribe for oneself to 81, 167
abonner à to subscribe for someone to 167
aborder to accost, approach 28
abouter to join tip to tip 169
aboutir à/dans to succeed, end up in 225
aboyer to bark 183
abréger to shorten, abridge 85, 283
abreuver to water (animals) 28
abriter de/contre to shelter from 250
abrutir to exhaust 225
absenter (s') de to absent oneself from 28
absorber to absorb 384
abuser de qqch to abuse, misuse 34
accabler to overwhelm 406
accéder à to get to, attain 85
accélérer to accelerate 355
accentuer to accentuate, stress 112
accommoder to accommodate 144
accomplir to accomplish 391

accorder (s') pour/avec to agree to/with 11, 35
accoster to accost 156
accoucher de to give birth to 119
accoupler to couple 29
accoutumer to get used to 235
accréditer to accredit 250
accroupir (s') to squat 209
acculer to corner somebody 79
accumuler to accumulate 79
accuser (s') to accuse oneself 16, 35
acharner (s') contre qqn to dog someone 35
acheminer to direct towards 466
acquitter de to release from 373
actionner to activate 167
activer to speed up, pep up 28
actualiser to bring up to date 16
adapter à to fit, adapt to 8
additionner to add up 167
adhérer à to adhere to 85
adjoindre à to associate with 267
adjuger to award 283
adjurer to implore, beg 271
administrer to administer 28
adopter to adopt 8
adoucir to soften, sweeten 225
aduler to adulate, flatter 29
aérer to air, aerate 85

affaiblir to weaken 225
affamer to starve 223
affecter de to pretend to 8
affectionner to have a liking for 167
affermer to lease, rent 223
affermir to strengthen 225
afficher to display 91
affirmer to affirm 223
affliger de to afflict with 117
affluer to abound 112
affranchir to set free; to stamp (frank) 71
affronter to confront 111
agenouiller (s') to kneel 229
aggraver to aggravate, make worse 275
agiter to wag, wave 250
agrandir to enlarge 243
agréer to accept 127
agrémenter de to embellish with 59
agresser to attack 23
ahurir to astound, stun 225
aigrir to sour 225
ajourner to postpone 431
ajuster to adjust 30
alarmer to alarm 309
alerter de to warn about 169
aligner to align 28
alimenter de to feed with 59
allonger to stretch out 442
allouer to allocate, grant 280
allumer to light 235
alourdir de to weigh down 225
altérer to alter, spoil 85
amaigrir to make thin 282

amasser to amass, pile up   90

ambitionner de to aspire to   167

améliorer to improve   22

américaniser to Americanize   34

amoindrir to lessen   225

amplifier de to amplify with/by   320

amputer to amputate   250

analyser to analyze   34

anéantir to annihilate   225

angoisser to cause anguish, distress   23

animer to animate   29

applaudir de to applaud for   225

appliquer to apply   214

apprécier to appreciate   388

apprêter (s') à qqch to get oneself ready for   49, 362

apprêter to get ready, prepare   362

approcher (s') to approach, come near   35, 44

approfondir to deepen   225

approprier (s') to appropriate   81, 207

appuyer to lean, press   188

arranger (s') to come to an agreement   35, 47

articuler to articulate   79

aspirer to inhale   21

assassiner to murder, assassinate   155

assembler to assemble   406

assigner to assign   441

associer qqch à to link something with   207

attacher to tie up   80

attaquer to attack   214

attarder to delay   237

attendre (s') à to expect   56, 203

atterrir to land   225

attester to testify   156

attribuer à to attribute to   112

autoriser to authorize   16

avaler to swallow   29

avancer (s') to advance (oneself)   35, 60

aventurer to venture   145

avertir de to warn about   225

avouer to admit   268

B

babiller sur to gossip about   29

bachoter to cram for an exam   94

bâcler to botch up   445

badiner to exchange banter, jest   163

bafouer qqn to flout, scorn   268

bafouiller to stammer   229

bâfrer to guzzle   80

bagarrer to wrangle, argue   435

baigner to bathe   10

bâiller to yawn   479

baiser to kiss, have intercourse   29

balader to take for a walk   28

balbutier to stammer   207

bannir de to banish from   225

baptiser to baptize   34

barbouiller de to daub with   479

barrer to bar   21

batailler to battle   479

bâtonner to beat with a stick   167

baver to drool, dribble   275

bégayer to stammer   175

bénéficier de to profit from/by   388

bercer to rock   97

beurrer to butter   28

bivouaquer to bivouac   214

blaguer to joke   284

blaser (se) de to become indifferent to   35

blasphémer to blaspheme   355

blêmir to become pale   225

bleuir to turn blue   225

bloquer to block up   214

bluffer to bluff   28

boiter to limp   28

bombarder to bombard   384

bondir to leap   225

border to border   247

boucher to block up   472

boucler to buckle   472

bouder to sulk   237

bouffer to gobble up   231

bougonner to grumble   167

bouillonner to bubble   167

bouler to roll   28

bouleverser to overwhelm   493

bourdonner to buzz   167

bourrer to stuff   22

boursoufler to bloat, puff up   445

bousculer to shove, bump   79

boutonner to button   167

boxer to box   28

boycotter to boycott   373

brancher sur to connect to, plug into   91

branler to shake   499

briller to shine   479

briser to break, smash   34

bronzer to bronze, tan   133

broyer to crush, grind   183

bruiner to drizzle   469

brunir to brown   225

brusquer to rush, hasten   214

C

cacheter to seal   266

cajoler to cajole, coax   29

calculer to calculate   79

calmer to calm   29

calomnier to slander, libel   207

cambrioler to break into, burglarize   28

camoufler to camouflage   445

camper to camp   231

contrefaire to counterfeit 218
contribuer to contribute 112
contrôler to control 79
converser to converse 493
convertir to convert 225
convoquer to summon 214
copier to copy 207
correspondre to correspond 400
cotiser to contribute 34
couler to flow 79
courber to bend 483
cracher to spit 80
craquer to crack 214
créditer de to credit with 250
creuser to dig 34
crever de to burst with 277
critiquer to criticize 214
crocheter to pick, to crochet 17
croiser to cross 84
croquer to crunch 214
crouler to collapse, crumble 79
crucifier to crucify 207
cuisiner to cook 328
culbuter to somersault, tumble 30
cultiver to cultivate 328

D

dactylographier to type 365
daigner to deign, condescend 10
damner to damn 236
dater de to date from 238
débarquer de to disembark from 214
débarrasser to clear off 179
débiter to debit, to sell retail 250
déborder to overflow 28
déboutonner to unbutton 167
débrouiller to disentangle 229
décapiter to decapitate 250
décerner to award 473

déchanter to become disillusioned 88
décharger to unload 89
déchausser (se) to take off one's shoes 78
déclamer to declaim 70
déclarer to declare 68
décliner to decline 466
décoiffer qqn to mess up someone's hair 443
décolérer to be in a temper 355
décoller to unstick, to take off (airplane) 384
décolorer to decolorize, to bleach 22
décommander to cancel an order 96
déconseiller to advise against 107
décorer de to decorate with 22
découcher to spend the night away from one's house 119
découdre to unstitch 121
découper to cut up 122
décourager de to discourage from 304
décrier to decry 128
décrocher to unhook 80
dédaigner to disdain 10
dédicacer à to dedicate to (a book) 341
dédier à to dedicate to 207
défaillir to weaken, to faint 217
défier to challenge 207
définir to define 225
défoncer to push the bottom out 369
déformer to deform 223
dégager de to release from 304
dégeler to thaw 239
dégoûter to disgust 242
dégoutter to drip 242
dégriser to sober up 493
déguster to taste, sample food 52
déjouer to foil, thwart 268

délacer to unlace 341
délaisser to abandon, quit 273
délibérer to deliberate 355
délier to untie 388
délivrer to set free 21
déloger to dislodge, move out 304
demander (se) to wonder 120, 144
démanger to feel an itch 283
déménager to move belongings from one residence to another 304
démentir to deny, refute 291
démériter de to show oneself unworthy of 293
démettre to dislocate 294
démissionner de to resign from 167
démonter qqch (with **avoir**) to dismantle something 297
démontrer to demonstrate 298
dénigrer to denigrate 21
dénoncer to denounce 369
dénoter to denote 499
dénouer to untie 268
dépasser to go past, beyond 326
dépêcher to dispatch 147
déplacer to move, shift, displace 341
déplier to unfold 388
déplorer to deplore 22
déporter to deport 348
déposer to put down, set down, deposit 349
déprimer to depress 215
déraciner to uproot 155
dérouler to unwind, roll out, unroll 420
dérouter to divert, reroute 169
désapprouver to disapprove of 45
déserter to desert, abandon 42

esquisser to sketch   179
étaler to spread out, display   324
étendre to roll out, spread out   463
éternuer to sneeze   112
étrangler to strangle   324
étreindre to embrace, hug   333
évacuer to evacuate   112
évader (s') de to escape from   28
éveiller (with **avoir**) to awaken   413
évoquer to evoke   214
exagérer to exaggerate   355
examiner to examine   466
exciter to excite   250
exclure to exclude   103
exécuter to execute, carry out   165
exploiter to exploit   250
exporter to export   348
exposer to expose   349
exterminer to exterminate   466

F

fabriquer to manufacture   214
fabuler to fantasize   79
fâcher qqn (with **avoir**) to annoy, offend, anger someone   80, 216
faciliter to facilitate   220
façonner to shape, fashion   167
faiblir to weaken   391
falsifier to falsify   207
farcir de to stuff with   225
farder (se) to apply make up on one's own face   81, 237
farder to apply make up, paint on a face   237
fasciner to fascinate   466
fatiguer (se) to get tired, tire oneself   120
fatiguer to tire, weary   387
favoriser to favor   34
filer to spin, dash off, run off   29

filmer to film   223
filtrer to filter   298
fixer to fix   8
flâner to stroll   443
flanquer to fling   387
flatter to flatter   82
fléchir to bend, flex   382
flirter to flirt   424
flotter to float   77
foncer to dash along, run along   369
former to form   223
fouetter to whip   447
fouler to press, trample on   420
franchir to clear, cross   382
fredonner to hum   167
fréquenter to frequent   59
friser to curl   493
frissonner to shiver   167
froncer to wrinkle   36
frotter to rub   77
fuser to burst forth   34
fusiller to shoot   479

G

gâcher to spoil   80
gambader to gambol, leap about   28
garantir to guarantee   225
gargouiller to gargle   229
garnir de to garnish, provide with   225
gaspiller to waste   479
gazouiller to chirp, warble   229
gémir to groan   225
glisser to glide, slide   72
gonfler to inflate   445
grelotter to shiver   77
griffonner to scribble   167
grimacer to grimace (one's face)   341
grincer to creak, grind   97
griser to intoxicate, make tipsy   493
grogner to growl, grumble   10
grossir to get bigger, fatter, put on weight   282
grouper to group   122

guider to guide   28

H

NOTE: The mark * in front of the letter *h* denotes that it is aspirate; make no liaison and use *je* instead of *j'*; *me*, not *m'*.

habiliter to authorize   250
habiller qqn, qqch (with **avoir**) to dress someone, something   249
habituer (s') to accustom oneself, get used to   35
habituer to accustom   485
***haleter** to pant   17
***hanter** to haunt   88
***harasser** to exhaust   179
***harceler** to harass   17
***hasarder** to hazard, risk   237
***hâter (se)** to hurry oneself   73, 238
***hâter** to hasten   238
***hausser** to raise   90
hériter to inherit   293
***hisser** to hoist   82
***hululer, ululer** to hoot, screech   79
***hurler** to howl   324

I

identifier to identify   207
idolâtrer to idolize   298
ignorer to be unaware of, not to know   22
illuminer to illuminate   466
illustrer to illustrate   298
imaginer to imagine   328
imbiber to soak   68
imiter to imitate   250
immatriculer to register   79
immerger to immerse   89
immigrer to immigrate   91
immoler to immolate   79
impliquer to imply, implicate   214
implorer to implore   22
importer to import; to matter   348
impressionner to impress   167

imprimer to print   215
improviser to improvise   34
incinérer to incinerate   355
inciter to incite   250
incliner (s') devant to bow before   35
incliner to incline   163
incorporer à to incorporate in   22
induire à to induce to   104
infecter de to infect with   111
inférer de to infer from   355
infester de to infest with   258
infiltrer (s') dans to infiltrate, filter into   298
infliger à to inflict on   213
influencer to influence   97
informer to inform   223, 256
initier à to initiate into   388
injecter to inject   8
injurier to abuse   388
inquiéter qqn (with **avoir**) to worry, disturb someone   257
inscrire to inscribe   173
insinuer to insinuate   112
inspecter to inspect   111
inspirer to inspire   250
installer to install   29
instituer to institute   112
insulter to insult   172
intercéder to intercede   85
intéresser qqn à qqch (with **avoir**) to interest someone in something   261
interpoler to interpolate   324
interposer entre to interpose between   349
interpréter to interpret   85
intervenir to intervene   492
interviewer to interview   29
intimider par to intimidate by   265
invalider to invalidate   265
inventer to invent   88
invoquer to invoke   214
irriter to irritate   265
isoler de to isolate from   324

J

jacasser to chatter, jabber   82
jaillir to gush forth, spurt out   422
japper to yap, yelp   231
jardiner to garden   163
jargonner to jabber   167
jaser to chatter, prattle   82
jauger to gauge, size up   75
jaunir to yellow, turn yellow   225
javelliser to chlorinate   250
jeûner to fast, go without food   143
joncher qqch de to strew something with   91
jongler to juggle   324
jucher sur to perch on   472
justifier to justify   388

K

kidnapper to kidnap   231
klaxonner to hoot, toot, sound a horn   167

L

labourer to plow   483
lacer to lace   341
lacérer to lacerate   355
lamenter (se) sur qqch to lament, moan over something   59
languir to languish   225
lécher to lick   85
libérer de to free from   85
lier to tie   128
limiter to limit   250
lisser to smooth down   72
livrer à to deliver to   29
loger dans to live in, **loger chez** to live with, at   262
lustrer to shine, make shiny   298
lutter to struggle   424

M

mâcher to chew   285
mâchurer to stain black, blacken, mackle, blur   346

maintenir to maintain   464
malmener to handle roughly   290
maltraiter to abuse, misuse, handle roughly   477
mander to command, summon   144
manier to handle   207
manipuler to manipulate   30
manoeuvrer to operate a machine, manipulate a person   28
manufacturer to manufacture   21
maquiller (se) to put make-up on one's face   120
marchander to haggle, bargain over   144
marier (se) à/avec qqn to get married to someone   120
marier to marry (someone to someone)   388
marquer de to mark with   214
masquer à to mask, conceal from   214
massacrer to massacre   298
mastiquer to chew   214
matelasser to pad   273
méditer to meditate   250
mélanger to mix   283
mêler (se) à to join in, meddle with, get mixed up in   81
mêler à/avec to mix with   80
menacer de to threaten with   341
ménager to be sparing in the use of   304
mentionner to mention   167
mépriser to despise, scorn   34
mesurer to measure   53
meubler de to furnish with   29
mimer to mime   29
moderniser to modernize   34
modifier to modify   388
moduler to modulate   79
molester to molest   156
mollir to soften   225

mortifier to mortify 388
motiver to motivate 28
moucher (se) to blow one's nose 120
mouiller (se) to get oneself wet 81, 229
mouiller to wet 229
munir de to supply with 225
murmurer to murmur 53
mutiler to mutilate 29

N

napper de to coat, top with 58
narrer to narrate 22
naviguer to navigate, sail 214
négocier to negotiate 388
neutraliser to neutralize 34
noircir to blacken 225
noter to note 172
notifier to notify 320
nouer to tie 268
noyer (se) to drown 120, 183

O

objecter to make an objection 156
oblitérer to obliterate 355
observer to observe 483
obstiner (s') à to persist in 316
offenser to offend 335
opérer to operate 355
opposer to oppose 349
oppresser to weigh down, suffocate 359
opprimer to oppress 29
opter pour to opt for 111
ordonner to arrange, organize, order 167
organiser to organize 34
orienter vers to direct towards 111
orner de to decorate with 473
ôter to take off, remove 499
outrager to outrage 304

P

pacifier to pacify 388
pâlir to turn pale 422
palpiter to palpitate 250
panser to bandage 133
parachuter to parachute 424
parcourir to travel through 123
parer to adorn 435
parfumer to perfume 235
parier sur to bet on 128
parodier to parody 207
partager to share 501
participer à to participate in 250
parvenir à to get to, reach 492
patienter to be patient, wait 28
patronner to sponsor, patronize 167
peler to peel 239
pencher (se) to lean over 120
pencher to tilt, tip up 91
pénétrer to penetrate 355
percer to pierce 274
percevoir to perceive 378
percher to perch 91
percuter to strike, smash into 165
perfectionner to perfect 167
perforer to perforate 22
perpétrer to perpetrate 355
persister to persist 258
personnifier to personify 388
photocopier to photocopy 207
photographier to photograph 207
piger to catch on, understand 304
piloter to pilot 30
pincer to pinch 97
piquer to prick, sting 214
plaider to plead 28
planer sur to hover over 70
planter to plant 88

plier en to fold into 128
plisser to pleat, crease 72
plonger to plunge, dive 442
polir to polish 422
polluer de to pollute with 112
pomper to pump 58
ponctuer to punctuate 485
porter (se) to feel well/unwell 120, 348
pratiquer to practice 214
précéder to precede 85
prêcher to preach 331
préciser to specify 34
prédisposer to predispose 349
prédominer sur to prevail over 466
préméditer to premeditate 250
prénommer to give a first name 309
préoccuper to preoccupy 315
préposer à to appoint to 349
prescrire to prescribe 173
préserver de to preserve from 425
présumer to presume 235
présupposer to presuppose 349
prévaloir sur to prevail over 489
procéder de to arise, proceed from 85
proclamer to proclaim 70
procurer qqch à qqn to get something for someone 53
professer to profess 72
profiter de to profit from 250
programmer to program 70
progresser to progress 72
projeter to project 266
prolonger de to prolong by 442
promener to take for a walk 290
proposer to propose 349

Index of common irregular French verb forms identified by infinitive

The purpose of this index is to help you identify those verb forms that cannot be readily identified because they are irregular in some way. For example, if you come across the verb form *fut* (which is very common) in your French readings, this index will tell you that *fut* is a form of **être**. Then you look up **être** in this book and you will find that verb form on the page where all the forms of **être** are given.

Verb forms whose first few letters are the same as the infinitive have not been included because they can easily be identified by referring to the alphabetical listing of the 501 verbs in this book.

After you find the verb of an irregular verb form, if it is not among the 501 verbs, consult the list of over 1,000 French verbs conjugated like model verbs which begins on p. 515.

A

a avoir
ai avoir
aie avoir
aient avoir
aies avoir
aille aller
ait avoir
as avoir
asseyais, *etc.* asseoir
assieds asseoir
assiérai, *etc.* asseoir
assis asseoir
assoie asseoir
assoirai, *etc.* asseoir
assoyais, *etc.* asseoir
aurai, *etc.* avoir
avaient avoir
avais avoir
avait avoir
avez avoir
aviez avoir
avions avoir
avons avoir
ayant avoir
ayons, *etc.* avoir

B

bats battre
bois boire
boivent boire
bu boire

bûmes boire
burent boire
bus, bût boire
busse, *etc.* boire
but boire
bûtes boire
buvant boire
buvez boire
buvons boire

C

connu connaître
craignis, *etc.* craindre
crois croire
croîs croître
croissais, *etc.* croître
croit croire
croît croître
croyais, *etc.* croire
cru croire
crû, crue croître
crûmes croire, croître
crurent croire
crûrent croître
crus croire
crûs croître
crûsse, *etc.* croître
crût croire, croître

D

devais, *etc.* devoir
dîmes dire

dis, disais, *etc.* **dire**
disse, *etc.* **dire**
dit, dît **dire**
dois, *etc.* **devoir**
doive, *etc.* **devoir**
dors, *etc.* **dormir**
dû, due **devoir**
dûmes **devoir**
dus, dussent **devoir**
dut, dût, dûtes **devoir**

E

es **être**
est **être**
étais, *etc.* **être**
été **être**
êtes **être**
étiez **être**
eu **avoir**
eûmes **avoir**
eurent **avoir**
eus **avoir**
eusse, *etc.* **avoir**
eut, eût **avoir**
eûtes **avoir**

F

faille **faillir, falloir**
fais, *etc.* **faire**
fallut, *etc.* **falloir**
fasse, *etc.* **faire**
faudra **faillir, falloir**
faudrait **faillir, falloir**
faut **faillir, falloir**
faux **faillir**
ferai, *etc.* **faire**
fîmes **faire**
firent **faire**
fis, *etc.* **faire**
font **faire**
fûmes **être**
furent **être**
fus, *etc.* **être**
fut, fût **être**
fuyais, *etc.* **fuir**

G

gis, gisons, *etc.* **gésir**
gît **gésir**

I

ira, irai, iras, *etc.* **aller**

L

lis, *etc.* **lire**
lu **lire**
lus, *etc.* **lire**

M

mens **mentir**
mets **mettre**
meure, *etc.* **mourir**
meus, *etc.* **mouvoir**
mîmes **mettre**
mirent **mettre, mirer**
mis **mettre**
misses, *etc.* **mettre**
mit **mettre**
mort **mourir**
moulons, *etc.* **moudre**
moulu **moudre**
mû, mue **mouvoir**
mussent **mouvoir**
mut **mouvoir**

N

nais, *etc.* **naître**
naquîmes, *etc.* **naître**
né **naître**
nuis, nuit, *etc.* **nuire**

O

offert **offrir**
omis **omettre**
ont **avoir**

P

paie (paye) **payer**
pars **partir**

paru, *etc.* **paraître**
peignis, *etc.* **peindre**
peins, *etc.* **peindre**
pendant **pendre**
peuvent **pouvoir**
peut, *etc.* **pouvoir**
plaigne, *etc.* **plaindre**
plu **plaire, pleuvoir**
plurent **plaire**
plut, plût, *etc.* **plaire, pleuvoir**
plûtes **plaire**
pourrai, *etc.* **pouvoir**
prenne, *etc.* **prendre**
prîmes **prendre**
prirent **prendre**
pris **prendre**
prisse, *etc.* **prendre**
pu **pouvoir**
puis **pouvoir**
puisse, *etc.* **pouvoir**
pûmes, *etc.* **pouvoir**
purent **pouvoir**
pus **pouvoir**
pusse **pouvoir**
put, pût **pouvoir**

R

reçois, *etc.* **recevoir**
reçûmes, *etc.* **recevoir**
relu **relire**
résolu, *etc.* **résoudre**
reviens, *etc.* **revenir**
revins, *etc.* **revenir**
ri, rie, riant, *etc.* **rire**
riiez **rire**
ris, *etc.* **rire**

S

sache, *etc.* **savoir**
sais, *etc.* **savoir**
saurai, *etc.* **savoir**
séant **seoir**
sens, *etc.* **sentir**
serai, *etc.* **être**
sers, *etc.* **servir**
seyant **seoir**
sied **seoir**

siéent **seoir**
siéra, *etc.* **seoir**
sois, *etc.* **être**
sommes **être**
sont **être**
sors, *etc.* **sortir**
soyez **être**
soyons **être**
su **savoir**
suis **être, suivre**
suit **suivre**
sûmes **savoir**
surent **savoir**
survécu **survivre**
sus, susse, *etc.* **savoir**
sut, sût **savoir**

T

tais, *etc.* **se taire**
teigne, *etc.* **teindre**
tiendrai, *etc.* **tenir**
tienne, *etc.* **tenir**
tînmes **tenir**
tins, *etc.* **tenir**
trayant **traire**
tu **se taire**
tûmes **se taire**
turent **se taire**
tus **se taire**
tusse, *etc.* **se taire**
tut, tût **se taire**

V

va **aller**
vaille **valoir**
vainque, *etc.* **vaincre**
vais **aller**
vas **aller**
vaudrai, *etc.* **valoir**
vaux, *etc.* **valoir**
vécu, *etc.* **vivre**
vécûmes, *etc.* **vivre**
verrai, *etc.* **voir**
veuille, *etc.* **vouloir**
veulent **vouloir**
veut, *etc.* **vouloir**
viendrai, *etc.* **venir**

vienne, *etc.* **venir**
viens, *etc.* **venir**
vîmes **voir**
vînmes **venir**
vinrent **venir**
vins, *etc.* **venir**
virent **voir**
vis **vivre, voir**
visse, *etc.* **voir**

vit **vivre, voir**
vît **voir**
vîtes **voir**
voie, *etc.* **voir**
vont **aller**
voudrai, *etc.* **vouloir**
voulu, *etc.* **vouloir**
voyais, *etc.* **voir**
vu **voir**

Verbs used in idiomatic expressions

On the pages containing 501 verbs in this book, I offer simple sentences using verbs and idiomatic expressions. They can help build your French vocabulary and knowledge of French idioms.

When you look up the verb forms of a particular verb in this book, consult the following list so that you may learn some common idiomatic expressions. Consulting this list will save you time because you will not have to use a standard French-English word dictionary to find out what the verbal idiom means. Also, if you do this, you will learn two things at the same time: the verb forms for a particular verb and verbal idioms.

Remember that all verbs in the French language are not used in idioms. Those given below are used very frequently in French readings and in conversation. Some of the following entries contain words, usually nouns, that are related to the verb entry. This, too, will help build your vocabulary. I also include a few proverbs containing verbs because they are interesting, colorful, useful, and they help build your knowledge of French words and idiomatic expressions.

In addition to the idioms given below, I frequently give you others on the bottom of pages among the 501 verbs in this book.

accuser, s'accuser   to accuse, to accuse oneself
accuser réception de qqch   to acknowledge receipt of something
Qui s'excuse, s'accuse.   A guilty conscience needs no accuser.

acheter   to buy, to purchase
acheter qqch à qqn   to buy something from someone

achever   to achieve, to finish
achever de faire qqch   to complete (finish) doing something

adresser   to address
adresser la parole à   to speak to, to direct your words to

agir   to act, to behave
agir à la légère   to act thoughtlessly

aider, s'aider   to help, to help oneself
Aide-toi, le ciel t'aidera.   Heaven helps those who help themselves.

aimer   to like
aimer (à) faire qqch   to like doing something
aimer mieux   to prefer

aller   to go
to feel (health)   **Comment allez-vous?**   How are you?   **Je vais bien.**   I'm fine;   **Je vais mal.**   I'm not well;   **Je vais mieux maintenant.**   I'm feeling better now.
aller à quelqu'un   to be becoming, to fit, to suit someone
Cette robe lui va bien.   This dress suits her fine;   **La barbe de Paul ne lui va pas bien.**   Paul's beard does not look good on him.

aller à la pêche   to go fishing

aller à la rencontre de quelqu'un   to go to meet someone

aller à pied   to walk, to go on foot

aller au-devant de quelqu'un   to go to meet someone

aller au fond des choses   to get to the bottom of things

aller avec qqch   to match something

aller chercher   to go get

aller de pair avec. . .   to go hand in hand with. . .

aller en voiture   to ride a car

aller sans dire   to go without saying;   **Ça va sans dire.**   That goes without saying

Allez-y!   Go to it! Go ahead!

allons donc!   nonsense! come, now! come on, now!

Just for the fun of it, try reading aloud this play on words as fast as you can:
Un ver vert va vers un verre vert. (A green worm is going toward a green glass)

appeler   to call

être appelé à qqch   to be destined for something, to have a calling (vocation, career)

apprendre   to learn

apprendre par coeur   to memorize

arriver   to arrive

to happen   **Qu'est-ce qui est arrivé?**   What happened?   **Qu'est-ce qui arrive?**   What's happening? What's going on?

Quoi qu'il arrive. . .   Come what may. . .

assister   to assist

assister à   to attend, to be present at   **Hier soir, j'ai assisté à la conférence des musiciens.**   Last night I attended the meeting of musicians.

avoir   to have

to have something the matter   **Qu'est-ce que vous avez?**   What's the matter with you?   **Qu'est-ce qu'il y a?**   What's the matter?

avoir. . .ans   to be. . .years old   **Quel âge avez-vous?**   How old are you?   **J'ai seize ans.**   I'm sixteen.

avoir à + inf.   to have to, to be obliged to + inf.   **J'ai quelque chose à vous dire**   I have something to tell you.

avoir affaire à quelqu'un   to deal with someone

avoir beau + inf.   to be useless + inf., to do something in vain;   **Vous avez beau parler; je ne vous écoute pas.**   You are talking in vain (uselessly); I'm not listening to you.

avoir besoin de   to need, to have need of   **Vous avez l'air fatigué; vous avez besoin de repos.**   You look tired; you need some rest.

avoir bonne mine   to look well, to look good (persons)   **Joseph a bonne mine aujourd'hui, ne trouvez-vous pas?**   Joseph looks good today, don't you think so?

avoir chaud   to be (feel) warm (persons)   **J'ai chaud; ouvrez la fenêtre, s'il vous plaît**   I feel warm; open the window please.

avoir congé   to have a day off, a holiday from work or school   **Demain nous avons congé et nous allons à la plage.**   Tomorrow we have off and we're going to the beach.

avoir de la chance   to be lucky   **Ah! Tu as trouvé une pièce de monnaie?! Tu as de la chance!**   Ah! You found a coin?! You're lucky!

avoir de quoi + inf.   to have the material, means, enough + inf.   **As-tu de quoi manger?**   Have you something (enough) to eat?

avoir des nouvelles   to receive news, to hear (from someone)

avoir droit à   to be entitled to

avoir du savoir-faire   to have tact

avoir du savoir-vivre   to have good manners, etiquette

avoir envie de + inf.   to feel like, to have a desire to   **Madame Loisel a toujours envie de danser.**   Mrs. Loisel always feels like dancing.

avoir faim   to be (feel) hungry   **As-tu faim, Fifi? Bon, alors je vais te donner à manger.**   Are you hungry, Fifi? Good, then I'm going to give you something to eat.

avoir froid   to be (feel) cold (persons)   **J'ai froid; fermez la fenêtre, s'il vous plaît.**   I feel cold; close the window, please.

avoir hâte   to be in a hurry;   **avoir hâte de faire qqch**   to be anxious to do something

avoir honte   to be (to feel) ashamed

avoir l'air + adj.   to seem, to appear, to look + adj.   **Vous avez l'air malade; asseyez-vous.**   You look sick; sit down.

avoir l'air de +inf.   to appear + inf.   **Vous avez l'air d'être malade; couchez-vous.**   You appear to be sick; lie down.

avoir l'habitude de + inf.   to be accustomed to, to be in the habit of   **J'ai l'habitude de faire mes devoirs avant le dîner.**   I'm in the habit of doing my homework before dinner.

avoir l'idée de + inf.   to have a notion + inf.

avoir l'impression   to be under the impression

avoir l'intention de + inf.   to intend + inf.

avoir l'occasion de + inf.   to have the opportunity + inf.

avoir l'oeil au guet   to be on the look-out, on the watch

avoir la bonté de + inf.   to have the kindness + inf.

avoir la langue bien pendue   to have the gift of gab

avoir la parole   to have the floor (to speak)

avoir le cafard   to feel downhearted (downcast), to have the blues

avoir le coeur gros   to be heartbroken

avoir le droit de faire qqch   to be entitled (have the right) to do something

avoir le temps de + inf.   to have (the) time + inf.

avoir lieu   to take place   **Le match aura lieu demain.**   The game will take place tomorrow.

avoir l'occasion de faire qqch   to have the opportunity to do something

avoir mal   to feel sick   **Qu'est-ce que tu as, Robert?**   What's the matter, Robert?   **J'ai mal.**   I feel sick; **avoir mal au coeur**   to feel nauseous

avoir mal à + (place where it hurts)   to have a pain or ache in. . .   **J'ai mal à la jambe.**   My leg hurts;   **J'ai mal à la tête.**   I have a headache.

avoir mauvaise mine   to look ill, not to look well   **Qu'est-ce que tu as,**

Janine? What's the matter, Janine? **Tu as mauvaise mine.** You don't look well.

avoir peine à + inf. to have difficulty in + pres. part.

avoir peur de to be afraid of

avoir pitié de to take pity on

avoir qqn to get the better of someone

avoir raison to be right (persons)

avoir recours à to resort to

avoir rendez-vous avec qqn to have a date (appointment) with someone

avoir soif to be thirsty

avoir soin de faire qqch to take care of doing something

avoir sommeil to be sleepy

avoir son mot à dire to have one's way

avoir tendance à faire qqch to tend to do something

avoir tort to be wrong (persons)

avoir trait à qqch to have to do with something

avoir une faim de loup to be starving

en avoir marre to be fed up, to be bored stiff, to be sick and tired of something **J'en ai marre!** I'm fed up! I've had it!

en avoir par-dessus la tête to have enough of it, to be sick and tired of it, to have it up to here **J'en ai par-dessus la tête!** I've had it up to here!

en avoir plein le dos to be sick and tired of it

il y a. . . there is. . ., there are. . .

il y avait. . ., il y a eu. . . there was. . ., there were. . .

il y aura. . . there will be. . .

il y aurait. . . there would be. . .

il y a + length of time ago **Madame Duclos est partie il y a un mois.** Mrs. Duclos left a month ago.

Il y a dix minutes que j'attends l'autobus I have been waiting for the bus for ten minutes.

Il y a lieu de croire que. . . There is reason to believe that. . .

Il n'y a pas de quoi. You're welcome.

boire to drink

boire à la bouteille to drink right out of the bottle

boire à sa soif to drink to one's heart content

briller to shine, to glitter

Tout ce qui brille n'est pas or. All that glitters is not gold.

casser, se casser to break

casser la tête à qqn to pester someone

casser les oreilles à qqn to bore someone stiff (by talking too much)

casser les pieds à qqn to be a pain in the neck to someone

se casser + a part of one's body; **Janine s'est cassé la jambe.** Janine broke her leg.

se casser la tête to rack one's brains

changer to change

changer d'avis to change one's mind, one's opinion; **changer de route** to take another road; **changer de train** to change trains; **changer de vêtements** to change clothes

Plus ça change plus c'est la même chose. The more it changes the more it remains the same.

chanter to sing

faire chanter qqn to blackmail someone

Mais qu'est-ce que vous chantez là? What are you talking about?

chercher to look for

envoyer chercher to send for **Je vais envoyer chercher le médecin.** I am going to send for the doctor.

combler to fill up, to fill in

pour comble de malheur to make matters worse

comprendre to understand, to comprise

y compris including; **y compris la taxe** tax included; **y compris le service** service included

craindre to fear

Chat échaudé craint l'eau froide. A burnt child dreads the fire. (Literally, the French proverb refers to a cat but to a child in English.)

croire to believe

Je crois que oui. I think so; **Je crois que non.** I don't think so.

dire to say, to tell

à ce qu'on dit. . . according to what they say. . .

à vrai dire to tell the truth

c'est-à-dire that is, that is to say

dire du bien de to speak well of; **dire du mal de** to speak ill of

entendre dire que to hear it said that, to hear tell that; **J'entends dire que Tina s'est mariée avec Alexandre.** I hear that Tina married Alexander.

vouloir dire to mean; **Que veut dire ce mot?** What does this word mean?

Dis-moi ce que tu manges et je te dirai ce que tu es. Tell me what you eat and I will tell you what you are.

Qui l'aurait dit? Who would have thought so?

disposer to dispose

L'homme propose mais Dieu dispose. Man proposes but God disposes.

donner to give

donner à boire à qqn to give someone something to drink

donner à manger à qqn to feed someone

donner congé à to grant leave to

donner du chagrin à qqn to give someone grief

donner rendez-vous à qqn to make an appointment (a date) with someone

donner sur to look out upon; **La salle à manger donne sur le jardin.** The dining room looks out upon (faces) the garden.

donner un cours to give a course, to lecture

dormir to sleep

dormir à la belle étoile   to sleep outdoors
dormir sur les deux oreilles   to sleep soundly

éclater   to burst
   éclater de rire, rire aux éclats   to burst out laughing, to roar with laughter
   éclater en applaudissements   to burst into applause

écouter   to listen (to)
   être aux écoutes   to be on the watch, to eavesdrop

écrire   to write
   de quoi écrire   something to write with

égaler   to equal, to be equal to, to match
   Cela est égal.   It's all the same; It doesn't matter; It makes no difference.
   Cela m'est égal, Ça m'est égal.   It doesn't matter to me; It's all the same to me.

endommager   to damage
   C'est dommage!   It's too bad! It's a pity!

entendre   to hear
   bien entendu   of course
   C'est entendu!   It's agreed! It's understood!
   entendre dire que   to hear it said that, to hear tell that;   **J'ai entendu dire qu'on mange bien dans ce restaurant.**   I've heard that a person can have a good meal in this restaurant.
   Qu'entendez-vous par là!   What do you mean by that!
   laisser entendre   to hint
   entendre raison   to listen to reason
   ne pas entendre malice   not to mean any harm

entendre parler de   to hear about, to hear of   **J'ai entendu parler d'un grand changement dans l'administration de cette école.**   I've heard about a big change in the administration of this school.

envoyer   to send
   envoyer chercher   to send for;   **Je vais envoyer chercher le docteur.**   I am going to send for the doctor.

être   to be
   Ainsi soit-il!   So be it!
   être à qqn   to belong to someone; **A qui est ce livre?**   Whose is this book?
      Ce livre est à moi.   This book is mine.
   être à l'heure   to be on time
   être à temps   to be in time;   **Nous sommes arrivés juste à temps.**   We arrived just in time.
   être au courant de   to be informed about;   **Madame Beaupuy parle toujours au téléphone avec ses amies; elle est au courant de tout.**   Mrs. Beaupuy talks on the telephone all the time with her friends; she is informed about everything.
   être bien   to be comfortable;   **Est-ce que vous êtes bien dans cette chaise?**   Are you comfortable in this chair?
   être bien aise (de)   to be very glad, happy (to)

être bien mis (mise) to be well dressed; **Madame Paquet est toujours bien mise.** Mrs. Paquet is always well dressed.

être d'accord avec to agree with

être dans son assiette to feel up to par; **Je ne suis pas dans mon assiette aujourd'hui.** I'm not feeling up to par (quite myself) today.

être de bonne (mauvaise) humeur to be in a good (bad) mood

être de retour to be back; **A quelle heure ta mère sera-t-elle de retour?** At what time will your mother be back?

être en bonne forme to be in good shape

être en état de + inf. to be able + inf.; **Mon père est très malade; il n'est pas en état de vous parler maintenant.** My father is very sick; he's not able to talk to you now.

être en panne to be broken-down, out of order (machine, auto); **La voiture de mon père est toujours en panne.** My father's car always has a breakdown.

être en retard to be late, not to be on time; **Le train est en retard.** The train is late.

être en train de + inf. to be in the act of + pres. part., to be in the process of, to be busy + pres. part.; **Mon père est en train de réparer le téléviseur.** My father is busy repairing the television set.

être en vacances to be on vacation

être en vie to be alive

être enrhumé to have a cold, to be sick with a cold

être hors de soi to be beside oneself, to be upset, to be furious, to be irritated, annoyed; **Je suis hors de moi parce que je n'ai pas reçu de bonnes notes dans mes études.** I'm upset because I did not receive good grades in my studies.

être le bienvenu (la bienvenue) to be welcomed; **On est toujours le bienvenu dans cet hôtel.** One is always welcome in this hotel.

être pressé(e) to be in a hurry

être sur le point de + inf. to be about + inf.; **Dépêchons-nous parce que le train est sur le point de partir.** Let's hurry because the train is about to leave.

être temps de + inf. to be time to + inf.; **Il est temps de partir.** It is time to leave.

De quelle couleur est (sont). . . What color is (are). . .? **De quelle couleur est votre nouvelle voiture?** What color is your new car?

Il était une fois. . . Once upon a time there was. . .

Quelle heure est-il? What time is it? **Il est une heure;** It is one o'clock; **Il est trois heures.** It is three o'clock.

y être to be there, to understand it, to get it; **Ah! J'y suis!** Ah, I get it! I understand it!

c'est ça! That's right!

étudier to study

à l'étude under study; **Le dossier de Monsieur Pompier est à l'étude.** Mr Pompier's file is under study.

faire ses études à to study at; **Gervaise fait ses études à l'Université de**

Paris. Gervaise is studying at the University of Paris.

Depuis combien de temps étudiez-vous le français? How long have you been studying French?

J'étudie le français depuis deux ans. I have been studying French for two years.

excuser, s'excuser to excuse, to excuse oneself

Qui s'excuse, s'accuse A guilty conscience needs no accuser.

faillir to fail, to miss

faillir + inf. to almost do something; **Le bébé a failli tomber.** The baby almost fell.

faire to do, to make

aussitôt dit aussitôt fait (aussitôt dit que fait) no sooner said than done

Cela ne fait rien. That doesn't matter; That makes no difference.

Comment se fait-il. . .? How come. . .?

en faire autant to do the same, to do as much

faire + inf. to have something done; **Ma mère a fait faire une jolie robe** My mother had a pretty dress made; **Mon père a fait bâtir une nouvelle maison.** My father had a new house built.

faire à sa tête to have one's way

faire attention (à) to pay attention (to)

faire beau to be pleasant, nice weather; **Il fait beau aujourd'hui.** It's nice weather today; **faire mauvais** to be bad weather.

faire bon accueil to welcome

faire chaud to be warm (weather); **Il a fait très chaud hier.** It was very warm yesterday.

faire comme chez soi to make oneself at home; **Faites comme chez vous!** Make yourself at home!

faire d'une pierre deux coups to kill two birds with one stone

faire de l'autostop to hitchhike

faire de la peine à qqn to hurt someone (morally, emotionally)

faire de son mieux to do one's best

faire des châteaux en Espagne to build castles in the air

faire des cours to give courses, to lecture

faire des emplettes, faire des courses, faire des achats, faire du shopping to do or to go shopping

faire des progrès to make progress

faire du bien à qqn to do good for someone; **Cela lui fera du bien.** That will do her (him) some good.

faire du ski to ski

faire du sport to play sports

faire du vélo to ride a bike

faire exprès to do on purpose

faire face à to oppose

faire faire to have something made (done). **Mon père fait peindre la maison.** My father is having the house painted.

faire fi to scorn

faire froid to be cold (weather); **Il fait très froid ce matin.** It's very cold this morning.

faire jour   to be daylight

faire la bête   to act like a fool

faire la connaissance de qqn   to make the acquaintance of someone, to meet someone for the first time, to become acquainted with someone;   **Hier soir au bal Michel a fait la connaissance de beaucoup de jeunes filles.** Last night at the dance Michael met many girls.

faire la cuisine   to do the cooking

faire la grasse matinée   to sleep late in the morning

faire la lessive   to do the laundry

faire la malle   to pack the trunk

faire la queue   to line up, to get in line, to stand in line

faire la sourde oreille   to turn a deaf ear, to pretend not to hear

faire la vaisselle   to do (wash) the dishes

faire le ménage   to do housework

faire le tour de   to take a stroll, to go around;   **Faisons le tour du parc.** Let's go around the park.

faire les bagages   to pack the baggage, luggage

faire les valises   to pack the suitcases, valises

faire mal à qqn   to hurt, to harm someone;   **Ce grand garcon-là a fait mal à mon petit frère.**   That big boy hurt my little brother.

faire mon affaire   to suit me, to be just the thing for me

faire nuit   to be night(time)

faire part à qqn   to inform someone

faire part de qqch à qqn   to let someone know about something, to inform, to notify someone of something;   **Je leur ai fait part du mariage de mon fils.**   I notified them of the marriage of my son.

faire partie de   to be a part of

faire peur à qqn   to frighten someone

faire plaisir à qqn   to please someone

faire sa toilette   to wash up

faire savoir qqch à qqn   to inform someone of something

faire semblant de + inf.   to pretend + inf.

faire ses adieux   to say good-bye

faire ses amitiés à qqn   to give one's regards to someone

faire ses études à   to study at;   **Ma fille fait ses études à l'Université de Paris.**   My daughter is studying at the Univerity of Paris.

faire son lit   to make one's bed

faire son possible   to do one's best (utmost)

faire suivre   to forward mail;   **Faites suivre mes lettres, s'il vous plaît.** Forward my letters please.

faire un cours   to give a course, to lecture

faire un tour   to go for a stroll

faire un voyage   to take a trip

faire une malle   to pack a trunk

faire une partie de   to play a game of

faire une promenade   to take a walk

faire une promenade en voiture   to go for a drive

faire une question   to ask (to pose) a question

faire une réclamation   to make a complaint

faire une visite   to pay a visit

faire venir qqn   to have someone come;   **Mon père a fait venir le médecin parce que ma mère est malade.**   My father had the doctor come because my mother is sick.

faire venir l'eau à la bouche   to make one's mouth water

Faites comme chez vous!   Make yourself at home!

Que faire?   What is to be done?

Quel temps fait-il?   What's the weather like?

se faire faire   to have something made (done) for oneself;   **Ma mère se fait faire une belle robe.**   My mother is having a beautiful dress made.

falloir   to be necessary, must, to be lacking
   Il faut. . .   It is necessary; one must. . .
   Il ne faut pas. . .   One must not. . .
   Comme il faut. . .   As it ought to be. . .
   Peu s'en faut. . .   It takes only a little. . .
   s'en falloir   to be lacking
   Il s'en faut de beaucoup. . .   It takes a lot. . .

féliciter   to congratulate
   féliciter qqn de qqch   to congratulate someone for (on) something;   **Je vous félicite de votre succès.**   I congratulate you on your success.

fermer   to close
   fermer à clef   to lock
   fermer au verrou   to bolt

hâter, se hâter   to hasten
   en toute hâte   in all possible speed, in great haste

importer   to matter, to be of importance
   Cela n'importe.   That doesn't matter.

jeter   to throw
   jeter l'argent par la fenêtre   to waste money

manger   to eat
   de quoi manger   something to eat;   **Y a-t-il de quoi manger?**   Is there something to eat?

manquer   to lack, to fail, to be missing
   manquer de + inf.   to fail to, to almost do something;   **J'ai manqué de tomber.**   I almost fell;   **Paul a manqué de venir.**   Paul failed to come.
   manquer à sa parole   to go back on one's word

mettre   to put, to place
   mettre   to put on (clothing);   **Mimi a mis ses souliers blancs.**   Mimi put on her white shoes.
   mettre au courant de   to inform about;   **Tu ne me mets jamais au courant de rien!**   You never inform me about anything!
   mettre de côté   to lay aside, to save
   mettre en cause   to question
   mettre en pièces   to tear to pieces, to break into pieces;   **Roger était si**

fâché contre Julie qu'il a mis sa lettre en morceaux.   Roger was so angry at Julie that he tore her letter to pieces.

mettre fin à qqch   to put an end to something

mettre la table, mettre le couvert   to set the table

se mettre à table   to sit down at the table;   **La cuisinière a mis la table et a annoncé: Venez, tout le monde; mettez-vous à table!**   The cook set the table and announced: Come, everybody; sit down at the table!

montrer   to show

montrer du doigt   to point out, to show, to indicate by pointing

parler   to talk, to speak

à proprement parler   strictly speaking

adresser la parole à   to speak to, to direct one's words at;   **Ecoutez, le professeur va nous adresser la parole.**   Listen, the professor is going to speak to us.

entendre parler de   to hear about;   **Avez-vous jamais entendu parler de cela?**   Have you ever heard of that?

Il est bon de parler et meilleur de se taire   Speech is silver; silence is gold.

Ce n'est qu'une façon de parler.   It's just a way of speaking.

partir   to leave

à partir de   from now on, beginning with;   **A partir de cet instant, tu vas faire tes devoirs tous les soirs *avant de* regarder la télévision.**   From this moment on, you are going to do your homework every evening *before* watching television.

passer   to pass, to pass by

passer un examen   to take an exam

passer chez qqn   to drop in on someone

passer un coup de fil à qqn   to give someone a ring (a telephone call)

plaire   to please

s'il vous plaît (s'il te plaît)   please

Plaît-il?   What did you say? Would you repeat that please?

pleuvoir   to rain

pleuvoir à verse   to rain hard

pouvoir   to be able (to)

n'en pouvoir plus   to be unable to go on any longer, to be exhausted;   **Je n'en peux plus.**   I can't go on any longer.

Cela se peut.   That may be.

prendre   to take

prendre garde de + inf.   to avoid + pres. part., to take care not + inf.;   **Prenez garde de tomber;**   Avoid falling;   **Prenez garde de ne pas tomber.**   Take care not to fall.

prendre le parti de + inf.   to decide + inf.

prendre un billet   to buy a ticket

Qu'est-ce qui vous prend?   What's got into you?

profiter   to profit

profiter de   to take advantage of

proposer   to propose
L'homme propose mais Dieu dispose.   Man proposes but God disposes.

regarder   to look (at), to watch
Cela ne vous regarde pas.   That's none of your business.

rendre   to render, to return (something)
rendre hommage à qqn   to pay someone homage
rendre visite à   to pay a visit to

reprendre   to take up again
reprendre la parole   to go on speaking, to resume speaking
reprendre ses esprits   to regain one's senses

retourner   to return, to go back
être de retour   to be back;   **Madame Duval sera de retour aujourd'hui.**
Mrs. Duval will be back today.

revoir   to see again
au revoir   good-bye

rire   to laugh
rire au nez de qqn   to laugh in someone's face
rire aux éclats   to roar with laughter

risquer   to risk
Qui ne risque rien, n'a rien.   Nothing ventured, nothing gained.

sauter   to leap, to jump
sauter aux yeux   to be evident, self-evident

savoir   to know
savoir bon gré à qqn   to be thankful, grateful to someone

servir   to serve
Cela ne sert à rien.   That serves no purpose.
se servir de   to use, to make use of   **Ma mère se sert d'une machine pour
faire la vaisselle.**   My mother uses a machine to do the dishes.

suivre   to follow
suivre un cours   to take a course;   **Je vais suivre un cours de français
cet été.**   I'm going to take a course in French this summer
suivre un régime   to be on a diet
à suivre   to be continued

tomber   to fall
tomber à la renverse   to fall backward

traverser   to cross, to traverse
à travers   across, through

trouver   to find
Ne trouvez-vous pas?   Don't you think so?
trouver visage de bois   not to find anyone answering the door after knocking

tuer   to kill

à tue-tête   at the top of one's voice, as loud as possible;   **Pour attraper l'autobus qui était en train de partir, Monsieur Duval a crié à tue-tête.** To catch the bus which was about to leave, Mr. Duval shouted at the top of his voice.

valoir   to be worth

valoir mieux   to be better (worth more), to be preferable;   **Mieux vaut tard que jamais.**   Better late than never.

venir   to come

venir à   to happen to;   **Si nous venons à nous voir en ville, nous pouvons prendre une tasse de café ensemble.**   If we happen to see each other downtown, we can have a cup of coffee together.

venir à bout de + inf.   to manage, to succeed + inf.

venir de + inf.   to have just done something;   **Je viens de manger.**   I just ate;   **Tina Marie venait de sortir avec Alexandre quand le téléphone a sonné.**   Tina Marie had just gone out with Alexander when the telephone rang.

vivre   to live

de quoi vivre   something (enough) to live on;   **Je vais apporter du pain et du beurre chez les Duval parce qu'ils n'ont pas de quoi vivre.**   I'm going to bring some bread and butter to the Duvals because they don't have enough to live on.

voir   to see

à vue d'oeil   visibly

voir de loin   to be farsighted

voir tout en rose   to see the bright side of things, to be optimistic

vouloir   to wish, to want

en vouloir à qqn   to bear a grudge against someone

vouloir dire   to mean;   **Que voulez-vous dire?**   What do you mean?

vouloir du bien à qqn   to wish someone well

Que voulez-vous?!   What do you expect?!

Veuillez agréer. . .   Please be good enough to accept. . . (This is the usual closing statement in a formal letter.)

Verbs with prepositions

French verbs are used with certain prepositions or no preposition at all. At times, the preposition used with a particular verb changes the meaning entirely, *e.g.*, **se passer** means *to happen* and **se passer de** means *to do without*.

When you look up a verb among the 501 to find its verb forms (or in the section of over 1,000 verbs), also consult the following categories so that you will learn what preposition that verb requires, if any.

Consult all the categories that are given below; *e.g.*, verbs that take **à** + noun, verbs that take **à** + inf., verbs that take **de** + noun, verbs that take **de** + inf., verbs that take **à** + noun + **de** + inf., verbs that take prepositions other than **à** or **de**, verbs that require no preposition, and verbs that do not require any preposition in French whereas in English a preposition is used.

The following are used frequently in French readings and in conversation.

A. *The following verbs take* à + *noun*

assister à qqch (à une assemblée, à une réunion, à un spectacle, *etc.*) to attend a gathering, a meeting, a theatrical presentation, *etc.*, or to be present at: **Allez-vous assister à la conférence du professeur Godard?** Are you going to attend (to be present at) Prof. Godard's lecture? **Oui, je vais y assister.** Yes, I am going to attend it.

convenir à qqn ou à qqch to please (to be pleasing to), to suit (to be suitable to): **Cette robe ne convient pas à la circonstance.** This dress does not suit the occasion; **Cela ne convient pas à mon père.** That is not suitable to my father.

demander à qqn to ask someone: **Demandez à la dame où s'arrête l'autobus.** Ask the lady where the bus stops.

déplaire à qqn to displease someone, to be displeasing to someone: **Cet homme-là déplaît à ma soeur.** That man is displeasing to my sister; **Cet homme-là lui déplaît.** That man is displeasing to her.

désobéir à qqn to disobey someone: **Ce chien ne désobéit jamais à son maître.** This dog never disobeys his master; **Il ne lui désobéit jamais.** He never disobeys him.

être à qqn to belong to someone: **Ce livre est à Victor.** This book belongs to Victor. [Note this special possessive meaning when you use **être** + **à**.]

faire attention à qqn ou à qqch to pay attention to someone or to something: **Faites attention au professeur;** Pay attention to the professor; **Faites attention aux marches.** Pay attention to the steps.

se fier à qqn to trust someone: **Je me fie à mes parents.** I trust my parents; **Je me fie à eux.** I trust them.

goûter à qqch to taste a little, to sample a little something: **Goûtez à ce gâteau;**

il est délicieux et vous m'en direz des nouvelles; Taste a little of this cake; it is delicious and you will rave about it; **Goûtez-y!** Taste it!

s'habituer à qqn ou à qqch to get used to someone or something: **Je m'habitue à mon nouveau professeur** I am getting used to my new teacher; **Je m'habitue à lui;** I am getting used to him; **Je m'habitue à ce travail;** I am getting used to this work; **Je m'y habitue.** I am getting used to it.

s'intéresser à qqn ou à qqch to be interested in someone or something; **Je m'intéresse aux sports.** I am interested in sports.

jouer à to play (a game or sport): **Il aime bien jouer à la balle** He likes to play ball; **Elle aime bien jouer au tennis.** She likes to play tennis.

manquer à qqn to miss someone (because of an absence): **Vous me manquez;** I miss you; **Ses enfants lui manquent.** He (or She) misses his (or her) children.

se mêler à qqch to mingle with, to mix with, to join in: **Il se mêle à tous les groupes à l'école.** He mixes with all the groups at school.

nuire à qqn ou à qqch to harm someone or something: **Ce que vous faites peut nuire à la réputation de votre famille.** What you are doing may harm the reputation of your family.

obéir à qqn to obey someone: **Une personne honorable obéit à ses parents.** An honorable person obeys his (her) parents.

s'opposer à qqn ou à qqch to oppose someone or something: **Je m'oppose aux idées du président.** I am opposed to the president's ideas.

penser à qqn ou à qùch to think of (about) someone or something: **Je pense à mes amis;** I am thinking of my friends; **Je pense à eux;** I am thinking of them; **Je pense à mon travail;** I am thinking about my work; **J'y pense.** I am thinking about it. BUT: **Que pensez-vous de cela?** What do you think of that?

plaire à qqn to please, to be pleasing to someone: **Mon mariage plaît à ma famille;** My marriage pleases my family; **Mon mariage leur plaît.** My marriage pleases them (is pleasing to them).

réfléchir à qqch to think over something

répondre à qqn ou à qqch to answer someone or something: **J'ai répondu au professeur;** I answered the teacher; **Je lui ai répondu;** I answered him; **J'ai répondu à la lettre;** I answered the letter; **J'y ai répondu.** I answered it.

résister à qqn ou à qqch to resist someone or something: **Le criminel a résisté à l'agent de police.** The criminal resisted the police officer.

ressembler à qqn to resemble someone: **Il ressemble beaucoup à sa mère.** He resembles his mother a lot.

réussir à qqch to succeed in something; **réussir à un examen** to pass an examination: **Il a réussi à l'examen.** He passed the exam.

serrer la main à qqn to shake hands with someone: **Bobby, va serrer la main à la dame.** Bobby, go shake hands with the lady.

songer à qqn ou à qqch to dream (to think) of someone or something: **Je songe aux grandes vacances.** I'm dreaming of the summer vacation.

survivre à qqn ou à qqch to survive someone or something: **Il a survécu à l'ouragan.** He survived the hurricane.

téléphoner à qqn to telephone someone: **Marie a téléphoné à Paul.** Marie telephoned Paul; **Elle lui a téléphoné.** She telephoned him.

B. *The following verbs take* **à** + *inf.*

aider à to help: **Roger aide son petit frère à faire sa leçon de mathématiques.** Roger is helping his little brother do the math lesson.

aimer à to like: **J'aime à lire.** I like o read. [Note that **aimer à** + **inf.** is used primarily in literary style; ordinarily, use **aimer** + **inf.**]

s'amuser à to amuse oneself, to enjoy, to have fun: **Il y a des élèves qui s'amusent à mettre le professeur en colère.** There are pupils who have fun making the teacher angry.

apprendre à to learn: **J'apprends à lire.** I am learning to read.

s'apprêter à to get ready: **Je m'apprête à aller au bal.** I am getting ready to go to the dance.

arriver à to succeed in: **Jacques arrive à comprendre le subjonctif.** Jack is succeeding in learning the subjunctive.

s'attendre à to expect: **Je m'attendais à trouver une salle de classe vide.** I was expecting to find an empty classroom.

autoriser à to authorize, to allow: **Je vous autorise à quitter cette salle de classe tout de suite.** I authorize you to leave this classroom immediately.

avoir à to have, to be obliged (to do something): **J'ai à faire mes devoirs ce soir.** I have to do my homework tonight.

commencer à to begin: **Il commence à pleuvoir.** It is beginning to rain. [Note that **commencer de** + **inf.** is also correct.]

consentir à to consent: **Je consens à venir chez vous après le dîner.** I consent (agree) to come to your house after dinner.

continuer à to continue: **Je continue à étudier le français.** I am continuing to study French. [Note that **continuer de** + **inf.** is also correct.]

décider qqn à to persuade someone: **J'ai décidé mon père à me prêter quelques francs.** I persuaded my father to lend me a few francs.

se décider à   to make up one's mind: **Il s'est décidé à l'épouser.**   He made up his mind to marry her.

demander à   to ask, to request: **Elle demande à parler.**   She asks to speak. [Note that here the subjects are the same—she is the one who is asking to speak. If the subjects are different, use **demander de: Je vous demande de parler.**   I am asking you to talk.]

encourager à   to encourage: **Je l'ai encouragé à suivre un cours de français.**   I encouraged him to take a course in French.

s'engager à   to get oneself around (to doing something):   **Je ne peux pas m'engager à accepter ses idées frivoles.**   I can't get myself around to accepting his (her) frivolous ideas.

enseigner à   to teach: **Je vous enseigne à lire en français.**   I am teaching you to read in French.

s'habituer à   to get used (to):   **Je m'habitue à parler français couramment.**   I am getting used to speaking French fluently.

hésiter à   to hesitate: **J'hésite à répondre à sa lettre.**   I hesitate to reply to her (his) letter.

inviter à   to invite: **Monsieur et Madame Boivin ont invité les Béry à dîner chez eux.**   Mr. and Mrs. Boivin invited the Bérys to have dinner at their house.

se mettre à   to begin: **L'enfant se met à rire.**   The child is beginning to laugh.

parvenir à   to succeed: **Elle est parvenue à devenir docteur.**   She succeeded in becoming a doctor.

persister à   to persist: **Je persiste à croire que cet homme est innocent.**   I persist in believing that this man is innocent.

se plaire à   to take pleasure in: **Il se plaît à taquiner ses amis.**   He takes pleasure in teasing his friends.

recommencer à   to begin again: **Il recommence à pleuvoir.**   It is beginning to rain again.

résister à   to resist: **Je résiste à croire qu'il est malhonnête.**   I resist believing that he is dishonest.

réussir à   to succeed in: **Henri a réussi à me convaincre.**   Henry succeeded in convincing me.

songer à   to dream, to think: **Elle songe à trouver un millionnaire.**   She is dreaming of finding a millionaire.

tarder à   to delay: **Mes amis tardent à venir.**   My friends are late in coming.

tenir à   to insist, to be anxious: **Je tiens absolument à voir mon enfant cet instant.**   I am very anxious to see my child this instant.

venir à   to happen (to):   **Si je viens à voir mes amis en ville, je vous le dirai.**   If I happen to see my friends downtown, I will tell you (so).

546   Verbs with prepositions

s'agir de to be a question of, to be a matter of: **Il s'agit de l'amour.** It is a matter of love.

s'approcher de to approach: **La dame s'approche de la porte et elle l'ouvre.** The lady approaches the door and opens it.

changer de to change: **Je dois changer de train à Paris.** I have to change trains in Paris.

dépendre de to depend on: **Je veux sortir avec toi mais cela dépend des circonstances.** I want to go out with you but that depends on the circumstances.

douter de to doubt: **Je doute de la véracité de ce que vous dites.** I doubt the veracity of what you are saying.

se douter de to suspect: **Je me doute de ses actions.** I suspect his (her) actions.

féliciter de to congratulate on: **Je vous félicite de vos progrès.** I congratulate you on your progress.

jouer de to play (a musical instrument): **Je sais jouer du piano.** I know how to play the piano.

jouir de to enjoy: **Mon père jouit d'une bonne santé.** My father enjoys good health.

manquer de to lack: **Cette personne manque de politesse.** This person lacks courtesy; **Mon frère manque de bon sens.** My brother lacks common sense.

se méfier de to distrust, to mistrust, to beware of: **Je me méfie des personnes que je ne connais pas.** I distrust persons whom I do not know.

se moquer de to make fun of: **Les enfants aiment se moquer d'un singe.** Children like to make fun of a monkey.

s'occuper de to be busy with: **Madame Boulanger s'occupe de son mari infirme;** Mrs. Boulanger is busy with her disabled husband; **Je m'occupe de mes affaires;** I mind my own business; **Occupez-vous de vos affaires!** Mind your own business!

partir de to leave: **Il est parti de la maison à 8 h.** He left the house at 8 o'clock.

se passer de to do without: **Je me passe de sel.** I do without salt.

se plaindre de to complain about: **Il se plaint toujours de son travail.** He always complains about his work.

remercier de to thank: **Je vous remercie de votre bonté.** I thank you for your kindness. [Use **remercier de** + an abstract noun or + inf.; Use **remercier pour** + a concrete object; *e.g.,* **Je vous remercie pour le cadeau.** I thank you for the present.]

se rendre compte de to realize: **Je me rends compte de la condition de cette personne.** I realize the condition of this person.

rire de to laugh at; **Tout le monde rit de cette personne.** Everybody laughs at this person.

se servir de to employ, to use, to make use of: **Je me sers d'un stylo quand j'écris une lettre.** I use a pen when I write a letter.

se soucier de to care about, to be concerned about: **Marc se soucie de ses amis.** Marc cares about his friends.

se souvenir de to remember: **Oui, je me souviens de Gervaise.** Yes, I remember Gervaise; **Je me souviens de lui.** I remember him; **Je me souviens d'elle.** I remember her; **Je me souviens de l'été passé.** I remember last summer; **Je m'en souviens.** I remember it.

tenir de to take after (to resemble): **Julie tient de sa mère.** Julie takes after her mother.

D. *Verbs that take de + inf.*

s'agir de to be a question of, to be a matter of: **Il s'agit de faire les devoirs tous les jours.** It is a matter of doing the homework every day.

avoir peur de to be afraid of: **Le petit garçon a peur de traverser la rue seul.** The little boy is afraid of crossing the street alone.

cesser de to stop, to cease: **Il a cessé de pleuvoir.** It has stopped raining.

commencer de to begin: **Il a commencé de pleuvoir.** It has started to rain. [Note that **commencer à + inf.** is also correct.]

continuer de to continue: **Il continue de pleuvoir.** It's still raining OR It's continuing to rain. [Note that **continuer à + inf.** is also correct.]

convenir de faire qqch to agree to do something: **Nous avons convenu de venir chez vous.** We agreed to coming to your place.

craindre de to be afraid of, to fear: **La petite fille craint de traverser la rue seule.** The little girl is afraid of crossing the street alone.

décider de to decide: **J'ai décidé de partir tout de suite.** I decided to leave immediately: **Il a décidé d'acheter la maison.** He decided to buy the house.

demander de to ask, to request: **Je vous demande de parler.** I am asking you to speak. [Note that here the subjects are different: I am asking you to speak; whereas, when the subjects are the same, use **demander à: Elle demande à parler.** She is asking to speak; **Je demande à parler.** I am asking to speak.]

se dépêcher de to hurry: **Je me suis dépêché de venir chez vous pour vous dire quelque chose.** I hurried to come to your place in order to tell you something.

empêcher de to keep from, to prevent: **Je vous empêche de sortir.** I prevent you from going out.

s'empresser de to hurry: **Je m'empresse de venir chez toi.** I am hurrying to come to your place.

essayer de to try: **J'essaye d'ouvrir la porte mais je ne peux pas.** I'm trying to open the door but I can't.

féliciter de to congratulate: **On m'a félicité d'avoir gagné le prix.** I was congratulated on having won the prize.

finir de to finish: **J'ai fini de travailler sur cette composition.** I have finished working on this composition.

gronder de to scold: **La maîtresse a grondé l'élève d'avoir fait beaucoup de fautes dans le devoir.** The teacher scolded the pupil for having made many errors in the homework.

se hâter de to hurry: **Je me hâte de venir chez toi.** I am hurrying to come to your house.

manquer de to neglect to, to fail to, to forget to: **Guy a manqué de compléter sa leçon de français.** Guy neglected to complete his French lesson.

offrir de to offer: **J'ai offert d'écrire une lettre pour elle.** I offered to write a letter for her.

oublier de to forget: **J'ai oublié de vous donner la monnaie.** I forgot to give you the change.

persuader de to persuade: **J'ai persuadé mon père de me prêter quelques francs.** I persuaded my father to lend me a few francs.

prendre garde de to take care not to: **Prenez garde de tomber.** Be careful not to fall.

prendre le parti de faire qqch to decide to do something: **Théodore n'a pas hésité à prendre le parti de voter pour elle.** Theodore did not hesitate to decide to vote for her.

prier de to beg: **Je vous prie d'arrêter.** I beg you to stop.

promettre de to promise: **J'ai promis de venir chez toi à 8 h.** I promised to come to your place at 8 o'clock.

refuser de to refuse: **Je refuse de le croire.** I refuse to believe it.

regretter de to regret, to be sorry: **Je regrette d'être obligé de vous dire cela.** I am sorry to be obliged to tell you that.

remercier de to thank: **Je vous remercie d'être venu si vite.** I thank you for coming (having come) so quickly. [Use **remercier de + inf.** or **+ abstract noun.** Use **remercier pour + concrete object.**]

se souvenir de to remember: **Tu vois? Je me suis souvenu de venir chez toi.** You see? I remembered to come to your house.

tâcher de to try: **Tâche de finir tes devoirs avant de sortir.** Try to finish your homework before going out.

venir de to have just (done something): **Je viens de manger.** I have just eaten *or* I just ate.

E. *The following verbs commonly take* à + *noun* + de + *inf.*

The model to follow is: **J'ai conseillé à Robert de suivre un cours de français.** I advised Robert to take a course in French.

conseiller à to advise: **J'ai conseillé à Jeanne de se marier.** I advised Joan to get married.

défendre à to forbid: **Mon père défend à mon frère de fumer.** My father forbids my brother to smoke.

demander à to ask, to request: **J'ai demandé à Marie de venir.** I asked Mary to come.

dire à to say, to tell: **J'ai dit à Charles de venir.** I told Charles to come.

interdire à to forbid: **Mon père interdit à mon frère de fumer.** My father forbids my brother to smoke.

ordonner à to order: **J'ai ordonné au chauffeur de ralentir.** I ordered the driver to slow down

permettre à to permit: **J'ai permis à l'étudiant de partir quelques minutes avant la fin de la classe.** I permitted the student to leave a few minutes before the end of class.

promettre à to promise: **J'ai promis à mon ami d'arriver à l'heure.** I promised my friend to arrive on time.

téléphoner à to telephone: **J'ai téléphoné à Marcel de venir me voir.** I phoned Marcel to come to see me.

F. *Verb* + *other prepositions*

commencer par + **inf.** to begin by + present participle: **La présidente a commencé par discuter les problèmes de la société.** The president began by discussing the problems in society.

continuer par + **inf.** to continue by + pres. part.: **La maîtresse a continué la conférence par lire un poème.** The teacher continued the lecture by reading a poem.

entrer dans + **noun** to enter, to go in: **Elle est entrée dans le restaurant.** She went in the restaurant.

être en colère contre qqn to be angry with someone: **Monsieur Laroche est**

toujours en colère contre ses voisins. Mr. Laroche is always angry with his neighbors.

finir par + inf. to end up by + pres part.: **Clément a fini par épouser une femme plus âgée que lui.** Clement ended up marrying a woman older than he.

s'incliner devant qqn to bow to someone: **La princesse s'incline devant la reine.** The princess is bowing to the queen.

insister pour + inf. to insist on, upon: **J'insiste pour obtenir tous mes droits.** I insist on obtaining all my rights.

se marier avec qqn to marry someone: **Elle va se marier avec lui.** She is going to marry him.

se mettre en colère to become angry, upset: **Monsieur Leduc se met en colère facilement.** Mr. Leduc gets angry easily.

se mettre en route to start out, to set out: **Ils se sont mis en route dès l'aube.** They started out at dawn.

remercier pour + a concrete noun to thank for: **Je vous remercie pour le joli cadeau.** I thank you for the pretty present. [Remember to use **remercier pour + a concrete object**; use **remercier de + an abstract noun** or **+ inf. Je vous remercie de votre bonté;** I thank you for your kindness; **Je vous remercie d'être venue si vite;** I thank you for coming so quickly.]

G. *Verb + NO PREPOSITION + inf.*

adorer + inf. to adore, to love: **Madame Morin adore mettre tous ses bijoux avant de sortir.** Mrs. Morin loves to put on all her jewelry before going out.

aimer + inf. to like: **J'aime lire.** I like to read. [You may also say: **J'aime à lire,** but **aimer + à + inf.** is used primarily in literary style.]

aimer mieux + inf. to prefer: **J'aime mieux rester ici.** I prefer to stay here.

aller + inf. to go: **Je vais faire mes devoirs maintenant.** I am going to do my homework now.

apercevoir + inf. to perceive: **J'aperçois avancer l'ouragan.** I notice the hurricane advancing. [This is a verb of perception. You may also say: **J'aperçois l'ouragan qui s'avance.**]

compter + inf. to intend: **Je compte aller en France l'été prochain.** I intend to go to France next summer.

croire + inf. to believe: **Il croit être innocent.** He believes he is innocent.

désirer + inf. to desire, to wish: **Je désire prendre une tasse de café.** I desire to have a cup of coffee.

devoir + inf. to have to, ought to: **Je dois faire mes devoirs avant de sortir.** I have to do my homework before going out.

écouter + inf. to listen to: **J'écoute chanter les enfants.** I am listening to the children singing. [This is a verb of perception. You may also say: **J'écoute les enfants qui chantent.**]

entendre + inf. to hear: **J'entends chanter les enfants.** I hear the children singing. [This is a verb of perception. You may also say: **J'entends les enfants qui chantent.**]

espérer + inf. to hope: **J'espère aller en France.** I hope to go to France.

faire + inf. to cause, to make, to have something done by someone: **Le professeur fait travailler les élèves dans la salle de classe.** The teacher has the pupils work in the classroom.

falloir + inf. to be necessary: **Il faut être honnête.** One must be honest.

laisser + inf. to let, to allow: **Je vous laisse partir.** I am letting you go.

oser + inf. to dare: **Ce garçon ose dire n'importe quoi.** This boy dares to say anything.

paraître + inf. to appear, to seem: **Elle paraît être capable.** She appears to be capable.

penser + inf. to think, to plan, to intend: **Je pense aller à Paris.** I intend to go to Paris.

pouvoir + inf. to be able, can: **Je peux marcher mieux maintenant après l'accident.** I can walk better now after the accident.

préférer + inf. to prefer: **Je préfère manger maintenant.** I prefer to eat now.

regarder + inf. to look at: **Je regarde voler les oiseaux.** I am looking at the birds flying. [This is a verb of perception. You may also say: **Je regarde les oiseaux qui volent.**]

savoir + inf. to know, to know how: **Je sais nager.** I know how to swim.

sentir + inf. to feel: **Je sens s'approcher l'ouragan.** I feel the hurricane approaching. [This is a verb of perception. You can also say: **Je sens l'ouragan qui s'approche.**]

sentir + inf. to smell: **Je sens venir une odeur agréable du jardin.** I smell a pleasant fragrance coming from the garden. [This is another verb of perception. You may also say: **Je sens une odeur agréable qui vient du jardin.**]

valoir mieux + inf. to be better: **Il vaut mieux être honnête.** It is better to be honest.

venir + inf. to come: **Gérard vient voir ma nouvelle voiture.** Gerard is coming to see my new car.

voir + inf. to see: **Je vois courir les enfants.** I see the children running. [This is another verb of perception. You may also say: **Je vois les enfants qui courent.**]

vouloir + inf. to want: **Je veux venir chez vous.** I want to come to your house.

H. *Verbs that do not require a preposition, whereas in English a preposition is used*

---

approuver to approve of: **J'approuve votre décision.** I approve of your decision.

attendre to wait for: **J'attends l'autobus depuis vingt minutes.** I have been waiting for the bus for twenty minutes.

chercher to look for: **Je cherche mon livre.** I'm looking for my book.

demander to ask for: **Je demande une réponse.** I am asking for a reply.

écouter to listen to: **J'écoute la musique.** I am listening to the music; **J'écoute le professeur.** I am listening to the teacher.

envoyer chercher to send for: **J'ai envoyé chercher le docteur** I sent for the doctor.

essayer to try on: **Elle a essayé une jolie robe.** She tried on a pretty dress.

habiter to live in: **J'habite cette maison.** I live in this house.

ignorer to be unaware of: **J'ignore ce fait.** I am unaware of this fact.

mettre to put on: **Elle a mis la robe rouge.** She put on the red dress.

payer to pay for: **J'ai payé le dîner.** I paid for the dinner.

pleurer to cry about, to cry over: **Elle pleure la perte de son petit chien.** She is crying over the loss of her little dog.

prier to pray to: **Elle prie le ciel.** She is praying to the heavens; **Elle prie la Vierge.** She is praying to the Holy Mother.

puer to stink of: **Cet ivrogne pue l'alcool.** This drunkard stinks of alcohol.

regarder to look at: **Je regarde le ciel.** I am looking at the sky.

sentir to smell of: **Robert, ta chambre sent la porcherie.** Robert, your room smells like a pigsty (pigpen).

soigner to take care of: **Cette personne soigne les pauvres.** This person takes care of (cares for) poor people.

Orthographical changing verbs—
verb forms that change in spelling

Verbs that end in −**cer** in the infinitive form change **c** to **ç** when in front of the vowels **a, o** or **u** in order to keep the **s** sound in the infinitive form and retain its identity. That little mark under the **c** (**ç**) is called **une cédille.** Actually it is the lower part of the letter **s** which is used in order to tell the reader that the **ç** should be pronounced as an **s.** Without that mark, the letter **c** in front of the vowels **a, o** and **u** must be pronounced as a **k** sound. Since the **c** in the ending −**cer** is pronounced like an **s,** the same sound must be retained in all its forms.

(1) Some common verbs that end in −**cer** in the infinitive form are:

annoncer / to announce	**lancer** / to launch, to hurl
avancer / to advance	**menacer** / to threaten
commencer / to begin, to start	**placer** / to place, to set
divorcer / to divorce	**prononcer** / to pronounce
effacer / to erase, to efface	**remplacer** / to replace

(2) Examples of when this change occurs:

Present indicative: nous annonçons, nous avançons, nous commençons, nous divorçons, nous effaçons, nous lançons, nous menaçons, nous prononçons, nous remplaçons.

Imperfect indicative: j'annonçais, tu annonçais, il (elle, on) annonçait; ils (elles) annonçaient [You do the same for the other −**cer** type verbs given above in (1).]

Passé simple: j'annonçai, tu annonças, il (elle, on) annonça; nous annonçâmes, vous annonçâtes [You do the same for the other −**cer** type verbs given above in (1).]

Imperfect subjunctive: que j'annonçasse, que tu annonçasses, qu'il (qu'elle, qu'on) annonçât; que nous annonçassions, que vous annonçassiez, qu'ils (qu'elles) annonçass⟨ ⟩t [Now you do the same for the other −**cer** type verbs given above in (1).]

(3) Verbs that end in −**ger** in the infinitive form change **g** to **ge** in front of the vowels **a, o** or **u** in order to keep the soft sound of **g** in the infinitive form and retain its identity; otherwise, **g** in front of **a, o** or **u** is normally pronounced hard **g** as in **go.**

(4) Some common verbs that end in −**ger** in the infinitive form are:

arranger / to arrange	**obliger** / to oblige
changer / to change	**partager** / to divide, to share
corriger / to correct	**plonger** / to dive, to pluge
déranger / to disturb	**ranger** / to arrange by row, put
manger / to eat	in order
nager / to swim	**songer** / to think, to dream
neiger / to snow	**voyager** / to travel

(5) Examples of when this change occurs:

Present indicative: nous arrangeons, nous changeons, nous corrigeons,

nous dérangeons   [Now you do the same for the other −ger type verbs given above in (4).]

Imperfect indicative: j'arrangeais, tu arrangeais, il (elle, on) arrangeait; ils (elles) arrangeaient   [Now you do the same for the other −ger type verbs given above in (4).]

Passé simple: j'arrangeai, tu arrangeas, il (elle, on) arrangea; nous arrangeâmes, vous arangeâtes   [Now you do the same for the other -ger type verbs given above in (4).]

Imperfect subjunctive: que j'arrangeasse, que tu arrangeasses, qu'il (qu'elle, qu'on) arrangeât; que nous arrangeassions, que vous arrangeassiez, qu'ils (qu'elles) arrangeassent   [Just for the fun of it, do the same for the other −ger type verbs given above.]

(6) Verbs that end in −oyer or −uyer in the infinitive form must change y to i in front of mute e.

(7) Common verbs that end in −oyer or −uyer in the infinitive form are:

−OYER	−UYER
choyer / to fondle, to coddle	ennuyer / to bore, to annoy
employer / to employ, to use	essuyer / to wipe
envoyer / to send	
nettoyer / to clean	

(8) Verbs that end in −AYER in the infinitive form may change y to i or may keep y in front of mute e.

Two common verbs that end in −ayer in the infinitive form are: essayer / to try, to try on; and payer / to pay, to pay for.

(9) Examples of when this change occurs:

Present indicative: j'emploie, tu emploies, il (elle, on) emploie; ils (elles) emploient.

Future: j'emploierai, tu emploieras, il (elle, on) emploiera; nous emploierons, vous emploierez, ils (elles) emploieront.

Conditional: j'emploierais, tu emploierais, il (elle, on) emploierait; nous emploierions, vous emploieriez, ils (elles) emploieraient.

Present subjunctive: que j'emploie,, que tu emploies, qu'il (qu'elle, qu'on) emploie; qu'ils (qu'elles) emploient.

(10) Verbs that contain a mute e in the syllable before the infinitive ending −er:

acheter / to buy	lever / to raise, to lift
achever / to complete	se lever / to get up
amener / to bring, to lead	mener / to lead
élever / to raise	peser / to weigh
emmener / to lead away, to take away	promener / to walk (a person or an animal)
enlever / to remove, to take off	se promener / to take a walk (for yourself)
geler / to freeze	

(11) These verbs, given above in (10), change mute e to è when, in a verb form, the syllable after it contains another mute e.

(12) This change occurs because that mute **e** in the stem of the infinitive now becomes pronounced clearly in some verb forms. Examples:

Present indicative: j'achète, tu achètes, il (elle, on) achète; ils (elles) achètent.

Future: j'achèterai, tu achèteras, il (elle, on) achètera; nous achèterons, vous achèterez, ils (elles) achèteront.

Conditional: j'achèterais, tu achèterais, il (elle, on) achèterait; nous achèterions, vous achèteriez, ils (elles) achèteraient.

Present subjunctive: que j'achète, que tu achètes, qu'il (qu'elle, qu'on) achète; qu'ils (qu'elles) achètent.

(13) Instead of changing like the verbs above in (10)—(12) the following verbs double the consonant in the syllable that contains the mute **e** in the stem:

appeler / to call	jeter / to throw
rappeler / to recall	rejeter / to throw again, to throw back
se rappeler / to remember	

Examples of when this spelling change occurs:

Present indicative: je m'appelle, tu t'appelles, il (elle, on) s'appelle; ils (elles) s'appellent.

Future: je m'appellerai, tu t'appelleras, il (elle, on) s'appellera; nous nous appellerons, vous vous appellerez, ils (elles) s'appelleront

Conditional: je m'appellerais, tu t'appellerais, il (elle, on) s'appellerait; nous nous appellerions, vous vous appelleriez, ils (elles) s'appelleraient.

Present subjunctive: que je m'appelle, que tu t'appelles, qu'il (qu'elle, qu'on) s'appelle; qu'ils (qu'elles) s'appellent.

(14) Verbs that contain **é** in the syllable before the infinitive ending —**er:**

céder / to cede, to yield, to give up	posséder / to possess, to own
célébrer / to celebrate	préférer / to prefer
concéder / to concede, to give up	protéger / to protect
considérer / to consider	répéter / to repeat
espérer / to hope	suggérer / to suggest

(15) These verbs, given above in (14), change **é** to **è** when, in a verb form, the syllable after it contains mute **e**.

Examples of when this spelling change occurs:

Present indicative: je préfère, tu préfères, il (elle, on) préfère: ils (elles) préfèrent.

Present subjunctive: que je préfère, que tu préfères, qu'il (qu'elle, qu'on) préfère; qu'ils (qu'elles) préfèrent.

Verbs used in weather expressions
Quel temps fait-il? / What's the weather like?

(a) With Il fait . . .

Il fait beau / The weather is fine; The weather is beautiful.

Il fait beau temps / The weather is beautiful.

It fait bon / It's nice; It's good.

Il fait brumeux / It's misty.

Il fait chaud / It's warm.

Il fait clair / It is clear.

Il fait de l'orage / It's storming; there is a thunderstorm.

Il fait des éclairs / It is lightning.

Il fait doux / It's mild.

Il fait du soleil / It's sunny.

Il fait du tonnerre / It's thundering.

Il fait du vent / It's windy. (You can also say: **Il tonne.**)

Il fait frais / It is cool.

Il fait froid/ It's cold.

It fait glissant / It is slippery.

Il fait humide / It's humid.

Il fait jour / It is daylight.

Il fait lourd / The weather is sultry.

Il fait mauvais / The weather is bad.

Il fait nuit / It is dark.

Il fait sec / It's dry.

Il fait une chaleur épouvantable / It's awfully (frightfully) hot.

(b) With Il fait un temps. . .

Il fait un temps affreux / The weather is frightful.

Il fait un temps calme / The weather is calm.

Il fait un temps couvert / The weather is cloudy.

Il fait un temps de saison / The weather is seasonal.

If fait un temps épouvantable / The weather is frightful.

Il fait un temps lourd / It's muggy.

Il fait un temps magnifique / The weather is magnificent.

Il fait un temps pourri / The weather is rotten.

Il fait un temps serein / The weather is serene.

Il fait un temps superbe / The weather is superb.

(c) With Le temps + verb. . .

Le temps menace / The weather is threatening.

Le temps s'éclaircit / The weather is clearing up.

Le temps se couvre / The sky is overcast.

Le temps se gâte / The weather is getting bad.

Le temps se met au beau / The weather is getting beautiful.

Le temps se met au froid / It's getting cold.

Le temps se radoucit / The weather is getting nice again.

Le temps se rafraîchit / The weather is getting cold.

Le temps se remet / The weather is clearing up.

(d) With **Le ciel est. . .**

    Le ciel est bleu / The sky is blue.

    Le ciel est calme / The sky is calm.

    Le ciel est couvert / The sky is cloudy.

    Le ciel est gris / The sky is gray.

    Le ciel est serein / The sky is serene.

(e) **With other verbs**

    Il gèle / It's freezing.

    Il grêle / It's hailing.

    Il neige / It's snowing.

    Il pleut / It's raining.

    Il tombe de la grêle / It's hailing.

    Il va grêler / It's going to hail.

    Il tonne / It's thundering.

    Je sors par tous les temps / I go out in all kinds of weather.

    Quelle est la prévision scientifique du temps? / What is the weather forecast?

Verbs used in proverbs and sayings

1. **Le chat parti, les souris dansent.** (When the cat is away, the mice will play.)

2. **L'appétit vient en mangeant.** (The more you have, the more you want) *i.e.,* Appetite comes while eating.

3. **Bien faire et laisser dire.** (Do your work well and never mind the critics.)

4. **Il n'y a pas de fumée sans feu.** (Where there's smoke, there's fire.)

5. **Mieux vaut tard que jamais.** (Better late than never.)

6. **Les murs ont des oreilles.** (Walls have ears.)

7. **Tout est bien qui finit bien.** (All's well that ends well.)

8. **Qui se ressemble s'assemble.** (Birds of a feather flock together.)

9. **Qui ne risque rien n'a rien.** (Nothing ventured, nothing gained.)

10. **Vouloir, c'est pouvoir.** (Where there's a will, there's a way.)

11. **Qui vivra verra.** (Time will tell.)

12. **L'habit ne fait pas le moine.** (Clothes don't make the person.)

13. **Rira bien qui rira le dernier.** (Whoever laughs last laughs best.)

14. **Aide-toi, le ciel t'aidera.** (Heaven helps those who help themselves.)

15. **Quand on parle du loup, on en voit la queue!** (Speak of the devil!)

16. **Sauve qui peut!** (Run for your life!)

17. **Arriver comme marée en carême.** (To arrive in the nick of time.)

18. **Qui se marie à la hâte se repent à loisir.** (Marry in haste, repent later.)

19. **Plus ça change, plus c'est la même chose.** (The more it changes the more it remains the same.)

20. **Chat échaudé craint l'eau froide.** (A burnt child dreads the fire.)

21. **Qui s'excuse, s'accuse.** (A guilty conscience needs no accuser.)

22. **Tout ce qui brille n'est pas or.** (All that glitters is not gold.)

23. **Il est bon de parler et meilleur de se taire.** (Speech is silver, silence is gold.)

24. **Chien qui aboie ne mord pas.** (A barking dog does not bite.) [aboyer, to bark]

25. **Oignez vilain, il vous poindra; poignez vilain, il vous oindra.** (Bless a villain and he will curse you; curse a villain and he will bless you; or, Anoint a villain and he will sting you; sting a villain and he will annoint you; or, you must treat a rough person roughly if you expect respect.) The verb forms **oignez** and **oindra** are from **oindre**, to anoint; **poignez** and **poindra** are from **poindre**, to sting.

A summary of sequence of verb tenses — *Si* clauses

WHEN THE VERB IN THE SI CLAUSE IS:	THE VERB IN THE MAIN OR RESULT CLAUSE IS:
(a) present indicative	present indicative, or future, or imperative
(b) imperfect indicative	conditional
(c) pluperfect indicative	conditional perfect

NOTE: By si we mean *if*. Sometimes si can mean *whether* and in that case, this summary of what tenses are used does not apply. When si means *whether*, there are no restrictions about the tenses. By the way, the sequence of tenses with a si clause in French is the same in English with an *if* clause.

Example:
- (a) **Si elle arrive, je pars.**   If she arrives, I'm leaving.
  Si elle arrive, je partirai.   If she arrives, I will leave.
  Si elle arrive, partez!   If she arrives, leave!

- (b) **Si elle arrivait, je partirais.**   If she arrived, I would leave.

- (c) **Si elle était arrivée, je serais parti.**   If she had arrived, I would have left.

The Subjunctive

The subjunctive is not a tense; it is a mood, or mode. Usually, when we speak in French or English, we use the indicative mood. We use the subjunctive mood in French for certain reasons. The following are the principal reasons.

After certain conjunctions

When the following conjunctions introduce a new clause, the verb in that new clause is normally in the subjunctive mood:

à condition que   on condition that; **Je vous prêterai l'argent à condition que vous me le rendiez le plutôt possible.**

à moins que   unless; **Je pars à six heures précises à moins qu'il (n') y ait un orage.** [Expletive **ne** is optional]

afin que   in order that, so that; **Je vous explique clairement afin que vous compreniez.**

attendre que   to wait until; **Attendez que je finisse mon dîner.**

au cas que   in case; **Au cas qu'il vienne, je pars tout de suite.**

autant que   **Autant que je le sache. . .**   As far as I know. . .

avant que   before; **Ne me dites rien avant qu'il vienne.** [Expletive **ne** is optional]

bien que   although; **Bien que Madame Cartier soit malade, elle a toujours bon appétit.**

de crainte que   for fear that; **La mère a dit à sa petite fille de rester dans la maison de crainte qu'elle ne se fasse mal dans la rue.** [Expletive **ne** is required]

de façon que   so that, in a way that, in such a way that; **Barbara étudie de façon qu'elle puisse réussir.**

560

de manière que so that, in a way that, in such a way that; **Joseph travaille dans la salle de classe de manière qu'il puisse réussir.**

de peur que for fear that; **Je vous dis de rester dans la maison aujourd'hui de peur que vous ne glissiez sur la glace.** [Expletive **ne** is required]

de sorte que so that, in a way that, in such a way that; **Nettoyez la chambre de sorte que tout soit propre.**

en attendant que until; **Nous allons rester ici en attendant qu'elle vienne.**

en cas que in case, in case that, in the event that; **En cas qu'il vienne, je pars tout de suite.**

jusqu'à ce que until; **Je vais attendre jusqu'à ce que vous finissiez.**

malgré que although; **Malgré que Madame Cartier soit malade, elle a toujours bon appétit.** (NOTE: prefer to use **bien que**, as in the example given with **bien que** above on this list)

pour autant que as far as, as much as; **Pour autant que je me souvienne. . .** As far as I remember (NOTE: prefer to use **autant que**, as in the example given with **autant que** above on this list)

pour que in order that, so that; **Expliquez-vous mieux, s'il vous plaît, pour que je comprenne.**

pourvu que provided that; **Vous pouvez parler librement pourvu que vous me laissiez faire de même.**

que . . . ou non whether . . . or not; **Qu'il vienne ou non, cela m'est égal.**

quoique although; **Quoiqu'il soit vieux, il a l'agilité d'un jeune homme.**

sans que . . . ou que whether . . . or; either . . . or; **Soit qu'elle comprenne ou qu'elle ne comprenne pas, cela m'est égal.**

soit que . . . soit que whether . . . or whether; **Soit que vous le fassiez, soit que vous ne le fassiez pas, cela m'est égal.**

tâcher que to try to, to attempt to; **Tâchez que le bébé soit bien nourri.**

veiller à ce que to see to it that; **Veillez à ce que la porte soit fermée à clef pendant mon absence.**

After indefinite expressions

où que wherever; **Où que vous alliez, cela ne m'importe pas.**

quel que whatever; **Je vous aiderai, quelles que soient vos ambitions** / I will help you, whatever your ambitions may be. (NOTE that the appropriate form of **quel** is needed in this indefinite expression because you are dealing with a noun (**ambitions**) and **quel** functions as an adjective)

qui que whoever; **Qui que vous soyez, je ne veux pas vous écouter** / Whoever you are (Whoever you may be), I don't want to listen to you.

quoi que whatever, no matter what; **Quoi que cet homme dise, je ne le crois pas** / No matter what this man says, I do not believe him.

Si + adj. + que however; **Si bavarde qu'elle soit, elle ne dit jamais de bêtises** / However talkative she may be, she never says anything stupid.

After an indefinite antecedent

The reason why the subjunctive is needed after an indefinite antecedent is that the person or thing desired may possibly not exist; or, if it does exist, you may never find it.

(a) **Je cherche une personne qui soit honnête** / I am looking for a person who is honest.

(b) **Je cherche un appartement qui ne soit pas trop cher** / I am looking for an apartment that is not too expensive.

(c) **Connaissez-vous quelqu'un qui puisse réparer mon téléviseur une fois pour toutes?** / Do you know someone who can repair my TV set once and for all?

(d) **Y a-t-il un élève qui comprenne le subjonctif?** / Is there a student who understands the subjunctive?

BUT IF THE PERSON OR THING YOU ARE LOOKING FOR DOES EXIST, USE THE INDICATIVE MOOD:

(a) **J'ai trouvé une personne qui est honnête.**

(b) **J'ai un appartement qui n'est pas trop cher.**

(c) **Je connais une personne qui peut réparer votre téléviseur.**

After a superlative expressing an opinion

Those superlatives expressing an opinion are commonly: **le seul, la seule** (the only), **le premier, la première** (the first), **le dernier, la dernière** (the last), **le plus petit, la plus petite** (the smallest), **le plus grand, la plus grande**, *etc.*

(a) **A mon avis, Marie est la seule étudiante qui comprenne le subjonctif parfaitement.**

(b) **A mon opinion, Henriette est la plus jolie élève que j'aie jamais vue.**

After **Que,** meaning *let* or *may* to express a wish, an order, a command in the 3rd person singular or plural

(a) **Qu'il parte!** / Let him leave!

(b) **Que Dieu nous pardonne!** / May God forgive us! (NOTE that the form *pardonne* is the same in the 3rd pers. subjunctive as in the indicative)

(c) **Qu'ils s'en aillent!** / Let them go away!
    NOTE that what is understood in front of **Que** here is **(Je veux) que. . .**

After certain impersonal expressions

c'est dommage que   it's a pity that; it's too bad that; **C'est dommage qu'elle soit morte.**

il est à souhaiter que   it is to be desired that; **Il est à souhaiter qu'elle soit guérie.**

il est bizarre que   it is odd that; **Il est bizarre qu'il soit parti sans rien dire.**

il est bon que   it is good that; **Il est bon que vous restiez au lit.**

il est convenable que   it is fitting (proper) that; **Il est convenable qu'il vienne me voir.**

il est douteux que   it is doubtful that; **Il est douteux qu'il soit présent au concert ce soir.**

il est essentiel que   it is essential that; **Il est essentiel que vous veniez me voir le plus tôt possible.**

il est étonnant que   it is astonishing that; **Il est étonnant qu'elle soit sortie sans rien dire.**

il est étrange que   it is strange that; **Il est étrange qu'il n'ait pas répondu à ta lettre.**

il est faux que   it is false (it is not true) that; **Il est faux que vous ayez vu ma soeur dans ce cabaret.**

il est heureux que   it is fortunate that; **Il est très heureux que Madame Piquet soit guérie.**

il est honteux que   it is shameful (a shame) that; **Il est honteux que vous trichiez.**

il est important que   it is important that; **Il est important que vous arriviez à l'heure.**

il est impossible que   it is impossible that; **Il est impossible que je sois chez vous avant trois heures.**

il est juste que   it is right that; **Il est juste que le criminel soit puni pour son crime.**

il est naturel que   it is natural that; **Il est naturel qu'on ait peur dans un moment dangereux.**

il est nécessaire que   it is necessary that; **Il est nécessaire que tu finisses la leçon de français avant d'aller au cinéma.**

il est possible que   it is possible that; **Il est possible que Madame Paquet soit déjà partie.**

il est rare que   it is rare that; **Il est rare qu'elle sorte.**

il est regrettable que   it is regrettable that; **Il est regrettable que cet homme riche ait perdu tout au jeu.**

il est surprenant que   it is surprising that; **Il est surprenant que tu n'aies pas fait ton devoir aujourd'hui.**

il est temps que   it is time that; **Il est temps que tu fasses tes devoirs tous les jours.**

il est urgent que   it is ugent that; **Il est urgent que le docteur vienne immédiatement.**

il faut que   it is necessary that; **Il faut que tu sois ici à neuf heures précises.**

il importe que   it is important that; **Il importe que tu me dises toute la vérité.**

il se peut que   it may be that; **Il se peut qu'elle soit sortie.**

il semble que   it seems that, it appears that; **Il semble que Madame Gervaise soit déjà partie.**

il suffit que   it is enough that, it suffices that; **Il suffit qu'il soit informé tout simplement.**

il vaut mieux que   it is better that; **Il vaut mieux que vous soyez présent quand le docteur est ici.**

After the following impersonal expressions (in English, the subject is *It*) used in the negative or interrogative because they suggest some kind of doubt, uncertainty, hesitation. . .

Il ne me semble pas que. . .	**Il ne paraît pas que. . .**
Me semble-t-il que . . . ?	**Paraît-il que . . . ?**
Il n'est pas clair que . . .	**Il n'est pas vrai que . . .**
Est-il clair que . . . ?	**Est-il vrai que . . . ?**

Il n'est pas évident que . . .
Est-il évident que . . .?

Il n'est pas sûr que . . .
Est-il sûr que . . . ?

Il n'est pas certain que . . .
Est-il certain que . . . ?

Il n'est pas probable que . . .
Est-il probable que . . . ?

After certain verbs expressing doubt, emotion, wishing

aimer que . . .
to like that . . .

être joyeux que . . .
to be joyful that . . .

aimer mieux que . . .
to prefer that . . .

être malheureux que . . .
to be unhappy that . . .

s'attendre à ce que . . .
to expect that . . .

être ravi que . . .
to be delighted that . . .

avoir peur que . . .
to be afraid that . . .
[expletive **ne** is required]

être surpris que . . .
to be surprised that . . .

craindre que. . .
to fear that . . .
[expletive **ne** is required]

être triste que . . .
to be sad that . . .

exiger que . . .
to demand that . . .

défendre que . . .
to forbid that . . .

se fâcher que . . .
to be angry that . . .

désirer que . . .
to desire that . . .

insister que . . .
to insist that . . .

douter que . . .
to doubt that . . .

ordonner que . . .
to order that . . .

empêcher que . . .
to prevent that . . .

préférer que . . .
to prefer that . . .

s'étonner que . . .
to be astonished that . . .

regretter que . . .
to regret that . . .

s'étonner de ce que . . .
to be astonished at the fact that . . .

souhaiter que . . .
to wish that . . .

être bien aise que . . .
to be pleased that . . .

tenir à ce que . . .
to insist upon . . .

être content que . . .
to be glad that . . .

trembler que . . .
to tremble that . . .
[expletive **ne** is required]

être désolé que . . .
to be distressed that . . .

vouloir que . . .
to want that . . .

être étonné que . . .
to be astonished that . . .

être heureux que . . .
to be happy that . . .

SOME EXAMPLES:
J'aimerais que vous restiez ici / I would like you to stay here.
J'aime mieux que vous restiez ici / I prefer that you stay here.
Je m'attends à ce qu'elle vienne immédiatement / I expect her to come
immediately.
J'ai peur qu'il ne soit malade / I am afraid that he may be sick.
[expletive **ne** is required]

Je crains qu'elle ne soit gravement malade / I fear that she may be seriously ill. [expletive **ne** is required]

Je m'étonne qu'elle ne soit pas venue me voir / I am astonished that she has not come to see me.

Je m'étonne de ce qu'il ne soit pas parti / I am astonished (at the fact that) he has not left.

Ta mère est contente que tu sois heureux / Your mother is glad that you are happy.

Madame Poulet est désolée que son mari ait perdu toute sa fortune / Mrs. Poulet is distressed that her husband has lost his entire fortune.

After verbs of believing and thinking, such as **croire, penser, trouver** (meaning *to think, to have an impression*), and **espérer** when used in the negative OR interrogative but not when both interrogative AND negative . . .

EXAMPLES:

Je ne pense pas qu'il soit coupable / I don't think that he is guilty. **Croyez-vous qu'il dise la vérité?** / Do you believe he is telling the truth?

BUT: **Ne croyez-vous pas qu'il dit la vérité?** / Don't you think that he is telling the truth?

Trouvez-vous qu'il y ait beaucoup de crimes dans la société d'aujourd'hui? Do you find (think) that there are many crimes in today's society?

BUT: **Ne trouvez-vous pas que ce livre est intéressant?** / Don't you think (*or*: Don't you find) that this book is interesting?

Note: The subjunctive forms in Tense No. 6 (**présent du subjonctif**), Tense No. 7 (**imparfait du subjonctif**), Tense No. 13 (**passé du subjonctif**), and Tense No. 14 (**plus-que-parfait du subjonctif**) of any verb are normally preceded by **que** (that); for example, **que je sois** / that I may be, **que tu ailles** / that you may go.

The purpose of the guide on page 567 is to help you pronounce French words as correctly as possible. However, the best way to improve your pronunciation is to imitate spoken French that you hear from speakers who pronounce French accurately. To accomplish this, you may want to consult my Barron's book *Pronounce It Perfectly in French*, which comes with two audiocassettes that give you practice, during pauses, in imitating French spoken by French speakers.

In French there are several spellings for the same sound; for example, the following spellings are all pronounced **ay**, as in the English word *say*.

et (j')ai (parl)é (av)ez (all)er (l)es

The system of transcription of French sounds used here is English letters in italics. As soon as you catch on to this system, you will find it EE-zee. At first, you will have to refer to the list repeatedly until it is fixed in your mind. The sounds are arranged alphabetically in transcription form. This is the easiest way for you to find the transcription as you read the English letters next to the French words.

Consonant sounds are approximately the same in French and English. Any variations in the pronunciation of some French consonants are found in the sound transcriptions. When speaking French, you must raise your voice slightly on the last transcription sound when there is more than one in a group; for example, in pronouncing **s'il vous plaît** (please), raise your voice slightly on *pleh* in *seel-voo-pleh*.

There are only four nasal vowel sounds in French. They are expressed in the following catchy phrase, which means "a good white wine."

un	**bon**	**vin**	**blanc**
$\overline{uh}$	$\overline{boh}$	$\overline{veh}$	$\overline{blah}$

The straight line over the two letters means that the vowel is nasalized. How do you nasalize a vowel in French? Instead of letting breath (air) out your mouth, you must push it up your nose so that it does not come out your mouth.

Now, become familiar with the EE-zee guide to French pronunciation. Remember, the transcriptions in italics serve only as a guide to pronouncing the French. Practice pronouncing each sound first and then try it out by reading aloud some of the words and expressions on the pages that follow.

Approximate pronunciation

TRANSCRIPTION LETTERS	ENGLISH WORD	FRENCH WORD	TRANSCRIPTION SOUNDS
a	lollipop	la	*la*
ah	ah!	pas	*pah*
ay	say	ai	*ay*
e	the	le	*le*
ee	see	ici	*ee-see*
eh	egg	mère	*mehr*
ew	few	lu	*lew*
ew-ee	you eat	huit	*ew-eet*
ny	canyon	montagne	*mo̅h-ta-ny*
o	also	hôtel	*o-tehl*
oh	oh	chose	*sh-oh-z*
oo	too	ou	*oo*
sh	ship	chose	*sh-oh-z*
ss	kiss	cesse	*seh-ss*
u	bun	bonne	*bun*
uh	pudding	peux	*puh*
ur	purple	heure	*ur*
y	yes	joyeux	*zh-wah-yuh*
z	zero	zéro	*zay-roh*
zh	measure	je	*zhe*

Nasal vowels

u̅h̅	sung	un	*u̅h̅*
o̅h̅	song	bon	*bo̅h̅*
e̅h̅	sang	vin	*ve̅h̅*
a̅h̅	yonder	blanc	*bla̅h̅*

The purpose of this new feature is to give you useful basic verbs, expressions, and words for thirty practical situations you may find yourself in while visiting France or any French-speaking country or region of the world.

On each page where a situation is given, for example, in a restaurant or hotel, a few basic statements and questions are also included to help you communicate your thoughts effectively in the spoken language.

For the convenience of the traveler who cannot read or speak French, next to the French words there is a transcription of French sounds in italicized English letters. They are not words either in French or English and the hyphens, therefore, do not represent a division of words into syllables. They are merely sound transcriptions, and the hyphens indicate very short pauses or breath groups for about one second between sounds. In this way, the hyphens set apart the different transcriptions of sounds as listed in the EE-zee Guide to French Pronunciation on the preceding page. Study that page to become familiar with the simple system of transcription of sounds that I devised. Also, consult the Guide to Thirty Practical Situations below, where you can quickly find the page number of the situation that is of interest to you.

If there are other verbs you need to use, besides the ones given in this section, consult those in the main part of this book between pages 1 and 501.

Bon voyage! *boh vwah-yah-zh* Have a good trip!

GUIDE TO THIRTY PRACTICAL SITUATIONS

Basic verbs, expressions, and words useful in this situation:

aller *a-lay* to go
quelle heure *kehl ur* what time
arriver *a-ree-vay* to arrive
s'il vous plaît *seel-voo-pleh* please
attendre *a-tah-dre* to wait (for)
où *oo* where
dire *deer* to say, to tell
pour Paris *poor pah-ree* for Paris
être *eh-tre* to be
voyager *vwah-yah-zh-ay* to travel
faire un voyage *fehr uh vwah-yah-zh*
  to take a trip
à la douane *a la dwahn* to customs
déclarer *day-kla-ray* to declare

partir *par-teer* to leave
l'avion *la-vee-oh* the airplane
plaire *plehr* to please
dites-moi *deet-mwah* tell me
pouvoir *poo-vwahr* to be able, can
merci *mehr-see* thank you
savoir *sa-vwahr* to know
je peux *zhe puh* I can
vouloir *vool-wahr* to want
la salle d'attente *la sal da-taht* waiting
  room
un billet aller-retour *uh bee-yay a-lay
  retoor* a round-trip ticket

Basic statements and questions useful in this situation:

1. **Je voudrais savoir à quelle heure l'avion va partir pour Paris.**
   zhe voo-dreh sa-vwahr a kehl ur la-vee-oh va par-teer poor pah-ree.
   I would like to know at what time the airplane is going to leave for Paris.

2. **A quelle heure est-ce que l'avion arrive à Paris?**
   a kehl ur ehs-ke la-vee-oh a-reev a pah-ree
   At what time does the airplane arrive in Paris?

3. **Dites-moi, s'il vous plaît, où je peux attendre. Merci beaucoup.**
   deet-mwah, seel-voo-pleh, oo zhe puh a-tah-dre. mehr-see boh-koo.
   Tell me, please, where I can wait. Thank you very much.

For more verbs, expressions, and popular words commonly used, consult page 599.

Thirty practical situations for tourists   569

Basic verbs, expressions, and words useful in this situation:

réserver *ray-zehr-vay* to reserve
payer *pay-yay* to pay
monter *moh-tay* to go up
descendre *day-sah-dre* to go down
arriver *a-ree-vay* to arrive
une chambre *ewn shah-bre* room
un lit *uh lee* bed
un grand lit *uh grah lee* large bed
deux lits *duh lee* two beds
une serviette · *ewn sehr-vee-eht* a towel
du savon *dew sa-voh* some soap
y a-t-il... ? *ee-a-teel* is there... ? are there... ?

pas cher *pah shehr* not expensive
pas de bruit *pahd brew-ee* no noise
pour une nuit *poor ewn new-ee* for one night
pour deux nuits *poor duh new-ee* for two nights
une baignoire *ewn beh-ny-wahr* bathtub
une douche *ewn doosh* a shower
un lavabo *uh la-va-boh* a washstand
mes bagages *may ba-gazh* my luggage
une semaine *ewn smen* one week
une télé *ewn tay-lay* a TV

Basic statements and questions useful in this situation:

1. **Bonjour. Je voudrais une chambre pour une nuit, s'il vous plaît.**
   boh-zhoor. zhe voo-dreh ewn shah-bre poor ewn new-ee, seel-voo-pleh.
   Hello. I would like a room for one night, please.

2. **J'ai mon passeport. Le voici. Tout est en ordre?**
   zhay moh pahs-pohr. le vwah-see. too teh ah nurdre
   I have my passport. Here it is. Is everything in order?

3. **Acceptez-vous des cartes de crédits?**
   ah-ksehp-tay voo day kart de kray-dee
   Do you accept credit cards?

4. **Je préfère monter l'escalier. Je n'aime pas les ascenseurs!**
   zhe pray-fehr moh-tay lehs-ka-lee-ay. zhe nehm pah lay za-sah-sur
   I prefer to walk up the stairs. I don't like elevators!

For more verbs, expressions, and popular words commonly used, consult page 599.

Basic verbs, expressions, and words useful in this situation:

faire du shopping   *fehr dew shup-een*
  to go shopping
acheter   *ash-tay*   to buy, to purchase
chercher   *shehr-shay*   to look for
jouer aux jeux vidéo   *zhoo-ay oh zhuh
  vee-day-oh*   to play video games
aimer   *ay-may*   to like
payer en espèces   *pay-yay ah nehs-pehs*
  to pay in cash
la musique de jazz   *la mew-zeek de zhaz*
  jazz music
un jouet   *uh zhoo-ay*   a toy
un achat   *uh na-sha*   a purchase

les cassettes   *lay ka-seht*   cassettes
les disques   *lay deesk*   records,
  recordings
le "flipper"   *le flee-pehr*   popular word
  for video game
une carte de crédit   *ewn kart de kray-dee*
  a credit card
une cassette vidéo   *ewn ka-seht vee-day-
  oh*   videocassette
sur quel étage?   *sewr kehl ay-tazh*   on
  what floor?
au rez-de-chaussée   *oh rayd shoh-say*   on
  the main (ground) floor

Basic statements and questions useful in this situation:

1. **Pouvez-vous me dire où se trouvent les grands magasins?**
   poo-vay-voo me deer oo stroov lay grah ma-ga-zeh
   Can you tell me where the big department stores are located?

2. **Il y a beaucoup de grands magasins près de l'Opéra.**
   eel-ee-a boh-koo de grah ma-ga-zeh prehd loh-pay-ra.
   There are many big department stores near the Opera.

3. **Pardonnez-moi. Pouvez-vous m'aider, s'il vous plaît? Je cherche...**
   par-dun-ay mwah. poo-vay-voo may-day, seel-voo-pleh. zhe shehrsh
   Pardon me. Can you help me, please? I'm looking for . . .

4. **Je voudrais acheter des jouets. Où vend-on des jouets?**
   zhe vood-reh ash-tay day zhoo-ay. oo vah-toh day zhoo-ay
   I would like to buy some toys. Where do they sell toys?

For more verbs, expressions, and popular words commonly used, consult page 599.

Dans une librairie-papeterie   *dah zewn lee-bray-ree pap-tree*
In a bookstore-stationery shop

Basic verbs, expressions, and words useful in this situation:

lire *leer* to read
écrire *ay-kreer* to write
un livre *uh leevre* a book
art *(m.)* *ahr* art
histoire *(f.)* *ees-twahr* history
un dictionnaire *uh deek-see-un-ehr* dictionary
une enveloppe *une ah-vlup* envelope
un stylo *uh stee-loh* pen
un crayon *uh kray-oh* pencil
un bloc de papier *uh bluk de pap-ee-ay* writing pad
avec lignes *a-vehk lee-ny* with lines

papier à dessin *pap-ee-ay a day-seh* drawing paper

sans lignes *sah lee-ny* without lines
trop cher *troh shehr* too expensive
à bon marché *a boh mar-shay* inexpensive
moins cher *mweh shehr* less expensive
livres d'occasion *leevre duk-a-zee-oh* used books
papier carbone *pap-ee-ay kar-bun* carbon paper
une gomme *ewn gum* eraser
un stylo à bille *uh stee-loh a bee-y* ballpoint pen
crayons de couleur *kray-oh de koo-lur* color pencils

Basic statements and questions useful in this situation:

1. **Bonjour! Je désire acheter un livre d'art, s'il vous plaît.**
   boh-zhoor   zhe day-zeer ash-tay uh leevre dahr, seel-voo-pleh.
   Hello! I would like to buy an art book, please.

2. **Les livres d'art sont au fond du magasin, là-bas.**
   lay leevre dahr soh oh foh dew ma-ga-zeh, lah-bah.
   Books on art are in the rear of the store, over there.

3. **Je voudrais acheter, aussi, des trombones, des élastiques et de la ficelle.**
   zhe voo-dreh ash-tay, oh-see, day troh-bun, day zay-las-teek ay de la fee-sehl.
   I would like to buy, also, some paper clips, rubber bands, and some string.

4. **Je pense que c'est tout. Voici l'argent. Merci beaucoup. Au revoir!**
   zhe pah-ss ke seh too. vwah-see lar-zhah. mehr-see boh-koo. u-re-vwahr.
   I think that's all. Here is the money. Thank you very much. Good-bye!

For more verbs, expressions, and popular words commonly used, consult page 599.

Basic verbs, expressions, and words useful in this situation:

appeler *ap-lay* to call

téléphoner *tay-lay-fun-ay* to telephone

composer le numéro *koh-poh-zay le new-may-roh* to dial the number

le bottin *le but-eh* phone book

téléphoner en direct *tay-lay-fun-ay ah dee-rehkt* to telephone direct

la ligne est occupée *la lee-ny eh tuk-ew-pay* the line is busy

j'ai été coupé *zhay ay-tay-koo-pay* I was cut off

j'écoute *zhay koot* I'm listening

je le regrette *zhel re-greht* I'm sorry

un numéro privé *uh new-may-roh pree-vay* an unlisted number

parler *par-lay* to talk, to speak

une cabine téléphonique *ewn ka-been tay-lay-fun-eek* telephone booth

téléphoniste *tay-lay-fun-eest* telephone operator

mon numéro est... *moh new-may-roh eh* my number is . . .

le mauvais numéro *le mu-veh new-may-roh* the wrong number

allô *a-loh* hello (when answering a telephone call)

un appel en P.C.V. $\overline{uh}$ *na-pehl ah pay say vay* a collect call

Basic statements and questions useful in this situation:

1. **Allô. Allô. Qui est à l'appareil, s'il vous plaît?**
   a-loh. a-loh. kee eh ta-la-pa-ray, seel-voo-pleh
   Hello. Hello. Who is on the phone, please?

2. **Je ne peux pas vous entendre. Parlez plus fort, s'il vous plaît.**
   zhe ne puh pah voo zah-tah-dre. par-lay plew fohr, seel-voo-pleh.
   I can't hear you. Speak more loudly, please.

3. **Ne quittez pas la ligne.** *ne kee-tay pah la lee-ny.* Don't hang up.

4. **Pardonnez-moi. Pouvez-vous m'aider à faire un appel téléphonique?**
   par-dun-ay mwah. poo-vay voo may-day a fehr $\overline{uh}$ na-pehl tay-lay-fun-eek
   Pardon me. Can you help me make a telephone call?

5. **Je voudrais téléphoner en P.C.V.** *zhe voo-dreh tay-lay-fun-ay ah pay say vay.*
   I would like to make a collect call.

For more verbs, expressions, and popular words commonly used, consult page 599.

Thirty practical situations for tourists   573

Dans une laverie automatique *dah zewn la-vree u-tuh-ma-teek*
At a laundromat

Basic verbs, expressions, and words useful in this situation:

laver *la-vay* to wash

combien de minutes *koh-bee-eh de mee-newt* how many minutes

sécher *say-shay* to dry

le javel *le zha-vehl* bleach

eau de javel *oh de zha-vehl* liquid bleach

un jeton *uh zhe-toh* a token

la monnaie *la mun-ay* change (coins)

savon en poudre *sa-voh ah poo-dre* powdered soap

aidez-moi, s'il vous plaît *ay-day-mwah, seel-voo-pleh* help me, please

une machine à laver *ewn ma-sheen a la-vay* washing machine

il faut attendre *eel-foh a-tah-dre* it is necessary to wait

sans javel *sah zha-vehl* without bleach

amidon *a-mee-doh* starch

beaucoup *boh-koo* much, a lot, many

très peu *treh-puh* very little

la lessive *la leh-seev* laundry (soiled clothing to wash)

un séchoir automatique *uh say-shwahr u-toh-ma-teek* an automatic drying machine

Basic statements and questions useful in this situation:

1. **Excusez-moi. Pouvez-vous m'aider, s'il vous plaît?**
   ehks-kew-zay-mwah. poo-vay-voo may-day, seel-voo-pleh
   Excuse me. Can you help me, please?

2. **Comment est-ce que ces machines marchent?**
   kum-mah ehs-ke say ma-sheen marsh
   How do these machines operate?

3. **J'ai besoin de pièces de monnaie?**
   zhay be-zweh de pee-ehs de mun-ay
   Do I need coins?

4. **Vous êtes bien aimable. Je vous remercie beaucoup.**
   voo-zeht bee-eh ay-mah-ble. zhe voo re-mehr-see boh-koo.
   You are very kind. I thank you very much.

For more verbs, expressions, and popular words commonly used, consult page 599.

Basic verbs, expressions, and words useful in this situation:

chercher *shehr-shay* to look for __

j'ai besoin d'aspirines *zhay be-zweh das-pee-reen* I need (some) aspirin

c'est urgent *seh tewr-zhah* it's urgent, it's an emergency

revenir *re-vneer* to come back, to return

j'ai un mal de dents *zhay uh mahl de dah* I have a toothache

le sirop contre la toux *le see-roh koh-tre la too* cough syrup

un antiseptique *uh nah-tee-sehp-teek* an antiseptic

teinture d'iode *teh-tewr dee-ud* iodine

crème à raser *krehm a rah-zay* shaving cream

avoir besoin de... *a-vwahr be-zweh de* to need . . . , to have need of . . .

puis-je... ? *pew-ee-zh* may I . . . ?

du savon *dew-sa-voh* some soap __

pastilles contre la toux *pa-stee-y koh-tre la too* cough drops

un laxatif léger *uh laks-a-teef lay-zhay* mild laxative

une brûlure *ewn brew-lewr* burn

la diarrhée *la dee-a-ray* diarrhea

une brosse à dents *ewn bruss a dah* toothbrush

dentifrice au fluor *dah-tee-frees oh flew-ohr* toothpaste with fluoride

Basic statements and questions useful in this situation:

1. **J'ai besoin de quelque chose pour une brûlure. Et une solution pour bain de bouche.**
   zhay be-zweh de kehl-ke shohz poor ewn brew-lewr.   ay ewn sul-ew-see-oh poor beh de boosh.
   I need something for a burn. And a mouthwash solution.

2. **Quelle est la posologie? Combien de comprimés par jour?**
   kehl eh la pu-su-lu-zhee   koh-bee-eh de koh-pree-may pahr zhoor
   What is the dosage? How many tablets a day?

3. **Avez-vous quelque chose pour une démangeaison?**
   a-vay-voo kehl-ke shohz poor ewn day-mah-zhay-zoh
   Have you something for an itch?

4. **Puis-je revenir dans une heure? Cet après-midi?**
   pew-ee-zh re-vneer dah zewn ur   seht a-preh mee-dee
   May I come back in an hour? This afternoon?

For more verbs, expressions, and popular words commonly used, consult page 599.

Basic verbs, expressions, and words useful in this situation:

être malade *eh-tre ma-lad* to be sick

j'ai mal ici... *zhay mal ee-see* It hurts here . . .

je suis malade *zhe swee ma-lahd* I'm sick

j'ai le vertige *zhayl vehr-teezh* I feel dizzy

quelques semaines *kehl-ke smen* a few weeks

une douleur ici... *ewn doo-lur ee-see* a pain here . . .

restez au lit *reh-stay oh lee* stay in bed

pour une semaine *poor ewn smen* for a week

vomir *vu-meer* to vomit

depuis combien de temps? *de-pew-ee koh-bee-eh de tah* for how long a time?

s'évanouir *ay-va-noo-eer* to faint

la tension artérielle *la tah-see-oh ar-tay-ree-ehl* blood pressure

je suis enceinte *zhe swee ah-seh-t* I'm pregnant

quelques jours *kehl-ke zhoor* a few days

c'est grave? *seh grahv* is it serious?

une ordonnance *ewn ur-dun-ahs* a prescription

Basic statements and questions useful in this situation:

1. **Je suis diabétique. Aujourd'hui j'ai des douleurs et de la fièvre.**
   zhe swee dee-a-bay-teek. oh-zhoor-dwee zhay day doo-lur ay dla fee-eh-vre.
   I am diabetic. Today I have pains and a fever.

2. **Bonjour, docteur. Je suis malade. Aidez-moi. Je vous en prie.**
   boh-zhoor, duk-tur. zhe swee ma-lad. ay-day mwah. zhe voo zah pree.
   Hello, doctor. I am sick. Help me. I beg you.

3. **Où est-ce que vous avez mal?** *oo ehs-ke voo zavay mal*
   Where do you feel sick?

4. **Montrez-moi.** *moh-tray mwah.* Show me. **Toussez!** *too-say* Cough!

5. **Tirez la langue.** *tee-ray la lah-g.* Stick out your tongue.

For more verbs, expressions, and popular words commonly used, consult page 599.

Basic verbs, expressions, and words useful in this situation:

vouloir *vool-wahr* to wish, to want

acheter *ash-tay* to buy, to purchase

j'ai besoin de savon parfumé *zhay be-zweh de sa-voh par-few-may* I need some perfumed soap

la peau *la poh* skin

un parfum *uh par-fuh* perfume

une eau de Cologne *ewn ohd kul-u-ny* eau de Cologne

une eau de rose *ewn ohd rohz* rose water

un spray *uh spray* a spray

pour une femme *poor ewn fahm* for a woman

pour un homme *poor uh num* for a man

désirer *day-zee-ray* to desire, want

mon visage *moh vee-zazh* my face

une eau de toilette *ewn oh de twah-leht* (a light fragrance that does not last long)

un vaporisateur *uh va-poh-ree-za-tur* an atomizer

du maquillage *dew ma-kee-yah-zh* facial make-up

pour les ongles *poor lay-zoh-gle* for fingernails

un shampooing colorant *uh shah-pweh ku-lu-rah* a color rinse

Basic statements and questions useful in this situation:

1. **C'est pour offrir.** *seh poor uf-reer.* It's to give as a present.

2. **J'ai besoin de rouge à lèvres.**
   zhay be-zweh de roo-zh a leh-vre.
   I need some lipstick.

3. **Je voudrais regarder les couleurs que vous avez pour les ongles.**
   zhe voo-dreh re-gar-day lay koo-lur ke voo za-vay poor lay-zoh-gle.
   I would like to look at the colors you have for fingernails.

4. **J'aimerais avoir un peigne et une brosse à cheveux.**
   zh-ehm-reh a-vwahr uh peh-ny ay ewn bruss a sh-vuh.
   I would like to have a comb and a hairbrush.

5. **Je pense que c'est tout. Merci beaucoup. Au revoir.**
   zhe pah-ss ke seh too. mehr-see boh-koo. u-re-vwahr.
   I think that's all. Thank you very much. Good-bye.

For more verbs, expressions, and popular words commonly used, consult page 599.

Basic verbs, expressions, and words useful in this situation:

vouloir *vool-wahr* to want
je voudrais *zhe voo-dreh* I would like
du vin *dew veh* some wine
monsieur *me-sy-uh* sir; waiter
mademoiselle *mad-mwah-zehl* miss; waitress
les toilettes *lay twah-leht* restrooms
la spécialité *la spay-see-a-lee-tay* the specialty, the special
la bière *la bee-ehr* beer
au lait *oh-leh* with milk
un steak-frites *uh stehk-freet* steak with French fries
saignant *say-ny-ah* rare (meat)

s'il vous plaît *seel-voo-pleh* please
les desserts *lay day-sehr* desserts
une table *ewn ta-ble* table
un menu *uh me-new* menu
commander *kum-ah-day* to order
madame *ma-dahm* madam; waitress
pour moi *poor mwah* for me
payer l'addition *pay-yay la-dee-sy-oh* to pay for the check
une gazeuse *ewn ga-zuh-z* soda drink
un café *uh ka-fay* coffee
bien cuit *bee-eh kew-ee* well done (meat)
à point *a-pweh* medium (meat)

Basic statements and questions useful in this situation:

1. **Nous voudrions une table pour quatre près de la fenêtre, s'il vous plaît.**
   noo voo-dree-oh ewn ta-ble poor ka-tre prehd la fneh-tre, seel-voo-pleh.
   We would like a table for four near the window, please.

2. **Moi, je préfère un steak à point et des frites, s'il vous plaît.**
   mwah, zhe pray-fehr uh stehk a pweh ay day freet, seel-voo-pleh.
   As for me, I prefer a steak medium and some French fries, please.

3. **Apportez-nous une bouteille de vin rouge, s'il vous plaît.**
   a-pohr-tay-noo ewn boo-tay de veh roo-zh, seel-voo-pleh.
   Bring us a bottle of red wine, please.

4. **Il y a une mouche dans ma soupe!**
   eel-ee-a ewn moosh dah ma soop
   There is a fly in my soup!

5. **Où sont les toilettes?** *oo soh lay twah-leht* Where are the restrooms?

For more verbs, expressions, and popular words commonly used, consult page 599.

Basic verbs, expressions, and words useful in this situation:

laver *la-vay* to wash
faire laver *fehr la-vay* to have (something) washed
repasser *re-pah-say* to iron
avec javel *a-vehk zha-vehl* with bleach
amidon (m.) *a-mee-doh* starch
sans amidon *sah-za-mee-doh* without starch
coudre *koo-dre* to sew
la fermeture à glissière *la fehrm-tewr a glee-see-ehr* zipper

je voudrais faire laver quelque chose *zhe voo-dreh fehr la-vay kehl-ke-sh-ohz* I would like to have something washed
le javel *le zha-vehl* bleach
sans javel *sah zha-vehl* without bleach
eau de javel *oh de zha-vehl* liquid bleach
une chemise *ewn shmeez* shirt
une blouse *ewn blooz* blouse
un bouton *uh boo-toh* button
c'est déchiré *seh day-shee-ray* it's torn
quand puis-je revenir? *kah pew-ee-zh re-vneer* when may I come back?

Basic statements and questions useful in this situation:

1. **J'ai de la lessive à faire laver, s'il vous plaît.**
   zhay de la leh-seev a fehr la-vay, seel-voo-pleh.
   I have some laundry to have washed, please.

2. **Quand est-ce que je peux revenir?**
   kah tehs-ke zhe puh re-vneer
   When may I come back?

3. **Demain? Dans deux jours? Dans trois jours? Cet après-midi?**
   de-meh dah duh zh-oor dah trwah zh-oor seh ta-preh-mee-dee
   Tomorrow? In two days? In three days? This afternoon?

4. **Cela va me coûter combien, s'il vous plaît?**
   slah vahm koo-tay koh-bee-eh, seel-voo-pleh
   That is going to cost me how much, please?

For more verbs, expressions, and popular words commonly used, consult page 599.

Thirty practical situations for tourists   579

Basic verbs, expressions, and words useful in this situation:

quel film? *kehl feelm* which film (movie)?

un billet *uh bee-yay* ticket

quelle séance? *kehl say-ah-s* which showing?

le spectacle *le spehk-tak-le* show

où sont les toilettes? *oo soh lay twah-leht* where are the restrooms?

combien d'heures? *koh-bee-eh dur* how many hours?

une place *ewn plahs* one seat

y a-t-il un balcon? *ee-a-teel uh bal-koh* is there a balcony?

en anglais? *ah nah-gleh* in English?

donnez-moi *dun-nay mwah* give me

à quelle heure? *a kehl ur* at what time?

commencer *kum-ah-say* to begin

bon *boh* good

mauvais *mu-veh* bad

amusant *a-mew-zah* amusing, funny

drôle *drohl* funny

deux places *duh plahs* two seats

en français? *ah frah-seh* in French?

c'est doublé? *seh doo-blay* is it dubbed?

où est l'entrée? *oo eh lah-tray* where is the entrance?

version originale *vehr-see-oh u-ree-zh-ee-nal* original version

Basic statements and questions useful in this situation:

1. **Deux places, s'il vous plaît, pour le film de trois heures.**
   duh plahs, seel-voo-pleh, poor le feelm de trwah zur.
   Two seats, please, for the movie at three o'clock.

2. **C'est combien?** *seh koh-bee-eh* It's how much?

3. **C'est par quelle porte pour entrer dans le cinéma?**
   seh pahr kehl pohrt poor ah-tray dahl see-nay-ma
   It's through which door to go into the cinema?

4. **Où sont les toilettes pour dames? Pour hommes?**
   oo soh lay twah-leht poor dahm   poor um
   Where are the restrooms for ladies? For men?

5. **Merci beaucoup.** *mehr-see boh-koo.* Thank you very much.

For more verbs, expressions, and popular words commonly used, consult page 599

Basic verbs, expressions, and words useful in this situation:

un billet *uh bee-yay* ticket
un ticket *uh tee-kay* ticket
faire la queue *fehr la kuh* to stand in line, to queue up
retourner *re-toor-nay* to return
le train *le treh* train
l'autobus *(m.)* *loh-toh-bewss* city bus
aller simple *a-lay seh-ple* one-way
aller-retour *a-lay re-toor* round-trip
le prochain *le pru-sh-eh* the next
quelle porte? *kehl poh-rt* what gate?
quelle voie? *kehl vwah* what track?
le buffet *le bew-fay* snack bar

avoir *av-wahr* to have
acheter *ash-tay* to buy, to purchase
vouloir *vool-wahr* to want
aller *a-lay* to go
en première classe *ah pre-mee-ehr klahss* in first class
en seconde classe *ah se-goh-d klahss* in second class
l'autocar *(m.)* *loh-toh-kahr* long-distance bus
désirer *day-zee-ray* to desire
à quelle heure? *a kehl ur* at what time?
la sortie *la sohr-tee* exit

Basic statements and questions useful in this situation:

1. **Je voudrais un billet aller-retour pour Cannes, s'il vous plaît.**
   zhe voo-dreh uh bee-yay a-lay re-toor poor kahn, seel-voo-pleh.
   I would like a round-trip ticket for Cannes, please.

2. **A quelle heure part le prochain train? Donnez-moi un horaire, s'il vous plaît.**
   a kehl ur pahr le pru-sh-eh treh   dun-nay mwah uh nu-rehr, seel-voo-pleh.
   At what time does the next train leave? Give me a time schedule, please.

3. **Sur quelle voie, s'il vous plaît? Quel est le numéro de ma voiture?**
   sewr kehl vwah, seel-voo-pleh   kehl ehl new-may-rohd ma vwah-tewr
   On what track, please? What is the number of my (train) car?

4. **Combien ça coûte? Quel est le tarif?**
   koh-bee-eh sah koot   kehl eh le ta-reef
   How much does it cost? What is the fare?

For more verbs, expressions, and popular words commonly used, consult page 599.

Basic verbs, expressions, and words useful in this situation:

acheter *ash-tay* to buy, to purchase
aimer *ay-may* to like
coûter *koo-tay* to cost
un éclair *uh nay-klehr* eclair
une tarte aux fraises *ewn tart oh freh-z* strawberry tart
croustillant *kroo-stee-yah* crispy, crunchy
une barquette *ewn bar-keht* boat-shaped pastry with fruit filling
aux fruits *oh frew-ee* with fruits

devoir *de-vwahr* to owe
donner *dun-nay* to give
vouloir *vool-wahr* to want
un gâteau *uh gah-toh* cake
un feuilletté aux pommes *uh fu-yeht-ay oh pum* apple strudel
un flan *uh flah* baked custard
une tourte *ewn toort* layer cake
crème Chantilly *krehm sh-ah-tee-yee* whipped cream
aux abricots *oh za-bree-koh* with apricots

Basic statements and questions useful in this situation:

1. **Je voudrais acheter quelques pâtisseries.**
   zhe voo-dreh ash-tay kehl-ke pah-tee-sree.
   I would like to buy some pastries.

2. **Donnez-moi, s'il vous plaît, cet éclair et deux beignets aux pommes.**
   dun-nay mwah, seel-voo-pleh, seht ay-klehr ay duh beh-ny-ay oh pum.
   Give me, please, this eclair and two apple fritters.

3. **Et avec ça, j'aimerais ce grand gâteau au chocolat. J'ai grand faim!**
   ay ah-vehk sah, zhem-reh se grah gah-toh oh shu-ku-la. zhay grah feh
   And with that, I would like this big chocolate cake. I'm very hungry!

4. **Ça coûte combien pour tout? Combien je vous dois?**
   sah koot koh-bee-eh poor too koh-bee-eh zhe voo dwah
   That costs how much for everything? How much do I owe you?

For more verbs, expressions, and popular words commonly used, consult page 599.

Basic verbs, expressions, and words useful in this situation:

un journal *uh zh-oor-nal* newspaper
un magazine *uh ma-ga-zeen* magazine
un plan *uh plah* map
un plan de cette ville *uh plah de seht veel*
a map of this city
donnez-moi, s'il vous plaît *dun-nay
mwah, seel-voo-pleh* give me, please
c'est combien pour ce numéro? *seh koh-
bee-eh poor se new-may-roh* how
much is it for this issue?
en italien *ah nee-ta-lee-eh* in Italian

des cartes postales de vues *day kart pus-
tal de vew* picture postcards
un guide touristique *uh geed too-ree-
steek* tourist guidebook
un télé guide *uh tay-lay geed* TV guide
avez-vous la monnaie de cent francs? *a-
vay voo la mun-nay de sah frah* have
you change for one hundred francs?
en français *ah frah-seh* in French
en anglais *ah nah-gleh* in English
en allemand *ah nal-mah* in German

Basic statements and questions useful in this situation:

1. **Avez-vous des journaux américains? anglais? allemands? italiens?**
   a-vay voo day zh-oor-noh a-may-ree-keh ah-gleh al-mah ee-ta-lee-eh
   Have you any American newspapers? English? German? Italian?

2. **J'achète ce journal, ce télé guide et ce magazine.**
   zh-a-sh-eht se zh-oor-nal, se tay-lay geed ay se ma-ga-zeen.
   I'm buying this newspaper, this TV guide, and this magazine.

3. **Quand est-ce que vous aurez le prochain numéro?**
   kah tehs-ke voo zu-ray le prush-eh new-may-roh
   When will you have the next issue?

4. **Voici l'argent. Merci beaucoup, monsieur (madame).**
   vwah-see lar-zh-ah. mehr-see boh-koo, me-sy-uh (ma-dahm).
   Here is the money. Thank you very much, sir (madam).

For more verbs, expressions, and popular words commonly used, consult page 599.

Le pressing et le nettoyage à sec *le prehs-een ay le neh-twah-yah-zh a sehk* Pressing and dry cleaning

Basic verbs, expressions, and words useful in this situation:

nettoyer à sec *neh-twah-yay a sehk* dry cleaning
repasser *re-pah-say* to iron, to press
réparer *ray-pah-ray* to repair, to mend
prêt *preh* ready
une robe *ewn rub* dress
un complet *uh koh-pleh* suit
un manteau *uh mah-toh* overcoat
une chemise *ewn shmeez* shirt
des gants (*m.*) *day gah* gloves
la teinture *la teh-tewr* dyeing
une ceinture *ewn seh-tewr* belt
cet imperméable *seht eh-pehr-may-ah-ble* this raincoat, mackintosh

les vêtements *lay veht-mah* clothes
sale *sahl* soiled, dirty
déchiré *day-shee-ray* torn
bientôt *bee-eh-toh* soon
un pantalon *uh pah-ta-loh* pants, trousers
une blouse *ewn blooz* blouse
une écharpe *ewn ay-sharp* scarf
une jupe *ewn zh-ewp* skirt
ce costume *se kus-tewm* this suit
les boutons *lay boo-toh* buttons
cette cravate *seht kra-vaht* this necktie
coudre *koo-dre* to sew

Basic statements and questions useful in this situation:

1. **Je cherche un magasin de pressing et nettoyage à sec.**
   zhe sh-ehr-sh uh ma-ga-zeh de prehs-een ay neh-twah-yah-zh a sehk.
   I am looking for a pressing and dry cleaning store.

2. **Y a-t-il un magasin ici dans ce quartier?**
   ee-a-teel uh ma-ga-zeh ee-see dah ce kar-tee-ay
   Is there a store here in this neighborhood?

3. **Est-ce que vous faites des teintures?**
   ehs-ke voo feht day teh-tewr
   Do you do any dyeing?

4. **Oui, nous faisons des teintures. Quelle couleur préférez-vous?**
   wee, noo fe-zoh day teh-tewr. kehl koo-lur pray-fay-ray voo
   Yes, we do dyeing. What color do you prefer?

For more verbs, expressions, and popular words commonly used, consult page 599.

Chez le coiffeur masculin-féminin *shayl kwah-fur mas-kew-lēh fay-mee-neh* At the hair stylist for men and women

Basic verbs, expressions, and words useful in this situation:

couper *koo-pay* to cut
laver *la-vay* to wash
brosser *brus-say* to brush
raser *rah-zay* to shave
un shampooing *uh sh-ah-pwēh* shampoo
une coiffure folle *ewn kwah-fewr ful* a crazy, wild hair style
les cheveux courts *lay sh-vuh koor* short hair
ce modèle *se mud-ehl* this style, type
élégant *ay-lay-gah* elegant
mouillé *moo-yay* wet, moist

éblouissant *ay-bloo-ee-sah* dazzling
une nouvelle coiffure *ewn noo-vehl kwah-fewr* a new hair style
un coiffeur *uh kwah-fur* hair stylist (man); barber
une coiffeuse *ewn kwah-fuh-z* hair stylist (f.)
une coiffure sage *ewn kwah-fewr sah-zh* a simple, plain hair style
les cheveux longs *lay sh-vuh lōh* long hair
sec *sehk* dry

Basic statements and questions useful in this situation:

1. **Je voudrais une coiffure folle, s'il vous plaît.**
   zhe voo-dreh ewn kwah-fewr ful, seel-voo-pleh.
   I would like a crazy, wild hair style, please.

2. **Non, excusez-moi, je pense que je préfère une coiffure sage et simple.**
   noh, eks-kew-zay mwah, zhe pah-ss ke zhe pray-fehr ewn kwah-fewr sah-zh ay seh-ple.
   No, excuse me, I think I prefer a simple, plain hair style.

3. **D'abord, un shampooing, s'il vous plaît.**
   da-bu-r, uh sh-ah-pwēh, seel-voo-pleh.
   First of all, a shampoo, please.

For more verbs, expressions, and popular words commonly used, consult page 599.

Basic verbs, expressions, and words useful in this situation:

désirer *day-zee-ray* to desire, to want
toucher un chèque *too-shay uh sh-ehk*
to cash a check
un chèque de voyage *uh sh-ehk de vwah-yah-zh* traveler's check
changer de l'argent *sh-ah-zh-ay de lar-zh-ah* to exchange some money
devoir *de-vwahr* ought to, must
francs français *frah frah-seh* French francs
dollars américains *dul-ahr a-may-ree-keh* American dollars
voici mon passeport *vwah-see moh pas-pohr* here is my passport

payer *pay-yay* to pay
recevoir *re-se-vwahr* to receive, to get
avoir besoin de *a-vwahr be-zweh de* to need, to have need of
le bureau de change *le bew-roh de sh-ah-zh* money exchange desk (office)
faire la queue *fehr la kuh* to stand in line, to queue up
francs suisses *frah swees* Swiss francs
francs belges *frah behl-zh* Belgian francs
dollars canadiens *dul-ahr ka-na-dee-eh* Canadian dollars

Basic statements and questions useful in this situation:

1. **Bonjour. Je désire changer de l'argent.**
   boh-zhoor. zhe day-zeer sh-ah-zh-ay de lar-zh-ah.
   Hello. I would like to exchange some money.

2. **Avez-vous des dollars américains? Des livres anglaises?**
   a-vay-voo day dul-ahr a-may-ree-keh   day lee-vre ah-glehz
   Have you any American dollars? English pounds?

3. **Combien désirez-vous changer?**
   koh-bee-eh day-zee-ray voo sh-ah-zh-ay
   How much do you want to exchange?

4. **J'attends de l'argent des Etats-Unis (de l'Angleterre).**
   zh-a-tah de lar-zh-ah day zay-ta-zew-nee (de lah-gle-tehr).
   I'm expecting some money from the United States (from England).

For more verbs, expressions, and popular words commonly used, consult page 599.

Basic verbs, expressions, and words useful in this situation:

louer *loo-ay* to rent, to hire
aller *a-lay* to go
traverser *trah-vehr-say* to cross, to go across
une auto(mobile) *ewn u-toh (mu-beel)* an auto(mobile), car
une grande voiture *ewn grah-d vwah-tewr* a big car
sens unique *sah-ss ew-neek* one-way street
essence *(f.)* *ay-sah-ss* gasoline, petrol
la circulation *la seer-kew-la-sy-oh* traffic
le stationnement *le stah-see-un-mah* parking

conduire *koh-dew-eer* to drive (a motor vehicle)
arrêter *a-reh-tay* to stop
un taxi *uh tak-see* taxi
un autocar *uh nu-toh-kahr* (a long-distance bus)
un autobus *uh nu-toh-bewss* a city bus
mon permis *moh pehr-mee* my permit, (driver's) license
les feux rouges *lay fuh roo-zh* traffic lights
l'autoroute *lu-toh-root* highway, freeway
le métro *le may-troh* subway (tube)
une voiture *ewn vwah-tewr* car

Basic statements and questions useful in this situation:

1. **Je voudrais louer une voiture, s'il vous plaît, pour une semaine.**
   zhe voo-dreh loo-ay ewn vwah-tewr, seel-voo-pleh, poor ewn smehn.
   I would like to rent (hire) a car, please, for one week.

2. **Quelle est la direction pour aller à... ?**
   kehl eh la dee-rehk-see-oh poor a-lay a
   What is the direction to go to . . . ?

3. **Pouvez-vous me dire si c'est loin d'ici?**
   poo-vay voom deer see seh lweh dee-see
   Can you tell me if it's far from here?

4. **Est-ce que je vais tout droit pour arriver à... ?**
   ehs-ke zhe veh too drwah poor a-ree-vay a
   Do I go straight ahead to arrive at . . . ?

For more verbs, expressions, and popular words commonly used, consult page 599.

Thirty practical situations for tourists   587

Basic verbs, expressions, and words useful in this situation:

aller *a-lay* to go
changer *sh-a͞h-zh-ay* to change
un billet *u͞h bee-yay* ticket
un carnet de billets *u͞h kar-nay de bee-yay* booklet of tickets
quelle direction pour... ? *kehl dee-rehk-see-o͞h poor* what direction for . . . ?
je descends *zhe day-sa͞h* I'm getting off
la sortie *la sor-tee* exit
l'escalier mécanique *lehs-kal-yay may-ka-neek* escalator
aidez-moi, s'il vous plaît *ay-day mwah, seel-voo-pleh* help me, please

arriver *a-ree-vay* to arrive
la correspondance *la ku-rehs-po͞h-da͞h-ss* transfer, connection, change of trains
quelle ligne? *kehl lee-ny* what line?
excusez-moi *ehks-kew-zay mwah* excuse me
à la prochaine station *a la pru-sh-ehn sta-see-o͞h* at the next station stop
par où? *pahr oo* which way?
allez tout droit *a-lay too drwah* go straight ahead
montez l'escalier *mo͞h-tay lehs-kal-yay* go up the stairs

Basic statements and questions useful in this situation:

1. **Pardonnez-moi. Pouvez-vous m'aider, s'il vous plaît, pour aller à l'Opéra?**
   par-dun-nay mwah. poo-vay voo may-day, seel-voo-pleh, poor a-lay a loh-pay-rah
   Pardon me. Can you help me, please, to go to the Opera?

2. **Où est l'entrée pour le métro? Ici, ou là-bas?**
   oo-eh la͞h-tray poor le may-troh   ee-see, oo la-bah
   Where is the entrance to the subway (tube)? Here, or over there?

3. **Est-il nécessaire de faire la correspondance? Dans quelle direction?**
   eh-teel nay-say-sehr de fehr la ku-rehs-po͞h-da͞h-ss   da͞h kehl dee-rehk-see-o͞h
   Is it necessary to transfer (change trains)? In what direction?

4. **Dites-moi comment ouvrir cette porte, s'il vous plaît. Montrez-moi.**
   deet-mwah kum-a͞h oo-vreer seht pohrt, seel-voo-pleh. mo͞h-tray mwah.
   Tell me how to open this door, please. Show me.

For more verbs, expressions, and popular words commonly used, consult page 599.

Basic verbs, expressions, and words useful in this situation:

envoyer *ah-vwah-yay* to send

mettre à la poste *meh-tre a la pust* to mail, post

poste restante *pust rehs-tah-t* general delivery

poste aérienne *pust a-ay-ree-ehn* airmail

le poids *le pwah* weight

lourd *loor* heavy

léger *lay-zh-ay* light (in weight)

coupon-réponse international *koo-poh-ray-poh-ss eh-tehr-na-see-un-al* international postage reply coupon

le tarif *le ta-reef* rate

moins (plus) cher *mweh (plew) sh-ehr* less (more) expensive

une lettre *ewn leh-tre* letter

un colis *uh kul-ee* a package, parcel

un mandat *uh mah-dah* money order

un avis de réception *uh na-veed ray-sehp-see-oh* return receipt requested

un timbre-poste *uh teh-bre pust* postage stamp

une lettre recommandée *ewn leh-tre re-kum-ah-day* a registered letter

peser *pe-zay* to weigh

poste ordinaire (surface) *pust ohr-dee-nehr (sewr-fahss)* ordinary surface mail

imprimés *eh-pree-may* printed matter

par exprès *par eks-prehss* express delivery

Basic statements and questions useful in this situation:

1. **Je voudrais des timbres-poste par avion pour envoyer ces lettres aux Etats-Unis.**
   zhe voo-dreh day teh-bre pust par a-vee-oh poor ah-vwah-yay say leh-tre oh zay-ta-zew-nee.
   I would like some airmail postage stamps to send these letters to the United States.

2. **J'ai, aussi, quelques cartes postales pour envoyer en Angleterre, au Canada et en Australie.**
   zh-ay, oh-see, kehl-ke kart pus-tal poor ah-vwah-yay ah nah-gle-tehr, oh ka-na-da ay ah nus-tra-lee.
   I have, also, a few postcards to send to England, Canada, and Australia.

3. **Il y a des livres dans ce colis. C'est un cadeau pour un ami (une amie).**
   eel-ee-a day lee-vre dah se kul-ee. seh tuh ka-doh poor uh na-mee (ewn a-mee).
   There are books in this package. It's a present for a friend.

For more verbs, expressions, and popular words commonly used, consult page 599

Basic verbs, expressions, and words useful in this situation:

prendre des photos *prah-dre day foto*
  to take pictures
développer des films *day-vlup-ay day*
  feelm to develop films
combien coûte... ? *koh-bee-eh koot*
  how much does it cost . . . ?
sur papier mat *sewr pa-pee-ay mat*
  on a matte finish
une cartouche *ewn kar-toosh* one pack
  (of film)
vite *veet* quickly, fast
quel numéro? *kehl new-may-roh* what
  number?

un rouleau de film *uh roo-lohd feelm*
  a roll of film
en couleur *ah koo-lur* in color
en noir et blanc *ah nwahr ay blah*
  in black and white
une épreuve *ewn ay-pruhv* print
sur papier brillant *sewr pa-pee-ay bree-*
  y-ah on glossy finish
dans une heure *dah zewn ur*
  in one hour
une pellicule *ewn pehl-ee-kewl*
  a roll of film
film négatif couleur *feelm nay-ga-teef*
  koo-lur color negative film

Basic statements and questions useful in this situation:

1. **Je voudrais faire développer ce rouleau de film, s'il vous plaît.**
   zhe voo-dreh fehr day-vlup-ay se roo-lohd feelm, seel-voo-pleh.
   I would like to have this roll of film developed, please.

2. **En couleur ou en noir et blanc?**
   ah koo-lur oo ah nwahr ay blah
   In color or in black and white?

3. **Sur papier mat ou sur papier brillant?**
   sewr pa-pee-ay mat oo sewr pa-pee-ay bree-y-ah
   On a matte finish or on glossy paper?

4. **Puis-je revenir dans une heure, cet après-midi, ou ce soir? Demain?**
   pew-ee-zh re-vneer dah zewn ur, seht a-preh-mee-dee, oo se swahr   de-meh
   May I come back in one hour, this afternoon, or this evening? Tomorrow?

5. **Les photos seront prêtes dans une heure?**
   lay foto sroh preht dah zewn ur
   Will the photos be ready in one hour?

For more verbs, expressions, and popular words commonly used, consult page 599

Basic verbs, expressions, and words useful in this situation:

essayer *eh-say-yay* to try on

acheter *ash-tay* to buy, to purchase

payer à la caisse *pay-yay a la kehss* to pay at the cashier's desk

une robe *ewn rub* dress

une robe de soirée *ewn rub de swa-ray* an evening dress (gown)

un corset *uh kohr-seh* girdle

petite taille *pteet tah-y* small size

un peignoir *uh peh-ny-wahr* a dressing gown, robe

une chemise de nuit *ewn shmeez de new-ee* nightgown

des chaussures (*f.*) *day sh-oh-sewr* shoes

prendre *prah-dre* to take

une taille moyenne *ewn tah-y mwah-yehn* medium size

une taille grande *ewn tah-y grah-d* large size

une culotte *ewn kew-lut* panties

un soutien-gorge *uh soot-y-eh gohr-zh* bra (brassiere)

une jupe *ewn zh-ewp* skirt

un jupon *uh zh-ew-poh* half-slip

pur coton *pewr kut-oh* pure cotton

les collants (*m.*) *lay kul-ah* tights, leotards

un fond de robe *uh foh de rub* full slip

un pyjama *uh pee-zha-ma* pajamas

Basic statements and questions useful in this situation:

1. **J'aimerais acheter quelques vêtements. Pouvez-vous m'aider, s'il vous plaît?**
   zh-ehm-reh ash-tay kehl-ke veht-mah. poo-vay-voo may-day, seel-voo-pleh
   I would like to buy some clothes. Can you help me, please?

2. **Puis-je essayer cette robe? C'est une taille moyenne?**
   pew-ee-zh eh-say-yay seht rub seh tewn tah-y mwah-yehn
   May I try on this dress? Is it a medium size?

3. **Je préfère les couleurs rose, rouge, bleu et jaune.**
   zhe pray-fehr lay koo-lur rohz, roo-zh, bluh ay zh-ohn.
   I prefer the colors pink, red, blue, and yellow.

4. **Merci beaucoup, madame! Passez une bonne journée! Au revoir!**
   mehr-see boh-koo, ma-dahm pah-say ewn bun zh-oor-nay u-re-vwahr
   Thank you very much, madam! Have a nice day! Good-bye!

For more verbs, expressions, and popular words commonly used, consult page 599.

Dans un magasin de vêtements pour hommes *dah zuh ma-ga-zeh de veht-mah*
poor um   In a men's clothing store

Basic verbs, expressions, and words useful in this situation:

acheter *ash-tay* to buy, to purchase
prendre *prah-dre* to take
une taille grande *ewn tah-y grah-d* large size
des chaussettes (*f.*) *day sh-oh-seht* socks
une chemise *ewn shmeez* shirt
un polo *uh poh-loh* polo shirt
un costume *uh kus-tewm* suit
un pyjama *uh pee-zha-ma* pajamas
un slip *uh sleep* briefs, underwear
un tee-shirt *uh tee-sh-eert* T-shirt
un manteau *uh mah-toh* overcoat
essayer *eh-say-yay* to try on

revenir *re-vneer* to come back, to return
échanger *ay-sh-ah-zh-ay* to exchange
une taille moyenne *ewn tah-y mwah-yehn* medium size
des chaussures *day sh-oh-sewr* shoes
une ceinture *ewn seh-tewr* belt
des pantalons *day pah-ta-loh* trousers
la doublure *la doo-blewr* lining
une fermeture à glissière *ewn fehrm-tewr-a-glee-see-ehr* zipper
une cravate *ewn kra-vat* necktie
en quels coloris? *ah kehl kul-u-ree* in what colors?

Basic statements and questions useful in this situation:

1. **Bonjour, monsieur. Pouvez-vous m'aider, s'il vous plaît?**
   boh-zhoor, me-sy-uh. poo-vay-voo may-day, seel-voo-pleh
   Hello, sir. Can you help me, please?

2. **En quels coloris avez-vous les slips et les tee-shirts?**
   ah kehl kul-u-ree a-vay-voo lay sleep ay lay tee-sh-eert
   In what colors do you have briefs and T-shirts?

3. **Puis-je essayer ce costume? C'est une taille moyenne?**
   pew-ee-zh eh-say-yay se kus-tewm   seh tewn tah-y mwah-yehn
   May I try on this suit? Is it a medium size?

4. **Merci beaucoup, monsieur! Passez une bonne journée! Au revoir!**
   mehr-see boh-koo, me-sy-uh   pah-say ewn bun zh-oor-nay   u-re-vwahr
   Thank you very much, sir! Have a nice day! Good-bye!

For more verbs, expressions, and popular words commonly used, consult page 599.

Basic verbs, expressions, and words useful in this situation:

goûter *goo-tay* to taste
manger *mah-zh-ay* to eat
aimer *ay-may* to like
vouloir *vool-wahr* to want
du sucre *dew sew-kre* some sugar
chaud *sh-oh* hot
du chocolat *dew sh-u-ku-lah* some chocolate
un chou à crème *uh shoo a krehm* cream puff
un gâteau au chocolat *uh ga-toh oh sh-u-ku-lah* chocolate cake
croustillant *kroo-stee-y-ah* crunchy, crispy
aux pommes *oh pum* with apples

prendre *prah-dre* to take
davantage *da-vah-tah-zh* some more; plenty
s'il vous plaît *seel-voo-pleh* please
pas beaucoup *pah-boh-koo* not much
très chaud *treh sh-oh* very hot
tiède *tee-ehd* warm
des madeleines (*f.*) *day mad-lehn* spongy plain cake
la spécialité de la maison *la spay-see-a-lee-tay de la may-zoh* the shop's specialty
aux fraises *oh frehz* with strawberries
crème Chantilly *krehm sh-ah-tee-yee* whipped cream

Basic statements and questions useful in this situation:

1. **Bonjour! Une table pour moi (pour deux personnes), s'il vous plaît.**
   boh-zhoor ewn ta-ble poor mwah (poor duh pehr-sun), seel-voo-pleh.
   Hello! A table for me (for two persons), please.

2. **J'aimerais avoir une tasse de thé très chaud et la spécialité de la maison.**
   zh-em-reh a-vwahr ewn tah-ss de tay treh sh-oh ay la spay-see-a-lee-tay de la may-zoh.
   I would like to have a very hot cup of tea and the shop's specialty.

3. **Moi, je préfère du citron. Pour mon ami(e) du lait avec le thé.**
   mwah, zhe pray-fehr dew see-troh. poor mun-a-mee, dew lay a-vehk le tay.
   As for me, I prefer some lemon. For my friend, some milk with the tea.

4. **Donnez-moi l'addition, s'il vous plaît. Le service est compris? Merci.**
   dun-nay-mwah la-dee-s-y-oh, seel-voo-pleh. le sehr-veess eh koh-pree mehr-see.
   Give me the check, please. The service (tip) is included? Thank you.

For more verbs, expressions, and popular words commonly used, consult page 599.

Basic verbs, expressions, and words useful in this situation:

il fait doux   *eel feh doo*   the weather is nice

il fait (du) soleil   *eel feh (dew) sul-ay*   it's sunny

il gèle   *eel zh-ehl*   it's freezing

il grêle   *eel grehl*   it's hailing

il neige   *eel neh-zh*   it's snowing

il pleut   *eel pluh*   it's raining

il va neiger   *eel va neh-zhay*   it's going to snow

il va pleuvoir   *eel va pl-uh-vwahr*   it's going to rain

le ciel est beau   *le see-ehl eh boh*   the sky is beautiful

le ciel est bleu   *le see-ehl eh bluh*   the sky is blue

le temps menace   *le tāh me-nahss*   the weather is threatening

le temps s'éclaircit   *le tāh say-klehr-see*   the weather is clearing up

le temps se gâte   *le tāh se gaht*   the weather is getting bad

le temps se met au beau   *le tāh se meh toh boh*   the weather is getting beautiful

Basic statements and questions useful in this situation:

1. **Quel temps fait-il aujourd'hui?**
   kehl tāh feh-teel oh-zh-oor-dwee
   What's the weather like today?

2. **Savez-vous quel temps il fera demain?**
   sah-vay voo kehl tāh eel frah de-meh
   Do you know what the weather will be like tomorrow?

3. **Il pleut à verse.**   *eel pluh a vehr-ss*   It's raining hard.

4. **J'ai besoin d'un parapluie.**   *zh-ay be-zweh duh pa-ra-plew-ee.*   I need an umbrella.

5. **Je sors par tous les temps.**   *zhe su-r pahr too lay tāh.*   I go out in all kinds of weather.

6. **Quel sale temps!**   *kehl sahl tāh*   What awful weather!

7. **Il fait un temps superbe aujourd'hui, n'est-ce pas?**
   eel feh uh tāh sew-pehrb oh-zh-oor-dwee, neh-spah
   The weather is superb today, isn't it?

For more verbs, expressions, and popular words commonly used, consult page 599

Basic verbs, expressions, and words useful in this situation:

désirer   *day-zee-ray*   to desire
vouloir   *vool-wahr*   to want
aimer   *ay-may*   to like
choisir   *sh-wah-zeer*   to choose
préférer   *pray-fay-ray*   to prefer
acheter   *ash-tay*   to buy, to purchase
joli   *zh-ul-ee*   pretty
faire envoyer   *fehr ah-vwah-yay*   to send, to deliver
œillet (*m.*)   *uh-yay*   carnation
géranium (*m.*)   *zh-ay-ra-nee-um* geranium

une botte de fleurs   *ewn but de flur* bunch of flowers
une plante   *ewn plah-t*   plant
quelques roses   *kehl-ke rohz*   some roses
offrir   *uf-reer*   to offer
c'est pour offrir   *seh poor uf-reer*   it's to give as a gift
pas trop cher   *pah troh sh-ehr*   not too expensive
un ruban   *uh rew-bah*   ribbon
prendre   *prah-dre*   to take
glaïeul (*m.*)   *gla-ee-ul*   gladioli

Basic statements and questions useful in this situation:

1. **Je désire acheter quelques fleurs pour des amis.**
   zhe day-zeer ash-tay kehl-ke flur poor day za-mee.
   I'd like to buy some flowers for some friends.

2. **Je préfère les jolies couleurs, comme rouge, rose, blanc, bleu clair.**
   zhe pray-fehr lay zh-ul-ee koo-lur, kum roo-zh, rohz, blah, bluh klehr.
   I prefer the pretty colors, like red, pink, white, light blue.

3. **Je vais prendre cette botte de roses jaunes.**
   zhe vay prah-dre seht but de rohz zh-oh-n.
   I'm going to take this bunch of yellow roses.

4. **J'aime beaucoup cette plante rouge. Elle est très jolie. C'est combien?**
   zh-ehm boh-koo seht plah-t roo-zh. ehl eh treh zh-ul-ee. seh koh-bee-eh
   I like this red plant very much. It is very pretty. How much is it?

5. **Je la prends avec moi tout de suite.**
   zhe la prah ah-vehk mwah tood sweet.
   I'll take it with me right away.

For more verbs, expressions, and popular words commonly used, consult page 599.

Basic verbs, expressions, and words useful in this situation:

nager   *na-zh-ay*   to swim
plonger   *ploh-zh-ay*   to dive
faire du ski nautique   *fehr dew skee nu-teek*   to water-ski
prendre un bain de soleil   *prah-dre uh behd sul-ay*   to sunbathe
se bronzer   *se broh-zay*   to get a suntan
une piscine   *ewn pee-seen*   swimming pool
une limonade   *ewn lee-mun-ahd*   lemonade
les vagues   *lay vahg*   waves
un maillot de bain   *uh ma-yohd beh*   a swimsuit

acheter   *ash-tay*   to buy, to purchase
louer   *loo-ay*   to rent, to hire
prendre   *prah-dre*   to take
boire   *bwahr*   to drink
dans la mer   *dah la mehr*   in the sea
l'eau   *loh*   water
une lotion solaire   *ewn lu-see-oh sul-ehr*   suntan lotion
salé   *sa-lay*   salty
le sable   *le sa-ble*   sand
apprendre à nager   *a-prah-dre a na-zh-ay*   to learn to swim
une gazeuse   *ewn ga-zuh-z*   carbonated drink

Basic statements and questions useful in this situation:

1. **Je voudrais passer quelques jours à la plage à Cannes.**
   zhe voo-dreh pah-say kehl-ke zh-oor a la plah-zh a kahn.
   I would like to spend a few days at the beach at Cannes.

2. **J'ai pris assez de soleil. Je vais nager maintenant. Tu viens avec moi?**
   zh-ay pree a-sayd sul-ay. zhe veh na-zh-ay meh-te-nah. tew vee-eh a-vehk mwah
   I've had enough sun. I'm going to swim now. Are you coming with me?

3. **Je voudrais louer un parasol parce que le soleil est très fort aujourd'hui.**
   zhe voo-dreh loo-ay uh pa-ra-sul pahr-se-ke le sul-ay eh treh fu-r oh-zh-oor-dwee.
   I would like to rent a beach umbrella because the sun is very strong today.

For more verbs, expressions, and popular words commonly used, consult page 599.

Basic verbs, expressions, and words useful in this situation:

partir *pahr-teer* to leave
régler mon compte *ray-glay moh koh-t*
  to pay (for) my bill
je dois partir *zhe dwah pahr-teer*
  I must leave
nous devons partir *nood voh pahr-teer*
  we must leave
combien je vous dois? *koh-bee-eh zhe*
  voo dwah? how much do I owe you?
payer *pay-ay* to pay
un reçu *uh re-sew* receipt
ce soir *se swahr* this evening
mes bagages *may ba-ga-zh* my luggage

demain matin *de-meh ma-teh* tomorrow
  morning
tôt *toh* early
avant midi *avah mee-dee* before noon
tout est en règle? *too teh tah reh-gle*
  everything is accounted for?
mon séjour *moh say-zh-oor* my stay
très bien *treh bee-eh* very fine
très agréable *treh za-gray-abl* very
  pleasant
appelez un taxi, s'il vous plaît *a-play uh*
  tak-see, seel-voo-pleh call a taxi,
  please

Basic statements and questions useful in this situation:

1. **Je vais partir demain matin avant midi.**
   zhe veh pahr-teer de-meh ma-teh avah mee-dee.
   I'm going to leave tomorrow morning before noon.

2. **Avant quelle heure dois-je quitter la chambre?**
   avah kehl ur dwah-zh kee-tay la sh-ah-bre
   Before what time must I leave the room?

3. **Mon séjour dans votre hôtel a été très agréable.**
   moh say-zh-oor dah vut-re oh-tehl a ay-tay treh za-gray-abl.
   My stay in your hotel has been very pleasant.

4. **Je voudrais régler mon compte tout de suite, s'il vous plaît.**
   zhe voo-dreh ray-glay moh koh-t tood sweet, seel-voo-pleh.
   I would like to pay for my bill right away, please.

5. **Aidez-moi à descendre mes bagages, s'il vous plaît.**
   ay-day mwah a day-sah-dre may ba-ga-zh seel-voo-pleh.
   Help me bring down my luggage, please.

For more verbs, expressions, and popular words commonly used, consult page 599

Thirty practical situations for tourists 597

Basic verbs, expressions, and words useful in this situation:

contrôler *koh-troh-lay* to control
présenter *pray-zah-tay* to present
je ne sais pas *zhe ne seh pah* I don't know
excusez-moi *ehks-kew-zay mwah* excuse me
je ne comprends pas *zhe ne koh-prah pah* I don't understand
déclarer *day-kla-ray* to declare
un voyage d'affaires *uh vwah-y-ahzh da-fehr* a business trip
je rentre chez moi *zhe rah-tre shay mwah* I'm returning home

voici... *vwah-see* here is (are) . . .
donner *dun-nay* to give
je le regrette *zhe le re-greht* I'm sorry
oui, je parle français *wee, zhe parl frah-seh* yes, I speak French
je comprends *zhe koh-prah* I understand
un peu *uh puh* a little
parlez lentement, s'il vous plaît *par-lay lah-te-mah, seel-voo-pleh* speak slowly, please
rien *ree-eh* nothing
usage personnel *ew-zah-zh pehr-sun-ehl* personal use

Basic statements and questions useful in this situation:

1. **Voici mon passeport et voici mes bagages.**
   vwah-see moh pahs-pu-r ay vwah-see may ba-ga-zh.
   Here is my passport and here are my suitcases (my luggage).

2. **Je vais ouvrir mes bagages. Je cherche mes clefs.**
   zhe veh oo-vreer may ba-ga-zh. zhe sh-ehr-sh may klay.
   I'm going to open my luggage. I'm looking for my keys.

3. **Je n'ai rien à déclarer. J'ai seulement des articles d'usage personnel.**
   zhe nay ree-eh a day-kla-ray. zhay sul-mah day zar-tee-kle dew-zah-zh pehr-sun-ehl.
   I have nothing to declare. I have only articles for personal use.

4. **J'ai passé un séjour très agréable dans votre pays Au revoir!**
   zhay pah-say uh say-zh-oor treh za-gray-abl dah vut-re pay-ee u-re-vwahr!
   I spent a very pleasant stay in your country! Good-bye!

For more verbs, expressions, and popular words commonly used, consult page 599.

This new feature provides you with many popular phrases, words, expressions, abbreviations, signs, and notices that you will most likely need to understand when you hear them or when you see them posted in many public places in France or any French-speaking country or region of the world. There are also many you will need to use yourself when speaking French.

All the entries in English and French are given in one alphabetical listing. It is more convenient to look in one place instead of two for an entry. One listing also prevents you from looking inadvertently in a French listing for an English word or in an English listing for a French word. Also, cognates and near-cognates in both languages are reduced to a single entry. French words are printed in boldface letters. After the French phrase or word, you are given an approximate sound so you may pronounce the French as well as possible to communicate effectively. Consult the *EE-zee* guide to French pronunciation on page 566.

If you do not find the word or phrase you have in mind, perhaps it is given in the thirty situations that precede this section. Be sure to consult the guide to situations on page 568. Also, if there is a French verb you wish to use that is not given in this section, consult the 501 verbs in this book and the index of English-French verbs that begins on page 503.

A

a, an, **un** *uh;* **une** *ewn;* **un crayon** *uh kray-yoh* a pencil;
une orange *ewn u-rah-zh* an orange

A DROITE *a-drwaht* TO THE RIGHT

A GAUCHE *a-goh-sh* TO THE LEFT
a little **un peu** *uh-puh*
a lot **beaucoup** *boh-koo*

A LOUER *a-loo-ay* FOR RENT (HIRE)

A VENDRE *a-vah-dre* FOR SALE

ACCES AUX QUAIS *ak-seh-oh-keh* TO PLATFORMS
advertisement **une réclame** *ewn-ray-klahm*
advise **conseiller** *koh-say-ay*
after me **après moi** *a-pray-mwah*
agneau *(m.)* *a-ny-oh* lamb

AIDS SIDA *see-dah* (sexually transmitted infectious disease)
air **air** *ehr*
air conditioned **climatisé** *klee-ma-tee-zay*
airmail **par avion** *pahr a-vee-oh*
airplane **un avion** *uh na-vee-oh*
airport *(m.)* **aéroport** *a-ay-roh-pohr*
alone **seul** *sul*
also **aussi** *oh-see*
always **toujours** *too-zh-oor*
amandine *ah-mah-deen* with almonds

ambulance **une ambulance** *ewn ah-bew-lah-ss*

American, I am **je suis américain** *(m.)* *zhe swee a-may-ree-keh;* **je suis américaine** *(f.)* *zhe swee a-may-ree-kehn*

American Hospital of Paris **l'Hôpital Américain de Paris** *loh-pee-tal a-may-ree-keh de pah-ree* (located in Neuilly, a suburb of Paris, about 20 minutes by taxi from the Arc de Triomphe)

and **et** *ay*

and you? **et vous?** *ay-voo*

andouille *ah-doo-y* pork sausage

apple **une pomme** *ewn-pum*

appuyez sur le bouton *a-pew-ee-ay sewr le boo-toh* press the button

April **avril** *a-vreel*

are there . . . ? **y a-t-il... ?** *ee-a-teel*

ASCENSEUR *a-sah-sur* ELEVATOR (LIFT)

ashtray **un cendrier** *uh sah-dree-ay*

ask for **demander** *de-mah-day*

assure **assurer** *a-sewr-ay*

at **à** *a;* at all costs **à tout prix** *a-too-pree*

ATTENDEZ *a-tah-day* WAIT

ATTENTION *a-tah-see-oh* CAUTION

ATTENTION AU CHIEN MECHANT *a-tah-see-oh oh shee-eh may-sh-ah* BEWARE OF THE DOG

ATTENTION AUX MARCHES *a-tah-see-oh oh marsh* WATCH OUT FOR THE STEPS

au jus *oh-zh-ew* clear gravy (natural juices)

aubergine *oh-behr-zh-een* eggplant

August **août** *oot* (*oo* is also correct)

Australia **Australie** *us-tra-lee*

Australian, I am **je suis australien** *(m.)* *zhe swee us-tra-lee-eh;* **je suis australienne** *(f.)* *zhe swee us-tra-lee-ehn*

auto **une auto** *ewn u-toh;* automobile **une automobile** *ewn u-toh-mu-beel*

automatic **automatique** *u-toh-ma-teek*

AVIS *a-vee* NOTICE

awful **épouvantable** *ay-poo-vah-table*

B

baby **un bébé** *uh bay-bay;* baby bottle **un biberon** *uh beeb-roh*

bad **mauvais** *mu-veh;* **mal** *mahl*

baggage **les bagages** *lay ba-ga-zh*

baggage cart **un chariot** *uh shah-ree-oh*

baggage checking room **la consigne** *la koh-see-ny*

bakery **une boulangerie** *ewn boo-lah-zh-ree*

band-aid **un pansement** *uh pah-smah;* **un bandage** *uh bah-dah-zh*

bank **une banque** *ewn bah-k*

bar of chocolate **un bloc de chocolat** *uh bluk de shu-ku-lah* bargain **soldes** *suld*

bath, to take a **prendre un bain** *prah-dre uh beh*

bathroom **une salle de bains** *ewn sal de beh*

beat it! (get away from me!) **fichez-moi le camp!** *fee-shay mwahl kah*

bed **un lit** *uh lee;* bed and board **logement et nourriture** *lu-zh-mah ay noo-ree-tewr*

bed bug **une punaise** *ewn pew-neh-z* (also the word for thumbtack)

bedpan **un bassin de lit** *uh ba-sehd lee*

bedspread **un dessus de lit** *uh de-sewd-lee*

beef **le boeuf** *le buf*

beer **une bière** *ewn bee-ehr;* **un demi** *uh dmee* (glass of beer)

behind **derrière** *deh-ree-ehr*

believe me **croyez-moi** *krwah-yay mwah*

bib (for baby) **une bavette (pour le bébé)** *ewn bah-veht (poor le bay-bay)*

Bicentennial of the French Revolution **Bicentenaire de la Révolution Française (1789–1989)** *bee-saht-nehr de la ray-vul-ew-see-oh frah-seh-z*

bicycle **une bicyclette** *ewn bee-see-kleht;* bike **un vélo** *uh vay-loh*

black **noir** *nwahr;* black coffee **un café noir** *uh ka-fay nwahr*

bless you! **salut!** *sa-lew*

blood **le sang** *le sah*

blue **bleu** *bluh*

boarding pass (on ship) **la carte d'embarquement** *la kart dah-bark-mah;* (on plane) **la carte d'accès à bord** *la kart dak-seh a bu-r*

boat **un bateau** *uh ba-toh*

boeuf *buf* beef

BON MARCHE *boh mar-shay* INEXPENSIVE

boss **le patron** *(m.) le pa-troh;* **la patronne** *(f.) la pa-trun*

bottle **une bouteille** *ewn boo-tay*

bottle opener **un ouvre-bouteille** *uh noo-vre boo-tay*

bottled water **de l'eau en bouteille** *de loh ah boo-tay*

boudin *boo-deh* thick dark sausage made of inner parts of pig

bourguignon *boor-gee-ny-oh* beef stew braised in red wine

bread **le pain** *le peh;* some bread **du pain** *dew peh*

breakdown (vehicle, machine) **en panne** *ah-pahn*

breakfast **un petit déjeuner** *uh ptee day-zh-uh-nay*

bring it here! **apportez-le ici!** *a-pohr-tay-le ee-see;* **apportez-la ici!** *a-pohr-tay-la ee-see;* bring them here! **apportez-les ici!** *a-pohr-tay-lay ee-see*

bring me . . . , please **apportez-moi... , s'il vous plaît** *a-pohr-tay-mwah seel-voo-pleh*

brochette *(f.) brush-eht* chunks of meat and vegetables skewered and grilled, like a shish kabob

brown **brun** *bruh*

BUFFET *bew-fay* SNACK BAR

bulb (electric light) **une ampoule** *ewn ah-pool*

BUREAU DE CHANGE *bew-rohd sh-ah-zh* MONEY EXCHANGE OFFICE

business **les affaires** *lay-za-fehr*

but **mais** *meh*
butter **le beurre** *le bur;* some butter **du beurre** *dew bur*

C

CAISSE *keh-ss* CASHIER'S DESK
calculator **une calculatrice** *ewn kal-kew-la-treess*
call an ambulance! **appelez une ambulance!** *ap-lay ewn ah-bew-lah-ss*
call me **appelez-moi** *ap-lay-mwah;* call me (phone me) **téléphonez-moi**
 tay-lay-fun-nay mwah
call the police! **appelez la police!** *ap-lay la pul-eess*
can I . . . ? **puis-je... ?** *pew-ee-zh...*
can opener **un ouvre-boîte** *uh noo-vre bwaht*
Canadian, I am **je suis canadien** (m.) *zhe swee ka-na-dee-eh;* **je suis**
 canadienne (f.) *zhe swee ka-na-dee-ehn*
canard *ka-nahr* duck
candy **bonbons** *boh-boh*
car (auto) **une voiture** *ewn vwah-tewr;* **une auto** *ewn u-toh*
cart **un chariot** *uh shah-ree-oh*
cashier's desk **la caisse** *la keh-ss*

CEDEZ *say-day* YIELD
celebrate **fêter** *feh-tay;* **célébrer** *say-lay-bray*
celebration **une célébration** *ewn say-lay-brah-see-oh*

CHANGE *sh-ah-zh* MONEY EXCHANGE

CHAUD *sh-oh* HOT
check (to pay, as in a restaurant) **l'addition** *la-dee-see-oh*
check (the baggage) **faire enregistrer les bagages** *fehr ah-re-zh-eess-tray lay*
 ba-ga-zh
cheese **le fromage** *le frum-ah-zh*
cheese sandwich **un sandwich au fromage** *uh sah-dwee-sh oh frum-ah-zh*

CHEMIN PRIVE *sh-meh pree-vay* PRIVATE ROAD
chest (human body) **la poitrine** *la pwah-treen*
chicken **le poulet** *le poo-leh*
child **enfant** *ah-fah;* sick child **enfant malade** *ah-fah mal-ahd*
children **les enfants** *lay zah-fah*
chocolate **le chocolat** *le shu-ku-lah*
choose **choisir** *sh-wa-zeer*
cigarette lighter **un briquet** *uh bree-kay*
citron (m.) *see-troh* lemon; **au citron** *oh see-troh* lemon flavor
clean **propre** *pru-pre*

CLIMATISE *klee-ma-tee-zay* AIR CONDITIONED
close the door, please **fermez la porte, s'il vous plaît** *fehr-may la pohrt, seel-*
 voo-pleh
close the window **fermez la fenêtre** *fehr-may laf-neh-tre*
clothes, clothing **les vêtements** *lay veht-mah*

coat (overcoat)   **le manteau**   *le mah̄-toh*
cockroach   **un cafard**   *uh̄ ka-far*
coffee   **le café**   *le ka-fay*
coffee with lots of milk   **un café au lait**   *uh̄ ka-fay oh leh*
cold   **froid**   *fr-wah;*   I feel cold   **j'ai froid**   *zhay fr-wah;*   it's cold in my
   room   **il fait froid dans ma chambre**   *eel feh fr-wah dah̄ ma sh-ah̄-bre*
comic strips   **les bandes dessinées**   *lay bah̄-d day-see-nay*

COMPLET   *koh̄-pleh*   FULL (NO ROOM, NO VACANCIES, NO SEATS)
computer   **un ordinateur**   *uh̄ nu-r-dee-na-tur*
concert   **un concert**   *uh̄ koh̄-sehr*
connect me with . . . (on phone)   **passez-moi...**   *pah-say mwah*

CONSIGNE   *koh̄-see-ny*   BAGGAGE CHECK
contrary, on the   **au contraire**   *oh koh̄-trehr*
cool! swell! great! neat!   **chouette!**   *sh-weht!*
cork   **un bouchon**   *uh̄ boo-sh-oh̄;*   corkscrew   **un tire-bouchon**   *uh̄ teer boo-
   sh-oh̄*
corner   **le coin**   *le kw-eh̄*

CORRESPONDANCE   *ku-rehs-poh̄-dah-ss*   transfer, connection, change trains
counter   **le comptoir**   *le koh̄-twahr*
cream   **la crème**   *la krehm;*   with cream   **avec crème**   *a-vehk krehm;*
   without cream   **sans crème**   *sah̄ krehm*
creamed soup   **la soupe purée**   *la soop pew-ray*
credit card   **la carte de crédit**   *la kart de kray-dee*
croque-madame (*m.*)   *kruk-ma-dahm*   grilled cheese sandwich with ham
croque-monsieur (*m.*)   *kruk-me-sy-uh*   grilled cheese sandwich
cut (hair)   **couper les cheveux**   *koo-pay lay sh-vuh*

D

DAMES   *dahm*   LADIES

DANGER DE MORT   *dah̄-zhay de mu-r*   DANGER OF DEATH
dangerous, it's   **c'est dangereux**   *seh dah̄-zh-ruh*
dark (color)   **foncé**   *foh̄-say*
day   **le jour**   *le zh-oor*
dead   **mort** (*m.*)   *mu-r;*   **morte** (*f.*)   *mu-rt*
dear me!   **ma foi!**   *ma fwah*
decaffeinated   **décaféiné**   *day-kah-fay-een-ay*
December   **décembre**   *day-sah̄-bre*

DEFENDU   *day-fah̄-dew*   FORBIDDEN

DEFENSE DE...   *day-fah̄-ss de*   NO . . . ALLOWED

DEFENSE D'AFFICHER   *day-fah̄-ss da-fee-shay*   POST NO BILLS (SIGNS)

DEFENSE DE FUMER   *day-fah̄-ss de few-may*   NO SMOKING

DEFENSE D'ENTRER   *day-fah̄-ss dah̄-tray*   KEEP OUT

Popular phrases, words, and expressions for tourists   603

DEVIATION *day-vee-a-see-oh* DETOUR

diamond **un diamant** *uh dee-ah-mah*

dinde *(f.)* *deh-d* turkey; **dindon** *(m.)* *deh-doh*

dining room **la salle à manger** *la sal a mah-zh-ay*

dirty **sale** *sahl;* dirty water **de l'eau sale** *de loh sahl*

disease **une maladie** *ewn ma-la-dee*

dizziness **le vertige** *le vehr-tee-zh*

do **faire** *fehr*

do you speak English? **parlez-vous anglais?** *par-lay voo ah-gleh;* German?
allemand? *al-mah;* Greek? **grec?** *gr-eh-k;* Italian? **italien?** *ee-ta-lee-
eh;* Spanish? **espagnol?** *ess-pa-ny-ul*

don't mention it! (you're welcome!) **de rien** *de ree-eh;* **il n'y a pas de quoi**
eel-nee-a-pahd-kwah; **je vous en prie** *zhe voo-zah-pree*

don't tell me! **ne me dites pas!** *nem deet-pah*

DOUANE *dwahn* CUSTOMS

double lock the door **fermez la porte à clef, à double tour** *fehr-may la pohrt a
klay, a doo-bluh toor*

dozen **une douzaine** *ewn doo-zehn*

dress **une robe** *ewn rub*

drink *(v.)* **boire** *bwahr;* drink *(n.)* **une boisson** *ewn bwah-soh*

drugstore **une pharmacie** *ewn far-ma-see*

Dutch, I am **je suis hollandais** *(m.)* *zhe swee ul-ah-deh;* **je suis hollandaise**
(f.) *zhe swee ul-ah-deh-z*

E

early **tôt** *toh;* **de bonne heure** *de bun ur*

eat **manger** *mah-zh-ay*

EAU NON POTABLE *oh noh put-ah-ble* DO NOT DRINK THIS WATER

EAU POTABLE *oh put-ah-ble* DRINKING WATER

egg **un oeuf** *uh nuf* (sounds very much like the English word enough)

eight **huit** *ew-eet*

eighteen **dix-huit** *deez-ew-eet*

eighth **huitième** *ew-eet-ee-ehm*

eighty **quatre-vingts** *katre-veh*

eighty-one **quatre-vingt-un** *katre-veh-uh*

eighty-two **quatre-vingt-deux** *katre-veh-duh*

electricity **électricité** *(f.)* *ay-lehk-tree-see-tay*

eleven **onze** *oh-z*

embassy **ambassade** *(f.)* *ah-bah-sahd*

emergency **urgence** *(f.)* *ewr-zh-ah-s*

émincé *ay-meh-say* thin slices of meat

EMPORTER *ah-pohr-tay* FOOD CARRY-OUT

EN PANNE *ah-pahn* OUT OF ORDER, OUT OF SERVICE

England **l'Angleterre** *lah-gle-tehr*

604   Popular phrases, words, and expressions for tourists

English, I am **je suis anglais** (*m.*) *zhe swee ah-gleh;* **je suis anglaise** (*f.*) *zhe swee ah-gleh-z*

enough **assez** *ah-say;* not enough **pas assez** *pah-zah-say*

entrecôte (*f.*) *ah-tre-koht* sirloin or rib steak

ENTREE *ah-tray* ENTRANCE

ENTREE INTERDITE *ah-tray eh-tehr-deet* KEEP OUT, DO NOT ENTER

ENTREE LIBRE *ah-tray lee-bre* FREE ADMISSION

ENTREZ SANS FRAPPER *ah-tray sah fra-pay* ENTER WITHOUT KNOCKING

envelope **une enveloppe** *ewn ah-vlup*

error **une erreur** *ewn ehr-ur*

exasperated **outré** *oo-tray*

excuse me **excusez-moi** *ehks-kew-zay-mwah*

F

facing the courtyard **donnant sur la cour** *dun-ah sewr la koor;* the garden **le jardin** *le zh-ar-deh;* the street **la rue** *la rew*

family **une famille** *ewn fah-mee*

far from **loin de** *lweh de*

faucet **un robinet** *uh rub-ee-nay*

fault **une faute** *ewn foh-t*

February **février** *fay-vree-ay*

FEMMES *fahm* WOMEN

FERME *fehr-may* CLOSED

fever **fièvre** (*f.*) *la fee-eh-vre*

fifteen **quinze** *keh-z*

fifth **cinquième** *seh-kee-ehm*

fifty **cinquante** *seh-kah-t*

filet (*m.*) *fee-leh* boneless meat or fish

find **trouver** *troo-vay*

fine! **bien!** *bee-eh*

finish **finir** *fee-neer*

fire **feu** (*m.*) *le fuh*

first **premier** *pre-mee-ay;* **première** *pre-mee-ehr*

fish **poisson** (*m.*) *le pwah-ssoh*

five **cinq** *seh-k*

flag **un drapeau** *uh drah-poh;* French flag **le tricolore** *le tree-ku-lu-r*

flambé *flah-bay* brandy or liqueur in a flame over food

flan (*m.*) *flah* baked custard

flea **une puce** *ewn pew-ss;* flea market **le marché aux puces** *le mar-shay oh pew-ss*

flight (airplane) **le vol** *le vul*

florentine *flu-rah-teen* cooked with spinach

fly (*n.*) **une mouche** *ewn moosh*

fly (*v.*) **voler** *vul-ay*

follow **suivre** *swee-vre;* why are you following me? **pourquoi me suivez-vous?** *poor-kwah me swee-vay voo?*

food **alimentation** *(f.)* *a-lee-mah-ta-see-oh*

foot **pied** *(m.)* *le pee-ay*

for **pour** *poor;* for me **pour moi** *poor mwah*

fork **une fourchette** *ewn foor-sh-eht*

forty **quarante** *ka-rah-t*

forty-one **quarante et un** *ka-rah-t ay uh*

forty-two **quarante-deux** *ka-rah-t duh*

four **quatre** *katre*

fourteen **quatorze** *ka-torz*

fourth **quatrième** *ka-tree-ehm*

francophone *frah-koh-fun* French-speaking

Friday **vendredi** *vah-dre-dee* ――

frites *(f.)* *freet* French fries

FROID *fr-wah* COLD

front **devant** *de-vah*

FUMEURS *few-mur* SMOKING PERMITTED

funny **drôle** *drohl*

G

game **le jeu** *le zh-uh;* games **les jeux** *lay-zh-uh*

gasoline (petrol) **essence** *(f.)* *ay-sah-ss*

GAZON *ga-zoh* LAWN; **NE MARCHEZ PAS SUR LE GAZON** *ne mar-shay pah sewr le ga-zoh* DO NOT WALK ON THE GRASS (LAWN)

German, I am **je suis allemand** *(m.)* *zhe swee al-mah;* **je suis allemande** *(f.)* *zhe swee al-mah-d*

Germany **Allemagne** *al-ma-ny*

get a doctor **appelez un médecin** *ap-lay uh mayd-seh*

get away from me! **fichez-moi le camp!** *fee-shay mwahl kah*

get help right away! **à l'aide tout de suite!** *a-lehd tood sweet*

get something, to **chercher quelque chose** *sh-ehr-shay kehl-ke sh-oh-z*

gift **un cadeau** *uh ka-doh;* **un don** *uh doh*

give me **donnez-moi** *dun-nay mwah;* give us **donnez-nous** *dun-nay noo*

glass (for drinking) **un verre** *uh vehr*

go away! **allez-vous en!** *a-lay voo-zah;* **filez!** *fee-lay*

go by **passer** *pah-say*

go down the stairs **descendre l'escalier** *day-sah-dre lay-ska-lee-ay*

go out **sortir** *sor-teer*

go up the stairs **monter l'escalier** *moh-tay lay-ska-lee-ay*

God **Dieu** *dee-uh*

good! **bon!** *boh*

good afternoon **bonjour** *boh-zhoor*

good-bye **au revoir** *u-re-vwahr*

good day **bonjour** *boh-zhoor*

good evening **bonsoir** *bŏh-swahr*
good idea! **bonne idée!** *bun ee-day*
good morning **bonjour** *bŏh-zhoor*
good news **bonnes nouvelles** *bun noo-vehl*
good night **bonsoir** *bŏh-swahr;* (when going to sleep) **bonne nuit**
bun new-ee
good trip! **bon voyage!** *bŏh vwah-yah-zh*
good work **bon travail** *bŏh tra-vah-y*
Great Britain **la Grande Bretagne** *la grăh-d bre-ta-ny*
Greek, I am **je suis grec** *(m.)* *zhe swee gr-eh-k;* **je suis grecque** *(f.)* *zhe*
swee gr-eh-k
green **vert** *vehr*

H

hair **les cheveux** *lay sh-vuh*
haircut **une coupe de cheveux** *ewn koop de sh-vuh*
half **la moitié** *la mwah-tee-ay*
ham sandwich **un sandwich au jambon** *uh săh-dwee-sh oh zh-ăh-bŏh*
handbag **un sac à main** *uh sak-a-mĕh*
hang up! (on telephone) **raccrochez!** *ra-krush-ay*
happy **content** *kŏh-tăh*
happy anniversary! **bon anniversaire!** *bun-a-nee-vehr-sehr* (same French
expression for happy birthday)

HAUTE TENSION *oh-t tăh-see-ŏh* HIGH VOLTAGE
have a nice day! **passez une bonne journée!** *pah-say ewn bun zh-oor-nay*
he **il** *eel*
headache **un mal de tête** *uh mal de teht*
heat **la chaleur** *la sh-a-lur*
heating **le chauffage** *le sh-oh-fah-zh*
hello! **bonjour!** *bŏh-zhoor;* (on the phone) **allô** *a-loh*
help! **au secours!** *oh-skoor*
help me! **aidez-moi!** *ay-day mwah*
here **ici** *ee-see*
here I am! **me voici!** *me vwah-see*
here it is! **le voici!** *le vwah-see*
hold on, please (on the phone) **ne quittez pas, s'il vous plaît** *ne keet-ay pah,*
seel-voo-pleh

HOMMES *um* MEN

HORS SERVICE *or sehr-veess* OUT OF SERVICE
hospital **l'hôptial** *(m.)* *loh-pee-tal*
hot **chaud** *sh-oh;* I feel hot **j'ai chaud** *zhay sh-oh;* it's too hot in my
room **il fait trop chaud dans ma chambre** *eel feh troh sh-oh dăh ma sh-ăh-*
bre
hot chocolate **un chocolat chaud** *uh shu-ku-lah sh-oh*
hour **heure** *(f.)* *ur*

how **comment** *kum-mah*
how are things? **ça va?** *sah-vah*
how are you? **comment allez-vous?** *kum-mah tal-ay-voo*
how do you say . . . ? **comment dit-on... ?** *kum-mah deet-oh*
how far? **à quelle distance?** *a kehl dee-stah-ss*
how long? (time) **combien de temps?** *koh-bee-eh de tah*
how long? (length) **quelle longueur?** *kehl loh-gur*
how many? how much? **combien?** *koh-bee-eh*
how much does this cost? **combien coûte ceci?** *koh-bee-eh koot se-see*

HUIS CLOS *ew-ee kloh* NO EXIT
hundred **cent** *sah*
hurry **pressé** *preh-say*
hurry up! **dépêchez-vous!** *day-peh-shay-voo*
husband **mari** *ma-ree*

I

I **je** *zhe*
I assure you **je vous assure** *zhe voo za-sewr*
I beg your pardon **pardonnez-moi, je vous en prie** *par-dun-ay-mwah, zhe voo-zah-pree*
I don't know **je ne sais pas** *zhen seh pah*
I don't like . . . **je n'aime pas...** *zhe nehm pah*
I don't understand **je ne comprends pas** *zhen koh-prah pah*
I don't want . . . **je ne veux pas...** *zhen vuh pah*
I hate it **je le déteste** *zhel day-tehst*
I have a problem **j'ai un problème** *zhay uh pru-blehm*
I have no money **je n'ai pas d'argent** *zhe nay pah dar-zh-ah*
I like **j'aime** *zh-ehm;* I like it **je l'aime** *zhe lehm*
I love it **je l'adore** *zhe la-du-r*
I love you **je vous aime** *zhe voo zehm* (If you know the person intimately, you can say: **je t'aime** *zhe tehm*)
I speak a little French **je parle un peu français** *zhe parl uh puh frah-seh*
I understand **je comprends** *zhe koh-prah*
I visited . . . **j'ai visité...** *zhay vee-zee-tay*
I went . . . **je suis allé(e)...** *zhe swee za-lay*
ice cream **la glace (à la crème)** *la glahss a la krehm*
ice cubes (chips) **des glaçons** *day glah-soh*
iced water **de l'eau glacée** *de loh glah-say*
I'd like . . . **je voudrais...** *zhe voo-dreh*
if **si** *see*
I'm afraid **j'ai peur** *zhay pur*
I'm bleeding **je saigne** *zhe seh-ny*
I'm broke (I have no money) **je suis fauché** *zhe swee foh-shay*
I'm going . . **je vais...** *zhe veh*
I'm going to have . . . **je vais avoir...** *zhe veh za-vwahr*
I'm hungry **j'ai faim** *zhay feh*

I'm married **je suis marié(e)** *zhe swee ma-ree-ay*
I'm resting **je me repose** *zhem re-pohz*
I'm sad **je suis triste** *zhe swee treest*
I'm single (unmarried) **je suis célibataire** *zhe swee say-lee-ba-tehr*
I'm sleepy **j'ai sommeil** *zhay sum-ay*
I'm thirsty **j'ai soif** *zhay swahf*
I'm tired **je suis fatigué(e)** *zhe swee fa-tee-gay*
I'm wounded **je suis blessé(e)** *zhe swee bleh-say*
immediately **immédiatement** *ee-may-dee-at-mah;* **tout de suite** *tood sweet*

IMPASSE *eh-pahss* DEAD END
in **dans** *dah;* **en** *ah*
in a minute **dans une minute** *dah zewn mee-newt*
in English **en anglais** *ah nah-gleh*
in French **en français** *ah frah-seh*
in front of me **devant moi** *de-vah mwah*
included **compris** *koh-pree;* **inclus** *eh-klew*
infant **un bébé** *uh bay-bay*
information **renseignements** *rah-seh-ny-mah*
insect **un insecte** *uh neh-sehkt*
inside **dedans** *de-dah*

INTERDIT *eh-tehr-dee* FORBIDDEN
introduce **présenter** *pray-zah-tay;* this is Mr. . . . , Mrs. . . . , Miss . . . **je vous présente Monsieur... , Madame... , Mademoiselle...** *zhe voo pray-zah-t me-sy-uh... , ma-dahm... , mad-mwah-zehl...*
Ireland **Irlande** *eer-lah-d*
Irish, I am **je suis irlandais** *(m.)* *zhe swee eer-lah-deh;* **je suis irlandaise** *(f.)* *zhe swee eer-lah-dehz*
iron (press) **repasser** *re-pah-say*
is it closed? **c'est fermé?** *seh fehr-may*
is it correct? **c'est correct?** *seh ku-reh-kt*
is it necessary? **faut-il?** *foh-teel;* **est-il nécessaire?** *eh-teel nay-say-sehr*
is it open? **c'est ouvert?** *seh too-vehr*
is there . . . ? **y a-t-il... ?** *ee-a-teel*
isn't that so? **n'est-ce pas?** *neh-spah*
it doesn't matter **ça ne fait rien** *sahn feh ree-eh;* **n'importe** *neh-pohrt*
Italian, I am **je suis italien** *(m.)* *zhe swee ee-ta-lee-eh;* **je suis italienne** *(f.)* *zhe swee ee-ta-lee-ehn*
Italy **Italie** *ee-ta-lee*
it's . . . **c'est...** *seh*
it's a pleasure **c'est un plaisir** *seh tuh play-zeer*
it's for me **c'est pour moi** *seh poor mwah*
it's for us **c'est pour nous** *seh poor noo*
it's for you **c'est pour vous** *seh poor voo*
it's funny **c'est drôle** *seh drohl*
it's impossible **c'est impossible** *seh teh-pus-ee-ble*
it's my fault **c'est ma faute** *seh ma foht*
it's possible **c'est possible** *seh pus-ee-ble*

it's your fault   **c'est votre faute**   *seh vut-re foht*

J

jam (preserves) **la confiture**   *la koh-fee-tewr*
jambon *zh-ah-boh* ham
January **janvier** *zh-ah-vee-ay*
jewelry **les bijoux** *lay bee-zh-oo;* jewelry shop **une bijouterie**
   ewn bee-zh-oo-tree
joke **plaisanter** *play-zah-tay;* you're joking! **vous plaisantez!** *voo play-zah-*
   tay
juice **un jus** *uh zh-ew*
julienne *zh-ew-lee-ehn* vegetables cut in thin strips
July **juillet** *zh-ew-ee-ay*
June **juin** *zh-weh*
just a minute, please **une minute, s'il vous plaît** *ewn mee-newt, seel-voo-pleh*

K

keep it! **gardez-le!** *gar-day-le;* **gardez-la!** *gar-day-la*
key **une clef** *ewn klay*
knife **un couteau** *uh koo-toh*
knock **frapper** *fra-pay;* (you) knock on the door **frappez à la porte**
   fra-pay a la pohrt

L

laitue *leh-tew* lettuce
land (airplane) **atterrir** *a-tehr-eer*
landing card **une carte de débarquement** *ewn kart de day-bark-mah*
large **grand** *grah;* larger **plus grand** *plew grah*
later **plus tard** *plew tar*
leather **le cuir** *le kew-eer*
leave me alone! **laissez-moi tranquille!** *lay-say mwah trah-keel*

LENT *lah* SLOW
let me get by, please **laissez-moi passer, s'il vous plaît** *lay-say mwah pah-say,*
   seel-voo-pleh
letter **une lettre** *ewn leh-tre*

LIBRE *lee-bre* VACANT, UNOCCUPIED
light (color) **clair** *klehr;* light (in weight) **léger** *lay-zh-ay;* light (opposite
   of darkness) **la lumière** *la lew-mee-ehr*
light bulb **une ampoule** *ewn ah-pool*
listen! **écoutez!** *ay-koo-tay*

LOCATIONS *luk-a-see-oh* RENTALS
locker (for baggage) **un casier** *uh ka-zee-ay*
lollipop **une sucette** *ewn sew-seht*

look! **regardez!** *re-gar-day*

look out! **attention!** *a-tah-see-oh*

lost and found office **le bureau des objets trouvés** *le bew-roh day zub-zh-ay troo-vay*

lost, I'm **je me suis perdu(e)** *zhem swee pehr-dew*

lunch **le déjeuner** *le day-zh-uh-nay;* to lunch **prendre le déjeuner** *prah-dre le day-zh-uh-nay*

M

machine does not work **la machine ne marche pas** *la ma-sheen ne marsh pah*

madam **madame** *ma-dahm* (abbreviation: **Mme**)

man **un homme** *uh num*

manager **le gérant** *le zhay-rah*

many **beaucoup** *boh-koo;* many things **beaucoup de choses** *boh-kood sh-oh-z*

March **mars** *marss.*

mashed (whipped) potatoes **purée de pommes de terre** *pew-rayd-pum-de-tehr*

match **une allumette** *ewn a-lew-meht*

may I . . . ? **puis-je... ?** *pew-ee-zh*

May **mai** *may*

maybe **peut-être** *puh-teh-tre*

meal **un repas** *uh re-pah*

message **un message** *uh mehs-ah-zh*

milk **le lait** *le leh*

mind your own business **occupez-vous de vos affaires** *u-kew-pay vood voh za-fehr*

miss **mademoiselle** *mad-mwah-zehl* (abbreviation: **Mlle**)

mistake **une faute** *ewn foht*

mister **monsieur** *me-sy-uh* (abbreviation: **M.**)

Monday **lundi** *luh-dee*

money **argent** *(m.)* *ar-zh-ah*

more **plus** *plew;* more slowly **plus lentement** *plew laht-mah*

mousse *(f.)* **au chocolat** *mooss oh shu-ku-lah* chocolate pudding

much **beaucoup** *boh-koo*

museum **un musée** *uh mew-zay*

my child **mon enfant** *mun ah-fah;* my children **mes enfants** *may-zah-fah*

my daughter **ma fille** *ma fee-y*

my family **ma famille** *ma fa-mee-y*

my friend **mon ami(e)** *mun a-mee;* my friends **mes ami(e)s** *may-za-mee*

my God! **mon Dieu!** *moh dee-uh*

my husband **mon mari** *moh ma-ree*

my money **mon argent** *mun ar-zh-ah*

my, oh, my! **oh! là! là!** *oh-lah-lah*

my purse **mon sac à main** *moh sak a meh*

Popular phrases, words, and expressions for tourists 611

my son **mon fils** *moh feess*
my wallet **mon portefeuille** *moh pohrt-fu-y*
my wife **ma femme** *ma fahm*
my word! **ma foi!** *ma fwah*
my wristwatch **ma montre** *ma moh-tre*

N

napkin **une serviette** *ewn sehr-vee-eht*
nationality **la nationalité** *la na-see-un-a-lee-tay*
naturally **naturellement** *na-tewr-ehl-mah*

NE CUEILLEZ PAS LES FLEURS *ne kuh-yay pah lay flur* DO NOT PICK THE FLOWERS

NE JAMAIS LAISSER A LA PORTEE DES ENFANTS *ne zh-a-meh lay-say a la pohrt-ay day zah-fah* KEEP OUT OF REACH OF CHILDREN

NE JETEZ RIEN PAR LA FENETRE *ne zh-eht-ay ree-eh pahr la fneh-tre* DO NOT THROW ANYTHING OUT THE WINDOW

NE MARCHEZ PAS SUR LE GAZON *ne marsh-ay pah sewr le ga-zoh* KEEP OFF THE GRASS

NE PAS DERANGER *ne pah day-rah-zhay* DO NOT DISTURB

NE PAS TOUCHER *ne pah too-shay;* NE TOUCHEZ PAS *ne too-shay pah* DO NOT TOUCH
near **près** *preh;* **proche** *prush*
never **jamais** *zh-a-meh*
never open **n'ouvrez jamais** *noo-vray zh-a-meh*
next to **à côté de** *a koh-tay de*
nice day, have a **passez une bonne journée!** *pah-say ewn bun zh-oor-nay*
night **la nuit** *la new-ee;* during the night **pendant la nuit** *pah-dah la new-ee*
nightclub **une boîte de nuit** *ewn bwaht de new-ee*
nine **neuf** *nuf*
nineteen **dix-neuf** *deez-nuf*
ninety **quatre-vingt-dix** *ka-tre-veh-deess*
ninety-one **quatre-vingt-onze** *ka-tre-veh-ohz*
ninety-two **quatre-vingt-douze** *ka-tre-veh-dooz*
ninth **neuvième** *nuh-vee-ehm*
no **non** *noh*
no cold water **pas d'eau froide** *pahd oh frwahd*
no harm **pas de mal** *pahd mahl*
no hot water **pas d'eau chaude** *pahd oh sh-oh-d*
no noise **pas de bruit** *pahd brew-ee*
no problem **pas de problème** *pahd pru-blehm*
no towels **pas de serviettes** *pahd sehr-vee-eht*
no water **pas d'eau** *pahd-oh*
no way **pas moyen** *pah mwah-y-eh*
noodles **les nouilles** (f.) *lay noo-y*

not bad **pas mal** *pah mahl;* **pas mauvais** *pah muv-eh*
November **novembre** *nuv-ah-bre*

O

OCCUPE *u-kew-pay* OCCUPIED, IN USE
October **octobre** *uk-tub-re*
of course **bien sûr** *bee-eh sewr*
OK (okay) **d'accord** *dak-or;* **okay** *u-kay*
on **sur** *sewr*
on a business trip **en voyage d'affaires** *ah vwah-yah-zh da-fehr*
on a visit **en visite** *ah vee-zeet*

ON PARLE ANGLAIS *oh parl ah-gleh* ENGLISH IS SPOKEN
on the contrary **au contraire** *oh koh-trehr*
on vacation **en vacances** *ah va-kah-ss*
once **une fois** *ewn fwah*
one **un** *uh;* **une** *ewn*
one hundred **cent** *sah*
only **seulement** *sul-mah*
out of order **en panne** *ah-pahn*
outside **dehors** *de-or*

OUVERT DE... A... *oo-vehr de... a...* OPEN FROM . . . TO . . .
over there **là-bas** *lah-bah*
overcoat **un manteau** *uh mah-toh*

P

pain **une douleur** *ewn doo-lur;* I have a pain in my chest **j'ai une douleur
dans la poitrine** *zhay ewn doo-lur dah la pwah-treen;* I have a pain in my
neck **j'ai une douleur dans le cou** *zhay ewn doo-lur dahl koo*
pardon me, please **pardonnez-moi, s'il vous plaît** *pahr-dun-ay-mwah, seel-voo-
pleh*
park, public **un parc public** *uh park pew-bleek*
parking (vehicle) **un stationnement de voitures** *uh sta-see-un-mah de vwah-
tewr*
party **une fête** *ewn feht*

PASSAGE SOUTERRAIN *pah-sa-zh soot-reh* UNDERGROUND PASSAGE
passenger **un passager** *(m.)* *uh pah-sa-zhay;* **une passagère** *(f.)*
ewn pah-sa-zh-ehr
passport lost **passeport perdu** *pahs-pohr pehr-dew*

PEINTURE FRAICHE *peh-tewr freh-sh* WET PAINT
percent **pour cent** *poor-sah*
perhaps **peut-être** *puh-teh-tre*
peroxide **le peroxyde** *le peh-ruks-eed*
petrol (gasoline) **essence** *(f.)* *ay-sah-ss*

phone me **téléphonez-moi** *tay-lay-fun-ay-mwah*

PIETONS *pee-ay-toh* PEDESTRIANS
pig **un cochon** *uh kush-oh*
pill **une pilule** *ewn pee-lewl*

PISTE POUR CYCLISTES *peest poor see-kleest* BICYCLE ROUTE
please **s'il vous plaît** *seel-voo-pleh*
pleased to meet you **c'est mon plaisir** *seh moh play-zeer*
plumbing **la plomberie** *la ploh-bree*
pocket **une poche** *ewn pu-sh*
poison **le poison** *le pwa-zoh*
police **la police** *la pul-eess;* I'm going to call the police **je vais appeler la
  police** *zhe veh ap-lay la pul-eess*
police headquarters **la préfecture de police** *la pray-fehk-tewr de pul-eess*
porter **un porteur** *uh pohr-tur*
potatoes **les pommes de terre** *lay pum-de-tehr*
pot-au-feu *pu-toh-fuh* stew
poulet *poo-leh* chicken
POUSSEZ *poo-say* PUSH
present (gift) **un cadeau** *uh ka-doh*
preserves (jam) **la confiture** *la koh-fee-tewr*
press (iron) **repasser** *re-pah-say*
price **le prix** *le pree*

PRIERE DE... *pree-ehr de* YOU ARE REQUESTED . . .
priest **un prêtre** *uh preh-tre*
private bathroom **une salle de bains privée** *ewn sal de beh pree-vay*

PRIVE *pree-vay* PRIVATE
pull **tirez** *tee-ray*
purple **pourpre** *poor-pre*
purse **un sac à main** *uh sak-a-meh*
push **poussez** *poo-say*
put this thing here **mettez cette chose ici** *meht-ay seht sh-oh-z ee-see*
put this thing there **mettez cette chose là** *meht-ay seht sh-oh-z lah*

Q

QUAIS *kay* PLATFORMS (TRAINS)
question **une question** *ewn kehs-tee-oh*
quick, quickly **vite** *veet*
quiet **tranquille** *trah-keel*
quite enough **assez** *ah-say*

R

RABAIS *rah-beh* BARGAINS (SALE, REDUCED PRICES)
ragoût *rah-goo* stew
rain **la pluie** *la plew-ee*

RALENTIR *ra-lah-teer* SLOW DOWN

R.A.T.P. **Régie Autonome des Transports Parisiens** *ray-zh-ee u-tun-um day trah-spohr pah-ree-zee-eh* PARIS TRANSPORT AUTHORITY
razor (electric) **rasoir électrique** *ra-zwahr ay-lehk-treek;* razor blade **une lame** *ewn lahm*
rear, to the **à l'arrière** *a-la-ree-ehr*
receipt **un reçu** *uh re-sew*
red **rouge** *roo-zh*
remain (stay) **rester** *reh-stay*

RENSEIGNEMENTS *rah-seh-ny-mah* INFORMATION
rent (hire) **louer** *loo-ay*
repair **réparer** *ray-pah-ray*
repeat, please **répétez, s'il vous plaît** *ray-pay-tay, seel-voo-pleh*
reservation **réservation** *ray-zehr-va-see-oh*

RESERVE *ray-zehr-vay* RESERVED
rest **se reposer** *se re-poh-zay;* I'd like to take a rest **je voudrais me reposer** *zhe voo-dreh me re-poh-zay*
restrooms (toilets) **les toilettes** *lay twa-leht;* **W.C.** (Water Closet) *doo-ble-vay-say*
right away **tout de suite** *tood-sweet*

R.N. **Route Nationale** *root na-see-un-al* national highway
roulade (*f.*) *roo-lahd* rolled slices of meat with a tasty filling

R.S.V.P. **répondez, s'il vous plaît** *ray-poh-day, seel-voo-pleh* answer, please

S

s/sur *sewr* on
sales slip **une fiche** *ewn feesh*

SALLE D'ATTENTE *sal da-taht* WAITING ROOM
salty **salé** *sal-ay*
Saturday **samedi** *sahm-dee*
seat **une place** *ewn plahss;* **un siège** *uh see-eh-zh*
second floor **deuxième étage** *duh-zee-ehm ay-tah-zh*
security control **le contrôle de sécurité** *le koh-trohl de say-kew-ree-tay*
see you later **à tout à l'heure** *a toot a lur*
see you next week **à la semaine prochaine** *a la smehn prush-ehn*
see you soon **à bientôt** *a bee-eh-toh*
see you tomorrow **à demain** *ad-meh*
see you tonight **à ce soir** *a se swahr*

SENS UNIQUE *săh-ss ew-neek* ONE-WAY STREET

September **septembre** *sehp-tăh-bre*

SERREZ A DROITE *seh-ray a drwaht* SQUEEZE TO THE RIGHT

SERREZ A GAUCHE *seh-ray a goh-sh* SQUEEZE TO THE LEFT

service is included? **le service est compris?** *le sehr-veess eh kŏh-pree*

seven **sept** *seht*

seventeen **dix-sept** *dee-seht*

seventh **septième** *seht-ee-ehm*

seventy **soixante-dix** *swah-săht-deess*

seventy-one **soixante et onze** *swah-săht-ay-ŏh-z*

seventy-two **soixante-douze** *swah-săht-dooz*

she **elle** *ehl*

show me **montrez-moi** *mŏh-tray-mwah*

shower (bath) **une douche** *ewn doosh*

shut the door **fermez la porte** *fehr-may la pohrt*

shut the window **fermez la fenêtre** *fehr-may la fneh-tre*

shut your mouth! **fermez la bouche!** *fehr-may la boosh*

sick **malade** *ma-lahd;* I am sick **je suis malade** *zhe swee ma-lahd*

sir **monsieur** *me-sy-uh*

six **six** *seess*

sixteen **seize** *sehz* (sounds exactly like the English word says)

sixth **sixième** *see-zee-ehm*

sixty **soixante** *swah-săht*

sixty-one **soixante et un** *swah-săht-ay-ŭh*

sixty-two **soixante-deux** *swah-săht-duh*

slice **une tranche** *ewn trăh-sh*

slowly **lentement** *lăht-mah*

small **petit** *ptee;* smaller **plus petit** *plew-ptee*

smelling salts **les sels volatils** *lay sehl vul-a-teel*

smoke **fumer** *few-may;* smoking area **pour fumeurs** *poor few-mur*

snack bar **un buffet** *ŭh bew-fay;* **un snack bar** *ŭh snak-bahr*

S.N.C.F. **Société Nationale des Chemins de Fer** *su-see-ay-tay na-see-un-al day sh-mehd fehr* French National Railroads

so sorry to hear that! **je suis désolé!** *zhe swee day-zul-ay*

soap **le savon** *le sa-vŏh*

SOLDES *suld* SALE (BARGAINS)

SONNEZ *sun-ay* RING THE BELL

sooner or later **tôt ou tard** *toh-oo-tar*

sorbet *sohr-beh* sherbet

SORTIE *sohr-tee* EXIT

SORTIE DE SECOURS *sohr-tee de skoor* EMERGENCY EXIT

Spain **Espagne** *ehs-pay-ny*

Spanish, I am **je suis espagnol** *(m.)* *zhe swee ehs-pah-ny-ul;* **je suis espagnole** *(f.)* *zhe swee ehs-pay-ny-ul*

spirits of ammonia **essence ammoniaque** *ay-săh-ss a-mun-ee-ahk* spoon **une cuillère** *ewn kew-ee-ehr*

sports **les sports** *lay spohr*

spray **un spray** *uh spray*

STATIONNEMENT INTERDIT *stah-see-un-mah eh-tehr-dee* NO PARKING

steak *stehk* steak

steal **voler** *vul-ay*

sticker (label) **une étiquette** *ewn ay-tee-keht*

stolen items **des objets volés** *day zub-zhay vul-ay*

stop! **arrêtez!** *a-reht-ay*

stop her! **arrêtez-la!** *a-reht-ay-la*

stop him! **arrêtez-le!** *a-reht-ay-le*

stop that person! **arrêtez cette personne-là!** *a-reht-ay seht pehr-sun lah*

stop the noise! **arrêtez le bruit!** *a-reht-ayl brew-ee*

stop them! **arrêtez-les!** *a-reht-ay lay*

stop thief! **au voleur!** *oh vul-ur*

straight ahead **tout droit** *too-drwah*

straight away **tout de suite** *tood sweet*

stranger **un étranger** *(m.)* *uh nay-trah-zhay;* **une étrangère** *(f.)* *ewn ay-trah-zh-ehr*

strawberry **une fraise** *ewn frehz*

street **la rue** *la rew*

subtitles (at the movies, cinema) **les sous-titres** *lay soo-tee-tre*

subway (tube) **le métro** *le may-troh*

sugar **le sucre** *le sew-kre;* with sugar **avec sucre** *a-vehk sew-kre;* without sugar **sans sucre** *sah sew-kre*

suitcase **une valise** *ewn va-leez*

Sunday **dimanche** *dee-mah-sh*

sure **sûr** *sewr;* surely **bien sûr** *bee-eh sewr*

surprise party **une surprise-partie** *ewn sewr-preez pahr-tee*

S.V.P. **s'il vous plaît** *seel-voo-pleh* please

syphilis **la syphilis** *la see-fee-leess*

T

TABAC *ta-ba* TOBACCO SHOP (you can also buy postage stamps at a *ta-ba*)

tablet (of paper) **un bloc de papier** *uh bluk de pa-pee-ay*

tablet (pill) **un comprimé** *uh koh-pree-may*

tap (faucet) **un robinet** *uh rub-ee-nay*

tea **un thé** *uh tay;* plain tea **un thé nature** *uh tay-na-tewr;* tea with cream **un thé à crème** *uh tay-a-krehm;* tea with lemon **un thé au citron** *uh tay-oh-see-troh;* tea with milk **un thé au lait** *uh tay-oh-leh*

telegram **un télégramme** *uh tay-lay-grahm*

television **la télévision** *la tay-lay-vee-zee-oh;* TV set **le téléviseur** *le tay-lay-vee-zur*

tell me **dites-moi** *deet-mwah*

telly (TV) **la télé** *la tay-lay*

ten **dix** *deess*

TENEZ VOTRE DROITE *te-nay vut-re drwaht* KEEP TO YOUR RIGHT

tenth **dixième** *dee-zee-ehm*

T.G.V. *tay-zhay-vay* **Train à Grande Vitesse** *treh-a-grah-d vee-tehss* high-speed train

thank you **merci** *mehr-see;* thank you very much **merci beaucoup** *mehr-see boh-koo*

that's a good idea **c'est une bonne idée** *seh tewn bun ee-day*

that's all right **ça va** *sah-vah*

that's right **c'est ça** *seh-sah*

theft **un vol** *uh vul;* (same word for flight)

there! **là!** *làh!*

there are . . . there is . . . **il y a...** *eel-ee-a*

there it is! **le voilà!** *le vwah-lah!* **la voilà** *la vwah-lah;* there they are! **les voilà!** *lay vwah-lah;* there you are! **vous voilà!** *voo-vwah-lah*

thermometer **un thermomètre** *uh tehr-mum-eh-tre*

they **ils** *(m.)* *eel;* **elles** *(f.)* *ehl*

thing **une chose** *ewn sh-oh-z*

third **troisième** *trwa-zee-ehm*

thirteen **treize** *trehz*

thirty **trente** *trah-t*

thirty-one **trente et un** *trah-tay-uh*

thirty-two **trente-deux** *trah-t duh*

this evening **ce soir** *se swahr*

thousand **mil (mille)** *meel*

three **trois** *trwah*

three hundred **trois cent** *trwah-sah*

thumb **le pouce** *le pooss*

Thursday **jeudi** *zh-uh-dee*

ticket **un billet** *uh bee-yay;* **un ticket** *uh tee-keh*

ticket window **un guichet** *uh geesh-eh*

time (hour) **heure** *ur;* what time is it? **quelle heure est-il?** *kehl ur eh-teel* at what time? **à quelle heure?** *a kehl ur*

tip (gratuity) **un pourboire** *uh poor-bwahr*

tired **fatigué** *fa-tee-gay*

TIREZ *tee-ray* PULL; TIREZ ICI *tee-ray ee-see* PULL HERE

to the left **à gauche** *a goh-sh*

to the right **à droite** *a drwaht*

today **aujourd'hui** *oh-zhoor-dwee*

toilet **les toilettes** *lay twa-leht;* **W.C.** *doo-ble-vay-say* (Water Closet)

toilet paper (tissue) **le papier hygiénique** *le pa-pee-ay eezh-yay-neek*

tomorrow **demain** *de-meh*

tonight **ce soir** *se swahr*

too (also) **aussi** *oh-see*

too bad **tant pis** *tah-pee*

too big **trop grand** *troh grah*

too cold **trop froid** *troh frwah*

too hot **trop chaud** *troh sh-oh*

too little **trop peu** *troh puh*
too much **trop** *troh*
too much noise **trop de bruit** *trohd brew-ee*
too salty **trop salé** *troh sal-ay*
too small **trop petit** *troh ptee*
tourist **touriste** *toor-eest;* I'm a tourist **je suis touriste** *zhe swee toor-eest*
tournedos *toorn-doh* tender slices of beef
towel **une serviette** *ewn sehr-vee-eht*
traffic **la circulation** *la seer-kew-la-see-oh*
train **un train** *uh treh*

TRAVERSER *tra-vehr-say* CROSS THE STREET
tray **un plateau** *uh pla-toh*
trip, to take a **faire un voyage** *fehr uh vwah-yah-zh*
tube (subway) **le métro** *le may-troh*
Tuesday **mardi** *mar-dee*
turn off the lights! **éteignez la lumière!** *ay-tay-ny-ay la lew-mee-ehr;* turn on
   the lights! **allumez la lumière!** *a-lew-may la lew-mee-ehr*
TV **la télé** *la tay-lay;* TV set **le téléviseur** *le tay-lay-vee-zur*

T.V.A. **Taxes à la Valeur Ajoutée** *taks-a-la-val-ur ah-zh-oo-tay* VAT (Value
   Added Tax)
twelve **douze** *dooz*
twenty **vingt** *veh*
twenty-one **vingt et un** *veh-tay-uh*
twenty-two **vingt-deux** *veh-duh*
twice **deux fois** *duh fwah*
two **deux** *duh*
typewriter **une machine à écrire** *ewn ma-sheen a ay-kreer*

U

umbrella **un parapluie** *uh pa-ra-plew-ee*
under **sous** *soo*
understood **compris** *koh-pree;* **entendu** *ah-tah-dew;* **d'accord** *dak-or*
United States **les Etats-Unis** *lay-zay-ta-zew-nee;* from the United States
   des Etats-Unis *day-zay-ta-zew-nee;* to the United States **aux Etats-Unis**
   oh-zay-ta-zew-nee
urgent **urgent** *ewr-zh-ah*

V

vacant room **une chambre libre** *ewn sh-ah-bre lee-bre*
valuables **les valables** *lay va-la-ble*
value **la valeur** *la va-lur*
vanilla **à la vanille** *a-la-va-nee-y*
veau *(m.)* *voh* veal
very fine **très bien** *treh bee-eh*

very little (not much) **très peu** *treh-puh*
very much **beaucoup** *boh-koo*
very well **très bien** *treh bee-eh*

VITESSE *vee-tehss* SPEED

VOITURE NUMERO (NO.) *vwah-tewr new-may-roh* TRAIN CAR NUMBER
vomit **vomir** *vum-eer*

VOYAGEURS *vwah-yah-zh-ur* TRAVELERS

W

wait! **attendez!** *a-tah-day;* wait a minute! **attendez une minute!** *a-tah-day ewn mee-newt*
waiter **un serveur** *uh sehr-vuhr*
waiting room **la salle d'attente** *la sal da-taht*
waitress **une serveuse** *ewn sehr-vuhz*
wake me up! **réveillez-moi!** *ray-vay-yay-mwah*
walk **aller à pied** *a-lay a pee-ay;* **marcher** *marsh-ay*
wallet, my **mon portefeuille** *moh pohrt-fu-y*
want **vouloir** *vool-wahr;* **désirer** *day-zee-ray*
warm **chaud** *sh-oh;* it's warm today **il fait chaud aujourd'hui** *eel-feh sh-oh oh-zhoor-dwee;* warm (lukewarm, moderately warm) **tiède** *tee-ehd;* **la soupe est tiède, pas chaude** *la soop eh tee-εhd, pah sh-ohd* the soup is warm, not hot
wash **laver** *la-vay;* to wash oneself **se laver** *se la-vay;* I must wash myself **je dois me laver** *zhe dwahm la-vay*
watch (wrist) **une montre** *ewn moh-tre*
water **de l'eau** *de-loh*
watermelon **la pastèque** *la pas-tehk*

w.c. (water closet) toilet *doo-ble-vay-say*
we **nous** *noo*
Wednesday **mercredi** *mehr-kre-dee*
week **une semaine** *ewn smehn*
well **bien** *bee-eh*
what? **pardon?** *pahr-doh*
what are you saying? **qu'est-ce que vous dites?** *kehs-ke voo deet*
what did you say? **comment?** *kum-mah*
what does that mean? **que veut dire cela?** *ke vuh deer sla;* what does this mean? **que veut dire ceci?** *ke vuh deer se-see*
what time? **quelle heure?** *kehl ur;* at what time? **à quelle heure?** *a kehl ur*
what time is it? **quelle heure est-il?** *kehl ur eh-teel*
what's that? **qu'est-ce que c'est?** *kehs-ke seh*
what's your name? **quel est votre nom?** *kehl eh vut-re noh*
when **quand** *kah*
when does it close? **quand ferme-t-il?** *kah fehrm-teel*
when does it open? **quand ouvre-t-il?** *kah oo-vre-teel*
where **où** *oo*

where are . . . ? **où sont... ?** *oo sōh;* where is . . . ? **où est... ?** *oo eh*
where are the women? **où sont les femmes?** *oo sōh lay fahm;* where are the
  children? **où sont les enfants?** *oo sōh lay zah-fah*
where can I find . . . ? **où puis-je trouver... ?** *oo pew-ee-zh troo-vay*
which? **lequel?** *(m.)* *le-kehl;* **laquelle?** *(f.)* *la-kehl*
which way? **par où** *pahr-oo*
white **blanc** *blah*
who **qui** *kee*
who are you? **qui êtes-vous?** *kee eht-voo*
who is it? **qui est-ce?** *kee-ehss*
who is there? **qui est là** *kee eh-lah*
why? **pourquoi?** *poor-kwah;* why not? **pourquoi pas?** *poor-kwah pah*
wide **large** *lar-zh*
wife, my **ma femme** *ma-fahm*
willingly **volontiers** *vu-loh-tee-ay*
wine **un vin** *uh veh*
with **avec** *a-vehk*
with a balcony **avec balcon** *a-vehk bal-kōh*
with bath **avec bain** *a-vehk beh*
with breakfast only **avec petit déjeuner seulement** *a-vehk ptee day-zh-uh-nay*
  sul-mah
with meals **avec repas** *a-vehk re-pah*
with shower **avec douche** *a-vehk doosh*
without **sans** *sah*
woman **une femme** *ewn fahm*
word (spoken) **une parole** *ewn pa-rul;* word (written) **un mot** *uh moh*
would you please . . . **voulez-vous, s'il vous plaît...** *voo-lay-voo, seel-voo-pleh*
wow! **Oh! là! là!** *oh-lah-lah*
write to me **écrivez-moi** *ay-kree-vay-mwah*

Y

yes **oui** *wee*
yesterday **hier** *ee-yehr*
you **vous** *voo* (sing. & pl., polite); **tu** *tew* (sing., fam.)
you don't say! **ne me dites pas!** *nem deet-pah*
you're joking! **vous plaisantez!** *voo-play-zah-tay*
you're welcome **de rien** *de-ree-eh;* **je vous en prie** *zhe voo-zah-pree;*
  il n'y a pas de quoi *eel-nee-a-pahd-kwah*

Z

zipper **une fermeture à glissière** *ewn fehrm-tewr-a-glee-see-ehr*
zut! *zewt* darn it!

The hundreds of verb forms in this part of the book will immerse you in the practice and improvement of your knowledge of French verb forms, tenses, and uses. You will find a variety of types of questions to make your experience interesting, challenging, and rewarding. All verb forms used in the drills and tests are found in the preliminary pages, among the 501 verbs, and in the back pages of this book.

The answers and explanations begin on page 653. The explanations are brief and to the point, including references to pages in this book for study and review.

Tips: To figure out the correct verb form of the required tense, examine each sentence carefully. Take a good look at the subject of the verb. Is it 1st, 2d, or 3d person? Is it singular or plural? Is it masculine or feminine? Look for a possible preceding noun or pronoun direct object, agreement on the past participle if necessary, and key elements that precede or follow the verb to determine the verb form and tense.

Also, look for other key words, such as yesterday, last week, today, at this moment, tomorrow, next year, certain conjunctions, and other key elements that indicate the need for the indicative or subjunctive moods in the required tense. The correct verb form depends on the sense and grammatical structure of the sentence. The best way to learn irregular forms in the seven simple tenses is from study, practice, and experience. For the formation of present and past participles, including irregulars, consult page ix. As for the formation of regular verb forms, consult pages xxvii to xxx. From time to time study and review pages xv to xxvi.

Verb Test 1

SENTENCE COMPLETION

Directions: Each of the following sentences contains a missing verb form. From the choices given, select the verb form of the tense that is required, according to the sense of the sentence, and write the letter of your choice on the line. At times, only the infinitive form is needed or a present or past participle. Answers and explanations begin on page 653.

1. Hier, Marguerite _____ allée au théâtre avec ses amis.
   A. a   B. est   C. avait   D. était

2. Madame Céléstine ne _____ pas lire parce qu'elle a besoin de ses lunettes.
   A. pouvons   B. peuvent   C. peux   D. peut

3. Quand j'étais enfant, j'_____ beaucoup de camarades à l'école.
   A. ai   B. eus   C. avais   D. aurai

4. La petite fille _____ parce qu'elle est heureuse.
   A. sourit   B. souris   C. ait souri   D. eût souri

5. Hier soir, j'ai bien ri pendant que je _____ un film comique à la télé.
   A. regardait B. regardais   C. ai regardé   D. regarderais

6. À cause du grand bruit qui vient de la rue, je ne peux pas _____ .
   A. dormir   B. dors   C. dormant   D. dormirai

7. Asseyez-vous, s'il vous plaît. Le docteur _____ d'arriver.
   A. viens   B. vient   C. est venu   D. était venu

8. Robert, je te demande de _____ ta chambre parce qu'elle est bien sale.
   A. nettoie   B. nettoyant   C. nettoyer   D. nettoyez

9. Le tonnerre va _____ peur aux enfants.
   A. faire   B. faisant   C. fait   D. font

10. Il commence à pleuvoir et Hélène a _____ son parapluie.
    A. oublié   B. oubliée   C. oublie   D. oublia

11. Chéri, aimes-tu les chaussures que j'ai _____ aujourd'hui?
    A. acheté   B. achetée   C. achetés   D. achetées

12. La semaine prochaine j'_____ en France.
    A. irai   B. alla   C. allais   D. irais

13. Si j'avais assez d'argent, j'_____ en Italie.
    A. irai   B. irais   C. allais   D. aille

14. Si j'ai assez d'argent, j'_____ au Canada.
    A. irai   B. irais   C. allais   D. aille

15. Ce matin Paulette _____ .
    A. s'est lavé   B. s'est lavée   C. se sont lavés   D. se sont lavées

16. Ce matin Gertrude _____ les cheveux.
    A. s'est lavé   B. s'est lavée   C. se sont lavés   D. se sont lavées

17. Je _____ à l'école en ce moment.
    A. suis allé   B. étais allé   C. vais   D. serais allé

18. Je _____ à la bibliothèque tous les jours.
    A. vais   B. étais allé   C. serai allé   D. serais allé

19. Deux et deux _____ quatre.
    A. fait   B. font   C. feraient   D. faisaient

20. Depuis combien de temps êtes-vous ici? Moi? Je _____ ici depuis dix minutes.
    A. étais   B. serai   C. serais   D. suis

DIALOGUE

Directions: *In the following dialogue there are blank spaces indicating missing verb forms. Select the appropriate verb form according to the sense of what the speakers are saying and write the letter of your choice on the line. The situation is given below. First, read the entire selection once. During the second reading, make your choices.*

Situation: You just got off an airplane. You go to the baggage room to claim your suitcase but you can't find it. An employee talks to you.

L'employé: Y a-t-il quelque chose qui ne va pas, mademoiselle?
Vous: Je ne _____ pas ma valise.

1. A. trouve   B. trouverai   C. trouverais   D. trouvais

L'employé: Donnez-moi votre ticket de bagages, s'il vous plaît.
Vous: Une seconde, s'il vous plaît. _____ qu'il est dans ma poche.

2. A. J'ai cru   B. Je croirai   C. Je croirais   D. Je crois

L'employé: Une minute. Je vais voir ce qui se passe.
Vous: J'_____ que ma valise n'est pas perdue!

3. A. espère   B. espérer   C. espères   D. espérais

L'employé: Votre valise est dans l'avion qui arrive cet après-midi.
Vous: _____ bien contente.

4. A. J'ai été   B. J'avais été   C. J'aurais été   D. Je suis

L'employé: Votre valise sera ici vers cinq heures, mademoiselle.
Vous: Je _____ la chercher. Merci bien, monsieur.

5. A. viendrai   B. suis venue   C. suis venu   D. viendrais

PATTERN RESPONSES

*Directions: Answer the following questions in French in complete sentences in the affirmative, using a pronoun for the subject. Add **aussi** (also).*

Model: **François apprend bien. Et vos frères?**
You write: Ils apprennent bien aussi.

1. Pierre comprend bien. Et vos frères?

   _____

2. Robert écrit bien. Et vos soeurs?

   _____

3. Anne va bien. Et ses amis?

   _____

4. Juliette lit un livre dans le lit. Et toi?

   _____

5. Catherine voit bien. Et tes amis?

   _____

6. Richard est allé au cinéma. Et Suzanne?

   _____

7. Jean a bien mangé. Et nous?

   _____

8. Jeanne s'est assise. Et les autres jeunes filles?

   _____

9. Monsieur Dufy s'est lavé. Et sa femme?

   _____

10. Monsieur Durand s'est lavé les cheveux. Et sa femme?

    _____

11. Tu as rougi. Et les enfants?

    _____

12. Monsieur Bertrand choisit une auto. Et Monsieur et Madame Duval?

    _____

13. Tu finis la leçon. Et Pierre?

    _____

14. Les enfants ont fait les devoirs. Et toi?

    _____

15. Ce soldat défend la patrie. Et les autres soldats?

    _____

16. Vous répondez à la question. Et Jacques?

_____

17. Vous vous couchez à dix heures. Et vos parents?

_____

18. Les enfants se sont amusés. Et Marie?

_____

19. Jacqueline s'est reposée. Et vous?

_____

20. Annie s'est levée tôt. Et nous?

_____

Verb Test 4

SENTENCE COMPLETION

Directions: Each of the following sentences contains a missing verb form. From the choices given, select the verb form of the tense that is required, according to the sense of the sentence, and write the letter of your choice on the line.

1. Je partirai quand mon amie _____ .
  A. arrive   B. arrivera   C. est arrivé   D. est arrivée

2. Je voudrais vous _____ ces fleurs.
  A. donnez   B. donner   C. donnerais   D. donnerez

3. Avez-vous lu les deux livres que je vous ai _____ la semaine dernière?
  A. donner   B. donné   C. donnés   D. donnez

4. Voici la lettre que _____ hier.
  A. je reçois   B. j'ai reçu   C. je recevrais   D. j'ai reçue

5. Hier _____ une lettre à des amis en France.
  A. j'ai envoyé   B. j'ai envoyée   C. j'enverrai   D. j'enverrais

6. J'irais en France si _____ assez d'argent.
  A. j'ai   B. j'aurais   C. j'aurai   D. j'avais

7. J'irai en France quand _____ assez d'argent.
  A. j'aurai   B. j'aurais   C. j'ai eu   D. j'avais

8. J'insiste que tu _____ ici avant cinq heures.
  A. es   B. sois   C. soit   D. soyez

626

9. Quand un enfant grandit, cela _____ dire qu'il devient plus grand.
   A. veuille   B. voulût   C. veux   D. veut

10. Pour bien apprendre dans la classe de français, _____ faire attention.
   A. il faut   B. il est   C. il pleut   D. il fend

11. Mon frère lisait pendant que j'_____ .
   A. écris   B. écrive   C. ai écrit   D. écrivais

12. Les étudiants lisaient quand _____ dans la salle de classe.
   A. je suis entré   B. j'entre   C. j'étais entré   D. j'entrerai

13. Quand j'étais petit, ma famille et moi _____ à la plage en été.
   A. allons   B. allions   C. allaient   D. irons

14. Richard _____ triste quand je l'ai vu.
   A. est   B. sera   C. était   D. serait

15. Quand ma mère était jeune, elle _____ jolie.
   A. était   B. est   C. a été   D. serait

16. À minuit, Pierre _____ et il a dit à son frère: "Lève-toi!"
   A. se réveille   B. s'est réveillé   C. s'est réveillée   D. se réveillera

17. J'entends _____ quelqu'un en bas dans la salle à manger!
   A. marchant   B. marché   C. marcher   D. a marché

18. En général, on _____ froid en hiver.
   A. est   B. fait   C. tient   D. a

19. L'année dernière nous _____ en France.
   A. est allé   B. est allée   C. sommes allés   D. irons

20. Voici les livres que vous avez _____ .
   A. désiré   B. désirée   C. désirés   D. désirer

Verb Test 5

DIALOGUE

Directions: *In the following dialogue there are blank spaces indicating missing verb forms. Select the appropriate verb form according to the sense of what the speakers are saying and write the letter of your choice on the line. The conversation is taking place at the present time. First, read the entire selection once. During the second reading, make your choices.*

Situation: It's the morning of the final French June exam in school. You and Jeanne are talking about the exams and your plans for summer vacation.

Jeanne: Il me reste encore un examen pour demain, puis les vacances vont commencer.
Vous: Mon dernier examen _____ lieu après-demain.

1. A. est   B. sera   C. aura   D. avait

Jeanne: J'espère réussir à tous mes examens.
Vous: Il n'y _____ rien à craindre. Tu reçois toujours de bonnes notes.

2. A. ait   B. soit   C. a eu   D. a

Jeanne: Ma famille et moi nous allons faire un voyage à Québec en juillet.
Vous: Moi, je devrai _____ ici à travailler.

3. A. reste   B. rester   C. restera   D. resterai

Jeanne: L'été passé nous sommes allés dans les montagnes.
Vous: Alors, tu _____ faire un voyage tous les étés!

4. A. pouvez   B. puis   C. peux   D. put

Jeanne: Alors, je te souhaite bonne chance dans tes examens.
Vous: Merci. Et je te _____ la même chose!

5. A. souhaite   B. souhaites   C. souhaité   D. souhaitai

Verb Test 6

CHANGING FROM ONE VERB TO ANOTHER

Directions: The verb forms in the following statements are all in the imperative. Change each sentence by replacing the verb with the proper form of the verb in parentheses, keeping the imperative form. The verb form you write must be in the same person as the one you are replacing. In other words, you must recognize if the given verb form is 2d person singular (tu), 1st person plural (nous), or 2d person plural, polite singular (vous). See page 526 for irregular verb forms that you cannot identify.

Model: **Prononcez le mot. (écrire)**

You write: **Écrivez le mot.**

1. Lisez la phrase. (dire)

_____

2. Prends le lait. (boire)

_____

3. Venez tout de suite. (partir)

_____

4. Ouvre la fenêtre. (fermer)

_____

5. Mets la valise là-bas. (prendre)

_____

6. Lisons la lettre. (écrire)

_____

7. Apprenez le poème. (lire)

_____

8. Partons maintenant. (sortir)

_____

9. Soyez à l'heure! (revenir)

_____

10. Voyons la leçon. (faire)

_____

11. Asseyez-vous, s'il vous plaît. (se lever)

_____

12. Accepte l'argent. (refuser)

_____

13. Vends le vélo. (acheter)

_____

14. Venez à l'heure. (être)

_____

15. Reste dans la maison. (aller)

_____

16. Lave-toi. (se lever)

_____

17. Cachons-nous. (se dépêcher)

_____

18. Arrête-toi. (s'amuser)

_____

19. Vends la maison. (acheter)

_____

20. Mange. (venir)

_____

CHANGING FROM ONE TENSE TO ANOTHER

Directions: *The following verb forms are all in the **future tense**. Change them to the* **conditional,** *keeping the same subject. See page 526 for irregular verb forms that you cannot identify.*

Model: J'aurai   **You write: J'aurais**

1. J'irai _____
2. Je partirai _____
3. J'aurai _____
4. Je serai _____
5. Tu aimeras _____
6. Tu feras _____
7. Il aura _____
8. Il sera _____
9. Il ira _____
10. On dira _____
11. Vous serez _____
12. Elle lira _____
13. J'ouvrirai _____
14. Nous saurons _____
15. Ils viendront _____

16. On boira _____
17. Ils courront _____
18. Ils liront _____
19. Elle mettra _____
20. Il apprendra _____
21. Je couvrirai _____
22. Il deviendra _____
23. Nous devrons _____
24. Vous direz _____
25. Vous irez _____
26. J'aimerai _____
27. Il faudra _____
28. Ils seront _____
29. Elles feront _____
30. On choisira _____

PATTERN RESPONSES

Directions: *Answer the following questions in the negative in complete French sentences. In answer (a), use* ***non***. *In answer (b), use* ***non plus*** *(either). Study models (a) and (b) carefully. Use a pronoun as subject in your answers. Place* ***non plus*** *at the end of the sentence.*

Models: (a) **Est-ce que vous dansez?**   You write: (a) **Non, je ne danse pas.**
          (Do you dance?)   (No, I don't dance.)

      (b) **Et Charles?**   You write: (b) **Il ne danse pas non plus.**
          (And Charles?)   (He doesn't dance either.)

1. (a) Est-ce que vous travaillez?

_____

(b) Et Paul?

_____

2. (a) Est-ce que Jacqueline étudie?

_____

(b) Et les grands garçons?

_____

3. (a) Est-ce qu'Anne va au match?

_____

(b) Et toi?

_____

4. (a) Est-ce que les enfants crient?

_____

(b) Et toi et tes amis?

_____

5. (a) Est-ce que l'avion arrive?

_____

(b) Et les trains?

_____

6. (a) Est-ce que tu es occupé?

_____

(b) Et tes parents?

_____

7. (a) As-tu fermé la fenêtre?

_____

(b) Et Pierre?

_____

8. (a) Avez-vous assisté à la conférence?

_____

(b) Et vos amis?

_____

9. (a) Monsieur Durand est-il allé au supermarché?

_____

(b) Et sa femme?

_____

10. (a) Madame Coty est-elle allée à la piscine?

_____

(b) Et les enfants?

_____

Verb Test 9

DIALOGUE

Directions: _In the following dialogue there are blank spaces indicating missing verb forms. Select the appropriate verb form according to the sense of what the speakers are saying and write the letter of your choice on the line. The situation is given below. The conversation is taking place at the present time. First, read the entire selection once. During the second reading, make your choices._

Situation: You are seated in a train about to leave for Paris. A young man approaches and asks if he can sit next to you.

Le jeune homme: Vous permettez?
Vous: Mais, bien sûr! Je vous en _____ .

1. A. prie B. priez C. pries D. prions

Le jeune homme: J'espère que nous _____ un voyage agréable.

2. A. faisons B. fassions C. avons fait D. ferons

Vous: Je l'_____ bien aussi.

3. A. espérer B. ai espéré C. avais espéré D. espère

Le jeune homme: Savez-vous à quelle heure le train _____ à Paris?

4. A. est arrivé B. arriverait C. arrivera D. arrivait

| Vous: | Vers une heure et quart. |
| Le jeune homme: | Il semble qu'il _____ beau temps. |

5.   A. a fait   B. va faire   C. faisait   D. fasse

Vous: Oui, on _____ une belle journée pour aujourd'hui.

6.   A. prévoit   B. prévois   C. prévoira   D. prévoie

Le jeune homme.   Je suppose que le train _____ bientôt.

7.   A. est parti   B. sera parti   C. va partir   D. partir

Vous: En effet, je _____ que nous sommes déjà en route.

8.   A. crus   B. croit   C. croyais   D. crois

Verb Test 10

SENTENCE COMPLETION

Directions: Each of the following sentences contains a missing verb form. From the choices given, select the verb form of the tense that is required, according to the sense of the sentence, and write the letter of your choice on the line. At times, only the infinitive form is needed or a present or past participle.

1   J'ai besoin de _____ mais je n'ai pas de savon.
     A. laver   B. se laver   C. me laver   D. me laverai

2.   Quand Lisa _____ dans le salon, elle a vu un vase de jolies fleurs.
     A. entre   B. entrera   C. est entré   D. est entrée

3.   Si j'ai le temps, _____ le travail.
     A. j'ai fait   B. je ferai   C. je ferais   D. je faisais

4.   Si j'avais le temps, _____ le travail.
     A. je ferais   B. je ferai   C. j'aurais fait   D. j'ai fait

5.   Si j'avais eu le temps, _____ le travail.
     A. j'ai fait   B. j'aurai fait   C. j'aurais fait   D. je faisais

6.   Mademoiselle, un café pour mon ami, s'il vous plaît. Moi, _____ un thé.
     A. j'aimerais   B. j'ai aimé   C. j'aimai   D. j'aimais

7.   À quelle heure pourriez-vous venir? Je _____ venir après le dîner.
     A. pouvais   B. pourrais   C. pouvons   D. puisse

8. Si j'étais vous, je ne le _____ pas.
   A. ferai   B. ferais   C. faisais   D. fasse

9. Je doute que Jeanne _____ ce soir.
   A. viendra   B. vienne   C. viendrait   D. vient

10. J'ai peur qu'il ne _____ malade.
    A. sois   B. soit   C. sera   D. serait

11. Je regrette que tu _____ malade.
    A. es   B. est   C. soit   D. sois

12. Je partirai à moins qu'il ne _____ .
    A. vienne   B. viennent   C. viendra   D. vient

13. Quoiqu'elle _____ belle, il ne l'aime pas.
    A. est   B. soit   C. serait   D. sera

14. Je le lui explique pour qu'elle _____ .
    A. comprendra   B. comprenne   C. comprennent   D. comprend

15. Je partirai dès qu'elle _____ .
    A. arrive   B. arrivera   C. arriverait   D. est arrivée

16. Il est urgent que vous _____ .
    A. pars   B. partez   C. partiez   D. partirez

17. Tout d'un coup, je me suis rappelé que _____ de le lui dire.
    A. j'ai oublié   B. j'oublie   C. j'oublierai   D. j'avais oublié

18. J'étais fatigué ce matin parce que _____ dormi.
    A. je n'ai pas   B. je n'aurai pas   C. je n'avais pas   D. j'ai

19. Je suis fatigué maintenant parce que _____ dormi.
    A. j'ai   B. je n'ai pas   C. je vais   D. je n'avais pas

20. Quand elle arrivera demain _____ le travail.
    A. j'aurai fini   B. j'ai fini   C. j'avais fini   D. je finisse

CHANGING FROM ONE TENSE TO ANOTHER

Directions: The following verb forms are all in the present indicative tense. Change them to the passé composé, keeping the same subject. Consult page 526 for irregular verb forms that you cannot identify. Keep in mind that to form the passé composé you need to use the present indicative tense of either avoir or être (depending on which of the two helping verbs is required) plus the past participle of the verb you are working with. If you feel uncertain about this, consult page viii about when to use avoir or être as a helping verb.

Model: **Elle mange.**

You write: **Elle a mangé.**

1. Elle va. _____

2. Il a _____

3. Je m'assieds _____

4. Ils ont. _____

5. Tu es. _____

6. Il va. _____

7. Nous allons. _____

8. Nous avons. _____

9. Je parle. _____

10. Elles viennent. _____

11. Je bois. _____

12. Ils boivent. _____

13. Vous buvez. _____

14. Je crois. _____

15. Tu dis. _____

16. Je peux. _____

17. Il faut. _____

18. Vous lisez. _____

19. Vous dites. _____

20. Tu mets. _____

21. Elle naît. _____

22. Elle meurt. _____

23. Elle vend. _____

24. Ils s'amusent. _____

25. Elle entre. _____

26. On finit. _____

27. Elles courent. _____

28. Ils prennent. _____

29. On apprend. _____

30. Elles arrivent. _____

COMPLETION OF VERB FORMS
(in the Seven Simple Tenses)

Directions: Complete each verb form in the tenses indicated by writing the correct letter or letters on the blank lines.

Présent de l'indicatif (Tense No. 1)

1. (aimer) J'aim___
2. (chanter) Tu chant___
3. (étudier) Il/elle/on étudi___
4. (choisir) Janine chois___
5. (entendre) J'entend___

6. (attendre) Nous attend___
7. (manger) Vous mang___
8. (vendre) Ils/elles vend___
9. (finir) Richard et moi fin___
10. (donner) Marie et Jeanne donn___

Imparfait de l'indicatif (Tense No. 2)

1. (parler) Je parl___
2. (finir) Tu finiss___
3. (vendre) Il/elle/on vend___
4. (être) Madeleine ét___
5. (avoir) Il/elle/on av___

6. (venir) Nous ven___
7. (faire) Vous fais___
8. (aller) Ils/elles all___
9. (jouer) Paul et Henri jou___
10. (donner) Tu donn___

Passé simple (Tense No. 3)
(This tense is not used in conversation. It is used in literary style.)

1. (parler) Je parl___
2. (finir) Tu fin___
3. (vendre) Il/elle/on vend___
4. (écrire) Catherine écriv___
5. (aller) Ils/elles all___

6. (donner) Nous donn___
7. (choisir) Vous chois___
8. (comprendre) Ils/elles compr___
9. (désirer) Hélène et Raymond désir___
10. (danser) Il/elle/on dans___

Futur (Tense No. 4)

1. (manger) Je manger___
2. (finir) Tu finir___
3. (vendre) Il/elle/on vendr___
4. (écrire) La femme écrir___
5. (aller) J'ir___

6. (donner) Nous donner___
7. (choisir) Vous choisir___
8. (comprendre) Ils/elles comprendr___
9. (jouer) Les garçons jouer___
10. (avoir) J'aur___

Conditionnel (Tense No. 5)

1. (aller) J'ir___
2. (finir) Tu finir___
3. (faire) Il/elle/on fer___
4. (manger) Je manger___
5. (pouvoir) Vous pourr___

6. (parler) Nous parler___
7. (être) Vous ser___
8. (avoir) Ils/elles aur___
9. (prendre) Je prendr___
10. (dîner) Vous dîner___

Présent du subjonctif (Tense No. 6)

1. (parler) que je parl___
2. (donner) que tu donn___
3. (oser) qu'il/elle/on os___
4. (choisir) que je choisiss___
5. (manger) que tu mang___

6. (partir) que nous part___
7. (vendre) que vous vend___
8. (prendre) qu'ils/elles prenn___
9. (finir) que nous finiss___
10. (fermer) qu'il/elle/on ferm___

Imparfait du subjonctif (Tense No. 7)

1. (parler) que je parl___
2. (donner) que tu donn___
3. (ouvrir) qu'il/elle/on ouvr___

4. (partir) que nous part___
5. (vouloir) que vous voul___
6. (finir) qu'ils/elles fin___

Verb Test 13

PAST PARTICIPLES

*Directions: In this crossword puzzle (**mots-croisés**) write the past participle for each of the verbs given below. Most of them are irregular. Past participles are important to know because they are needed to form the seven compound tenses, for example, the **passé composé**.*

Verticalement
1. devoir
2. naître
3. lire
4. vendre
5. prendre
6. dire
7. falloir
12. user
14. finir
16. mourir
17. être
20. avoir

Horizontalement
1. donner
5. pouvoir
7. fuir
8. rire
9. devoir (*backwards*)
10. taire
11. savoir
13. lire
15. savoir
18. naître
19. rire (*backwards*)
21. taire
22. tuer

Verb Test 14

DRILLING THE VERB *AVOIR*
(in the Seven Simple Tenses)

Note: You definitely must know the verb **avoir** in the seven simple tenses because they are needed to form the seven compound tenses of verbs conjugated with **avoir,** for example, the **passé composé** (Tense No. 8), as in **j'ai mangé** (I have eaten). Practice these by writing them every day until you know them thoroughly. If you don't know them, see page 61. Also, read about **avoir** verbs on page viii. Review pages xxviii to xxx.

Directions: *Write the verb forms of* **avoir** *in the seven simple tenses indicated.*

1. Présent de l'indicatif (Tense No. 1)

<u>Singular</u>   <u>Plural</u>

j' _____   nous _____
tu _____   vous _____
il/elle/on/(*or a noun*) _____   ils/elles/(*or a noun*) _____

2. Imparfait de l'indicatif (Tense No. 2)

j' _____   nous _____
tu _____   vous _____
il/elle/on/(*or a noun*) _____   ils/elles/(*or a noun*) _____

3. Passé simple (Tense No. 3)

j' _____   nous _____
tu _____   vous _____
il/elle/on/(*or a noun*) _____   ils/elles/(*or a noun*) _____

4. Futur (Tense No. 4)

j' _____   nous _____
tu _____   vous _____
il/elle/on/(*or a noun*) _____   ils/elles/(*or a noun*) _____

5. Conditionnel (Tense No. 5)

j' _____   nous _____
tu _____   vous _____
il/elle/on/(*or a noun*) _____   ils/elles/(*or a noun*) _____

6. Présent du subjonctif (Tense No. 6)

que j' _____   que nous _____
que tu _____   que vous _____
qu'il/elle/on/(*or a noun*) _____   qu'ils/elles/(*or a noun*) _____

7. Imparfait du subjonctif (Tense No. 7)

que j' _____   que nous _____
que tu _____   que vous _____
qu'il/elle/on/(*or a noun*) _____   qu'ils/elles/(*or a noun*) _____

638

DRILLING THE VERB *ÊTRE*
(in the Seven Simple Tenses)

Note: You must know the verb **être** in the seven simple tenses because they are needed to form the seven compound tenses of verbs conjugated with **être**, for example, the **passé composé** (Tense No. 8), as in **elle est arrivée** (she has arrived). Practice these by writing them every day until you know them thoroughly. If you don't know them, see page 206. Also, read about **être** verbs on page viii. Review pages xxviii to xxx.

*Directions: Write the verb forms of **être** in the seven simple tenses indicated.*

1. Présent de l'indicatif (Tense No. 1)

<u>Singular</u>   <u>Plural</u>

je_____   nous _____
tu _____   vous _____
il/elle/on/(*or a noun*) _____   ils/elles/(*or a noun*) _____

2. Imparfait de l'indicatif (Tense No. 2)

j'_____   nous _____
tu _____   vous _____
il/elle/on/(*or a noun*) _____   ils/elles/(*or a noun*) _____

3. Passé simple (Tense No. 3)

je_____   nous _____
tu _____   vous _____
il/elle/on/(*or a noun*) _____   ils/elles/(*or a noun*) _____

4. Futur (Tense No. 4)

je _____   nous _____
tu _____   vous _____
il/elle/on/(*or a noun*) _____   ils/elles/(*or a noun*) _____

5. Conditionnel (Tense No. 5)

je _____   nous _____
tu _____   vous _____
il/elle/on/(*or a noun*) _____   ils/elles/(*or a noun*) _____

6. Présent du subjonctif (Tense No. 6)

que je _____ que nous _____

que tu _____ que vous _____

qu'il/elle/on/(*or a noun*) _____ qu'ils/elles/(*or a noun*) _____

7. Imparfait du subjonctif (Tense No. 7)

que je _____ que nous _____

que tu _____ que vous _____

qu'il/elle/on/(*or a noun*) _____ qu'ils/elles/(*or a noun*) _____

Verb Test 16

CHANGING FROM ONE TENSE TO ANOTHER

*Directions: The following verb forms are all in the **passé composé** (Tense No. 8). Change them to the **plus-que-parfait de l'indicatif** (Tense No. 9), keeping the same subject. Keep in mind that to form the **plus-que-parfait de l'indicatif** you need to use the imperfect indicative tense of either **avoir** or **être** (depending on which of the two helping verbs is required) plus the past participle of the verb you are working with. If you feel uncertain about this, consult page viii about when to use **avoir** or **être** as a helping verb. Review the formation of the past participles on page ix. Also, review Verb Tests 14 and 15.*

Passé composé	Plus-que-parfait de l'indicatif
Model: **Elle a mangé.**	**You write:** **Elle avait mangé.**
(She has eaten.)	(She had eaten.)
Elle est arrivée.	**Elle était arrivée.**
(She has arrived.)	(She had arrived.)

1. Elle est allée. _____
2. Il a eu. _____
3. Je me suis assis. _____
4. Ils ont eu. _____
5. Tu as été. _____
6. Il est allé. _____
7. Nous sommes allés. _____
8. Nous avons eu. _____
9. J'ai parlé. _____
10. Elle est venue. _____
11. J'ai bu. _____
12. Ils se sont tus. _____
13. J'ai fait. _____
14. Tu as dû. _____
15. Vous avez dit. _____

16. J'ai pu. _____
17. Il a fallu. _____
18. Vous avez lu. _____
19. Vous avez dit. _____
20. Tu as mis. _____
21. Elle est née. _____
22. Elle est morte. _____
23. Elle s'est lavée. _____
24. Elles se sont lavées. _____
25. Je suis entré. _____
26. On a parlé. _____
27. Ils ont couru. _____
28. Ils ont pris. _____
29. On a dit. _____
30. J'ai compris. _____

SENTENCE COMPLETION

Directions: *Each of the following sentences contains a missing verb form. From the choices given, select the verb form of the tense that is required, according to the sense of the sentence, and write the letter of your choice on the line. At times only the infinitive form is needed or a present or past participle.*

1. Il est possible qu'elle _____ partie.
  A. est   B. soit   C. a   D. ait

2. Je doute que Laurent _____ fait cela.
  A. a   B. est   C. ait   D. soit

3. Je ne peux pas _____ maintenant parce qu'il fait un temps affreux.
  A. sort   B. sortant   C. sortir   D. sors

4. Joséphine est tombée en _____ dans la cuisine.
  A. entrer   B. entrant   C. entrée   D. entre

5. Simone a _____ la table.
  A. essuyer   B. essuyé   C. essuyée   D. essuyant

6. Françoise s'est _____ à écrire une lettre à sa tante.
  A. mis   B. mise   C. mettre   D. mettant

7. Les enfants _____ dire bonsoir aux invités.
  A. vouloir   B. voulu   C. voulus   D. veulent

8. Voici les fleurs que j'ai _____ .
  A. acheté   B. achetés   C. achetées   D. acheter

9. Quand Raymond eut mangé, il _____ .
  A. partit   B. partis   C. partir   D. partira

10. J' _____ fait le travail si j'avais eu le temps.
  A. aurait   B. aurais   C. avais   D. ai

PRESENT PARTICIPLES

Directions: In this word puzzle, find the present participle of each of the verbs listed below and draw a line around each one. To get you started, the first verb on the list (**aller**), whose present participle is **allant,** is already done. The present participles are written horizontally, vertically, or backwards.

aller
avoir
chanter
choisir
croire
dire
être
faire
finir

lire
naître
oser
prendre
tenir
vendre
venir
voir

C	H	A	N	T	A	N	T	A	T
H	F	Y	T	N	V	E	A	P	N
O	A	A	N	A	E	F	V	R	A
I	I	N	A	N	A	I	E	E	Y
S	S	T	Y	E	N	N	N	N	O
I	A	A	O	T	T	I	D	A	V
S	N	N	R	D	I	S	A	N	T
S	T	T	C	T	É	S	N	T	N
A	L	L	A	N	T	A	T	O	A
N	A	I	S	S	A	N	T	S	N
T	N	O	S	A	N	T	F	A	E
L	I	S	A	N	T	T	A	N	V

DIALOGUE

Directions: In the following dialogue there are blank spaces indicating missing verb forms. Select the appropriate verb form according to the sense of what the speakers are saying and write the letter of your choice on the line. The situation is given below.

Situation: You are a tourist in Paris. You are talking with the desk clerk in a hotel about a room.

L'employé: Bonjour. Vous désirez une chambre?
Vous: Oui, je désire _____ une petite chambre avec salle de bains.
1. A. louer   B. loué   C. louée   D. louant

L'employé: C'est pour combien de personnes, s'il vous plaît?
Vous: _____ pour moi seulement.
2. A. C'était   B. C'est   C. Ce fut   D. Ce fût

L'employé: Il me reste seulement une chambre à 150 francs la nuit, petit déjeuner compris.
Vous: D'accord. Je la _____
3. A. prend   B. prends   C. pris   D. prenne

L'employé:	C'est pour combien de temps?
Vous:	Probablement pour une semaine, je _____ .
4.	A. croit	B. crus	C. croie	D. crois

| L'employé: | Bon. Signez ici et _____-moi votre passeport, s'il vous plaît. |
| **5.** | A. montres | B. montez | C. montrez | D. montrerez |

Verb Test 20

CHANGING FROM ONE VERB TO ANOTHER

Directions: *The verb forms in the following statements are all in the **passé composé.** Change each sentence by replacing the verb in the sentence with the proper form of the verb in parentheses. Keep the **passé composé,** of course. Rewrite the statement in French.*

Models: Madeleine *est arrivée.* (partir)   You write: Madeleine *est partie.*
　　　　Simone *a mangé* le gâteau. (faire)　　　　Simone *a fait* le gâteau.

1. Richard *a appris* la leçon. (écrire)

   _____

2. Elle *s'est assise.* (se lever)

   _____

3. J'*ai écrit* la lettre. (lire)

   _____

4. Elle *a fermé* la fenêtre. (ouvrir)

   _____

5. Hélène *est arrivée.* (mourir)

   _____

6. *Avez-vous acheté* un cadeau? (offrir)

   _____

7. Marguerite *est sortie.* (venir)

   _____

8. *Nous avons écouté* l'histoire. (croire)

   _____

9. *Ils ont visité* Paris. (voir)

   _____

10. Les enfants *ont pleuré.* (rire)

    _____

11. *As-tu commandé* les frites? (prendre)

    _____

12. *Ils sont allés* à Paris. (rester)

_____

13. L'étudiant *n'a pas compris* la réponse. (savoir)

_____

14. L'enfant *a mangé* un bon repas. (avoir)

_____

15. J'*ai envoyé* la lettre. (recevoir)

_____

16. *Avez-vous voyagé* en France? (être)

_____

17. *A-t-il ouvert* la boîte? (couvrir)

_____

18. Les enfants *se sont lavés*. (se taire)

_____

19. Louise *a désiré* venir chez moi. (vouloir)

_____

20. Qui *a entendu* le bruit? (faire)

_____

Verb Test 21

TRANSLATING VERB FORMS OF *ALLER*

Directions: *Translate the following verb forms of* **aller** *with their subjects into English. Keep in mind that some verb tenses can be translated into English in more than one way. For example, depending on the thought expressed in a particular situation,* **Je vais** *can mean I go, I do go, or I am going.*

1. Nous allons	_____	**8.** Elle est allée	_____
2. Tu allais	_____	**9.** Elles étaient allées	_____
3. Il alla	_____	**10.** Nous fûmes allés	_____
4. Nous irons	_____	**11.** Tu seras allé	_____
5. Vous iriez	_____	**12.** Vous seriez allé	_____
6. Que j'aille	_____	**13.** Qu'il soit allé	_____
7. Que j'allasse	_____	**14.** Qu'elle fût allée	_____

Now, let's try a few other verbs. The infinitive form is given in parentheses in case you do not recognize the verb form. Remember that all verb forms used in these drills and tests are in this book among the 501 French verbs, in the preliminary pages, and in the back pages.

15. (savoir) Je sais _____
16. (être) Il fut _____
17. (avoir) Elle aura _____
18. (avoir) Nous aurions _____
19. (être) que je sois _____
20. (avoir) Il eut _____
21. (avoir) J'ai eu _____
22. (mettre) J'ai mis _____

23. (faire) Nous ferons _____
24. (venir) Je serais venu _____
25. (s'en aller) Allez-vous-en! _____
26. (vendre) Vous avez vendu _____
27. (finir) Nous aurons fini _____
28. (boire) Tu avais bu _____
29. (monter) Elle est montée _____
30. (rester) Nous sommes restés _____

Verb Test 22

PRESENT INDICATIVE

Directions: In this word puzzle, find the verb form in the present indicative tense for each infinitive given in parentheses in the sentences below. When you find them, draw a line around each one. The verb form in the present tense of **faire** in the first statement given below is **faites**. It has already been done to get you started. The words are written horizontally, vertically, diagonally, or backwards.

- Que (**faire**)-vous ce soir?
- Que me (**dire**)-vous?
- J' (**aimer**) danser.
- Moi, je (**aller**) chez moi.
- Les garçons (**avoir**)-ils assez d'argent pour aller au cinéma?
- Nous (**aller**) en France l'été prochain.
- Quand (**partir**)-tu?
- Et vous, (**être**)-vous heureux?
- Tes parents (**pouvoir**)-ils venir avec nous?
- Que (**devoir**)-tu faire maintenant?
- Pourquoi (**courir**)-tu?
- (**Vendre**)-ils leur maison?
- Est-ce que nous (**finir**) le travail aujourd'hui?

A	I	M	E	B	A	L	I	T	A
C	D	A	L	O	S	E	T	I	D
O	O	E	F	I	O	A	E	G	I
U	I	E	A	A	L	L	O	N	S
R	S	V	S	I	O	U	E	A	U
S	A	I	R	E	U	Ê	T	E	S
I	L	N	A	P	S	U	V	L	O
A	E	I	P	E	U	V	E	N	T
E	O	N	T	N	E	D	N	E	V
L	U	I	A	L	L	E	Z	O	N
F	A	T	E	Z	V	A	V	A	I
F	I	N	I	S	S	O	N	S	S

645

TRANSLATING VERB FORMS
(from English into French)

Directions: Translate the following verb forms with their subjects into French. In Test 21 you did the opposite. This is good practice because it helps you to master verb forms in French and English.

1. We are going

2. You *(tu)* were going

3. He went *(Tense No 3)*

4. We will go

5. You *(vous)* would go

6. that I may go

7. that I might go *(Tense No. 7)*

8. She has gone

9. They *(fem.)* had gone

10. We had gone *(Tense No. 10)*

11. You *(tu)* will have gone

12. You *(vous)* would have gone

13. that he may have gone

14. that she might have gone *(Tense No. 14)*

15. I know *(savoir)*

16. He was *(Tense No. 3)*

17. She will have

18. We would have

19. that I may be

20. He had *(Tense No. 3)*

21. I have had

22. I have put

23. We will do

24. I would have come

25. Go away! *(vous)*

26. You *(vous)* sold

27. We will have finished

28. You *(tu)* had drunk

29. She went up

30. We stayed

DRILLING AGAIN THE VERB *AVOIR*
(in the Seven Simple Tenses)

Note: In Test 14 you drilled the verb **avoir** in the seven simple tenses. Now, do it again here because you must know them in order to form the seven compound tenses of verbs conjugated with **avoir.** Practice these by writing them every day until you know them thoroughly. If you don't know them yet, see page 61. Also, read about **avoir** verbs on page viii. Review pages xxviii to xxx again.

*Directions: Write the verb forms of **avoir** in the tenses indicated.*

Singular	Plural

1. Présent de l'indicatif (Tense No. 1)

j' _____   nous _____
tu _____   vous _____
il/elle/on/(*or a noun*) _____   ils/elles/(*or a noun*) _____

2. Imparfait de l'indicatif (Tense No. 2)

j' _____   nous _____
tu _____   vous _____
il/elle/on/(*or a noun*) _____   ils/elles/(*or a noun*) _____

3. Passé simple (Tense No. 3)

j' _____   nous _____
tu _____   vous _____
il/elle/on/(*or a noun*) _____   ils/elles/(*or a noun*) _____

4. Futur (Tense No. 4)

j' _____   nous _____
tu _____   vous _____
il/elle/on/(*or a noun*) _____   ils/elles/(*or a noun*) _____

5. Conditionnel (Tense No. 5)

j' _____   nous _____
tu _____   vous _____
il/elle/on/(*or a noun*) _____   ils/elles/(*or a noun*) _____

6. Présent du subjonctif (Tense No. 6)

que j'_____   que nous _____
que tu _____   que vous _____
qu'il/elle/on/(*or a noun*) _____   qu'ils/elles/(*or a noun*) _____

7. Imparfait du subjonctif (Tense No. 7)

que j' _____   que nous _____
que tu _____   que vous _____
qu'il/elle/on/(*or a noun*) _____   qu'ils/elles/(*or a noun*) _____

Verb Test 25

DRILLING AGAIN THE VERB *ÊTRE*
(in the Seven Simple Tenses)

Note: In Test 15 you drilled the verb **être** in the seven simple tenses. I would like you to do it again here because you must know them in order to form the seven compound tenses of verbs conjugated with **être**. Practice these by writing them every day until you know them thoroughly. If you don't know them yet, see page 206. Also, read the statement about **être** verbs on page viii. Review again pages xxviii to xxx.

*Directions: Write the verb forms of **être** in the tenses indicated.*

1. Présent de l'indicatif (Tense No. 1)

<u>Singular</u>   <u>Plural</u>

je_____   nous _____
tu _____   vous _____
il/elle/on/(*or a noun*) _____   ils/elles/(*or a noun*) _____

2. Imparfait de l'indicatif (Tense No. 2)

j' _____   nous _____
tu _____   vous _____
il/elle/on/(*or a noun*) _____   ils/elles/(*or a noun*) _____

3. Passé simple (Tense No. 3)

je_____ nous _____

tu _____ vous _____

il/elle/on/(*or a noun*) _____ ils/elles/(*or a noun*) _____

4. Futur (Tense No. 4)

je _____ nous _____

tu _____ vous _____

il/elle/on/(*or a noun*) _____ ils/elles/(*or a noun*) _____

5. Conditionnel (Tense No. 5)

je _____ nous _____

tu _____ vous _____

il/elle/on/(*or a noun*) _____ ils/elles/(*or a noun*) _____

6. Présent du subjonctif (Tense No. 6)

que je _____ que nous _____

que tu _____ que vous _____

qu'il/elle/on/(*or a noun*) _____ qu'ils/elles/(*or a noun*) _____

7. Imparfait du subjonctif (Tense No. 7)

que je _____ que nous _____

que tu _____ que vous _____

qu'il/elle/on/(*or a noun*) _____ qu'ils/elles/(*or a noun*) _____

LE PASSÉ COMPOSÉ

Directions: *This crossword puzzle (**mots-croisés**) tests your knowledge of the **passé composé**. The missing words in the sentences below are the present tense of **avoir** or **être**, or the correct form of the past participle, or a subject pronoun.*

Horizontalement

1. Hier, je ___ allé au cinéma.
3. Marie est ___ (aller) à Paris.
8. Pierre ___ lu un livre.
9. Ils ont ___ (vouloir) partir.
11. ___ avez bien parlé.
13. La lettre? Je l'ai ___ (lire).
14. Paul s'est ___ (taire).
15. J'ai ___ (mettre) du sucre dans le café.
17. J'ai ___ (devoir) (*backwards*) partir.
18. Les lettres? Je les ai ___ (mettre) sur le bureau.
21. Nous avons bien ___ (rire).
22. Avez-vous ___ (savoir) la réponse?
23. Victor a-t-___ compris?
24. Qu'a-t-elle ___ (dire)?

Verticalement

1. Je ___ tombé en montant l'escalier.
2. J'ai ___ (savoir) la réponse.
3. Hier soir, j' ___ beaucoup mangé.
4. Simone a ___ (lire) un livre.
5. Ce matin j'ai ___ (avoir) un petit accident.
6. Nous ___ pris le train.
7. Les enfants ont ___ (pouvoir) venir.
10. Nous avons ___ (vendre) la maison.
12. A-t-il ___ (savoir) (*backwards*) la réponse?
15. Madame Durand est ___ (mourir) hier soir.
16. Tu as ___ (finir) la leçon?
19. Jacqueline ___ restée à la maison.
20. Tu as ___ (savoir) cela, n'est-ce pas?

IDENTIFYING VERB FORMS
(in a Passage from French Literature)

*Directions: Read the following literary passage twice. Then, identify the verb forms with their subjects printed in **bold face** by giving (a) the infinitive of the verb form, (b) the name of the tense in French, and (c) the person and number of the verb form.*

Example: je vois   You write: (a) **voir**
                                   (b) **présent de l'indicatif**
                                   (c) **1st person singular**

Pourquoi donc ne vous **vois-je** pas, mon cher ami? **Je suis** inquiète de vous. **Vous m'aviez** tant **promis** de ne faire qu'aller et venir de l'Hermitage ici! Sur cela **je** vous **ai laissé** libre; et point du tout, **vous laissez** passer huit jours. Si **on** ne m'**avait** pas **dit** que **vous étiez** en bonne santé, **je** vous **croirais** malade. **Je** vous **attendais** avant-hier ou hier, et **je** ne vous **vois** point arriver.

Mon Dieu! qu'**avez-vous** donc? **Vous n'avez** point d'affaires; **vous n'avez** pas non plus de chagrins, car **je me flatte** que **vous seriez venu** sur-le-champ me les confier. **Vous êtes** donc malade! **Tirez**-moi d'inquiétude bien vite, **je** vous en **prie**. Adieu, mon cher ami.

Lettre de Madame d'Épinay à Jean-Jacques Rousseau,
Selection from *Les Confessions* by Jean-Jacques Rousseau

1. vois-je

(a) _____

(b) _____

(c) _____

2. je suis

(a) _____

(b) _____

(c) _____

3. vous aviez promis

(a) _____

(b) _____

(c) _____

4. j'ai laissé

(a) _____

(b) _____

(c) _____

5. vous laissez

(a) _____

(b) _____

(c) _____

6. on avait dit

(a) _____

(b) _____

(c) _____

7. vous étiez

(a) _____

(b) _____

(c) _____

8. je croirais

(a) _____

(b) _____

(c) _____

651

9. vous avez

(a) _____

(b) _____

(c) _____

10. j'attendais

(a) _____

(b) _____

(c) _____

11. je vois

(a) _____

(b) _____

(c) _____

12. avez-vous

(a) _____

(b) _____

(c) _____

13. vous avez

(a) _____

(b) _____

(c) _____

14. je me flatte

(a) _____

(b) _____

(c) _____

15. vous seriez venu

(a) _____

(b) _____

(c) _____

16. vous êtes

(a) _____

(b) _____

(c) _____

17. tirez

(a) _____

(b) _____

(c) _____

18. je prie

(a) _____

(b) _____

(c) _____

Test 1

1. B The verb **aller** is conjugated with **être** to form a compound tense. Review p. viii. A and C are not correct because they are forms of **avoir**. You need the *passé composé* because of **hier**/yesterday. In D, **était** is imperfect indicative, which makes the verb form **était allée** pluperfect indicative. Review the uses of the *passé composé* on p. xxi and the *plus-que-parfait de l'indicatif* on pp. xxi to xxii. Review **aller** on p. 31.

2. D The subject is 3d person sing. In D, **peut** is 3d person sing. A, B, and C are not 3d person sing. Review **pouvoir** on p. 353.

3. C The tenses of **avoir** in A, B, and D would not make sense here because you need the imperfect indicative, which is in C. Review the imperfect tense on pp. xvi and xvii. Review **avoir** on p. 61.

4. A You need the 3d person sing., present tense, of **sourire** because the subject is 3d person sing. The tenses in C and D do not make any sense here because there is nothing in the sentence to require the subjunctive. The verb form in B is not 3d person sing. Review **sourire** on p. 450.

5. B The tenses of **regarder** in C and D would not make sense here because you need the imperfect indicative, which is in B. The verb form in A is 3d person sing. and you are dealing with the subject **je**, which is 1st person, sing. Besides, C is not a good choice because **je** would be **j'** in front of **ai regardé**. Review the uses of the imperfect indicative tense on pp. xvi and xvii. Review **regarder** on p. 384.

6. A You need the infinitive form **dormir** because it is right after the verb form **peux** in **je ne peux pas** (I am not able to sleep). The forms in B, C, and D would make no sense. Review those forms of **dormir** on p. 168.

7. B The situation is in the present. The subject, **le docteur**, is 3d person sing. and so is **vient** in B. In A, **viens** is not 3d person sing. C and D are not in the present tense. Review **venir** on p. 492 and **venir de** on the bottom of that page. Also review *Verbs with prepositions* beginning on p. 543, specifically at the top of p. 550 where **venir de + inf.** is given.

8. C The infinitive **nettoyer** is needed because of the preposition **de** in front of it. Review *Verbs with prepositions* beginning on p. 543, specifically on p. 548 where **demander de + inf.** is listed. Review the other forms of **nettoyer** in A, B, and D on p. 307.

9. A The infinitive **faire** is needed because **va** (a form of **aller**) precedes it. Review **aller + inf.** on p. 551 and the other forms of **faire** in B, C, and D on p. 218.

10. A You need the past participle to complete the *passé composé* where you see the helping verb **a** in front of the blank space. The past participle in B is feminine but there is no preceding feminine direct object. Review the forms of **oublier** in C and D on p. 320.

11. D You need the fem. pl. form of the past participle (**achetées**) because there is a preceding fem. pl. direct object noun (**les chaussures**). The other past participles are masc. sing. in A, fem. sing. in B, and masc. pl. in C.

12. A The subject is 1st pers. sing. **j'** and it requires **irai**, the future of **aller**. **La semaine prochaine** indicates future time. Review the other tenses of **aller** in B, C, and D on p. 31.

13. B You need the 1st pers. sing. conditional of **aller** because the subordinate clause begins with **si** (if) and the verb in that clause is imperfect indicative (**j'avais**). Review **si** clauses, a summary of sequence of verb tenses at the top of p. 560 where there are examples. Review the other tenses of **aller** in A, C, and D on p. 31. Study, practice, and experience will help you recognize French verb forms and tenses.

14. A You need the 1st pers. sing. future of **aller** because the subordinate clause begins with **si** (if) and the verb in that clause is present indicative (**j'ai**). Review **si** clauses, a summary of sequence of verb tenses at the top of p. 560 where there are examples. Review the other tenses of **aller** in B, C, and D on p. 31.

15. B You need the fem. sing. form of the past participle (**lavée**) because the verb is reflexive (**se laver**/to wash oneself) and the fem. sing. agreement on the past participle is made with the reflexive pronoun **s'** (herself). We know it's fem. because the subject is **Paulette**. The reflexive pronoun **s'** in this sentence serves as a preceding direct object because Paulette washed *herself*. However, if there were a direct object *after* the verb, e.g., her feet, hair (as in sentence 16 below), there would be no agreement on the past participle. The other past participles in this sentence are masc. sing. in A, masc. pl. in C, and fem. pl. in D. Review also p. viii.

16. A You need the masc. sing. form of the past participle (**lavé**) because in this sentence the reflexive pronoun **s'** in **s'est lavé** is an indirect object, not a direct object. A past participle never agrees in gender (masc. or fem.) or number (sing. or pl.) with an indirect object. In other words, Gertrude washed her hair (**les cheveux**), which is *on herself.* Compare this sentence with number 15 above.

17. C You need the present indicative of **aller** because the sentence states **en ce moment**/at this moment. Review the other tenses of **aller** in A, B, and D on p. 31. Review the uses of the present indicative tense and the examples on pp. xv and xvi.

18. A You need the present indicative of **aller** because the sentence states **tous les jours** (every day), which is habitual action. Review the uses of the present indicative tense and the examples on p. xv, in particular, the example in (b) at the top of p. xvi.

19. B You need the present tense, 3d person pl. of **faire** because the subject is 3d person pl. Review the examples in (c) at the top of p. xvi. Also, review the other tenses of **faire** in A, C, and D on p. 218.

20. D You need the present tense, 1st person sing. of **être** because the subject is 1st person sing. Review the examples in (f) on p. xvi. Also, review the other tenses of **être** in A, B, and C on p. 206.

Test 2

1. A The situation is in the present. Review the other tenses of **trouver** in B, C, and D on p. 483.

2. D You need the present tense because the action is going on in the present. Do you recognize the other tenses in A, B, and C? Review **croire** on p. 129.

3. A Again, the present tense. Review the forms of **espérer** on p. 198.

4. D If you cannot identify the tenses, review **être** on p. 206.

5. A You need the future tense of **venir** because the clerk says that the suitcase will be available around five o'clock. You will come to get it at that time. Review the tenses of **venir** on p. 492.

1. **Ils comprennent bien aussi.** Study the forms of **comprendre** on p. 100.
2. **Elles écrivent bien aussi.** Study the forms of **écrire** on p. 173.
3. **Ils vont bien aussi.** Study the forms of **aller** on p. 31.
4. **Je lis un livre dans le lit aussi.** Study the forms of **lire** on p. 279.
5. **Ils voient bien aussi.** Study the forms of **voir** on p. 498.
6. **Elle est allée au cinéma aussi.** You need to add **e** on the past participle for fem. agreement with the subject **elle**. Study the non-reflexive verbs conjugated with **être** to form the compound tenses on p. viii. Also, study the forms of **aller** on p. 31.
7. **Nous avons bien mangé aussi.** Study the *passé composé* of **manger** on p. 283.
8. **Elles se sont assises aussi.** You need the fem. pl. agreement on the past participle of this reflexive verb **s'asseoir** because the reflexive pronoun **se** is a preceding direct object and the subject is **elles**. In other words, they *sat themselves*. Review the explanation in number 15 in Test 1. Review the forms of **s'asseoir** on p. 51.
9. **Elle s'est lavée aussi.** Review the explanation in number 15 in Test 1. It's the same idea here. Review the *passé composé* of **se laver** on p. 276.
10. **Elle s'est lavé les cheveux aussi.** Review the explanation in number 16 in Test 1. It's the same idea here.
11. **Ils ont rougi aussi.** Review the *passé composé* of **rougir** on p. 419.
12. **Ils choisissent une auto aussi.** Study the present tense of **choisir** on p. 93.
13. **Il finit la leçon aussi.** Study the present tense of **finir** on p. 225.
14. **J'ai fait les devoirs aussi.** Study the *passé composé* of **faire** on p. 218.
15. **Ils défendent la patrie aussi.** Study the present tense of **défendre** on p. 142.
16. **Il répond à la question aussi.** Study the present tense of **répondre** on p. 400 and **répondre à** + noun, p. 544.
17. **Ils se couchent à dix heures aussi.** Study the forms of the reflexive verb **se coucher** on p. 120.
18. **Elle s'est amusée aussi.** She amused *herself*. Review the explanation in number 15 in Test 1. It's the same idea here. Also, study the *passé composé* of the reflexive verb **s'amuser** on p. 35.
19. **Je me suis reposé(e) aussi.** If **me** (myself) is fem., add **e** to the past participle for fem. agreement with it. **Je** tells you if it is fem. or masc. The idea here is the same as in the explanation in number 15 in Test 1. Study the *passé composé* of **se reposer** on p. 401.
20. **Nous nous sommes levés tôt aussi.** Same idea here as in number 19 above. Review **se lever** on p. 278.

Test 4

1. B You need the future tense because **quand** introduces the clause and the verb in the main clause is future tense. Review the uses and examples of the future tense on p. xviii and the formation of the future on p. xxvii. On p. 50 study the verb forms of **arriver** in A, C, and D.
2. B You need the infinitive form because there is no subject preceding the blank space. Here, **vous** is an indirect object pronoun meaning *to you* (I would like to give these flowers to you.) On p. 167 study the verb forms of **donner** in A, C, and D.

3. C You need the masc. pl. form of the past participle because **donner** is conjugated with **avoir** to form the *passé composé*, a compound tense, and it must agree with the preceding direct object **livres**. Here, **que** is a relative pronoun *(that* or *which)* and it refers to **les deux livres**. In other words, *Did you read the two books that I gave (to) you last week?*

4. D Same idea here as in number 3 above. Do you think you understand this construction by now? You need the fem. sing. form of the past participle because it refers to **que**, which relates to **la lettre**. In other words, *Here is the letter that I received yesterday.* Review the forms of **recevoir** on p. 378.

5. A You need the *passé composé* because the sentence begins with **hier**/yesterday. In B the past participle is fem. because of the added **e**. There is no need for a fem. past participle because there is no *preceding* fem. direct object. The direct object is **une lettre**, which comes *after* the verb. Review the verb forms in C and D of **envoyer** on p. 195.

6. D The clause where a verb form is needed begins with **si**/if. The verb in the main clause is conditional (**j'irais**/I would go). For those two reasons you need the imperfect indicative in D. Review **si** clauses where there are examples at the top of p. 560. If you reversed the two clauses, the idea would be the same: **Si j'avais assez d'argent j'irais en France**/If I had enough money I would go to France. Review the verb forms in A, B, and C of **avoir** on p. 61.

7. A You need the future tense of **avoir** because **quand** (when) precedes the required verb form and the verb in the main clause is future (**j'irai**). Review the uses and examples of the future on p. xviii, in particular, example (d) at the top of the page. Also, review the other forms of **avoir** in B, C, and D on p. 61.

8. B You need the present subjunctive of **être** (**que tu *sois***) because the verb in the preceding main clause is **j'insiste**. Here, the need for the subjunctive is the same in English, too, when we say: *I insist that you be here before five o'clock.* Review the uses and examples of the present subjunctive on p. xix, especially example (c). Study the other forms of **être** in A, C, and D on p. 206.

9. D You need the 3d person sing. present tense **veut** because the subject (**cela**/that) is 3d person sing. The form **veux** in C is 1st or 2d person sing. present tense of **vouloir**. There is nothing in the sentence to require the present subjunctive in A or the imperfect subjunctive in B. Review the forms of **vouloir** on p. 500.

10. A You must know the impersonal expression **il faut**/it is necessary. Review the forms of **falloir** on p. 219 and the expressions on the bottom of that page. Also, review the section on verbs with prepositions beginning on p. 543, in particular, **falloir +** inf. on p. 552. In B review **être** on p. 206. In C review **il pleut (pleuvoir)** on p. 347 and the examples on the bottom of that page. In D review **il fend (fendre)** on p. 222.

11. D The conjunction **pendant que** (while) precedes the subject and required verb form. This indicates that two actions were going on at the same time in the past: *My brother was reading while I was writing.* For that reason the imperfect indicative is needed. Review the imperfect tense on pp. xvi and xvii, especially example (a). Also, review the other forms of **écrire** in A, B, and C on p. 173. See p. xxvii for the regular formation of the imperfect.

12. A An action was going on in the past when another action occurred: *The students were reading when I entered the classroom.* Review the imperfect tense on pp. xvi and xvii, especially example (b). Review the other forms of **entrer** in B, C, and D on p. 193.

13. B You need the imperfect indicative tense because a habitual action took place in the past: *When I was little, my family and I used to go to the beach in the summer.* Review the imperfect tense on pp. xvi and xvii, especially example (c). Review the other forms of **aller** in A, C, and D on p. 31.

14. C You need the imperfect indicative tense because the sentence contains a description in the past: *Richard was sad when I saw him.* Review the imperfect tense on pp. xvi and xvii, especially example (d). Also, review the other forms of **être** in A, B, and D on p. 206.

15. A The reason for the imperfect indicative tense here is the same as in no. 14 above. Do you think you understand this construction now?

16. B You need the *passé composé* because the action took place in the past: *At midnight, Peter woke up and said to his brother: "Get up!"* In C the past participle is fem. sing., but there is no need for it because the subject is masc. Review agreement on the past participle of a reflexive verb in nos. 15 and 16, Test 1. Review the other forms of **se réveiller** in A, C, and D on p. 413.

17. C You need the infinitive form **marcher** because it is right after the verb **entendre**. Review **entendre** + inf. on p. 552. Review the other forms of **marcher** in A, B, and D on p. 285.

18. D You are dealing with **avoir froid**/to feel cold. Review the section on verbs used in idiomatic expressions, beginning on p. 530, especially **avoir froid** on p. 532. Review the forms of **avoir** on p. 61 and the examples on the bottom of that page. In A review **être** on p. 206, **faire** in B on p. 218, **tenir** in C on p. 464, and the idiomatic expressions on the bottom of those pages.

19. C The subject of the verb is **nous**, 1st person pl. You need the *passé composé* because of **l'année dernière**/last year. The plural s is needed on **allés** because it is conjugated with **être** and the subject is plural. Review the other forms of **aller** in A, B, and D on p. 31. Also, review p. viii.

20. C The explanation here is the same as in nos. 3 and 4 above in this test.

Test 5

1. C You are dealing with **avoir lieu**/to take place. Review the section on verbs used in idiomatic expressions, beginning on p. 530, especially **avoir lieu** near the bottom of p. 532. You need the future of **avoir** because the exam will take place after tomorrow. Review **avoir** on p. 61 and the forms of **être** in A and B on p. 206.

2. D You are dealing with **avoir** in the idiomatic expression **il y a**/there is..., there are: *There is nothing to fear.* Review the section on verbs used in idiomatic expressions, beginning on p. 530, especially **il y a** in the middle of p. 533. Review the other forms of **avoir** in A and C on p. 61. Review also **être** on p. 206 for **soit** in B.

3. B You need the infinitive form **rester** because it is right after the verb **devrai** (devoir). Review **devoir** on p. 161 and **devoir** + inf. on p. 551. See **rester** on p. 407 for the other forms in A, C, and D.

4. C Review **pouvoir** on p. 353 for the forms in A, B, C, and D.

5. A Review **souhaiter** on p. 447 for the forms in A, B, C, and D.

Test 6

Note: In this test, the verb form you are given in each sentence is the imperative (command) mood. Review the *impératif* on pp. xxv and xxvi. The forms of the imperative are given near the bottom of each page among the 501 verbs fully conjugated in all the tenses in this book. They are the *tu, nous,* and *vous* forms; for example: **donne!**/give! (*tu* understood), **donnons!**/let's give! (*nous* understood), **donnez!**/give! (*vous* understood). You have to look at the ending of the verb form to see if the subject understood is 2d person sing. (*tu*), 1st person pl. (*nous*), or 2d person pl., polite sing. (*vous*).

In the imperative, **er** verbs, like **donner**, drop the **s** in the 2d person sing. (*tu* form) of the present indicative, for example: **Marie, donne-moi le chocolat!**/Marie, give me the chocolate! But the **s** remains if the word that follows is **en** or **y** to facilitate a liaison in pronunciation, making the **s** sound as **z**, for example: **Robert, donnes-en aux enfants!**/Robert, give some to the children! If you need to improve your pronunciation of French—in particular, verb forms—consult Barron's book, *Pronounce It Perfectly in French.*

1. **Dites la phrase.** Study the forms of **lire** on p. 279 and **dire,** p. 164.
2. **Bois le lait.** Study the forms of **prendre** on p. 356 and **boire,** p. 74.
3. **Partez tout de suite.** Study the forms of **venir** on p. 492 and **partir,** p. 325.
4. **Ferme la fenêtre.** Study the forms of **ouvrir** on p. 321 and **fermer,** p. 223.
5. **Prends la valise là-bas.** Study the forms of **mettre** on p. 294 and **prendre,** p. 356.
6. **Écrivons la lettre.** Study the forms of **lire** on p. 279 and **écrire,** p. 173.
7. **Lisez le poème.** Study the forms of **apprendre** on p. 43 and **lire,** p. 279.
8. **Sortons maintenant.** Study the forms of **partir** on p. 325 and **sortir,** p. 444.
9. **Revenez à l'heure!** Study the forms of **être** (for *soyez*) on p. 206 and **revenir,** p. 414. Note that in the imperative **être** uses the forms of the present subjunctive. See example (d) at the top of p. xxvi.
10. **Faisons la leçon.** Study the forms of **voir** on p. 498 and **faire,** p. 218.
11. **Levez-vous, s'il vous plaît.** Study the forms of the reflexive verb **s'asseoir** on p. 51 and **se lever,** p. 278. Note that when you use a reflexive verb in the imperative, drop the subject pronoun, of course, but keep the reflexive pronoun **nous** or **vous,** placing it after the verb with a hyphen. **Tu** changes to **toi** in the affirmative imperative; for example: **Lève-toi!**/Get up! Under the *Impératif* on pp. 51 and 278 note where the reflexive pronoun is placed when the imperative is negative.
12. **Refuse l'argent.** Study the forms of **accepter** on p. 8 and **refuser,** p. 383.
13. **Achète le vélo.** Study the forms of **vendre** on p. 490 and **acheter,** p. 17. Read the note above for an explanation of when **s** drops or is kept on **er** verbs in the *tu* form of the imperative.
14. **Soyez à l'heure.** Study the forms of **venir** on p. 492 and **être** (for *soyez*) on p. 206. Note that in the imperative **être** uses the forms of the present subjunctive. See example (d) at the top of p. xxvi.
15. **Va dans la maison.** Study the forms of **aller** on p. 31 and **rester,** p. 407. Note that **s** drops in the 2d person sing. (*tu* form) of the present indicative of **aller** when used in the imperative. But the **s** remains if the word that follows is **y** to facilitate a liaison in pronunciation, making the **s** sound as **z**, for example: **Robert, vas-y!**/Robert, go to it!
16. **Lève-toi.** Study the forms of **se laver** in the imperative on p. 276 and **se lever,** p. 278. Read my note of explanation in sentence no. 11 above.

17. **Dépêchons-nous.** Study the forms of the imperative of **se cacher** on p. 81 and **se dépêcher**, p. 147.
18. **Amuse-toi.** Study the forms of the imperative of **s'arrêter** on p. 49 and **s'amuser**, p. 35. Read the explanation about reflexive verbs in the imperative, affirmative, and negative, above in no. 11.
19. **Achète la maison.** Study the forms of the imperative of **vendre** on p. 490 and **acheter**, p. 17. Review the explanation in no. 13 above.
20. **Viens.** Study the imperative of **manger**, p. 283 and **venir**, p. 492.

Test 7

Note: For all verb forms in this test, review the uses and examples of the future and conditional on p. xviii. For the formation of the future and conditional of regular verbs, review p. xxvii.

Also, review the future and conditional on the page numbers given below.

1. **J'irais.** See **aller**, p. 31.
2. **Je partirais.** See **partir**, p. 325.
3. **J'aurais.** See **avoir**, p. 61.
4. **Je serais.** See **être**, p. 206.
5. **Tu aimerais.** See **aimer**, p. 29.
6. **Tu ferais.** See **faire**, p. 218.
7. **Il aurait.** See **avoir**, p. 61.
8. **Il serait.** See **être**, p. 206.
9. **Il irait.** See **aller**, p. 31.
10. **On dirait.** See **dire**, p. 164.
11. **Vous seriez.** See **être**, p. 206.
12. **Elle lirait.** See **lire**, 279.
13. **J'ouvrirais.** See **ouvrir**, p. 321.
14. **Nous saurions.** See **savoir**, p. 427.
15. **Ils viendraient.** See **venir**, p. 492.
16. **On boirait.** See **boire**, p. 74.
17. **Ils courraient.** See **courir**, p. 123.
18. **Ils liraient.** See **lire**, p. 279.
19. **Elle mettrait.** See **mettre**, p. 294.
20. **Il apprendrait.** See **apprendre**, p. 43.
21. **Je couvrirais.** See **couvrir**, p. 125.
22. **Il deviendrait.** See **devenir**, p. 160.
23. **Nous devrions.** See **devoir**, p. 161.
24. **Vous diriez.** See **dire**, p. 164.
25. **Vous iriez.** See **aller**, p. 31.
26. **J'aimerais.** See **aimer**, p. 29.
27. **Il faudrait.** See **falloir**, p. 219.
28. **Ils seraient.** See **être**, p. 206.
29. **Elles feraient.** See **faire**, p. 218.
30. **On choisirait.** See **choisir**, p. 93.

Test 8

Note: For the formation of the present indicative tense of regular verbs, review p. xxvii. For the formation of the *passé composé* and other compound tenses, review pp. xxviii to xxx. Note the position of **ne** and **pas** in the following negative sentences.

1. (a) **Non, je ne travaille pas.** (b) **Il ne travaille pas non plus.**
   Review the present indicative of **travailler** on p. 479.
2. (a) **Non, elle n'étudie pas.** (b) **Ils n'étudient pas non plus.**
   Review the present indicative of **étudier** on p. 207.
3. (a) **Non, elle ne va pas au match.** (b) **Je ne vais pas au match non plus.**
   Review the present indicative of **aller** on p. 31.
4. (a) **Non, ils ne crient pas.** (b) **Nous ne crions pas non plus.**
   Review the present indicative of **crier** on p. 128.
5. (a) **Non, il n'arrive pas.** (b) **Ils n'arrivent pas non plus.**
   Review the present indicative of **arriver** on p. 50.

6. (a) **Non, je ne suis pas occupé.** (b) **Ils ne sont pas occupés non plus.**
Review the present indicative of **être** on p. 206. Note the expression **être occupé** (to be busy) on the bottom of p. 315. Note also that **occupés** contains s to make it masc. pl. because it is an adjective that describes the subject **ils**, which is masc. plural. If the subject were **elles**, the sentence would be **elles ne sont pas occupées.**

7. (a) **Non, je n'ai pas fermé la fenêtre.** (b) **Il n'a pas fermé la fenêtre non plus.**
Review the *passé composé* of **fermer** on p. 223. Note the position of **ne** and **pas** in a compound tense.

8. (a) **Non, je n'ai pas assisté à la conférence.** (b) **Ils n'ont pas assisté à la conférence non plus.**
Review the *passé composé* of **assister** on p. 52. On the bottom of that page, note the expression **assister à**. Note also the position of **ne** and **pas** in a compound tense. Also review the use of **assister à** on p. 531.

9. (a) **Non, il n'est pas allé au supermarché.** (b) **Elle n'est pas allée au supermarché non plus.**
Review the *passé composé* of **aller** on p. 31. Note the need for the addition of **e** on the past participle **allée**. The fem. sing. agreement must be made on it because **aller** is conjugated with **être** to form a compound tense. The agreement is made with the subject, which is **elle**, fem. sing. Review p. viii.

10. (a) **Non, elle n'est pas allée à la piscine.** (b) **Ils ne sont pas allés à la piscine non plus.**
Read the explanation in no. 9 above. It's the same idea here.

Test 9

Note: From time to time practice the formation of the seven simple tenses for regular verbs on pp. xxvii and xxviii and the formation of the seven compound tenses on pp. xxviii to xxx.

1. A   The subject is **je**; therefore, you need the 1st person sing. of **prier**. Review the forms of **prier** in the present indicative tense on p. 365 and the words and expressions related to that verb on the bottom of that page.

2. D   You need the 1st person pl. of **faire** because the subject is **nous**. The future tense is needed because of the sense of the statement. The other verb forms in A, B, and C would not make any sense here. If you do not recognize those forms, review **faire** on p. 218.

3. D   You need the 1st person sing. of **espérer** because the subject is **je**. The tenses of **espérer** in B and C would make no sense here. In A the infinitive form of the verb cannot be used here because there is a subject. Review **espérer** on p. 198. If you want to know why the *accent aigu* on **espérer** sometimes changes to *accent grave*, as in **j'espère**, review the section on orthographical changing verbs (those that change in spelling) on pp. 554–556, in particular, examples (14) and (15) on p. 556

4. C   You need the 3d person sing. because the subject is **le train**, 3d person sing. The future tense is needed because the tenses in A, B, and D would make no sense. A is the *passé composé*. B is the conditional. D is the imperfect indicative. Can you recognize those tenses from the endings of the verb forms? If not, review them on pp. xxvii, xxviii, and 50. Also, if you are not sure of how they are translated into English, review pp. xiii and xiv where you will find English translations of all the tenses using the verb *to go* as an example. Just substitute the verb *to arrive* in place of *to go*.

5. B The only sensible verb tense here is in B: *It seems that it is going to be beautiful weather.* A is the *passé composé* of **faire** but the speakers are not talking about what the weather was like in the past. C is the imperfect indicative of **faire** but the speakers are not talking about what the weather was like at any particular time in the past. D is the present subjunctive of **faire** and there is nothing in the sentence that requires the subjunctive. Review the tenses of **faire** on p. 218 and the expressions regarding weather on the bottom of that page. Also review the section on verbs used in idiomatic expressions, in particular with **faire** on p. 537.

6. A The subject is **on**, 3d person sing. The verb form in A is also 3d person sing. As for the tenses of the verb forms in B, C, and D, review the verb **prévoir** on p. 364.

7. C You cannot use the infinitive form in D because **le train**, 3d person sing., is the subject. As for the tenses of the verb forms in A and B, review the verb **partir** on p. 325. The speaker supposes that the train *is going to leave* soon.

8. D You need the 1st person sing. of **croire** because the subject is **je**. B is 3d person sing. A is the *passé simple*, which is not used in conversation. C is the imperfect indicative of **croire**, which is a past tense, and the speakers are talking about things happening now. Review the verb forms of **croire** on p. 129.

Test 10

1. C You need the infinitive form of the reflexive verb **se laver** because the preposition **de** is in front of the blank space where a verb form is required. For that reason, D is not a correct choice because it is not an infinitive. In C the form *me laver* (to wash myself) is needed because the subject is **je**. A is not a reflexive verb. B is reflexive but you cannot use **se laver** because the subject is **je**. When you use a reflexive verb, its pronoun (**me, te, se, nous, vous, se**) must agree with the subject; for example: **je me..., tu te..., il se...** and so on. Review the forms of **se laver** on p. 276. Also, review **avoir besoin de** on the bottom of p. 61.

2. D You need the *passé composé* of **entrer** because of the sense of the statement and the use of **a vu** (*passé composé* of **voir**) in the sentence. When Lisa entered the living room, she saw a vase of pretty flowers. In D the past participle **entrée** is fem. sing. because the verb is conjugated with **être** and the subject is fem. sing. Review p. viii. In C the past participle **entré** is masc. sing. A is the present tense and B is the future, neither of which makes any sense from the point of view of time because the action is in the past. Review the forms of **entrer** on p. 193.

3. B The sentence means *If I have the time, I will do the work.* Review the verb tenses in **si** (if) clauses at the top of p. 560, example (a). Review the verb **faire** on p. 218 where you will find the *passé composé* in choice A, the future in B, the conditional in C, and the imperfect indicative in D.

4. A The sentence means *If I had the time, I would do the work.* Review the verb tenses in **si** (if) clauses at the top of p. 560, example (b). Review the verb **faire** on p. 218 where you will find the conditional in A, the future in B, the conditional perfect in C, and the *passé composé* in D.

5. C The sentence means *If I had had the time, I would have done the work.* Review the verb tenses in **si** (if) clauses at the top of p. 560, example (c). Review the verb **faire** on p. 218 where you will find the *passé composé* in A, the future perfect in B, the conditional perfect in C, and the imperfect indicative in D. Also, see p. xxiii, example (b) on the bottom of the page where the uses of the conditional perfect are explained with examples.

6. A This is the conditional of courtesy. See p. xviii, example (b) on the bottom of the page where the uses of the conditional are explained with examples. Review the verb **aimer** on p. 29 where you will find the conditional in A, the *passé composé* in B, the *passé simple* in C, and the imperfect indicative in D.

7. B At what time *would you be able* to come? The reply to the question contains the same verb **(pouvoir)** in the same form. Review the English translation of the conditional on p. xiii. See also the explanation on the bottom of p. xviii in note (2) with the example. Study the verb forms of **pouvoir** on p. 353.

8. B The verb in the **si** (if) clause is imperfect indicative of **être**; for that reason, the verb form in the other clause must be conditional. See the note in example (b) on p. xix. See also example (b) at the top of p. 560. Review **faire** on p. 218 for the other forms in A, C, and D.

9. B **Je doute** expresses doubt and it requires the subjunctive of **venir** in the clause that follows. Review the subjunctive that begins in the middle of p. 560, specifically **douter que** on p. 564. Review **venir** on p. 492 for the other forms in A, C, and D.

10. B **Avoir peur** expresses fear and it requires the subjunctive of **être** in the clause that follows. Review the subjunctive that begins in the middle of p. 560, specifically **avoir peur que** on p. 564, and the last example on the bottom of that page. Review **être** on p. 206 for the other forms in A, C, and D. Review idiomatic expressions with **avoir** on pp. 531 to 533.

11. D **Je regrette** expresses regret and it requires the subjunctive of the verb in the following clause. Review the subjunctive that begins in the middle of p. 560, specifically **regretter que** on p. 564. Review **être** on p. 206 for the other forms in A, B, and C.

12. A The conjunction **à moins que** (unless) requires the subjunctive of the verb in the clause it introduces. Review the subjunctive that begins in the middle of p. 560, specifically **à moins que** listed under certain conjunctions on that page. Review **venir** on p. 492 for the other forms in B, C, and D.

13. B The conjunction **quoique** (although) requires the subjunctive of the verb in the clause it introduces. Review the subjunctive that begins in the middle of p. 560, specifically **quoique** listed under certain conjunctions on p. 561. Review **être** on p. 206 for the other forms in A, C, and D.

14. B The conjunction **pour que** (in order that, so that) requires the subjunctive of the verb in the clause it introduces. Review the subjunctive that begins in the middle of p. 560, specifically **pour que** listed under certain conjunctions on p. 561. Review **comprendre** on p. 100 for the other forms in A, C, and D.

15. B The conjunction **dès que** requires the future of the verb in the clause it introduces, provided that the verb in the main clause implies future time. In this sentence, **je partirai** is future. Review the future tense on p. xviii and the example in (c). Review **arriver** on p. 50 for the forms in A, B, C, and D.

16. C The impersonal expression **il est urgent que...** (it is urgent that...) requires the subjunctive of the verb in the clause it introduces. Review the subjunctive that begins in the middle of p. 560, specifically **il est urgent que** on p. 563. Review **partir** on p. 325 for the forms in A, B, C, and D.

17. D You need the pluperfect indicative tense of **oublier** because this past action occurred *before* the other past action in the sentence *(I remembered that I had forgotten)*. Review the explanation and uses of the pluperfect indicative tense on the bottom of p. xxi to p. xxii. Review **oublier** on p. 320 for the forms in A, B, C, and D. Also, review **se rappeler** on p. 377.

18. C You need the pluperfect indicative tense of **dormir**. Review, again, the explanation and uses of the pluperfect indicative tense on the bottom of p. xxi to p. xxii. Review **dormir** on p. 168.

19. B You need the *passé composé* of **dormir**. You are saying that you are tired *now* (**maintenant**) because you did not sleep. Review the explanation and uses of the *passé composé* with examples on p. xxi.

20. A You need the future perfect of **finir** because the verb in the other clause is in the future (**elle arrivera**) and it is introduced by the conjunction **quand** (when). Both actions will take place in the future. The action that will happen in the future *before* another future action is in the future perfect tense. Review the explanation and uses of the future perfect, with examples, on p. xxiii. Review the verb forms of **finir** on p. 225. If you did not recognize **arrivera** as future, review **arriver** on p. 50.

Test 11

Note: For all verb forms in this test, review the uses and examples of the present indicative on pp. xv and xvi and the *passé composé* on p. xxi. For the formation of the present indicative of regular verbs, review p. xxvii. For the formation of the *passé composé*, review the bottom of p. xxviii and Tense No. 8 at the top of p. xxix.

For the formation of regular and irregular past participles, see p. ix.

Also, review the present indicative and the *passé composé* on the page numbers given below.

1. Elle est allée.
   See **aller**, p. 31.
2. Il a eu.
   See **avoir**, p. 61.
3. Je me suis assis.
   See **s'asseoir**, p. 51.
4. Ils ont eu.
   See **avoir**, p. 61.
5. Tu as été.
   See **être**, p. 206.
6. Il est allé.
   See **aller**, p. 31.
7. Nous sommes allés.
   See **aller**, p. 31.
8. Nous avons eu.
   See **avoir**, p. 61.
9. J'ai parlé.
   See **parler**, p. 324.
10. Elles sont venues.
   See **venir**, p. 492.

11. J'ai bu.
   See **boire**, p. 74.
12. Ils ont bu.
   See **boire**, p. 74.
13. Vous avez bu.
   See **boire**, p. 74.
14. J'ai cru.
   See **croire**, p. 129.
15. Tu as dit.
   See **dire**, p. 164.
16. J'ai pu.
   See **pouvoir**, p. 353.
17. Il a fallu.
   See **falloir**, p. 219.
18. Vous avez lu.
   See **lire**, p. 279.
19. Vous avez dit.
   See **dire**, p. 164.
20. Tu as mis.
   See **mettre**, p. 294.

21. Elle est née.
   See **naître**, p. 305.
22. Elle est morte.
   See **mourir**, p. 302.
23. Elle a vendu.
   See **vendre**, p. 490.
24. Ils se sont amusés.
   See **s'amuser**, p. 35.
25. Elle est entrée.
   See **entrer**, p. 193.
26. On a fini.
   See **finir**, p. 225.
27. Elles ont couru.
   See **courir**, p. 123.
28. Ils ont pris.
   See **prendre**, p. 356.
29. On a appris.
   See **apprendre**, p. 43.
30. Elles sont arrivées.
   See **arriver**, p. 50.

Test 12

Note: This test is a good exercise to practice the formation of the seven simple tenses by using the required endings for regular -er, -ir, and -re verbs. The explanations and endings are on pp. xxvii and xxviii. For irregular verbs, see the verbs arranged alphabetically at the top of each page among the 501 verbs fully conjugated in all the tenses in this book.

Présent de l'indicatif (Tense No. 1)

1. J'aime.
2. Tu chantes.
3. Il/elle/on étudie.
4. Janine choisit.
5. J'entends.
6. Nous attendons.
7. Vous mangez.
8. Ils/elles vendent.
9. Richard et moi finissons.
10. Marie et Jeanne donnent.

Imparfait de l'indicatif (Tense No. 2)

1. Je parlais.
2. Tu finissais.
3. Il/elle/on vendait.
4. Madeleine était.
5. Il/elle/on avait.
6. Nous venions.
7. Vous faisiez.
8. Ils/elles allaient.
9. Paul et Henri jouaient.
10. Tu donnais.

Passé simple (Tense No. 3)

1. Je parlai.
2. Tu finis.
3. Il/elle/on vendit.
4. Catherine écrivit.
5. Ils/elles allèrent.
6. Nous donnâmes.
7. Vous choisîtes.
8. Ils/elles comprirent.
9. Hélène et Raymond désirèrent.
10. Il/elle/on dansa.

Futur (Tense No. 4)

1. Je mangerai.
2. Tu finiras.
3. Il/elle/on vendra.
4. La femme écrira.
5. J'irai.
6. Nous donnerons.
7. Vous choisirez.
8. Ils/elles comprendront.
9. Les garçons joueront.
10. J'aurai.

Conditionnel (Tense No. 5)

1. J'irais.
2. Tu finirais.
3. Il/elle/on ferait.
4. Je mangerais.
5. Vous pourriez.
6. Nous parlerions.
7. Vous seriez.
8. Ils/elles auraient.
9. Je prendrais.
10. Vous dîneriez.

Présent du subjonctif (Tense No. 6)

1. que je parle
2. que tu donnes
3. qu'il/elle/on ose
4. que je choisisse
5. que tu manges
6. que nous partions
7. que vous vendiez
8. qu'ils/elles prennent
9. que nous finissions
10. qu'il/elle/on ferme

Imparfait du subjonctif (Tense No. 7)

1. que je parlasse
2. que tu donnasses
3. qu'il/elle/on ouvrît
4. que nous partissions
5. que vous voulussiez
6. qu'ils/elles finissent

Test 13

Note: Review the regular and irregular past participles on p. ix.

Test 14

Note: You must know the verb **avoir** in the seven simple tenses because they are needed to form the seven compound tenses of verbs conjugated with **avoir**. If you did not do well on this test, study them on p. 61 and write them for practice until you are sure that you know them. Review the seven compound tenses of a verb conjugated with **avoir**, for example, **parler** on p. 324. If you drop the past participle **parlé**, you will see that what is left is the verb **avoir** in the seven simple tenses.

1. Présent de l'indicatif
(Tense No. 1)

j'ai	nous avons
tu as	vous avez
il/elle/on a	ils/elles ont

2. Imparfait de l'indicatif
(Tense No. 2)

j'avais	nous avions
tu avais	vous aviez
il/elle/on avait	ils/elles avaient

3. Passé simple
(Tense No. 3)

j'eus	nous eûmes
tu eus	vous eûtes
il/elle/on eut	ils/elles eurent

4. Futur
(Tense No. 4)

j'aurai	nous aurons
tu auras	vous aurez
il/elle/on aura	ils/elles auront

5. Conditionnel
(Tense No. 5)

j'aurais	nous aurions
tu aurais	vous auriez
il/elle/on aurait	ils/elles auraient

7. Imparfait du subjonctif
(Tense No. 7)

que j'eusse	que nous eussions
que tu eusses	que vous eussiez
qu'il/elle/on eût	qu'ils/elles eussent

6. Présent du subjonctif
(Tense No. 6)

que j'aie	que nous ayons
que tu aies	que vous ayez
qu'il/elle/on ait	qu'ils/elles aient

Test 15

Note: You must know the verb **être** in the seven simple tenses because they are needed to form the seven compound tenses of verbs conjugated with **être**. If you did not do well on this test, study them on p. 206 and write them for practice until you are sure that you know them. Review the seven compound tenses of a verb conjugated with **être**, for example, **aller** on p. 31. If you drop the past participle **allé**, you will see that what is left is the verb **être** in the seven simple tenses.

1. Présent de l'indicatif
(Tense No. 1)

je suis	nous sommes
tu es	vous êtes
il/elle/on est	ils/elles sont

5. Conditionnel
(Tense No. 5)

je serais	nous serions
tu serais	vous seriez
il/elle/on serait	ils/elles seraient

2. Imparfait de l'indicatif
(Tense No. 2)

j'étais	nous étions
tu étais	vous étiez
il/elle/on était	ils/elles étaient

6. Présent du subjonctif
(Tense No. 6)

que je sois	que nous soyons
que tu sois	que vous soyez
qu'il/elle/on soit	qu'ils/elles soient

3. Passé simple
(Tense No. 3)

je fus	nous fûmes
tu fus	vous fûtes
il/elle/on fut	ils/elles furent

7. Imparfait du subjonctif
(Tense No. 7)

que je fusse	que nous fussions
que tu fusses	que vous fussiez
qu'il/elle/on fût	qu'ils/elles fussent

4. Futur
(Tense No. 4)

je serai	nous serons
tu seras	vous serez
il/elle/on sera	ils/elles seront

Test 16

Note: This test is another example to show that ıt is very important for you to know the present indicative of **avoir** and **être** so that you can form the *passé composé*. It also shows that you must know the imperfect indicative of **avoir** and **être** so that you can form the pluperfect indicative *(le plus-que-parfait de l'indicatif)*. For the English translations of both these tenses, review the *passé composé* and the *plus-que-parfait de l'indicatif* on pp. xxi to xxii, where you will find explanations and examples in French and English.

Review the *passé composé* and the *plus-que-parfait de l'indicatif* on the page numbers given below.

1. **Elle était allée.**
   See **aller**, p. 31.
2. **Il avait eu.**
   See **avoir**, p. 61.
3. **Je m'étais assis.**
   See **s'asseoir**, p. 51.
4. **Ils avaient eu.**
   See **avoir**, p. 61.
5. **Tu avais été.**
   See **être**, p. 206.
6. **Il était allé.**
   See **aller**, p. 31.
7. **Nous étions allés.**
   See **aller**, p. 31.
8. **Nous avions eu.**
   See **avoir**, p. 61.
9. **J'avais parlé.**
   See **parler**, p. 324.
10. **Elle était venue.**
    See **venir**, p. 492.
11. **J'avais bu.**
    See **boire**, p. 74.
12. **Ils s'étaient tus.**
    See **se taire**, p. 460.
13. **J'avais fait.**
    See **faire**, p. 218.
14. **Tu avais dû.**
    See **devoir**, p. 161.
15. **Vous aviez dit.**
    See **dire**, p. 164.
16. **J'avais pu.**
    See **pouvoir**, 353.
17. **Il avait fallu.**
    See **falloir**, 219.
18. **Vous aviez lu.**
    See **lire**, 279.
19. **Vous aviez dit.**
    See **dire**, p. 164.
20. **Tu avais mis.**
    See **mettre**, p. 294.
21. **Elle était née.**
    See **naître**, p. 305.
22. **Elle était morte.**
    See **mourir**, p. 302.
23. **Elle s'était lavée.**
    See **se laver**, p. 276.
24. **Elles s'étaient lavées.**
    See **se laver**, p. 276.
25. **J'étais entré.**
    See **entrer**, p. 193.
26. **On avait parlé.**
    See **parler**, p. 324.
27. **Ils avaient couru.**
    See **courir**, p. 123.
28. **Ils avaient pris.**
    See **prendre**, p. 356.
29. **On avait dit.**
    See **dire**, p. 164.
30. **J'avais compris.**
    See **comprendre**, p. 100.

Test 17

1. B **Partir** is conjugated with **être** to form a compound tense, so C and D are not appropriate choices because they are forms of **avoir**. You need the present subjunctive of **être** in B because of the impersonal expression **il est possible que** in the beginning of the sentence. Review the section on the uses of the subjunctive that begins in the middle of p. 560, in particular, **il est possible que** on p. 563. Review also **partir** in the *passé du subjonctif* (Tense No. 13), p. 325. Refresh your memory by reading about the *passé du subjonctif* with explanations and examples in French and English on p. xxiv.

2. C **Faire** is conjugated with **avoir** to form a compound tense; so B and D are not appropriate choices because they are forms of **être**. You need the present subjunctive of **avoir** in C because the verb in the main clause is **douter**. Review the section on the uses of the subjunctive that begins in the middle of p. 560, in particular, **douter que** on p. 564. Review also **faire** in the *passé du subjonctif* (Tense No. 13), p. 218. Refresh your memory by reading about the *passé du subjonctif* with explanations and examples in French and English on p. xxiv.

3. C In front of the blank space there is a verb form (**je ne peux pas/I can't**). That is why you need the infinitive form in C (*I am not able to go out*). Review **pouvoir** + inf. on p. 552. Review the other forms of **sortir** in A, B, and D on p. 444. As for **il fait un temps affreux**, review verbs used in weather expressions on pp. 557 and 558, specifically (b) on p. 557.

4. B You need the present participle **entrant** because it is preceded by **en**. Josephine fell *while entering (en entrant)* the kitchen. Review regular and irregular present participles on p. ix. Review the other forms of **entrer** in A, C, and D on p. 193.

5. B Simone wiped the table. You need the past participle **essuyé** to complete the *passé composé*. There is no need for the fem. agreement in C because there is no fem. sing. direct object that *precedes* the verb. A is the infinitive form. D is the present participle. Review **essuyer** on p. 200.

6. B To complete the *passé composé* you need **mise**, which is fem. sing. because the reflexive pronoun **s'** (se/herself) serves as the preceding direct object pronoun and it refers to **Françoise**, the subject, which is fem. sing. Review **se mettre à** + inf. on p. 546. Review the forms of **se mettre** on p. 295 and the examples on the bottom of that page.

7. D The subject, **les enfants**, is 3d person pl. The only verb form that is also 3d person pl. among the choices is in D. Review the forms of **vouloir** on p. 500.

8. C To complete the *passé composé* you need **achetées**, which is fem. pl. because the relative pronoun **que** (which or that) refers to the preceding direct object, **les fleurs**, which is fem. pl. The past participle in A is masc. sing. In B it is masc. pl. The infinitive in D cannot be used because you must complete the *passé composé*. Review **acheter** on p. 17 and the examples on the bottom of that page.

9. A The verb form in the clause beginning with **quand** is in the *passé antérieur* (past anterior), which is used in literary style. Review the explanation and examples of that tense on p. xxii. Since that tense is used in the subordinate clause, you need to use the *passé simple* in the main clause, which is in choice A. You need the 3d person sing. (**partit**) because the subject (**il**) is 3d person sing. Review the uses and explanation of the *passé simple* on p. xvii and the examples in French and English. Also, review the *passé antérieur* (Tense No. 10) of **manger** on p. 283 and the *passé simple* (Tense No. 3) of **partir** as well as the other forms in the choices on p. 325. Remember that the *passé simple* and the *passé antérieur* are literary tenses. They are not normally used in conversational French. These two tenses are occasionally used in these tests so you can become aware of them when reading French literature.

10. B To complete the *conditionnel passé* (Tense No. 12) of **faire**, you need the conditional (Tense No. 5) of **avoir**, which is **aurais**, 1st person sing., since the subject **je** is 1st person sing. As for **j'aurais fait** (I would have done), review the uses and explanation of the *conditionnel passé* on p. xxiii and the examples in French and English, as well as Tense No. 12 of **faire** on p. 218. As for **j'avais eu** (I had had) review the *plus-que-parfait de l'indicatif* (Tense No. 9) on pp. xxi, xxii, and 61. Also, review **si** (if) clauses at the top of p. 560.

Test 18

Note: Review the regular and irregular present participles on p. ix.

```
C H A N T A N T A T
H F Y T N V E A P N
O A A N A E F V R A
I I N A N A I E E Y
S S T Y E N N N N O
I A A O T T I D A V
S N N R O I S A N T
S T T C T E S N T N
A L L A N T A T O A
N A I S S A N T S N
T N O S A N T F A E
L I S A N T T A N V
```

Test 19

Note: From time to time practice the formation of the seven simple tenses for regular verbs on pp. xxvii and xxviii and the formation of the seven compound tenses on pp. xxviii to xxx.

1. A The infinitive form is needed because the blank space is preceded by a verb form and a subject (**Je désire**). Review **désirer** + inf. on p. 551. In B, **loué** is a masc. sing. past participle. In C, **louée** is a fem. sing. past participle. There is no need for a past participle here because there is no helping verb in the sentence to require the completion of a compound tense. In D, **louant** is a present participle and there is no need for that because it would make no sense. Review **louer** on p. 280.

2. B You need the present indicative tense (**C'est/It is**) because the conversation is taking place right now. Review the other forms of **être** in A, C, and D on p. 206.

3. B By now you surely must be able to recognize the ending of a verb form that agrees with the subject in person (1st, 2d, or 3d) and number (sing. or pl.). For example: **je prends, tu prends, il prend,** and so forth. There is nothing in the sentence to require the present subjunctive **prenne**. Review the verb forms and tenses of **prendre** on p. 356.

4. D Same here. By now you surely must be able to recognize the ending of a verb form that agrees with the subject in person and number. See no. 3 above. There is nothing in the sentence to require the present subjunctive **croie**. Review the verb forms and tenses of **croire** on p. 129.

5. C The clerk at the hotel desk started the conversation by using the polite **vous** form while talking to you. That is why you need the **vous** form, **montrez**, in C. The clerk also tells you **"Signez"** in the same statement. You are dealing with the imperative (command) because he is telling you to do something. In the imperative the subject is not stated. Review the imperative on pp. xxv and xxvi. In B the infinitive of the verb form **montez** is **monter**/to go up, which is on p. 297. Review the forms of **montrer** on p. 298.

669

Test 20

Note: Review p. viii. Review regular and irregular past participles on p. ix. Study the formation and uses of the *passé composé* with examples in French and English on p. xxi. Also, review the *passé composé* on the pages given after each answer.

1. **Richard a écrit la leçon.** Review **apprendre**, p. 43 and **écrire**, p. 173.
2. **Elle s'est levée.** Review **s'asseoir**, p. 51 and **se lever**, p. 278.
3. **J'ai lu la lettre.** Review **écrire**, p. 173 and **lire**, p. 279.
4. **Elle a ouvert la fenêtre.** Review **fermer**, p. 223 and **ouvrir**, p. 321.
5. **Hélène est morte.** Review **arriver**, p. 50 and **mourir**, p. 302.
6. **Avez-vous offert un cadeau?** Review **acheter**, p. 17 and **offrir**, p. 317.
7. **Marguerite est venue.** Review **sortir**, p. 444 and **venir**, p. 492.
8. **Nous avons cru l'histoire.** Review **écouter**, p. 172 and **croire**, p. 129.
9. **Ils ont vu Paris.** Review **visiter**, p. 496 and **voir**, p. 498.
10. **Les enfants ont ri.** Review **pleurer**, p. 346 and **rire**, p. 417.
11. **As-tu pris les frites?** Review **commander**, p. 96 and **prendre**, p. 356.
12. **Ils sont restés à Paris.** Review **aller**, p. 31 and **rester**, p. 407.
13. **L'étudiant n'a pas su la réponse.** Review **comprendre**, p. 100 and **savoir**, p. 427.
14. **L'enfant a eu un bon repas.** Review **manger**, p. 283 and **avoir**, p. 61.
15. **J'ai reçu la lettre.** Review **envoyer**, p. 195 and **recevoir**, p. 378.
16. **Avez-vous été en France?** Review **voyager**, p. 501 and **être**, p. 206.
17. **A-t-il couvert la boîte?** Review **ouvrir**, p. 321 and **couvrir**, p. 125.
18. **Les enfants se sont tus.** Review **se laver**, p. 276 and **se taire**, p. 460.
19. **Louise a voulu venir chez moi.** Review **désirer**, p. 154 and **vouloir**, p. 500.
20. **Qui a fait le bruit?** Review **entendre**, p. 190 and **faire**, p. 218.

Test 21

Note: Review the two-page spread on pp. xiii and xiv to be sure you can translate into English the seven simple tenses, the seven compound tenses, and the imperative. The model verb on those two pages is *to go (aller)*. Keep those two pages open flat and flip back and forth to p. 31, where you see all the forms in all the tenses of **aller**. Compare the forms in English and French. As a guide, follow the tense No. and the name of the tense in both languages as you make your comparison. For practice, you can apply this procedure to other verbs by merely substituting an English verb for a French one, e.g., *to drink (boire)*, which is on p. 74.

The asterisks in front of each of the English verb forms below designate the following:
   *The French verb forms in Tense No. 3 (*le passé simple*) are used in literary style, formal writing. In French conversation and informal writing use the *passé composé* (Tense No. 8) instead of this tense.
   **The French verb forms in Tense No. 7 (*l'imparfait du subjonctif*) are used in literary style, formal writing. In French conversation and informal writing use the *présent du subjonctif* (Tense No. 6) instead of this tense.
   ***The French verb forms in Tense No. 10 (*le passé antérieur*) are used in literary style, formal writing. In French conversation and informal writing, use *le plus-que-parfait de l'indicatif* (Tense No. 9) instead of this tense.

****The French verb forms in Tense No. 14 (*le plus-que-parfait du subjonctif*) are used in literary style, formal writing. In French conversation and informal writing, use *le passé du subjonctif* (Tense No. 13) instead of this tense.

1. we go, we do go, we are going
2. you were going, you went, you used to go
*3. he went, he did go
4. we shall go, we will go
5. you would go
6. that I may go
**7. that I might go
8. she has gone, she went, she did go
9. they had gone
***10. we had gone
11. you will have gone

12. you would have gone
13. that he may have gone
****14. that she might have gone

15. I know, I do know

*16. ne was
17. she will have

18. we would have
19. that I may be
*20. he had
21. I have had, I had, I did have
22. I put, I have put, I did put
23. we will do, we will make
24. I would have come
25. Go away!
26. You have sold, you sold, you did sell
27. We will have finished
28. You had drunk
29. She has gone up, she went up, she did go up
30. We have stayed, we stayed, we did stay

Test 22

Note: Verify the verb forms in the present indicative tense by looking up the verbs in this test on the pages where they appear among the 501 verbs in this book.

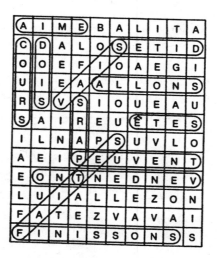

Test 23

Note: In Test 21 you translated verb forms in a variety of tenses from French to English. In this test you are translating English verb forms in a variety of tenses back into French.

1. Nous allons
2. Tu allais
3. Il alla
4. Nous irons
5. Vous iriez
6. Que j'aille
7. Que j'allasse
8. Elle est allée
9. Elles étaient allées
10. Nous fûmes allés
11. Tu seras allé
12. Vous seriez allé
13. Qu'il soit allé
14. Qu'elle fût allée
15. Je sais
16. Il fut
17. Elle aura
18. Nous aurions
19. Que je sois
20. Il eut
21. J'ai eu
22. J'ai mis
23. Nous ferons
24. Je serais venu
25. Allez-vous-en!
26. Vous avez vendu
27. Nous aurons fini
28. Tu avais bu
29. Elle est montée
30. Nous sommes restés

Test 24

Note: This is a repeat of Test 14 because you must know thoroughly the verb forms of **avoir** in the seven simple tenses. They are needed to form the seven compound tenses. Go to Test 14 in this answers section and correct your work. Also, review p. 61 where you will find them all. Review again the formation of the seven compound tenses on pp. xxviii to xxx.

Test 25

Note: This is a repeat of Test 15 because you must know thoroughly the verb forms of **être** in the seven simple tenses. They are needed to form the seven compound tenses. Go to Test 15 in this answers section and correct your work. Also, review p. 206 where you will find them all. Review again the formation of the seven compound tenses on pp. xxviii to xxx.

Test 26

Note: Verify the verb forms in the *passé composé* by looking up the verbs in this test on the pages where they appear among the 501 verbs in this book.

1. (a) **voir**
   (b) **présent de l'indicatif**
   (c) 1st pers., sing.
2. (a) **être**
   (b) **présent de l'indicatif**
   (c) 1st pers., sing.
3. (a) **promettre**
   (b) **plus-que-parfait de l'indicatif**
   (c) 2d pers., pl
4. (a) **laisser**
   (b) **passé composé**
   (c) 1st pers., sing.
5. (a) **laisser**
   (b) **présent de l'indicatif**
   (c) 2d pers., pl
6. (a) **dire**
   (b) **plus-que-parfait de l'indicatif**
   (c) 3d pers., sing.
7. (a) **être**
   (b) **imparfait de l'indicatif**
   (c) 2d pers., pl.
8. (a) **croire**
   (b) **conditionnel**
   (c) 1st pers., sing.
9. (a) **avoir**
   (b) **présent de l'indicatif**
   (c) 2d pers., pl.
10. (a) **attendre**
    (b) **imparfait de l'indicatif**
    (c) 1st pers., sing.
11. (a) **voir**
    (b) **présent de l'indicatif**
    (c) 1st pers., sing.
12. (a) **avoir**
    (b) **présent de l'indicatif**
    (c) 2d pers., pl.
13. (a) **avoir**
    (b) **présent de l'indicatif**
    (c) 2d pers., pl.
14. (a) **se flatter**
    (b) **présent de l'indicatif**
    (c) 1st pers., sing.
15. (a) **venir**
    (b) **conditionnel passé**
    (c) 2d pers., pl.
16. (a) **être**
    (b) **présent de l'indicatif**
    (c) 2d pers., pl.
17. (a) **tirer**
    (b) **impératif**
    (c) 2d pers., pl.
18. (a) **prier**
    (b) **présent de l'indicatif**
    (c) 1st pers., sing.

active voice When we speak or write in the active voice, the subject of the verb performs the action. The action falls on the direct object.

*Everyone loves Janine / **Tout le monde aime Janine.***

The subject is *everyone.* The verb is *loves.* The direct object is *Janine.* See also *passive voice* in this list. Compare the above sentence with the example in the passive voice.

adjective An adjective is a word that modifies a noun or a pronoun. In grammar, to modify a word means to describe, limit, expand, or make the meaning particular.

*a beautiful garden / **un beau jardin**; she is pretty / **elle est jolie.***

The adjective *beautiful/**beau*** modifies the noun *garden/**jardin.*** The adjective *pretty/**jolie*** modifies the pronoun *she/**elle.*** In French there are different kinds of adjectives. *See also* comparative adjective, demonstrative adjective, descriptive adjective, interrogative adjective, limiting adjective, possessive adjective, superlative adjective.

adverb An adverb is a word that modifies a verb, an adjective, or another adverb. An adverb says something about how, when, where, to what extent, or in what way.

*Jane runs swiftly / **Jeanne court rapidement.***

The adverb *swiftly/**rapidement*** modifies the verb *runs/**court.*** The adverb shows *how* she runs.

*Jack is a very good friend / **Jacques est un très bon ami.***

The adverb *very/**très*** modifies the adjective *good/**bon.*** The adverb shows *how good* a friend he is.

*The boy is eating too fast now / **Le garçon mange trop vite maintenant.***

The adverb *too/**trop*** modifies the adverb *fast/**vite.*** The adverb shows *to what extent* he is eating *fast.* The adverb *now/**maintenant*** tells us *when.*

*The post office is there / **Le bureau de poste est là.***

The adverb *there/**là*** modifies the verb *is/**est.*** It tells us *where* the post office is.

*Mary writes carefully / **Marie écrit soigneusement.***

The adverb *carefully/**soigneusement*** modifies the verb *writes/**écrit.*** It tells us *in what way* she writes.

affirmative statement, negative statement A statement in the affirmative is the opposite of a statement in the negative. To negate an affirmative statement is to make it negative.

Affirmative: *I like chocolate ice cream / **J'aime la glace au chocolat.***
Negative: *I do not like chocolate ice cream / **Je n'aime pas la glace au chocolat.***

agreement of adjective with noun Agreement is made on the adjective with the noun it modifies in gender (masculine or feminine) and number (singular or plural).

*a white house / **une maison blanche.***

The adjective **blanche** is feminine singular because the noun **une maison** is feminine singular.

*two white houses / **deux maisons blanches.***

The adjective **blanches** is feminine plural because the noun **maisons** is feminine plural.

agreement of past participle of a reflexive verb with its reflexive pronoun

Agreement is made on the past participle of a reflexive verb with its reflexive pronoun in gender (masculine or feminine) and number (singular or plural) if that pronoun is the *direct object* of the verb. The agreement is determined by looking at the subject to see its gender and number, which is the same as its reflexive pronoun. If the reflexive pronoun is the *indirect object*, an agreement is *not* made. *See* **se laver** on p. 276 and **se lever** on p. 278.

She washed herself / Elle s'est lavée.

There is a feminine agreement on the past participle **lavée** (added **e**) with the reflexive pronoun **se** (here, **s'**) because it serves as a direct object pronoun. What or whom did she wash? Herself, which is expressed in **se** (**s'**).
But:

She washed her hair / Elle s'est lavé les cheveux.

There is no feminine agreement on the past participle **lavé** here because the reflexive pronoun (**se**, here, **s'**) serves as an *indirect object*. The direct object is **les cheveux** and it is stated *after* the verb. What did she wash? She washed her hair *on herself* (**s'**). *See also* reflexive pronoun and reflexive verb.

agreement of past participle with its direct object   Agreement is made on the past participle with its direct object in gender (masculine or feminine) and number (singular or plural) when the verb is conjugated with **avoir** in the compound tenses. Agreement is made when the direct object, if there is one, *precedes* the verb.

Where are the little cakes? Paul ate them / Où sont les petits gâteaux?
Paul les a mangés.

The verb **a mangés** is in the *passé composé*; **manger** is conjugated with **avoir**. There is a plural agreement on the past participle **mangés** (added **s**) because the *preceding* direct object *them/les* is masculine plural, referring to *les petits gâteaux*, which is masculine plural.

Who wrote the letters? Robert wrote them / Qui a écrit les lettres?
Robert les a écrites.

The verb **a écrites** is in the *passé composé*; **écrire** is conjugated with **avoir.** There is a feminine plural agreement on the past participle **écrites** (added **e** and **s**) because the *preceding* direct object *them/les* is feminine plural, referring to *les lettres*, which is feminine plural. A past participle functions as an adjective.

An agreement in gender and number is *not* made with *an indirect object. See* indirect object noun, indirect object pronoun. Review the regular formation of past participles and irregular past participles on p. ix. *See also* direct object noun, direct object pronoun.

agreement of past participle with the subject   Agreement is made on the past participle with the subject in gender (masculine or feminine) and number (singular or plural) when the verb is conjugated with **être** in the compound tenses.

She went to Paris / Elle est allée à Paris.

The verb **est allée** is in the *passé composé*; **aller** is conjugated with **être**. There is a feminine agreement on the past participle **allée** (added **e**) because the subject **elle** is feminine singular.

The boys have arrived / Les garçons sont arrivés.

The verb **sont arrivés** is in the *passé composé*; **arriver** is conjugated with **être**. There is a plural agreement on the past participle **arrivés** (added **s**) because the subject **les garçons** is masculine plural.

Review p. viii to find out about verbs conjugated with either **avoir** or **être** to form the seven compound tenses. *See* **aller** on p. 31 and **arriver** on p. 50. *See also* past participle and subject.

agreement of verb with its subject   A verb agrees in person (1st, 2d, or 3d) and in number (singular or plural) with its subject.

Does he always tell the truth? / Dit-il toujours la vérité?

The verb **dit** (of **dire**) is 3d person singular because the subject *il/he* is 3d person singular.

Where are they going? / Où vont-ils?

The verb **vont** (of **aller**) is 3d person plural because the subject *ils/they* is 3d person plural. For subject pronouns in the singular and plural, review p. xxx.

antecedent   An antecedent is a word to which a relative pronoun refers. It comes *before* the pronoun.

The girl who is laughing over there is my sister / La jeune fille qui rit là-bas est ma soeur.

The antecedent is *girl/la jeune fille*. The relative pronoun *who/qui* refers to the girl.

The car that I bought is expensive / La voiture que j'ai achetée est chère.

The antecedent is *car/la voiture*. The relative pronoun *that/que* refers to the car. Note also that the past participle *achetée* is fem. sing. because it refers to *la voiture* (fem. sing.), which precedes the verb. Review **acheter** on p. 17 and **rire** on p. 417. *See also* relative pronoun.

auxiliary verb   An auxiliary verb is a helping verb. In English grammar it is *to have*. In French grammar it is **avoir** (to have) or **être** (to be). An auxiliary verb is used to help form the seven compound tenses.

I have eaten / J'ai mangé; she has left / elle est partie.

Review p. viii to find out about verbs conjugated with **avoir** or **être** as helping verbs. Also, review **manger** on p. 283 and **partir** on p. 325.

cardinal number   A cardinal number is a number that expresses an amount, such as *one, two, three,* and so on. *See also* ordinal number.

causative faire   In English grammar a causative verb causes something to be done. In French grammar the idea is the same. The subject of the verb causes the action expressed in the verb to be carried out by someone else.

Mrs. Roth makes her students work in French class/
Madame Roth fait travailler ses élèves dans la classe de français.
Mr. Smith is having a house built / Monsieur Smith fait construire une maison.

Review **construire** on p. 109, **faire** on p. 218, and **travailler** on p. 479.

clause   A clause is a group of words that contains a subject and a predicate. A predicate may contain more than one word. A conjugated verb form is revealed in the predicate.

Mrs. Coty lives in a small apartment / Madame Coty demeure dans un petit appartement.

The subject is *Mrs. Coty/Madame Coty*. The predicate is *lives in a small apartment/ demeure dans un petit appartement*. The verb is *lives/demeure*. *See also* dependent clause, independent clause.

comparative adjective   When making a comparison between two persons or things, an adjective is used to express the degree of comparison in the following ways. Same degree of comparison:

Raymond is as tall as his father / Raymond est aussi grand que son père.

Lesser degree of comparison:

Monique is less intelligent than her sister / Monique est moins intelligente que sa soeur.

676

Higher degree of comparison:

This apple is more delicious than that apple /
Cette pomme-ci est plus délicieuse que cette pomme-là.

See also superlative adjective.

comparative adverb   An adverb is compared in the same way as an adjective is compared. *See* comparative adjective.

Same degree of comparison:

Mr. Bernard speaks as fast as Mr. Claude /
Monsieur Bernard parle aussi vite que Monsieur Claude.

Lesser degree of comparison:

Alice studies less seriously than her sister / Alice étudie moins sérieusement que sa soeur.

Higher degree of comparison:

Albert works more slowly than his brother /
Albert travaille plus lentement que son frère.

See also superlative adverb.

complex sentence   A complex sentence contains one independent clause and one or more dependent clauses.

One independent clause and one dependent clause:

Jack is handsome but his brother isn't / Jacques est beau mais son frère ne l'est pas.
The independent clause is *Jack is handsome*. It makes sense when it stands alone because it expresses a complete thought. The dependent clause is *but his brother isn't*. The dependent clause, which is introduced by the conjunction *but*, does not make complete sense when it stands alone because it *depends* on the thought expressed in the independent clause.

One independent clause and two dependent clauses:

Mary gets good grades in school because she studies but her sister never studies /
Marie reçoit de bonnes notes à l'école parce qu'elle étudie mais sa soeur n'étudie jamais.
The independent clause is *Mary gets good grades in school*. It makes sense when it stands alone because it expresses a complete thought. The first dependent clause is *because she studies*. This dependent clause, which is introduced by the conjunction *because*, does not make complete sense when it stands alone because it *depends* on the thought expressed in the independent clause. The second dependent clause is *but her sister never studies*. That dependent clause, which is introduced by the conjunction *but*, does not make complete sense either when it stands alone because it *depends* on the thought expressed in the independent clause. *See also* dependent clause, independent clause.

compound sentence   A compound sentence contains two or more independent clauses.

Mrs. Dubois went to the supermarket, she bought some groceries, and then
she returned home / Madame Dubois est allée au supermarché, elle a acheté
des provisions, et puis elle est rentrée chez elle.

This compound sentence contains three independent clauses. They are independent because they make sense when they stand alone. Review the *passé composé* on p. xxi. *See also* independent clause.

conditional perfect tense   In French grammar the conditional used to be considered a mood. Grammarians now regard it as a tense of the indicative mood. This tense is defined with examples on pp. xxiii and xxiv.

conditional present tense   In French grammar the conditional used to be considered a mood. Grammarians now regard it as a tense of the indicative mood. This tense is defined with examples on p. xviii.

conjugation   The conjugation of a verb is the fixed order of all its forms showing their inflections (changes) in the three persons of the singular and plural in a particular tense.

conjunction   A conjunction is a word that connects words or groups of words.
and/et, or/ou, but/mais
*You and I are going downtown / **Toi et moi, nous allons en ville.***
You can stay home or you can come with us /
Tu peux rester à la maison ou tu peux venir avec nous.

declarative sentence   A declarative sentence makes a statement.
*I have finished the work / **J'ai fini le travail.***
Review **finir** on p. 225.

definite article   The definite article in French has four forms and they all mean *the*.
They are: **le, la, l', les,** as in:
***le livre**/the book, **la maison**/the house, **l'école**/the school, **les enfants**/the children*
The definite articles are also used as direct object pronouns. *See* direct object pronoun.

demonstrative adjective   A demonstrative adjective is an adjective that points out. It is placed in front of a noun.
*this book/**ce livre**; this hotel/**cet hôtel**; this child/**cet enfant**; this house/**cette maison**;*
*these flowers/**ces fleurs***

demonstrative pronoun   A demonstrative pronoun is a pronoun that points out. It takes the place of a noun. It agrees in gender and number with the noun it replaces.
I have two apples; do you prefer this one or that one?
J'ai deux pommes; préférez-vous celle-ci ou celle-là?
*Sorry, but I prefer those / **Je regrette, mais je préfère celles-là.***
*Do you like the ones that are on the table? / **Aimez-vous celles qui sont sur la table?***
For demonstrative pronouns that are neuter, *see* neuter.

dependent clause   A dependent clause is a group of words that contains a subject and a predicate. It does not express a complete thought when it stands alone. It is called *dependent* because it depends on the independent clause for a complete meaning. Subordinate clause is another term for dependent clause.
Mary is absent today because she is sick /
Marie est absente aujourd'hui parce qu'elle est malade.
The independent clause is *Mary is absent today.* The dependent clause is *because she is sick.*
See also clause, independent clause.

descriptive adjective   A descriptive adjective is an adjective that describes a person, place, or thing.
*a pretty girl/**une jolie jeune fille**; a handsome boy/**un beau garçon**;*
*a small house/**une petite maison**; a big city/**une grande ville**;*
*an expensive car/**une voiture chère.***
See also adjective.

direct object noun   A direct object noun receives the action of the verb *directly*. That is why it is called a direct object, as opposed to an indirect object. A direct object noun is normally placed *after* the verb.

*I am writing a letter / **J'écris une lettre.***

The subject is *I/Je*. The verb is *am writing/écris*. The direct object is the noun *letter/**une lettre***. See also direct object pronoun.

direct object pronoun   A direct object pronoun receives the action of the verb *directly*. It takes the place of a direct object noun. In French a pronoun that is a direct object of a verb is ordinarily placed *in front of* the verb.

*I am reading it [the letter] / **Je la lis.***

A direct object pronoun is placed *after* the verb and joined with a hyphen *in the affirmative imperative.*

*Write it [the letter] now / **Écrivez-la maintenant.***

The direct object pronouns are:

Person	Singular	Plural
1st	*me (m') me*	*nous us*
2d	*te (t') you (fam.)*	*vous you (sing. polite or pl.)*
3d	*le (l') him, it (person or thing)* *la (l') her, it (person or thing)*	*les them (persons or things)*

Review **écrire** on p. 173 and **lire** on p. 279. *See also* imperative.

disjunctive pronoun   In French grammar a disjunctive pronoun is a pronoun that is stressed; in other words, emphasis is placed on it.

*I speak well; he does not speak well / **Moi, je parle bien; lui, il ne parle pas bien.***

*Talk to me / **Parlez-moi.***

A disjunctive pronoun is also object of a preposition:

*She is talking with me / **Elle parle avec moi.***

*I always think of you / **Je pense toujours à toi.***

The disjunctive pronouns are:

Person	Singular	Plural
1st	*moi me, I*	*nous us, we*
2d	*toi you (fam.)*	*vous you (sing. polite or pl.)*
3d	*soi oneself* *lui him, he* *elle her, she*	*eux them, they (m.)* *elles them, they (f.)*

ending of a verb   In French grammar the ending of a verb form changes according to the person and number of the subject and the tense of the verb.

To form the present indicative tense of a regular -er type verb like **parler**, drop **er** of the infinitive and add the following endings: **-e, -es, -e** for the 1st, 2d, and 3d persons of the singular; **-ons, -ez, -ent** for the 1st, 2d, and 3d persons of the plural. You then get:

je parle, tu parles, il (elle, on) parle;
nous parlons, vous parlez, ils (elles) parlent

Review pages xxvii and xxviii. *See also* stem of a verb.

feminine   In French grammar the gender of a noun, pronoun, or adjective is feminine or masculine, not male or female.

Masculine			Feminine		
noun	pronoun	adjective	noun	pronoun	adjective
le garçon	*il*	*grand*	*la femme*	*elle*	*grande*
the boy	*he*	*tall*	*the woman*	*she*	*tall*
le livre	*il*	*petit*	*la voiture*	*elle*	*petite*
the book	*it*	*small*	*the car*	*it*	*small*

See also gender.

future perfect tense   This tense is defined with examples on p. xxiii.

future tense   This tense is defined with examples on p. xviii.

gender   In French grammar gender means masculine or feminine.

Masculine: *the boy/le garçon; he, it/il; the rooster/le coq; the book/le livre*
Feminine: *the girl/la jeune fille; she, it/elle; the hen/la poule;*
the house/la maison

gerund   In English grammar a gerund is a word formed from a verb. It ends in *ing.* Actually, it is the present participle of a verb. But it is not used as a verb. It is used as a noun.

Seeing is believing / Voir c'est croire.

However, in French grammar the infinitive form of the verb is used, as in the above example, when the verb is used as a noun. In French, *seeing is believing* is expressed as *to see is to believe.*

The French gerund is also a word formed from a verb. It ends in *ant.* It is also the present participle of a verb. As a gerund, it is normally preceded by the preposition **en.**

En partant, il a fait ses excuses / While leaving, he made his excuses.

See also present participle.

***if* (si) clause**   An "if" clause is defined with examples at the top of p. 560. *See also* clause.

imperative   The imperative is a mood, not a tense. It is used to express a command. In French it is used in the 2d person of the singular **(tu)**, the 2d person of the plural **(vous)**, and in the 1st person of the plural **(nous)**. Review the imperative with examples on pp. xxv and xxvi. Also review the three imperative forms of **donner** on p. 167. *See also* person (1st, 2d, 3d).

imperfect indicative tense   This tense is defined with examples on pp. xvi and xvii.

imperfect subjunctive tense   This tense is defined with examples on pp. xx and xxi.

indefinite article In English the indefinite articles are *a, an*, as in *a book, an apple*. They are indefinite because they do not refer to any definite or particular noun.

In French there are two indefinite articles in the singular: one in the masculine form **(un)** and one in the feminine form **(une)**.

Masculine singular: *un ami/a friend*
Feminine singular: *une pomme/an apple*

In French they both change to **des** in the plural.

I have a brother/J'ai un frère; I have brothers/J'ai des frères.
I have a sister/J'ai une soeur; I have sisters/J'ai des soeurs.
I have an apple/J'ai une pomme; I have apples/J'ai des pommes.

See also definite article.

indefinite pronoun An indefinite pronoun is a pronoun that does not refer to any definite or particular noun.

*something/**quelque chose**; someone, somebody/**quelqu'un, quelqu'une**;*
*each one/**chacun, chacune**; anything/**n'importe quoi***

independent clause An independent clause is a group of words that contains a subject and a predicate. It expresses a complete thought when it stands alone.

*The cat is sleeping under the bed / **Le chat dort sous le lit.***

See also clause, dependent clause, predicate.

indicative mood The indicative mood is used in sentences that make a statement or ask a question. The indicative mood is used most of the time when we speak or write in English or French.

*I am going home now/**Je vais chez moi maintenant.***
*Where are you going?/**Où allez-vous?***

indirect object noun An indirect object noun receives the action of the verb *indirectly*. *I am writing a letter to Mary or I am writing Mary a letter / **J'écris une lettre à Marie.*** The subject is *I/**Je***. The verb is *am writing/**écris***. The direct object noun is *a letter/**une lettre***. The indirect object noun is *Mary/**Marie***. An agreement is not made with an indirect object noun. *See also* indirect object pronoun, direct object noun, direct object pronoun.

indirect object pronoun An indirect object pronoun takes the place of an indirect object noun. It receives the action of the verb *indirectly*. In French a pronoun that is the indirect object of a verb is ordinarily placed *in front of* the verb.

*I am writing a letter to her or I am writing her a letter / **Je lui écris une lettre.*** The indirect object pronoun is *(to) her/**lui***. An agreement is not made with an indirect object pronoun.

An indirect object pronoun is placed *after* the verb and joined with a hyphen *in the affirmative imperative*.

*Write to her now / **Écris-lui maintenant.***

The indirect object pronouns are:

Person	Singular	Plural
1st	**me (m')** *to me*	**nous** *to us*
2d	**te (t')** *to you (fam.)*	**vous** *to you (sing. polite or pl.)*
3d	**lui** *to him, to her*	**leur** *to them*

See also indirect object noun.

infinitive An infinitive is a verb form. In English it is normally stated with the preposition *to*, as in *to talk, to finish, to sell*. In French the infinitive form of a verb consists of three major types: those of the 1st conjugation that end in **-er**, those of the 2d conjugation that end in **-ir**, and those of the 3d conjugation that end in **-re**.

parler/to talk, to speak; finir/to finish; vendre/to sell

All the verbs in this book on pages 1 to 501 are given in the infinitive form at the top of each page where they are arranged alphabetically.

interjection An interjection is a word that expresses emotion, a feeling of joy, of sadness, an exclamation of surprise, and other exclamations consisting of one or two words.

Ah!/Ah! Oh!/Oh! Darn it!/Zut! Whew!/Ouf! My God!/Mon Dieu!

interrogative adjective An interrogative adjective is an adjective that is used in a question. It agrees in gender and number with the noun it modifies.

What book do you want? / Quel livre désirez-vous?
What time is it? / Quelle heure est-il?

interrogative adverb An interrogative adverb is an adverb that introduces a question. As an adverb, it modifies the verb.

How are you? / Comment allez-vous?
How much does this book cost? / Combien coûte ce livre?
When will you arrive? / Quand arriverez-vous?

interrogative pronoun An interrogative pronoun is a pronoun that asks a question. There are interrogative pronouns that refer to persons and those that refer to things.

Who is on the phone? / Qui est à l'appareil?
What are you saying? / Que dites-vous?

interrogative sentence An interrogative sentence asks a question.

What are you doing? / Que faites-vous?

intransitive verb An intransitive verb is a verb that does not take a direct object.

The professor is talking loudly / Le professeur parle fort.

An intransitive verb takes an indirect object.

The professor is talking to us / Le professeur nous parle.

See also indirect object pronoun.

irregular verb An irregular verb is a verb that does not follow a fixed pattern in its conjugation in the various verb tenses.

Basic irregular verbs in French:

> *aller/to go* *avoir/to have* *être/to be* *faire/to do, to make*

Review these verbs on pp. 31, 61, 206, and 218. *See also* conjugation, regular verb.

limiting adjective   A limiting adjective is an adjective that limits a quantity.

> *three tickets/**trois billets**; a few candies/**quelques bonbons***

main clause   Main clause is another term for independent clause. *See* independent clause.

masculine   In French grammar the gender of a noun, pronoun, or adjective is masculine or feminine, not male or female. *See also* gender.

mood of verbs   Some grammarians use the term *the mode* instead of *the mood* of a verb. Either term means *the manner or way* a verb is expressed. In English and in French grammar a verb expresses an action or state of being in the following three moods (modes, *ways*): the indicative mood, the imperative mood, and the subjunctive mood. In French grammar there is also the infinitive mood when the whole infinitive is used, *e.g.*, **voir, croire**, as in **Voir c'est croire**/*Seeing is believing (to see is to believe)*. Most of the time, in English and French, we speak and write in the indicative mood.

negative statement, affirmative statement
> *see* **affirmative statement, negative statement**

neuter   A word that is neuter is neither masculine nor feminine. Common neuter demonstrative pronouns are **ce (c')**/*it*, **ceci**/*this*, **cela**/*that*, **ça**/*that*. They are invariable, which means they do not change in gender and number.

> *It's not true/**Ce n'est pas vrai**; it is true/**c'est vrai**; this is true/**ceci est vrai**;*
> *that is true/**cela est vrai**; what is that?/**qu'est-ce que c'est que ça?***

For demonstrative pronouns that are not neuter, *see* demonstrative pronoun. There is also the neuter pronoun **le**, as in: **Je le crois** / *I believe it;* **Je le pense** / *I think so.*

noun   A noun is a word that names a person, animal, place, thing, condition or state, or quality.

> *the man/**l'homme**, the woman/**la femme**, the horse/**le cheval**, the house/**la maison***
> *the book/**le livre**, happiness/**le bonheur**, excellence/**l'excellence** (fem.)*

In French the noun **le nom** is the word for name and noun.

number   In English and French grammar, number means singular or plural.
Masc. sing.:

> *the boy/**le garçon**; the arm/**le bras**; the eye/**l'oeil***

Masc. pl.:

> *the boys/**les garçons**; the arms/**les bras**; the eyes/**les yeux***

Fem. sing.:

> *the girl/**la jeune fille**; the house/**la maison**; the hen/**la poule***

Fem. pl.:

> *the girls/**les jeunes filles**; the houses/**les maisons**; the hens/ **les poules***

ordinal number   An ordinal number is a number that expresses position in a series, such as *first, second, third*, and so on. In English and French grammar we talk about 1st person, 2d person, 3d person singular or plural regarding subjects and verbs. *See also* cardinal number and person (1st, 2d, 3d).

orthographical changes in verb forms An orthographical change in a verb form is a change in spelling.

The second letter **c** in the verb *commencer/to begin* changes to **ç** if the letter after it is **a**, **o**, or **u**, as in *nous commençons/we begin.* The reason for this spelling change is to preserve the sound of *s* as it is pronounced in the infinitive form **commencer.** When **a, o** or **u** follow the letter **c**, the **c** is pronounced as in the sound of **k**. The mark under the letter **ç** is called *une cédille/cedilla.* Some linguists say it is the lower part of the letter **s** and it tells you to pronounce **ç** as an **s** sound. Other linguists say that **ç** was borrowed from the Greek alphabet, which represents the sound of **s** when it is the last letter of a Greek word.

The verb *s'appeler/to call oneself, to be named* contains a single **l**. When a verb form is stressed on the syllable containing one **l**, it doubles, as in *je m'appelle.../I call myself..., my name is... .*

partitive In French grammar the partitive denotes a *part* of a whole. In English we express the partitive by saying *some* or *any* in front of the noun. In French we use the following partitive forms in front of the noun:

Masculine singular: **du** or **de l'**   Feminine singular: **de la** or **de l'**

Masculine or feminine plural: **des**

I have some coffee / J'ai du café.

I'd like some water / J'aimerais de l'eau.

I'd like some meat / J'aimerais de la viande.

Do you have any candies? / Avez-vous des bonbons?

In the negative, these partitive forms change to **de** or **d'**:

I don't have any coffee / Je n'ai pas de café.

I don't want any water / Je ne veux pas d'eau.

I wouldn't like any meat / Je n'aimerais pas de viande.

No, I don't have any candies / Non, je n'ai pas de bonbons.

passive voice When we speak or write in the active voice and change to the passive voice, the direct object becomes the subject, the subject becomes the object of a preposition, and the verb becomes *to be* plus the past participle of the active verb. The past participle functions as an adjective.

Janine is loved by everyone / Janine est aimée de tout le monde.

The subject is *Janine.* The verb is *is/est.* The object of the preposition *by/de* is *everyone/tout le monde. See also* active voice. Compare the above sentence with the example in the active voice.

past anterior tense This tense is defined with examples on p. xxii.

past definite or simple past tense This tense is defined with examples on p. xvii. In French it is the *passé simple.*

past indefinite tense This tense is defined with examples on p. xxi. In French it is the *passé composé.*

past participle A past participle is derived from a verb. It is used to form the compound tenses. Its auxiliary verb in English is *to have.* In French the auxiliary verb is **avoir**/*to have* or **être**/*to be.* It is part of the verb tense.

With **avoir** as the auxiliary verb: *Elle a mangé / She has eaten.*

The subject is *elle/she*. The verb is *a mangé/has eaten*. The tense of the verb is the *passé composé*. The auxiliary verb is *a/has*. The past participle is *mangé/eaten*.

With **être** as the auxiliary verb: *Elle est arrivée / She has arrived.*
The verb is *est arrivée/has arrived*. The tense of the verb is the *passé composé*. The auxiliary verb is *est*. The past participle is *arrivée/arrived*.

Review p. ix for the regular formation of a past participle and a list of basic irregular past partciples. Review p. viii to find out about verbs conjugated with either **avoir** or **être**. *See also* auxiliary verb and agreement of past participle with the subject.

past perfect tense   This tense is also called the pluperfect indicative tense. Review pp. xxi and xxii for a definition with examples.

past simple tense   This tense is defined with examples on p. xvii. It is also called the simple past tense or past definite tense. In French it is the *passé simple*.

past subjunctive tense   This tense is also called the perfect subjunctive tense. It is defined with examples on p. xxiv.

person (1st, 2d, 3d)   Verb forms in a particular tense are learned systematically according to person (1st, 2d, 3d) and number (singular, plural).
Present indicative tense of the verb **aller**/to go:

Singular	Plural
1st person: *je vais*	1st person: *nous allons*
2d person: *tu vas*	2d person: *vous allez*
3d person: *il, elle, on va*	3d person: *ils, elles vont*

personal pronoun   A personal pronoun refers to a person. The pronoun *it/il* or *elle* is in this category. Review the subject pronouns on p. xxx. For examples of other types of pronouns, *see also* demonstrative pronoun, direct object pronoun, disjunctive pronoun, indefinite pronoun, indirect object pronoun, interrogative pronoun, possessive pronoun, reflexive pronoun, relative pronoun.

pluperfect indicative tense   This tense is also called the past perfect indicative tense. It is defined with examples on pp. xxi and xxii.

pluperfect subjunctive tense   This tense is also called the past perfect subjunctive tense. It is defined with examples on pp. xxiv and xxv.

plural   Plural means more than one. *See also* person (1st, 2d, 3d) and singular.

possessive adjective   A possessive adjective is an adjective that is placed in front of a noun to show possession. In French their forms change in gender (masculine or feminine) and number (singular or plural) to agree with the noun they modify.
my book/mon livre   my books/mes livres   my dress/ma robe

possessive pronoun   A possessive pronoun is a pronoun that shows possession. It takes the place of a possessive adjective with the noun. Its form agrees in gender (masculine or feminine) and number (singular or plural) with what it is replacing.

English:

mine, yours, his, hers, its, ours, theirs

685

French:

	Possessive adjective	Possessive pronoun
	my book/*mon livre*	mine/*le mien*
	my dress/*ma robe*	mine/*la mienne*
	my shoes/*mes chaussures*	mine/*les miennes*

predicate   The predicate is that part of the sentence that tells us something about the subject. The main word of the predicate is the verb.

The tourists are waiting for the tour bus / Les touristes attendent l'autocar.
The subject is *the tourists/les touristes.* The predicate is *are waiting for the tour bus/attendent l'autocar.* The verb is *are waiting/attendent.* The direct object is *the tour bus/l'autocar.*

preposition   A preposition is a word that establishes a rapport between words.
English:

with, in, on, at, between

French:

with me/avec moi   in the drawer/dans le tiroir   on the table/sur la table at six o'clock/à six heures   between him and her/entre lui et elle
Review verbs with prepositions beginning on p. 543.

present indicative tense   This tense is defined with examples on pp. xv and xvi.

present participle   A present participle is derived from a verb form. In French it is regularly formed like this: take the **nous** form of the present indicative tense of the verb you have in mind, then drop the ending **ons** and add **ant.** In English a present participle ends in *ing.*

Infinitive	Present Indicative **nous** form	Present participle
chanter	*nous chantons*	*chantant*
to sing	*we sing*	*singing*
finir	*nous finissons*	*finissant*
to finish	*we finish*	*finishing*
vendre	*nous vendons*	*vendant*
to sell	*we sell*	*selling*

For the regular formation of present participles and to find out what the three common irregular present participles are, review p. ix.

present subjunctive tense   This tense is defined with examples on pages xix and xx.

pronoun   A pronoun is a word that takes the place of a noun.

l'homme/il	*la femme/elle*	*l'arbre/il*	*la voiture/elle*
the man/he	*the woman/she*	*the tree/it*	*the car/it*

reflexive pronoun and reflexive verb   In English a reflexive pronoun is a personal pronoun that contains *self* or *selves.* In French and English a reflexive pronoun is used with a verb that is called reflexive because the action of the verb falls on the reflexive pronoun.

In French there is a required set of reflexive pronouns for a reflexive verb.

se laver	*Je me lave.*	*se blesser*	*Elle s'est blessée.*
to wash oneself	*I wash myself.*	*to hurt oneself*	*She hurt herself.*

686